Ned Herrmann

Kreativität und Kompetenz: Das einmalige Gehirn

The Creative Brain

Lektorat und Gesamtherstellung
Claus-Peter Leonhardt

ISBN 3-89459-008-4

Ned Herrmann

Kreativität und Kompetenz
Das einmalige Gehirn

Mit dem Originalfragebogen

Einführung von Roland Spinola
Aus dem Amerikanischen
von Wolfgang Becker

WIDMUNG

Dieses Buch ist all jenen gewidmet, die Interesse an meiner Arbeit zum Ausdruck gebracht haben. Ungeachtet ihres Alters, ihrer Rolle, ihrer Position, ihres Reichtums oder ihrer Macht hat ihr Interesse an meiner Tätigkeit einen Zugang zu meinen Gedanken geschaffen, und wird dies weiterhin tun. Das Interesse an dem menschlichen Gehirn ist der gemeinsame Nenner all jener, die ich als meine Kollegen und Gefährten betrachte. Meine Tür ist immer offen für diejenigen, die dieses Interesse teilen möchten.

Ned Herrmann

Inhalt

ANHÄNGE

VORWORT

Dieses ist eine persönliche Mitteilung an diejenigen, die ein klareres Verständnis ihres Selbst suchen.

Das Verlangen, die persönliche Identität zu erfahren und zu definieren muß genetischer Natur sein, in die menschliche DNA gewoben, weil es eine Antriebskraft ist, die Menschen in der ganzen Geschichte motiviert hat. Bei der Suche nach einem Verständnis ihrer selbst, einem Sinn dessen, was sie in ihrem Universum sind, fragen sich menschliche Wesen wiederholt "Wer bin ich?", "Warum bin ich, wie ich bin?", "Wer kann ich werden?", "In welche Richtung soll ich gehen?", "Wie kann ich mich ändern?", "Warum bin ich hier?"

Die Suche nach den Antworten, die ein lebenslanger Prozeß ist, nimmt viele Formen an, und diese sind für jeden Menschen anders. Zum Beispiel wollen viele von uns, während wir reifen, mehr über unsere Wurzeln erfahren, nicht nur was unsere Mutter und unseren Vater und deren Eltern angeht, sondern weit zurück reichend in die Genealogie der Familie. "Wer kam vor ihnen?" und "Wie hat das uns beeinflußt?" sind Fragen, die wir beantwortet wissen wollen. Die Kenntnis unserer biologischen Wurzeln ist aber, wie diejenigen bezeugen können, die ihre Vorfahren aufgespürt haben, nur ein kleiner Teil des Wissens darüber, wer wir sind. Für die meisten von uns leitet sich dieses Wissen nicht aus unseren Stammbaum her, sondern von unseren einzigartigen inneren, geistigen, emotionalen und spirituellen Erfahrungen. Die meisten dieser Erfahrungen sind für einen Beobachter gewöhnlich unsichtbar. Sie sind innerlich, privat, zum größten Teil nicht-verbal und oft sogar für uns selbst ein Rätsel.

Aus diesem Grunde ist die Suche nach einem Selbstverständnis eine sehr persönliche. Kein anderer Mensch kann einem von uns "Die Antworten" geben. Wir müssen diese Antworten selbst finden, und sie kommen selten schnell, einfach oder sauber (außer vielleicht im Rückblick). So lange wir leben fügen wir Steinchen an Steinchen.

Bei meiner eigenen Suche nach meinem Platz und meiner Arbeit habe ich einige bemerkenswerte Entdeckungen über das menschliche Gehirn gemacht, und diese haben mein Leben enorm verändert. Was ich gefunden habe, war eine Erklärung für das Doppelleben, das ich für den größten Teil meines langen Lebens geführt habe – mit einem Bein in der Welt der Großunternehmen, und mit dem anderen ebenso fest in der Welt der Kunst und Musik. Die Einsichten in das Gehirn haben als ein Spiegel fungiert, der mir zeigte, wer ich war und warum ich mich so verhielt, wie ich mich verhielt. Das Folgende ist die Geschichte dieser Entdeckung und vieler anderer Entdeckungen, die seitdem gefolgt sind. Ich habe dieses Buch aus mehreren Gründen als eine sehr persönliche Geschichte geschrieben: Erstens ist es so interessanter, sowohl zu lesen als auch zu schreiben. Zweitens sind die Gedanken realer und glaubhafter, wenn Sie sehen, wie sie für mich funktioniert haben. Schließlich hoffe ich, daß Sie in der Geschichte einige Parallelen zu Ihrem eigenen Leben sehen werden, die nützlich sind, um Sie in Ihrer eigenen Suche zu bestätigen und zu stärken.

Ich danke Ihnen für Ihr Interesse. Ich wünsche Ihnen eine aufregende Reise durch das Buch.

Diejenigen unter Ihnen, die ein volleres Verständnis ihres Selbst suchen, ermutige ich, den Herrmann-Fragebogen auszufüllen und zur Auswertung an das Herrmann-Institut Deutschland, Klausenerstr. 4, 6400 Fulda, zu schicken, bevor sie weiter lesen.

Wenn Sie Ihre eigenen, persönlichen Profildaten vor sich haben, werden Sie in die Lage versetzt, die in diesem Buch vorgelegten Konzepte leichter anzuwenden. Sie finden den Fragebogen eingeheftet.

Geleitwort zu Ned Herrmann: Kreativität und Kompetenz – Das einmalige Gehirn

"Das Gehirn ist nicht alles, aber ohne das Gehirn ist alles nichts."

Viele kennen die Geschichte, die passierte, als alle Körperorgane einmal ihre eigenen Wege gehen und nicht mehr als Ganzes zusammenarbeiten wollten. Am Ende funktionierte gar nichts mehr, weil einer ohne den anderen nicht existieren konnte. Nüchtern und naturwissenschaftlich betrachtet, geht all unser Denken, Fühlen und Handeln von der Zentraleinheit Gehirn aus. Sie birgt in sich die wohl wunderbarste und ungewöhnlichste, aber auch unergründlichste Komponente im System Mensch, die es gibt. *Ned Herrmann* möchte Sie zu einer ebenso faszinierenden wie wissenswerten Entdeckungsreise in die Welt des *ganzheitlichen, kreativen Gehirns* anhand seiner vier Quadranten A, B, C und D einladen.

Die Kreativität ist ebenso alt wie der "ho(r)mo sapiens" mit seinem Großhirn. Bereits die ersten Höhlenzeichnungen unserer Vorfahren zeugen von der bildhaften, schöpferischen Vorstellungskraft, die Ned Herrmann heute dem *D-Quadranten* innerhalb seines Modells zuordnen würde. So betrachtet ist auch sein Buch vor-bildlich gestaltet, enthält es doch fast dreihundert Illustrationen, Grafiken und Cartoons. Die letzten beiden Kapitel vermitteln die Motivation und Vision für eine bessere, kreativere Zukunft sowie konkrete Hinweise, was jeder persönlich dafür tun kann.

Das Hirn-Dominanz-Instrument (HDI) von Ned Herrmann stellt ein wirksames Modell dar, die Persönlichkeit und damit Verschiedenartigkeit anderer Menschen besser begreifen zu lernen und zu verstehen. Je nach Größe Ihres *C-Quadranten* wird Ihnen bereits das einen genügend großen Nutzen bieten. In diesem Zusammenhang läßt sich das HDI als Instrument in verschiedenen Bereichen des Human Resources Development oder der Personalentwicklung einsetzen, z. B. bei Berufs- und Gruppenprofilen, Personalauswahl, Team-Management, Selbst-Management und Persönlichkeitsentwicklung.

Ned Herrmann exerziert auch im Aufbau und in der Struktur seines Werkes vor, was dieses an Inhalt vermittelt, nämlich gehirn-gerecht zu arbeiten. Leser mit einem hohen *B-Quadranten* werden deshalb von der äußeren Form des Buches begeistert sein. Systematisch wird Kapitel für Kapitel konsequent nach dem Prinzip "Bilder links – Texte rechts" abgehandelt, und zwar aus folgendem Grunde: Die linke, verbale Hemisphäre nimmt mit dem rechten Auge und die rechte, bildhafte Hirnhälfte mit dem linken Auge Informationen auf; so wird beim Lesen alles gleich ohne Umwege in die richtige Hirnhälfte transportiert.

Ned Herrmanns Modell ist und bleibt metaphorisch angelegt. Auch wenn sich – wie so häufig – die Wissenschaftler noch nicht endgültig über Bau- und Funktionsweise unseres "Bio-Computers" Gehirn geeinigt haben, so sind die Zuordnungen verschiedener Eigenschaften zu den einzelnen Quadranten dennoch statistisch-signifikant an über einer Million Fragebogen verifiziert. Wer will, kann unter starker Aktivierung seines *A-Quadranten* im Anhang den Text von C. Victor Bunderson über die Validierung des Herrmann-Dominanz-Instrumentes entsprechend durcharbeiten.

Ein realistisches ganzheitliches Bild vom HDI und damit vom Gehirn ergibt sich, wenn man einmal alle Hirn-Dominanz-Profile mit Hilfe eines Plotters übereinander ausdrucken läßt. Die Abbildung in Roland Spinolas Einführung auf Seite XVII zeigt Ihnen das Ergebnis für über 6 000 bisher im deutschsprachigen Raum ausgewerteten Profile: Die fast schwarze Fläche läßt eine ebenso absolute wie relative Gleichverteilung und zugleich Zusammenfassung aller verschiedenen Hirn-Dominanz-Profile erkennen. Daraus kann man folgern – für uns gleichzeitig Vision und Inspiration:

Wir alle zusammen sind ein Gehirn, alle Menschen bilden das umfassende Gehirn!

Vieles deutet darauf hin, daß unser Gehirn weitaus vielschichtiger ist, als wir es uns heute vorstellen können. Die Neurologen stellen bereits das Gehirn als das komplexeste System im bekannten Universum dar. Von Megabrain über Multimind bis Mind Machines boomt dieses Gebiet geradezu, auch im populärwissenschaftlichen Bereich. Um so mehr ist die deutschsprachige Ausgabe des Werkes von Ned Herrmann zu begrüßen. Das Buch zeigt Ihnen auf ebenso kompetente wie anschauliche Weise, wie Sie den synaptischen Dschungel des phänomenalen "Bio-Computers" Gehirn besser durchdringen sowie für sich und Ihre Ziele nutzen können. Mit *Ned Herrmann* haben Sie zudem einen Fremdenführer an Ihrer Seite, der die Welt des Gehirns zu seinem Lebenswerk gemacht hat. Dies werden Sie sehr oft spüren, auf nahezu jeder Seite. Und davon können Sie nur profitieren, wenn Sie Ihre Erkenntnisse aus diesem Gehirn-"Brockhaus" auch für sich umsetzen wollen, und zwar für Ihr ganzhirniges = ganzheitliches Er-leben. Auch dazu gibt Ihnen der Autor vielfältige Hinweise.

Ich wünsche Ihnen viel Mut und Freude, noch den einen oder anderen weißen Flecken in *Ihrer* Gehirnlandschaft zu entdecken.

Taunusstein, im Frühjahr 1991 Prof. Dr. *Lothar J. Seiwert*

Das metaphorische Bild unseres ganzen Hirns

Kreativität und Kompetenz: Jeder Mensch ist einmalig

Eine Einführung von Roland Spinola
Herrmann-Institut Deutschland

Picasso sagte einmal, daß es lange dauere, bis man jung werde. In diesem verblüffenden Satz liegt eine tiefe Einsicht: Es existiert eine Kompetenz in uns Menschen, über die wir als Kinder noch verfügen, die in den Industriegesellschaften vorherrschenden Ausbildungen nur zum Teil angesprochen werden. Das experimentelle, durchaus spekulative, kreative Selbst in uns hat nicht den ihm gebührenden Platz.

Das Wort "Kreativität" taucht immer häufiger auf, wenn es darum geht, Lösungen für die drängenden Problem unserer Zeit zu finden. Dabei geht es nicht um künstlerische Kreativität, auch nicht um den plötzlichen Einfall, den Gedankenblitz, sondern um Innovation, d.h. angewandte Kreativität.

Wir brauchen neue Ansätze, die über das rational-technologische Denken des industriellen Zeitalters hinausführen. Die Wissenschaft, allen voran die Physik, hat diesen oft als Paradigmenwechsel bezeichneten Vorgang schon weitgehend eingeleitet. Viele Menschen beschäftigen sich immer mehr mit Fragen, die über das rein Rationale hinausgehen, wie die immer stärkere Hinwendung zu esoterischem Denken zeigt. "Es gibt mehr Dinge im Himmel und auf Erden, als sich eure Schulweisheit träumen läßt" ist dabei für viele schon zur selbstverständlichen Gewißheit geworden.

In den Führungsetagen von Industrie und Wirtschaft beobachtet man dagegen ein merkwürdig ängstliches Festhalten an Methoden, die in der Vergangenheit nützlich waren, heute aber überholt sind. Der Bewußtseinswandel, der notwendig ist, wenn wir unsere Kreativität stärker nutzen wollen, wird damit aus Bereichen herausgehalten wo er dringend gebraucht würde.

Einige Beispiele für solche überholten Ansätze:
Der Taylorismus hat die Arbeit segmentiert und rationalisiert, um sie dann an den Menschen zurück zu delegieren; Frederick Taylor nannte das "wissenschaftliches Management" (in seinem Buch "The Principles of Scientific Management"). Konsequenterweise werden bei diesem Vorgehen gleichartige Menschen gebraucht, zum Beispiel am Fließband oder im Schreibsaal. Jede Eigenständigkeit des arbeitenden Menschen war eher lästig.

Ein anderes überholtes Konzept, ist das des wohlmeinenden, patriarchalischen Managers, der nach dem Prinzip handelt: "Tu deine Arbeit gut, so wie ich es dir aufgegeben habe und überlaß die Entscheidungen mir. Ich werde, als Gegenleistung, dafür sorgen, daß es dir an nichts fehlt und du Arbeit und Auskommen hast". Die meisten "Management by ..."-Lehren sind auf dieser Maxime aufgebaut. Auch hier ist der "einzigartige" Mensch eher lästig.

Und ein letztes Beispiel:
Um die Arbeit großer Menschenmengen richtig organisieren, steuern und kontrollieren zu können, brauchen wir eine Macht- und Kontrollhierarchie. Das Modell ist die Übertragung militärischen Denkens in die Wirtschaft. Ähnlich wie in einer Armee brauchen wir auch hier als "Soldaten" möglichst gleichartige Menschen, bei denen

wir dann etwa noch vorhandene Individualität durch eine Uniform wenigsten äußerlich verwischen. Welches größere Unternehmen hat nicht auch heute noch seine "Kleiderordnung", auch wenn sie nirgendwo festgeschrieben ist.

Diesen drei Beispielen gemeinsam ist die Verkennung des Wertes, der in der Einzigartigkeit des einzelnen Menschen liegt. Seine Einzigartigkeit erlaubt es ihm, authentisch zu sein, autonom und ohne die Notwendigkeit, Erwartungshaltungen zu entsprechen, die durch Ideologien, Gruppendruck oder andere äußere Zwänge auf ihn ausgeübt werden.

In immer stärkerem Maße beanspruchen Menschen,"ernst" genommen zu werden, d.h. in einer Umgebung zu arbeiten, die ihre Einzigartigkeit anerkennt, die auf ihre eigenen Zielsetzungen Rücksicht nimmt, ja, sie zum wesentlichen Bestandteil der gemeinsamen Ziele macht.

Lutz von Rosenstiel hat über die Einstellung junger Akademiker eine Untersuchung angestellt, über die "Der Spiegel" in seiner Ausgabe 16/89 berichtet. Danach ist die größte von drei Gruppen (45%) so gekennzeichnet:
".. alternativ engagierte Typen", "skeptische Querdenker", "Postmaterialisten", "selbstbewußte Protesthaltung", aber auch: "hoch motiviert und leistungsbereit".

Die zweite Gruppe (23%) waren die Karrieristen, bei denen der Aufstieg um jeden Preis im Mittelpunkt des Lebensinteresses steht. "Im Unternehmen, so die Forscher, sei dieser Typ pflegeleicht: Er will, was er soll" und "...passen in jenes Klischee, von dem Personalchefs gemeinhin träumen" (Zitiert nach dem SPIEGEL-Bericht).

Die restlichen 32% repräsentieren den unauffälligen Berufsanfänger, der mit einer "freizeitorientierten Schonhaltung" dem Leben entgegentritt. Von dort ist nicht viel Leistung, Eigeninitiative und Kreativität zu erwarten.

Danach müssen wir eher bei den "skeptischen Querdenkern" suchen, wie auch der Bericht von Lutz von Rosenstiel zeigt.

Meine eigenen Untersuchungen decken sich mit diesen Ergebnissen. Bei der Arbeit mit jungen Berufsanfängern, die ich alle der ersten Gruppe zuordnen würde, stellte sich klar heraus: Leistung wird gewollt, aber sie muß sich in einem Rahmen vollziehen, den man selber mitgestaltet hat. Engagieren will man sich nur noch, wenn man sich mit dem Sinn der Arbeit und den Zielen, die damit erreicht werden sollen, identifizieren kann. Dabei wird anerkannt, daß die eigenen Vorstellungen nicht a priori mit denen der Kollegen übereinstimmen müssen: Aus der Differenziertheit, aus unterschiedlichen Auffassungen, ergibt sich ein Reichtum an Ideen, Meinungen und Vorschlägen, die schließlich zu Synergie führen.

Im IBM Jugendpanel 1990 liest sich das so:

Die Tätigkeit muß Spaß machen.
Die Kollegen sollen nett sein.
Viel Kontakt mit Menschen.

Diese in Platz 1–3 benannten Bedingungen sind beiden Befragtengruppen sehr wichtig. (Es wurden Jugendliche in der BRD und der ehemaligen DDR befragt).

Das Ende des Taylorismus

Das ist neu und vielen, die im Materialismus der 50er Jahre geprägt wurden und heute an den Schaltstellen der Macht und des Einflußes sitzen, fällt es schwer, diesen Wertewandel zu erkennen. Noch schwerer wird es dann, danach zu handeln: Loszulassen, Macht und Kontrolle abzugeben und Prozesse zuzulassen, deren Verlauf und Ergebnis man nicht mehr in der Hand hat.

Der Taylorismus ist tot – wir können die zu leistende Arbeit nicht mehr genau analysieren, sie in kleinste Einheiten aufteilen, die wir dann an den Menschen zurückdelegieren. Dafür sind die Aufgaben in einer hochmodernen Industriegesellschaft zu komplex geworden und die Änderungen zu rasant. Immer weniger Menschen lassen sich patriarchalisch behandeln. Auch Hierarchie wird immer stärker hinterfragt: Es bilden sich informelle Netzwerke und der Widerstand steigert sich bis zum offenen Boykott.

Wir haben in unserem Land keine Bodenschätze mehr aus der Erde zu buddeln, die uns Wohlstand bringen könnten und wir sind im Zweifel auch nicht bereit, länger und härter zu arbeiten als z.B. die Menschen in Taiwan. Hohe Produktivität, die unseren Lebensstandard sichern soll, kann also nur aus unserer Kreativität, aus Innovationen kommen – und die wiederum nur aus der unterschiedlichen Einzigartigkeit vieler Gehirne.

Konosuke Matsuhita, Vorstandsberater der Matsushita Electric Industrial Co., Japan, hat dem industriellen Westen das schon 1979 ins Stammbuch geschrieben; hier sind einige Zitate aus einer Veröffentlichung, die mit "Aus dem Stegreif" überschrieben ist:

"Wir stehen jenseits des Modells von Taylor: Unternehmertum – das wissen wir – ist heute so komplex und schwierig, das Überleben der Unternehmen in einer zunehmend unvorhersagbaren Umweltentwicklung so gefährdet, voller Konkurrenz und Gefahren, daß der fortwährende Bestand von der tagtäglichen Mobilisierung jedes Gramms an Intelligenz abhängt".

"Nur, wenn wir die kombinierte Kraft der Gehirne aller Mitarbeiter nutzen, können wir die Turbulenz und die Bedrohungen der heutigen Umwelt in den Griff bekommen."

Wie die "Kraft der Gehirne aller Mitarbeiter" am besten mobilisiert wird, das ist sicher in West und Ost unterschiedlich; entscheidend ist, daß diese Mobilisierung stattfindet.

Und da bleibt, zumindest in Deutschland, doch noch einiges zu tun. Wenn man die bisherigen Bemühungen betrachtet, hat man den Eindruck, daß vieles sehr naiv angegangen wurde.

"Der Mensch steht im Mittelpunkt" ist ein solcher naiver und inhaltsleerer) Ansatz. Dort, wo er nicht zynisch abgetan wurde ("... im Mittelpunkt und damit allen im Wege!"), wurde er als Suche nach mehr Streicheleinheiten mißverstanden: "Wir müssen mehr mit den Leuten reden, mehr Informationen geben, sie nach ihrer Meinung fragen", aber nur wenige sind bereit, vom hierarchischen Podest herunter zu kommen und das gutgemeinte patriarchalische System aufzugeben.

So lautete eine der fünf Prioritäten für 1990 in einem deutschen Großunternehmen: "Besser zuhören und erklären". Das aber ist für viele zu wenig: Gehört werden

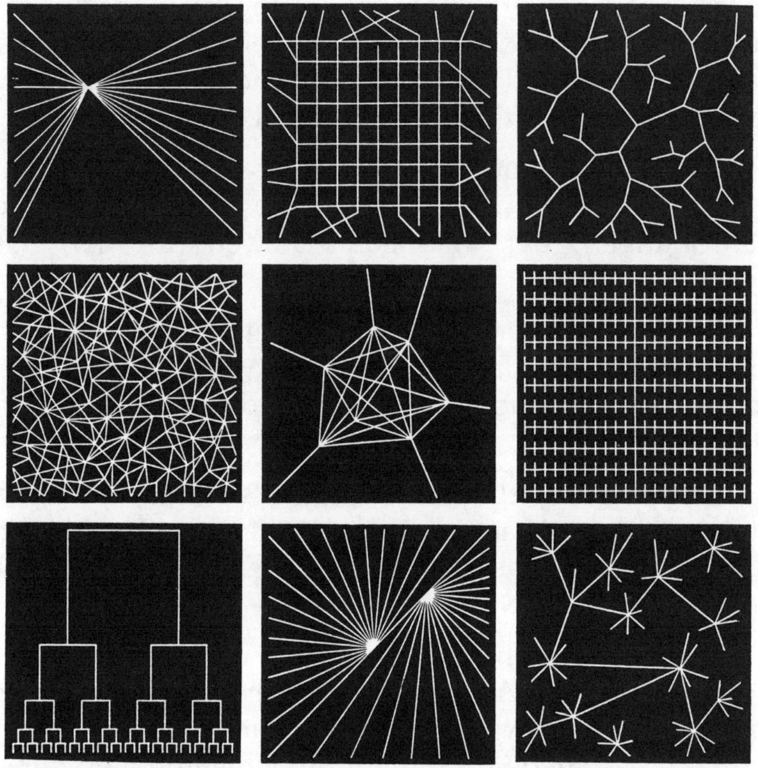

Netzwerke

und etwas erklärt zu bekommen schafft bestenfalls zufällig die Übereinstimmung zwischen eigenen Zielen und dem, was das Unternehmen will. Kaum einer wird sich stärker bei einer für ihn sinnlosen Tätigkeit einsetzen, nur weil er gesagt bekommt, wie sich sein Beitrag in ein Gesamtkonzept einordnet.

Für den tayloristischen Ansatz mag das etwas bringen, vielleicht etwas bessere "Stimmung", die, gekoppelt mit mehr Geld und weniger Arbeitszeit, eine Zeitlang dafür sorgt, daß der natürliche Konflikt zwischen den Zielen der Mitarbeiter und denen der Organisation nicht zu deutlich wird. Auf die Dauer ist damit aber eine Identifikation des Mitarbeiters mit den (vorgegebenen) Zielen seiner Aufgabe nicht zu erreichen.

Von Querdenkern und Einzigartigkeit

Aus den beiden zitierten Untersuchungen über die Einstellung junger Leute (L. v. Rosenstiel und IBM Jugend-Panel) geht deutlich hervor, daß "hohes Einkommen" und "kürzere Arbeitszeit" keinen hohen Stellenwert in der Werteskala haben. Viele Protagonisten des "liebevollen Management", von Spöttern auch "Schmuse-Management" genannt, waren dann auch enttäuscht, wenn die stärkere Hinwendung nicht die erhoffte Zustimmung brachte. Und viele Mitarbieter sind dadurch in die "innere Emigration" gewandert, die dadurch gekennzeichnet ist, daß die (unterschiedliche) Einzigartigkeit verleugnet wird, aufgespart für die Zeit außerhalb des Arbeitsplatzes.

In der Rosenstiel-Untersuchung zeigte sich daß die große Gruppe der "skeptischen Querdenker" sich kaum in der Industrie von heute durchsetzen kann: 27% kündigten innerhalb eines Jahres – und eine große Zahl dieser "Alternativen" sind die Unternehmer von morgen: Sie machen sich selbstständig. Ein anderer Ausweg aus dem Frust ist die Anpassung: Diese Mitarbeiter wechseln ins Lager der "freizeitorientierten Schonhaltung" und stellen fortan ihre Kreativität Aufgaben außerhalb des Unternehmens zur Verfügung. So entstehen dann große Gruppen von Mitarbeitern, die innerlich gekündigt haben.

Die echten Kündigungen, so alarmierend sie sind, werden nach meinen Beobachtungen merkwürdigerweise von vielen Personalabteilungen nicht ernst genommen – ganz einfach, weil sie sich in der Fluktuationsrate rein rechnerisch nicht genügend dramatisch niederschlagen.

Nun sind Unternehmen natürlich offene Systeme und die Notwendigkeit den Wertewandel auch in der Organisation zu vollziehen, wird von vielen erkannt, zumal die Hinweise darauf in der Managementliteratur nicht mehr zu übersehen sind.

Aber das retardierende Moment, das Beharrungsvermögen ist doch sehr groß. "Warum etwas ändern, was in der Vergangenheit so gut funktioniert hat," – sagen sich diejenigen, die mit den alten Paradigmen an die Macht gekommen sind – und heute noch dort sitzen; die Topmanager von heute sind ja die Erfolgreichen von gestern. Loslassen, und darum geht es hier, ist mit Ängsten verbunden, die häufig in Aktionismus ihr Ventil finden. Noch stärkere Rationalisierung, mehr Kontrolle, noch engere Zielvorgaben und feiner abgestufte "Incentives", noch detaillierte Information und vielleicht eine neue "Management by . . ."-Methode: Alle in der Vergangenheit erfolgreichen Rezepte werden noch mal zu Hilfe gerufen.

So entsteht das, was Michael McGill besonders bei "Corporate America" bemerkt: Der "Quick Fix". McGill nennt in seinem Buch "American Business and the Quick Fix" Beispiele für "Patentrezepte", die von hilfesuchenden Managern aufgegriffen wurden: The One-Minute-Manager, Theory X – Theory Y, Management by Objectives, Managerial Grid, Participative Management. Sie alle hatten ihre Hoch-Zeit in Deutschland – und haben es teilweise noch.

Dabei ist die Kritik an diesen Methoden und Modellen selbst meist unangebracht: Zum "Quick Fix" sind sie durch Ihre unkritsche und mechanistische Anwendung geworden – nicht weil ihr Ansatz falsch war. Solange die Mitarbeiter nicht als einzigartige, autonome und authentische Individuen wahrgenommen und behandelt werden, hilft keine noch so ausgeklügelte Technologie der Beeinflussung.

Unternehmenskultur und Kreativität

Seit einigen Jahren hat man die Bedeutung der Unternehmenskultur entdeckt. Dort wo sie nicht zur durchgestylten Corporate Identity verkommen ist oder als Alibifunktion für das Verkünden neuer Anweisungen mißbraucht wird, kann das Nachdenken über die gemeinsame Programmierung aller im Unternehmen Tätigen interessante Einblicke geben.

Schauen wir uns an, was Edgar Schein in seinem Aufsatz "Coming to a New Awareness of Organisational Culture" (Sloan Management Review, Winter 1984) über Unternehmenskulturen zu sagen hat.

Zunächst definiert er sie so:

"Firmenkultur ist das Muster von Grundannahmen, die eine Gruppe erfunden, entdeckt oder entwickelt hat, um zu lernen, mit den Problemen der externen Adaption und der internen Integration fertig zu werden und die gut genug funktioniert haben, um als gültig betrachtet und daher neuen Gruppenmitgliedern als korrekt beigebracht zu werden in Verbindung mit solchen Problemen wahrzunehmen, zu denken und zu fühlen".

Da ist zunächst von Vorgaben durch das Management nichts zu finden; Unternehmenskultur wird hier als kollektive Selbstprogrammierung dargestellt. Edgar Schein beschreibt dann zwei unterschiedliche Kulturen, von denen sich die erste so darstellt:

"Ideen kommen letztlich von Einzelnen; die Menschen sind verantwortungsbewußt, motiviert und in der Lage, sich selbst zu steuern. Wahrheit kann jedoch nur aus Auseinandersetzungen pragmatisch entstehen, durch Infragestellen in der Gruppe. Solche Auseinandersetzungen sind möglich, weil die Mitglieder der Organisation sich selbst als Familie begreifen, in der man füreinander sorgt. Das macht es letztlich ungefährlich zu kämpfen und zu konkurrieren."

Den zweiten Typ der Unternehmenskultur beschreibt Schein so:

"Wahrheit kommt letztlich von älteren, weiseren und gebildeteren Mitgliedern mit höherem Status. Menschen sind in der Lage loyal und diszipliniert Anweisungen auszuführen. Beziehungen sind grundsätzlich gradlinig und vertikal. Jeder hat eine Nische, die sein Territorium darstellt, in das niemand eindringen kann und die Organisation ist eine einzelne Einheit, die für ihre Mitglieder sorgt."

Auch das Verhalten in den beiden Typen von Unternehmenskultur wird von Schein charkterisiert:

"In der ersten Organisation kann man meistens Großraumbüros finden, wenige Büros mit geschlossenen Türen, eine große Betriebssamkeit, intensive Gespräche und Auseinandersetzungen und eine informelle Atmosphäre. In der zweiten Organisation liegt eine Stille in der Luft, jeder ist in einem Büro mit geschlossenen Türen. Nichts geschieht ohne Verabredung und festgelegte Agenda. Wenn Leute unterschiedlicher Rangstufen sich treffen, erlebt man regelrechte Ergebenheitsrituale und Gehorsam und eine Atmosphäre von Formalität durchdringt alles."

Obwohl beide Organisationen, so verschieden sie auch sind, der US-amerikanischen Kultur entspringen, scheint mir, daß die erstere wesentlich besser in der Lage ist, die neue Generation zu integrieren, während die zweite eher die ins Alter gekommene Leistungsgesellschaft darstellt – so ungefähr stellte man sich wohl das "Establishment" vor, als das Wort noch in Mode war. Für beide Organisationen gibt es auch in Deutschland typische Beispiele.

Wenn die Annahme stimmt, daß der erste Typ für die Förderung von Kreativität und Identifikation mit den Zielen des Unternehmens besser geeignet ist, dann brauchen wir den autonomen Menschen, der sich seiner Einzigartigkeit bewußt ist, und diese Einzigartigkeit auch dem jeweils anderen zugesteht. Dann müssen wir den vielbeschworenen Teamgedanken endlich durchsetzen und aufhören, Mitarbeiter an einem Idealbild zu messen, das entweder der Struktur der jeweiligen Führungskraft entspricht oder von einer idealtypisch definierten Unternehmenskultur vorgegeben wird.

Ned Herrmann hilft uns mit seinem Modell, auf diesem Weg ein gutes Stück weiterzukommen. Das Herrmann Dominanz Instrument, die wohl wichtigste Anwendung des Modells, hilft uns, im Wege der Selbstanalyse das Muster unserer Denk- und Verhaltenstile zu erkennen und in einem sogenannten Dominanz-Profil darzustellen und damit vergleichbar zu machen.

Herrmanns Botschaft nach der Analyse von über einer Million Fragebogenauswertungen ist in diesem Buch klar und deutlich formuliert:

Jeder von uns ist einzigartig in der Bevorzugung, Nutzung oder Vermeidung bestimmter Denk- und Verhaltenstile. Diese Dominanz ist natürlich, teils angeboren, teils anerzogen und zunächst wertfrei: Es gibt keine "guten" oder "schlechten" Profile.

Aber unsere Dominanz hat Konsequenzen! Wie wir mit anderen umgehen, als Lebenspartner oder als Arbeitskollege, wie wir unsere Kreativität entfalten und wie wir lernen - alles das wird durch das Muster unserer Bevorzugungen und Vermeidungen bestimmt. Wenn wir uns diese Muster bewußt machen, können wir sie gezielt einsetzen. Wir können uns aber auch ändern und das bedeutet: Wir können wachsen.

Einzigartigkeit und Kompetenz im Team

Als ich zum ersten Mal den Fragebogen zum Herrmann Dominanz Instrument ausgefüllt hatte und mein Profil sah, habe ich mich nicht nur in der Profildarstellung wiedererkannt, sondern auch eine beruhigende Gewißheit aus dem Bild gewonnen. "So bin ich, ich bin einzigartig und ich möchte diese Einzigartigkeit leben".

Aus dieser Sicherheit heraus erwächst auch Kompetenz: Man setzt verstärkt seine Präferenzen ein und versucht Aufgaben zu vermeiden, von denen man weiß, daß ihre Bearbeitung "keinen Spaß" macht. Das ist in unserer arbeitsteiligen Wirtschaftswelt viel häufiger möglich, als man zunächst annimmt.

Dies gilt erst recht für ein Team, wenn es aus Mitgliedern mit heterogenen Denk- und Verhaltensmustern aufgebaut ist. Diese Anwendung des Herrmann Dominanz Instruments ist in Deutschland besonders häufig. Solche heterogenen Teams sind zwar schwieriger zuführen und haben größere Schwierigkeiten bei der Zusammenarbeit als Gruppen, in denen die meisten Mitglieder ähnlich denken und handeln. Aber die Analyse erfolgreicher Teams, zum Beispiel in der Produktentwicklung, hat gezeigt, daß sie heterogen sind. In diesen Teams findet sich für jede Aufgabe jemand, dem die dafür notwendigen Denkstrukturen besonders liegen, und aus der Auseinandersetzung unterschiedlicher Ansätze und Vorgehensweisen ergeben sich kreative, neue Lösungen.

Das HDI wird in Deutschland seit 1983 angewandt. Es begann damit, daß das Modell als Metapher für unterschiedliche Arten von Kreativität diente. Im Rahmen von Seminaren und Vorträgen über die Barrieren kreativen Denkens versuchte ich meinen Zuhörern zu zeigen, daß Kreativität jeden der vier Quadranten des Modells braucht, wenn aus Ideen Innovationen entstehen sollen. In den ersten Jahren war es vor allem die Firma Hewlett Packard, die ihre Mitarbeiter in dieser Weise weiterbildete.

Später kamen mittelständische Firmen dazu, in denen oft alle Mitarbeiter den Fragebogen ausfüllten und zur

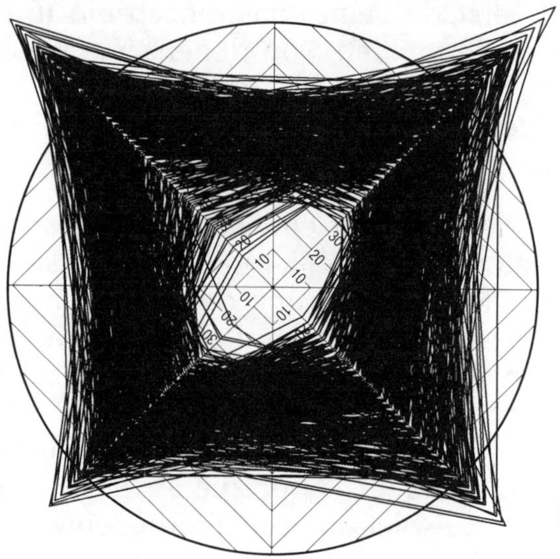

IBM-Profile

Siemens-Profile

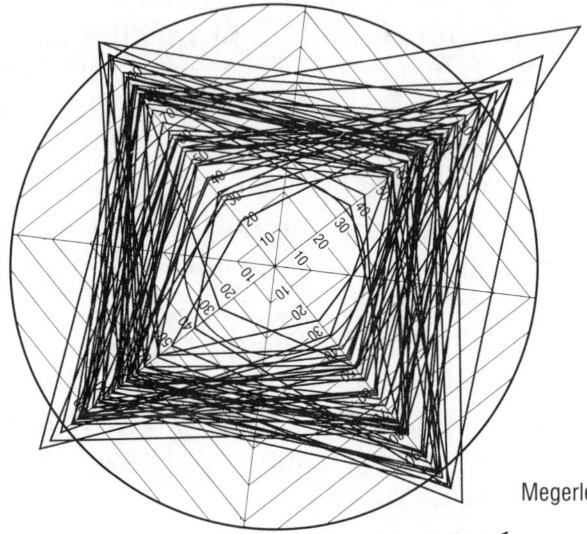

Megerle-Profile

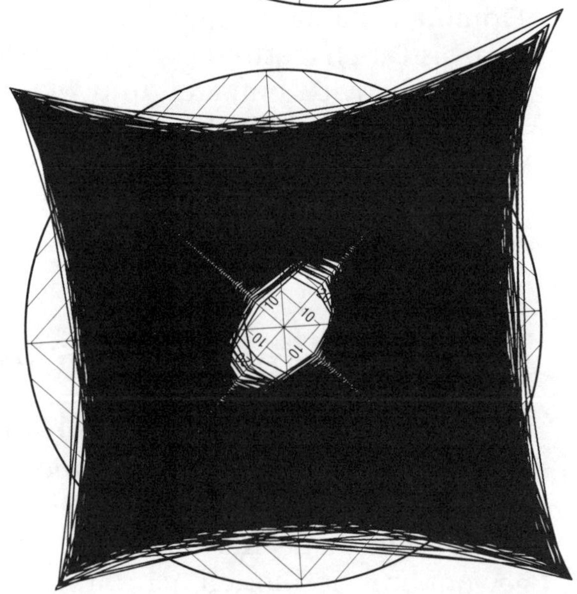

Hewlett Packard Profile

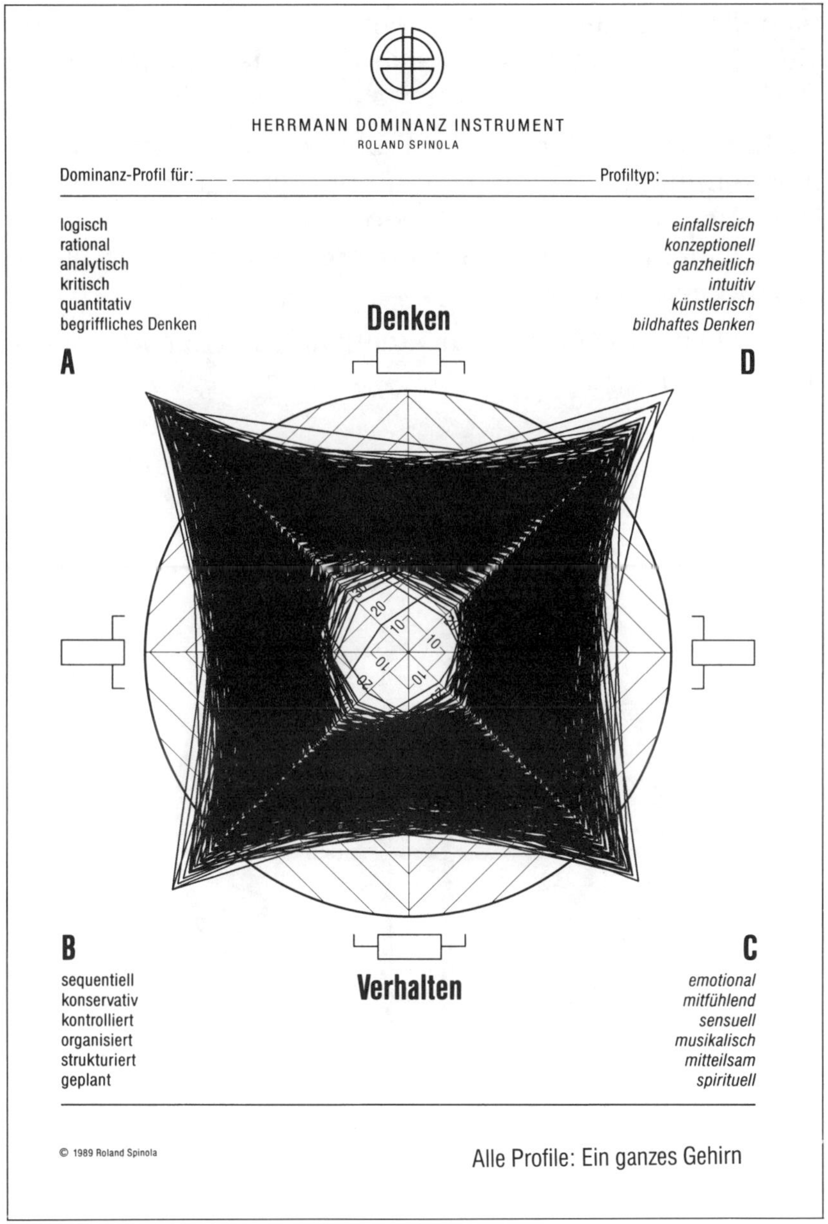

Alle Profile: Ein ganzes Gehirn

Auswertung einschickten. Obwohl das Ergebnis dem Einzelnen immer im verschlossenen Umschlag zurückgegeben wird, gibt es viele Beispiele von Mitarbeitern, die sich gegenseitig ihre Profile zeigten und über die Folgerungen diskutierten, die sich daraus für die Zusammenarbeit ergeben. Bei der Firma Rainer Megerle AG in Nürnberg ging die Belegschaft noch einen Schritt weiter: An jeder Bürotür hängt neben dem Mitarbeiter-Namen die Darstellung des Dominanz-Profils - und das gilt natürlich auch für Rainer Megerle selbst!

Das Instrument wurde außerdem bei vielen internen Weiterbildungsmaßnahmen der IBM Deutschland eingesetzt. Interessant war dabei die Bestätigung dessen, was Ned Herrmann über berufsbezogene Profile sagte: Manager der Produktion, Mitarbeiter des Vertriebs, Verwaltungsfachleute, Trainer und Dozenten oder Mitarbeiter aus der Werbung: Sie alle haben ihr typisches "Stammes"-Profil (wie Ned Herrmann solche Gruppierungen nennt).

Besonders schön trat diese "Stammeszugehörigkeit" bei der Auswertung von 109 Fragebögen von Teilnehmerinnen eines Sekretärinnenkongresses zu Tage.

Im Juni 1987 konnten im Rahmen einer Aktion der Zeitschrift CAPITAL bereits Konsequenzen aus dem Wissen über berufsspezifische Profile gezogen werden. Unter der Überschrift: "Was kann ich" wurde der Fragebogen zum Herrmann Dominanz Instrument veröffentlicht und innerhalb von 1,5 Monaten konnten über 10.000 Einsender erfahren, welches Dominanzprofil sie haben und welche Schlußfolgerungen sie daraus für ihre Berufswahl ziehen konnten - der Beitrag wandte sich an junge Leute vor dem Eintritt ins Berufsleben.

The World is a whole Brain

Inzwischen wird das Instrument von vielen Trainern in Seminaren und Workshops eingesetzt und die Erkenntnisse aus diesen Auswertungen bestätigen eine andere Aussage von Ned Herrmann: Die Welt als ganzes ist ein ganzheitlich arbeitendes Gehirn. Gerade für Trainer ist das von enormer Bedeutung: Sie müssen bei ihrer Arbeit davon ausgehen, daß ihnen in ihren Seminaren und Workshops ein "ganzes Gehirn" gegenübersitzt. Konsequenterweise sollten sie ganzheitliches Training anbieten: Vermittlung von Faktenwissen muß ebenso seinen Platz haben wie Visuelles und Konzeptionelles. Gruppendynamische Übungen sind ebenso wichtig, wie es Vorlesungen oder Gespräche sind, in denen das begriffliche Denken seinen Vorrang hat.

Die Erkenntnisse, die das Modell von Ned Herrmann für die Weiterbildung von Erwachsenen liefert, kann gar nicht überschätzt werden. In einer Zeit, in der der Umschlag von Wissen und Können für immer mehr Menschen immer rascher erfolgt, ist es von großer Bedeutung, den individuellen Lernstil zu kennen. Jeder hat, ausgehend von seinen bevorzugten Denkstilen, seine bevorzugten Lernerfahrungen; darauf muß bei der Schulung geachtet werden, wenn man eine hohe Effizienz erreichen will.

Lassen Sie mich den Kreis schließen, und kehren wir nocheinmal zu der Frage der Unternehmenskultur zurück. Wenn man die Profile einer Gruppe, einer Abteilung oder einer ganzen Firma zusammen auf einem Blatt darstellt, zeigt dieses Gruppenprofil die Summe der Denk- und Verhaltensstile der dort arbeitenden Menschen. Sie sehen auf der vorigen Seite Beispiele für die Firmen IBM, Hewlett Packard, Siemens und Megerle. In allen vier Firmen unterscheiden sich die Unternehmenskultur stark.

Aber eins ist allen diesen Profilen gemeinsam: Zusammengenommen ergeben sie immer ein "ganzes Gehirn". Die Summe einer Vielfalt von einzigartigen und sehr unterschiedlichen Präferenzen ergeben erst eine ganze funktioniernde Einheit.

Hier liegt eine Quelle für Kreativität, aus der wir schöpfen können.

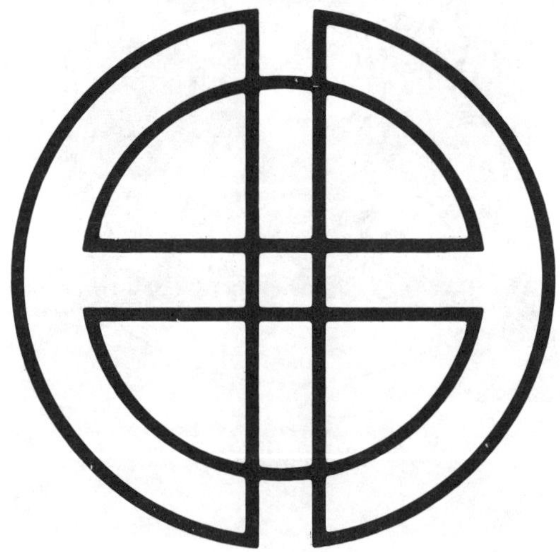

EINLEITUNG

Kreativität und Kompetenz – Das einmalige Gehirn erzählt die Geschichte dessen, was ich als mein Lebenswerk betrachte: Auf sehr praktische Weise zu lernen und zu lehren, wie das Verständnis des Gehirns unsere Kreativität, Erziehung, Kompetenz, Kommunikation, Beziehungen, Elternrolle, unseren Führungsstil, unsere Produktivität und unser Selbstverständnis verbessern kann, um nur einige wenige Dinge zu nennen.

Obwohl ich dem Begriff *Hirndominanz* erst vor kurzem gelernt habe, habe ich mehr als 50 Jahre aktiv über den Gegenstand nachgedacht, durch eine Reihe sich in ungewöhnlicher Weise überlappender Lebenserfahrungen: 35 Jahre bei General Electric, in einer Vielzahl von Personal- und Produktions-Managementpositionen, 12 davon als Planer und Lehrer in Management-Fortbildungsprogrammen, 30 Jahre als aktiver Sänger/ Schauspieler, 24 Jahre als professioneller Künstler und, in jüngster Zeit, 6 Jahre als Chef meiner eigenen Firma.

Auf der Grundlage meiner eigenen Erfahrung und der vieler anderer weiß ich, daß die Lektionen, die dieses Buch über die Kreativität und das Gehirn bietet, für alle Gebiete menschlichen Bestrebens in gleicher Weise gültig sind. Die meisten Beispiele stammen aus der Welt der Unternehmen und der Kunst, weil ich darüber am besten Bescheid weiß. Erfolgreiche Anwendungen meiner Arbeit sind aber auf mehr als 30 Gebieten außerhalb meiner eigenen, persönlichen Schwerpunkte zu finden, und wenn meine Erfahrung im öffentlichen Schulwesen, dem Dienst der Regierung, der Kommunikation, oder in einem anderen Beruf gewesen wäre, hätten sich gleichermaßen gültige Beispiele ebenso leicht finden lassen. Sie können also meine Beispiele sicher und frei so übersetzen, daß sie auf Ihre eigenen Interessengebiete passen.

Ich habe versucht, beim Schreiben über die Kreativität und das menschliche Gehirn kreativ zu sein. Daher ist das entstandene Buch im Format, Inhalt und Vorgehensweise anders als andere Bücher über das gleiche Thema. Insbesondere tut es Dinge, die viele andere Werke nicht tun:

- Es enthält das Herrmann Hirn-Dominanz-Instrument (HDI), das Sie zu einem vollständigen Bericht über Ihr persönliches Hirndominanzprofil berechtigt. Allein dieser Bericht, der normalerweise so viel kostet wie dieses Buch, war für viele tausend Menschen von unschätzbarem Wert.
- Es verfolgt die historische Entwicklung meiner Theorie über die Arbeitsweise des spezialisierten Gehirns.
- Es erklärt das metaphorische Vier-Quadranten-Modell der Hirndominanz und seine Herleitung deutlich, und es enthält umfangreiche Untersuchungen, die es validieren.
- Es bietet Einsichten in die Einflüsse der Hirndominanz auf das menschliche Verhalten. Auf der Grundlage von mehr als einer Million ausgefüllter Fragebogen, und hunderter Werkstatt-Erfahrungen, besitzen diese Einsichten Bedeutung für jeden Menschen in jeder Umgebung – als Individuum, in Gruppen, in Familien, in Unternehmen und in einer breiten Vielfalt menschlicher Bestrebungen.
- Es beschreibt einen erprobten, kreativen Problemlösungsprozeß, ausgedrückt im Sinne der Hirnquadran-

ten und auf der Grundlage jahrzehntelanger Erfahrungen.

- Es definiert Themen der Innovation, Motivation und Produktivität – in Unternehmen – auf eine Art und Weise, die eindeutig auf eine Lösung hinweist.
- Es bildet die Quelle der Kreativität, zeigt auf, daß Kreativität sehr wohl in der Reichweite von jedermann mit einem gesunden Verstand und dem Wunsch nach Kreativität ist, und es bietet ein reichhaltiges Arsenal von Möglichkeiten zur Steigerung Ihrer eigenen Kreativität.
- Es stellt eine neue Grundlage für das Verstehen des Selbst zur Verfügung und bietet eine neue Definition des Normalen an.

Hätte ich das Buch vor zehn Jahren geschrieben, als das Aha! des Konzepts der Hirndominanzen zuerst in meinem eigenen Gehirn explodierte, wäre die Handlung einfacher und eingeschränkter gewesen – weniger durch die Unzahl der Anwendungsgebiete kompliziert, die sich ergeben haben. Das frühe Publikum wäre auf diejenigen beschränkt gewesen, die an neuen Informationen über die Spezialisierung des Gehirns und an den psychometrischen Validierungsstudien interessiert waren.

Aber jetzt, weil so viele Leben von diesem neuen Wissen über die Gehirnfunktion berührt wurden, ist das heutige Publikum so erweitert, daß ein großer Teil der breiten Öffentlichkeit einbezogen ist. Und das ist ein Dilemma! Wie drückt man ein technisches Thema in Laien-Begriffen für ein jeweils ganz anderes Publikum aus, das unterschiedliche Interessen hat? Freunde, Kollegen und Lektoren haben mir geraten, mein Publikum zu beschränken. Aber wen sollte ich auslassen? Eltern, die nach Möglichkeiten suchten, ihre Kinder zu verstehen? Erzieher, die nach Wegen suchen, die Klassen wieder zu beleben? Künstler, die darum kämpfen, die geschäftliche Seite der Kunst zu meistern? Führungskräfte auf der Suche nach Möglichkeiten, ihre Firma kreativ zu machen?

Manager, die versuchen, die Arbeit lohnender zu machen? Menschen, die sich selbst suchen? Ich konnte eine solche Wahl nicht treffen, also habe ich beschlossen, zu Ihnen allen zu sprechen.

Teilweise aus diesem Grund ermutige ich Sie bei der Lektüre dieses Buches mit dem zu beginnen, was Sie am meisten interessiert, so wie ich auch beim Schreiben vorgegangen bin. Es hat natürlich Vorteile, wenn sie das Buch von vorne nach hinten durchlesen. Der wichtigste ist, daß Sie aus meinen Erfahrungen lernen werden. Sie werden ein Gespür dafür bekommen, wie sich Kreativität im Leben eines Menschen entwickeln kann, und Sie werden die Kreativität in allen Phasen an der Arbeit sehen.

Um Ihnen bei der Entscheidung, wie Sie das Buch lesen wollen, behilflich zu sein, gebe ich hier einen kurzen Überblick. Die ersten drei Kapitel stellen die physiologische Voraussetzung dar, auf der das metaphorische Modell beruht. Die späteren Kapitel erweitern diese Voraussetzung mit Beispielen und spezifischen Anwendungen. Das Buch ist wie folgt in drei Hauptteile und ein zusammenfassendes Kapitel unterteilt:

I. *Hintergrund* erzählt, wie ich mein Konzept der Hirndominanz entwickelte, ein schriftliches Instrument erfand, um sie zu messen, und das metaphorische Vier-Quadranten-Modell der Hirndominanz entwickelte.

Hier sind die Kapitel:

1. *Dualität und darüber hinaus: Die Reise zur Ganzheit beginnt* beschreibt mein frühes Bewußtsein der Dualität und skizziert den Prozeß, den ich bei der Entdeckung von mehr Einzelheiten über die Hirndominanz durchlaufen habe.

2. *Gehirn 101: Ein Exkurs über Grundlagen des Gehirns* ist für diejenigen, die an der Entwicklung meiner Gedanken interessiert sind und verstehen möchten, wie die Theorie vom linken Gehirn/rechten Gehirn und die Theorie des dreieinigen Gehirns zur Entwicklung des Vier-Quadranten-Modells des Gehirns beigetragen haben.

3. *Von der Dualität zur Quadralität: Wie das HDI geboren wurde* beschreibt, Schritt für Schritt, wie ich den Teilnehmer-Fragebogen, den Bewertungsbogen und das Hirndominanzprofil entwickelt habe, die zusammen das Herrmann Hirn-Dominanz-Instrument (HDI) ausmachen. Es erläutert auch, wie frühe Erkenntnisse über die Hirndominanz eingesetzt wurden, um die Management-Trainingskurse von GE besser zu gestalten.

II. *Was die Hirnquadranten für uns alle bedeuten* beschreibt die faszinierenden Einsichten, die als Folge der Untersuchung von Zehntausenden von Hirndominanzprofilen und ihrer Korrelierung mit Beobachtungen des menschlichen Verhaltens gewonnen wurden.

4. *Entdeckungen über Hirndominanzprofile und über Sie* beschreibt jeden Quadranten und die wichtigsten Profiltypen in Begriffen des individuellen Verhaltens auf bestimmten Gebieten wie Zeit, Kleidung und Beruf. Es diskutiert auch Verhaltensmuster, die auf den Dominanzprofilen basieren, in Organisationen und Familie.

5. *Und was, bitte sehr, hat das Gehirn mit Management zu tun?* erläutert das Konzept des Ganzhirn-Managements und wie das Konzept helfen kann, die kritische Notwendigkeit zu erfüllen: (a) die kreative Potenz unserer Unternehmen wieder zu beleben und (b) den Rückgang der Produktivität umzukehren, der unsere eingeführten Firmen geplagt hat.

6. *Krieg oder Frieden? Kommunikation über geistige Grenzen hinweg* betrachtet die verschiedenen verbalen und nicht-verbalen Dialekte, die zu jedem Gehirnquadranten gehören, betrachtet quadrantenorientierten Humor und untersucht dann fehlerhafte Kommunikation in Unternehmen.

III. *Das kreative Leben und wie es verbessert werden kann* erklärt, was Kreativität ist, und bietet eine breite Palette von Möglichkeiten, wie Sie Ihre Erfahrung damit verbessern können.

7. *Zickzack-Blitz: Kreativität und das ganze Gehirn* stößt den Mythos vom Sockel, man müsse ein Genie sein, um kreativ zu sein, definiert Kreativität im Sinne des ganzen Gehirns, erläutert, was Kreativität behindert und bietet vier sichere Wege für die Wiedergewinnung der kreativen Leidenschaft an.

8. *ACT I: Durchbruch zur Kreativität* stellt ein Muster dafür vor, was Durchbruch bedeutet und erklärt dann, wie unsere Flaggschiff-Werkstatt, Angewandtes Kreatives Denken I, funktioniert, so daß Sie Ideen für Ihre eigene kreative Expansion entwickeln können.

9. *Nach der ACT – in die Aktion* beschreibt, wie Sie das über sich gelernte anwenden können, um ein besser ausgewogener und kreativer Mensch zu werden. Es gibt auch Tips für das Glänzen auf verschiedenen Stufen des kreativen Prozesses.

10. *Aufbau Ihrer kreativen Umgebung: Innen und Außen* gibt praktische Beispiele dafür, wie der kreative Prozeß dadurch genährt wird, daß unsere geistige, physische, emotionale und spirituelle Umgebung in einen kreativen Raum transformiert wird, der beansprucht und dann besetzt werden kann.

Im letzten Kapitel, *Hoffnungsvolle Nachrichten für die Zukunft,* reagiere ich auf einige der bedeutendsten Fragen, die meine Arbeit aufgeworfen hat. Diese betreffen: (1) die Art, in der wir Normalität definieren, (2) wie wir Unterschiede betrachten, besonders zwischen Männern und Frauen, (3) "kreativ werden" als einen besseren Weg zur Meisterung von Veränderungen, (4) wie wir "begabt" definieren und die sich daraus ergebende Wahl von Erziehung und Karriere, (5) die immensen Produktivitätssteigerungen, die wir durch passende Arbeitsplätze und mentale Präferenzen anzapfen können, und schließlich (6) wie die Arbeit in Ganzhirn-Gruppen uns lehren kann, in einer Gemeinschaft zu funktionieren. Darüber hinaus enthält das Buch ein Glossar von Begriffen, eine Bibliographie der Quellen und für weitere Lektüre und mehrere wichtige Anhänge, die Musterprofile, Validierungsstudien über das Instrument und wertvolle Übungen enthalten.

Ned Herrmann

Zur deutschen Ausgabe

Die deutsche Ausgabe des Buches ist umfassender geraten: Das Geleitwort von Lothar J. Seiwert, und die interessante Einführung von Roland Spinola geben einen Einblick in die Entwicklung des Hirn-Dominanz-Modells im deutschsprachigen Raum. Es ist bemerkenswert, wie leise aber einflußreich das Modell sich in der Personalführung durchsetzt. Die Bibliographie gibt einen guten Eindruck.

Ich verbinde mit der Veröffentlichung die Hoffnung, daß der Grundgedanke in der Erziehungswissenschaft, in Schule und Ausbildung und Erziehung Fuß fassen wird: Das *metaphorische* Modell , das Ned Herrmann hier ausbreitet, weist einen Weg zum Verständnis der Einmaligkeit jedes Menschen jenseits des alten Streits über die Dualität, und auf welcher Seite wir den nun ständen: Geist oder Körper, Seele oder Gene.

Die Übersetzung war nicht immer leicht zu bewerkstelligen. Die sehr persönliche Note, die Ned Herrmann dem Buch gab, mußte erhalten bleiben. Der amerikanische Ton klang in der deutschen Übertragung oftmals ungewohnt. Es waren interessante und lange Wochenenden, die Wolfgang Becker und ich zusammensaßen, um ein Gleichgewicht zu erreichen. Es bleibt bei dem Leser zu beurteilen, ob es uns gelungen ist.

Der Gestaltung des Buches liegt das Hirndominanz-Modell von Ned Herrmann zu Grunde.

Die "unsichtbaren" Bestandteile des Leseprozesses sind elementarer Bestandteil in der Buchherstellung. In diesem Buch sind drei Ansätze eingearbeitet.

Die Bild-/Textanordnung ist konsequent nach den vier Quadranten entwickelt. Satzspiegel, Bild/Textanordnung, Einführung, Hauptteil, Untersuchungen gliedern sich so, daß jedem Lesetyp ein Erkenntniszugang geboten wird. Der Stand des Textes in den Seiten, der Satzspiegel, leitet sich aus der Form der klassischen Buchgestaltung ab. Es ist in der Seitenaufteilung die Form zugrunde gelegt, die in den mittelalterlichen großformatigen (Folio-)Bänden verwendet wurde. Die Typographie schließt wieder an die Moderne an. Es sind zwei moderne Schrifttypen — Omega und Triumvirat —, die einer schmallaufenden Antiqua entgegenstehen. Die Komposition des Buches dient einem Ziel: die Leser und Leserinnen zu ganzheitlichen Lese- und Erfahrenswelten zu führen.

Ich wünsche Ihnen beim Lesen und Durcharbeiten dieses ganzheitlichen Buches viel Vergnügen und einige Selbsterkenntnis.

Claus-Peter Leonhardt

Herrmann Dominanz Instrument
(HDI)

Fragebogen zur Selbstanalyse bevorzugter Denkstile

Herrmann Institut Deutschland GmbH
Klausenerstraße 4 · D-36037 Fulda
Telefon 06 61 - 60 53 80 · Fax 06 61 - 60 25 64

Die Auswertung dieses Fragebogens erfolgt zum Sonderpreis von 50,– DM !

HINWEISE

Bitte füllen Sie den Fragebogen sorgfältig und vollständig aus — jede Angabe ist notwendig. Dies ist kein Test; es gibt keine richtigen oder falschen Antworten. Die Erläuterungen sollen Ihnen beim Verständnis der verwendeten Begriffe helfen. Überprüfen Sie anschließend nochmal Ihre Eintragungen. Bitte trennen Sie die Titelseite ab und schicken den Fragebogen zur Auswertung an das Herrmann Institut Deutschland.

ERLÄUTERUNGEN EINIGER BEGRIFFE

Analytisch • Dinge oder Ideen in Teile zerlegen, um Gesetzmäßigkeiten und Beziehungen zwischen Einzelteilen zu erkennen.

Aufbauend • Die unterschiedlichen Teile einer Idee oder eines Projektes so zusammensetzen (aufbauen), daß ein Ganzes entsteht.

Detailliert • Kleine und kleinste Bestandteile eines Sachverhaltes berücksichtigen und darauf Wert legen.

Dominierend • Sich gegenüber anderen durchsetzen und steuern wollen. Die Neigung, bestimmend auf Mitwirkende Einfluß zu nehmen.

Einfühlsam • In der Lage sein, die Gefühle anderer Menschen zu verstehen und dies kommunizieren zu können.

Emotional • Gefühle haben, die leicht erregt werden können und dieses auch zeigen.

Extravertiert • Stärker interessiert an Menschen und Dingen außerhalb des eigenen Ichs als an inneren Gedanken und Gefühlen. Offenbart leicht und gerne Gedanken, Reaktionen und Gefühle.

Faktisches Denken • Strenge, sich ausschließlich an Tatsachen orientierende Denkweise.

Finanziell • Kompetent in der Handhabung und Überwachung der rechnerischen Aspekte von Kosten, Budgets, Investitionen und ähnlichem.

Ganzheitlich • In der Lage sein, einzelne Sachverhalte in ihren gesamtheitlichen Zusammenhängen zu sehen, d.h. statt vieler einzelner Bäume den Wald zu sehen.

Implementieren • Umsetzen von Ideen, Projekten usw., in die Praxis.

Innovation • Erneuerung, Neuentwicklung.

Integrieren • Einzelne Sachverhalte in ein Gesamtsystem einbeziehen.

Introvertiert • Stärker interessiert an innerer Reflektion und Verständnis als an Menschen und Dingen außerhalb des eigenen Selbst. Zurückhaltend bei der Offenbarung von Gedanken, Gefühlen und Reaktionen gegenüber Anderen.

Intuitiv • Etwas gefühlsmäßig erkennen, ohne faktische Nachweise zu haben.

Konservativ • Neigung, am Althergebrachten festzuhalten.

Kontrolliert • Sich zurückhalten, seine Gefühle beherrschen.

Konzipieren • Selbst und selbständig etwas entwerfen, verfassen (z.B. Vorschläge, Ausarbeitungen, Pläne etc.).

Kreativ • Schöpferisch tätig sein, Ideen haben und diese auch gestalterisch verwirklichen.

Kreatives Schreiben • Gerne Gedanken schriftlich niederlegen; das beinhaltet auch das Schreiben von Briefen.

Kritisch • Sorgfältiges Prüfen und Bewerten, z.B. von Projekten oder Ideen.

Künstlerisch • Vorliebe oder Talent zum Malen, Zeichnen oder Bildhauern. Neigung zu ästhetisch-künstlerischer Gestaltung in unterschiedlichen Lebensbereichen.

Leser • Jemand, der viel und gerne liest.

Logisch • Nach Gesetzmäßigkeiten folgerichtig und schlüssig denken.

Mathematisch • Die Neigung, mit Zahlen und Daten umzugehen und sie verarbeiten zu können.

Methaphorisches Denken • Denken in Bildern und Gleichnissen.

Musikalisch • Musik entweder selbst gerne spielen oder gerne hören.

Nadelarbeiten • Handarbeiten, wie schneidern, stricken, häkeln.

Originell • Ursprünglich, aber auch ungewöhnlich (z.B. bei Ideen).

Phantasievoll • Fähigkeit zur Vorstellung von Dingen, die mit den Sinnen nicht erfaßbar sind oder in der Realität nicht existieren; Fähigkeit, Probleme auf eine neuartige Weise anzugehen.

Quantitativ • Neigung, Sachverhalte nach meßbaren Mengen zu betrachten und zu bewerten.

Räumlich • Die Fähigkeit, Dinge in Perspektiven und Dimensionen zu erkennen und zu verstehen und sie in Beziehung zueinander setzen zu können.

Rational • Sachverhalte nicht gefühlsmäßig, sondern verstandes- und vernunftmäßig sehen und bewerten.

Schreiben • Sich schriftlich klar ausdrücken und das auch gerne tun.

Sequentiell • Sachverhalte in eine Reihenfolge zergliedern und entsprechend behandeln, d.h. eins nach dem anderen erledigen.

Simultan • In der Lage sein, mehrere verschiedenartige Aufgaben gleichzeitig zu bearbeiten.

Spirituell • Die Neigung, über die real beobachtbaren Zusammenhänge hinausgehend auch nicht wahrnehmbare oder übersinnliche Zusammenhänge zu sehen (geistig-seelischer Bereich).

Symbolisch • Ideen und Dinge durch Benutzung von Zeichen, Bildern und dergleichen verdeutlichen.

Technisch • Wissen aus dem Ingenieur- und naturwissenschaftlichen Bereich verstehen und anwenden.

Verbal • Flüssig sprechen können, sich gut ausdrücken können; die Fähigkeit, sich leicht verständlich zu machen.

Zwischenmenschlich • Beziehungen zu vielen und unterschiedlichen Menschen aufbauen und dauerhaft pflegen.

BITTE HIER ABTRENNEN ▶

HINWEISE

Als Ergebnis der Auswertung erhalten Sie eine Auflistung der gewichteten Zuordnungen Ihrer Antworten auf die vier Quadranten des Herrmann Dominanz Modells, eine grafische Darstellung Ihres Profils und eine allgemeine Erläuterung.

Dieses Profil, das auf Ihrer Selbsteinschätzung beruht, ist zunächst wertneutral; es gibt keine „guten" oder „schlechten" Profile. Seine Bewertung erhält es durch den Vergleich mit den Anforderungen oder den Zielen, die Sie sich gesetzt haben: Im Beruf, in einer Partnerschaft oder in einer Gruppe. Das Profil ist nicht unveränderlich; es ist im Wesentlichen durch Erziehung und Umwelt entstanden und kann auch durch Training beeinflußt werden.

Schicken Sie uns nur die ausgefüllten Seiten des Fragebogens zur Auswertung ein. Wir behandeln Ihre Angaben strikt vertraulich; das Ergebnis wird im verschlossenen Umschlag an die von Ihnen angegebene Anschrift verschickt - es bleibt Ihnen überlassen, mit wem Sie diese Informationen teilen wollen.

(Die folgenden Angaben sind für die Auswertung nicht erforderlich; Sie helfen uns jedoch bei unseren Forschungsarbeiten über das Modell, wenn Sie diese Fragen beantworten)

Alter:________ Jahre Nationalität (d. h. Kulturzugehörigkeit): ________________________________

ABSENDERANGABEN

An diese Anschrift soll die Auswertung geschickt werden (bitte deutlich und in Blockschrift schreiben!):

Name:______________________________ Vorname:______________________________

Anschrift: ____

____

____

Telefon: ______________________________

Telefax: ______________________________

Datum: ______________________________

(Stempel Berater/Trainer)

FRAGEBOGEN BITTE AN FOLGENDE ADRESSE SCHICKEN

(Nur für Institutszwecke)

PN:

Herrmann Institut Deutschland GmbH
Klausenerstraße 4

D-36037 Fulda

Gruppe:

BIOGRAFISCHE INFORMATIONEN

Beantworten Sie bitte jede Frage, indem Sie geeignete Angaben machen oder in den dafür vorgesehenen Kästchen eine Markierung anbringen, also eine Zahl oder ein Kreuz. Wenn Sie Anworten auslassen, können wir den Fragebogen nicht auswerten und müssen ihn zurückschicken.

1. Name, Vorname ____________________ 2. Geschlecht: männl. ☐ weibl. ☐

3. Ausbildung ____________________

4. Ausgeübter Beruf, Tätigkeit ____________________

____

RECHTS-/LINKSHÄNDER

5. Welches Bild kommt der Art, in der Sie beim Schreiben einen Stift halten, am nächsten? Kreuzen Sie **A, B, C** oder **D** an.

A ☐  B ☐  C ☐  D ☐ 

6. Rechts- oder linkshändig? Kreuzen Sie **A, B, C, D** oder **E** an.

A ☐ vorwiegend links B ☐ vorwiegend links, etwas rechts C ☐ links wie rechts gleichwertig D ☐ vorwiegend rechts, etwas links E ☐ vorwiegend rechts

BESTES/SCHLECHTESTES SCHULFACH

Denken Sie zurück an die Fächer, die Sie in der Grund- bzw. Oberschule hatten, und überlegen Sie, wie gut Sie in diesen Fächern waren. Bringen Sie die drei Gebiete Mathematik, Fremdsprachen und Deutsch (bzw. Ihre Muttersprache) in eine Reihenfolge: eine »1« für das Fach, in dem Sie am besten waren, eine »2« für das zweitbeste und eine »3« für das schlechteste Fach.

7.__________ Mathematik 8.__________ Fremdsprachen 9.__________ Deutsch/Muttersprache

Bitte nachprüfen: Haben Sie eine **1** eine **2** und eine **3** vergeben (und nicht etwa zweimal die gleiche Zahl oder nur angekreuzt oder ein Kästchen ausgelassen?

MERKMALE IHRER ARBEIT

Bewerten Sie die Elemente Ihrer Arbeit mit einer Notenskala von **1** bis **5** (**5** = Arbeit, die ich am besten ausführe; **4** = Arbeit, die ich gut ausführe; **3** = neutral; **2** = Arbeit, die ich nicht so gut kann; **1** = Arbeit, die ich am schlechtesten ausführe). **Verwenden Sie keine Bewertung häufiger als 4 mal!** (Beachten Sie, daß in der Schule meist anders benotet wird!).

10. ______ Analytisch
11. ______ Administrativ
12. ______ Konzipieren
13. ______ Ideen ausdrücken
14. ______ Integrieren
15. ______ Schreiben
16. ______ Technische Aspekte
17. ______ Implementieren, Einführen
18. ______ Planen
19. ______ Zwischenmenschliche Aspekte
20. ______ Probleme lösen
21. ______ Innovation/Erfindungen
22. ______ Unterrichten/Training
23. ______ Organisieren
24. ______ Kreative Aspekte
25. ______ Finanzielle Aspekte

Bitte nachprüfen: Haben Sie neben jede der Zeilen 10 bis 25 eine Zahl zwischen 1 und 5 geschrieben und keine Zahl öfter als viermal verwendet?

PERSÖNLICHE MERKMALE

Von den folgenden Eigenschaften 26-50 suchen Sie bitte **8** aus, die am besten auf Sie zutreffen, und schreiben ein **»2«** in die entsprechende Zeile. Schauen Sie sich diese **8** Eigenschaften an und wählen Sie eine aus, die Sie am besten beschreibt. Bei dieser **einen** Eigenschaft ändern Sie die **»2«** in eine **»3«.**

26. ______ Logisch
27. ______ Kreativ
28. ______ Musikalisch
29. ______ Sequentiell
30. ______ Aufbauend
31. ______ Verbal
32. ______ Konservativ
33. ______ Analytisch
34. ______ Detailliert
35. ______ Emotional
36. ______ Räumlich
37. ______ Kritisch
38. ______ Künstlerisch
39. ______ Spirituell
40. ______ Rational
41. ______ Kontrolliert
42. ______ Mathematisch
43. ______ Symbolisch
44. ______ Dominierend
45. ______ Ganzheitlich
46. ______ Intuitiv
47. ______ Quantitativ
48. ______ Leser
49. ______ Simultan
50. ______ Faktisch

Bitte nachprüfen: In dieser Abteilung muß genau siebenmal die **»2«** und einmal die **»3»** zu finden sein; alles andere ist für die Auswertung nicht brauchbar.

HOBBIES

Wählen Sie aus der folgenden Liste **maximal sechs** Hobbies, in denen Sie sich aktiv betätigen, und vergeben Sie eine **»3»** für das wichtigste Hobby, eine **»2»** für wesentliche und eine **»1»** für gelegentliche Hobbies. Unter »andere» können Sie Ihre hier nicht aufgeführten Hobbies angeben (bitte mit **»1»**, **»2»** oder **»3»**).

51. ______ Malen, Kunsthandwerk
52. ______ Fahrradfahren
53. ______ Camping/Wandern
54. ______ Kartenspiele
55. ______ Sammlungen
56. ______ Kochen
57. ______ Kreatives Schreiben
58. ______ Kegeln, Bowling
59. ______ Gartenarbeit
60. ______ Schach
61. ______ Verbesserungen am Haus
62. ______ Musik (hören)
63. ______ Musik (selbst spielen)
64. ______ Fotografie, Filmen
65. ______ Lesen
66. ______ Segeln
67. ______ Nadelarbeiten
68. ______ Mannschaftssport
69. ______ Schwimmen
70. ______ Tennis
71. ______ Reisen
72. ______ Holzarbeit/Basteln

______ andere ________________

____

Bitte nachprüfen: Maximal **sechs Hobbies;** die **»3«** darf nur einmal vorkommen.

TAG-/NACHTMENSCH

73. Kreuzen Sie eines der drei Kästchen an, je nachdem, wann Sie die meiste Energie verspüren.

A ☐ Tag-Mensch B ☐ Tag-/Nacht-Mensch (gleich) C ☐ Nacht-Mensch

REISEKRANKHEIT

74. Waren Sie jemals see- oder reisekrank, z.B. in einem Auto, einem Boot, einem Flugzeug, im Bus, im Zug oder auf einer Achterbahn? Kreuzen Sie das entsprechende Kästchen **A, B, C** oder **D** an.

A ☐ niemals B ☐ 1-2 mal C ☐ 3-10 mal D ☐ mehr als 10 mal

75. Können Sie während der Fahrt im Auto lesen, ohne Magenbeschwerden, Kopfschmerzen oder Übelkeit zu bekommen? Kreuzen Sie **A** oder **B** an.

A ☐ ja B ☐ nein

Bitte nachprüfen: Haben Sie bei jeder der Fragen **73, 74** und **75** ein Kästchen angekreuzt (und nur eins je Frage)?

PAARWEISE EIGENSCHAFTSBESCHREIBUNGEN

Welche Beschreibungen in den folgenden Wortpaaren paßt besser zu Ihnen? Kreuzen Sie auf jeden Fall eines der beiden Kästchen in Spalte **A** oder **B** je Wortpaar an. **Lassen Sie keine Frage unbeantwortet,** auch wenn die Antwort manchmal schwer fällt.

Nr.		A	/	B	
76.	konservativ	☐	/	☐	einfühlsam
77.	analysierend	☐	/	☐	aufbauend
78.	quantitativ	☐	/	☐	musikalisch
79.	Problemlöser	☐	/	☐	Planer
80.	kontrolliert	☐	/	☐	kreativ
81.	originell	☐	/	☐	emotional
82.	fühlen	☐	/	☐	denken
83.	zwischenmenschlich	☐	/	☐	organisatorisch
84.	spirituell	☐	/	☐	kreativ
85.	detailliert	☐	/	☐	ganzheitlich
86.	Ideen erzeugen	☐	/	☐	Ideen ausprobieren
87.	warmherzig	☐	/	☐	analytisch
88.	phantasievoll	☐	/	☐	sequentiell
89.	originell	☐	/	☐	zuverlässig
90.	kreativ	☐	/	☐	logisch
91.	kontrolliert	☐	/	☐	emotional
92.	musikalisch	☐	/	☐	detailliert
93.	simultan	☐	/	☐	einfühlsam
94.	kommunikativ	☐	/	☐	konzipierend
95.	technisch-orientiert	☐	/	☐	mitmensch-orientiert
96.	gut organisiert	☐	/	☐	logisch
97.	faktisches Denken	☐	/	☐	methaphorisches Denken
98.	Vorliebe für Planung	☐	/	☐	Vorliebe für Mathematik
99.	technisch	☐	/	☐	dominierend

Bitte nachprüfen: Für jede der Zeilen **76** bis **99** muß entweder ein Kreuz in Spalte A oder in Spalte B sein. Bitte keine Zeile auslassen.

INTROVERTIERT / EXTRAVERTIERT

100. Wo würden Sie sich auf dieser Skala einordnen? Kreuzen Sie das entsprechende Kästchen an.

Introvertiert								Extravertiert
☐	☐	☐	☐	☐	☐	☐	☐	☐
i4	i3	i2	i1		e1	e2	e3	e4

ZWANZIG FRAGEN

Geben Sie bitte den Grad der Zustimmung oder Ablehnung zu den folgenden Aussagen an. Bitte keine der zwanzig Zeilen unbeantwortet lassen.

	stimme völlig zu ▼	stimme bedingt zu ▼	weder noch ▼	lehne bedingt ab ▼	lehne völlig ab ▼
101. Ich bin der Ansicht, daß der Weg der kleinen Schritte am besten für die Lösung von Problemen geeignet ist.	☐	☐	☐	☐	☐
102. Tagträumen hat mir den Anstoß zur Lösung vieler wichtiger Probleme gegeben.	☐	☐	☐	☐	☐
103. Ich mag Leute, die sich ihrer Schlußfolgerungen sehr sicher sind.	☐	☐	☐	☐	☐
104. Ich würde lieber für zuverlässig als für phantasievoll gehalten werden.	☐	☐	☐	☐	☐
105. Ich habe oft meine besten Ideen, wenn ich gerade nichts Besonderes tue.	☐	☐	☐	☐	☐
106. Ich verlasse mich auf Intuition und das Gefühl von »richtig« oder »falsch«, wenn ich auf die Lösung eines Problems hinarbeite.	☐	☐	☐	☐	☐
107. Es macht mir manchmal Spaß, Regeln zu brechen oder Dinge zu tun, die ich nicht tun sollte.	☐	☐	☐	☐	☐
108. Vieles, was wichtig ist im Leben, kann nicht in Worten ausgedrückt werden.	☐	☐	☐	☐	☐
109. Ich stehe lieber im Wettbewerb zu anderen als zu mir selbst.	☐	☐	☐	☐	☐
110. Es würde mir Spaß machen, einen ganzen Tag alleine mit meinen Gedanken zu sein.	☐	☐	☐	☐	☐
111. Ich mag Dinge nicht, die nicht vorhersehbar und unsicher sind.	☐	☐	☐	☐	☐
112. Ich arbeite lieber mit anderen im Team als alleine.	☐	☐	☐	☐	☐
113. Es ist wichtig für mich, für alles einen Platz zu haben und alles an seinem Platz zu finden.	☐	☐	☐	☐	☐
114. Ungewöhnliche Ideen und mutige Konzepte interessieren und fesseln mich.	☐	☐	☐	☐	☐
115. Ich ziehe genaue Anweisungen solchen vor, die für viele Details Wahlmöglichkeiten offenlassen.	☐	☐	☐	☐	☐
116. Wissen »warum« ist wichtiger als wissen »wie«.	☐	☐	☐	☐	☐
117. Gründliches Planen und Organisieren der Zeit ist unerläßlich bei der Lösung schwieriger Probleme.	☐	☐	☐	☐	☐
118. Ich kann oft die Lösung meiner Probleme voraussehen.	☐	☐	☐	☐	☐
119. Ich verlasse mich mehr auf erste Eindrücke und Gefühle, wenn ich etwas beurteile, als auf eine sorgfältige Analyse der Situation.	☐	☐	☐	☐	☐
120. Ich meine, daß Gesetze strikt durchgesetzt werden sollten.	☐	☐	☐	☐	☐

Bitte nachprüfen: Ist bei jeder der zwanzig Zeilen eins (und nur eins) der fünf Kästchen angekreuzt?

▶

I. HINTERGRUND

Abbildung 1-1. Zielscheibe

1. DUALITÄT UND DARÜBER HINAUS: DIE REISE ZUR GANZHEIT BEGINNT

Hatten Sie je das Gefühl, daß Sie Ihr Ziel verfehlen? Ich schon. Wenn das bisher gelebte Leben ein Volltreffer war, dann schienen die meisten meiner Pfeile bisher eher den Rand der Zielscheibe als die Mitte getroffen zu haben. Auch wenn man mich für erfolgreich hielt, so haben doch viele meiner Pfeile das Ziel überhaupt nicht erreicht. Praktisch über Nacht habe ich dann entdeckt, daß das Zentrum meiner Persönlichkeit im Gehirn liegt. Das Ziel wurde leichter erkennbar und meine Zielsicherheit hat sich dramatisch verbessert. Ich habe neues Selbstvertrauen gewonnen und mein inneres Selbst wurde nicht nur teilweise sondern insgesamt klarer. Das Ergebnis waren mehr Treffer ins Schwarze: an der Arbeit, zu Hause, als Ehemann, Vater, Künstler, Erzieher, Manager und, jenseits der Rollen, als Mensch. Dieser Prozeß ist die Grundlage dieses Buches und der frohen Botschaft, die ich mit Ihnen teilen möchte. Meine Hoffnung ist es, daß die Ideen und Konzepte, die ich zusammengestellt habe, für sie das tun werden, was sie für mich und Tausende andere Menschen getan haben: nämlich Ihnen zu helfen, Ihre eigenen Ziele zu treffen; und daß Sie sich in Ihrem neuen Selbstverständnis einzigartig, normal und zuversichtlich fühlen, und damit Ihren Erfolg beim Lernen, der Selbstkompetenz, der Arbeit, der Kommunikation, im Handeln, der Produktivität, dem Führungsstil, der Erfüllung, der Ehe, den familiären Beziehungen und der Kreativität steigern.

Ich habe kurz gesagt folgendes erkannt. Ich hatte mich immer für normal gehalten, aber ich war nicht wie die meisten Leute, die ich kannte. Es gibt in jedem von uns einen Teil, der sich fragt, ob er völlig normal ist. Warum sagten die Menschen um mich herum Sätze wie die folgenden: "Ned, du bist zu empfindlich," "Ned, du bist auf die richtige Antwort gekommen, aber du hast die falsche Methode benutzt," "Ned, du bist zu anders, um hier erfolgreich und glücklich zu sein."

Diese Sätze haben mein sorgfältig aufgebautes Gefühl, "in Ordnung zu sein" erschüttert. Jedoch nicht tief genug, um eine Veränderung einzuleiten, aber stark genug, um mich unbehaglich zu fragen: "Bin ich wirklich in Ordnung?" Wie ein Blitz kam mir eines Tages die Erkenntnis über das Gehirn, die es gestattete, einzigartig zu bleiben, und mich trotzdem normal zu fühlen.

Dieser ersten Erkenntnis folgten zahlreiche andere Einsichten, die eine völlig neue Dimension intellektueller und kreativer Tätigkeit eröffneten. Das Gehirn, so lernte ich, ist spezialisiert. Und diese Spezialisierung ist nicht nur physisch, sondern auch mental. Seine spezialisierten Modi können in vier separate und charakteristische Quadranten organisiert werden, von denen jeder seine eigene Sprache, Wahrnehmung, Werte, Gaben und Arten des Wissens und Seins hat. Wir sind alle einzigartige Zusammenstellungen dieser unterschiedlichen Modi, entsprechend unserer besonderen Mischung aus Vorlieben und Abneigungen.

Die unterschiedlichen Verhaltensweisen, die sich aus unseren mentalen Präferenzen ergeben, sind, wie Rechts- und Linkshändigkeit, ein völlig normaler Ausdruck der menschlichen Dominanz. Jeder von uns ist sowohl mental als auch physisch dominant. Und diese Dominanzen

Abbildung 1-2. Schulzeit

beeinflussen letzlich unser Verhalten. Mit dem Vier-Quadranten-Modell als Organisationsprinzip können wir die zahlreichen Spielarten der bevorzugten Denkenweisen (Präferenzen) in ein sinnvolles Ganzes einordnen. Dieses liefert dann eine Grundlage für das Verständnis der Rolle des Gehirns im menschlichen Verhalten.

Ich glaube, daß viele unter Ihnen sich schon gefragt haben, wer Sie sind und warum Sie die Dinge tun, die sie tun. Wenn ich Sie nun bitten würde, sich an die ersten Augenblicke zu erinnern, in denen Ihnen derartige Gedanken gekommen sind, so war das wahrscheinlich vor etlichen Jahren, als sie ein junger Mensch waren. Da beginnt auch meine Geschichte. Denn ich war ein junger Mensch, als die ersten Aspekte meines eigenen, inneren Ringens für mich erkennbar wurde.

1.1 Schulzeit: Mein erster Blick auf die Dualität

Wie die meisten jungen Menschen war ich in einigen Fächern sehr gut, war in anderen befriedigend und habe in ein paar Fächern versagt, die ich nicht begreifen konnte. Zu irgend einem Zeitpunkt habe ich vielleicht einen Teleskopspiegel geschliffen, Schach gespielt, an einer Diskussion teilgenommen, ein wissenschaftliches Experiment durchgeführt, gesungen oder bin in einem Varieté aufgetreten. Die Schule hat Spaß gemacht und ich habe das Abenteuer an ihr geliebt. Ich war voller Energie und motiviert.

Als ich die zehnte Klasse in der High School erreicht hatte, wurde klar, daß meine Interessen in zwei unterschiedliche und divergierende Gebiete fielen. Obwohl ich Mathe und die Naturwissenschaften leicht fand, war ich auch im Gesang und Schauspiel ein Naturtalent, und ich war im Gesangverein und in der Schauspielgruppe sehr aktiv. Die Wege der Menschen aus diesen beiden Gebieten kreuzten sich nicht sehr oft. Wer in Mathematik und Naturwissenschaften gut war, wie ich, neigte nach der Schule zu gewissen Aktivitäten. Wer in Musik und den darstellenden Künsten gut war, schien in Mathematik und Naturwissenschaften schlecht zu sein und wählte andere Aktivitäten. Diese Mannigfaltigkeit bedeutete, daß ich zwei Freundeskreise hatte – meine Kumpels aus Mathe und den Naturwissenschaften und meine schauspielernden und singenden Freunde.

Diese Zweigleisigkeit war für mich kein Problem. Ich mochte es, in meinen beiden Lieblingswelten zu leben. Ich konnte nicht nur das meiste von dem tun, was ich wollte, sondern ich zog auch Befriedigung daraus, daß ich in jeder dieser Welten gute Leistungen erbringen konnte. Die Zweigleisigkeit meiner Aktivitäten bedeutete das Zweifache an Abenteuer und Spaß und doppelte Belohnungen. Es war großartig! Auf dem College waren die Erwartungen jedoch anders. Es wurde erwartet, daß man sich spezialisierte. Schließlich wurde es Zeit, daß ich mir Gedanken über eine Karriere machte. In meinem tiefsten Inneren wollte ich Physik studieren, doch anstatt meine persönliche Neigung durchzusetzen, tappte ich in die Falle, in die so viele von uns geraten: Wir wählen eine Karriere, weil das schon jemand anders getan hat. Mein Vater, mein Bruder und meine Onkel waren alle Chemiker, also wählte ich Chemietechnik als Hauptfach, obwohl mich dieses Gebiet nicht so sehr interessierte.

"Das stärkste Pinzip des Wachstums liegt in der Wahl der Menschen."

George Eliot

Aus der Nacht, die mich bedeckt,
schwarz wie der Abgrund von Pol zu Pol,
danke ich den Göttern,
die sein mögen,
für meine unbezwingbare Seele.

In den grimmigen Klauen der Umstände
habe ich mich nicht gewunden noch laut
geschrieen,
unter den Schlägen des Zufalls ist kein Haupt
blutig,
doch ungebeugt.

Jenseits dieses Orts des Zorns und der Tränen
droht nur der Schrecken des Schattens,
und doch findet die Drohung der Jahre mich
unerschrocken,
auch in Zukunft.

Unwichtig, wie gerade das Tor,
wie mit Strafe beladen die Schrift,
ich bin der Herr meines Geschicks,
ich bin der Kapitän meiner Seele.

'Invictus', William Ernest Henley

Abbildung 1-3. Spring Pathway (vom Autor, Gouache)

Abbildung 1-4. Peacham Barn (vom Autor, Öl auf Leinwand)

Nachdem ich ein technisches Studium gewählt hatte, verfolgte ich meine musikalischen Interessen in meiner Freizeit weiter, aber zum ersten Mal entglitt mir rasch das Gefühl der persönlichen Integrität, das ich noch in der High School genossen hatte. Weil meine musikalischen Interessen mein Interesse an der chemischen Technik so weit überwogen, war ich tatsächlich nicht in der Lage, diese beiden auseinanderstrebenden Antriebe in ein Gleichgewicht zu bringen. Das Endergebnis war eine Katastrophe. Ich habe elend versagt. In der High School hatte ich mich klug genug gefühlt, um Spaß am Lernen zu haben, und daher war ich gut. Auf dem College fühlte ich mich zu dumm, mich jemals mit dem angebotenen Stoff zu befassen, und ich war in diesen ersten Jahren schlecht.

Nach der Rückkehr vom Militärdienst im zweiten Weltkrieg bin ich schließlich wieder auf den richtigen Weg gekommen. Ich habe die chemische Technik aufgegeben und meinen Abschluß in Physik und Musik gemacht. Es hat sich herausgestellt, daß ich in Physik "schlau" und in Chemie "dumm" war. Diese zwei Hauptfächer, Physik und Chemie, haben meine Ausbildung bereichert, mich aber auch noch mehr verwirrt. Die Verwirrung betraf nicht nur meine eigene Dualität, sondern auch was die Dualität der Welt um mich herum angeht. Eine Welt, die technischen und wissenschaftlichen Fakultäten der Cornell University, war mit Studenten bevölkert, die hauptsächlich Männer waren, kurze Haare hatten und mit Rechenschiebern ausgerüstet waren. Sie nahmen an Kursen in anstaltsähnlichen Gebäuden teil – einige aus Stein und andere aus Glas, mit Kunststoffwänden und aus Stahl, einige behelfsmäßige, grau gestrichene Holzbarracken, andere aus standardisierten Betonplatten. Die Mitglieder des Lehrkörpers trugen weiße Hemden, Krawatten und dreiteilige Anzüge.

Es erschien passend, daß ich, um von der technischen Fakultät Cornells zur Musik-Fakultät zu gelangen, nicht nur eine geistige Brücke, sondern auch eine wirkliche Brücke überqueren mußte. Auf der anderen Seite, jenseits der Schlucht, waren alle Gebäude ganz anders. Typische alte viktorianische Häuser, die in Unterrichtsräume umgebaut worden waren, waren sie anheimelnd und informell in einem bewaldeten Gebiet von Rasen und schlängelnden Wegen umgeben. Hier fand sich die gleiche Anzahl von Männern und Frauen, und die Lehrer waren in ihrer Kleidung und ihrem Auftreten viel weniger formell.

Der Kontrast zwischen diesen beiden Gebieten war auffallend, aber nicht größer als zwischen den Teilen meines eigenen Lebens. Meine Examensarbeit befaßte sich mit dem Ursprung der Mondkrater; während ich sie schrieb, sang ich für die Metropolitan Opera vor. Das Glück hatte mir bereits die Chance gegeben, in beiden Carnegie Halls (Pittsburgh und New York) Solos zu singen.

Schließlich mußte ich für mein Berufsleben zwischen der Musik und der Wissenschaft wählen. Die Härten des Krieges, die Reife des Alters und die Aussicht, eine Familie zu ernähren, ließen mich zu der ernsthafte Tätigkeit eines Wissenschaftlers tendieren. Und sowohl meinen Wunsch ein professioneller Opernsänger zu werden, als auch die Befähigung dazu, wurden unterdrückt. Ich blicke auf diese Zeit der Integration als das letzte Mal für viele Jahre zurück, daß ich die Freiheit genießen konnte, alle meine Interessen in meine tägliche Arbeit einzubeziehen.

1.2 GE und die Rückkehr zum Kreativen

Nachdem ich meinen Bakkalaureus erhalten hatte, habe ich nach reiflicher Überlegung meine wichtigste Karrierewahl getroffen und bin zur General Electric Company gegangen. Als die Anwerber im Frühjahr meines Abschlußjahres auf dem Campus ankamen, kündigte GE Einstellungsgespräche für Ingenieure an, die daran interessiert waren, an dem "Test"-Programm teilzunehmen. Ich war kein Ingenieur, aber ich hatte einigen technischen Hintergrund, und wollte für die Firma arbeiten. Also trug ich mich für das Gespräch ein, und erzählte Maynard Boring, dem Chefanwerber der Firma, meine Geschichte. Als ich meine Ansicht der Unterschiede zwischen dem Ingenieurswesen und der Physik erklärte, schien er ein sehr sichtbares Aha! zu erleben. Ich war verblüfft über das, was dann geschah. Er beschloß auf der Stelle, ein Physikprogramm als ein neues Programm für Berufsanfänger bei General Electric ins Leben zu rufen, und lud mich ein, der erste Teilnehmer zu sein. Später erzählte er mir, daß folgendes die Schlüsselworte für seine spontane Entscheidung waren: "Das Ingenieurswesen hat mir Fakten vermittelt, die Physik hat mich das Denken gelehrt."

So beeindruckt er auch gewesen sein mochte, GE war immer noch eine von Ingenieuren beherrschte Firma, und mein erster Chef behandelte mich als solchen. In meinem ersten Job bestand der Chef des technischen Labors darauf, daß ich ein Ingenieur sei, da es alle anderen auch waren. Glücklicherweise sollte es nur ein Jahr dauern, bis ich aus dem Dasein als Ingenieur ausscheiden konnte. Ich sollte dann leitende Stellungen in einer Vielzahl von Funk-

Abbildung 1-5. Poster von Bob Jones mit der Ankündigung der Präsentation der Kommission für Kreativität

tionen durchlaufen, einschließlich Verkauf, Marketing, innerbetriebliche Beziehungen und Personalwesen, und schließlich meine Nische als Konzernleiter für Managementtraining finden.

Während des größten Teiles meiner langen Karriere sollte es sich allerdings für mich als unmöglich erweisen, meine persönliche Dualität in meinem Berufsleben auszudrücken. Statt dessen habe ich, wie so viele von uns, zwei Leben gelebt und meine Interessen an Musik und Drama nur als Freizeitbeschäftigung verfolgt.
1963 wurde meine Tätigkeit als Sänger plötzlich durch das Auftreten einer rätselhaften und entkräftenden Krankheit beendet. Abrupt und ohne Vorwarnung wurde ich für zwischen einer oder zwei Sekunden bis zu mehreren Minuten bewußtlos.

Diese Attacken, die ursprünglich am häufigsten durch das Singen ausgelöst wurden, kamen immer häufiger, bis ich weder Auto fahren, öffentlich auftreten, noch reisen konnte. Tatsächlich bin ich an Wochentagen von der Arbeit ins Bett gegangen und habe das Wochenende viele Monate lang im Bett verbracht. Ich fühlte mich nur noch dazu in der Lage, an meinen geschäftlichen Unterlagen zu arbeiten oder zu schlafen. Ohne ein Ventil für meine künstlerischen Antriebe war ich frustriert und unglücklich.

Damals konnte ich mir nicht vorstellen, daß genau der Zustand, der mein künstlerisches Leben abzutöten schien, mich nicht nur zu einer noch kreativeren Ausdrucksweise führen würde, sondern mir auch einen Weg weisen könnte, meine beiden Selbst beruflich wieder zu integrieren. Und das geschah folgendermaßen.

Eines Tages, nach ein paar Monaten dieses Lebens als Halbinvalide, brachte mir meine Frau Margy einen preiswerten Satz Ölfarben nach Hause. Das Gemälde, das aus diesem Satz für fünf Dollar entstand, hat uns alle überrascht, aber besonders mich. Das war der Beginn eines zweiten Berufes, gleichzeitig zu dem, den ich bei GE ausübte. In den 16 Jahren, die seit meiner Rückkehr zur Gesundheit folgten*, habe ich über 600 Gemälde und 100 Skulpturen geschaffen, von denen ich etwa drei Viertel verkauft habe.

Ein professioneller Künstler zu werden war für mich viel mehr als nur die Erweiterung eines Hobbies. Mit der Entscheidung, die Sicherheit des Amateurdaseins aufzugeben und der Abteilung für professionelle Künstler der Stamford Art Association beizutreten habe ich mich verpflichtet, die Kunst als vollwertige zweite Karriere zu verfolgen, und ihr ebenso viel Antriebskraft, Konzentration und Selbstentwicklung zu widmen wie ich für meine Karriere bei GE aufgebracht hatte. Ich habe ein separates Bankkonto eröffnet, Karten, Briefpapier und Logo-Aufkleber entworfen und bestellt. Ich habe gelernt, professionell zu mattieren und zu rahmen, und meine Bilder mit Papier hinterlegt, statt sie offen zu lassen. Ich habe alle Informationen aufgesogen, die ich konnte, nicht nur über das Malen selbst, sondern auch, wie man in dem Kunstgeschäft erfolgreich arbeitet. Ich habe Vertriebswege für Kunst studiert und einen Marketingplan entwickelt, der, untere anderem die Ausstellungen enthielt, denen ich mich anschloß, welche Kritiker und Sammler ich kennenlernen sollte, welche Preise ich nahm, welche breiteren, potentiellen Käufersegmente ich für meine Art von Gemälden ansprechen sollte. Ich habe mich bei regionalen Galerien eingetragen und bin Verpflichtungen für eine Reihe von Einmannausstellungen eingegangen. Ich habe Künstler aufgesucht, um Freundschaft mit ihnen zu schließen, und Verbindungen zu prominenten Personen in der Welt der Kunst aufgebaut. Ich bin selbst zu lokaler Prominenz aufgestiegen, als Präsident der Stamford Art Association und später als Vizepräsident für Kunsterziehung und Musik bei der Silvermine Guild of Artists. Wenn ich bei GE im Durchschnitt eine 40-Stunden-Woche hatte, muß ich im Durchschnitt das gleiche in meinem zweiten Beruf als Maler und Bildhauer geleistet haben.

Dankbar und von Ehrfurcht ergriffen von meinem eigenen kreativen Ausbruch, wurde ich hingerissen von dem Thema der künstlerischen Kreativität, und schlug 1975 vor, die Stamford Art Association solle eine Kommission einsetzen, die sich mit Fragen befassen sollte wie: Woher kommt Kreativität? Worauf beruht sie? Wie können wir sie anregen? Die Direktoren der Vereinigung stimmten zu und baten mich, als Moderator der Kommission zu dienen.

Um mich auf die Programmkommission vorzubereiten, begann ich, in der Stadtbücherei von Stamford zu stöbern, und erlebte, innerhalb einer Stunde, einen dieser wunderbaren Augenblicke, den jeder von uns in seinem Leben hat, wenn wir uns plötzlich von einer spontanen Einsicht erleuchtet fühlen.

* Für die Neugierigen: Meine Erkrankung war ein Herzblock (nicht Epilepsie, wie bedeutende Kliniken diagnostiziert hatten), eine Fehlfunktion des Mechanismus, der das Herz in Reaktion auf sich ändernde Anforderungen antreibt. Die gelegentlich auftretende Erkrankung, die die Bewußtlosigkeiten verursachte, verschwand in 1965 als der Mechanismus versagte und mein Puls auf einen festen Wert von 47 fiel – langsam, aber sicher und stark. Heute, 23 Jahre später, schlägt er weiter stabil bei diesem niedrigen Wert.

1.3 Das erste Aha! der Erleuchtung

Was ich in der Bücherei fand, waren zeitgenössische Berichte, die historische Durchbrüche in unserem Verständnis des menschlichen Gehirns beschrieben. Von Neurochirurgen und Psychologen im Labor durchgeführte Experimente hatten eine neue Theorie der Hirnspezialisierung entstehen lassen. Nach dieser Theorie ist jede unserer Hirnhälften auf seine eigene Art des Denkens spezialisiert. Das linke Gehirn scheint die für das wissenschaftliche Denken erforderlichen geistigen Funktionen zu steuern, das rechte Gehirn steuert die beim künstlerischen Denken benutzten Funktionen.

Plötzlich war da eine wissenschaftliche Erklärung meiner eigenen Dualität, die eine tadellose Begründung in der Hirnphysiologie lieferte. Es war nicht nur ein Schlüssel für das Geheimnis meines eigenen Rüstzeugs und Verhaltens, sondern auch für das anderer Menschen. Bis zu diesem Augenblick hatte ich niemals auch nur eine Ahnung, daß die Kreativität in Beziehung mit bestimmten physiologischen Aspekten des menschlichen Gehirns stehen könnte. Aber in diesem Augenblick begann die offensichtliche Wahrheit dieser einfachen Tatsache eine Kettenreaktion, die mein Leben auf wunderbare Weise verändern sollte. Urplötzlich verstand ich, wer ich war, und warum ich die Dinge getan hatte, die ich getan hatte: Dinge, die zu dem jeweiligen Zeitpunkt unbegreiflich waren. Ich akzeptierte meine eigene Authentizität und faßte Vertrauen in sie.

Ich konnte es nicht erwarten, das jemandem zu erzählen, also griff ich mir die Bibliothekarin, und sprudelte meine Entdeckung heraus. Sie sah mich etwa seltsam an. Wie auch, in späteren Gesprächen, viele meiner Kollegen. Ihre Reaktionen spielten kaum eine Rolle – ich war etwas auf der Spur! War Lesen einmal harte Arbeit gewesen, so wurde es jetzt mühelos. Ich glitt wie auf Rollschuhen durch ein Dutzend Bücher. Es war nur der Anfang einer freudigen Zeit der Forschung.

a. Frühes Wissen: Die beiden Gehirne in unserem Kopf

Die Besessenheit von dem Gedanken eines dualen Gehirns erwies sich als etwas, das ich mit einer Reihe von Denkern teilte. Vor über 100 Jahren hatten der französische Arzt Paul Broca und der deutsche Neurophysiologe Carl Wernicke aus ihren klinischen Beobachtungen hirngeschädigter Patienten geschlossen, daß "das linke Gehirn sprach". Beide hatten bemerkt, daß Schäden an bestimmten Stellen in der linken Hemisphäre von Menschen Aphasie, oder Sprachstörungen, verursachte, während das bei Schäden an anderen Stellen der linken Hemisphäre, oder der rechten, nicht der Fall war.

Um die Mitte des neunzehnten Jahrhunderts war die Annahme verbreitet, das linke Gehirn beherrsche das rechte, weil es die Sprachfunktionen beeinflußt und steuert. Die Beobachter waren noch nicht in der Lage, das rechte Gehirn mit irgend einer spezifischen geistigen Funktion in Verbindung zu bringen, also wurde die verbale linke als die "Haupt"-Hemisphäre bezeichnet, während der nichtverbalen rechten "untergeordneter" Status zugewiesen wurde.

Diese Schlußfolgerungen wurden, beginnend Anfang der 60er Jahre, durch die Forschungen mit durchtrenntem

Gehirn in Frage gestellt, die von Dr. Roger W. Sperry und seinen Mitarbeitern am California Institute of Technology durchgeführt wurden. Sperry arbeitete, zusammen mit Joseph E. Bogen, Michael S. Gazzaniga, Jerre Levy und anderen Mitgliedern seiner Arbeitsgruppe, mit Epileptikern im Endstadium. Diesen Epileptikern war der Corpus Callosum, ein dickes Bündel von Nervenfasern, das die beiden Hemisphären verbindet, durchtrennt worden, in dem Bemühen schwere Anfälle zu mildern. Bemerkenswerterweise zeigten die Patienten mit durchtrenntem Gehirn praktisch keine offensichtlichen Veränderung der Persönlichkeit, der Fähigkeiten oder des Verhaltens. Wenn aber die Durchtrennung dieser massiven Nervenverbindung keinen Einfluß auf Temperament oder Verhalten hatte, warum war sie dann überhaupt vorhanden? Und welches war die Funktion unseres stummen rechten Gehirns? Um das herauszufinden, entwickelten Sperry und seine Mitarbeiter subtile Tests, um die Funktionsweise jeder Hemisphäre zu isolieren und aufzuzeigen. Die Ergebnisse dieser Tests revolutionierten unser Verständnis des menschlichen Gehirns. Und sie brachten Dr. Sperry in 1981 einen Nobelpreis ein.

Die Tests, die das Team von Sperry entwickelte, basierten auf Gedanken, die sich wesentlich von früheren Vorgehensweisen unterschieden. Sie wußten bereits, daß bei praktisch allen rechtshändigen Menschen die linke Hemisphäre sowohl die rechte Seite des Körpers der Person als auch das Sprachzentrum steuert. Also postulierten sie, daß ein Mensch mit durchtrenntem Gehirn verbale Funktionen im Zusammenhang mit der physischen Steuerung der rechten Seite des Körpers durchführen konnten. Aber was war mit der linken Seite des Körpers – der Seite, die durch das rechte Gehirn gesteuert wurde? Wie würde sie

"Jedermann hat das Potential zur Kreativität. Einige haben eher künstlerische Ventile und spezielle Talente, ihre Kreativität auszudrücken, aber sogar der am wenigsten 'künstlerische' Mensch kann kreativ sein. Denn Kreativität ist definiert als 'der Prozeß, etwas neues einzuführen'. Das 'etwas neues", das man schafft, kann eine Idee sein, ein Plan, ein umgeräumtes Wohnzimmer, eine neue Freundschaft, ein Kunstwerk undsoweiter."

Unbekannt

"Das wichtigste in Erscheinung tretende Thema ist, . . . daß es zwei Arten des Denkens zu geben scheint, verbales und nichtverbales, die relativ getrennt durch die linke beziehungsweise rechte Hemisphäre repräsentiert werden, und daß unser Erziehungssystem, sowie die Wissenschaft im allgemeinen, dazu neigt, die nichtverbale Form des Intellekts zu vernachlässigen. Das bedeutet letztlich, daß die moderne Gesellschaft die rechte Hemisphäre diskrimiert."

Roger W. Sperry

Abbildung 1-6. Versuch mit Patienten mit durchtrenntem Gehirn. Erkennen von Gegenständen.

Abbildung 1-7. Versuch mit Patienten mit durchtrenntem Gehirn. Bilderkennung mit Hilfe eines Tachistoskopes.

im Zusammenhang mit verbalen Funktionen arbeiten? Um das herauszufinden, mußte man in der Lage sein, die getrennten Hemisphären nacheinander zu erreichen.

Sperry's Experimente mit Patienten mit durchtrenntem Gehirn

In einem Experiment verbargen die Forscher die Hände des Patienten mit durchtrenntem Gehirn vor seiner Sicht, legten einen bekannten Gegenstand in seine rechte Hand und forderten ihn auf, ihn zu benennen. Wie erwartet, war er dazu fähig. Als sie aber den gleichen Gegenstand in seine linke Hand legten und ihn aufforderten, ihn zu benennen, konnte er nur raten, was er hielt. Sein rechtes Gehirn wußte, was der Gegenstand war, aber seinem verbalen linken Gehirn stand keine ausgetauschte Information zur Verfügung, so daß er ihn nicht genau benennen konnte.

Für eine andere Versuchsreihe hat das Team eine neues, Tachistoskop genanntes, Gerät für visuelle Reize perfektioniert, ein spezielles Instrument mit einer Bildfläche, auf der ein gegebenes Bild einem einzigen Gesichtsfeld schnell dargeboten werden kann – entweder dem von der rechten oder der linken Seite des Gehirns gesteuerten. Die Forscher setzten einen Patienten mit durchtrenntem Gehirn vor die Bildfläche und warfen gleichzeitig kurz zwei verschiedene Bilder darauf, eines in jedes Gesichtsfeld. Das bedeutete, daß jede Seite des Gehirns der Versuchsperson ein anderes Bild erreichte. Als er aufgefordert wurde, das Gesehene zu benennen, benannte der Patient das Bild in seinem rechten Gesichtsfeld, das er mit seinem linken Gehirn "sah". Als er aufgefordert wurde, auf das Gesehene zu zeigen, zeigte er mit seiner linken Hand auf das Bild, das er in seiner rechten Hemisphäre gesehen hatte.

Mit diesen und vergleichbaren Tests haben Sperry und seine Kollegen demonstriert, daß: (1) Wahrnehmung und motorische Steuerung auf die eine oder andere Hemisphäre verteilt sind, (2) die Hemisphären funktionell spezialisiert sind und (3) der Corpus Callosum hauptsächlich dazu dient, Aufmerksamkeit und Bewußtsein zu vereinen, und den beiden Hemisphären zu gestatten, Wissen und Gedächtnis zu teilen. Er verbindet ein geteiltes Gehirn.

Aber Sperry's Arbeit brachte noch mehr Informationen zutage: Nicht nur diente jede der beiden Hemisphären verschiedenen Funktionen, sie schienen auch emotionale und Wertunterschiede zu besitzen. In Sperry's Worten: "Jede Hemisphäre des geteilten Gehirns schien ihre eigenen und privaten Wahrnehmungen zu haben, ihre eigenen Handlungsimpulse." (Auszug aus dem Film *Der Geist* des Menschen.*)

Fallgeschichten unseres rebellischen, geteilten Selbst

Anekdotenmaterial, das unsere Dualität bestätigt, ist faszinierend. Bei einigen Tests zeigte das EEG, daß die linke Seite des Gehirns eines Patienten plötzlich aktiv wurde, wenn die rechte Seite bei der Arbeit an einer Aufgabe einen Fehler gemacht hatte, für die sie spezialisiert ist. In dem Augenblick, in den die Aktivität der linken Hälfte auf dem EEG eine Spitze erreichte, erschien auf dem Gesicht der Versuchsperson ein Stirnrunzeln oder finsterer Blick. Eine Seite des Gehirns der Versuchsperson schalt die andere wegen falscher Antworten! Ein anderes Beispiel beschreibt die Beschwerden eines Patienten darüber, daß seine "sonderbare" linke Hand ständig Dinge tat, die er nicht wollte – zum Beispiel seinen Bademantel öffnen, während seine rechte Hand sich darum bemühte, ihn anzuziehen!

In einem anderen Falle beschwerte sich eine Patientin mit durchtrenntem Gehirn ständig, daß ihre linke Hand sich mit Aktivitäten befasse, mit denen sie sie nicht beschäftigt wissen wolle. Sie strecke sich völlig unerwartet einfach aus und tue Dinge. Sie ging dazu über, sie zu schlagen, aber das nützte nicht viel. Es tat nur weh! Bei einer Begebenheit, als die Patientin mit ihrer rechten Hand Accessoires aussuchte, streckte sich ihre linke Hand aus und wählte völlig andere. Später an diesem Tage, als sie mit einer Nachbarin Kaffee trank, fragte ihre Freundin sie, warum es so aussehe, als ob sie nicht zusammen passende Accessoires trage. Die Patientin hatte bis dahin nicht bemerkt, daß sie nicht zusammen paßten!

Eine andere Geschichte erzählt von einer Party an dem Krankenhaus, in dem die Split-Brain Chirurgie durchgeführt wurde. Patienten mit durchtrenntem Gehirn und ihre Familien wurden eingeladen, zusammen mit Ärzten, Krankenschwestern und Krankenhauspersonal den Erfolg dieses ungewöhnlichen chirurgischen Eingriffs zu feiern. Während der Party wurde ein Patient gegenüber seiner Frau ausfallend und begann, sie mitten im Partyraum zu beschimpfen. Sie führte ihn sanft in eine Ecke des Raumes, weg vom Zentrum der Aufmerksamkeit, und versuchte ihn auf dem Weg zu beruhigen. Statt dessen wurde

* Anm. d.Ü.: Hier wie auch an zahlreichen anderen Stellen des englischen Textes steht das Wort "mind", für das es keine eindeutige, angemessene Übersetzung gibt. "Mind" bedeutet u.a. Sinn, Gemüt, Herz, Seele, Verstand

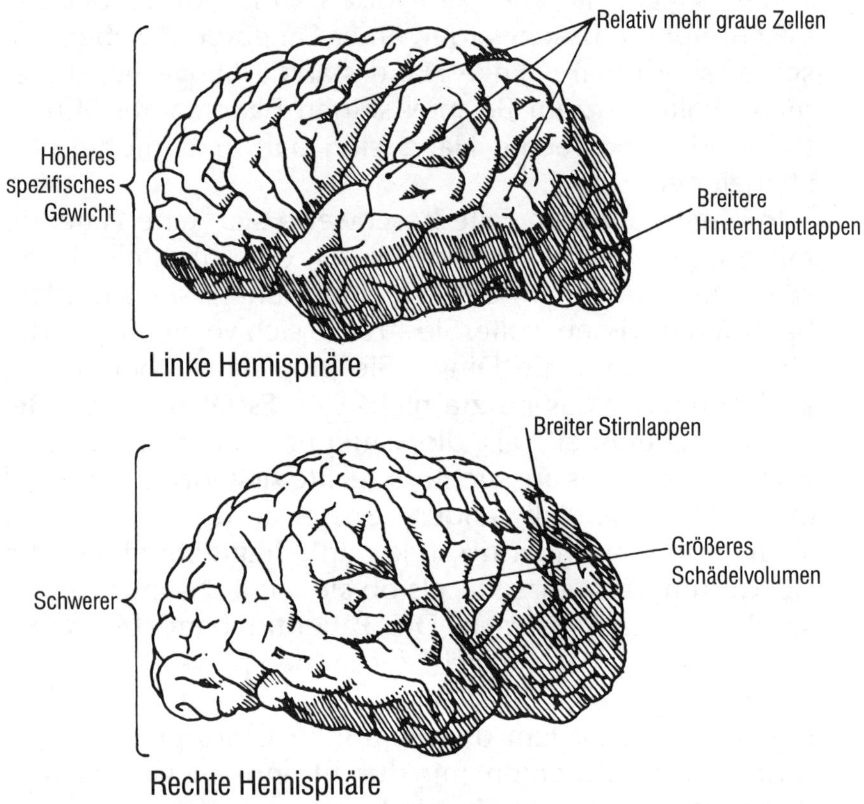

Abbildung 1-8. Physische Asymmetrie des Gehirns

er noch ausfallender, verwünschte sie nun und wurde physisch erregt. Als sie in der Ecke des Raumes ankamen, brüllte er Flüche und begann, sie mit nur einer Hand zu schlagen. Die andere Hand streckte er aber aus, um sie gegen den Angriff zu schützen. Sein durchtrenntes Gehirn war zur Quelle eines gespaltenen Verhaltens geworden. Ohne die Fähigkeit, die Unterschiede geistig zu integrieren, verhielten sich alle diese Personen gleichzeitig auf überraschend gegensätzliche Weise. Können Sie sich vorstellen, wie schmerzhaft und beunruhigend das für sie gewesen sein muß? Wenn auch für die Forschung wertvoll, ist es, von einem persönlichen Standpunkt gesehen, ein Szenario mit der Qualität eines Alptraumes. Es ist fast so, als würde ein anderes Wesen Ihren Körper übernehmen, und als wären Sie unfähig, einen sinnvollen Kontakt mit ihm herzustellen.

Was die Bedeutung für den Rest von uns angeht, beeindruckt mich an diesen und vielen anderen Anekdoten am meisten, wie auffallend unterschiedlich die beiden Gehirn-Hemisphären der Patienten sind, und, in Erweiterung dessen, wie gespalten unser aller Geist sein muß.

Also hat nicht nur die rechte Hemisphäre ihr eigentümliche Funktionen, sondern jede Hemisphäre hat ihre eigene, einzigartige "Methode des Wissens". Die linke ist verbal, befaßt sich mit logischer, analytischer und sequentieller Verarbeitung von Informationen. Die rechte ist räumlich-visuell und emotionell, ihre Funktionsweise ist die gleichzeitige Verarbeitung, Mustererkennung und holistisches Denken. Unser Geist ist aus sich wunderbar ergänzenden Teilen aufgebaut, jeder den anderen bereichernd, und beide sind von entscheidender Bedeutung für unser erfolgreiches Funktionieren als menschliche Wesen.

b. Lateralisierung: Wie unsere Fähigkeiten im Gehirn verteilt sind

Die Wissenschaft der Neuropsychologie hat Sperry's Arbeit dadurch bestätigt und erweitert, daß sie festgestellt hat, daß viele unserer spezifisch geistigen Fähigkeiten lateralisiert sind. Das heißt, sie werden vorwiegend in der einen Hemisphäre unseres zweiteiligen Gehirns oder der anderen ausgeführt, von ihr unterstützt und koordiniert. Es ist bekannt, daß Sprechen, Lesen, Schreiben und Zahlendenken bei den meisten Menschen zum größten Teil in der linken Hemisphäre durchgeführt werden, während die räumliche Wahrnehmung, Geometrie, geistige Kartographie und unsere Fähigkeit, Formen in unserem Geist zu drehen, vorwiegend in der rechten Hemisphäre ausgeführt werden. Allerdings ist es nicht immer so einfach.

Der wichtigste Faktor, der zu dieser Links-/Rechts-Verteilung der spezialisierten Modi geistiger Aktivität beiträgt, ist, wie ich glaube, der Ort, an dem sich das Sprachzentrum befindet. Der Erwerb und die Verwendung der Sprache ist eine der unwiderstehlichsten menschlichen Erfahrungen. Der grundlegendste und einflußreichste Grund dafür ist, daß wir in dem Augenblick, in dem wir Worte zu lernen beginnen, bis dahin nicht verfügbare Wege zur Erfüllung unserer Bedürfnisse eröffnen. Neurologisch gesehen kann die Sprache andere Wahrnehmungs- und Verarbeitungsaktivitäten überwältigen. Wenn sie im Gehirn aktiviert wird, ist sie wie eine Hochleistungslampe, die, obwohl klein, das Auge so sehr beherrscht, daß sehr wenig anderes gesehen werden kann, außer bezogen auf sie. Obwohl Worte oft nicht mitteilen, was wir ausdrücken wollen, berührt die Sprache fast alle unsere Erfahrungen

„. . . Poesie in zahlreichen Formen . . . hat mir große Freude gebracht, und schon als Schuljunge habe ich großes Vergnügen an Shakespeare gehabt, besonders an den historischen Dramen. Ich habe auch gesagt, daß mir früher Bilder beachtliche und Musik sehr großes Vergnügen bereitet haben. Aber seit vielen Jahren schon kann ich es nicht ertragen, auch nur eine Zeile Poesie zu lesen: Ich habe kürzlich versucht, Shakespeare zu lesen und habe ihn so unerträglich langweilig gefunden, daß er mich anekelte. Ich habe auch fast jeden Geschmack an Bildern oder Musik verloren . . . Mein Geist scheint zu einer Art von Maschine geworden zu sein, die aus großen Ansammlungen von Fakten allgemeine Gesetze ausstößt, aber warum das die Atrophie nur des Teiles des Gehirns, von dem die höheren Sinne abhängen, verursacht haben sollte, kann ich nicht verstehen . . . Der Verlust dieser Sinne ist ein Verlust des Glücks und kann möglicherweise schädlich für den Intellekt sein und wahrscheinlicher für den moralischen Charakter indem der emotionale Teil unseres Wesens geschwächt wird.“

aus der Autobiographie von Charles Darwin

in Arbeit, Spiel, Sexualität, Natur, Gott, Familie usw. Dabei fixiert sie aufgesetzte Konzepte, sie bildet einen Bezugsrahmen. Sie diktiert auch eine Reihenfolge des Denkens, die die Art und Weise bestimmt, in der wir Information aufnehmen, verarbeiten und abgeben.

Da Sprache linear und sequentiell ist, scheint die Hemisphäre, in der sie ihren Sitz hat, alle kompatiblen Arten der Informationsverarbeitung zu übernehmen, wie zum Beispiel lineares, sequentielles und arithmetisches Denken. Wenn das Sprachzentrum seinen Sitz in der rechten Hemisphäre hat, was bei einem kleinen Prozentsatz der Linkshänder der Fall ist, verlagern sich die zugehörigen Modi der Wahrnehmung und des Denkens mit ihm.

Kann die Lateralisierung geändert werden? Ja, in einem gewissen Maße – besonders bei dem jungen, sich entwickelnden Gehirn. Wenn in der Kindheit eine Schädigung des linken Gehirns eintritt, kann das rechte Gehirn als Ausgleich für den Verlust die Sprachfähigkeit entwickeln. Sogar bei Erwachsenen ist die rechte Hemisphäre, wie Forschungen nachgewiesen haben, unter gewissen Bedingungen zu einem einfachen Sprachverständnis in der Lage: Es gibt zum Beispiel Fälle von Menschen mit Schäden an der linken Hemisphäre, die, obwohl zum Sprechen nicht fähig, einfache Lieder singen können. Das Stottern bietet uns ebenfalls Fenster zu Fragen der Lateralisierung. Einige Therapeuten vertreten die Theorie, daß Menschen stottern können, weil eine konkurrierende Sprachfähigkeit von der rechten Hemisphäre kommt, und den Ausdruck der linken Hemisphäre stört. Das könnte erklären, warum einige Stotterer ohne Stottern singen können, und auch, warum Therapeuten in einigen Fällen in der Lage waren, das Stottern zu mindern, indem sie die rechte Hemisphäre von Patienten ruhigstellten.

c. Die Normalität der Dualität: Ornstein's EEG-Studien

Die meisten frühen Forscher stützten ihre Schlußfolgerungen über die Lokalisierung von Gehirnfunktionen und die Spezialisierung der Hemisphären auf Untersuchungen von hirngeschädigten, klinisch dysfunktionale Personen. Folglich stellten sich die Wissenschaftler die Frage, ob ihre Befunde sicher für die ganze Bevölkerung verallgemeinert werden könnten.

Anfang der 70er Jahre war der Psychologe Robert Ornstein, der elektroenzephalographische (EEG) Techniken einsetzte, unter den ersten, die wissenschaftlich nachwiesen, daß die Spezialisierung der Hemisphären nicht auf abnormale Menschen beschränkt, sondern bei uns allen erkennbar und meßbar ist. Die Technik war einfach, klar und wiederholbar. Indem er jede seiner Versuchspersonen an zwei EEG-Maschinen anschloß, eine an jede Hemisphäre, konnten Professor Ornstein und seine Mitarbeiter Gehirnwellenreaktionen differenzieren, während die Versuchspersonen mit einfachen Aufgaben, der Wiedergabe vom Blockmustern und dem Briefeschreiben, beschäftigt waren. Die Daten zeigten, daß, während eine Versuchsperson die räumlich-visuelle Block-Aufgabe löste, das linke Gehirn in einem Zustand entspannter elektrischer Aktivität leer lief. Wenn die Versuchsperson dagegen mit dem Schreiben eines Briefes beschäftigt war, lief das rechte Gehirn leer, während das linke Gehirn ansprang.

Ornstein hat den Weg für eine neue Welle der Erforschung der Lateralisierung einer ganzen Palette spezialisierter Funktionen bereitet und damit das aufregende neue Feld der neuropsychologischen Forschung erweitert.

Die neuen Ergebnisse konnten jetzt direkt nicht nur auf die Kranken und Gebrechlichen, sondern auch auf gesunde Menschen angewendet werden, die sich mit alltäglichen Aktivitäten gefaßten.

Seit den ersten EEG-Studien haben hunderte engagierter Forscher an Universitäten und neurologischen Instituten in der ganzen Welt viele andere aufregende, experimentelle Techniken entwickelt, um das Ausmaß aufzuspüren, zu erkennen und zu messen, in dem geistige Fähigkeiten von der einen oder anderen Hemisphäre gesteuert werden. Untersuchte geistige Fähigkeiten waren unter anderem die Verarbeitung akustischer, visueller und sogar taktiler Reize. Neue medizinische Technologien wie PET (Positronenemissionstransaxialtomografie), NMR (Magnetische Kernresonanz) und Temperaturaufnahmen werden ebenfalls eingesetzt, um Veränderungen der elektrischen Aktivität und der Durchblutung im Gehirn zu verfolgen, während es bestimmten Aufgaben nachgeht. Diese Untersuchungstechniken ergeben eine ständig wachsende Menge von Beweisen, die das Konzept der Gehirn-Asymmetrie unterstützen. Der Gedanke, daß die beiden Seiten den normalen Gehirns natürlicherweise verschieden sind, wird immer stärker untermauert.

Diese Entdeckungen beginnen, bedeutende Auswirkungen auf unser tägliches Leben zu haben. Ein gutes Beispiel bezieht sich auf das für dieses Buch gewählte Format. Sie haben möglicherweise schon bemerkt, daß fast alle Illustrationen und Grafiken sich auf den linken Seiten befinden, und daß die rechten Seiten fast ganz aus Text und Zitaten bestehen. Der Grund dafür ist die Art und Weise, in der das visuelle System des Menschen angeordnet ist: Das linke Gesichtsfeld jedes Auges wird im optischen

"... Dominanz ist ein Teil und Ausschnitt des normalen, menschlichen Wesens ... Aufgrund dieser Dominanz haben wir 'starke' Hände, Füße, Augen und – allgemein gesprochen -Hirnhälften."

Ned Herrmann

"Doch Worte sind Dinge, und ein kleiner Tropfen Tinte, fallend wie Tau auf einen Gedanken, erzeugt das, was Tausende, vielleicht Millionen, denken läßt."

Byron

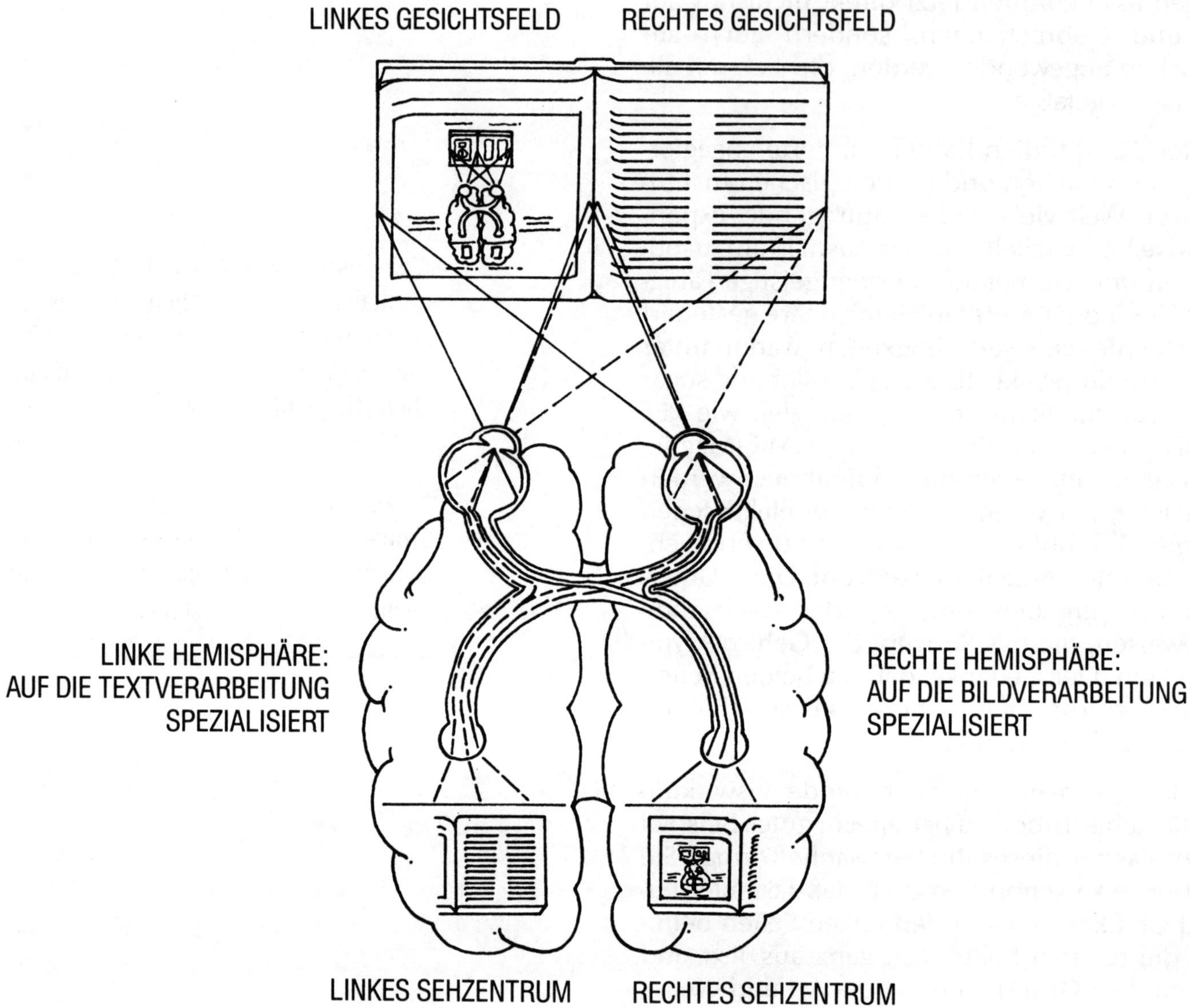

Abbildung 1-9. Buchformat

Chiasmus kombiniert und im rechten Sehzentrum verarbeitet, und das rechte Gesichtsfeld jedes Auges wird für die Verarbeitung im linken Sehzentrum kombiniert. Wenn das merkwürdig zu sein scheint, bedenke man, daß im Sinne der motorischen Kontrolle die linke Hemisphäre die rechte Seite des Körpers und die rechte Hemisphäre die linke Seite des Körpers steuert. Die Natur ist, was die Bildverarbeitung angeht, mit diesem Umkehrmuster folgerichtig. Wenn wir direkt auf das Buch sehen, wobei die inneren Ränder sich in der Mitte unseres Gesichtsfeldes befinden, verarbeitet die linke Hemisphäre, was wir in unserem rechten Gesichtsfeld sehen, und die rechte Hemisphäre verarbeitet, was wir in unserem linken Gesichtsfeld sehen.

Da das so ist, kann ich meine Chance zur Kommunikation verbessern, wenn ich das Buch so gestalte, daß es die verschiedenen Informationsarten an den Teil Ihres Gehirns liefere, der sie am effektivsten verarbeiten kann. Da das Format so ausgelegt ist, daß die am stärksten bevorzugten Verarbeitungsmodi Ihres Gehirns begünstigt werden, sollten Sie dieses Buch als relativ leicht und bequem lesbar empfinden.

1.4 Dominanz: Die natürliche Neigung des Menschen

Die beiden Gehirne sind nicht nur funktionell verschieden, sie sind auch physiologisch asymmetrisch. Die linke Hemisphäre hat zum Beispiel ein höheres spezifisches Gewicht, relativ mehr graue Zellen und einen breiteren Hinterhauptlappen. Im Gegensatz dazu ist die rechte Hemisphäre schwerer, nimmt mehr Raum im Schädel ein und hat einen breiteren Stirnlappen.

Mit seinen funktionellen und strukturellen Asymmetrien stimmt das Gehirn mit dem Rest des Körpers überein. Obwohl sie gleich aussehen mögen, sind unsere beidseitigen Organe und Glieder – wie Augen, Hände, Arme und Beine – in ihren physischen Merkmalen ungleich und sie unterscheiden sich in dem, was sie tun und wie wir sie benutzen.

Von Kind auf beginnen wir, Präferenzen für den einen oder anderen dieser "doppelten" Körperteile zu entwickeln. Wir beginnen zum Beispiel mit einer Hand zuzugreifen als der bevorzugten Art, Gegenstände zu ergreifen. Bei 90 Prozent von uns ist das die rechte Hand – wie die übrigen Nerven und Muskeln der rechten Körperseite –, die vom linken Gehirn gesteuert wird. So wie sie durch wiederholte Benutzung stärker wird, wird die rechte Hand zunehmend bevorzugt, wird schließlich zum Symbol der Stärke selbst. Die linke Hand wird vom rechten Gehirn gesteuert. Wenn sie weniger bevorzugt wird und relativ ungenutzt bleibt übernimmt sie eine sekundäre, unterstützende Rolle bei der Arbeit mit der rechten Hand.

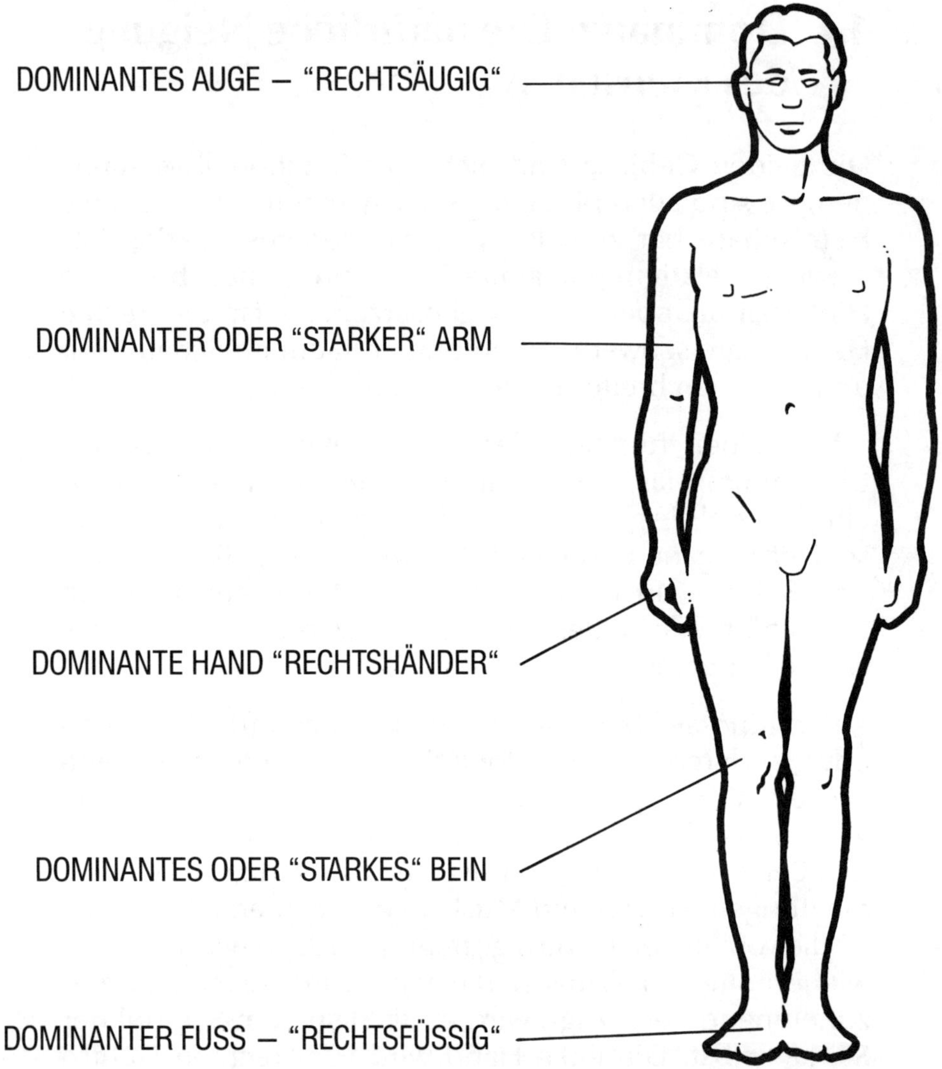

Abbildung 1-10. Dominanz in beidseitigen Organen

Das gleiche gilt für unsere Beine: Wir haben zwei anscheinend identische Beine, aber während unseres Reifungsprozesses wird eines dominant. Wir benutzen das dominante Bein, um vorwärts zu gehen, einen Ball zu treten, unser Gleichgewicht zu halten. Wenn wir eine Reaktion einleiten müssen, benutzen wir es zuerst, verlassen uns auf die Stärke, die es durch wiederholte Benutzung gewonnen hat.

Wir haben sogar ein dominantes Auge – eines, auf das wir uns verlassen, um unser Gesichtsfeld zu fokussieren, und das wir mehr sehen. Versuchen Sie es selbst. Beiden Augen sind geöffnet. Strecken Sie Ihren dominanten Arm vor sich aus und bilden mit Daumen und Zeigefinger einen Kreis, plazieren einen entfernten Gegenstand in diesen Kreis. Schließen sie abwechselnd ein Auge und dann das andere und Sie werden erkennen, welches Sie hauptsächlich zum Sehen benutzen, und welches ergänzende visuelle Informationen liefert. Das Auge, mit dem Sie den Gegenstand weiterhin durch den Kreis sehen, ist das dominante.

a. Warum Dominanz? Warum wir diese Präferenzen entwickeln

Ich glaube, der wichtigste Grund, aus dem wir diese Präferenzen entwickelt haben ist, daß sie uns zwei wichtige Vorteile verschaffen. Erstens gibt uns die Dominanz eine automatische Reaktion auf jede Situation an die Hand. Wenn beide Hände und Füße gleich bevorzugt wären, gäbe es dann nicht einige Verwirrung darüber, wie wir eine Handlung einleiten sollten? Die Dominanz verbessert unsere Fähigkeit, schnell und wirksam zu handeln, indem ein Entscheidungsschritt ausgeschaltet wird.

Zweitens hat uns die Dominanz zu einem höheren Niveau unserer Fähigkeiten verholfen als wir sonst erreichen könnten. Ein bevorzugter Körperteil oder Organ wird fast zweimal so viel benutzt als wenn es nicht bevorzugt wäre, und mit dieser häufigen Benutzung steigert sich seine Stärke und Geschicklichkeit weit über das hinaus, was möglich wäre, wenn es nur halb so oft benutzt würde. Es ist nicht so, daß wir nicht mit unserer nicht dominanten Hand schreiben oder einen Ball nicht mit unserem nicht dominanten Fuß treten könnten. Es ist nur so, daß ohne die zusätzliche Benutzung Teile unseres Körpers für diese Aufgaben relativ ungeschickt und daher schwerfällig bleiben.

Im Sinne der Dominanz, oder bevorzugter Benutzung, haben wir 'starke' Hände, Füße, Augen. Und das ist in Ordnung. Dominanz ist ein Teil des normalen menschlichen Wesens.

b. Dominanz in der Hirnfunktion und wie sie das Verhalten beeinflußt

Es ist nicht überraschend, daß dieser Gedanke der Dominanz auch für das Gehirn gilt. Die Hirndominanz drückt sich darin aus, wie wir vorzugsweise lernen, verstehen und etwas ausdrücken. Ich nenne das kognitive Präferenzen oder bevorzugte Arten des Wissens.

Unsere bevorzugte Art des Wissens ist diejenige, die wir am wahrscheinlichsten einsetzen, wenn wir vor der Notwendigkeit stehen, ein Problem zu lösen oder eine Lernerfahrung zu wählen. Eine linksdominante Herangehensweise an eine Problemlösung wäre an Fakten orientiert, analytisch und Schritt für Schritt, wobei Worte, Zahlen und Fakten bevorzugt würden, die in einer logischen Reihenfolge präsentiert werden. Eine rechtsdominante Strategie würde im Gegensatz dazu Einsichten, Bilder, Konzepte, Muster, Töne und Bewegung suchen, die alle zu einem intuitiven Begreifen des Ganzen synthetisiert würden. Also steht unser bevorzugter Modus des Wissens in einem starken Zusammenhang damit, was wir zu lernen vorziehen und wie wir an das Lernen vorzugsweise herangehen. Eine linksdominante Person mag es vorziehen, über Technik oder Recht zu lernen. Eine rechtsdominante Person kann es vorziehen, Psychologie, Kunst oder Musik zu studieren. Wenn sie zum Beispiel an das Thema des Tanzes herangehen, können linksdominante Personen durch Lesen über das Tanzen lernen, d.h die Fakten bezüglich Namen, Produktionen, Geschichte, Physiologie und Stellungen aufnehmen, während rechtsdominante Personen es wahrscheinlich durch Beobachten und Tun lernen würden.

Wenn wir einen Modus stark bevorzugen, können wir den anderen tatsächlich ablehnen. Für einige Personen, die faktenorientiert lernen, ist sogar die Idee der Intuition verdächtig, während einer intuitiven Persönlichkeit faktische Daten als ablenkend oder langweilig erscheinen können.

Das hat entscheidende Auswirkungen auf das menschliche Lernen: Es ist ersichtlich, wie behindernd es sein kann, wenn der kognitive Stil eines Menschen nicht zu der Art und Weise paßt, in der die zu lernenden Informationen vermittelt werden. Die Person wird das Lernen

Abbildung 1-11. Phyllis, die linksdominante Person

Abbildung 1-12. Sam, die rechtsdominante Person

wahrscheinlich als große Anstrengung, frustrierend, anspruchsvoll, langweilig, unproduktiv und unbefriedigend betrachten.

Unterschiede bei den kognitiven Präferenzen haben eine weitergehende Auswirkung auf andere Aspekte der Persönlichkeit, besonders Arbeitsgewohnheiten. "Phyllis" und "Sam" repräsentieren Extreme dessen, was wir als linksdominante und rechtsdominante Typen beschreiben.

Phyllis, die linksdominante Person, erwirbt Wissen hauptsächlich durch das Lesen faktischer Informationen. Sie neigt zu Introvertiertheit und Gelehrsamkeit und hat genaue, sorgfältig ausgearbeitete Konzepte, um ihr Denken und ihre Datenverarbeitung zu ordnen. Bei ihrer Arbeit ist sie peinlich genau und ins Detail gehend, stark verbal und ihr Denken und Schreiben ist rasiermesserscharf. Ihr Büro ist auf Effizienz hin organisiert, sie hält es ordentlich und alles ist an seinem Platz, auf ihrem Schreibtisch befindet sich das laufende Projekt, und nichts anderes.

Sam, die rechtsdominante Person, lernt dagegen durch "herumgehen" und neigt eher zu Extrovertiertheit und ist mehr erfahrungsorientiert als Phyllis. Die Leute sagen, er sei "gewieft" ("ein Überlebenskünstler"). In seinem Arbeitsleben ist er am entgegengesetzten Ende des Spektrums wie Phyllis. Obwohl er die allgemeinen Konzepte um ein Problem erlernt, vermeidet er die genauen Einzelheiten. Er ist intelligent, er begreift Ideen schnell und kann oft sehr unterschiedliche Konzepte zu einem sinnvollen Bild zusammensetzen. Aber sein intuitives Denken wird oft als verwirrend vermittelt, weil er Schwierigkeiten hat, seine Gedanken in Worte zu fassen. Sein Büro ist unordentlich und sein Schreibtisch ist mit mit Papieren und Büchern übersät, weil er gleichzeitig an mehreren Projekten arbeitet und die Zeit nicht darauf verwenden möchte, ordentlich zu sein. Unterschiede wie zwischen Phyllis und Sam gibt es überall. Denken sie einen Augenblick über die Mitglieder Ihrer Familie und Ihre Geschäftspartner nach, und sie werden an viele Beispiele erinnert.

Als ich von diesen Unterschieden erfuhr fragte ich mich, ob ein Gehirn das andere übertreffe. Heute kann ich sagen: "Ja, ohne Zweifel, aber nur bei bestimmten Arten von Tätigkeiten". Wie Sie später sehen werden, sind wir auf wunderbare Weise so gemacht, das jeder Teil des Gehirns die Rolle ausgezeichnet spielt, für die er ausgelegt ist.

c. Kann die Dominanz geändert werden?

Was ist, wenn wir etwas besser tun müssen, das außerhalb unserer Präferenzen liegt? Können wir unsere eigenen Dominanzmuster ändern? Können wir die Muster unserer Kinder ändern? Oder sind die Unterschiede genetisch vorbestimmt?

Wenn alle unsere geistigen Präferenzen genetisch vorbestimmt wären, wäre die Antwort: "Nein! Wir können unsere Präferenzen für bestimmte Denkmuster nicht ändern.". Und eine Richtung sagt, wir können das nicht. Die meisten Gehirnforscher stimmen der Hypothese zu, daß individuelle Unterschiede im Verhalten zumindest teilweise durch genetisch gewiße Unterschiede in der Organisation des Gehirns geformt werden. Sie stimmen weiter darin überein, daß die Hypothese weitere, ernst-

Abbildung 1-13. Als Kind wußte Mozart mehr als seine Lehrer

hafte Untersuchungen wert ist. Von den vielen Beispielen, die diese Hypothese stützen, ist Wolfgang Amadeus Mozart mein liebstes. Seine Fähigkeit, Musik zu komponieren und aufzuführen, beruhte mehr auf dem, was sich von Geburt an in seinem Kopf befand, als auf dem, was er sich, als Wunderkind, durch die Lehren seines Vaters und anderer Hofmusiker erwarb. Mozart war den meisten Menschen seiner Umgebung im Alter von sechs Jahren musikalisch überlegen. Sein musikalisches Genie mußte mehr aus seiner DNS als durch den Einfluß seiner Lehrer. Also ist das Mozart-Syndrom , das mit eher 30 Prozent erworben und 70 Prozent Natur zu umschreiben wäre, genau das Gegenteil dessen, was, wie ich glaube, für die meisten von uns gilt. Wenn das Beispiel Mozart die Regel wäre, so würde das bedeuten, daß praktisch alle unsere geistigen Fähigkeiten genetisch vorbestimmt sind, und Veränderungen wären nahezu unmöglich.

Ich bin aber hoffnungsvoller. Trotz Mozart würde ich stark argumentieren (und ich erwarte, daß künftige Forschungen das bestätigen), daß die Art und Weise, in der ein Mensch das spezialisierte Gehirn benutzt, die Folge der Sozialisation ist. Die Einflüsse der Eltern, Lehrer, Lebenserfahrung und der Kultur überwiegen, und zwar weit mehr als die des genetischen Erbes. Obwohl eineiige Zwillinge eine eindeutige Ausnahme sind, glaube ich, daß die meisten von uns nicht derartig genetisch programmiert sind, wie wir vielleicht denken.

Meine Gründe sind diese: Wir kommen mit einem gegebenen genetischen Satz von kognitiven Fähigkeiten, Möglichkeiten und geistigen Stärken und Schwächen auf die Welt. In unserer Reaktion auf die Lernmöglichkeiten des Lebens ist es natürlich, daß wir lernen, zuerst unsere Stärken zu nutzen. So wie unser Verhalten durch unsere Mentoren positiv verstärkt wird, verstärken wir unser bevorzugtes Muster geistiger Reaktionen weiter. Wiederholte Nutzung führt zu ständig besserer Leistung, die ihrerseits zu ständig wachsendem Lob und daher intensiverer Bevorzugung führt! Es ist diese Feedback-Schleife von Leistung-Lob-Leistung, die einen kleinen Unterschied in der Hemisphären-Spezialisierung in eine machtvolle Präferenz für den einen oder anderen kognitiven Modus verwandeln kann.

Die Schleife von Leistung-Lob-Leistung funktioniert nicht nur bei Individuen, sondern sogar für ganze Kulturen.

1.5 Der kostspielige Aufstieg der Linken

Von den vielen Wegen, auf denen die Sozialisation unsere Dominanzmuster beeinflußt, halte ich die Arbeit für den unwiderstehlichsten. Wir verstärken die Verhaltensweisen, die für die Arbeiten benötigt werden, deren Ausführung die Gesellschaft verlangt, die Aufgaben, die durchgeführt werden müssen, um die Wirtschaft zu jedem beliebigen Zeitpunkt reibungslos funktionieren zu lassen. Wir sehen das in der Entwicklung verschiedener Nationen und, in einem umfassenderen Sinne, in der Geschichte der Menschheit selbst.

Im Sinne unserer Entwicklung als Spezies ging die Entwicklung des rechten Gehirns der des linken voraus. Unsere Cro-Magnon-Vorfahren befaßten sich mit Kunst lange bevor sie sich mit verbaler Kommunikation befaßten. Als dann die Notwendigkeit höherer Stufen der Kommunikation unter Menschen stärker wurde, begann die Feedback-Schleife die Entwicklung des Sprachzentrums zu verstärken. Der natürliche Sitz dieses Zentrums auf der linken Seite wurde begründet: Die Notwendigkeit genauer Handkontrolle der dominanten rechten Hand hatte bereits ein Fundament genauer motorischer Steuerungsfähigkeiten in der linken Hemisphäre gelegt, genau von der Art, wie sie für den komplexen Akt der Vokalisierung benötigt wurde.

Aber auch nachdem die Sprachfähigkeit sich ausformulierte, blieb das rechte Gehirn sehr wichtig, weil Fähigkeiten des rechten Gehirns für das Überleben erforderlich waren. Heute belohnen vor- oder nicht-industrielle Nationen Fähigkeiten, die mit Intuition und dem Erspüren von Wachstum zu tun haben. Es sind z.B. die Fähigkeit, ein krankes Tier zu pflegen, die Ökologie eines Waldes zu verstehen, oder zu wissen, wo Wild zu finden ist. Heilkünste, die Pflege von Land und Tieren, das Spüren der Strömungen und Stimmungen der See, das finden des Weges über das unwegsame arktische Eis, dieses alles hat enorme Bedeutung in Gesellschaften die näher als unsere eigene an der Natur leben. Die industrielle Revolution und die sie begleitende Explosion der Wissenschaften hat das alles für uns geändert.

In der modernen westlichen Gesellschaft, der "entwickelten"Welt, ist das Pendel zur anderen Seite ausgeschlagen, da die Gesellschaft in wachsendem Maße die Fähigkeiten der linken Hemisphäre gefordert und verstärkt hat. So wie die Industrialisierung die Landwirtschaft ersetzt hat, hat unsere Zivilisation ihre Aufmerksamkeit auf die Verhaltensweisen konzentriert, die den Interessen einer auf Produktion ausgerichteten, in Unternehmen

Abbildung 1-14. Wie Fingerabdrücke ist jedes menschliche Gehirn anders

zentrierten, finanziell angetriebenen Art der sozialen Organisation diente. Es ist die Rolle von Alex Keaton, die Michael J. Fox in "Jede Menge Familie" voll ausspielt. Sie belohnte den linksdominanten kognitiven Modus – ordentlich, wiederholbar und verbal –, der diesen Interessen besser diente als die spontanen, weniger strukturierten rechtsdominanten Modi.

Obwohl sie sich später entwickelte, brachte die kognitive Konzentration des linken Gehirns auf Fakten, Rationalität und verbale Kommunikation es in eine Position der Macht über die ruhigeren Modi des rechten Gehirns. Das hat in allen von uns stattgefunden, in den meisten unserer sozialen Einrichtungen und in allen unserer Unternehmen. Die linksdominanten Modi haben sich besonders in unserem Erziehungssystem festgesetzt, das typischerweise die "drei R's*" betont und die kognitiven Fähigkeiten des rechten Gehirns, wie zum Beispiel Kunst, Intuition, Musik und Tanz vernachlässigt, oder sie sogar angreift. Zahllose Verweise in den westlichen Sprachen beleidigen die linke Hand und dadurch auch das rechte Gehirn.

Es hat unglückliche, sogar katastrophale Folgen dieser starren Betonung des linken Gehirns gegeben. Wohlmeinende Eltern engen ihre Kinder unwissentlich dadurch ein, daß sie Gaben des rechten Gehirns im Hinblick auf die Erziehung und Karrierewahl nicht genauso erkennen und honorieren wie die des linken Gehirns. Wohlmeinende Lehrer führen ihre Schüler den falschen Weg des Lernens entlang, weil sie nicht wissen, wie man den bevorzugten Lernstil jedes Schülers unterscheidet und nutzt.

* Die "drei R's": Im Englischen werden Lesen, Schreiben Rechnen (reading, writing, arithmetic) am Anfang mit einem "R" ausgesprochen (wenn das "a" in arithmetic, wie es häufig gerade bei Kindern vorkommt, "verschluckt" wird). d.Ü.

Ergebene Ehepartner und Manager setzen die Leistung von Familienmitgliedern oder Mitarbeitern herab, weil sie gelehrt werden, kostbare Unterschiede herabzuwürdigen, statt sie zu schätzen. Folglich bleiben die Fähigkeiten unseres rechten Gehirns im besten Falle latent und zerfallen oft, sehr zum Nachteil unserer persönlichen Befriedigung sowie unserer Effizienz als Problemlöser.

1.6 Zurückgewinnung unserer Rechte

Das leicht beherrschbare rechte Gehirn benötigt alle Hilfe, die es bekommen kann, um in der westlichen Welt wieder ein besseres Ansehen zu gewinnen. Bis es soweit ist, werden wir ein hohes Ausmaß an inneren Konflikten und Unzufriedenheit in unserer Gesellschaft erfahren.

Vom Standpunkt der motorischen Kontrolle sind die Hemisphären des Gehirns typischerweise kooperativ. Die linke und rechte Hand arbeiten zusammen. Das linke und rechte Bein kooperieren beim Gehen und Laufen. Jedes Auge hat ein linkes und ein rechtes Gesichtsfeld und die beiden Augen koordinieren ihre Bewegung, um das binokulare Sehen zu verbessern. Das Gehör funktioniert bei der Verarbeitung von Tönen nicht konkurrierend.

Was allerdings die Präferenzen der Denkstile angeht, so hat die Forschung nachgewiesen, daß das rechte und das linke Gehirn in einer ständigen Wettbewerbssituation sind. Unsere beiden Seelen neigen dazu, untereinander entzweit zu sein.

Ich glaube, es ist die Bestimmung des Menschen, sich über diesen geistigen Konflikt hinaus zu mehr integrierter Ganzheit zu entwickeln, die eine reibungslosere Zusammenarbeit zwischen den spezialisierten Teilen des Gehirns widerspiegelt. Wir müssen uns allerdings sehr viel bewußter darüber werden, wie bevorzugte Denkweisen zu behandeln sind, als wir es heute sind. Wir müssen alle geistigen Fähigkeiten betonen, die Menschen bevorzugen, damit sich unser Repertoire möglicher Verhaltensreaktionen voll entwickeln kann. Das wird uns machtvolle Vorteile bei der Bewältigung der Probleme des Lebens verschaffen, sowohl in unseren persönlichen als auch unseren beruflichen Lebenswelten.

Wie Sie im nächsten Kapitel sehen werden, besteht die physiologische Bedingung für die Ganzheit bereits. Das Gehirn ist bereits so organisiert, daß die Kommunikation der spezialisierten Modi des Wissens untereinander möglich ist.

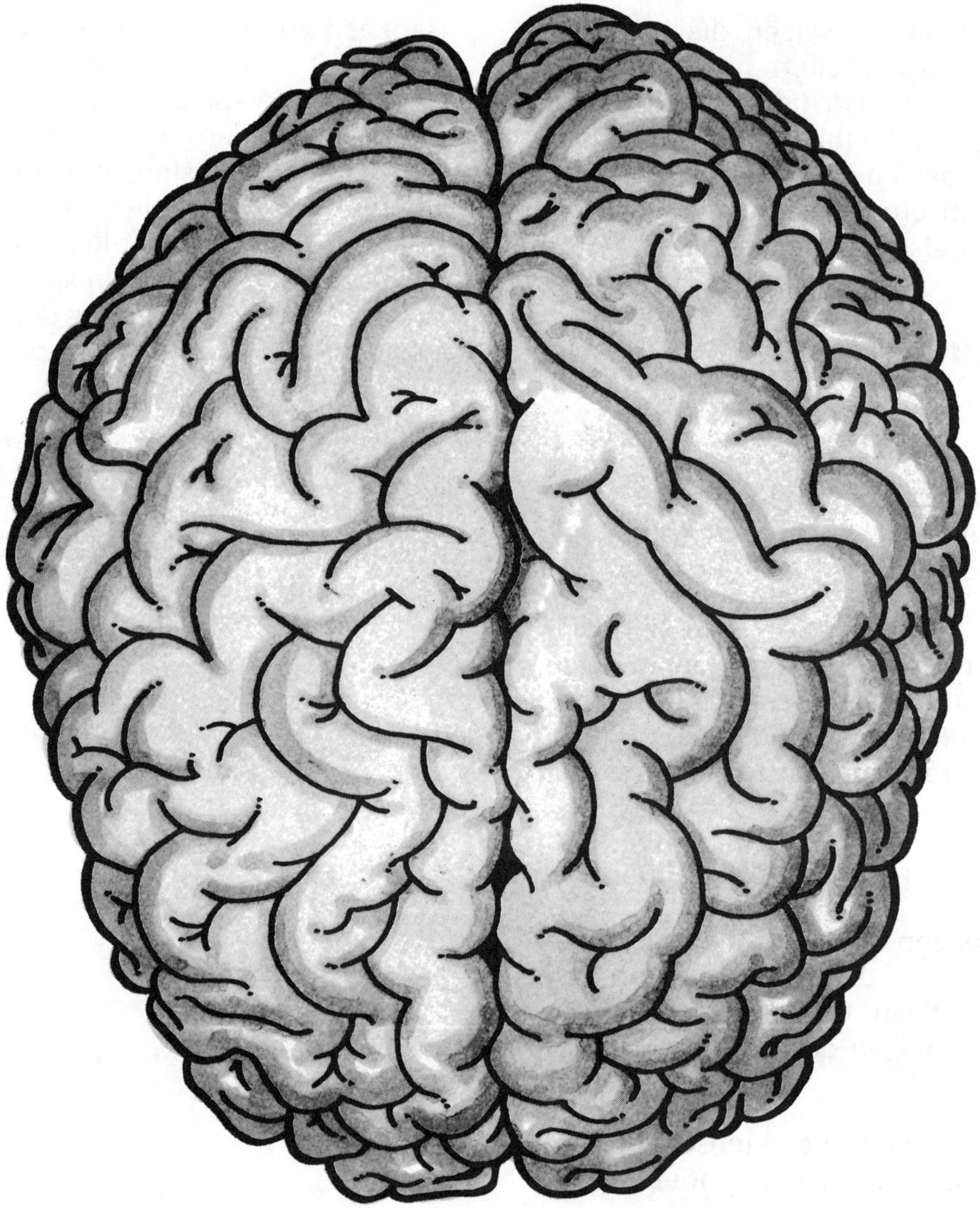

Abbildung 2-1. Das menschliche Gehirn

2. GEHIRN 101: EIN EXKURS ÜBER GRUNDLAGEN DES GEHIRNS

Die Einsicht, die ich in der Stadtbücherei von Stamford gewann war, daß das Gehirn die Quelle des kreativen Prozesses ist, führte schnell zu einem neuen Verständnis des Lernprozesses: Meiner wichtigsten beruflichen Aufgabe. Wenn die kognitiven Präferenzen von Mensch zu Mensch anders waren, dann bedeutete Training auf der höchsten Ebene des Managements folgendes: Man mußte herausfinden, wie man auf die individuellen Lernstile der Kursteilnehmer reagieren soll. Und Managementtrainern gelang das, wenn überhaupt, nur durch Glück und Einfühlungsvermögen. Damals 1975 kannten wir keine entsprechenden Methoden dafür.

Wir mußten eine neue Lerntechnik entwickeln. Glücklicherweise konnte ich, als Leiter des Managementtrainings bei einer der größten Firmen der Welt, in keiner besseren Position sein, um herauszufinden, wie das zu tun ist. Sie können sich vorstellen, was das für eine aufregende Aussicht war.

Noch aufregender für mich persönlich war, daß ich damit eine Möglichkeit erhielt, mein kreatives und wissenschaftliches Selbst zu integrieren. Nach drei Jahrzehnten begann meine Arbeit mir endlich eine Möglichkeit zu geben, mich wieder ganz zu fühlen.

Ich hatte einige intuitive Ahnungen über die Anwendung dieses neuen Wissens. Aber bevor ich im Klassenzimmer experimentierte, brauchte ich mehr Informationen über das Gehirn selbst und über eventuelle Anwendungen dieser Informationen, die sich bereits als erfolgreich erwiesen hatten. Ich begann, in großem Umfang Bücher zu verschlingen, und was sie enthüllten, war erstaunlich. In diesem Kapitel werde ich (1) die Geschichte derjenigen Durchbrüche in der Hirnforschung zusammenfassen, die am meisten zu meinem Verständnis der Dualität beigetragen haben, und (2) kurz die beiden wichtigsten Betrachtungsweisen der Gehirnstruktur beschreiben, die mich zu meinem integrierten Ganzhirnmodell geführt haben.

2.1 Eine kurze Geschichte der Hirnforschung

Was meine Forschungen über die Kreativität aufgedeckt hatten, war die steigende Flut der Literatur zu dem Gegenstand der Neuropsychologie, einer neuen Wissenschaft, die das Verhalten mit der Funktionsweise des Gehirns verbindet.

Obwohl die Wissenschaft der Neuropsychologie neu ist, sind zwei ihrer wichtigsten Gedanken, die Gehirn-Hypothese und die Neuronen-Hypothese, alt. Sogar der Gedanke der Dualität ist alt, und er war von Anfang an mit der Gehirn-Hypothese verbunden. Was an der Neuropsychologie neu ist, konnte man nicht wissen, bevor es möglich war, die elektrische Aktivität des Gehirns mit Hilfe des EEG (Elektroenzephalographen) zu messen. Nachdem wir das gelernt hatten, konnten die Theorien der Dualität der Gehirn-/Geist-Funktion bestätigt und erweitert werden.

Abbildung 2-2. Sperry, Ornstein und Mintzberg. Wichtige Gehirnforscher

a. Meilensteine in der Entwicklung der Gehirn-Hypothese

Die Gehirnhypothese legt das Gehirn als das Zentrum von Erfahrung, Kontrolle, Emotionen und Wünschen der Menschheit fest. Die heutige Akzeptanz dieser Hypothese als Grundlage der Neuropsychologie reflektiert Jahrhunderte theoretischer Untersuchungen, experimenteller Forschung und Debatten.

Der früheste Meilenstein, den mein Studium des Gehirns aufdeckte, steht an einem Punkt vor fast 2.500 Jahren, als das Primat des Gehirns von Hippokrates verkündet wurde, dem griechischen Arzt, der als Gründer der modernen Medizin gilt. Er schrieb:

> Es wird behauptet, das Herz sei das Organ, mit dem wir denken, und weiter, daß es Schmerz und Furcht empfinde. Aber das ist nicht so. Die Menschen sollten wissen, daß unser Vergnügen, unsere Freude, unser Lachen und unsere Tränen vom Gehirn stammen, und zwar allein vom Gehirn. Insbesonders denken, sehen, hören und unterscheiden wir das Häßliche vom Schönen, das Schlechte vom Guten, das Angenehme vom Unangenehmen durch es. Für das Bewußtsein ist das Gehirn der Bote.

Die Beobachtungen früher griechischer Philosophen führten auch Plato zu der Ansicht, das Gehirn sei das zentrale, beherrschende Organ des Körpers.

Aristoteles, einer von Platos Schülern, stimmte dem nicht zu und schlug sich statt dessen auf die Seite älterer hebräischer, hinduistischer und chinesischer Überlieferungen, nach denen das Herz die Quelle der menschlichen Intelligenz und das Zentrum des Nervensystems des Körpers ist. Viele von denjenigen, die die Herz-Theorie

TABELLE 1-1 DIE MEILENSTEINE DER ERKENNTNISSE ÜBER DIE GEHIRN-DUALITÄT

DATUM	FORSCHER	SCHLÜSSELERKENNTNISSE
450 vuZ	HIPPOKRATES	Im Gehirn eines Patienten kann eine *geistige* Dualität bestehen.
1286	ROGER BACON	Menschen üben zwei Arten des Wissens aus: eine durch verbale Argumente, eine durch *nicht-verbale Erfahrung.*
1500	LEONARDO da VINCI	Das menschliche Gehirn und der Geist sind *verschiedene* Dinge.
1684	THOMAS BROWNE	*Beide* Gehirnhälften beeinflussen das menschliche Verhalten.
1844	ARTHUR WIGAN, M.D.	Der Mensch muß *zwei Seelen* in *zwei Gehirnen* besitzen.
1870	VICTOR HORSELEY, M.D.	Wir sind keine ein-fachen Tiere: Wir sind in Wirklichkeit *zwei* Individuen.
1874	JOHN HUGHLINGS-JACKSON, M.D.	Eine der beiden Gehirnhälften des Menschen übernimmt die Führung und ist die *dominante* Hemisphäre.
1960	ROGER SPERRY, Ph.D.	Die Experimente mit durchtrenntem Gehirn zeigen, daß die linke und rechte Hemisphäre *spezialisiert* sind.
1975	ROBERT ORNSTEIN, Ph.D.	Die Hemisphären *normaler* Menschen sind auf "vorhersehbare und meßbare Art und Weise" spezialisiert.
1976	HENRY MINTZBERG, Ph.D.	Menschen können gleichzeitig *"klug und dumm"* sein.

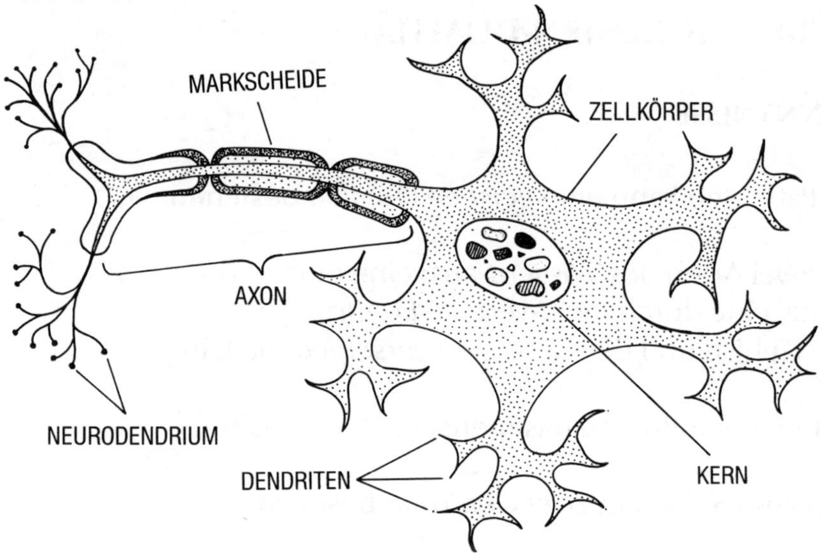

aus Abbildung 2-3 Seite 28

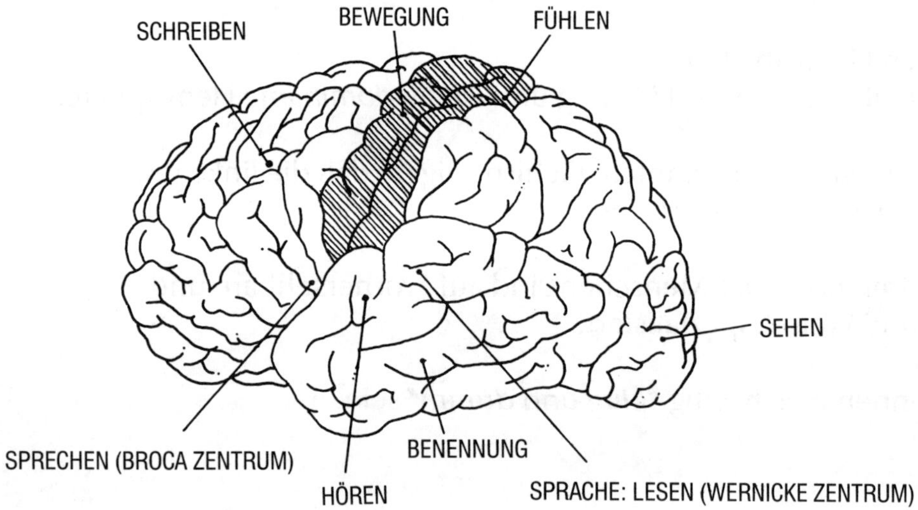

Abbildung 2-4. Die wichtigsten spezialisierten Funktionen des Gehirns und ihr Sitz

bevorzugten, glaubten, die wichtigste Aufgabe des Gehirns sei es, das Blut des Körpers zu kühlen. Diese beiden Theorien hinsichtlich des wahren Brennpunktes des Denkens, Fühlens und Verhaltens menschlicher Wesen – das Gehirn oder das Herz – wurden Hunderte von Jahren debattiert

Hippokrates erklärte nicht nur, das Gehirn sei souverän, er führte auch den Gedanken der Dualität ein. In seinen persönlichen Notizen über einen epileptischen Patienten schrieb er, daß der Patient in seinem Verhalten eine geistige Dualität zeige, daß in einem Gehirn zwei verschiedene Persönlichkeiten vorhanden zu sein schienen.

Erst im Jahre 1268 AD, weit über eintausend Jahre später, tauchte der nächste Meilenstein des dualen Gehirns auf. Sir Roger Bacon hatte den Gedanken, daß Menschen zwei Arten des "Wissens" ausüben, eine durch "Argumente" und eine durch "Erfahrung". Übersetzt sind das der verbale und der nichtverbale Modus.

Der nächste Durchbruch kam im 16. Jahrhundert, als Leonardo da Vinci zwischen Gehirn und Geist unterschied, und dadurch den Grundstein für das Studium des physischen Organs legte. Er untersuchte das Organ getrennt von den Ergebnissen seiner Funktionen, etwa so, wie man den Körper getrennt vom Tanzen untersuchen würde.

Dann, in 1684, kam Sir Thomas Browne's posthum veröffentlichtes Werk, in dem vorgeschlagen wird, daß beide Gehirnhälften das menschliche Verhalten beeinflussen.

1844 unterstrich A. L. Wigan, M.D., den Gedanken der zwei Seelen mit seinem brillianten Buch *The Duality of the Mind* (Die Dualität des Geistes, kürzlich mit einem einsichtsvollen Vorwort von Dr. Joseph Bogen neu herausgegeben, der mit Dr. Roger Sperry gearbeitet hat). 1870 beobachtete Victor Horsley, M.D., daß wir nicht einfache Tiere, sondern eher zwei Persönlichkeiten sind. 1874 führte der Neurologe John Hughlings-Jackson den Gedanken der Dominanz mit der Hypothese ein, daß eine der Gehirnhälften die "führende Hemisphäre" sei.

Diese frühen Beobachtungen der Dualität wurden schließlich in diesem Jahrhundert in den 50er und 60er Jahren bestätigt und erweitert. Die Arbeit Roger Sperry's mit Patienten mit durchtrenntem Gehirn, die ich in Kapitel 1 beschrieb, halfen uns, die Spezialisierung der Hemisphären und die Arten des Wissens zu verstehen. Der Psychologe Robert Ornstein hat dann infolge von Experimenten, in denen er EEG-Techniken bei normalen Versuchspersonen einsetzte, dieses Verständnis der Spezialisierung dahingehend erweitert, daß wir alle eingeschlossen sind.

Die meisten dieser Männer waren Wissenschaftler, Ärzte und Neuropsychologen von einigem Ansehen. Es war aber ein medizinischer Laie, der in 1976 den gewichtigsten Eindruck auf meine Würdigung des Gehirns und seiner Rolle in der unternehmerischen Kreativität machte. Henry Mintzberg, Professor für Management an der McGill University, stellte die Schlüsselfrage: "Warum sind einige Leute gleichzeitig so klug und dumm?" Das brachte meine Gedanken über die individuellen Unterschiede in der Gehirndominanz sofort auf den Punkt.

Also hat die Gehirn-Hypothese als Eckpfeiler der sich entwickelnden Wissenschaft der Neuropsychologie seit der Dämmerung unseres modernen Zeitalters die Vorherrschaft errungen.

b. Die Neuronen-Hypothese

Der zweite bedeutende Gedanke der modernen Neuropsychologie findet sich in der Neuronen-Hypothese, die vorschlägt, daß das Nervensystem aus diskreten, autonomen, einzigartigen Zellen besteht, Neuronen genannt, die interagieren können, aber nicht physisch verbunden sind. Wir wissen heute, daß das Gehirn aus 180 Milliarden dieser Zellen besteht, die sich alle im Kortex, oder der äußeren Schicht, der wichtigsten Strukturen des Gehirns befinden. Jede kann als ein winziges Informationsverarbeitungssystem betrachtet werden. Zusammen genommen bilden die Neuronen die arbeitenden Elemente der denkenden Regionen des Gehirns. Durch ihre Interaktion ermöglicht das lebende Organ des Gehirns den Aufstieg des lebendigen Geistes.

Ein typisches Neuron kann Synapsen, oder physikalische Signale, von bis zu 15.000 anderen Neuronen in seiner unmittelbaren Nachbarschaft aufnehmen. Wissenschaftler schätzen, daß die Zahl der möglichen Verbindungen zwischen Neuronen in einem einzigen menschlichen Gehirn die der Atome im bekannten Universum übersteigt. Mit einem Gewicht von nur drei Pfund und nicht größer als eine Grapefruit ist die Organisation des Gehirns komplexer als jede andere bekannte Struktur. Es ist diese außerordentliche Komplexität, die unsere erstaunliche Fähigkeit für Vorstellung, Denken, Schließen und Schaffen erklärt.

Nachdem einmal bestätigt war, daß das Gehirn das menschliche Verhalten steuert, und daß Neuronen die geistige Energie leiten, haben Wissenschaftler damit begonnen zu erforschen, welcher Teil des Gehirns spezifi-

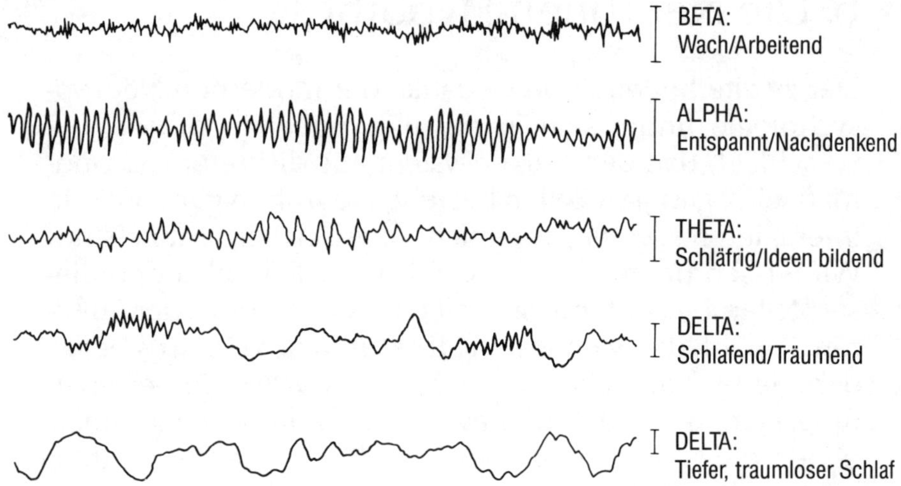

Abbildung 2-5. Gehirnwellen

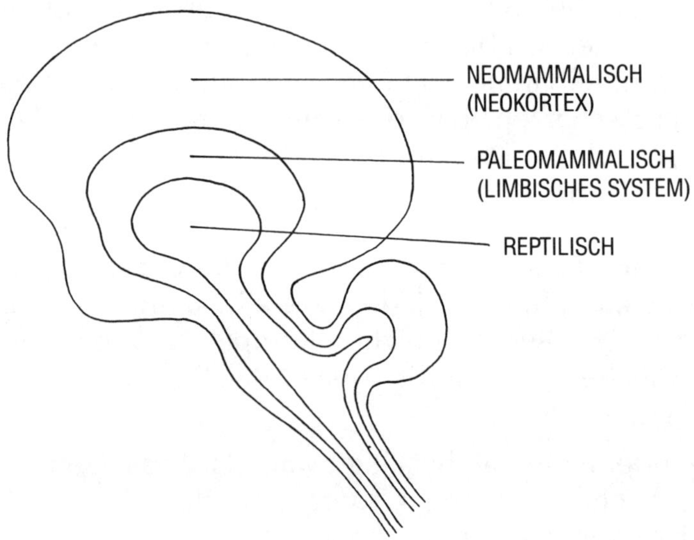

Abbildung 2-6. Das dreieinige Gehirn

sche Funktionen und Verhaltensweisen steuert, und wie es das macht. Nach etwa zwei Jahrhunderten, bis zu den 60er Jahren des 19. Jahrhunderts, hatten Paul Broca, Carl Wernicke und andere nur bestätigt, daß sich das Sprachzentrum im linken Schläfenlappen befand. Seitdem ist die Wissenschaft einen weiten Weg gegangen, nicht zuletzt Dank des EEG.

c. Das EEG: Belauschen der Hirntätigkeit

Wie alle Zellen des menschlichen Körpers erzeugen die Neuronen Elektrizität, wenn sie arbeiten. Ein aktives menschliches Gehirn kann leicht meßbare 10 Watt erzeugen. Diese elektrische, neurale Aktivität ist es, was die Gehirnwellen erzeugt, die EEG-Geräte messen. So wie sich das Muster der elektrischen Aktivität des Gehirns in Reaktion auf Veränderungen der Situation ändert, ändern sich auch die Wellenformen, und dieses wahrscheinlich einige hundert Mal bei einer geistig aktiven Person. Wenn das EEG die Veränderungen bei einer Person mißt, die spezifische Tätigkeiten ausführt, ist es möglich, Gehirnfunktionen dadurch zu lokalisieren, daß offengelegt wird, welche Teile des Gehirns hart arbeiten und welche im Ruhezustand sind.

2.2 Aktuelle Theorien über die Organisation des Gehirns

Es gibt mehrere physiologische Betrachtungsweisen des Gehirns. Traditionell haben Wissenschaftler die Strukturen des Gehirns in drei funktionelle Komponenten unterteilt: das Rautenhirn, das Mittelhirn und das Vorderhirn. Diese Beschreibung wurde in den 50er und 60er Jahren in Biologie gelehrt. Die Unterteilung ist aber größtenteils willkürlich und hat relativ wenig mit der Erleichterung unseres Verständnisses zu tun. Sehr viel nützlicher und heute zunehmend populär sind die folgenden beiden Theorien der Organisation:

1. Die Theorie des dreieinigen Gehirns.
2. Die Theorie des linken Gehirns/rechten Gehirns.

a. Die Theorie des dreieinigen Gehirns

Dr. Paul MacLean, Leiter des Labors für Gehirnevolution und Verhalten am National Institute for Mental Health, hat die Theorie des dreieinigen Gehirns vorgeschlagen, nach der das menschliche Gehirn in Wirklichkeit aus drei Gehirnen besteht, wobei jedes das jeweilig späterentwickelte in dem ausgebildeten Muster von Gehirnen das folgende Gehirn überlagert.

Das erste ist ein uraltes, primitives, reptilisches Gehirn, so genannt, weil es stark dem bei prähistorischen Reptilien sowie heutigen Alligatoren und Echsen zu findenden Gehirn ähnelt. Dieses Gehirn, bestehend aus dem Hirnstamm, dem Mittelhirn, den Basalganglien und dem retikulären Aktivierungssystem, ist ein Sklave der Präzedenz: Getrieben vom Instinkt scheint es die Überlieferung der Ahnen der Spezies zu enthalten.

Das zweite und jüngere Gehirn ist das limbische oder mammalische Gehirn, das das primitivere Gehirn umgibt und aus dem limbischen System besteht. Es wird angenommen, daß es sich vor etwa 200 bis 300 Millionen Jahren entwickelte. Wir teilen dieses Gehirn mit niedrigen Säugetieren wie Ratten, Hasen und Pferden. Das limbische Gehirn registriert Belohnungen und Strafen, ist der Sitz der Gefühle und steuert das autonome Nervensystem des Körpers.

Schließlich liegt über dem limbischen Gehirn der Neokortex, oder "Denkkappe", die gewundene Masse grauer Zellen, die sich mit solcher Schnelligkeit erst in der letzten Million Jahre entwickelt und den Homo Sapiens hervorgebracht hat. Wir teilen den Neokortex mit höheren Säugetieren wie Schimpansen, Delphinen und Walen. Was die Gehirne des Homo Sapiens von denen anderer Tiere unterscheidet ist, daß der Neokortex des Menschen sowohl im Verhältnis zum Gehirn als auch zum Körper so groß ist. Der Neokortex scheint uns zum Denken, Wahrnehmen, Sprechen und Handeln als zivilisierte Wesen zu befähigen.

Wenn man sie im Querschnitt sieht, sehen die drei Gehirne aus, als seien sie nacheinander eines über das andere gelegt worden. Im Evolutionsprozeß scheint jedes einige neue Anfänge gemacht und ältere Funktionen wiederholt zu haben, so daß es nicht leicht ist, die funktionellen Unterteilungen genau zu definieren. Während sich diese drei Gehirne in den Funktionen überlappen, die sie ausführen, sind sie im Stil unterschiedlich. Man nimmt an, daß die beiden älteren Gehirne genetisches/instinktorien-

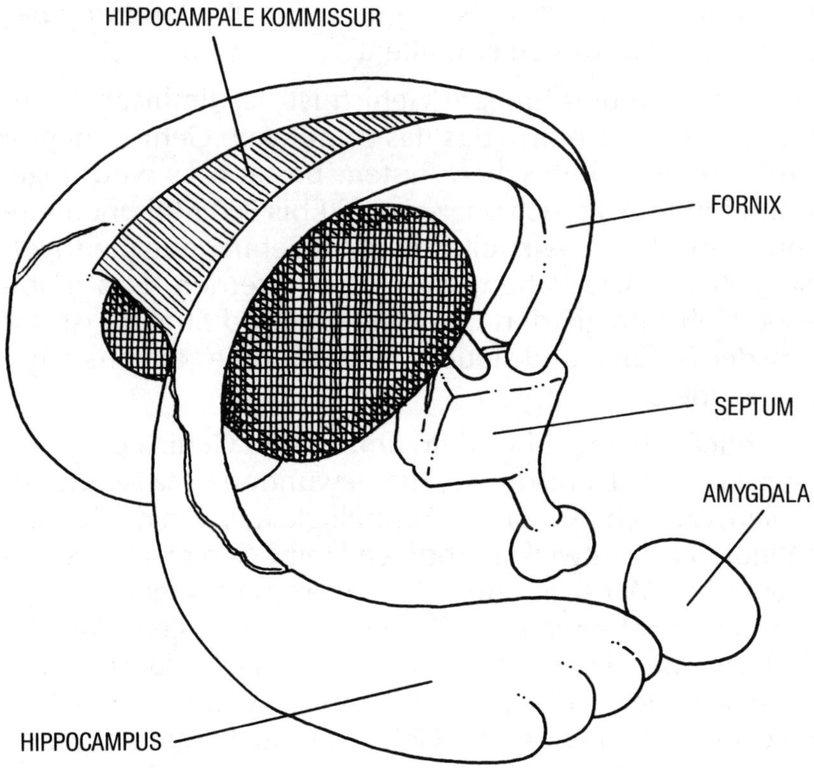

Abbildung 2-7. Das limbische System

tiertes Verhalten steuern: Hierarchien von Dominanz/Unterwerfung, sexuelle Werbung, Rituale der Gefolgschaft eines Führers, Massenwanderungen, Zusammenschluß gegen den Schwachen und Neuen, Verteidigung des Territoriums, Jagen, Bindung, Nestbau, Begrüßung, Herdenbildung und Spiel. Die älteren Gehirne vermitteln auch das autonome Nervensystem, die unwillkürlichen, internen Reaktionen des Körpers. Der jüngere Neokortex scheint, im Gegensatz dazu, besser in der Lage zu sein, neue Wege des Meisterns und Anpassens zu lernen. Es befaßt sich mehr mit willkürlichen Bewegungen und äußeren und umgebungsbezogenen Ereignissen.

b. Die Theorie des linken/rechten Gehirns

Um die Theorie des linken/rechten Gehirns zu verstehen, muß man folgendes kennen:

1. Die linke und rechte Hälfte des Neokortex,
2. Die linke und rechte Hälfte des limbischen Systems,
3. Die Verbindungen, welches die Strukturen sind, die die Wege zur Verfügung stellen, über die die verschiedenen Teile des Gehirns einander Signale zuschicken.

Diese spezialisierten Strukturen, plus zwei Funktionsmuster des Gehirns: Das situationsbezogene und das iterative* Funktionieren, bilden die Schlüsselaspekte der Organisationstheorie des linken/rechten Gehirns, die man kennen muß, um zu verstehen, wie ich sie auf Ganzhirn-Kreativität und -Lernen anwende.

* Siehe Glossar

Die linke und rechte Neokortex

Die Neokortex macht etwa 80 Prozent der gesamten Hirnmasse aus, sowie den größten Teil der Denk-Kortex des Gehirns oder genauer der grauen Zellen. Sie ist anatomisch in zwei Hälften unterteilt, die locker als die linke und rechte Hemisphäre bezeichnet werden, die jedoch als zerebrale Hemisphären bezeichnet werden sollten. In diesen zerebralen Hemisphären finden alle die Prozesse statt, die Sehen, Hören, Körperempfindung, willkürliche motorische Kontrolle, Denken, zerebrales Denken und Entscheiden, zielgerichtetes Verhalten, Sprache und nicht-verbale Ideenbildung betreffen.

Das linke und rechte limbische System

Als Hippokrates schloß, daß das Gehirn des Menschen "doppelt" ist, bezog er sich auf die beiden großen Hemisphären der Neokortex. Wäre er beim Verständnis der beiden Hälften des limbischen Systems ein wenig weiter gegangen, hätte er möglicherweise gesagt, das Gehirn des Menschen ist zweifach doppelt, den diese beiden Sätze zweiseitiger Strukturen bilden, durch ihre Verbindungen untereinander, die vier Hauptteile des Gehirns, die unsere primären geistigen Funktionen steuern.

In jede der zerebralen Hemisphären eingebettet, befinden sich die beiden Hälften des limbischen Systems, die einen großen Teil des verbleibenden Teiles des Denk-Kortex des Gehirns bilden.

Obwohl erheblich kleiner als die zerebralen Hemisphären, was die Kortex angeht, spielt das limbische System bei unserer Funktion eine enorme Rolle. Wenn die Versor-

"Also scheint alles zu beweisen, daß der Mensch strikt aus zwei kompletten und perfekten Hälften aufgebaut ist, und daß nicht mehr zentrale und gemeinsame Maschinerie vorhanden ist, als gerade ausreicht, um die beiden zu einem bewußten Wesen zu vereinen und das ordnungsgemäße synchrone Handeln der beiden Tiere sicherzustellen.

Die Frage, warum diese merkwürdige Organisation eingerichtet wurde, ist müßig. Daß es einem weisen und nützlichen Zweck dient, scheint die ganze Verfassung der Natur zu beweisen, wenn aber der Philosoph versucht, tief nach der Ursache zu suchen, wird er genötigt, schließlich den befriedigenden Grund hinzunehmen."

A. L. Wigan

"Wenn das Gehirn ein Computer ist, dann ist es der einzige, der mit Glukose läuft, 10 Watt Elektrizität erzeugt und durch ungelernte Arbeiter hergestellt wird."

David Lewis

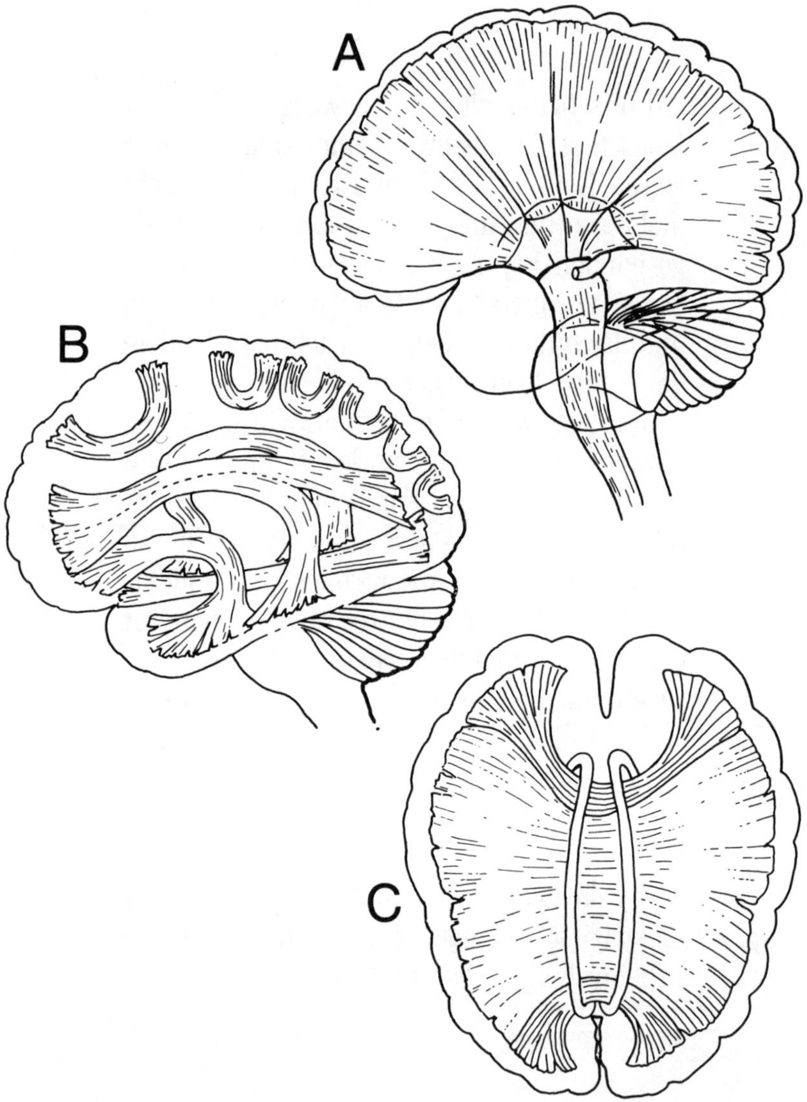

Abbildung 2-8. Verbindungen im Gehirn – *(A) Projektionsfasern, (B) Assoziationsfasern, (C) Kommissuralfasern*

gung mit Blut ein wichtiges Anzeichen für die Bedeutung ist, dann ist es beachtenswert, daß das limbische System von allen Organen des Körpers mit am besten mit Blut versorgt wird. Und das ist kein Wunder!

Das limbische System reguliert Essen, Trinken, Schlafen, Wachen, Körpertemperatur, chemische Balancen wie Blutzucker, Herzschlag, Blutdruck, Hormone, Sexualität und Emotionen. Es ist auch das Zentrum für Vergnügen, Strafe, Hunger, Durst, Aggression und Wut.

Wir begannen, die Rolle dieses Systems in unserem Gefühlsleben zu verstehen, als Dr. James Papez in 1937 postulierte, daß Gefühle spezifisch durch das limbische System erzeugt werden. Diese Theorie wurde durch spätere Forschungen bestätigt. Das limbische System befindet sich physisch zwischen dem Hirnstamm und den zerebralen Hemisphären und ist mit beiden Bereichen durch massive und hoch entwickelte Verbindungen verbunden. Es ist damit physiologisch in der Position, Gehirnaktivitäten zu vermitteln, die unter und über ihm stattfinden: und genau das tut es auch! Es kann zum Beispiel das rationale Denken durch emotionale Energie überwältigen und so logische Verarbeitungsmodi völlig neutralisieren.

Zusätzlich zur Steuerung unserer Emotionen trägt das limbische System auch zu unserer kognitiven Verarbeitung bei. Heute weiß man, daß es für den Lernprozeß unverzichtbar ist, weil es eine notwendige Rolle bei der Übertragung ankommender Informationen in das Gedächtnis spielt. Wir haben drei Gedächtnissysteme: sehr kurzfristig, etwa eine Sekunde lang oder weniger, kurzzeitig, etwa 15 Sekunden lang und langfristig, das keine zeitliche Begrenzung kennt. Das limbische System steht aktiv mit allen drei dieser Gedächtnissysteme in Verbindung:

1. Das limbische System setzt Informationen, die das Gehirn empfängt, in die jeweiligen Modi für die Verarbeitung um, und prüft dabei ständig an das Gehirn weitergeleitete Informationen anhand von Erfahrungen der Vergangenheit.
2. Das limbische System leitet Informationen auch an die jeweiligen Gedächtnisspeicherbereiche des Gehirns. Diese Funktion wird benötigt, weil Erinnerungen nicht an einem bestimmten Platz gespeichert werden, sondern im Gehirn verteilt in den Bereichen zu finden sind, die funktionell im Zusammenhang mit der Natur der zu speichernden Erinnerung stehen. Worte, Zahlen und visuelle Bilder werden zum Beispiel in Bereichen gespeichert, die mit dem Sprachzentrum, dem Rechenzentrum beziehungsweise dem Sehkortex in Verbindung stehen.
3. Das limbische System ist auch mit der Informationsübertragung vom Kurzzeit- zum Langzeitgedächtnis befaßt.

Da Sie ein längeres Erinnerungsvermögen haben, als es das Kurzzeitgedächtnis von 15 Sekunden zuläßt, aber Dinge in einem Tag oder zwei vergessen, fragen Sie sich möglicherweise, ob es auch ein mittelfristiges Gedächtnis gibt. Nicht so weit wir heute wissen. Der Grund, aus dem wir "vergessen" ist nicht, daß wir keinen angemessenen Speicher haben, sondern daß unsere Zugriffssysteme schwach sind. Keine dieser Erinnerungen ist verloren. Es ist nur so, daß sie ohne ständige Verwendung nicht nahe an der Oberfläche bleiben, wenn sie nicht eine gewisse emotionale Ladung besitzt.

c. Verbindungen im Gehirn

Das Gehirn ist voll von *Verbindern*. Diese Fasern tragen die von den verschiedenen Teilen des Gehirns für die Kommunikation untereinander verwendeten Signale. Für unsere Zwecke können wir die Verbinder in zwei Gruppen unterteilen: Diejenigen, die Verbindungen *innerhalb* jeder Hemisphäre herstellen, und diejenigen, die Verbindungen *zwischen* den Hemisphären und den beiden Hälften des limbischen Systems sind. Zusammen stellen diese Verbinder die physiologische Grundlage für die Ganzheit in der geistigen Funktion zur Verfügung.

Die Verbinder *innerhalb* jeder Hälfte des Gehirns bestehen aus zwei Typen, Projektionsfasern und Assoziationsfasern. *Projektionsfasern* gehen strahlenförmig vom Hirnstamm zu jedem Lappen jeder Hemisphäre aus, und dieses Kommunikationsnetz leitet Impulse vom Körper und dem Hirnstamm zur Kortex und zurück. *Assoziationsfasern* bieten die Kommunikationskanäle unter den spezialisierten Regionen innerhalb jeder Gehirnhälfte, und bilden so ein komplexes Kommunikationsnetz, das es jeder Hemisphäre gestattet, seine Funktion zu integrieren.

Verbindungen *zwischen* den beiden halben Gehirnen werden durch drei Bündel von Axonenfasern zur Verfügung gestellt, die *Kommissuren* genannt werden.

1. Das Corpus Callosum.
2. Die hippocampale Kommissur.
3. Die vordere Kommissur.

Diese Verbindungen bieten Hunderte von Millionen von "Festleitungen", die von Neuronen in einer Hälfte des Gehirns zu spiegelbildlichen Neuronen in der anderen

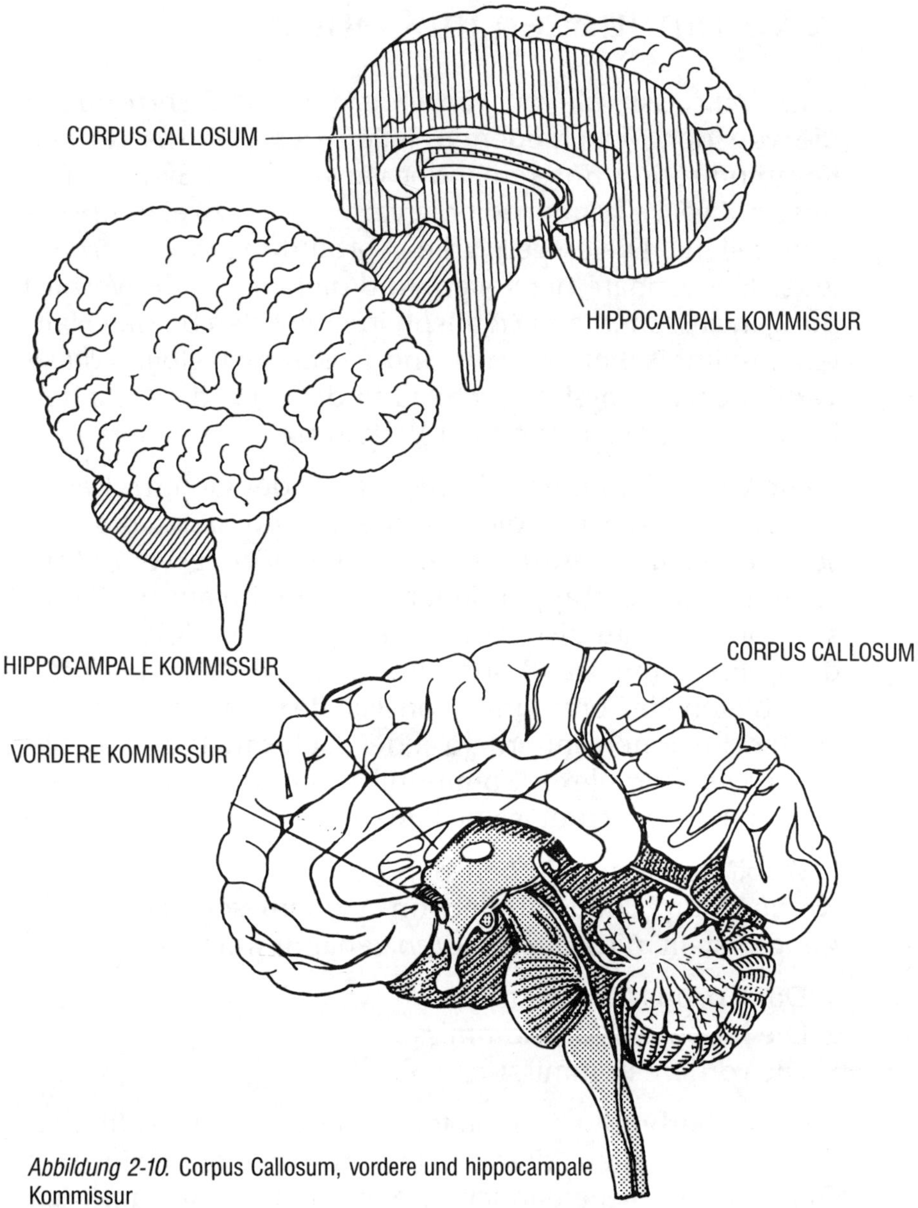

Abbildung 2-10. Corpus Callosum, vordere und hippocampale Kommissur

verlaufen. Sie ermöglichen es damit dem Gehirn, die in parallelen Bereichen jeder zerebralen Hemisphäre und auch in jeder limbischen Hälfte angesiedelten Aktivitäten zu koordinieren.

Das Corpus Callosum: Ein Vorteil der Frauen

Das Corpus Callosum verbindet die beiden zerebralen Hemisphären. Allein die Zahl der Axonenfasern im Corpus Callosum wird mit einer Variationsbreite zwischen 200 und 300 Millionen angegeben, wodurch es zum Hauptkanal für die Kommunikation der Hemisphären wird. Die Arbeit von Roger Sperry und Michael Gazzaniga zeigt schlüssig, daß ohne eine solche Verbindung das Gehirn keine Möglichkeit hat, einen spezialisierten Modus des Wissens mit seinem Gegenstück zu integrieren. Es kann zum Beispiel aus einer visuellen Erfahrung kein Konzept entwickeln, dann das Konzept in geschriebene oder gesprochene Worte zurück übersetzen.

Das Corpus Callosum ist ein Bereich, in dem sich Männer und Frauen deutlich unterscheiden, und die Frauen scheinen auf drei Arten im Vorteil zu sein. Erstens: Auf Autopsien beruhende Untersuchungen haben gezeigt, daß das Corpus Callosum von Frauen im Durchschnitt etwa um 10 Prozent größer als bei Männern ist, es sind bis zu 20 Millionen Axonenfasern mehr vorhanden. Zweitens: Impulse von einem Neuron in einer Hemisphäre an sein spiegelbildliches Neuron in der anderen Hemisphäre bewegen sich bei Frauen um 5 bis 10 Prozent schneller als bei Männern. Diese schnellere Übertragungszeit zwischen den Hemisphären bedeutet, daß viele Frauen Ideen schneller hin und zurück bewegen können als der durchschnittliche Mann.

Drittens: Das Corpus Callosum im weiblichen Gehirn reift typischerweise bis zu 3 Jahre früher als das des Mannes. Mit Reifung meine ich, daß sich die Markscheide um jede Axonenfaser, die sie gegeneinander isoliert, vollständiger ausbildet und es so möglich macht, daß die Faserverbindungen vollständiger funktionieren. Diese frühere Reifung tritt zwischen dem Alter von 9 und 12 ein, wodurch das sich schnell entwickelnde weibliche Gehirn zusätzlich Zeit gewinnt, um den besseren Einsatz in den beiden zerebralen Hemisphären befindlichen spezialisierten Modi zu lernen. Das kann erklären, warum junge Frauen sich mit ihren geistigen Prozessen wohler fühlen als junge Männer. Es ist auch möglich, daß es das ist, was sich später als das größere Wohlbefinden einer Frau hinsichtlich der intuitiven, nicht-linearen Funktionen und der Fähigkeit zur Verbalisierung dieser Modi manifestiert.

Die hippocampale und vordere Kommissur

Die hippocampale Kommissur und die kleine vordere Kommissur sind im Verhältnis kleiner als das Corpus Callosum. *Die hippocampale Kommissur* verbindet die getrennten Hälften des limbischen Systems und macht es zu einer kompletten, zweiseitigen Struktur. Die Millionen von "Festleitungen" dieser Kommissur ermöglichen die Kommunikation innerhalb des limbischen Systems auf die gleiche Weise, wie es das Corpus Callosum zwischen den zerebralen Hemisphären tut.

Die vordere Kommissur scheint eine Hilfsfunktion zu erfüllen. Autopsien zeigen, daß bei ohne Corpus Callosum geborenen Menschen die vordere Kommissur stark vergrößert ist, um eine alternative Verbindung zwischen den Regionen des Neokortex zur Verfügung zu stellen.

Wie große Telefonkabel überbrücken diese drei Kommissuren die Hauptstrukturen der beiden Gehirnhälften und bieten die physiologischen Mittel für die Informationsübertragung, Zusammenarbeit und Integration zwischen ihnen.

d. Situationsbezogenes Funktionieren

Über die Tatsache hinaus, daß es in seiner Struktur verbunden ist, ist das menschliche Gehirn in seinem Funktionieren auch *situationsbezogen*. Mit situationsbezogen meine ich, daß beim Vorliegen einer Situation die für die Durchführung der in dieser bestimmten Situation benötigten Aufgabe spezialisierte lokale Region des Gehirns aktiviert wird, und die für diese Aufgabe nicht benötigten Regionen in einen Ruhezustand übergehen. Wir wissen, daß das geschieht, weil der aktivierte Teil des Gehirns elektrische Beweise dafür liefert, daß er im Arbeitszustand ist, indem er Beta-Wellen aussendet.

Die Teile des Gehirns, die entspannt sind, zeigen Alpha oder Theta-Muster der Gehirnwellen. Wenn eine Person zum Beispiel spricht, ist das Sprachzentrum aktiviert, in der Zwischenzeit läuft das Rechenzentrum zum Beispiel im Leerlauf. Wenn die Person nicht spricht, sondern 9 mit 12 multipliziert, schaltet das Rechenzentrum in Beta und das Sprachzentrum ruht in Alpha. Wenn eine Person ruhig malt, laufen das Sprach- und Rechenzentrum beide in Alpha im Leerlauf und die visuellen und räumlichen Verarbeitungszentren schalten in Beta.

Die Fähigkeit, situationsbezogen zu funktionieren, ist für die Effektivität einer Person von entscheidender Bedeutung. Stellen Sie sich nur einen Augenblick vor, was

Abbildung 2-11. Iteration. Ein stark vereinfachtes Beispiel der Hin-und-Her-Kommunikation zwischen den Hemisphären, während eine Frau an einer Werkstatt-Übung teilnimmt.

Sie tun würden, wenn sie, während Sie eine Spalte Zahlen addieren, das Bewußtsein von Bewegung und Geräusch um Sie herum nicht abschalten könnten. Wie ich früher erwähnte, können Störungen des Sprachzentrums in der linken Hemisphäre, die von der rechten Hemisphäre ausgehen, Stottern verursachen. Man muß in der Lage sein, Teile des Gehirns situationsbezogen abzuschalten, so daß die benötigten Teile ohne Konkurrenz oder Störung funktionieren können.

e. Iteratives Funktionieren

Die *Iteration* ist die Hin-und-Her-Bewegung von Signalen unter den spezialisierten Zentren des Gehirns, die stattfindet, um die Arbeit an einer Aufgabe voran zu bringen. Der iterative Prozeß kann in Abhängigkeit von der Komplexität der Aufgabe aus einer geschlossenen Transaktion hin und zurück, oder aus vielen solcher iterativer Transaktionen bestehen. Iteration kann entweder innerhalb eines Zentrums oder zwischen den Hemisphären eintreten.

Folgendes ist ein vereinfachtes Beispiel, das sich mit der Hin-und-Her-Bewegung zwischen den Gehirnstrukturen befaßt, die auf räumliche, konzeptbezogene Verarbeitung spezialisiert sind, und den auf die Sprachverarbeitung spezialisierten. Die Iteration fände durch das Corp s Callosum statt, das die beiden wichtigsten betroffenen Gehirnstrukturen verbindet.

Einer Gruppe Menschen wird ein Film gezeigt, der eine komplexe Idee in visuellen Metaphern vermittelt. Sie werden angewiesen, daß von ihnen erwartet wird, ihre Interpretation seiner Bedeutung aufzuschreiben, wenn der Film vorbei ist.

Nehmen wir eine Frau aus der Gruppe heraus und verfolgen wir ihre geistige Verarbeitung. Während sie den Film ansieht, verarbeitet der nicht-verbale/konzeptionsbezogene Teil ihres Gehirns die visuell empfangene metaphorische Information und entwickelt ein räumliches Konzept. Um ihre Interpretation der Bedeutung des Films aufzuschreiben, muß sie ihr konzeptionelles Verständnis des Films in Worte kleiden. Die erste iterative Bewegung tritt ein, wenn die Signale vom konzeptionsbezogenen Zentrum zu ihren Sprachzentrum gesendet werden, wodurch sie in die Lage versetzt wird, das Konzept in Worte zu fassen und es aufzuschreiben. Während sie schreibt, wiederholt sich der iterative Prozeß viele Male, übersetzt Bilder in Worte und Worte in Bilder, bis sie sich mit ihrer Interpretation wohlfühlt. Dann wird sie gebeten, ihre Gedanken mit der Gruppe zu teilen. Wiederum erlaubt es ihr der iterative Prozeß, was sie geschrieben hat gegen ihre konzeptionsbezogene Erinnerung des Films zu prüfen. Während sie der Interpretation anderer zuhört, geht sie wieder durch den Prüfungsprozeß, vergleicht ihre Gedanken mit deren und soweiter. Sogar bei einer einfachen Übung ist die iterative geistige Verarbeitung von Information äußerst komplex.

Spezialisierung, Querverbindungen, Iteration und Situationsbezogenheit sind die vier Schlüsselmerkmale, die die Arbeitsweise des menschlichen Gehirns erklären helfen. Die Beschreibung wird mit der Gehirn-Hypothese und der Neuronen-Hypothese vollständiger. Wenn die Theorien des dreieinigen Gehirns und des linken/rechten Gehirns hinzukommen, und wir die Realität der Hirndominanz einbeziehen, haben wir die wesentlichen Elemente eines Organisationsprinzips, auf dem ein Arbeitsmodell der Gehirnfunktion aufgebaut werden kann.

"Seltsam, daß mir nicht gesagt wurde, daß das Gehirn in einer winzigen elfenbeinernen Zelle Gottes Himmel und Hölle aufnehmen kann."

Oscar Wilde

"Wenn Ihr Kopf aus Wachs besteht, gehen Sie nicht in der Sonne spazieren."

Ben Franklin

"Aufzuhören, kreativ zu denken unterscheidet sich nur wenig davon, mit dem Leben aufzuhören."

Ben Franklin

"Bis 1984 sollten wir verstehen, was das Gehirn tut, wenn wir denken."

Lord Brain, 1964

"Es gibt keine Sicherheit auf dieser Erde, es gibt nur Gelegenheiten."

Douglas MacArthur

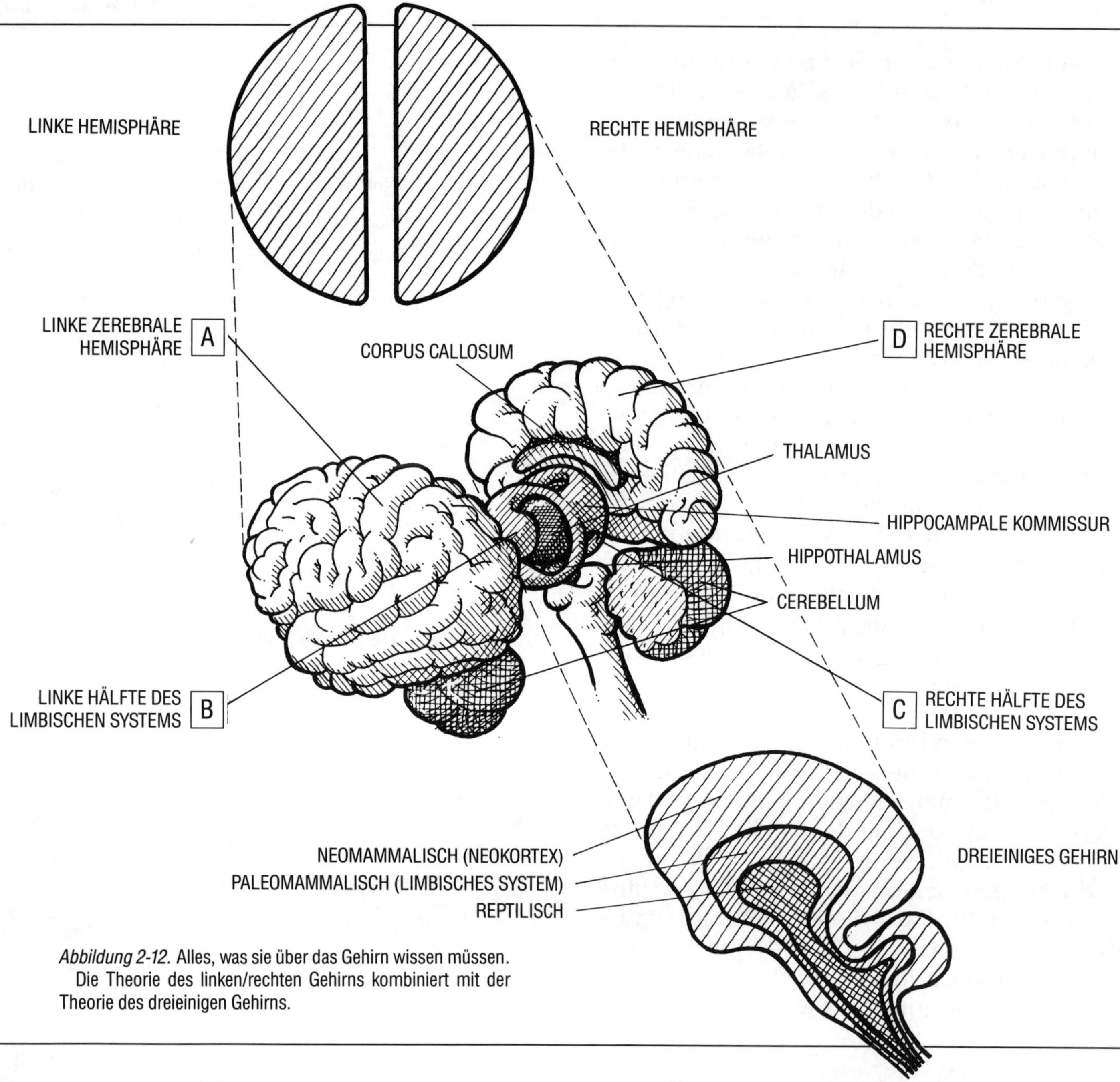

Abbildung 2-12. Alles, was sie über das Gehirn wissen müssen.
Die Theorie des linken/rechten Gehirns kombiniert mit der Theorie des dreieinigen Gehirns.

Einige unter Ihnen werden sich wegen weiterer Lektüre auf die Bibliographie* beziehen wollen. Für die meisten unter Ihnen ist diese Zusammenfassung hinreichend, um die Grundlagen zu verstehen, auf denen die Vier-Quadranten-Theorie für mich zustande kam: Es war ein Durchbruch, über den sie im nächsten Kapitel weiterlesen können.

"Je weiter man zurück blicken kann, desto weiter kann man vorwärts sehen."

Winston Churchill

"Je mehr Verbindungen im Gehirn hergestellt werden können, desto integrierter ist die Erfahrung im Gedächtnis."

Don Campbell
Introduction to the Musical Brain. MMB, 1983

"Aller Ruhm kommt vom Wagnis des Beginnens."

Eugene F. Ware

"Es wird behauptet, das Herz sei das Organ, mit dem wir denken, und daß es Schmerz und Furcht empfinde. Aber das ist nicht so. Die Menschen sollten wissen, daß unser Vergnügen, unsere Freude, unser Lachen und unsere Tränen vom Gehirn stammen, und zwar allein vom Gehirn. Insbesonders denken, sehen, hören und unterscheiden wir das Häßliche vom Schönen, das Schlechte vom Guten, das Angenehme vom Unangenehmen durch es. Für das Bewußtsein ist das Gehirn der Bote."

Auszug aus einer Vorlesung des Hippokrates,
5. vorchristliches Jahrhundert.
Abgedruckt in *The Mystery of the Mind* von Wilder Penfield

* Wir haben die Bibliographie um die auf deutsch vorliegenden Titel erweitert; CPL

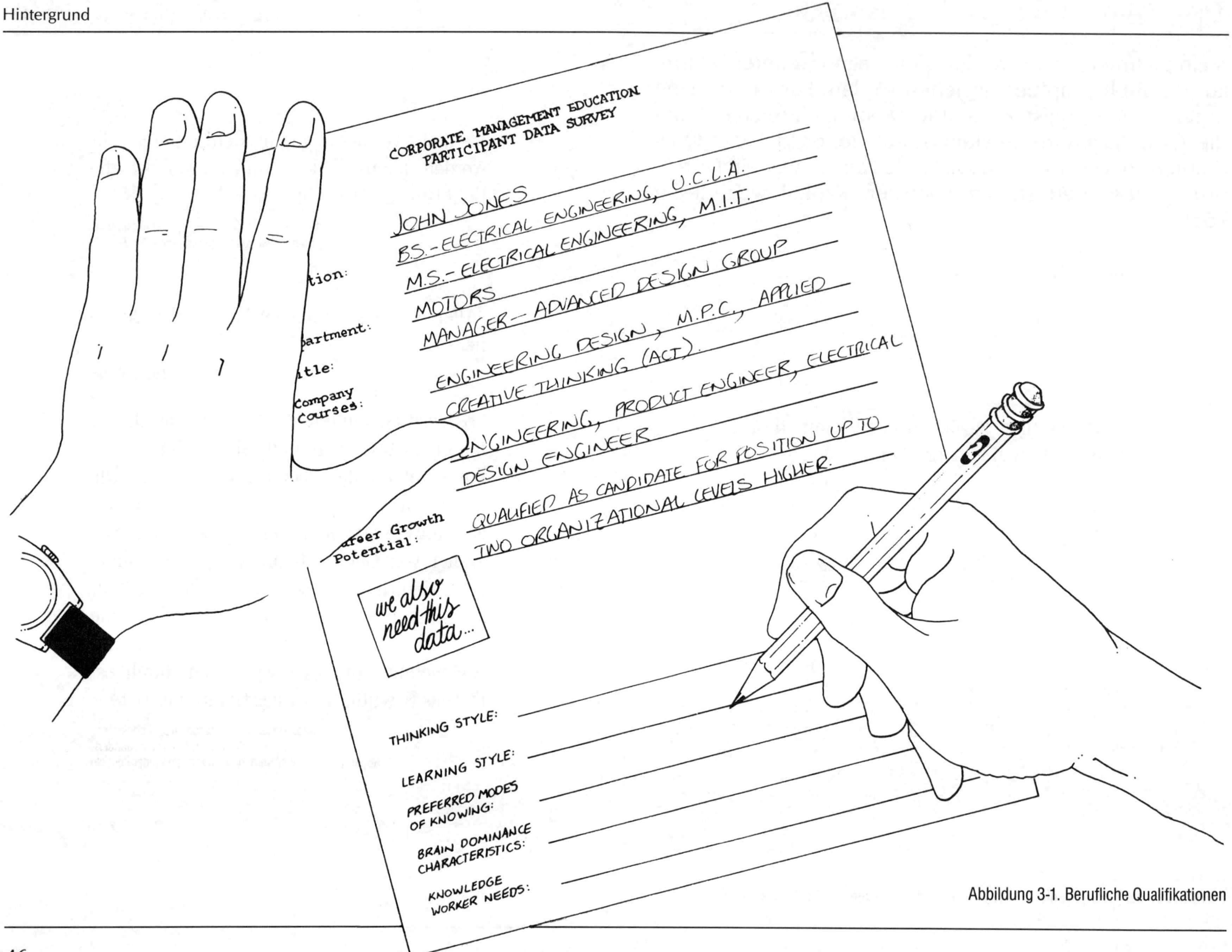

Abbildung 3-1. Berufliche Qualifikationen

3. VON DER DUALITÄT ZUR QUADRALITÄT: DIE GEBURT DES HDI

Um den Mai 1976, etwa 9 Monate nach meinen ersten Entdeckungen in der Stadtbücherei von Stamford, begannen meine Forschungen im Zusammenhang mit dem Gehirn bei GE im Ernst. Als Leiter des Managementtrainings hatte ich das Gefühl, es sei mein Job, GE durch ein verbessertes Managementtraining einen Vorsprung vor der Konkurrenz zu verschaffen. Ich glaubte, wir könnten uns in diese Richtung bewegen, indem wir unsere Managementkurse und -Seminare auf der Grundlage des neuen Wissens über die Gehirnfunktion umgestalteten. Aber wir erkannten bald, daß wir einfach nicht genug über die Denk- und Lernstile der bei uns Lernenden wußten. Um das zu tun, was wir beabsichtigten, mußten wir zuerst einen Weg finden, der es uns zu erkennen gestattete, welche Lernstile die Seminarteilnehmer bevorzugten. Wir brauchten ein genaues Instrument für die Messung der Hirndominanz.

Ich nehme mir die Zeit und den Raum, um die Geschichte der Suche nach diesem Instrument zu erzählen. Das hat nicht nur den Sinn, daß diese Suche an sich für die Menschen interessant ist, die sich mit der Technologie in Verbindung mit dem Gehirn befassen. Ich beschreibe diese Suche auch, weil die Art und Weise, in der das Herrmann-Hirn-Dominanz-Instrument (HDI) geboren wurde und sich dann entwickelte, eine wichtige Botschaft hinsichtlich der Kreativität und des Gehirns illustriert:

> Wenn wir die kreativen Funktionen in unserem Leben erweitern wollen, ob im Büro oder außerhalb, müssen wir lernen, unserem nicht-verbalen rechten Gehirn zu vertrauen, unseren Ahnungen zu folgen, und sie mit sorgfältiger,stark konzentrierter Überprüfung durch das linke Gehirn weiter zu verfolgen.

Lesen Sie weiter und Sie werden sehen, was ich meine.

3.1 Suche nach einer Möglichkeit der Messung der Hirndominanz

Nachfolgend stelle ich im Detail dar, wie ich das meine. Bei der Annäherung an die Frage, wie bevorzugte Lernstile zu messen sind, war und ist es meine Annahme, daß die Dominanz einen wesentlichen Bestandteil des normalen Menschen bildet. Das gilt nicht nur in physischer Hinsicht, wie es die bevorzugte Benutzung einer Hand darstellt, sondern auch geistig. Mit anderen Worten: Es wäre normal, Menschen zu finden, die vorzugsweise auf die Funktionen der linken Gehirnhälfte ausgerichtet sind, statt auf die der rechten, und umgekehrt. Aufgrund dieser normalen Dominanz haben wir "starke" Hände, Füße, Augen, Ohren und – allgemein gesprochen – Hirnhälften.

Was ich brauchte, war ein Modell, das zwei Dinge leisten mußte. Erstens mußte es uns eine Skala zum Messen von Präferenzen für geistige Funktionen an die Hand geben, ebenso wie wir die Händigkeit messen. Die Bevorzugung einer Hand durch die Menschen zeigt die Verteilung der Dominanz über ein Kontinuum von links nach rechts beispielhaft auf. An Zehntausenden von Versuchspersonen gesammelte Daten über die Händigkeit zeigen,daß die Bevorzugung von 100 Prozent rechts/0 Prozent links, über 50 Prozent rechts/50 Prozent links (Beidhändigkeit), bis 0 Prozent rechts/100 Prozent links reicht. Die Bevorzugung der Hand ist bei den meisten Menschen etwa 75 Prozent rechts/25 Prozent links, was darauf hinweist, daß, obwohl beide Hände nützlich sind, die rechte Hand gegenüber der Linken etwa im Verhältnis 3 zu 1 bevorzugt benutzt wird. Ein ähnliches Modell für die Hirndominanz würde die Präferenz für die Nutzung jeder Seite des Gehirns beinhalten, und damit Grundlage für die Fähigkeiten bilden, die jeder eigen sind, wie zum Beispiel etwas analysieren, Dinge in eine logische Reihenfolge bringen, die Verarbeitung von Gefühlen und Konzeptbildung. Die Präferenz für jede dieser Eigenschaften würde in einem Kontinuum von links nach rechts gemessen, wodurch eine Person die Dominanz im Sinne bevorzugter Nutzung ausdrücken würde.

Zweitens müßte das Modell diese Messungen der Hirndominanz zu spezifischen Denk- und Lernstilen, was wir *bevorzugte Modi des Wissens* nennen, in Verbindung setzen. Die bevorzugten Modi des Wissens sind entscheidende Faktoren, die im Managementtraining oder in jeder Lehrsituation berücksichtigt werden müssen, weil sie gewisse Daten ausfiltern und andere Informationen durchlassen. Zum Beispiel wird bei Menschen, deren bevorzugter Wissensmodus visuell ist, in Bilderform präsentiertes Material besser "ankommen" als ein Vortrag oder Buch nur mit Text. Daher formen bevorzugte Modi des Wissens unsere Wahrnehmung der Welt um uns, und wir neigen dazu, über unsere Erfahrungen in einer bestimmten Weise nachzudenken. Es sind genau diese Wahrnehmungen und Neigungen, die wir zu beeinflussen und formen suchen, wenn wir Kurse planen.

Lassen Sie mich ein Beispiel dafür anführen, wie das Wissen um den bevorzugten Denk- und Lernstil einer Person die Planung eines Kurses beeinflussen kann. Einige Menschen bevorzugen logisches, rationales, quantitatives und faktenorientiertes Denken. Dieser Stil unterbewertet, verfehlt, ignoriert oder vermeidet intuitive, zweideutige, gefühlsorientierte Informationen. Nehmen wir an, wir haben einen Manager – Manager A – dessen Wahrnehmungen durch diesen Wissensmodus beherrscht werden. Es kann sein, daß er über den Motor eines Autos bis ins kleinste technische Detail informiert sein möchte, aber er würde sich weniger mit seiner Polsterung befassen. Er würde wahrscheinlich die *New York Times*, *Fortune* oder *Scientific American* lesen, aber wahrscheinlich nicht die *Daily News*, *People* oder den *National Enquirer*. Er würde dazu neigen, Kurse in Buchhaltung und Technik zu belegen, würde aber solche in Soziologie und Musik kaum wählen. In seiner Jugend strebte er wahrscheinlich eine Karriere im Finanzwesen, als Ingenieur oder im Rechtswesen an, aber er hat Berufe im Freizeitbereich, Pflegebereich und als Berater nicht einmal in Erwägung gezogen. Wenn er gefragt wird: "Was stimmt mit der Erziehung nicht?", sagt er: "Wir haben zu viele Kinkerlitzchen in unserem Erziehungssystem. Wir müssen zu den Grundlagen zurückkehren und die Tatsachen ordentlich lehren."

Nehmen wir an, wir geben einen Kurs, zum Beispiel über die Behandlung schwieriger Untergebener und wir wollen, daß Manager lernen, emotionale Kommunikation an den Mann zu bringen und anzunehmen, so daß sie Arbeitsprobleme im Zusammenhang mit Angestellten lösen können. Wir können und dürfen nicht annehmen, daß Manager A einen Wert darin sieht, Gefühle auszudrücken und anderen Menschen die Gelegenheit zu geben, ihre Emotionen loszuwerden. Noch können wir annehmen, daß Manager A von diesem Wert dadurch zu überzeugen ist, daß er eine andere Person bei einem Rollenspiel über diesen Vorgang beobachtet. Das kann genau an ihm vorbei gehen. Was wir statt dessen möglicherweise brauchen, ist ein ganzer Kurs in Logik, der folgendes erklärt: (1) Gefühle haben eine biochemische Grundlage, (2) abgelehnte oder unterdrückte Gefühle manifestieren sich unweigerlich in bewußt oder unbewußt negativem Verhalten und (3) ein erfolgreicher Manager ist sich solchen Verhaltens bewußt, und bietet Möglichkeiten, negative Gefühle aufzulösen. Um Manager A zu erreichen, müssen wir ihn davon überzeugen, daß der Umgang mit Gefühlen ein Schritt in dem Prozeß des Erreichens eines gesteckten Zieles ist. Wir müssen ihn davon überzeugen, daß dieses ein integraler Bestandteil des Erledigens der Arbeit, und keine Spielerei ist oder bedeutet, Schwächen Vorschub zu leisten.

Im Gegensatz dazu kann es sein, daß Manager C nebenan, der sich intuitiv bewegt, bereits mit Gefühlen umzugehen weiß, aber die Notwendigkeit zur Festsetzung von Grenzen und Zielen in einer definierbaren, meßbaren Weise nicht berücksichtigt. Sein Personal kann glücklich sein, die Leistung seiner Abteilung ist aber nur durchschnittlich, weil es kein klares Gefühl dafür hat, was von ihm erwartet wird und was die Konsequenzen sind, wenn es die verlangte Leistung nicht erbringt. Manager C zu erreichen bedeutet aber, die Notwendigkeit von Zielsetzungen und der Festlegung von Zahlen als Teil der Anforderungen für die persönliche Befriedigung zu präsentieren. Er muß hören, daß: (1) Menschen sich am besten fühlen, wenn sie genau wissen, was sie erreichen sollen, sie wissen, daß jemand sie an ihre Verpflichtung erinnert und sie diese Verpflichtung erfolgreich erfüllen, und daher (2) Menschen sich nicht völlig zufrieden fühlen können, wenn sie keine Ziele haben.

Um die Relevanz und Bedeutung der Dominanz voller zu erleben, versuchen Sie die Dominanz-Sortier-Übung in Tabelle 3-1. Sie wird Ihnen helfen, sich der Verhaltens- und Kommunikationsmuster bewußter zu werden, die einige der wirklich wichtigen Menschen in Ihrem Leben voneinander unterscheiden. Diese oft dramatischen Unterschiede reflektieren die zugrunde liegenden Präferenzen der Modi des Wissens. Da auf diese Übung mehrmals in späteren Kapiteln Bezug genommen wird, wird es Ihnen helfen, das Buch zu verstehen, wenn Sie sie jetzt machen. Das sollte höchsten 10 bis 15 Minuten dauern.

a. Übung zur Sortierung von Dominanzen

Das Arbeitsblatt in Tabelle 3-1 ist in vier Spalten angeordnet: A, B, C und D. Zwei (A und B) repräsentieren Wissensmodi, die mit der linken Hemisphäre verbunden sind, und zwei (C und D) repräsentieren Modi, die mit der rechten Hemisphäre verbunden sind. Die Worte in jeder Spalte beschreiben jeden der vier Hauptmodi des Denkens. Nicht alle in einer Spalte angegebenen Beschreibungen passen in gleicher Weise auf eine gegebene Person, aber zusammen passen die Worte in einer Spalte besser auf eine Person als die Worte in einer der anderen.

Und so wird die Übung gemacht:

1. Führen Sie die Namen der in Ihrem Leben wichtigen Menschen links auf der Seite in dieser Reihenfolge auf: (a) *Mutter und Vater* (oder andere Bezugspersonen, die wichtig waren, als Sie aufwuchsen), (b) Ihren *gegenwärtigen Ehepartner*, (c) *frühere Ehepartner*, falls zutreffend (sie können sie auch als Ehepartner 1, 2 numerieren), (d) wenn Sie unverheiratet sind, es aber einen "Lebensgefährten" gab oder gibt, tragen sie diese Person in der Kategorie Sonderfälle/Selbst ein, (e) *Geschwister und Kinder* (mit dem Ältesten beginnen und der Reihe nach bis zum Jüngsten), (f) *beste Freunde*, die drei oder vier wirklich besten Freunde in Ihrem Leben, (g) *Sie selbst*.
2. Wählen Sie jetzt, welche Beschreibungen in welcher Spalte am besten auf diese Menschen zutreffen und tragen Sie seinen oder ihren Vornamen oder die Initialen in die entsprechende Spalte. Tun Sie das für jede Person auf Ihrer Liste. Schließlich tragen Sie sich selbst in einer der Spalten in der Kategorie Sonderfälle/Selbst ein und seien Sie dabei so objektiv wie möglich.
3. Wenn Sie die persönliche Seite Ihres Lebens klassifiziert haben, wenden Sie sich der Kategorie Geschäftsfreunde zu. Bevor Sie dieses Mal auswählen, welche Menschen Sie einbeziehen, bedenken Sie zuerst ihre Wissensmodi, und wählen sie dann nur einen Freund für jede Kategorie: A, B, C und D. Manchmal wird es scheinen, daß Menschen gleich gut in mehr als eine Kategorie passen. Wählen Sie in diesem Falle eine andere Person. Jede Person, die Sie für diesen Teil der Übung wählen, sollte durch nur eine der Kategorien am Besten beschrieben werden.
4. Wenn schließlich alle Spalten ausgefüllt sind, nehmen Sie sich einen Moment Zeit, über die Qualität der Beziehung nachzudenken, die Sie zu jedem dieser Menschen haben. Wie gut verstehen Sie diese Person? Wie gut glauben Sie, versteht dieser Mensch Sie? Wie gut kommunizieren sie miteinander? Wie ist die Qualität der Kommunikation mit Ihnen?

a. Denken Sie zuerst an Ihre Mutter. Beachten Sie die Spalte, in die Sie Ihre Mutter eingetragen haben, und vergleichen Sie sie mit der Spalte, in die Sie sich selbst eingetragen haben. Machen Sie den selben Vergleich mit Ihrem Vater. Beachten Sie für den Augenblick die Themen Zuneigung, Liebe und Familienloyalität nicht und vergleichen Sie die Qualität Ihrer Beziehung zu jedem. Ist sie unterschiedlich? Denken Sie jetzt darüber nach, wie Ihre Mutter und Ihr Vater zueinander stehen. Wie gut kommuniziert Ihre Mutter und Ihr Vater mit Ihnen? Mit Ihren Geschwistern?

b. Wenden Sie Ihre Aufmerksamkeit jetzt Ihrem Ehepartner und Ihren Kindern zu. Beachten Sie wiederum Zuneigung, Liebe und Familienloyalität nicht, sondern fragen Sie sich nach der *Qualität des Verständnisses* zwischen sich und Ihrem Ehepartner, zwischen sich und Ihren Kindern.

c. Stehen Ihre Kinder in verschiedenen Spalten? Haben Sie unterschiedliche Kommunikationsebenen mit ihnen? Behandeln Sie alle gleich, obwohl sie sich stark unterscheiden können?

d. Finden sich Ihre besten Freunde in der gleichen Spalte, benachbarten Spalten oder sind sie breit gestreut über das Spektrum? Denken Sie an eine Zeit, in der Sie mit einem von ihnen ohne Worte, nur mit einem Blick, kommunizieren konnten.

e. Schließlich lenken Sie Ihre Aufmerksamkeit auf Ihre Geschäftsfreunde und beginnen Sie mit der Person, die

DOMINANZ-SORTIER-ÜBUNG

LINKSORIENTIERTE BESCHREIBUNGEN		RECHTSORIENTIERTE BESCHREIBUNGEN	
A	B	C	D
FAKTISCH LOGISCH RATIONAL THEORETISCH MATHEMATISCH	GEORDNET DETAILLIERT SEQUENTIELL KONTROLLIERT KONSERVATIV	MUSIKALISCH SPIRITUELL VERBAL EMOTIONAL EMPATHISCH	KÜNSTLERISCH GANZHEITLICH FLEXIBEL FANTASIEVOLL VERBINDEND
ELTERN			
EHEPARTNER			
GESCHWISTER			
KINDER			
BESTE FREUNDE			
GESCHÄFTSFREUND A	GESCHÄFTSFREUND B	GESCHÄFTSFREUND C	GESCHÄFTSFREUND D
SONDERFÄLLE/SELBST			

Abbildung 3-2. EEG-Experiment

in der gleichen Spalte steht wie Sie. Vergleichen Sie dann die Qualität der Beziehung und die Leichtigkeit der Kommunikation, die Sie mit einem Menschen haben, der in der von Ihnen am weitesten entfernten Spalte steht. Wenn Sie zum Beispiel in Spalte A stehen, vergleichen Sie sich mit der Person in Spalte D. Vergleichen Sie sich dann mit der Person, die in der gleichen Spalte steht wie Sie. Da Ihnen diese Menschen bekannt sind, versuchen Sie sich daran zu erinnern, wie die Ähnlichkeiten und Unterschiede Ihre Fähigkeit beeinflussen, effektiv mit jedem von ihnen zusammen zu arbeiten. Bedenken Sie jetzt alle vier Personen: An wen würden Sie sich wenden, wenn Sie Hilfe oder einen Rat brauchen? Wen würden Sie meiden?

f. Wenn aus den Geschäftsfreunden in den Spalten A, B, C und D eine Projektgruppe gebildet würde, wie gut wäre das Team, das sie bilden? Wie gut würden sie zusammenarbeiten? Wie kreativ, glauben Sie, wären sie als Gruppe? Stellen Sie sich einen Augenblick vor, wie gut Sie als Mitglied dieser Gruppe funktionieren würden. Wenn Sie der Leiter wären, was müßten sie tun, um die Gruppe zu einer effektiven Gemeinschaft zu machen?

Nachdem Sie die Dominanz-Sortier-Übung gemacht haben, nehmen Sie sich einen Moment Zeit, über die Ähnlichkeiten und Unterschiede nachzudenken, die nun bei dieser Gruppe besonderer Menschen noch offensichtlicher geworden sein sollten. Konzentrieren Sie sich besonders auf ihre Unterschiede, da diese ihre Modi des Wissens und ihre Arten des Lernens beeinflussen können. Die Menschen, die Sie in Spalte A geschrieben haben, lernen wahrscheinlich ähnlich wie Manager A und die Menschen, die Sie in Spalte C geschrieben haben, lernen auf ähnliche Weise wie Manager C. Da Sie diese Menschen so gut kennen, sollte Ihnen das klarer machen, daß bei A und C zwei deutlich unterschiedliche Lernstile vorliegen. Wenn Sie B und D dazu nehmen, gibt es mindestens vier sehr verschiedene Lernstile.

Während ich nach einem Modell suchte, erkannte ich im wesentlichen nur, daß unterschiedliche Präferenzen eine bedeutende Auswirkung auf das Lehren und Lernen haben würden, also wurde das Potential für die Verbesserung unserer Programme offensichtlich. Als nächstes wurde irgend eine Art von Meßgerät benötigt, um uns mit Daten über diese individuellen Präferenzen zu versorgen. Ich begann mit großen Hoffnungen eine methodische Suche nach einem vorhandenen Instrument zur Messung von Hirndominanzen. Während der nächsten Monate setzte ich mich mit allen bekannten Persönlichkeiten auf diesem sich entwickelnden Gebiet in Verbindung, sowohl im Inland wie auch im Ausland. Ich war überrascht, nur Nieten zu ziehen. Die Notwendigkeit eines solchen Instrumentes schien jetzt offensichtlich, und es schien mit erstaunlich, daß keines entwickelt worden war.

Wenn ich ein Mittel haben wollte, die Hirndominanz einer Person zu messen, so mußte ich es anscheinend selbst entwickeln. Das war nicht eine Aufgabe, die ich mit Begeisterung unternahm, oder für deren Ausführung ich auch nur einen klaren Plan hatte, aber das Gefühl der Dringlichkeit, es zu tun, war überwältigend. Ich war wie besessen.

b. Erste Schritte

Unzweifelhaft wegen meines eigenen technischen Hintergrundes und Interesses an wissenschaftlichen Messungen tendierte ich zuerst dazu, Biofeedback als ein potentielles Mittel, die Hirndominanz zu bestimmen, anzusehen. Meine Suche führte mich nach Westen, zu Tod Mikuriya, M.D., Ph.D., einem Psychiater in Berkeley, der in seiner Praxis das Biofeedback einsetzte.

Biofeedback-Experimente

Das erste von uns durchgeführte Experiment befaßte sich damit, daß ich lernte, meine eigenen Gehirnwellen zu beeinflussen, während sie von einem bimodalen EEG-Gerät überwacht wurden. Dieses Gerät war ein Elektroenzephalograph, der aus zwei Einheiten bestand, von denen eine an die linke Hemisphäre des Gehirns und die andere an die rechte angeschlossen war.

Unter Verwendung dieser Biofeedback-Instrumente hat mich Dr. Mikuriya gelehrt, in jeder einzelnen Hemisphäre allein einen Alpha-Zustand zu erreichen, und dann gleichzeitig in beiden Hemisphären. Während ich immer noch angeschlossen war, führten wir zusätzliche Versuche durch, in denen ich grafische Symbole zeichnete, eine Spalte Zahlen addierte, eine Landschaft skizzierte, ein algebraisches Problem löste und aus einem Buch las, das sowohl Lesen als auch das Interpretieren eines visuellen Diagramms erforderte. Die während dieser zusätzlichen Test durchgeführten Messungen bestätigten, daß die Gehirnwellenreaktionen sich verschoben, so bald die Aufgaben wechselten. Genauer gesagt: Die linke Hemisphäre

Abbildung 3-3. Berkeley-Gehirntests (Foto)

schaltete bei einer Aufgabe, die mit solchen spezialisierten Modi wie Zahlen- und Sprachverarbeitung in Verbindung stand, in einen Beta- oder aktiven Zustand, wenn sie jedoch mit dem Zeichnen und Interpretieren visueller Diagramme zu tun hatte – Modi der rechten Hemisphäre, schaltete die linke Hemisphäre auf eine Alpha-Frequenz um. Im Gegensatz dazu zeigten meine Gehirnwellen, daß, obwohl meine rechte Hemisphäre bei allen diesen Aufgaben stimuliert war, sie beim Zeichnen und den visuellen viel aktiver war.

Dieses Experiment war für mich eine direkte, erneute Bestätigung der Arbeiten von Roger Sperry, Robert Ornstein und David Galin. Sie gab mir auch eine Erklärung für meine Fähigkeit, zwei gegensätzliche Berufe auszuüben: Konzernmanager und professioneller Künstler. Mein linkes Gehirn reagierte situationsbezogen auf zahlreiche Aufgaben im Zusammenhang mit dem Unternehmen und mein rechtes Gehirn blieb grundsätzlich "eingeschaltet", bereit für künstlerische Tätigkeiten, wenn es die Situation zuließ. Das ist wahrscheinlich nicht ungewöhnlich. Ich glaube, daß alle gesunden menschlichen Gehirne darauf warten, situationsbezogen auf die geistigen Aktivitäten der jeweiligen Person zu reagieren.

Die Berkeley-Gehirntests

Mein Erfolg mit diesem ersten Experiment führte zu einem umfassenden EEG-Forschungsprojekt, das im Dezember 1977 durchgeführt wurde; es wird als die Berkeley-Gehirntests bezeichnet.

Diese Tests wurden in Zusammenarbeit mit Max Fogel, Ph.D., einem Psychologen aus Philadelphia, und Tod Mikuriya, M.D., Ph.D., geplant. Sie bestanden aus 55 verschiedenen Tätigkeiten, die von einer Gruppe von 14 Freiwilligen ausgeführt wurden, die an ein bimodales, digitalisiertes Autogen-EEG-Gerät und einen "Gedankenspiegel" angeschlossen waren, der eine (bildliche) Analogdarstellung der Frequenzzustände in beiden Hemisphären gleichzeitig ermöglichte. Wir haben die digitalen EEG-Daten und die Daten des "Gedankenspiegels" auf einem Videoband für einen geteilten Bildschirm eingefangen, auf dem auch das Verhalten der Versuchspersonen während des Experiments aufgezeichnet wurde.

Die Ergebnisse bestätigten die Gültigkeit der hemisphärischen Spezialisierung, aber sie produzierten keinen brauchbaren Test für die alltägliche Anwendung in der Geschäftswelt. Abgesehen von den notwendigen enormen Mitteln und der Zeit war es ganz einfach unpraktisch, Manager und Führungskräfte zu verdrahten und sie einem Testverfahren zu unterziehen, das komplex genug war, daß Fachleute das Testprotokoll überwachen und die Biofeedback-Daten interpretieren mußten. Es mußte einen anderen Weg geben.

Daten der Gehirn-Update-Werkstatt

Während so die Suche nach einer Technik zur Messung der Hirndominanz im Gange war, begann ich, aus meiner Begeisterung für alles dieses neue Wissen, mein neues Verständnis mit jedem zu teilen, der sich dafür interessierte. Das geschah in der Form eintägiger Seminare, mit dem Titel Gehirn-Up-date-Werkstatt. Ich habe einen einfachen Fragebogen entworfen, Teilnehmer-Fragebogen genannt, und hatte dabei lediglich im Sinn, es könnte sich als interessant erweisen, etwas über die Teilnehmer zu erfahren. Er fragte Daten über den Hintergrund der Ausbildung, Arbeitsschwerpunkt, bevorzugte akademische Fächer, die am meisten genossene Arbeit, Hobbies, Händigkeit ab und enthielt auch einige offene Fragen, die Daten ans Licht bringen konnten, die ich nicht ausdrücklich abgefragt hatte. Er enthielt auch einige Adjektive, die verschiedene Funktionen des spezialisierten Gehirns beschrieben, und die Teilnehmer wurden aufgefordert, diejenigen zu wählen, die sich auf sie selbst bezogen.

Es dauerte ein ganzes Jahr bis ich wußte, warum ich diese Dinge tat. Das ist einer der Punkte, von denen ich Ihnen erzählt habe: Es ist ein Beweis dafür, daß das rechte Gehirn einen unheimlichen Instinkt dafür hat, das Richtige zu tun, auch wenn uns nicht bewußt ist, wie oder wann es schließlich zu einem Ergebnis führt. Es ist wichtig zu lernen, daß man den Ideen des rechten Gehirns vertrauen kann, daß man von ihnen zum gewünschten Ziel geführt wird. Ich habe ein Vertrauen dieser Art in mir gehabt, als ich beschloß, den Gehirn-Update-Workshops abzuhalten und die Teilnehmer zu befragen.

Es war der Sinn eines Gehirn-Update-Workshops, den bahnbrechenden Teilnehmern ein Verständnis für das spezialisierte Gehirn zu vermitteln, und auch Erfahrungen zu bieten, die Hinweise auf ihre eigene Hirndominanz geben würden. Was ich nicht wußte war, daß ich die Anfänge eines Instrumentes zur Messung der Hirndominanz zusammenstellte. Um herauszufinden, welche Erfahrungen die Selbsteinschätzung der Teilnehmer änderten, fing ich ihre Reaktionen auf die Erlebnisse auf einem Arbeitsblatt ein, das drei von links nach rechts gehende Skalen für die Hirndominanz enthielt. Nach etwa einem Drittel des Workshops markierten die Teilnehmer auf der

BRAIN UPDATE WORKSHOP

PARTICIPANT SURVEY FORM

Please fill this out and then share it with some of the other participants. Feel free to add to or modify it during the course of the workshop. I would like you to turn this survey sheet in to me at the end of the day, so I can use it in my research.

Thank you,

Ned Herrmann

NAME: ______________________________

COLLEGE MAJOR: ______________________________

COLLEGE DEGREE(S): ______________________________

OCCUPATION: ______________________________

OTHER OCCUPATIONAL INTERESTS OR DESIRES: ______________________________

____

HOBBIES: ______________________________

____

ARE YOU RIGHT-HANDED OR LEFT-HANDED? ______________________________

DO YOU WRITE WITH YOUR PENCIL ABOVE OR BELOW THE LINE? ______________________________

ARE YOU DARK-EYED (e.g., Brown) ______________________________

ARE YOU LIGHT-EYED (e.g., Blue) ______________________________

IF YOU HAD YOUR CHOICE OF ACTIVITIES, WOULD YOU TEND TOWARDS THOSE REQUIRING

FAST RESPONSE TIME __________, OR THOSE THAT ARE MORE SELF-PACED __________

WHAT WERE YOUR BEST AND WORST SUBJECTS IN ELEMENTARY OR HIGH SCHOOL? __________

____

WHAT KIND OF ACTIVITIES DO YOU SHY AWAY FROM? ______________________________

____

WHAT KIND OF ACTIVITIES DO YOU DO WELL? ______________________________

____

WHAT DO YOU DO WITH YOUR FREE TIME NOW? ______________________________

____

OTHER RELATED DESCRIPTORS: ______________________________

____

Abbildung 3–4. Ursprüngliche Version des Teilnehmer-Fragebogens

Grundlage der bis zu diesem Zeitpunkt erhaltenen Informationen die erste Skala, die angab, wo sie sich in dem Kontinuum von links nach rechts angesiedelt glaubten. Sie wiederholten dies nach etwa zwei Dritteln des Workshops und noch einmal am Ende.

Die Reaktion auf diese frühen Gehirn-Update-Workshops war äußerst positiv. Nach kurzer Zeit gab es eine Warteliste interessierter Personen aus allen Lebensbereichen – Lehrer, Künstler, Bauern, Wissenschaftler, Manager, Hausfrauen, Führungskräfte, Pfarrer und Mitarbeiter aus dem GE Management Development Institute – und wir planten mehr als eine pro Monat.

Nach etwa 10 dieser Sitzungen in einem Zeitraum von 6 Monaten waren etwa 500 Sätze dieser Teilnehmerdaten gesammelt. Die beiden getrennten Stapel Formulare, geheftet und mit Gummibändern gebündelt, saßen viele Monate lang in einer Ecke meines Schreibtischs, bis es mir dämmerte, daß es eine Beziehung zwischen den in einem Stapel enthaltenen, persönlichen demografischen Informationen und den von den Teilnehmern selbst bewerteten Hirndominanz im anderen geben könnte. Die Art und Weise, in der es mir dämmerte ist ein weiteres Beispiel dafür, wie der Geist etwas "weiß", bevor man das Wissen artikulieren kann. Und das geschah so.

Nachdem ich von einer Reise zurückgekehrt war, spazierte ich in mein Büro und fand meinen Schreibtisch sauber und ordentlich vor. Meine Sekretärin hatte meinen normalerweise unordentlichen Schreibtisch aufgeräumt. Die beiden Stapel Papiere waren weg. Meine Sekretärin war nicht da. Hatte man sie weggeworfen? Ich geriet in Panik, sprintete aus meinem Büro und rannte nach unten in den Keller, wo der Müll zur Entsorgung gesammelt wurde. Eine hektische Suche führte zu nichts. Nein, niemand in der Instandhaltung konnte sich an Stapel wertvoller Papiere erinnern. Als ich in mein Büro zurückkam, war meine Sekretärin wieder da und ich hielt ihr die traurige Geschichte vor. Sie sagte: "Oh, ich wußte, daß sie für Sie wichtig sind. Ich habe sie in den Schrank zu dem übrigen Zeug gesteckt, über das Sie in Hektik geraten, wenn es weg ist. Ich hole sie jetzt für Sie."

Ich wußte immer noch nicht, was ich mit diesen Papieren anfangen sollte, war aber durch meine Panik davon überzeugt, daß die Daten etwas wichtiges enthalten mußten, und da die EEG-Tests in eine Sackgasse geführt hatten beschloß ich, mich gründlich mit diesen beiden Stapeln zu befassen. Um zu sehen, welche Korrelationen zwischen den beiden Sätzen von Daten bestand, verpflichtete ich Kendrik Few von der Opinion Research Corporation, der mir bei der Durchführung einer Faktoranalyse helfen sollte. Der Begriff Faktoranalyse, für diejenigen unter Ihnen, die mit statistischen Techniken nicht vertraut sind, bezieht sich auf eine Analyse, die sich darauf konzentriert herauszufinden, welche Faktoren die Korrelationen zwischen verschiedenen Punkten erklären. Es können Dutzende von Punkten vorhanden sein, aber nur ein paar wichtige Faktoren. Der Analytiker sortiert zuerst die gemeinsamen Faktoren aus und versucht dann, ihnen einen Sinn abzugewinnen.

Volltreffer! Obwohl die Datenbasis relativ grob war, tauchten folgerichtige Korrelationen genau an den richtigen Stellen auf. Menschen, die am College Technik als Hauptfach belegt hatten, und die jetzt in einem technischen Beruf arbeiteten, beschrieben sich als logisch, analytisch, quantitativ und technisch orientiert. Sie waren gut in Mathematik, aber weniger gut in Englisch. Sie sagten von sich selbst, sie bevorzugten rationales, auf Fakten beruhendes Denken, mochten Golf und Angeln als Hobbies, und sahen sich als linksdominant (linkshälftig dominant). Im Gegensatz dazu waren Menschen, die Künstler, Verkäufer oder Besitzer ihrer eigenen Unternehmen waren, gut in Englisch und weniger gut in Mathematik, neigten zu einem Hauptfach in den Geisteswissenschaften, beschrieben sich selbst als verständnisvoll, intuitiv und phantasievoll, mochten Kunst und Handwerk und Fotografie als Hobbies, und siedelten sich am entgegengesetzten Ende des Spektrums an!

Kendrik Few's Bericht kam knappe 3 Tage vor dem ersten Ganzhirn-Symposium an, eine geladene Gruppe von 55 Menschen, die ich am Management Development Institute von GE zusammenbrachte, um ihre Forschungsergebnisse und Begeisterung für das neue, sich entwickelnde Verständnis des Gehirns miteinander zu teilen. Da ich mich auf das Symposium vorbereiten mußte, konnte ich die Daten nur flüchtig durchsehen – gerade genug, um zu wissen, daß die Ergebnisse erwähnenswert waren.

Als es an der Zeit war, den Zuhörern diese besondere Untersuchung vorzulegen, legte ich die Daten vor mich, die die Fragen des Teilnehmer-Fragebogens und die Daten über das linke/rechte Kontinuum korrelierten. Während ich sie den Zuhörern mitteilte, dämmerte es mir plötzlich, daß die überraschenden Korrelationen, die sich ergeben hatten, die Grundlage für ein Meßinstrument darstellen könnten. Mitten in meiner Präsentation hielt ich inne und sagte zu den Zuhörern: "Mein Gott! Ich glaube, das könnte die Basis für ein Hirndominanz-Instrument sein." Lächeln, Applaus und Ermutigung folgten, einschließlich Angeboten von diesen und vielen anderen interessierten Menschen, ihre eigenen persönlichen Daten mitzuteilen.

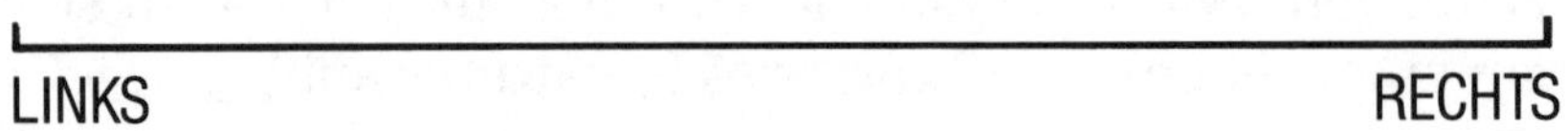

Abbildung 3-5. Links-/Rechts-Kontinuum. Zwei Punkte

Abbildung 3-6. Links-/Rechts-Kontinuum. Vier Punkte, zwei für die linke und rechte Mitte eingefügt

Lassen Sie mich hier eine Anmerkung zu einer anderen Lektion aus dieser Geschichte machen: Bei der Erweiterung Ihrer eigenen Kreativität ist es sehr wichtig zu lernen, was Ihren kreativen Prozeß stimuliert. Das ist für verschiedene Menschen unterschiedlich. Bei mir ist es oft der Druck eines Ereignisses. So war es auch in diesem Falle. Oft stelle ich bestimmte Arten innovativer, phantasievoller Verbindungen erst her, wenn ich einen Schubs erhalte, wie es hier der Fall war.

Nach dieser Korrelationsstudie habe ich einige Änderungen an dem Teilnehmer-Fragebogen vorgenommen und die neue Version an etwa 300 Leuten angewendet, die im Laufe des Jahres 1978 an den Gehirn-Update-Werkstätten teilgenommen haben. Diese erste Überarbeitung des Formulars hat Elemente, die bis zu diesem Tage erhalten geblieben sind – über 19 weitere Überarbeitungen. Wir haben dann die mit der ursprünglichen Gruppe von 500 durchgeführte Korrelationsstudie wiederholt. Auf der Basis der sehr positiven Ergebnisse habe ich Pläne für die Entwicklung eines formalen Instrumentes für Bleistift und Papier vorangetrieben, das schließlich auf Drängen von GE, in Hirn-Dominanz-Instrument nach Herrmann (HDI) umbenannt wurde.

c. Das erste formelle Instrument

Die Formalisierung des Instrumentes bedeutete einfach, daß ich bei seiner Planung, nachdem ich endlich genug Daten und Schärfe entwickelt hatte, das von mir Gewünschte sehr bewußt und bestimmt verfolgen konnte. Bis zu diesem Punkt folgte mein bewußter Prozeß meinen eigenen Interessen, forschend, meinen Weg ertastend. Es war mir klar, daß sich etwas wichtiges ergeben würde, aber vom Planungsstandpunkt gesehen war mein Vorgehen in der Tat sehr informell! Das änderte sich jetzt alles. Das erste formelle Instrument war eine erweiterte und verfeinerte Version des ursprünglichen Teilnehmer-Fragebogens, und es produzierte eine lineare Skala, die zeigte, daß ein Mensch vier Werte hat: zwei Extreme, eines für die linke und einen für die rechte Seite, und zwei Mittelwerte, einen für die linke und einen für die rechte Mitte.

Man muß verstehen, daß an diesem Punkt eine physiologische Hirndominanz noch immer die Grundlage meiner Gedanken war. Das heißt, ich glaubte, wenn wir eine Person, die stark linksdominante Präferenzen des Denkens zeigte, mit dem EEG beobachteten würde, sich zeigen würde, das sie bei einer situationsbezogenen Wahl den größten Teil seiner Bedenkzeit mit dem Einsatz seines linken Gehirns verbringen würde, und daß wir das wissen würden, weil das linke Gehirn während des größten Teiles der Zeit starke Beta-Wellen abgeben würde, während das inaktive rechte Gehirn hauptsächlich Alpha-Wellen abgeben würde.

Später stellten neuropsychologische Forschungen die Richtigkeit dieser völlig physiologischen Basis als Fundament für mein Modell des Lernens/Lehrens in Frage. Demgemäß ging ich bald zu einem metaphorischen Modell über, das weniger aus einer streng physiologischen Interpretation als von der wachsenden Zahl dokumentierter Beobachtungen des Verhaltens abgeleitet war. Aber damit greife ich der Geschichte vor. 1979 wußte ich noch sehr wenig davon.

Was ich wußte war, daß das von mir entwickelte Instrument funktionierte. Auch rückblickend vom heutigen Standpunkt aus ist diese erste Version erstaunlich genau im Ziel. Und ich tat, was getan werden mußte. Ich entdeckte durch die Verwendung der Daten des Instrumentes in Werkstätten genug über den Lernprozeß, um zu erkennen, daß das Ziel der Entwicklung eines Ganzhirn-Modells für das Lehren und Lernen nur Zentimeter entfernt war. Ich konnte fast schmecken, wie es sein würde, in der Lage zu sein unsere Kurse am Management Development Institute so zu planen, daß sie jedermann erreichen, nicht nur diejenigen, die die Annahmen und Präferenzen des Planers teilten.

d. Frühe Erkenntnisse über das Lernen

Ich experimentierte viel mit dem Zuschnitt, in dem wir wichtige Lernziele in den bestehenden Werkstätten präsentierten. Einige Dinge, die wir taten, waren recht weltlich und einfach, aber sie bestätigten eindeutig, daß die Teilnehmer auf der Grundlage ihrer Hirndominanz unterschiedliche Bedürfnisse hatten. Einige der Lektionen, die wir lernten, waren: (1) Wir mußten alle Modi behandeln, (2) geistige Außenseiter bereicherten die Lernerfahrung und (3) viele Menschen fielen unter eine oder mehrere von vier deutlich abgegrenzten Kategorien.

Die Notwendigkeit, alle Modi zu behandeln

Bei einer Gelegenheit ließen wir Mitglieder hochrangiger Konzernstäbe an einem fünftägigen Motivations-Workshop teilnehmen. Zu der Zeit war diese Workshop, unter Planungsgesichtspunkten, der fortschrittlichste Kurs, der am Management Development Institute von GE gehalten wurde. Tatsächlich war sie so viel offener und unstruktu-

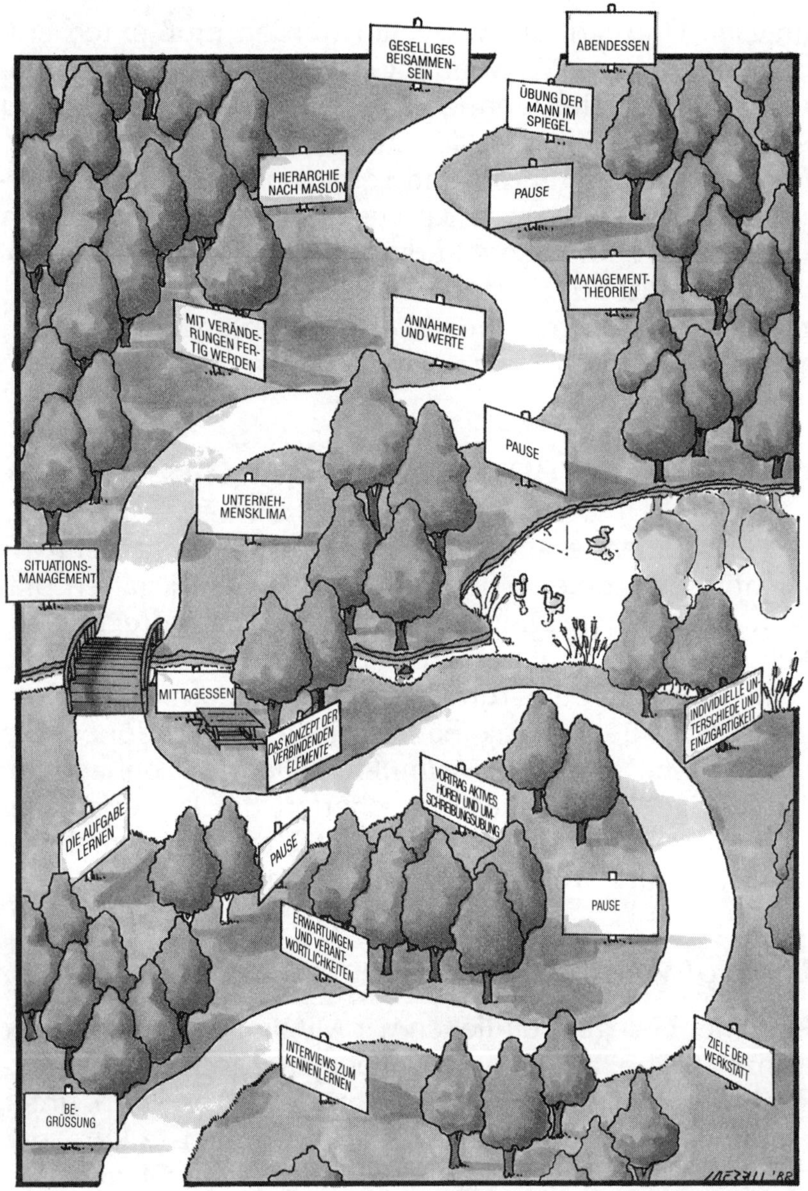

Abbildung 3-7. Die Karte des Workshops

rierter als die eher traditionellen, funktionsbezogenen Kurse, daß einige Leute sich mit dem Mangel an Form und Struktur nicht wohlfühlten.

Bei diesem bestimmten Anlaß begann der Workshop um 8:30 Uhr. In der Kaffeepause um 10:00 Uhr kam einer der wichtigsten Personalleiter zu mir und sagte: "Ned, wenn ich nicht in den ersten fünf Minuten, nachdem wir wieder zusammensitzen herausfinde, worum es in diesem Workshop geht, wo es lang geht und welches Ziel er hat, werde ich nach dem Mittagessen gehen, und ich nehme alle vier Personen mit, die mit mir arbeiten und alle anderen, die sich so unwohl fühlen wie ich in diesem Augenblick!" Ich sagte: "Es tut mir leid, daß Sie sich so unwohl fühlen. Lassen Sie mich sehen, was ich tun kann." Ich griff mir meinen Kollegen und Mitarbeiter Bob Harper und wir gingen zurück in den Raum, in dem der Workshop stattfand, und wir entwickelten eine detaillierte "Straßenkarte" darüber, wo wir her gekommen waren, wo wir in den nächsten beiden Stunden hingehen würden, wo wir vor Ende des Tages sein würden, wo am Ende des 2. Tages, 3. Tages, 4. Tages und wo wir Ende der Woche sein würden.

Als die Gruppe wieder zusammenkam, stellte ich die neue Straßenkarte als etwas vor, das in die Planung des Workshops eingebaut war, und führte die Gruppe durch Einzelheiten dessen, was an diesem Vormittag "geschehen war" und was später Stunde um Stunde "geschehen würde". Während ich das tat, bemerkte ich mindestens fünf oder sechs Leute, die sichtbar erleichtert aussahen. Feindselige Mienen verwandelten sich in solche des Verstehens, Akzeptierens und Wohlbefindens.

Folgendes war geschehen: Der Kurs hatte ein Defizit in der linken Hemisphäre und wir hatten ihn mit der Struktur und den Details gefüllt, die diejenigen mit starken Präferenzen für diesen Wissensmodus benötigten, um sich mit einer neuen Lernerfahrung wohlzufühlen.

Ein anderes Beispiel für das Auffüllen eines Defizits ergab sich während des gleichen Workshops. Während Einzelne detaillierte, verbal orientierte Arbeiten ausführten bemerkte ich, daß die Ruhe fast drückend wurde. Den Menschen wurde es unbehaglich. Um die Spannung zu lösen begann ich, ein Band mit Barockmusik zu spielen – eine Flötensonate von Bach. Einige Augenbrauen hoben sich, aber es dauerte nicht lange, bis die Menschen sich nicht nur mit der Musik wohl fühlten, sondern sich sogar beschwerten, wenn sie nicht gespielt wurde. Die nicht störende, beruhigende Melodie und an den Puls angepaßten Rhythmen füllten den Mangel an einer inspirierenden Umgebung aus, ohne die Konzentration der Gruppe auf die Ausführung von Tätigkeiten zu stören. Die Musik ist jetzt ein integraler Bestandteil aller meiner Werkstätten. (Weitere Informationen zur Musik, siehe Kapitel 8.)

Warum geistige Außenseiter helfen

Schon zu diesem frühen Zeitpunkt bestätigten meine Erkundungen meinen Glauben, daß trotz der Spezialisierung des Gehirns *kein Teil für sich allein so vollständig oder kreativ funktioniert, wie wenn er durch Input von den anderen Teilen stimuliert oder unterstützt wird.* Natürlich können die anderen Teile auch konkurrierend arbeiten, wie Sperry's Experimente mit Patienten mit durchtrenntem Gehirn zeigten. *Aber jeder Teil braucht die anderen wirklich, um so gut wie ihm möglich zu funktionieren.*

In diesen frühen Tagen wurde mir das zu keinem Zeitpunkt lebendiger demonstriert als in einer Zeit, zu der das Instrument in einem Motivations-Workshop angewendet wurde, die einige "Kursbereicherer" enthielt. *Kursbereicherer* ist ein Begriff, den ich verwendete, um Menschen zu beschreiben, die ich zur Bereicherung der Diskussion in eine Klasse einführte.

Das grundlegende Problem, das diese und die meisten anderen Werkstätten im Hause plagte war, daß die Teilnehmer einen so ähnlichen Hintergrund hatten (Ausbildung, Arbeitsplatz, Erfahrungen und Denkmuster), daß sie sich zu schnell einigten als daß sie viel gehabt hätten, worüber sie reden konnten. Wenn keine Unterschiede vorhanden sind, gibt es eigentlich nichts zu diskutieren – und nicht viel Neues wird gelernt.

In einem Versuch, den Lernprozeß in diesen homogenen Gruppen anzuregen begann ich, Menschen einzubeziehen, die aus anderen Berufen – Kunst, Sozialarbeit, Einzelhandel – und von anderen Firmen kamen, gewöhnlich außerhalb der Großunternehmen. Ein großer Teil dieser Kursbereicherer waren Frauen.

Eine Gruppe von 18 bis 20 Teilnehmer enthielt etwa 4 von ihnen. Ihre Auswirkung war unmittelbar und positiv. Bei einem gegebenen Thema konnte man darauf zählen, daß sie eine sehr viel andere Perspektive, einen anderen Standpunkt, andere Erfahrungen einbrachten. Indem er die Diskussion, die sich um diese Unterschiede entwickelte, förderte, konnte der Kursleiter Lernpunkte herausarbeiten, die in einer eher homogenen Umgebung nicht erreichbar waren.

Die Erfolgsquote war extrem hoch, aber es gab gelegent-

Abbildung 3-8. Kursbereicherer

liche Ausfälle – nicht, weil die Kursbereicherer in einer negativen Weise zur Lernsituation beitrugen, sondern weil sie überhaupt keine frischen Gedanken einbrachten. Sie waren nicht anders genug. Zum Beispiel neigte ein weiblicher Finanzmanager, in eine Gruppe männlicher Finanzmanager eingebracht, dazu, sich von den Männern relativ wenig zu unterscheiden, weil sie eine ähnliche Erziehung, Ausbildung und Hirndominanz-Merkmale teilte. Sie hat nicht bereichert, sie fügte sich ein.

Bei zahlreichen Gelegenheiten haben Menschen, die als Kursbereicherer dienen sollten, mich gefragt, welche besondere Rolle sie spielen sollten. Sie waren immer überrascht zu hören: "Ich erwarte nicht, daß Sie überhaupt eine Rolle spielen. Ich will nur, daß Sie Sie selbst sind – vollkommen authentisch. Ihre Einzigartigkeit wird die Lernerfahrung automatisch für jedermann bereichern."

Ich war lange bevor ich irgend etwas über die Auswirkung derHirndominanz auf Denkstile lernte mit der Motivations-Werkstatt befaßt, also muß mein Einfluß auf ihre Gestaltung als die intuitive Lösung eines Problems eingeordnet werden, das eher gefühlt als vollständig verstanden wurde.

Als es Jahre später möglich war, das Instrument bei einer Workshop-Gruppe einzusetzen, konnte ich sofort erkennen, warum die Kursbereicherer eine solche Wirkung hatten. Sie waren gewöhnlich rechtsdominant, was ihnen einen anderen Blickwinkel gab als der des typischen technischen Angestellten von GE, die stärker zur Linksdominanz neigten. Diese andere Perspektive selbst war die Grundlage ihres Beitrages zum Lernprozeß.

Wie sich Präferenzen bündeln

Das von der frühen Version des Instrumentes erzeugte lineare Profil spiegelte die grundsätzliche Zweiteilung zwischen den mit dem linken Gehirn verbundenen Modi der geistigen Verarbeitung und den mit dem rechten Gehirn verbundenen Modi wieder. Es war wie das früher erwähnte, verteilte Profil für die Händigkeit. Mit sowohl analytischen als auch intuitiven Techniken hatte ich alle verschiedenen, spezialisierten geistigen Aktivitäten danach klassifiziert, wie stark die linke oder rechte Gehirnhälfte für ihre Ausführung erforderlich war. Ich hatte sie von links nach rechts geordnet und so die Grundlage eines Kontinuums gebildet.

Aber da mehr Menschen den Fragebogen ausfüllten, wuchs die Datenbasis und es zeigten sich vier deutlich abgegrenzte Gruppen. Zwei Gruppen repräsentierten die Endpunkte des Kontinuums, die Extreme der Zweiteilung (logisch, analytisch und quantitativ auf der Linken, intuitiv, künstlerisch und phantasievoll auf der Rechten). Die anderen beiden schienen ein Punktepaar in der Mitte zwischen den Extremen zu repräsentieren, das ich linke Mitte und rechte Mitte nannte. Die Beschreibungen für die linke Mitte hatten mit planen, organisieren und verwalten zu tun, die Gruppe in der rechten Mitte mit Gefühlen, zwischenmenschlichen Aspekten, Ausdrucksfähigkeit und Musik.

Die meisten frühen Profile zeigten deutliche Präferenzen für Beschreibungen, die auf zwei der vier Datengruppen paßten. Manchmal waren Präferenzen auf einem primären Niveau – sehr stark in beiden Datengruppen – und manchmal war eine Präferenz sekundär oder weniger stark.

Mehr noch, es wurde klar, daß gewisse Kombinationen aus primären und sekundären Präferenzen bevorzugt als Merkmale bestimmter Berufe auftraten, wie zum Beispiel, Ingenieurswesen, Finanzen, Sozialarbeit und Unternehmertum.

e. Das Instrument der zweiten Generation

Ich wollte mehr Genauigkeit für die Messung der Dominanz. Obwohl ich Verhalten bereits auf der Grundlage von Profilen voraussagen konnte, war das Instrument immer noch ziemlich grob und es gab Dinge, die ich nicht tun konnte. Zum Beispiel war es eine der Aktivitäten in dem Gehirn-Update-Workshop, daß die Menschen sich im Klassenzimmer in einem Links-/Rechts-Kontinuum ihren Platz suchten. Da unsere Teilnehmergruppen aber so homogen waren, hatten fünf oder zehn Leute in jedem Workshop das gleiche allgemeine Dominanzprofil, und ich konnte nicht sicher sein, sie in der richtigen Beziehung zueinander zu plazieren.

Ich erweiterte das Instrument, um zwischen Menschen unterscheiden zu können, die insgesamt ähnliche Profile hatten. Aufbauend auf der Arbeit von Eugene Raudsepp, einem auf dem Gebiet der Kreativität bekannten Autor, entwickelte ich eine Gruppe von 20 Fragen, bestehend aus 10 Fragen, die auf die linke Seite des Kontinuums der Hirndominanzen fielen und 10 für die rechte. Zu jeder Frage gab es eine Fünf-Punkte-Skala, was bedeutete, daß das Ergebnis aus den 20 Fragen dem metaphorischen Profilbild ein erhebliches quantitatives Maß hinzufügten. Diese

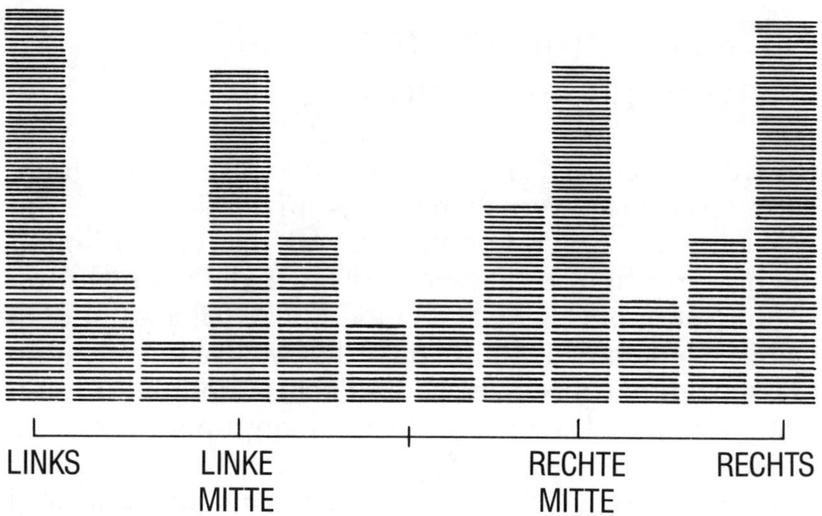

Abbildung 3-9. Datengruppen. Ein Histrogramm, das die Zahl der auf jede Kategorie entfallenden Fragebogen darstellt

numerischen Maßstäbe stellten genügend Differenzierung zur Verfügung, um fast jedes Band zwischen Personen aufzubrechen, die auf der Grundlage der vom ersten Instrument gelieferten Daten identische nominelle Profile hatten.

Nun konnten die Ergebnisse für individuelle Profile, auch einer homogenen Gruppe, entlang einem Kontinuum von links nach rechts angeordnet werden und die Personen konnten in einem Unterrichtsraum entsprechend von links nach rechts gesetzt werden. Das machte es leicht, ihre Reaktionen auf das präsentierte Material zu beobachten. Wenn ich zum Beispiel über den Nutzen angeleiteter Fantasien in dem Workshop sprach, reagierten die auf der rechten Seite des Kontinuums Sitzenden mit begeisterter Annahme, während die auf der Linken mit Abscheu und Ablehnung reagierten. Wenn ich in ähnlicher Weise ein Thema einführte, das die Anwendung von Logik beinhaltete, waren die es begeistert Aufnehmenden zum größten Teil auf der linken Seite des Raumes, während die verwirrt und bestürzt oder gelangweilt Handelnden auf der Rechten saßen. Personen auf der äußersten Linken zeigten Unbehagen mit Zweideutigkeit und jeder Aktivität, die den Ausdruck von Gefühlen beinhaltete, reagierten aber günstig auf Fakten, die von dokumentierten Quellen gestützt wurden. Sie mochten ihre Anweisungen klar und deutlich und ihr Lernmaterial gut organisiert und geordnet, mit allen relevanten Einzelheiten. Sich wiederholende Aufgaben führten sie geduldig und sorgfältig aus. Im Gegensatz dazu waren derartige Dinge von geringem oder keinem Interesse für diejenigen auf der äußersten Rechten. Diese Menschen waren eher am Experimentieren, Eingehen von Risiken und physischer Bewegung interessiert. Sie bevorzugten personenbezogene Aufgaben mit einem emotionalen Inhalt stark. Sie zogen visuell dargestellte Informationen ebenso vor wie solche in Schriftform.

3.2 Die Bühne wird für ein neues Verständnis der Dominanz eingerichtet

Die neuropsychologische Forschung der 70er Jahre, auf der die ersten Versionen des Instrumentes basierten, konzentrierte sich auf die Zweiteilung links/rechts. Die Wissenschaftler glauben damals, die Spezialisierung des Gehirn sei 'Alles oder Nichts'. Sie dachten, die gesamte Sprache sei in der linken Hemisphäre, zusammen mit der gesamten Logik, während das räumliche Verständnis zusammen mit allem holistischen Denken in der rechten Hemisphäre angesiedelt sei. Also reflektierte die Anlage und Interpretation meiner frühen Sammlung von Daten das gleiche Rechts/Links-Denken.

Aber einige Teile der Theorie und Daten, die im freien Raum schwebten, schienen nicht ganz zu passen. Zum einen beeindruckte mich die Tatsache, daß *die Daten insgesamt gleichmäßig auf die vier Bereiche verteilt schienen*, obwohl die Bündelung in vier getrennte Bereiche im gesamten Kontinuum ausgeprägter wurde. Das sah ungewöhnlich aus, denn das eher typische Muster in einem gegebenen Kontinuum ist eine glockenförmige Kurve, wobei die kleinste Anzahl von Menschen auf die äußersten Enden entfallen und die größte Anzahl etwa in der Mitte auftaucht. Es dauerte eine Weile, bevor mein Den-

"Fragen sind die kreativen Handlungen der Intelligenz."

Frank King

"Alle Erscheinungen sind wahrlich die eigenen Konzepte, die man sich aus den in einem Spiegel gesehenen Reflexionen bildet."

Podma Sambhava

"Es (das limbische System) spielt die zentrale Rolle bei der Erzeugung zuneigender Gefühle, einschließlich der für einen Sinn der Wirklichkeit wichtigen . . . und einer Überzeugung dessen, was wahr und wichtig ist."

Paul MacLean

"Erholung ist nichts anderes als eine Änderung der Arbeit, eine Beschäftigung für diejenigen, die von ihrem Gehirn leben oder das Gehirn für diejenigen, die von ihren Händen leben."

Dorothy Thompson

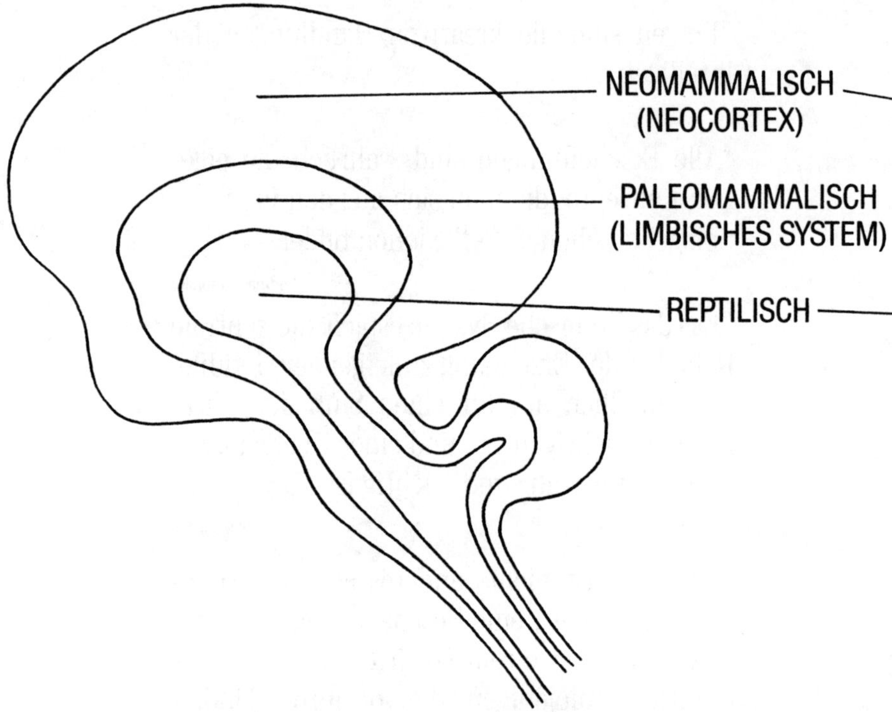

Abbildung 3-10. Das dreieinige Gehirn

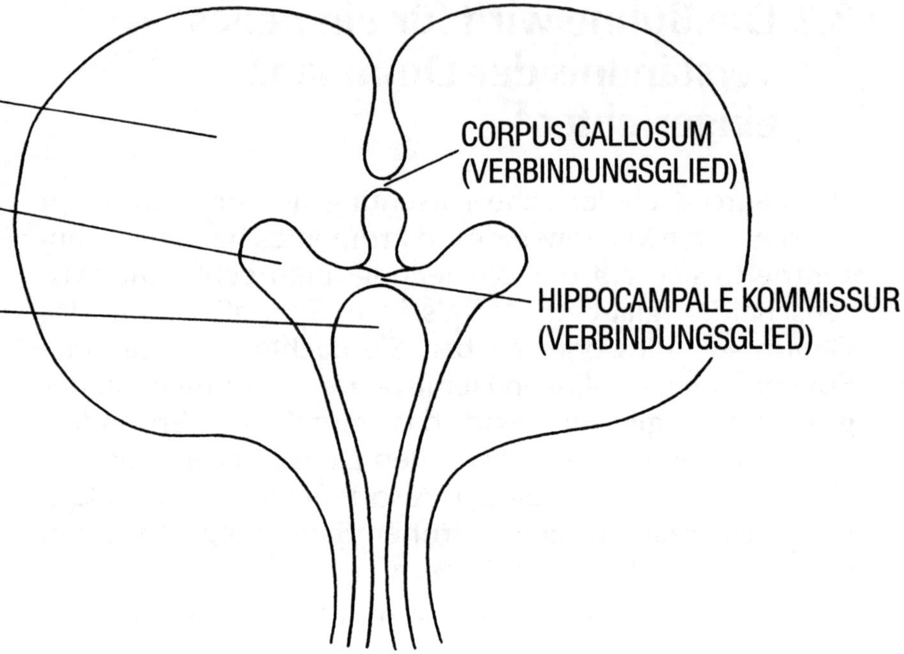

Abbildung 3-11. Das gedrehte dreieinige Gehirn

ken sich so entwickelte, daß es diese scheinbare Merkwürdigkeit aufnahm.

Ein anderer Teil hatte mit dem limbischen System zu tun. Meine Forschung hatte frühzeitig eine allgemeine Übereinstimmung innerhalb der wissenschaftlichen Gemeinschaft dahingehend ans Licht gebracht, daß emotionelle Verarbeitung, die in dem limbischen System ihren Ursprung hat, vom rechten Gehirn gesteuert wird. Sperry's Arbeit über das spezialisierte Gehirn hatte zwischen den Substrukturen des Gehirns differenziert, d.h. zwischen den limbischen und zerebralen Hemisphären. Aber dann hatte er sich ausschließlich auf die beiden Hälften des Cerebrum konzentriert und das limbische System ausgelassen. Also hatten wir eine partielle Theorie – die Linke und Rechte kombiniert mit ein wenig Cerebrum vs. das limbische System -, aber es fühlte sich nicht ganz an, also suchte ich weiter.

Ein dritter wichtiger Teil hatte mit Paul MacLeans Theorie des dreieinigen Gehirns zu tun, die mir sehr sinnvoll zu sein schien als ich auf sie stieß. Sie erinnerte mich an die biologische Theorie, daß "die Ontogenese die Phylogenese wiederholt". Das heißt, jedes menschliche Wesen lebt die Evolution der Spezies Mensch in seiner oder ihrer Entwicklung nach. Der Neuralschlauch, der der Anfang des Gehirns in einem Fötus ist, entwickelt sich zunächst in den Hirnstamm, der seinerseits darüber ein limbisches System entwickelt, das seinerseits von den zerebralen Hemisphären bedeckt wird.

Ich war sicher, daß die Theorie des dreieinigen Gehirns gültig war, und ich war mir der Dualität der Theorie des linken/rechten Gehirns noch sicherer. Aber es brauchte eine Inkubationszeit von mehr als einem Jahr, bevor ich die beiden integrieren konnte. Als ich es tat, hob das mein Denken auf eine völlig neue Ebene, von der aus die ganze Umgebung verwandelt aussah.

a. Das Quadranten-Konzept

Und so setzte es sich für mich endlich zusammen: Eines Tages, als ich die 35 Meilen zwischen dem Büro und meinem Zuhause fuhr, dachte ich darüber nach, wie die Theorien des dreieinigen und des linken/rechten Gehirns vereinigt werden könnten. Zunächst erschienen beide Theorien vor meinem geistigen Auge so, wie sie immer abgebildet werden: Das Konzept des linken/rechten Gehirns, das ich "sah" war ein frontaler Querschnitt des Gehirns, der die beiden Hirnhälften zeigte. Das dreieinige Gehirn erschien in einem seitlichen Querschnitt, der zwischen den Hemisphären, statt durch sie hindurch geschnitten war. Dann drehte sich, in meiner Vorstellung, der Querschnitt des dreieinigen Gehirns um 90 Grad, so daß ich es nun, statt es von der Seite anzusehen, von hinten sah.

Heureka! Da war plötzlich das Verbindungsglied, nach dem ich gesucht hatte! Wenn man es unter diesem unkonventionellen Blickwinkel betrachtete, war es offensichtlich! Das limbische System war ebenfalls in zwei getrennte Hälften unterteilt, und es war auch mit einem zum Denken befähigten Kortex ausgestattet, und mittels einer Kommissur verbunden – genau wie die zerebralen Hemisphären. Es gab nicht *zwei* Teile des spezialisierten Gehirns, es gab *vier* – die Anzahl von Datengruppen, die sich gezeigt hatten!

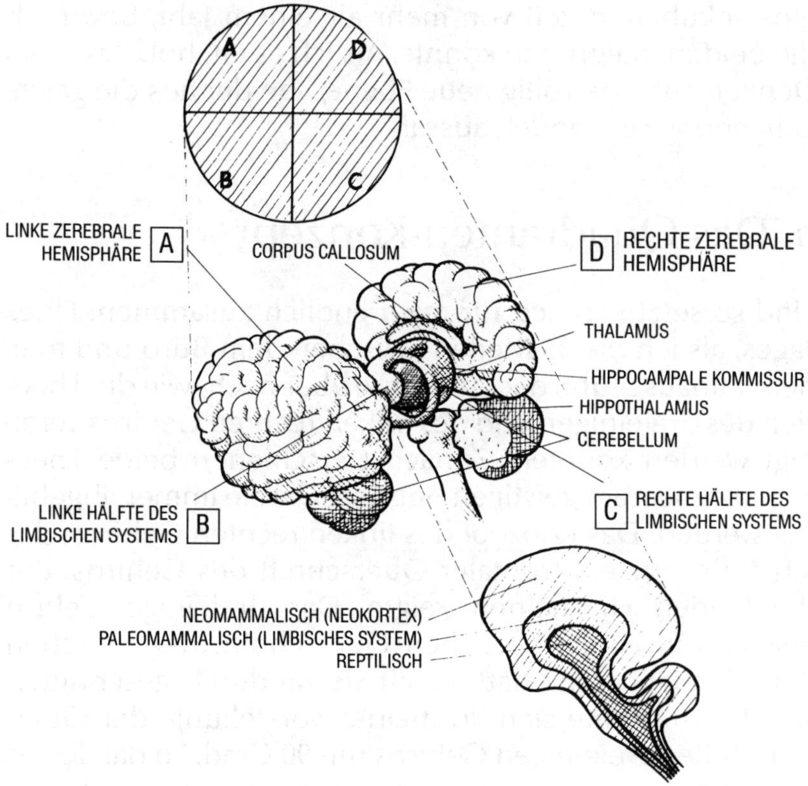

Abbildung 3-12. Alles, was sie über das Gehirn wissen müssen. Abbildung 2-12 ergänzt um das Vier-Quadranten-Konzept

Statt eine gerade Linie mit vier Gruppen zu verwenden, konnte ich die Enden einfach nach oben biegen, so daß eine kreisförmige Grafik entstand, die auch einem von hinten betrachteten Schnitt des Gehirns entsprach. Was ich das linke Gehirn genannt hatte wurde jetzt also zur *linken zerebralen Hemisphäre*. Was die linke Mitte war, wurde jetzt *limbisch links* und die rechte Mitte wurde *limbisch rechts*. Die Tatsache, daß jeder Quadrant seinen Nachbarn berührte, bildete die verbindenden Sektionen nach: die Kommissuren zwischen der linken und rechten Seite des Gehirns und die Assoziations- und Projektionsfasern, die für die Kommunikation zwischen zerebral und limbisch auf der gleichen Seite sorgten.

Die ganze Idee entfaltete sich mit einer solchen Geschwindigkeit und Intensität, daß es das bewußte und kennende Wahrnehmen alles anderen auslöschte. Nachdem das Abbild dieses neuen Modells in meinem Geist Form angenommen hatte entdeckte ich, daß ich vor einiger Zeit an meiner Abfahrt nach Stamford vorbeigefahren war. Die letzten zehn Meilen waren völlig weg!

Schließlich entwickelten sich die Einsichten dieses Tages zu dem Vier-Quadranten-Modell der bevorzugten Wissensmodi und der Hirndominanz, das wir in der zwanzigsten Fassung des Instrumentes immer noch verwenden. Zwischen jenem Tage und dem Heutigen lagen allerdings bedeutende Meilensteine.

Einer dieser Meilensteine war der Übergang vom physiologischen Modell zum metaphorischen. Ein weiterer war die Validierung sowohl der Anlage des Instrumentes als auch der von ihm erzeugten Daten.

b. Der Schritt zum metaphorischen Modell

Das Ganzhirn-Modell, obwohl ursprünglich als eine physiologische Karte gedacht, ist heute ausschließlich eine Metapher. Die kreisförmige Darstellung repräsentiert das ganze denkende Gehirn, das sich dann in vier bewußte Wissensmodi aufteilt, jeder nachweisbar mit ihm eigentümlichen Verhaltensweisen verbunden.

Der Schritt weg von der physiologischen Interpretation zu einer allgemeineren, metaphorischen war aus drei Gründen sinnvoll:

1. Die genaue Bestimmung dessen, welcher Teil des Gehirns was tat, erschien immer schwieriger und immer weniger wichtig. Wissenschaftler entdeckten, daß die Lateralisierung nicht so absolut war, wie sie ursprünglich gedacht hatten: Die Funktionsweise des Gehirns war unendlich subtiler, komplexer und vielseitiger als das zweiteilige Modell unterstellte.
2. Ich glaubte fest, daß die beiden mittleren Datengruppen, die ich aus dem ursprünglichen Instrument gewonnen hatte, etwas Wichtiges mit dem limbischen System zu tun hatten, aber auch, wenn sie nicht genau übereinstimmten, oder das doch der Fall war und wir es nicht beweisen konnten, war die Idee nützlich, denn sie stellte ein Mittel zur Organisierung und Klärung unseres Denkens über Wissensmodi zur Verfügung. Und das ist es schließlich, was eine Metapher ausmacht: Ideen, die das Verständnis von etwas anderem klären, wie zum Beispiel – "Die Seele des Menschen ist das Licht des Herrn" (Sprüche) oder "Je größer die Insel des Wissens ist, desto länger ist die Küste der Wunder." (R. Sockman).
3. Die Datenbasis war großartig! Tägliche Ereignisse bestätigten, daß das Modell der Vier-Quadranten-Wissensmodi Daten über das menschliche Verhalten produzierte, die so folgerichtig waren, daß es an sich gültig war. Die Vier-Quadranten-Daten waren nicht nur folgerichtig, sie waren reichhaltiger als die Daten des einfachen Rechts-/Links-Modells. Die Einbeziehung aus dem Bauch kommender und emotionaler Modi, zusammen mit den abstrakteren und an Konzepten orientierten, erzeugte Informationen, die es uns erlaubten zum Beispiel die Präferenzen für die linke Hemisphäre, die gute Buchprüfer ausmachen von denen zu unterscheiden, die gute Buchhalter ausmachen, und diejenigen, die gute Sozialarbeiter ausmachen von denen, die gute Förderer ausmachen. (Buchprüfer und Förderer haben zerebrale Präferenzen, wohingegen Buchhalter und Sozialarbeiter eher limbische Neigungen haben.)

Die aus dem vierteiligen metaphorischen Modell gewonnenen Daten boten auch eine Möglichkeit, Dominanzmerkmale für diejenigen zu beschreiben, die multidominant sind, das heißt, die eine ausgeprägte Präferenz für mehr als einen Modus zeigen. Eine Studie über 15.000 Profile führte zu dem Ergebnis, daß 6 Prozent einfach dominant, 60 Prozent zweifach dominant, 30 Prozent dreifach dominant und 3 Prozent vierfach dominant waren. In anderen Worten: 94 Prozent der Stichprobe hatten primäre Präferenzen in mehr als einem Quadranten. Das einfachere zweiteilige Modell kann weder diese Art noch dieses Niveau der Differenzierung leisten.

Um die Beziehung zwischen der Physiologie des Gehirns und dem metaphorischen Modell weiter zu

BIOGRAFISCHE INFORMATIONEN

Beantworten Sie bitte jede Frage, indem Sie geeignete Angaben machen oder in den dafür vorgesehenen Kästchen eine Markierung anbringen, also eine Zahl oder ein Kreuz. Wenn Sie Anworten auslassen, können wir den Fragebogen nicht auswerten und müssen ihn zurückschicken.

1. Name, Vorname ______________________ 2. Geschlecht: männl. ☐ weibl. ☐

3. Ausbildung ______________________

4. Ausgeübter Beruf, Tätigkeit ______________________

RECHTS-/LINKSHÄNDER

5. Welches Bild kommt der Art, in der Sie beim Schreiben einen Stift halten, am nächsten? Kreuzen Sie **A, B, C** oder **D** an.

A ☐  B ☐  C ☐  D ☐ 

6. Rechts- oder linkshändig? Kreuzen Sie **A, B, C, D** oder **E** an.

A ☐ vorwiegend links B ☐ vorwiegend links, etwas rechts C ☐ links wie rechts gleichwertig D ☐ vorwiegend rechts, etwas links E ☐ vorwiegend rechts

BESTES/SCHLECHTESTES SCHULFACH

Denken Sie zurück an die Fächer, die Sie in der Grund- bzw. Oberschule hatten, und überlegen Sie, wie gut Sie in diesen Fächern waren. Bringen Sie die drei Gebiete Mathematik, Fremdsprachen und Deutsch (bzw. Ihre Muttersprache) in eine Reihenfolge: eine »1« für das Fach, in dem Sie am besten waren, eine »2« für das zweitbeste und eine »3« für das schlechteste Fach.

7.________ Mathematik 8.________ Fremdsprachen 9.________ Deutsch/Muttersprache

Bitte nachprüfen: Haben Sie eine **1** eine **2** und eine **3** vergeben (und nicht etwa zweimal die gleiche Zahl oder nur angekreuzt oder ein Kästchen ausgelassen?

MERKMALE IHRER ARBEIT

Bewerten Sie die Elemente Ihrer Arbeit mit einer Notenskala von **1** bis **5** (**5** = Arbeit, die ich am besten ausführe; **4** = Arbeit, die ich gut ausführe; **3** = neutral; **2** = Arbeit, die ich nicht so gut kann; **1** = Arbeit, die ich am schlechtesten ausführe). **Verwenden Sie keine Bewertung häufiger als 4 mal!** (Beachten Sie, daß in der Schule meist anders benotet wird!).

10. _____ Analytisch	16. _____ Technische Aspekte	21. _____ Innovation/Erfindungen
11. _____ Administrativ	17. _____ Implementieren, Einführen	22. _____ Unterrichten/Training
12. _____ Konzipieren	18. _____ Planen	23. _____ Organisieren
13. _____ Ideen ausdrücken	19. _____ Zwischenmenschliche Aspekte	24. _____ Kreative Aspekte
14. _____ Integrieren	20. _____ Probleme lösen	25. _____ Finanzielle Aspekte
15. _____ Schreiben		

Bitte nachprüfen: Haben Sie neben jede der Zeilen 10 bis 25 eine Zahl zwischen 1 und 5 geschrieben und keine Zahl öfter als viermal verwendet?

PERSÖNLICHE MERKMALE

Von den folgenden Eigenschaften 26-50 suchen Sie bitte **8** aus, die am besten auf Sie zutreffen, und schreiben ein **»2«** in die entsprechende Zeile. Schauen Sie sich diese **8** Eigenschaften an und wählen Sie eine aus, die Sie am besten beschreibt. Bei dieser **einen** Eigenschaft ändern Sie die **»2«** in eine **»3«**.

26. _____ Logisch	35. _____ Emotional	43. _____ Symbolisch
27. _____ Kreativ	36. _____ Räumlich	44. _____ Dominierend
28. _____ Musikalisch	37. _____ Kritisch	45. _____ Ganzheitlich
29. _____ Sequentiell	38. _____ Künstlerisch	46. _____ Intuitiv
30. _____ Aufbauend	39. _____ Spirituell	47. _____ Quantitativ
31. _____ Verbal	40. _____ Rational	48. _____ Leser
32. _____ Konservativ	41. _____ Kontrolliert	49. _____ Simultan
33. _____ Analytisch	42. _____ Mathematisch	50. _____ Faktisch
34. _____ Detailliert		

Bitte nachprüfen: In dieser Abteilung muß genau siebenmal die **»2«** und einmal die **»3«** zu finden sein; alles andere ist für die Auswertung nicht brauchbar.

Abbildung 3-13. Das HDI Seite 1

HOBBIES

Wählen Sie aus der folgenden Liste **maximal sechs** Hobbies, in denen Sie sich aktiv betätigen, und vergeben Sie eine **»3«** für das wichtigste Hobby, eine **»2«** für wesentliche und eine **»1«** für gelegentliche Hobbies. Unter »andere« können Sie Ihre hier nicht aufgeführten Hobbies angeben (bitte mit **»1«**, **»2«** oder **»3«**).

51. _____ Malen, Kunsthandwerk	59. _____ Gartenarbeit	67. _____ Nadelarbeiten
52. _____ Fahrradfahren	60. _____ Schach	68. _____ Mannschaftssport
53. _____ Camping/Wandern	61. _____ Verbesserungen am Haus	69. _____ Schwimmen
54. _____ Kartenspiele	62. _____ Musik (hören)	70. _____ Tennis
55. _____ Sammlungen	63. _____ Musik (selbst spielen)	71. _____ Reisen
56. _____ Kochen	64. _____ Fotografie, Filmen	72. _____ Holzarbeit/Basteln
57. _____ Kreatives Schreiben	65. _____ Lesen	_____ andere __________
58. _____ Kegeln, Bowling	66. _____ Segeln	__________

Bitte nachprüfen: Maximal **sechs Hobbies;** die »3« darf nur einmal vorkommen.

TAG-/NACHTMENSCH

73. Kreuzen Sie eines der drei Kästchen an, je nachdem, wann Sie die meiste Energie verspüren.

A ☐ Tag-Mensch B ☐ Tag-/Nacht-Mensch (gleich) C ☐ Nacht-Mensch

REISEKRANKHEIT

74. Waren Sie jemals see- oder reisekrank, z. B. in einem Auto, einem Boot, einem Flugzeug, im Bus, im Zug oder auf einer Achterbahn? Kreuzen Sie das entsprechende Kästchen **A, B, C** oder **D** an.

A ☐ niemals B ☐ 1-2 mal C ☐ 3-10 mal D ☐ mehr als 10 mal

75. Können Sie während der Fahrt im Auto lesen, ohne Magenbeschwerden, Kopfschmerzen oder Übelkeit zu bekommen? Kreuzen Sie **A** oder **B** an.

A ☐ ja B ☐ nein

Bitte nachprüfen: Haben Sie bei jeder der Fragen **73, 74** und **75** ein Kästchen angekreuzt (und nur eins je Frage)?

PAARWEISE EIGENSCHAFTSBESCHREIBUNGEN

Welche Beschreibungen in den folgenden Wortpaaren paßt besser zu Ihnen? Kreuzen Sie auf jeden Fall eines der beiden Kästchen in Spalte **A** oder **B** je Wortpaar an. **Lassen Sie keine Frage unbeantwortet,** auch wenn die Antwort manchmal schwer fällt.

	A / B			A / B	
76. .... konservativ	☐ / ☐	einfühlsam	88. ..... phantasievoll	☐ / ☐	sequentiell
77. .... analysierend	☐ / ☐	aufbauend	89. .... originell	☐ / ☐	zuverlässig
78. .... quantitativ	☐ / ☐	musikalisch	90. .... kreativ	☐ / ☐	logisch
79. ...... Problemlöser	☐ / ☐	Planer	91. .... kontrolliert	☐ / ☐	emotional
80. .... kontrolliert	☐ / ☐	kreativ	92. .... musikalisch	☐ / ☐	detailliert
81. .... originell	☐ / ☐	emotional	93. .... simultan	☐ / ☐	einfühlsam
82. .... fühlen	☐ / ☐	denken	94. ..... kommunikativ	☐ / ☐	konzipierend
83. . zwischenmenschlich	☐ / ☐	organisatorisch	95. . technisch-orientiert	☐ / ☐	mitmensch-orientiert
84. .... spirituell	☐ / ☐	kreativ	96. .... gut organisiert	☐ / ☐	logisch
85. .... detailliert	☐ / ☐	ganzheitlich	97. . faktisches Denken	☐ / ☐	methaphorisches Denken
86. .... Ideen erzeugen	☐ / ☐	Ideen ausprobieren	98. Vorliebe für Planung	☐ / ☐	Vorliebe für Mathematik
87. .... warmherzig	☐ / ☐	analytisch	99. .... technisch	☐ / ☐	dominierend

Bitte nachprüfen: Für jede der Zeilen **76** bis **99** muß entweder ein Kreuz in Spalte A oder in Spalte B sein. Bitte keine Zeile auslassen.

Seite 2

INTROVERTIERT/EXTRAVERTIERT

100. Wo würden Sie sich auf dieser Skala einordnen? Kreuzen Sie das entsprechende Kästchen an.

Introvertiert ☐ i4 ······· ☐ i3 ······· ☐ i2 ······· ☐ i1 ······· ☐ e1 ······· ☐ e2 ······· ☐ e3 ······· ☐ e4 **Extravertiert**

ZWANZIG FRAGEN

Geben Sie bitte den Grad der Zustimmung oder Ablehnung zu den folgenden Aussagen an. Bitte keine der zwanzig Zeilen unbeantwortet lassen.

	stimme völlig zu	stimme bedingt zu	weder noch	lehne bedingt ab	lehne völlig ab
101. Ich bin der Ansicht, daß der Weg der kleinen Schritte am besten für die Lösung von Problemen geeignet ist.	☐	☐	☐	☐	☐
102. Tagträumen hat mir den Anstoß zur Lösung vieler wichtiger Probleme gegeben.	☐	☐	☐	☐	☐
103. Ich mag Leute, die sich ihrer Schlußfolgerungen sehr sicher sind.	☐	☐	☐	☐	☐
104. Ich würde lieber für zuverlässig als für phantasievoll gehalten werden.	☐	☐	☐	☐	☐
105. Ich habe oft meine besten Ideen, wenn ich gerade nichts Besonderes tue.	☐	☐	☐	☐	☐
106. Ich verlasse mich auf Intuition und das Gefühl von »richtig« oder »falsch«, wenn ich auf die Lösung eines Problems hinarbeite.	☐	☐	☐	☐	☐
107. Es macht mir manchmal Spaß, Regeln zu brechen oder Dinge zu tun, die ich nicht tun sollte.	☐	☐	☐	☐	☐
108. Vieles, was wichtig ist im Leben, kann nicht in Worten ausgedrückt werden.	☐	☐	☐	☐	☐
109. Ich stehe lieber im Wettbewerb zu anderen als zu mir selbst.	☐	☐	☐	☐	☐
110. Es würde mir Spaß machen, einen ganzen Tag alleine mit meinen Gedanken zu sein.	☐	☐	☐	☐	☐
111. Ich mag Dinge nicht, die nicht vorhersehbar und unsicher sind.	☐	☐	☐	☐	☐
112. Ich arbeite lieber mit anderen im Team als alleine.	☐	☐	☐	☐	☐
113. Es ist wichtig für mich, für alles einen Platz zu haben und alles an seinem Platz zu finden.	☐	☐	☐	☐	☐
114. Ungewöhnliche Ideen und mutige Konzepte interessieren und fesseln mich.	☐	☐	☐	☐	☐
115. Ich ziehe genaue Anweisungen solchen vor, die für viele Details Wahlmöglichkeiten offenlassen.	☐	☐	☐	☐	☐
116. Wissen »warum« ist wichtiger als wissen »wie«.	☐	☐	☐	☐	☐
117. Gründliches Planen und Organisieren der Zeit ist unerläßlich bei der Lösung schwieriger Probleme.	☐	☐	☐	☐	☐
118. Ich kann oft die Lösung meiner Probleme voraussehen.	☐	☐	☐	☐	☐
119. Ich verlasse mich mehr auf erste Eindrücke und Gefühle, wenn ich etwas beurteile, als auf eine sorgfältige Analyse der Situation.	☐	☐	☐	☐	☐
120. Ich meine, daß Gesetze strikt durchgesetzt werden sollten.	☐	☐	☐	☐	☐

Bitte nachprüfen: Ist bei jeder der zwanzig Zeilen eins (und nur eins) der fünf Kästchen angekreuzt?

Seite 3

lockern hörte ich auf, zerebral und limbisch als diskrete Quadranten-Beschreibungen zu benutzen und bezeichnete statt dessen jeden Quadranten mit einem Buchstaben – A, B, C, D, beginnend oben rechts und weiter gegen den Uhrzeigersinn nach oben links. (Diese entsprechen übrigens den vier Spalten A, B, C, D der Dominanz-Sortier-Übung, die Sie am Anfang des Kapitels gemacht haben.)

Der Grund für das Vorgehen gegen den Uhrzeigersinn liegt darin, daß sich die kreisförmige Profildarstellung aus dem ursprünglich linearen Kontinuum entwickelt hat. Ich habe die kreisförmige Darstellung geschaffen, indem ich oben-links A mit oben-rechts D und unten-links B mit unten-rechts C verbunden habe, genau wie diese physiologisch spezialisierten Gehirnstrukturen durch das Corpus Callosum und die hippocampale Kommissur verbunden sind.

3.3 Validierung der Auslegung des Instruments

In dem Prozeß der Durchführung des ursprünglichen Projekts mit dem Fragebogen aus den Gehirn-Update-Werkstätten stolperte ich förmlich über die Auslegung des Instrumentes. Sie war mehr intuitiv als geplant. Die Art der Voraussicht, die der Ausführung oft vorangeht, war nicht vorhanden. Als sich das Instrument aber entwickelte ging ich einen Schritt zurück um sicherzustellen, daß es in der Tat das maß, was es messen sollte, und ich habe das auf eine Art und Weise getan, die die Möglichkeit von Vorurteilen oder Auslassungen so weit wie möglich ausschaltete. Dabei habe ich diese Fragen in Erwägung gezogen:

1. Was ist die beste Art für die Anwendung des Instrumentes und warum ist das so?
2. Wie können wir Vorurteile bei der Beantwortung von Fragen ausschalten – den Versuch, die Antworten so zu geben, daß zum Beispiel ein bestimmtes Profil entsteht?
3. Wie können wir Ungenauigkeiten verhindern, die durch Angst entstehen können?
4. Wie können wir sicherstellen, daß die Ergebnisse der Leute nicht einfach die folge eines Mißverständnisses sind?
5. Wie können wir sicherstellen, daß die Fragen des Fragebogens folgerichtig bewertet werden?
6. Welches ist der beste Weg, die Ergebnisse den Teilnehmern zu präsentieren, so daß sie am meisten aus der Erfahrung gewinnen?

a. Anwendung des Instrumentes zur Erzielung der besten Ergebnisse

Ich habe das Instrument so ausgelegt, daß es selbst angewendet wird. Warum? Weil ich glaube, daß wir mehr über uns selbst wissen als jeder andere Mensch, auch wenn wir Anderen gegenüber offen sind. Ich glaube, daß mindestens die Hälfte unserer gesamten geistigen Aktivität nach innen gerichtet ist und daher für andere Menschen unsichtbar bleibt. Da das so ist, kann niemand ein Instrument für einen anderen Menschen ausfüllen, auch wenn diese Person ein sehr nahestehendes Familienmitglied ist, ein bester Freund, ein(e) persönliche(r) Sekeretär(in), oder ein Chef. Es ist nicht möglich, daß jemand genug vom unsichtbaren Teil des anderen Menschen versteht, um den Fragebogen genau auszufüllen. Zahlreiche Experimente mit Ehemann/Ehefrau, Elternteil/Kind und Chef/Sekretärin haben bestätigt, daß von einer Person über die andere gelieferte Informationen signifikant ungenau sind, wenn sie mit den Daten verglichen werden, die die gleiche Person über sich selbst liefert.

b. Ausschaltung von Vorurteilen des Teilnehmers

Diese Entscheidung, das Instrument für die Selbstanwendung auszulegen, führte zu der Frage, welche Hindernisse auftreten könnten, die die Teilnehmer in der Beantwortung hemmen könnten. Der Fragebogen mußte so entworfen werden, daß er eine natürliche Reaktionen hervorrief, und daß er nicht beeinflußte. Das hieß, mehrere Anforderungen mußten erfüllt sein. Erstens mußten die Fragen breit genug über das gesamte Spektrum der Hirndominanzen gestreut sein, und sie mußten jeden Quadranten vollständig charakterisieren. Zweitens mußte ein hoher Anteil von ihnen blind sein, d.h. so formuliert werden, daß der Teilnehmer die Schlußfolgerung, zu der eine gegebene Antwort führen würde, nicht herausfinden konnte. Drittens müßte das Instrument einen Validierungsteil enthalten, um Reaktionen hervorzurufen, die eine Überprüfung in jedem der vier Quadranten ermöglichten.

Eine der Stärken des Instruments ist es, daß die in ihm enthaltenen Fragen über mehrere Schlüssel-Gebiete gestreut sind, ohne einen besonderen Hinweis darauf zu geben, was die Antworten wahrscheinlich andeuten. Diese Gebiete sind unter anderem:

1. Ausbildungsschwerpunkt
2. Arbeit (Karrierewahl, Beruf und beste/schlechteste Arbeitselemente)
3. Die Verwendung der Freizeit (Hobbies und Sport)
4. Die Wahrnehmung des inneren Selbst (Schlüssel-Beschreibungen des Selbst)
5. Werte (20 Fragen)
6. Inneres/äußeres Selbst (Skala Introvertiertheit/Extrovertiertheit)

Diese Fragen werden als blind bezeichnet, weil ihre Folgerungen nicht allgemein bekannt sind. Wenige Menschen würden zum Beispiel erraten, daß es eine Beziehung gibt zwischen der Tageszeit, zu der die Person die größte geistige Produktivität erlebt und dem durch ihn oder sie bevorzugten Quadranten. (Und ich würde Ihnen auch sagen, wie diese Beziehung aussieht, aber dann wäre die Frage für Sie nicht mehr blind.)

Die Menschen glauben gewöhnlich, daß die Händigkeit die Hemisphärendominanz kenntlich macht, aber das ist nur ungefähr richtig, denn nur Wenige wissen, daß die Schreibhaltung viel über die Organisation der Hirndominanz-Präferenzen einer Person aussagen kann, indem sie andeutet, ob das Sprachzentrum seinen Sitz in der linken oder rechten Hemisphäre hat. Das ist wichtig, da das Sprachzentrum die anderen spezialisierten Modi in der Hemisphäre stark beeinflußt, in der es seinen Sitz hat.

Die meisten Menschen kennen auch die Bedeutung der Frage bezüglich der Kinetose. Charles Mirabile Jr., M.D., der Experte auf diesem Gebiet, entwickelte ein Konzept, das Personen mit einer starken Dominanz in einem Quadranten von solchen mit einer starken Dominanz im

"Das Wundermittel, das eine Erholung von der Belastung der übermäßigen Wahlmöglichkeiten bietet ... nicht ein einziges Produkt oder eine Idee, sondern ein Weg, alle Produkte und Ideen zu organisieren, nicht eine einzelne Ware, sondern ein ganzer Lebensstil, ein Satz von Leitlinien, der dem Individuum hilft, die zunehmend wachsende Komplexität der Wahl auf beherrschbare Ausmaße zu reduzieren."

Alvin Toffler

"Wenn man einmal das zugrunde liegende Organisationsprinzip verstanden hat, so scheint es, daß man im Alltag viele Dinge sieht, die auf das Vier-Quadranten-Modell passen."

Ned Herrmann

"Versagen ist die Linie der geringsten Ausdauer."

Alfred W. Brandt

Abbildung 3-14. Kein Test. Das HDI ist kein Test. Es gibt keine richtigen oder falschen Antworten.

gegenüber liegenden Quadranten auf der Grundlage ihrer Anfälligkeit für die Kinetose unterscheidet. Ich habe später herausgefunden, daß diese Daten auch nützliche Informationen über die Bereitschaft einiger Menschen liefert, sich für eine stärkere Verwendung der weniger bevorzugten Modi zu öffnen.

c. Verhindern, daß das HDI als Test mißverstanden wird

Der letzte Schritt Befangenheiten gegenüber dem Fragebogen auszuschalten, hilft auch dabei, nicht angemessene Prüfungsangst zu beherrschen. Und das heißt, es wird absolut sichergestellt, daß die Teilnehmer verstehen, daß das HDI kein "Test" ist. Die Ergebnisse beziehen sich nicht auf eine Benotung der Qualität oder des Potentials von Leistung. Oft suchen Menschen, die glauben, sie würden bewertet, nach von ihnen für "richtig" gehaltenen Antworten, statt wiederzugeben, was sie wirklich meinen. Das führt nicht nur zu Vorurteilen, sondern es verstärkt bei einigen Menschen die Furcht enorm. Wir arbeiten sehr gewissenhaft daran, daß die Menschen erkennen, daß jeder Quadrant einen entscheidenden Beitrag zum erfolgreichen Leben und Arbeiten leistet. Das HDI mißt, mit welcher Art geistiger Tätigkeit ein Mensch zu einer bestimmten Zeit eher neigt. Es ist so, als wollten wir herausfinden, ob Sie die chinesische, französische, vegetarische Küche oder Gegrilltes mögen, damit wir wissen, was für eine Mahlzeit wir für Sie kochen sollen, wenn Sie zu einem Essen kommen, in dem jeder Gang ihnen munden soll. Bevorzugte Lernweisen sind nicht richtig oder falsch, gut oder schlecht. Sie sind einfach. Und wir sollten uns ihrer Vielseitigkeit erfreuen. Also verwenden wir anstelle des Wortes "Test" das Wort *Instrument* oder Bestandsaufnahme oder Befragung oder Profil.*

Unglücklicherweise haben wir kein akzeptables Wort gefunden, das den Begriff "Ergebnisse" ersetzen kann. Zu viele Menschen assoziieren mit dem Wort Ergebnisse den Gedanken von Richtig oder Falsch, Gut oder Schlecht. Hier gilt genau das gleiche wie bei dem Wort Test. Also benutzen wir in Ermangelung eines besseren Wortes Ergebnisse, aber wir unterstreichen noch einmal: Niemand bewertet irgend hier irgendetwas.

Wir stellen auch sicher, daß Menschen verstehen, daß die HDI-Ergebnisse nichts mit Intelligenzquotienten zu tun haben. Sie sind ganz anders. Das Vier-Quadranten-Profil ist eine Metapher, die beschreibt, auf welche Weise ein Mensch Informationen bevorzugt erwirbt und verarbeitet. Es sagt nicht, wie schnell oder genau er es tut. Intelligenztests geben vor, das allgemeine Intelligenzniveau eines Menschen zu messen. Tatsächlich aber leisten sie das nicht. Intelligenztests sind viel zu stark auf die verbalen Quadranten A und B ausgerichtet, um die allgemeine Intelligenz genau messen zu können. Das Gehirn ist sehr viel flexibler als es ein bloßer Intelligenztest messen kann.

* Und wir haben dieses Wort im Deutschen beibehalten, da der Begriff am genauesten den rein instrumentellen Charakter, der dem HDI zugrundeliegt, verdeutlicht. Wir sind es, die aus den mit dem Herrmann-Dominanz-Instrument ermittelten Präferenzen unsere Kompetenzen entfalten; CPL

"Was hinter uns liegt und was vor uns liegt sind winzige Angelegenheiten im Vergleich zu dem, was in uns liegt."

William Morrow

"Genie bedeutet in Wirklichkeit wenig mehr als die Fähigkeit zur Wahrnehmung auf ungewöhnliche Weise."

William James

d. Mißverständnisse von Begriffen vermindern

Um die Chance zu vermindern, daß ein Mensch sich aufgrund eines falschen Verständnisses einiger Fragen selbst ungenau charakterisiert, haben wir eine Möglichkeit vorgesehen, die Deutlichkeit der Präferenz eines Menschen für einen Wissensmodus doppelt zu prüfen. Die Adjektivpaare erzwingen die Wahl zwischen den Präferenzen, die einen gegebenen Quadranten repräsentieren, und denen der anderen.

Um sicherzustellen, daß die Teilnehmer die ihnen vorliegenden Wahlmöglichkeiten verstehen, sind die verwendeten Adjektive auf dem Fragebogen sehr sorgfältig definiert.

e. Sicherung der Folgerichtigkeit der Bewertung

Heute wird jedes ausgefüllte Instrument von einem Fachmann bewertet, der in der Technik der Hirndominanzen geschult ist, ein Zertifikat für die Verwendung des HDI besitzt. Er handelt unter Verwendung eines urheberrechtlichen Bewertungsprotokolls und einer Reihe von Verfahrensweisen, die wir ständig auf dem Laufenden halten.* Dieses Protokoll entwickelte sich aus den ursprünglichen Validierungsstudien und wurde durch spätere Validierungen und die bei der Bewertung zehntausender von Fragebogen gewonnenen Erfahrung ausgefeilt und weiterentwickelt.

* In Deutschland ist dieses Roland Spinola

f. Darstellung der Ergebnisse

Das Bewertungsprotokoll führt zu einem quantifizierten Maßstab der Präferenz jeder Person, die sie in den jeweiligen Hirnquadranten aufweist. Dieses wird dann in ein kreisförmiges Raster übertragen, so daß eine persönliche, visuelle Metapher entsteht. Zusätzlich zu den grafischen Darstellungen wird das Profil eines Menschen auch durch einen vierstelligen numerischen Code ausgedrückt, der jedem Quadranten eine Zahl zuweist, die die Stärke der Präferenz für diesen Quadranten ausdrückt.

- Eine 1 spiegelt ein Ergebnis von 67 Punkten oder mehr in einer Präferenz. Ein solches Ergebnis wird als eine *primäre* oder starke Präferenz erachtet.
- Eine 2, die ein Ergebnis zwischen 34 und 66 repräsentiert, gilt als *sekundär* und bedeutet weder Präferenz noch Vermeidung.
- Ein durch die Zahl 3 repräsentiertes Ergebnis von 0 bis 33 gilt als *tertiär* und weist auf ein Gebiet potentieller Vermeidung hin. Das heißt: auch wenn die Person irgendwie gute Fähigkeiten für die Arbeit in diesem Quadranten entwickelt hat, ist die geistige Tätigkeit wahrscheinlich sehr anspruchsvoll, sogar entkräftend.

Obwohl die Abgrenzungen zwischen diesen drei Bändern ursprünglich nur eine Schätzungen des "gesunden Menschenverstandes" waren, hat die Erfahrung gezeigt, daß sie in den meisten Fällen sehr zutreffend differenzieren.

Die Differenzierung zwischen einer Bevorzugung und einer Vermeidung (einer 1 und einer 3) ist aus drei Gründen wichtig. Erstens sind die Auswirkungen einer Präferenz zusammen mit einer Vermeidung tendenziell kumulativ, d.h. jede verstärkt die andere. Dieses gilt insbesondere, wenn sie in unterschiedlichen Hemisphären auftreten, und es gilt in noch stärkerem Maße für diagonal entgegengesetzte Funktionen: A und C oder B und D.

Zweitens kann eine extrem starke Präferenz für ein Ende der Dichotomie zusammen mit einer Ablehnung des anderen Endes das Potential für die Umschaltung zwischen den beiden Funktionen eliminieren. Zur Verdeutlichung: Diese kann auftreten, wenn zum Beispiel das primäre Ergebnis 100 übersteigt und das teritäre unter 30 liegt.

Wenn Drittens sowohl die Präferenz als auch die Vermeidung extrem ist, werden die damit zusammenhängenden Verhaltensweisen sehr stark sichtbar. Zum Beispiel kann eine Person mit einer sehr starken Präferenz für den Quadranten A – logische, rationale und faktenorientierte Verarbeitung – und Vermeidung von Emotionen und Gefühl in Quadrant C als kalt und maschinenhaft wahrgenommen werden. In ähnlicher Weise kann eine Person, die phantasievolle, visionäre, ganzheitliche Funktionen (Quadrant D) stark bevorzugt, und die geplanten, organisierten, detaillierten Funktionen des Quadranten B vermeidet, als ein unzuverlässiger, ungewöhnlicher Kerl erscheinen, von dem nicht erwartet werden kann, daß er in der wirklichen Welt Ergebnisse erzielt.

Also versendet der Ergebniscode Einsen, Zweien und Dreien und weist den Quadranten Werte zu, beginnend in A oben links und gegen den Uhrzeigersinn fortschreitend um das Kontinuum nach D oben rechts. Der Code 1-1-3-3 heißt demnach, daß die Person primäre Präferenzen in A und B und tertiäre Präferenzen, oder Vermeidung, gegenüber C und D zeigt. Der Code 2-1-2-3 bedeutet, daß die primäre Präferenz der Person in B liegt, sie A und C bei Bedarf recht gut einsetzt und D vermeidet.

Vier Quadranten mit jeweils drei Stärken der Bevorzugung machen rechnerisch annähernd 100 Profile möglich. Aber etwa 12 Profile machen über 80 Prozent der bisher befragten Bevölkerung aus.

3.4 Validierung der sich ergebenden Daten

Die wissenschaftliche Ausbildung als Physiker und die berufliche Erfahrung im technischen Labor von GE motivierten mich, die beste mögliche Validierung meines Instrumentes zu versuchen. Und zwar wollte ich die Validierung in Bezug auf sowohl die Auswertung als auch auf die sich ergebenden Daten. Zusätzlich zu meinen eigenen Instinkten forderte die Gewinnung der fortgesetzten Billigung und Unterstützung in einer so wissenschaftlich und technisch orientierten Firma wie GE von jedem in meiner Lage, seine oder ihre Arbeit unter Verwendung anerkannter wissenschaftlicher Methoden gründlich zu validieren.

Wenn sie daran interessiert sind, etwas über die Validierungsstudie, Konzepte und Praktiken und Ergebnisse im Detail zu lesen, wenden Sie sich wegen einer umfassenden Zusammenfassung von C. Victor Bunderson, Ph.D., dem Anhang A zu. Dr. Bunderson wurde, als dieses Buch vorbereitet wurde, zum Vizepräsident der Forschungsleitung der Educational Testing Services berufen.

Für den nicht technisch orientierten Leser sage ich nur so viel: Drei bedeutende Gruppen von Untersuchungen bestätigten 1980, 1981 und 1982 die innere und äußere Stichhaltigkeit des Instrumentes. Und seit 1983 ist der Validierungsprozeß weitergegangen: 28 Doktorarbeiten haben unterstützende Nachweise hinzugefügt und 20 weitere Doktorarbeiten werden verfaßt, während dieses Buch geschrieben wird. Die wichtigsten Studien wurden von folgenden Personen durchgeführt:

1. C. Victor Bunderson, Ph.D., wissenschaftlicher Leiter bei WICAT Systems, Inc., und Präsident ihres Educational Institute (Ausbildungsinstitut) und James Olsen, Ph.D., ebenfalls von WICAT, haben eine Reihe von Untersuchungen der inneren und äußeren Stichhaltigkeit durchgeführt. Zusammen haben die Ergebnisse dieser Studien die Bewertung in ein numerisches System umgewandelt, das Vier-Quadranten-Modell bestätigt und die Ergebnisse anhand etablierter psychologischer Indikatoren einer Faktoranalyse unterzogen. In diesem Falle befaßte sich die Faktoranalyse sowohl mit internen Vergleichen der Ansichten des HDI (um die innere Stichhaltigkeit zu bestätigen) und äußere Vergleiche mit eingeführten Meßvorrichtungen, um die äußere Stichhaltigkeit zu prüfen. Bunderson und Olsen haben andere Indikatoren und Instrumente für die Profilerstellung genommen, deren Zweck es war, eine Präferenz oder Fähigkeit zu messen, die auch von HDI abgedeckt wurde. Zum Beispiel mißt der Myers-Briggs Indikator, unter anderen Faktoren, Präferenzen für das Denken im Gegensatz zum Fühlen. Beim HDI sollte das dem Quadranten A, oben links, im Gegensatz zu Quadrant C, unten rechts, entsprechen. Für die Validierung des HDI sollten die Versuchspersonen, die eine Präferenz für Quadrant A zeigen, sich beim Denken sehr viel wohler fühlen als beim Fühlen. Und das war der Fall.
2. Lawrence Schkade, Ph.D., Vorsitzender der Fakultät für Systemanalyse, und Arthur Potvin, Ph.D., Vorsitzender der Fakultät für Biotechnologie, beide von der University of Texas in Arlington, setzten an einer Gruppe von Künstlern und Buchprüfern EEG-Techniken ein. Ihre Arbeit liefert auf zwei Arten Nachweise für die Stichhaltigkeit des HDI: Erstens hatten die Künstler und Buchprüfer die erwarteten Profile, zweitens setzten die beiden Gruppen in Reaktion auf Aufgaben ihre Gehirne unterschiedlich ein.
3. In einer Dissertation für den Erwerb des Dr.phil. hat Kevin Ho von High Tech Incorporated die innere Stimmigkeit des Konstruktes Vier-Quadranten-Modell nachgewiesen durch Wiederholung der ursprünglichen inneren Validierungsstudie von Bunderson und Olsen an einer normativen Basis von 8.000 Personen. Seine Untersuchung erzeugte zwei bekannte bipolare Faktoren, die eindeutig die gleichen Präferenzgruppen definierten wie die ursprüngliche Studie, die eine frühere Version des Instrumentes verwendete. Die beiden bipolaren Faktoren sind nach innen und außen stichhaltig: A am entgegengesetzten Pol von C und B gegenüber von D. Dieses Ergebnis stärkt das Vier-Quadranten-Modell weiter.

Wo also befinden wir uns zu diesem Zeitpunkt? Wir haben ein Instrument, das übereinstimmende Daten bezüglich von Denkmustern erzeugt und wir haben ein Modell, das über die Beschränkungen der Zweiteiligkeit des linken/rechten Gehirns hinausgeht und metaphorische Ausdrücke für die zerebralen und limbischen Dimensionen der geistigen Funktionen einbezieht.

Na und, was weiter?, könnten Sie nun fragen. Die Antwort lautet: 'jede Menge Perspektiven'. Im nächsten Kapitel werden Möglichkeiten für die Interpretation von Profilen beschrieben und wie sich Menschen mit diesen Profile verhalten: An der Arbeit, beim Spielen und Zuhause.

"Einige äußerst intensive Formen des kreativen Lernens führen zur Ekstase. Die Ekstase ist der mächtige Prozeß, in dem Form (LH) und Leidenschaft (RH) vereint werden."

Quelle unbekannt

"Das kreative Dilemma: Jede wertvolle, kreative Idee ist im Nachhinein logisch."

Willis Harmon

"Kreativität braucht Mut. Sobald man eine neue Idee hat, ist man eine Minderheit von einer Person."

E. Paul Torrance

II. WAS DIE HIRNQUADRANTEN FÜR UNS ALLE BEDEUTEN

Abbildung 4-1. Verteilung der Berufe auf der Grundlage der Hirndominanz

4. ENTDECKUNGEN ÜBER HIRNDOMINANZPROFILE UND ÜBER SIE SELBST

Bis 1979 hatten wir etwa 10.000 Fragebogen zurückerhalten und ausgewertet. Je so breiter die Datenbasis wurde, desto klarer begannen sich einige Muster abzuzeichnen, die zeigten, wie Präferenzen für verschiedene Arten des Denkens unser Leben beeinflussen, besonders die unseres Arbeitslebens. Heute, da unsere Datenbasis aus hunderttausenden Einzelbefragungen besteht, habe sich die von uns ursprünglich beobachteten Muster ausdrücklich bestätigt:

1. Obwohl es 81 mögliche Kombinationen der Präferenzen gibt, machen 12 wichtige Hirndominanzprofile über 80 Prozent der Bevölkerung aus. Aus über einer halben Million bewerteter Fragebogen kann man den verallgemeinernden Schluß auf die persönlichen Erfahrung von Menschen mit verschiedenen Profiltypen ziehen.
2. Personen mit verschiedenen Profilen neigen dazu, sich auf eine bestimmte, vorhersehbare Weise in Bezug auf den Umgang mit Zeit, Kreativität, Kleidung, Geld, Problemlösung und Intuition zu verhalten.
3. Menschen mit ähnlichen Profilen neigen dazu, sich in Stämmen (tribes) zu sammeln. Und viele entwickeln dabei ein typisches Stammesverhalten, sowohl im positiven wie im negativen Sinne, und das schließt den Ausschluß anderer und kriegerisches Verhalten mit ein.
4. Probleme in Gruppen können oft gelöst werden, wenn die Menschen ihre Profile verstehen. Und wenn sie die Tendenzen nachvollziehen können, die Stämmen innewohnen. Und dann die Chancen sehen lernen, die die Arbeit mit einer Vielzahl verschiedener Profile eröffnen kann.

Dieses Kapitel führt diese faszinierenden Erkenntnisse näher aus. Bevor Sie weiterlesen, möchte ich Sie dringend bitten, Ihr eigenes Hirn-Dominanz-Instrument (HDI) auszufüllen, wenn Sie das möchten, aber noch nicht getan haben.* So interessant dieses Buch auch sein mag, es kann unmöglich so interessant sein wie Ihr eigenes faszinierendes Selbst. Wenn Sie Ihr eigenes Profil vor sich haben, wird dieses Kapitel sich für Sie mit Leben erfüllen.

Wenn Sie das HDI nicht ausgefüllt haben, aber nicht warten wollen, möchte ich Ihnen gerne vorschlagen, daß Sie sich ein paar Minuten Zeit für die Wortpaar-Übung (Dichotomie) in Anhang D nehmen. Das liefert nicht das definitive Profil, das Sie mit dem HDI erhalten, gibt Ihnen aber eine grobe Schätzung davon, wo Sie stehen, bis Sie Ihr HDI ausgefüllt und zurückhaben.

4.1 Interpretation der Profile

Dieser Abschnitt, der darauf ausgelegt ist, Ihnen bei der Interpretation von Dominanzprofilen zu helfen (besonders Ihres eigenen), behandelt folgendes:

1. Allgemeine Bemerkungen über die Hirndominanzprofile.
2. Eine Beschreibung jedes einzelnen Quadranten.
3. Beschreibungen von Profilkategorien: Einfach dominant, zweifach dominant, dreifach dominant und vierfach dominant (falls Sie Informationen über einen ein-

* In den deutschprachigen Ländern senden Sie den ausgefüllten Fragebogen bitte an das Herrmann-Institut Deutschland GmbH, Klausenerstr.4, D-6400 Fulda

zelnen der wichtigsten Typen möchten, schauen Sie bitte in Anhang B nach, wo jeder Profiltyp einzeln beschrieben wird).

a. Überblick – Einige allgemeine Bemerkungen

Während Sie etwas über die wichtigsten Typen der Dominanzprofile lernen ist es sehr wichtig, daß drei Gedanken ganz klar sind.

Erstens: Ein gegebenes Profil ist weder gut noch schlecht, richtig oder falsch. Das Profil jedes Menschen stellt nicht mehr dar als die persönlichen Präferenzen zu einem gegebenen Zeitpunkt. Jeder Modus des Wissens kann, wenn er situationsbezogen eingesetzt wird, nützlicher sein als die anderen. Jeder Modus des Wissens kann, wenn man an ihm ohne Bezugnahme auf die Situation und ihre Anforderungen festhält, unangemessen sein und Schwierigkeiten verursachen. Wenn Ihr Profil auf den Inhalt und die Erwartungen Ihrer Anstrengungen in Ausbildung und Beruf paßt, werden sie wahrscheinlich erfolgreich sein. Je besser die Übereinstimmung, desto besser sind Ihre Chancen.

Zweitens: Das HDI mißt die Bevorzugung einer geistigen Tätigkeit, was etwas ganz anderes ist als die Kompetenz in ihrer Ausführung. Ich kann die Buchführung sehr gut machen, aber ich mag das nicht. Einige Menschen singen gern, können aber keine Melodie halten. Präferenz für einen gegebenen Modus des Wissens ist eine Sache der Anziehung. Kompetenz bei der Ausführung einer gegebenen Aufgabe ergibt sich durch Ausbildung und Erfahrung und kann auf ein angemessenes, sogar ausgezeichnetes Niveau entwickelt werden, gleichgültig, ob die Person zu der Aufgabe hingezogen wird oder nicht. Notwendigkeit kann die Mutter der Kompetenz sein. Aber echtes fachmännisches Können, und mit Sicherheit Weltklasse-Kompetenz wird fast ausschließlich auf unseren bevorzugten Gebieten erreicht.

Allerdings stimmen Präferenzen gewöhnlich mit Kompetenz überein, weil die Menschen dazu neigen, das am besten zu tun, was sie am meisten mögen. Aus diesem Grunde ist es wahrscheinlich nicht möglich, Weltklasse- oder außergewöhnliche Leistungen auf einem Gebiet zu erzielen, wenn es nicht ein Gebiet mit primärer Präferenz ist. Wir wiederholen gern, und verstärken damit, diejenigen Aufgaben, bei deren Ausführung wir uns gut fühlen und in denen wir ein Star sein können. Es ist schwieriger und macht weniger Spaß, nach Kompetenz bei Tätigkeiten zu streben, die wir lieber vermeiden möchten.

Wenn die Präferenz vorhanden ist, aber die Kompetenz nicht, ist leicht Abhilfe zu schaffen. Jeder Quadrant enthält mehrere Verarbeitungsmodi und obwohl ein Mensch einen gegebenen Quadranten bevorzugt, kann er oder sie die Chance verpaßt haben, eine besondere Fähigkeit zu entwickeln, weil sich die Gelegenheit zur Entwicklung dieser Fähigkeit nie ergeben hat. Das kann aus einer Reihe von Gründen geschehen sein: Jemand mit einer insgesamt starken Präferenz für den Quadranten A kann bei der quantitativen Verarbeitung immer noch Mängel haben, weil seine Ausbildung in Mathematik schlecht war, er in einer kritischen Zeit während des Lernprozesses krank wurde, man sich zu Hause über ihn lustig machte, oder er einfach andere Interessen hatte, die stärker waren. Die

Gründe spielen keine Rolle. Entscheidend ist dies: Wenn die Präferenzen dieser Person für einen bestimmten Quadranten insgesamt stark sind, kann sie bestimmte Mängel später im Leben beheben, wenn sie das will.

Drittens: Profile tendendieren dazu, konstant zu sein. Aber sie können sich auch ändern und sie tun das auch. Hunderte von Personen, die an an Langzeitstudien beteiligt waren* haben gezeigt, daß die Grundform eines Profils sich über einen gewissen Zeitraum entweder überhaupt nicht, oder aber nur sehr unwesentlich verändert. Und das ist sehr sinnvoll, da die meisten von uns dazu neigen, die gleichen Dinge weiterhin gleich zu erledigen. Wenn die Lebensumstände eines Menschen konstant bleibt, d.h.er weiter die gleiche Art von Arbeit gleich ausführt, in der gleichen Umgebung lebt und die gleichen Dinge tut, bleibt sein Profil das Gleiche, auch wenn sich die Antworten auf bestimmte Fragen ändern. Dabei ist zu bemerken, daß obwohl die Profilform stabil bleibt, sich die Profilgröße mit der Stimmung ändern kann: Wenn Menschen sich gut fühlen, neigen sie dazu, sich in bevorzugten Gebieten etwas höhere Werte zuzuordnen.

Nachdem ich gesagt habe, daß Profile dazu neigen, stabil zu bleiben lassen Sie mich noch hinzufügen, daß es durchaus Veränderungen gibt, da viele Menschen ihre Präferenzen ändern können, und das auch tun, wenn sie das wollen, oder ihre Lebensumstände es fordern. Das ist sehr positiv und hoffnungsvoll zu bewerten. Es bedeutet, daß wir uns anpassen können, tun können, was unser Leben verlangt, und wir diese Handlungen sogar lieben, trotzdem wir über ursprüngliche oder erworbene andere Abneigungen und Präferenzen verfügten. Die das Profil ändernden Dinge sind wichtige Ereignisse und Krisen des Lebens. Es bedeutende Verschiebungen an unserem Arbeitsplatz, oder andere wichtige Lernerfahrungen. Zum Beispiel wird ein Mensch, der gerade einen beinahe tödlichen Unfall überlebt hat, infolge eines gesteigerten Gefühls dafür, am Leben zu sein, gewöhnlich Unausgewogenheiten bei den Werten, die er oder sie bescheidenen Dingen des Lebens oder menschlichen Gefühlen beimißt korrigieren. Es kann gut sein, daß diese Person bisher gemiedene Fähigkeiten der Quadranten B oder C übt. In ähnlicher Weise kann ein Künstler, der auf den Markt kommen will, lernen, Denkweisen des Quadranten A bei der Analyse des Marktes und Denkweisen des Quadranten D beim Erfinden neuer Wege zu üben, um auf diesen Markt zu kommen. Er oder sie kann die neuen Fähigkeiten lohnend finden, und Gefallen an der abwechselnden Arbeit in beiden zerebralen Modi finden. Ein weiteres Beispiel ist das einer jungen Mutter, die auf den Quadranten C, unten rechts, umschaltet, während sie ihrem Kind das Leben schenkt und es nährt. Nach sechs Monaten etwa beginnen ihre Präferenzen auf den Zustand vor der Geburt zurückzukehren, aber ihr Profil zeigt jetzt einen höheren Wert im unteren linken, schützenden, bewahrenden Quadranten B, was ihre Sorge um das Wohlergehen ihres Neugeborenen widerspiegelt. Langfristig sind die Gesamtprofile vieler Mütter zu den Modi des Quadranten B und limbisch C geneigt.

Wie geschehen Veränderungen eines Profiles? Die HDI-Ergebnisse reflektieren die Erfahrungen eines Menschen, aber nur bis zu dem Zeitpunkt, an dem das Profil gezeichnet wird. Da das Gehirn situationsbezogen arbeitet, reagiert es danach weiterhin auf Änderungen, auch (wenn die Notwendigkeit oder Motivation stark genug sind) auf

* Studien, die in zeitlichen Abständen an den gleichen Personen wiederholt wurden

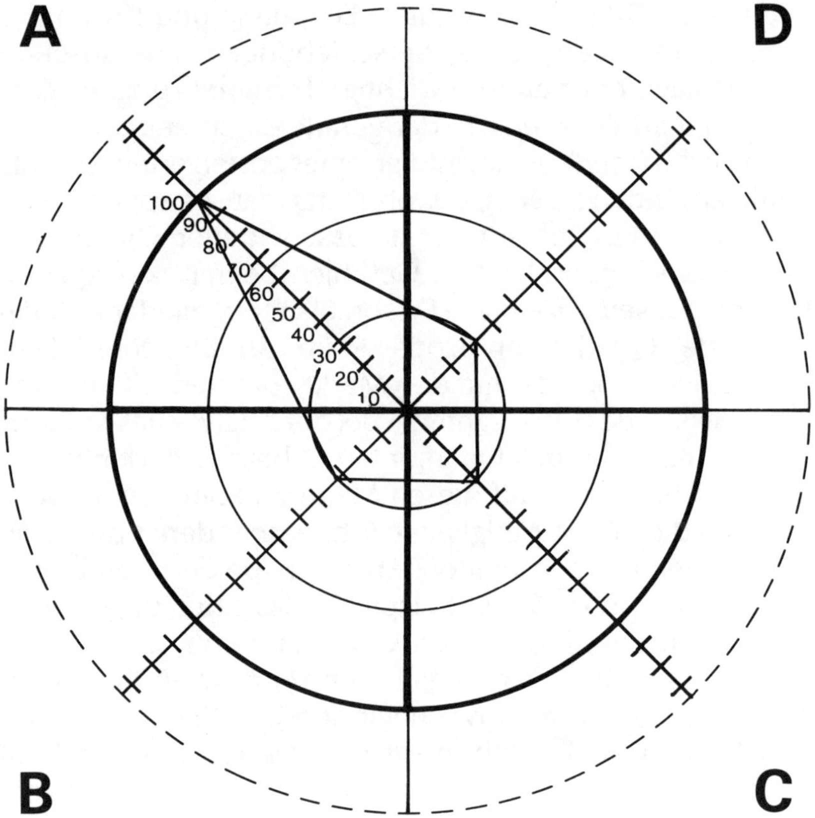

Abbildung 4-2. Reines A-Quadranten-Profil

gemiedenen Gebieten. Dabei entwickeln sich, besonders über einen längeren Zeitraum, neue *Verstärkungsschleifen*, die neue Verhaltensweisen belohnen, und mit der Zeit verändert sich das Dominanzprofil entsprechend.

b. Verstehen der einzelnen Quadranten

Für die Gesamtbevölkerung geben die Daten einen starken Hinweis darauf, daß alle vier Quadranten gleich stark vertreten sind. Das bedeutet, wenn man alle primären Präferenzen addiert – diejenigen mit einer, zwei, drei und vier primären Präferenzen -, erhält man eine in etwa gleiche Zahl primärer Präferenzen für A, B, C und D. Man könnte sagen, die Welt als Ganzes repräsentiert ein zusammengesetztes, ganzes Gehirn.

Im folgenden Abschnitt wird jede primäre Präferenz beschrieben, als sei sie die einzige primäre und die einzige Art des Funktionierens einer Person. Das sind keine Profile, die wir tatsächlich vorfinden: Sie kommen in der Natur selten vor. Sie können Ihnen ein Gefühl für den Einfluß jedes Quadranten vermitteln. So können Sie wenn Sie über mehrfach dominante Menschen lesen, ein besseres Gefühl der relativen Verträglichkeiten und Unverträglichkeiten zwischen den Präferenzen bekommen.

Das gesamte Feld der Profile finden Sie in Anhang B.

Es sei noch eine Anmerkung gestattet: Bei dem Versuch, männlichen und weiblichen Pronomen den gleichen Raum im Text zu geben, haben wir zwei Quadranten den Männern und zwei den Frauen zugeordnet. Rein-A und

Rein-B sind "er" und Rein-C und Rein-D "sie". Sie sollten aber berücksichtigen, daß A und B auch für Frauen und C und D auch für Männer gelten.

A-Quadranten-Präferenz

Die Präferenz für den Quadranten A bedeutet, daß die Person Aktivitäten bevorzugt, die sich mit der Analyse, Zergliederung, dem Ausrechnen, logischen Lösen von Problemen und der Beschaffung von Fakten befassen. Wenn eine Entscheidung getroffen wird, verläßt sich der Mensch auf Logik, die auf sicheren Annahmen basiert, kombiniert mit einer Fähigkeit, Dinge genau wahrzunehmen, zu verbalisieren und auszudrücken. Der Mensch bevorzugt die Reduzierung des Komplexen auf das Einfache, des Unklaren auf das Klare, des Schwerfälligen auf das Effiziente. Fakten sind entscheidende Untermauerungen für verbale Äußerungen. Diese Äußerungen können abstrahiert werden, so daß sie noch knappere Sätze bilden wie "Zeit ist Geld". Darüber hinaus kann die gleiche Methode benutzt werden, um beim Treffen von Entscheidungen verwendete Äußerungen zu vereinfachen wie "Worum es auch immer geht, Zeit sparen ist die Regel, also macht es auf schnellere Weise." Entscheidend ist, daß die ganze logische Struktur zusammenhängend sein muß, um die Mentalität des Quadranten A zu befriedigen.

Leonard Nimoy's Darstellung von Mr. Spock in der Fernsehserie "Raumschiff Enterprise" ist ein wunderbares Beispiel einer A-dominanten Persönlichkeit auf der Höhe ihrer Möglichkeiten. Da er aber nur halb menschlich ist, werden wir ein anderes Beispiel nehmen, um ein Gefühl dafür zu bekommen, was A ist. Nehmen wir das Profil 1-3-3-3, eine primäre Präferenz für A und eine Abneigung für alle anderen Modi. (In Kapitel 3 finden Sie Zusammenfassung der Bewertung.) Nennen wir diese Person *Rein*-A.

Rein-A ist ein Meister der Logik und Vernunft: In Hochform verarbeitet er ständig neue Informationen, auch wenn sie die Gültigkeit einer hoch geschätzten Formel angreifen. Die Definition der Realität ist von äußerster Wichtigkeit und keine Tatsache sollte lange ihrer Erklärung mangeln. Der Output von Rein-A nimmt die Form von Prinzipien, mathematischen Formeln und Schlüssen darüber an, welches der nächste Schritt ist. Seine Fähigkeiten, vom Besonderen zu abstrahieren und diese Verallgemeinerungen zu verbalisieren, machen ihn zum idealen technischen Problemlöser.

Wenn Rein-A irgend etwas tut, rechnet er sich den effizientesten Weg aus, so daß er sich Mühen sparen kann, insbesondere Umwege. Er berechnet die Chancen, und wenn sie zu schlecht sind, bewegt er sich nicht. Er achtet im Betrieb, wie in seinen anderen Lebensbereichen, das Argument mehr als persönliche Erfahrung. Fakten stellt er vor Intuition, die er pauschal als Erfindung abtun kann. Emotionen versucht er weitgehend zu vermeiden: Treten zum Beispiel private Schwierigkeiten auf, sucht er nach Bedürfnissen, die er befriedigen kann, ohne sich seinen Gefühlen stellen zu müssen. Er baut zum Beispiel eine neues Zimmer an, oder gräbt ein Schwimmbecken. Oder erlöst für sich den Konflikt, indem er einfach aufhört, über das Thema zu sprechen, statt die Betroffenen zu fragen, wie sie sich fühlen und warum das so ist. Falls er an Gott glaubt, dann möglicherweise nur, weil Fakten und Logik ihn zu diesem Schluß geführt haben, wohl kaum aufgrund intuitiver Erkenntnis oder einer Erleuchtung.

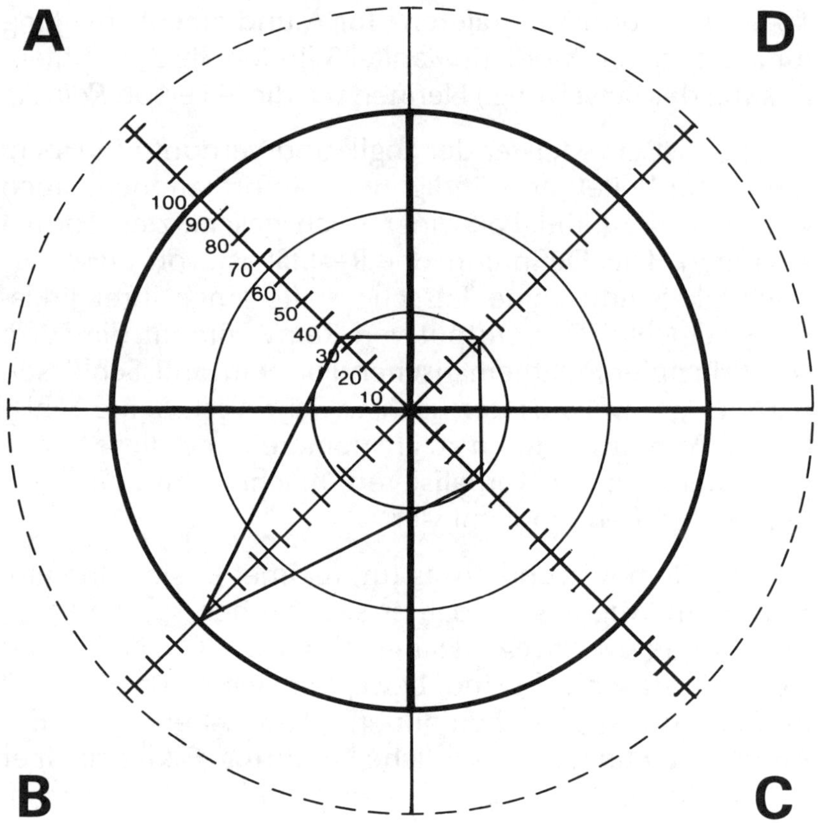

Abbildung 4-3. Reines B-Quadranten-Profil

Mit Abneigungen in B, C und D wäre die Funktionsfähigkeit von Rein-A stark beeinträchtigt. Um zum Beispiel in der Geschäftswelt zu überleben, müßte Rein-A weitgehend isoliert in einem Elfenbeinturm arbeiten. Er müßte an einem Ort sein, an dem die Furcht vor Gefühlen, die Abscheu für Details und die Unfähigkeit zu bildlicher Vorstellung keine Folgen hätte. Rein-A könnte recht gut mit einem Gerüst aus Fakten und Fragen über Dinge überleben. Er würde Computer brauchen und einige gehorsame Roboter bevorzugen, die Zahlen verarbeiten und Berechnungen überprüfen. Er würde die Ergebnisse seiner Arbeit in eine Maschine diktieren und den getippten Text korrigieren, wenn er ihn zurück bekommt.

Wie Rein-A die Qualitäten der anderen Quadranten vermeidet, beeinflußt sein Erscheinungsbild für andere. Da er Gefühle nicht zugibt, scheint er kalt, distanziert und arrogant. Seine mangelnde Befähigung zu visualisieren, läßt ihn in den Funktionen der Quadranten A, B und C beschränkt erscheinen.

Die Bedeutung der menschlichen Gefühlswelt von Langeweile, Erschöpfung sowie das Bedürfnis nach Schönheit und Erfrischung versucht er abzuwerten. Obwohl logisch, sind seine Lösungen oft schlecht in Praxis umzusetzen, weil er nicht mit der menschlichen Trägheit oder starren Verhaltensmustern rechnet. Da sein Denken linear ist, kann der die Höhen logischen Denkens erreichen und brillant verkörpern, aber seine Logik fesselt ihn in den Niederungen: Er kann den kreativen Sprung nicht machen, der notwendig ist, um eine neue Richtung einzuschlagen. In seinen Möglichkeiten ist er beschränkt, da er an Bekanntes anknüpft oder aus Bekanntem ableitet.

In seiner Art ist Rein-A klug, und wenn ihm Material auf

eine logische Art und Weise vorgelegt wird, ist er für es offen. Spock zum Beispiel findet es, in Star Trek IV, unlogisch, daß sich eine ganze Mannschaft in Gefahr bringt, um ein Mitglied zu retten. Bei den Prozeß danach sagt er: "Aber so verhalten sich Menschen nun einmal [Tatsache]." Und er könnte hinzufügen: "Schließlich bin ich ein halber Mensch."

B-Quadranten-Präferenz

Rein-B hat eine Reihe von Ähnlichkeiten mit seinem Vetter, Rein-A. Beide sind verbal. Beide gehen linear an die Dinge heran und lehnen Zweideutigkeiten ab – Rein-B sogar noch mehr als Rein-A. Beide mißtrauen Emotionen und der Intuition. Beide neigen auch dazu, ihre Umgebung und sich selbst zu kontrollieren, und zwar eher über die Gedankenwelt als über die Realität. Beide sind auch effizient.

Rein-B unterscheidet sich aber von Rein-A in mehreren bedeutsamen Punkten. Wo Rein-A sich auf Fakten, Logik und das Hier-und-Jetzt konzentriert, will Rein-B nur wissen, was in der Vergangenheit funktioniert hat ("Wenn es bisher funktioniert hat, wird es wieder gehen"). Rein-A erfindet Formeln, Rein-B testet sie bis in die kleinste Einzelheit. Rein-B ist im Grunde handlungsorientiert und hat daher vielleicht wenig Geduld oder Achtung für die intellektuelle Vielschichtigkeit, die Rein-A so unwiderstehlich findet. "Können wir es überprüfen? Ist es eine Antwort? Andere sollen interessante Fragen stellen." Rein-B will nur Antworten.

Der Himmel ist für Rein-B eine Welt, in der es für alles eine Regel und einen Platz gibt, es ist eine ordentliche, verläßliche Welt, in der Entscheidungen entsprechend althergebrachten Verfahrensweisen getroffen werden. Wenn etwas bisher funktioniert hat, soll es weiterhin arbeiten. "Wenn es nicht kaputt ist, repariere es nicht." Also bewahrt er das Erprobte und Wahre, aber er kann oft dem Fortschritt im Wege stehen.

Rein-A und Rein-B haben ihre jeweils eigene Art der Effizienz: Die Effizienz von Rein-B hat damit zu tun, daß er sicherstellt, daß die Dinge beim ersten Mal bis ins letzte Detail pünktlich und richtig getan werden. Abkürzungen gibt es für Rein-B nicht. "Das erste Mal soll das letzte Mal sein, daß eine Sache getan werden muß."

Eine der Stärken des B-Quadranten ist die Fähigkeit, sich auf jeweils eine Sache zu konzentrieren. Wenn man etwa getan haben will, soll man zusehen, wie B-dominante Menschen arbeiten. Sie nehmen eine Sache auf, machen sie fertig, legen sie nieder, nehmen eine andere auf, machen diese fertig, legen sie nieder. Manchmal ist der B-Quadrant wie der Igel in dem Rennen zwischen dem Hasen und dem Igel: Wegen ihrer bloßen, hartnäckigen Beharrlichkeit gewinnen B-dominante Menschen oft das Rennen, während andere mit gleichem oder größerem Talent oder Weitsicht, aber ohne Vermögen im Quadranten B, zurückfallen.

Wenn Sie Perfektion bis ins Detail wollen, ist Rein-B die Antwort auf Ihre Gebete. Rein-B ist sich selbst und seinen Untergebenen gegenüber rigoros und anspruchsvoll. Verfahren und Präzision sind heilig, und wenn sich jemand nicht an das Protokoll hält, wird das oft als eine Bedrohung der ganzen Operation betrachtet – was manchmal stimmt, wie die NASA schmerzhaft erfahren hat.

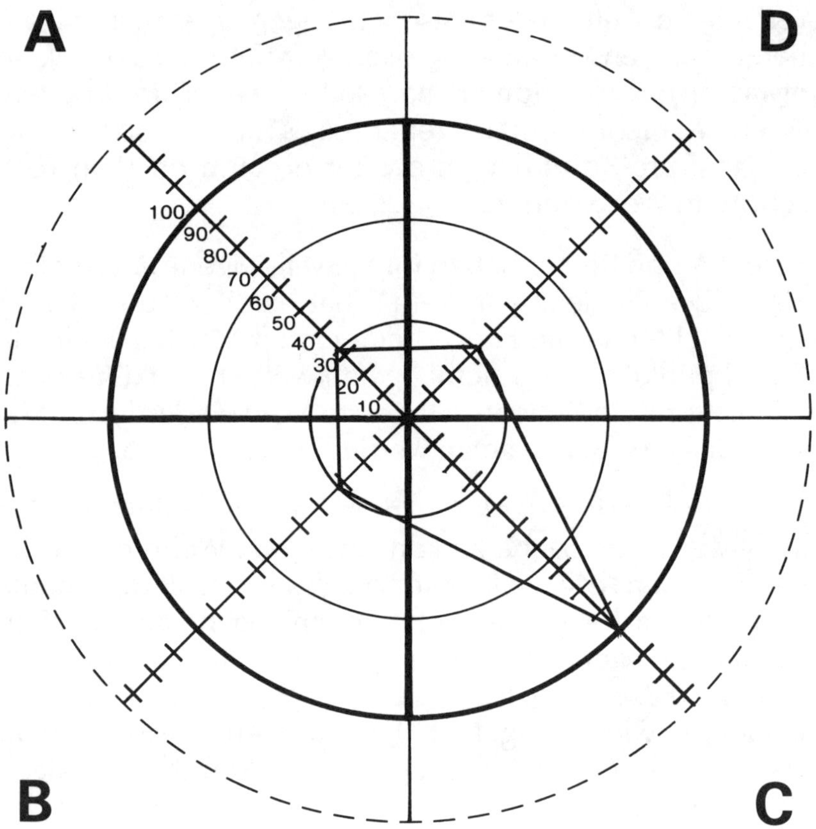

Abbildung 4-4. Reines C-Quadranten-Profil

Rein-B zieht es vor, die Dinge sicher und vorhersehbar zu halten – in einem solchen Maße, daß ihm typischerweise das Gefühl für Möglichkeiten fehlt. Wenn seine Aversion gegen das nicht Erprobte extrem ist, kann es sein, daß er sogar seinen eigenen Augen nicht traut, falls das Wahrgenommene nicht in die überlieferten, verbal definierbaren Strukturen paßt. Er lehnt auch Zweideutigkeiten jeder Art ab, und blendet so sinnliche Wahrnehmung, Gefühl und Intuition aus seinen Erwägungen aus. Folglich nehmen andere Menschen Rein-B als despotisch und engstirnig, langweilig, unsensibel und antisozial wahr. Da ihn die Furcht beherrscht, die Kontrolle zu verlieren, sind seine Anstrengungen, die Kontrolle über andere zu gewinnen, oft lästig und beleidigend. Für ihn, wie für Rein-A, stellen Gefühle eine nicht vorhersehbare und daher unwillkommene Variable dar. Menschen mit Präferenzen in anderen Quadranten neigen dazu, Rein-B als schwer von Begriff abzuschreiben. Das stimmt aber nicht. Rein-B ist ein absolutes Genie, wenn es darum geht, ein Chaos in Ordnung zu verwandeln. Beginnend mit dem kleinsten Teil eines enormen Haufens kann er mit der Zeit Klassifikationsschemata entwerfen, und ein Verfahren, wie die Klassen genau zu ordnen sind. Ohne die Effizienz und Klarheit, die Rein-B ermöglicht, würde unsere Welt nicht so funktionieren wie sie funktioniert.

Unter der Belastung, so viel unter strenger Kontrolle zu halten ist es nicht überraschend, daß Rein-B mit Veränderungen und Gefühlen Schwierigkeiten hat, weil diese ihrer eigenen, einzigartigen Logik folgen. Die Möglichkeit von Veränderung bedeutet, jedes winzige Teil so neu auszurichten, daß es peinlich genau der neuen Ordnung entspricht. Es bedeutet, daß die von Rein-B so mühsam erarbeitete Vorhersehbarkeit in Gefahr ist. Die Konsequenzen sind: Verlust der Kontrolle und daher Verlust der Sicherheit.

Mit Veränderungen konfrontiert, kann Rein-B einen von zwei Wegen gehen: (1) Wenn er Verfahren höher als die Lösung praktischer Probleme einschätzt, kann er seine Wahrnehmung so einengen, daß er nur die kontrollierbaren Teile des Lebens sieht und die sich verändernden Anteile ignoriert oder leugnet. (Dieses Syndrom nennt Alvin Toffler Zukunftsschock: Es ist das Phänomen, das Menschen erleben, wenn die Geschwindigkeit der Veränderung höher ist als ihre Anpassungsfähigkeit.) (2) Möglicherweise arbeitet Rein-B härter, um eine gewisse, vorläufige Ordnung herzustellen, bis die neue Ordnung offenbar geworden ist. Im ersten Falle kann Rein-B sich selbst und Mitarbeiter in Gefahr bringen – es ist am Besten, wenn man seine selbst auferlegten Beschränkungen akzeptiert und ihm eine begrenzte Rolle zuweist, in der er sich wiederholende oder verfahrensorientierte Arbeiten ausführt, die andere Bereiche des Lebens nicht stören können. Vor allem muß in dieser höchst belastenden Zeit seinen Einfluß auf andere Menschen beschnitten werden. Im zweiten Falle hilft Rein-B in der Übergangszeit, indem er: (1) Diejenigen Tätigkeiten ausführt, auf die sich zu verlassen Menschen gewöhnt sind, und (2) Lösungen, die Rein-A fand, testet um zu sehen, ob sie tatsächlich funktionieren und dann Rückmeldungen liefert.

Die moderne Welt wäre nicht so wie sie ist, gäbe es nicht Rein-B, der sie stabilisieren hilft.

Wir wenden uns jetzt den Funktionen des rechten Gehirns zu, die Präzision zugunsten einer anderen Art des "Wissens" ablehnen und die in vieler Hinsicht nicht zu dieser, unserer linksdominanten Welt passen.

C-Quadranten-Präferenz

Von allen Quadranten des Gehirns könnte man den Quadranten C als den sensibelsten und empfänglichsten betrachten. Rein-C saugt Erfahrung wie ein Schwamm auf, in dem sie Stimmung, Atmosphäre, Haltungen und Energieniveaus aufnimmt. Sie ist wie ein Barometer, das von Augenblick zu Augenblick mißt, was in den Menschen in ihrer Umgebung vorgeht. Sie befaßt sich ebenso mit der Realität wie Rein-A, aber es ist eine ganz andere Realität, die nicht aus Worten sondern aus emotionalen Strömungen besteht. Wenn sich die Stimmung einer Person oder einer Gruppe ändert, ist sich Rein-C der Veränderung sofort bewußt und bereit, darauf zu reagieren, gewöhnlich auf eine beruhigende oder vermittelnde Weise.

Obwohl der Äußerlichkeiten im Sinne der Welt und besonders der Menschen um sie intensiv bewußt, nimmt Rein-C sie mit ihrem eigenen Körper wahr – durch ihre eigenen, inneren Erfahrungen. Sie neigt dazu, kinästhetisch zu sein, das heißt, Wahrnehmung und Kommunikation werden, eher denn als visuelle oder verbale Informationen, als eine frei fließende Sequenz von Körperempfinden und Bewegung erfahren. In der Funktionsweise nicht im geringsten linear, hat Rein-C wenig Zeit für Logik oder Theorie. Für sie ist Theorie etwas von der Realität abgehobenes, wohingegen Erfahrung Realität ist.

Ihre bevorzugten Zustände sind emotional und spirituell. Ihr Gefallen an ihrem Körper gibt ihr ein unverzichtbares Gefühl dafür, in diese Welt zu gehören. Sie scheint ein angeborenes Gefühl dafür zu haben, daß ein Schöpfer existiert, der für uns alle sorgt, daß wir zu einer geistigen Familie gehören und daß wir auf dieser Welt sind, um uns

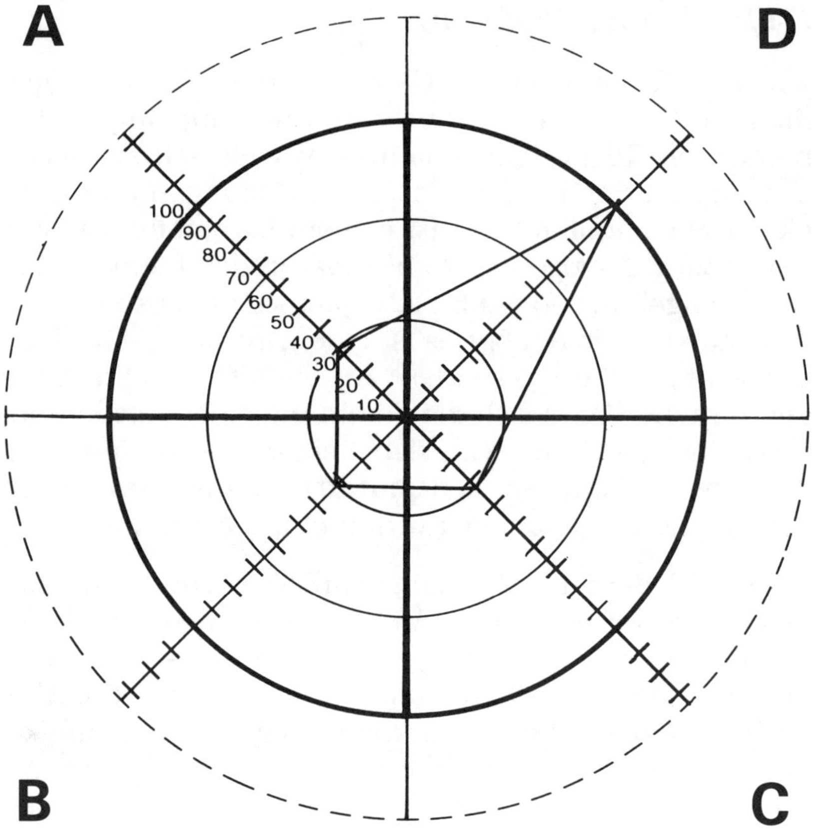

Abbildung 4-5. Reines D-Quadranten-Profil

gegenseitig zu Zärtlichkeit, Wachstum und Veränderung zu verhelfen. Ziele sind bedeutungslos, wenn sie den menschlichen Prozeß verletzen. Sie glaubt an Gruppen und ist für den Beitrag jedes Menschen zu einem Prozeß oder Ziel offen. Persönliche Zufriedenheit ist der wichtigste Maßstab für den Erfolg jeder Sache. Sie ist spirituell, emphatisch, nährend und musikalisch.

Auf der anderen Seite kann Rein-C, wegen ihrer Abneigung gegen die Quadranten A, B und D, verrückt, undiszipliniert, sentimental bis zur Rührseligkeit und, wenn es Zeit wird, etwas zu tun, unpraktisch sein, wegen ihrer Weigerung, sich mit Fakten und Zielen, Zeit und Geld zu befassen.

Wo Rein-B zur Beschränkung neigt, neigt Rein-C dazu sich auszudehnen. Eine ihrer Methoden für die Ausdehnung kann das Gespräch sein. Kommunikation ist ihr sehr wichtig und so findet man selten eine schweigsame, C-dominante Person. Das Problem liegt darin, daß das meiste, worüber sie wirklich spricht, schwer in Worten auszudrücken ist, so daß der Fluß der Konversation – die Verbindung – wichtiger wird als der Inhalt. Andere Rein-C's verstehen das intuitiv, aber eine verbale A- oder B-dominante Person kann das ständige 'Gerede' frustrierend, unkonzentriert und anspruchsvoll finden.

Rein-C und Rein-B teilen die Konzentration auf die Vergangenheit, aber auf unterschiedliche Weise. Rein-B will wissen, was früher funktioniert hat, damit er sicher bleiben kann. Rein-C ehrt Traditionen wegen ihres emotionalen Wertes: Sie trösten und inspirieren die Menschen.

Andere neigen dazu, Rein-C als sympathisch zu sehen, als angenehme Gesellschafterin zu empfinden, die Harmonie und Schönheit unterstützt, und das recht oft auf sentimentale Weise, und immer als auf Menschen ausgerichtet. Rein-C wird häufig nach den Maßstäben von A und B als unangepaßt erscheinen. Und das gilt noch mehr für ihre Cousine, Rein-D, der wir uns jetzt zuwenden.

D-Quadranten-Profil

Rein-D ist ein 3-3-3-1-Profil, das heißt, eine Person mit einer sehr starken Präferenz für den Quadranten D und Abneigungen gegen alle anderen. Wenn Sie sie zum erten Mal treffen, wäre das Herausragende, was Sie an ihr bemerkten, daß Sie nicht viel von dem verständen, was sie sagt. Der größte Teil ihrer Konversation fände in Metaphern statt, eingeleitet durch "Es ist wie", aber sie würde keine Übersetzung dessen liefern, die die Metapher "es" klären hilft oder gar dafür, wofür "es" steht.

Hin und wieder würden Sie aber eine Ahnung dessen erhalten, was sie sieht und die bloße Originaliät, Schönheit oder Wildheit dessen könnte Sie hinweg fegen. Rein-D lebt von der Aufregung neuer Ideen, den Möglichkeiten, der Vielfalt, den Merkwürdigkeiten, den Widersprüchen und Fragen, die offensichtlich klingen, aber tatsächlich zum Kern der Sache vorstoßen. In Überraschungen, Trugschlüsse und Ungewißheiten liegen ihre Möglichkeiten. Hat sie die ausreichenden Spielräume, kann sie im besten Sinne ein Mensch mit Visionen sein. Visionen meint hier: Abbilder von metaphorisch ausgedrückten Ideen.

Der Beatles-Film Yellow Submarine ist eine Schöpfung desQuadranten D (natürlich hergestellt mit einer Menge Unterstützung von den Quadranten A, B und C). Er ist

"Mir ist Wohlwollen und Kooperation lieber als Logik."

Jawaharlal Nehru

"Wir können Fakten zu haben ohne zu denken, aber wir können ohne Fakten nicht denken."

John Dewey

"Ein Wort an die Weisen reicht nicht aus, wenn es keinen Sinn ergibt."

James Thurber,
Auszug aus *The Weaver and the Worm*

"Ich wäre lieber der Mann, der die Brooklyn Bridge gekauft hat, als der Mann, der sie verkauft hat."

Will Rogers

"Lernt, das Echte vom Falschen zu unterscheiden, das ewig flüchtige vom immerwährenden. Lernt vor allem, Kopfwissen von der Weisheit der Seele, die Lehre des Auges von der des Herzens zu trennen."

H.P. Blavatsky

phantasievoll, farbenfroh, künstlerisch, kurios, hat ein offenes Ende und ist von Zeit zu Zeit recht verwirrend. Noch geeigneter für den Geschmack von Rein-D ist der Film 2001. Der Stoff, aus dem die Tagträume von Rein-D sich nähren, heißt Science Fiction.

Obwohl Rein-Ds ihre eigene Sprache haben, verstehen sie sich untereinander oder sogar sich selbst oft nicht. aber das ist in Ordnung, weil für sie, wie für Rein-Cs, Verständnis weniger wichtig als Erfahrung ist. Das verstehen sie!

Der Nachteil von Rein-D besteht darin, weil sie nicht von einer Präferenz für A, B oder C unterstützt wird, daß man unter keinen Umständen darauf zählen kann, daß sie einen Termin hält oder eine Aufgabe auch nur beendet. Sie arbeitet auch nicht sehr gut mit anderen zusammen, weniger wegen ihrer Unzuverlässigkeit, sondern aus zwei anderen Gründen. Erstens ist sie zu einem großen Teil nicht-verbal orientiert. Rein-D hat sogar Schwierigkeiten, etwas zu erklären, dessen sie sich sehr sicher ist. Sie verfügt nicht über viele Worte – am meisten hat sie Bilder. Es ist schwer, ihren Beitrag in einem Team zu realisieren, wenn nicht eines der anderen Mitglieder mehrere Präferenzen mit einem starken Quadranten D hat, so daß er oder sie Rein-D für den Rest des Teams übersetzen kann.

Der zweite Grund, aus dem sie in einem Team schwierig ist, ist die Tatsache, daß sie unpersönlich ist. Ihre eigene Denkweise steht an erster Stelle und sie hat nicht das Bedürfnis von Rein-C, Verbindungen einzugehen. Weiterhin will sie ihr Tempo nicht auf die Geschwindigkeit verringern, die nötig wäre, damit eine andere Person sie einholen kann. Auch will sie nicht die Energie für die Entwicklung einer strukturierten Präsentation ihres Materials aufbringen. Dieses überläßt sie A- und B-dominanten Menschen, weil sie eine Einsicht in die Fähigkeiten des C-Quadranten besitzt.

Rein-D fürchtet tatsächlich jede Struktur, denn sie fühlt, daß sie den Fluß von Ideen und Energie verlangsamt oder stoppt. Worte tun das gleiche. (Stellen sie sich vor, Sie sehen einen Film an und versuchen, ihn für jemanden zu beschreiben, der nicht sehen kann.) Logik behindert den freien Fluß ebenfalls, weil sie auf Annahmen basiert, die ihrerseits auf einer feststehenden Interpretation dessen basieren, was bereits Vergangenheit ist. Sie will nicht einmal das Hier-und-Jetzt beachten: Es steht ihr ebenfalls im Weg, ob es die materiellen Einzelheiten und Verfahrensweisen des Hier-und-Jetzt sind, mit denen sich Rein-B befaßt, oder das emotionale Hier-und-Jetzt, auf das Rein-Cs so stark eingestimmt sind.

Die Herausforderung für Rein-D besteht darin, die Realitäten der anderen Quadranten dadurch aufzunehmen, daß sie sie als nützliche Beiträge zu ihrem eigenen Prozeß betrachtet, und nicht nur als Hindernisse. Sie muß lernen, daß die gegenwärtige Realität ein Sprungbrett sein kann, nicht nur ein Anker. Sie muß auch verstehen, daß sie uns arme Sterbliche braucht, wenn ihre Visionen je zur Wirklichkeit werden sollen.

Sie haben jetzt eine Vorstellung von dem Einfluß, den die einzelnen Quadranten auf die Persönlichkeit und Wahrnehmung ausüben. In der Wirklichkeit hat aber kein Quadrant einen alleinigen Einfluß über einen Menschen. Präferenzen treten in Mustern oder Profilen auf, und diese Arten von Profilen beschreiben wir als nächstes.

c. Verstehen der Profiltypen

Zum Zeitpunkt dieser Auflage sind fast 1 Millionen HDI-Fragebogen bewertet worden. Mehrere neuere Studien großer Stichproben haben gezeigt, daß etwa 7 Prozent davon einfach dominant, 60 Prozent zweifach dominant, 30 Prozent dreifach dominant und etwa 3 Prozent vierfach dominant sind.

Einfach dominante Profile

Einfach dominant sind diejenigen Profile, die nur eine primäre Präferenz zeigen, wobei sekundäre oder tertiäre in den anderen drei Quadranten vorhanden sind. Abbildung 4-7 stellt die vier grundsätzlichen, einfach primären Profile dar.

Einfach dominante Profile machen nur 7 Prozent der Bevölkerung aus und sind etwa gleichmäßig über alle vier Quadranten verteilt. Diese Verteilung zeigt wahrscheinlich eine kulturelle Neigung der Bevölkerung auf, d.h. in Kalifornien sind mehr C-und D-dominanate Menschen, in Ohio mehr A-und B-dominante zu finden. In Deutschland finden wir mehr A-und B-dominante und in Indien mehr C-und D-dominante Personen.

Der Vorteil eines einfach dominanten Profiles ist, daß der Mensch mit relativ wenigen inneren Konflikten durch das Leben geht. Wahrnehmungen und Prozesse der Entscheidungsfindung neigen dazu, harmonisch und vorhersagbar zu sein. Der einfach dominante Mensch neigt dazu, die Welt durch eine Brille zu sehen, die jeden Widerspruch löscht, und die Welt nicht mit den Augen anderer zu betrachten.

"Was wir wahrnehmen kommt zu gleichen Teilen aus unserem Kopf und von der Außenwelt."

William Jones

Forschung stellt sich beispielhaft in dem Probleme lösenden Geist dar, im Gegensatz zu dem hinnehmenden Geist. Es ist der Geist des Komponisten im Gegensatz zu dem herumbastelnden Geist. Es ist der auf das Morgen gerichtete Geist im Gegensatz zu dem auf das Gestern gerichteten Geist."

Charles F. Kettering

"Viele Dinge, die man zählen kann, zählen nicht. Viele Dinge, die man nicht zählen kann, zählen wirklich."

Einstein

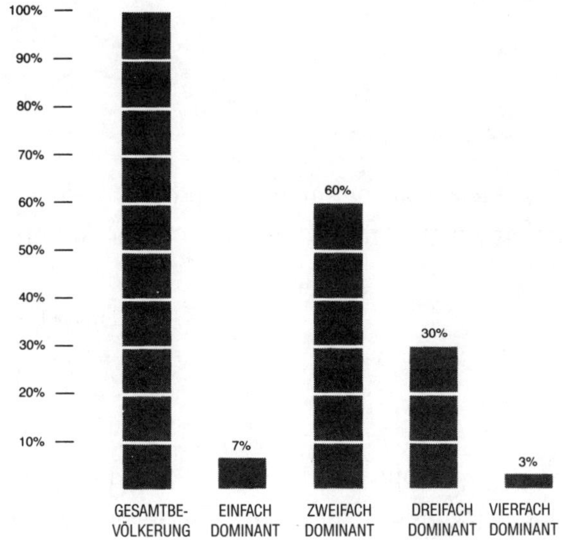

Abbildung 4-6. Dominanzverteilung

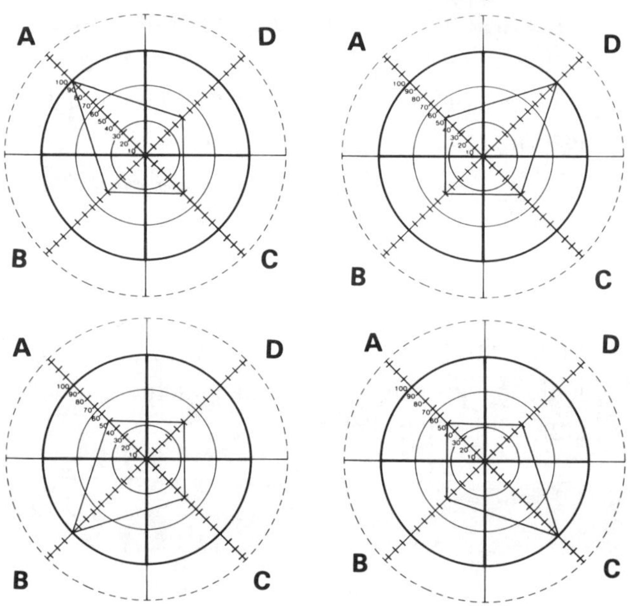

Abbildung 4-7. Einfach dominante Profile.

Die andere Seite der Medaille ist diese: Obwohl die 7 Prozent mit einfach dominanten Profilen den Vorteil eines harmonischen Innenlebens haben, kann es nach außen ganz anders aussehen. Der Rest der Bevölkerung (gut 93 Prozent) hat andere Profile und sieht die Welt anders als sie. Will man im Leben reibungslos vorankommen, so ist es eine gewisse Fähigkeit notwendig, die Welt so wie der Andere zu sehen. Das kann für einen einfach dominanten Menschen recht schwer sein, wenn er oder sie nicht in einer Umgebung lebt oder arbeitet, in der entweder (1) Menschen mit ähnlichen Profilen in der Mehrzahl sind oder (2) die Unterschiede anerkannt, geehrt und geschätzt werden.

Eine positive Umgebung würde die Bewältigung eines anderen Nachteils einfach dominanter Menschen erleichtern: Einfach dominante Menschen haben oft eine verringerte Fähigkeit in sich zwischen den Quadranten umzuschalten, wodurch ihre Fähigkeiten für die unabhängige kreative Verarbeitung vermindert sind. Eine die Unterschiede anerkennende Umwelt würde die Iteration (das Umschalten)* zwischen unterschiedlich dominanten Menschen befördern.

Zweifach dominante Profile

Innerhalb der gleichen Hemisphäre

Wie die Menschen mit einfach dominanten Profilen neigen Menschen mit zweifach dominanten Profilen in der linken oder rechten Hemisphäre dazu, sich innerlich ausgeglichen zu fühlen. Beide linke Quadranten, A und B, sind in ihrem Denken verbal und strukturiert, effizient, zeitorientiert, linear und genau. Wenn man diese beiden

* Siehe Glossar

primären Präferenzen hat, wird die Qualität des Denkens von A und B tatsächlich gestärkt. Die gleiche innere Harmonie herrscht tendenziell bei in C und D zweifach dominanten Menschen vor. Diese beiden Quadranten sind intuitiv, nicht-linear, erfahrungsorientiert und empfänglich für Schönheit. Darüber hinaus werden die Gaben des Quadranten D aufgrund des Wunsches zu dienen, der vom Quadranten C kommt, vertieft und anderen besser zugänglich gemacht. Das Feingefühl von C nimmt wegen der visionären Neigungen des Quadranten D ein breiteres Wesen an.

Aber wie Menschen mit einfach dominanten Profilen neigen Menschen mit zwei primären Präferenzen in der gleichen Hemisphäre dazu, die Funktionen der anderen Hemisphäre zu meiden – die zweifache Dominanz hat eine kumulative Wirkung. Der rechts zweifach dominante Mensch kann anderen verrückter und weniger zuverlässig erscheinen, der links zweifach dominante Mensch stärker kontrollierend, prosaischer, eine weniger gute Gesellschaft. Das kann ein Problem darstellen, wenn man es mit Menschen zu tun hat, die die andere Hemisphäre bevorzugen.

Es ist für zweifach dominante Menschen, ob rechts oder links, besonders wichtig, eine Wertschätzung für die anderen Präferenzen zu entwickeln, nicht nur, weil es ihnen hilft, besser mit anderen zurecht zu kommen, sondern auch weil die Fähigkeit zum Umschalten notwendig für ein wirklich kreatives Leben ist.Ein wirklich kreatives Leben bleibt ohne diese Fähigkeit beschränkt

Zweifach dominant – zerebral oder limbisch

Wenn zwei primäre Präferenzen in gegensätzlichen Hemisphären, einander direkt gegenüber, auftreten, in A und D oder B und C, ergeben sich neue Vorteile und Schwierigkeiten.

Die Vorteile liegen darin, daß der Mensch eine erweitere Fähigkeit zum Umschalten hat – Zugang zu wichtigen Aspekten der Funktionen, die sich allgemein auf die linke und rechte Hemisphäre beziehen. Zum Beispiel kann der zweifach zerebral dominante Mensch nicht-lineares Denken verstehen und verbalisieren (soweit es in Worten ausgedrückt werden kann). Er kann von auf Fakten beruhenden, rationalen Funktionen auf erfahrungsorientiertes Denken umschalten. Er kann sich von der Konzentration auf die Außenwelt auf die Konzentration auf die Innenwelt bewegen. Das steigert seine Fähigkeiten der Iteration, verbessert die Qualität des Denkens und hilft ihm, seine Gedanken für andere besser zugänglich zu machen.

Der Nachteil liegt darin, daß der Mensch jetzt zwei sehr unterschiedliche Möglichkeiten hat, Dinge zu tun, und es kann etliche Jahre dauern bis er herausfindet, welche Funktionen für welche Situationen angemessen sind. Das herauszuarbeiten braucht Zeit, obwohl die Ähnlichkeiten zwischen gegenüberliegenden Quadranten helfen. Die zerebralen Quadranten sind beide am Handeln interessiert, während beide limbischen Quadranten Traditionen schätzen. Die Fähigkeiten eines jeden unterstützen oft die Belange des anderen.

Zweifach dominante diagonale Gegensätze

Zweifach dominante diagonale Gegensätze sind Profile, die primäre Präferenzen entweder in A und C oder B und

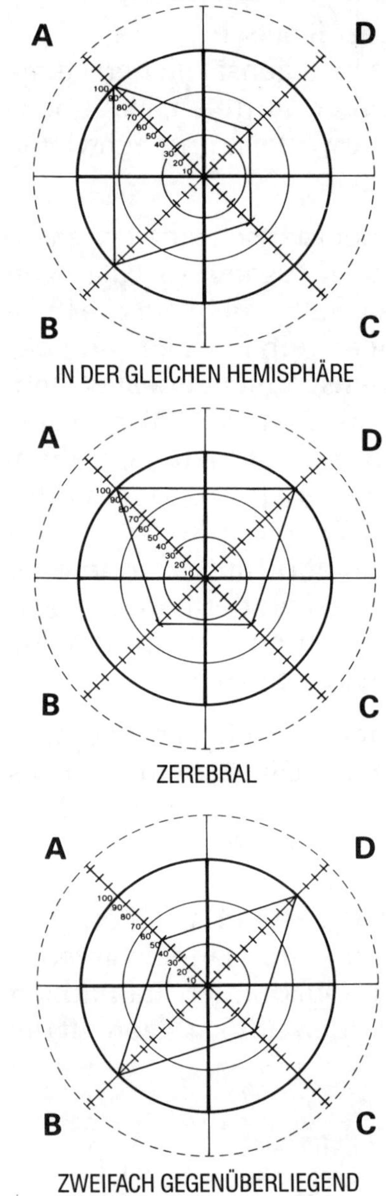

Abbildung 4-8. Zweifach dominante Profile

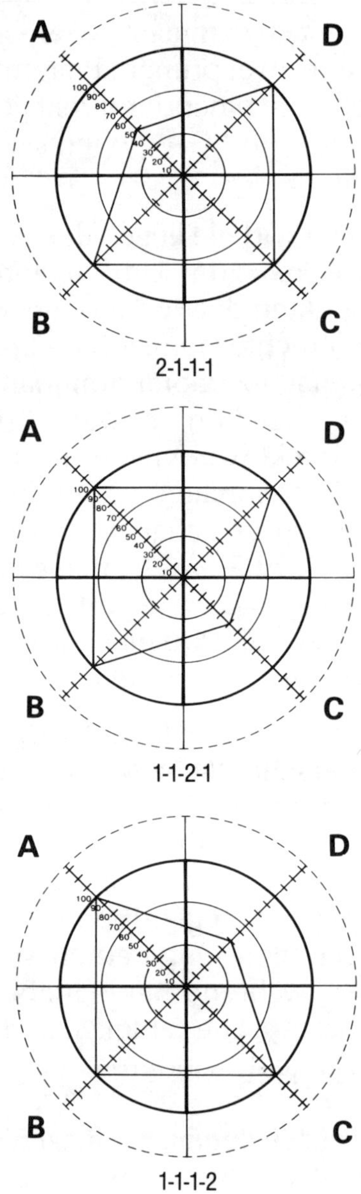

Abbildung 4-9. Dreifach dominante Profile

D haben. Soweit die Physiologie das Modell beeinflußt, ist es beachtenswert, daß im Gehirn keine direkte Verbindung vorhanden ist, mit der zerebral links mit limbisch rechts oder zerebral rechts mit limbisch links verbunden wird. Im Modell wie im existierenden Gehirn müssen alle Umschaltungen zwischen diesen beiden Funktionen zuerst durch einen anderen Quadranten oder eine andere Gehirnstruktur gehen.

Von allen Profiltypen sind diese die potentiell schwierigsten – nicht nur intern, für die Personen selbst, sondern auch nach außen. Die wichtigsten Funktionen befinden sich in Quadranten, die auf fast jede Weise gegeneinander gerichtet sind. Sie stellen (1) Gedanken gegen Handeln, (2) Fühlen gegen Denken, (3) Menschen gegen Dinge, (4) die Zukunft gegen die Vergangenheit, (5) Risikobereitschaft gegen Sicherheit. Daher finden sich Menschen mit zweifach dominanten Präferenzen in diagonal gegensätzlichen Quadranten oft in Entscheidungen gefangen, die auf völlig unterschiedlichen Wertsystemen beruhen. Wenn alles gut funktioniert, können sie die beiden in der Entscheidungsfindung integrieren. Aber unter Druck schalten sie oft sprunghaft von einer Funktion zu anderen oder, schlimmer noch, stehen gelähmt zwischen den beiden.

Auf der Habenseite hat der Mensch, der seine Arbeitsweise zu integrieren lernt, eine äußerst mächtige Kombination von Fähigkeiten. Ein Unternehmer mit einen 2-1-2-1-Profil kann sich das Unternehmen vorstellen, wie es sein kann und die Dreckarbeit machen, die notwendig ist, um dahin zu kommen. Ein finanziell orientierter Mensch mit einem 1-2-1-2-Profil verfügt nicht nur über den Quadranten A, der notwendig ist, um die besten finanziellen Arrangements zu bestimmen, sondern auch über C, der ihm die Kommunikationsfähigkeit verleiht, um seine Leistungen effektiv von Angesicht zu Angesicht zu präsentieren.

Ein guter Weg der Integration diagonal gegensätzlicher Präferenzen ist die Verbesserung der Fähigkeiten in einem der beiden anderen Quadranten, von denen jeder direkte physiologische Verbindungen und eindeutige funktionale Gemeinsamkeiten mit beiden gegensätzlichen primären Präferenzen hat.

Dreifach dominante Profile

Bei dreifach dominanten Profilen gibt es nur einen nicht primären Quadranten. Diese Profile machen 30 Prozent der erfaßten Bevölkerung aus. Von der gesamten befragten Bevölkerung repräsentieren die Profile 2-1-1-1, 1-1-2-1 und 1-1-1-2 ganze 25 Prozent. (Siehe Abbildung 4-9.) Die anderen stellen die übrigen 5 Prozent der dreifach dominanten Profile dar.

Die sprachliche Fertigkeit dreifach dominanter Profile ist noch stärker erweitert als die von zweifach dominanten, da sie ohne Belastung mit ganzen drei Vierteln der Bevölkerung sprechen können. Sie können frei zwischen den Quadranten umschalten und, wenn sie auch weniger Zeit im dem weniger bevorzugten Quadranten verbringen mögen, dieser vierte Quadrant ist bei den meisten dreifach dominanten Menschen eine starke sekundäre Präferenz. Er steht ihnen voll zur Verfügung, was die Kompetenz und Fähigkeit zur Iteration angeht. Die Nachteile dreifach dominanter Profile liegen einfach darin, daß es länger dauern kann als bei anderen bis sie reifen, weil sie die gleichen Schwierigkeiten bei der Entscheidungsfindung haben wie die zweifach dominanten diagonal gegensätzlichen Profile. Anderseits ist bereits eine dritte primäre Präferenz vorhanden, die die Schwierigkeit mildert.

Vierfach dominante Profile

Das vierfach dominante Profil (1-1-1-1), das bei weniger als 3 Prozent der Bevölkerung auftritt, drückt primäre Präferenzen für jede der vier Funktionsweisen aus. Damit hat ein Mensch einen einmaligen Vorteil: Die Umschaltung zwischen jedem und allen Quadranten ist völlig verfügbar. Ohne Abneigung gegen eine Arbeitsweise und mit der Fähigkeit, den von jeder geistigen Funktion und Standpunkt bevorzugten legitimen Wert zu erfahren, sind vierfach dominante Menschen in der Lage, eine außerordentlich ausgewogene Sicht jeder gegebenen Situation zu entwickeln. Sie können auch leicht mit Menschen kommunizieren, die einen der anderen Quadranten bevorzugen und als Übersetzer für Menschen unterschiedlicher geistiger Präferenzen dienen.

Obwohl ihr Potential groß ist, erleben Menschen mit solchen Profilen viele der Schwierigkeiten, die andere Profiltypen haben. Wie einfach dominante sehen sie die Welt auf eine Weise, die mit dem Rest der Bevölkerung nicht übereinzustimmen scheint. Wie die gegensätzlich zweifach dominanten erleben sie in ihrem frühen Leben erhebliche innere Konflikte und müssen lernen, sehr unterschiedliche Wertsysteme zu integrieren. Wie die dreifach dominanten kann es für sie nötig sein, lange Zeit damit zu verbringen, ihre vielen unterschiedlichen Impulse und Interessen zu vereinbaren, besonders, wenn sie dazu erzogen wurden, einfache Lösungen zu suchen.

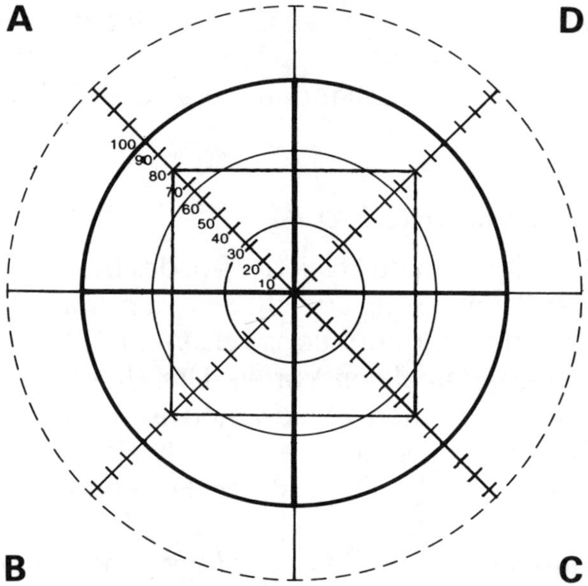

Abbildung 4-10. Vierfach dominantes Profil

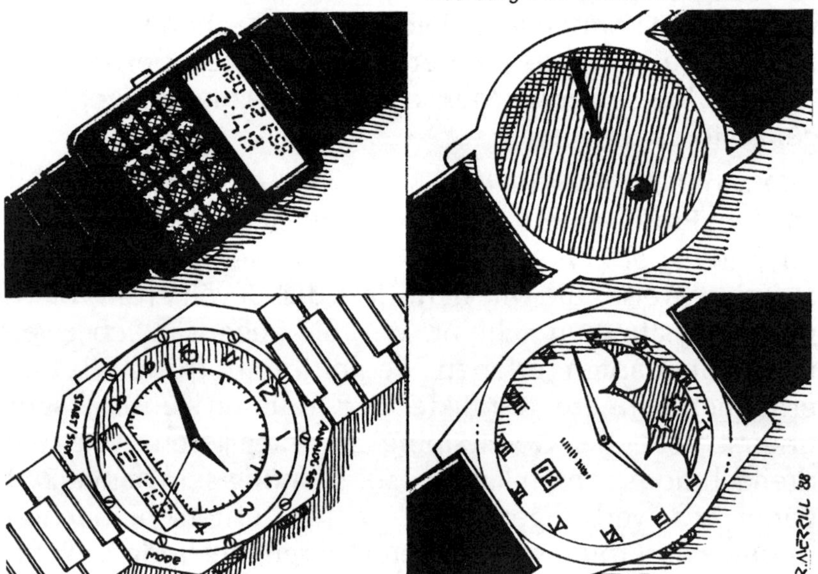

Abbildung 4-11. Zeitsensibilität

4.2 Kontraste im Verhalten der Profile

Der vorige Abschnitt untersuchte die Präferenzen für jeden Quadranten hauptsächlich im Sinne inneren Erlebens. Wie wir gesehen haben und in den folgenden Kapiteln immer klarer sehen werden, haben die Hirn-Dominanzmerkmale eines Menschen und die damit zusammenhängenden bevorzugten Arten des Wissens einen machtvollen Einfluß auf die im Alltag zu beobachtende Verhaltensweisen. In diesem Abschnitt nehmen wir nur ein paar Beispiele heraus, die Kontraste in diesem Verhalten schlaglichtartig beleuchten. Diese Beispiele betreffen die Zeit, Ansichten über die kreative Persönlichkeit, Kleidung, Geld, Präferenzen für verschiedene Arten von Tätigkeiten am Arbeitsplatz und Beschäftigungsmuster.

a. Zeit

Abhängig von ihren geistigen Präferenzen haben die Menschen ein sehr unterschiedliches Verhältnis zur Zeit. Menschen, die in der linken Hemisphäre (A und B) dominant und entwickelt sind, sind sich typischerweise der Zeit immer sehr bewußt, und sie messen ihr großen Wert bei. Sie tragen oft eine Armbanduhr, beachten die Zeit oft, wissen sogar möglicherweise, wieviel Uhr es ist, Tag oder Nacht, ohne auf eine Uhr zu sehen. Im Gegensatz dazu neigen C- und besonders D-dominante Menschen dazu, nur eine unregelmäßige Beziehung zur Zeit zu haben. Sie messen ihr weniger Wert bei, tragen nur selten eine Armbanduhr und ignorieren sie, wenn sie es tun. Sie geben nicht zeitgebundenen Tätigkeiten die höchste Priorität.

Die von linksdominanten Menschen gewählten Uhren sind häufig digitale Uhren mit mehreren Funktionen, die Ziffern anzeigen, von rechtsdominanten Personen gewählte Uhren sind die einfachen analogen mit Zeigern.

b. Ansichten über das Wesen einer kreativen Persönlichkeit

In der ACT-Werkstatt, die in Kapitel 8 beschrieben wird, bitten wir die Teilnehmer, eine schriftliche Beschreibung, "Der kreativste Mensch, den Sie kennen", mitzubringen. Hier sind vier Reaktionen auf diese Übung, die lebhaft die unterschiedlichen Wahrnehmungen der Kreativität und Schreibstile jedes der vier Quadranten zeigen. Man beachte die Unterschiede nicht nur der verwendeten Worte, sondern auch der Stile und Formate.

Andere Kontraste im quadrantenspezifischen Verhalten zeigen sich auf dem Gebieten der Kleidung und des Umgangs mit Geld.

"Ordnung ist die Zurechnungsfähigkeit des Geistes, die Gesundheit des Körpers, der Friede der Stadt, die Sicherheit des Staates. Wie die Balken für ein Haus, die Knochen für den Körper verhält sich die Ordnung zu allen Dingen."

Southey

"Es gibt einige Unternehmungen, für die eine sorgfältige Unordnung die wahre Methode ist."

Herman Melville

"Ich muß eine erstaunliche Menge Geist haben; manchmal brauche ich eine Woche um mich zu entscheiden."

Mark Twain

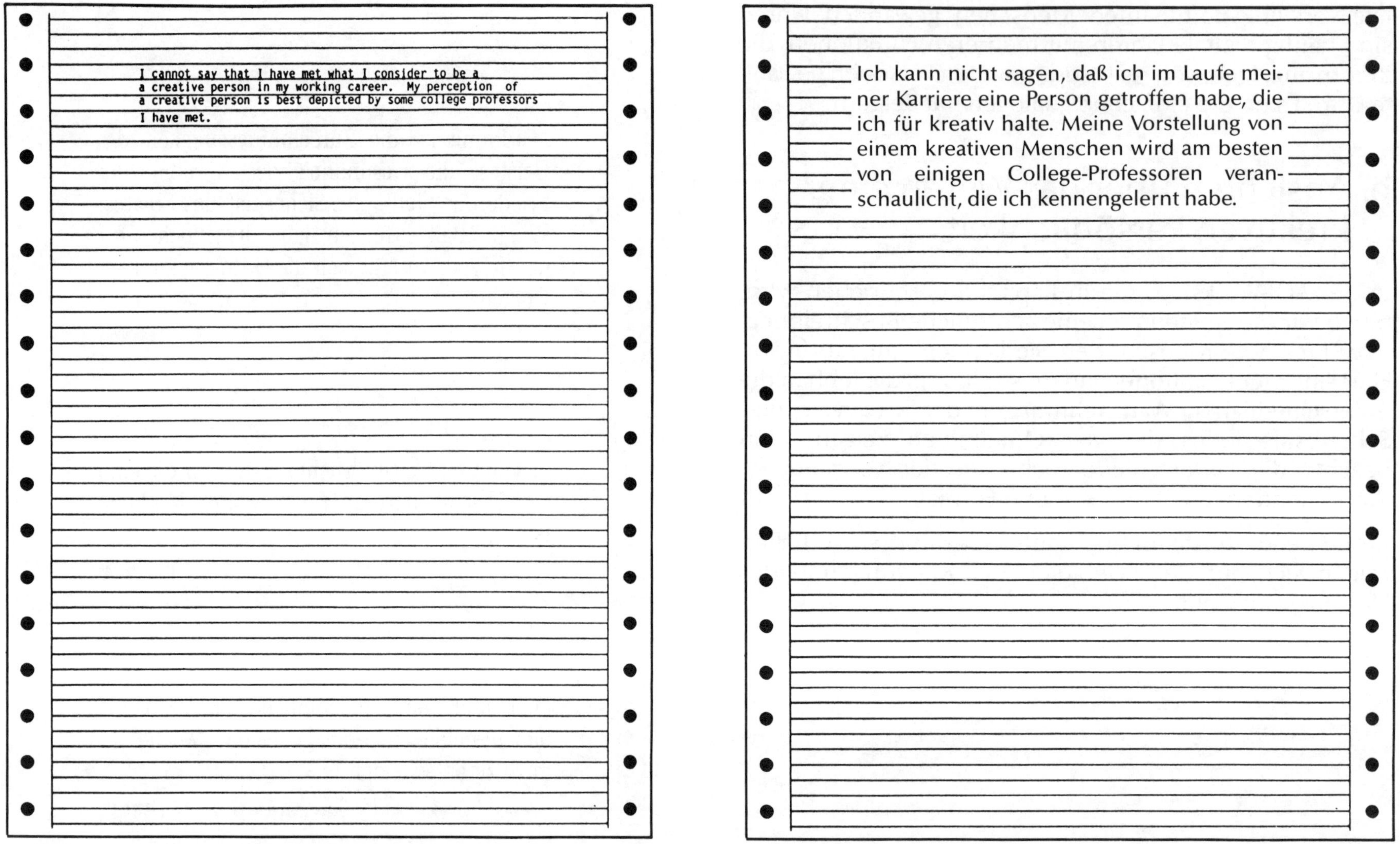

Abbildung 4-12. Ansicht des Quadranten A

MOST CREATIVE PERSON:

1.0 Who

The person I am describing is Sally Blank. I know her only as a casual friend; hence, I cannot relate to regarding all of the points outlined in exercise 1-B.

2.0 Points FROM EXERCISE 1-A

2.1 IMAGINATION

Sally's imagination is best exemplified by her quick and cunning wit. Likewise, it is apparent in her original recipe cooking and home decorations.

2.2 DRIVE AND LOGICAL THINKING

Sally was secretary to the owner and manager of a Lynchville cleaning franchise named "ServiceMaster." The franchise having never been successful, was offered for sale. She borrowed the money and bought the franchise. Under her management, the business has been successful for ten years.

3.0 PRODUCTIVITY

I believe that Sally's productivity is also explained in paragraph 2.2 above.

4.0 CREATIVENESS

Over the past ten years, she has hosted many parties. These parties are usually organized around a central theme or idea. At these parties, Sally always managed to "create" lots of interesting activities or games.

5.0 INTERACTIVE ATMOSPHERE

When having a general conversation with Sally, it becomes apparent that she is a very intelligent woman. She tries to involve each person in the discussion. In a typical conversation, her position is usually the most different from everyone else's.

Abbildung 4-13. Ansicht des Quadranten B

KREATIVSTE PERSON:

1.0 Wer

Die Person, die ich beschreibe ist Sally Blank. Sie ist nur eine Bekannte, daher kann ich mich nicht auf alle in Übung 1-B beschriebenen Punkte beziehen.

2.0 Punkte AUS ÜBUNG 1-A

2.1 PHANTASIE

Das beste Beispiel für Sally's Phantasie ist ihr schneller und kluger Verstand. Sie wird auch offensichtlich durch ihre originelle Küche und die Einrichtung ihres Hauses.

2.2 ANTRIEB UND LOGISCHES DENKEN

Sally war die Sekretärin des Besitzers und Managers einer Reinigungsfirma mit dem Namen "ServiceMaster" in Lynchville. Da die Firma nie Erfolg hatte, wurde sie zum Verkauf angeboten. Sie hat das Geld geborgt und die Konzession gekauft. Unter ihrer Leitung ist das Geschäft seit zehn Jahren erfolgreich.

3.0 PRODUKTIVITÄT

Ich glaube, Sally's Produktivität ist auch in Absatz 2.2 oben erläutert.

4.0 KREATIVITÄT

In den letzten zehn Jahren war sie Gastgeberin vieler Parties. Diese Parties sind gewöhnlich um ein zentrales Thema oder eine Idee organisiert. Bei diesen Parties hat Sally es immer geschafft, eine Menge interessanter Aktivitäten oder Spiele zu "kreieren".

5.0 INTERAKTIVE ATMOSPHÄRE

Wenn man ein allgemeines Gespräch mit Sally führt, wird offensichtlich, daß sie eine sehr intelligente Frau ist. Sie versucht, jeden Menschen an der Diskussion zu beteiligen. In einem typischen Gespräch ist ihre Position gewöhnlich ganz anders als die aller anderen.

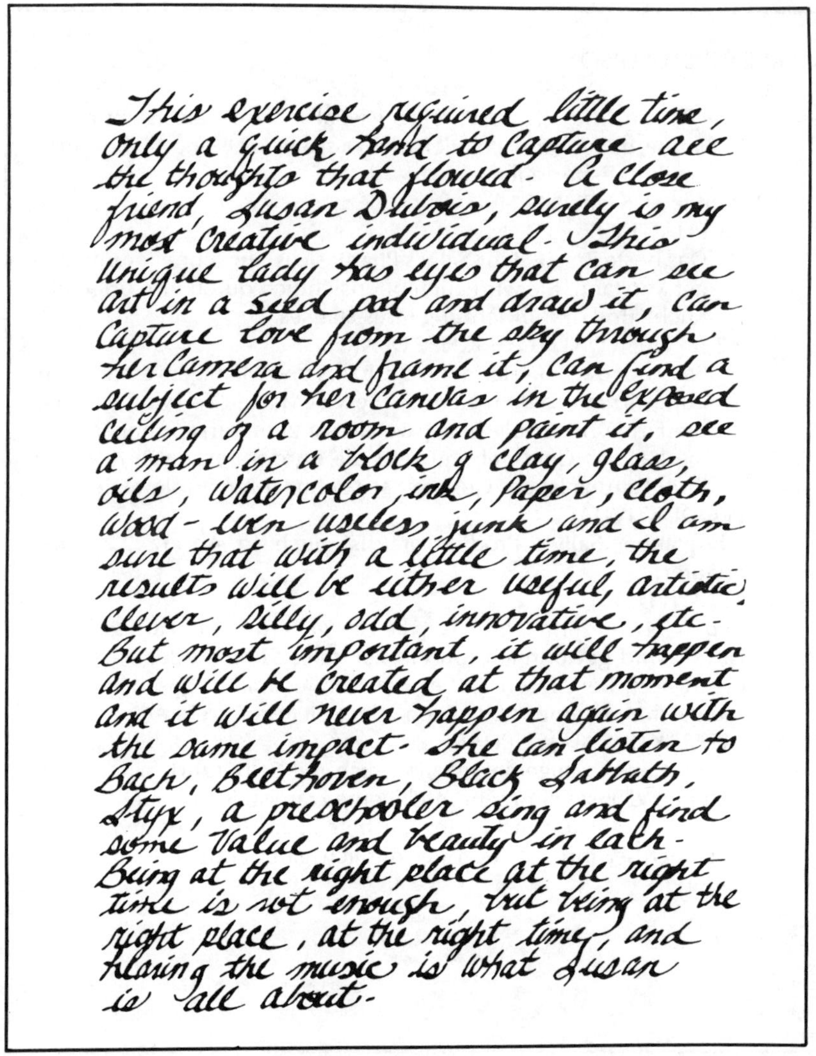
This exercise required little time, only a quick hand to capture all the thoughts that flowed. A close friend, Susan Dubois, surely is my most creative individual. This unique lady has eyes that can see art in a seed pod and draw it, can capture love from the sky through her camera and frame it, can find a subject for her canvas in the exposed ceiling of a room and paint it, see a man in a block of clay, glass, oils, watercolor, ink, paper, cloth, wood - even useless junk and I am sure that with a little time, the results will be either useful, artistic, clever, silly, odd, innovative, etc. But most important, it will happen and will be created at that moment and it will never happen again with the same impact. She can listen to Bach, Beethoven, Black Sabbath, Styx, a preschooler sing and find some value and beauty in each. Being at the right place at the right time is not enough, but being at the right place, at the right time, and having the music is what Susan is all about.

Abbildung 4-14. Ansicht des Quadranten C

Diese Übung brauchte nur wenig Zeit, nur eine schnelle Hand, und alle Gedanken einzufangen, die flossen. Eine enge Freundin, Susan Dulvis, ist mit Sicherheit meine kreativste Person. Diese einmalige Dame hat Augen, die in einer Samenschote Kunst sehen und zeichnen können, sie kann mit der Kamera Liebe vom Himmel einfangen und einrahmen, sie kann in der freiliegenden Decke eines Zimmers ein Thema für ihre Leinwand finden und es malen, einen Mann in einem Klumpen Ton sehen, Glas, Ölfarben, Wasserfarben, Tuch, Holz – sogar nutzlosem Schrott, und ich bin sicher, daß mit ein wenig Zeit das Ergebnis entweder nützlich, künstlerisch, klug, albern, merkwürdig, innovativ usw. sein wird. Sie kann Bach, Beethoven, Black Sabbath, dem Gesang eines Kindergartenkindes zuhören und in jedem einen Wert und Schönheit finden. Zur rechten Zeit am rechten Ort zu sein ist nicht genug, sondern am rechten Ort zur rechten Zeit zu sein und die Musik dazu zu haben – das ist Susan.

Precious musings register
Sensory inputs high noon,
Expanding wealth of experience,
With mind and body in tune.

Heart and mind working together,
In the midst of the marketplace roar;
Seeing and feeling relations,
Where none existed before.

Visualizing what she is thinking,
Believing in what she feels,
Happy examing pieces,
Before the bell finally peals.

Dresses as comfort demands,
With fixin's that take little time,
Smiling, straight-talk and humor,
Articulating ideas in rhyme.

Behaves as if hard work is fun,
Listens to what people say,
Knows that success is subjective,
But people are vital today.

Produces by standards she sets,
Keeping her eyes on the dress.
Remembers that life is for living,
And doing, not having's the cream.

Confident walking in darkness,
Before the sun's brilliant roar,
Playfully understanding
That life is a green metaphor.

Kostbare Träumereien registrieren
Sinneseindrücke am Mittag,
den Reichtum der Erfahrung erweiternd,
Geist und Körper im Einklang.

Herz und Verstand arbeiten zusammen,
mitten im Lärm des Marktplatzes;
Beziehungen sehen und fühlen,
wo vorher keine waren.

Sehen was sie denkt,
glauben was sie fühlt,
glücklich Stücke betrachten,
bevor die Glocke endlich läutet.

Kleidet sich wie das Behagen verlangt,
mit Make up, das wenig Zeit braucht,
lächelnd, offen reden und mit Humor,
Ideen gereimt zum Ausdruck bringend.

Benimmt sich als mache harte Arbeit Spaß,
hört den Menschen zu,
weiß, daß Erfolg subjektiv ist,
aber Menschen sind heute lebenswichtig.

Produziert nach ihren Normen,
die Augen auf dem Kleid haltend.
Weiß, das Leben ist zum Leben da,
und tun, nicht haben ist das Wahre.

Sicher in Dunkelheit gehend,
vor der Sonne grellem Glanz,
spielerisch verstehend,
daß Leben eine grüne Metapher ist.

Abbildung 4-15. Ansicht des Quadranten D

Abbildung 4-16. Kleidung des Quadranten A

Abbildung 4-17. Kleidung des Quadranten B

c. Kleidung

Eine A-dominante Person versucht, ein Gleichgewicht zwischen der richtigen Kleidung und dem geringsten möglichen Zeitaufwand für die Angelegenheit zu finden. Ob der Mensch sensibel für Farben ist oder nicht, er oder sie wird seine/ihre Wahl auf wenige Farben und Stile beschränken, was die Entscheidung erleichtert. In einer Situation, in der "korrekte" Kleidung unwichtig ist, trägt eine A-dominante Person jeden Tag die gleiche Kleidung.

Die B-dominante Person dagegen, obwohl sie ebenso oder noch mehr daran interessiert ist, für eine gegebene Situation angemessen gekleidet zu sein, scheut keine Mühe um sicherzugehen, daß jede Einzelheit stimmt. Normalerweise ist die Kleidung auf der konservativen Seite, in gedämpften Farben und von klassischem Schnitt; der Knoten der Krawatte sitzt genau in der Mitte; gestärkter Kragen; genaue, gerade Säume; und alles poliert und makellos.

Abbildung 4-18. Kleidung des Quadranten C

Abbildung 4-19. Kleidung des Quadranten D

Die Kleidung der C-dominanten Person ist vor allem bequem. Da sie kinästhetisch ist, möchte die C-dominante Person nichts, das eine physische Belastung verursachen und so vom Empfinden der Signale seines oder ihres eigenen Körpers ablenken würde. Die Farbe ist ebenso wichtig für den Quadranten C, da sie eine ausgeprägte emotionale Wirkung in sich trägt, die sowohl ihn selbst als auch andere beeinflußt.

Sensibilität für die Gefühle anderer kann den C-Quadranten dazu führen, sich dem herrschenden lokalen Stil anzupassen – besonders, wenn sich dort viele einflußreiche B-dominante Menschen befinden. Wenn die Persönlichkeit auch künstlerisch veranlagt ist, neigen Stil und Farbe der Kleidung zum dramatischen und ungewöhnlichen, besonders, wenn der Mensch auch eine starke Präferenz in D hat.

Der D-dominante Mensch, wie der Quadrant C, besteht darauf, sich wohlzufühlen, er ist aber hinsichtlich seiner Kleidung sehr individualistisch. Er bevorzugt sehr ungewöhnliche Schnitte und Stoffe mit einzigartigen Accessoires, interessante Farbkombinationen und einen experimentellen Stil. Wenn er mit anderen Dingen beschäftigt ist, werden D-dominante Menschen natürlich das Nächstliegende tragen, wenn sie sie aber herausputzen, können sie extravagant und schockierend sein.

d. Geld

Der A-dominante Mensch kann gut mit Geld umgehen. Er wird geleitet von einem Gefühl für das große Ganze und die Richtung, in die es geht: Oft mit wenig Geduld für Einzelheiten, versteht ein A-dominanter Mensch doch ihre Wichtigkeit. Er oder sie neigt dazu, was delegiert werden kann, abzugeben und den Rest zu systematisieren. Zum Beispiel bezahlt er seine Rechnungen einmal im Monat oder in einem anderen praktikablen Rhythmus, und prüft Konten in regelmäßigen Abständen auf Abweichungen von erwarteten Mustern.

Quadrant B schätzt das Geld, weiß, wo jeder Pfennig ist, war und sein wird – soweit man das wissen kann. Er oder sie zahlt Rechnungen pünktlich oder vorzeitig und zeichnet Transaktionen in Scheckbüchern genau und bis ins kleinste Detail auf und hat die Summen immer auf dem neuesten Stand. Oft mit einem sagenhaften Gedächtnis gesegnet – oder belastet - erinnert sich der B-Quadrant an Preise, vergleicht Preise in Geschäften und zieht aus jedem Kauf einen Wert.Oft unterhalten B-dominante Menschen ein Inventarverzeichnis mit Angaben der ursprünglichen Preise.

Der C-dominante Mensch, ohne Kompetenz in A oder B, ist beim Umgang mit Geld unstet und hat Schwierigkeiten. Oft impulsiv, häufig undiszipliniert und noch häufiger nicht ausgebildet, betrachten C-dominante Menschen Geld meisten nur als für das Wohlergehen der Menschen wichtig, an und für sich hat es keinen großen Wert. C-Quadranten bezahlen oft alle Rechnungen auf einmal, erst nachdem einige überfällig sind. Ihre Aufzeichnungen sind mangelhaft und sie haben Schwierigkeiten mit dem Schreiben von Rechnungen, besonders, wenn Kunden mit der Bezahlung langsam sind. Wenn C-dominante sich mit A- und B-dominanten Menschen zusammenschließen, streiten sie gewöhnlich über den richtigen Umgang mit Geld.

Der Quadrant D betrachtet Geld schlicht als Mittel zum Zweck und, abgesehen davon, daß er es einsetzt, wenn eine großartige Idee es verlangt, ist viel glücklicher, wenn er finanzielle Einzelheiten anderen überlassen kann. D-dominante Menschen neigen dazu, ihre Rechnungen zu bezahlen, wenn sie nicht zu bezahlen etwas Anderes verhindern würde, führen unregelmäßig Buch, wenn überhaupt, und neigen dazu, auf Ideen zu setzen, ohne große Berechnung des Risikos. Extreme Beispiele sind zum Beispiel Unternehmer, die mehrmals Geld machen und wieder verlieren, bevor sie jemand vor sich selbst rettet.

e. Berufliche Präferenzen

Berufliche Präferenzen sind eine andere Gruppe von Verhaltensmustern, die anhand des HDI-Profils durchweg verhersagbar sind. Diese Vorhersagbarkeit ist viele, viele Male an Individuen und in Gruppen getestet worden: Wir haben weit über tausend Menschen in Gruppen von 16 bis 20 über Zeiträume von bis zu einer Woche beobachtet. Darüber hinaus habe ich mehrere hundert geleitet, in denen das Publikum, nachdem die Grundlagen der Gehirntheorie vorgestellt waren, genau vorausgesagt hat, wie homogene Gruppen mit bestimmten einfach dominanten Profilen auf eine gewisse Art von Arbeit reagieren würden.

Für meine frühen habe ich eine Gruppe vom logischen, analytischen, rationalen, verbalen Ende des Hirndominanz-Spektrums gewählt und die zweite Gruppe vom entgegengesetzten intuitiven, ganzheitlichen, einsichtsvollen, phantasievollen Ende des Spektrums. Beide Gruppen erhielten dann von mir die gleiche Aufgabe. Folgendes ist ein echtes Beispiel einer solchen Präsentation, die als Teil einer Konferenz mit dem Titel "Brainstorming: Die Kunst der Ganzhirn-Ausbildung" durchgeführt wurde, die im Mai 1981 unter der Schirmherrschaft des Fachbereichs Pädagogik der Universität Syracuse stattfand.*

Die Präsentation wurde wie folgt durchgeführt. Ich habe die Namen von fünf Leuten in Gruppe 1 und Gruppe 2 auf einem Tageslichtprojektor angezeigt und sie nach vorn gerufen. Ich habe nicht zu erkennen gegeben, welche Gruppe welche Dominanz hatte. Ich habe beiden Gruppen die gleiche Aufgabe gegeben: "Welche Arbeit gefällt Ihnen? Was sind die gemeinsamen Merkmale der Arbeit? Kommen Sie zu einem Gruppenkonsens, machen Sie einen kurzen Bericht, seien Sie in 15 Minuten zurück." Die Gruppen wurden in identische Arbeitsräume geschickt, die jeweils einen Tisch und Stühle, ein klappbares Schaubild und Filzschreiber enthielten. Während der 15 Minuten vor ihrer Rückkehr habe ich aus den übrigen 150 Menschen im Saal ihre Vorhersage darüber gelockt, was jede

* Diese Präsentation wurde vor der Entwicklung des Vier- Quadranten-Modells durchgeführt.

"Übung und Hartnäckigkeit sind die notwendigen Zutaten der Kreativität."

Quelle unbekannt

"Herauszufinden, wozu man sich eignet und eine Gelegenheit zu finden, das zu tun ist der Schlüssel zum Glücklichsein."

John Dewey

Tabelle A
4 GRUPPEN (A, B, C, D) – 4 LEUTE IN JEDER GRUPPE

A OBEN LINKS Wir waren alle analytisch und logisch und in unserer Vorgehensweise peinlich genau. Wir mögen die Arbeit an schwierigen Problemen. Wir stimmen überein, daß wir aufgabenorientiert sind. Wir mögen es, Dinge abzuschließen und fühlen uns mit unseren Leistungen gut. Wir betrachten uns als "Zahlen"-Menschen. Keiner von uns hat emotional angekreuzt.	**D OBEN RECHTS** 7 von 8 Arbeitselementen paßten zueinander. Wir hatten viele Ähnlichkeiten und stimmten darin überein, daß Integration und Konzeptbildung unsere Lieblingsbeschäftigung sind. Gemeinsame Merkmale unserer Arbeit waren strategische Planung, Entwicklung, Design und Konzeptbildung zu schwierigen Problemen. Wir lieben das Neue und sind leicht gelangweilt, besonders von finanziellen Details und Verwaltungsaufgaben.
Planen und organisieren waren Schlüsselelemente. Wir wollten alle sehr organisiert sein. Unser gemeinsames Merkmal war eine Ergebnisorientiertheit - Einführung von Plänen, Durchführung von Projekten "machen Spaß". Wir denken alle, daß wir gute Verwalter sind und diese Art von Arbeit mögen. Drei von uns waren für die Qualität verantwortlich, aber allen ist es das wichtigste, daß die Arbeit richtig und rechtzeitig getan wird und Kostenvorgaben eingehalten werden. **B UNTEN LINKS**	Wir stimmten in fast allem überein, besonders, wenn es mit Menschen zu tun hatte – das war der gemeinsame Nenner. Ideen ausdrücken, lehren/ausbilden und Überreden gefällt uns. Keiner von uns hat Durchführung oder logisch angekreuzt. Wir stimmten darin überein, daß andere Leute uns für recht emotional halten und drei von uns würden spirituell in diese Beschreibung einschließen. **C UNTEN LINKS**

Tabelle B
4 GRUPPEN (A, B, C, D) – 4 LEUTE IN JEDER GRUPPE

A OBEN LINKS Wir halten uns für linksdominant. Wir fanden viele Gemeinsamkeiten. Wir lieben es, aus Chaos Ordnung zu machen. Wir sind analytisch und logisch. Wir lösen gern Probleme. Wir setzen gern unser Fachwissen ein und lösen Probleme auf analytische und logische Weise. Wir analysieren gern zuerst allen und vermitteln dann unser Argument auf der Grundlage dieser Analyse. Wir halten uns nicht für kreativ.	**D OBEN RECHTS** Wir glauben, wir sind rechtsdominant. Wir denken, wir sind uns bemerkenswert ähnlich. Obwohl wir alle einen anderen Hintergrund haben, waren wir uns über diese Arbeitselemente einig: Konzeptbildung, Ideen ausdrücken, erneuern und kreative Aspekte. Wir lieben neue Dinge und Ideen. Sich wiederholende Aufgaben langweilen uns. Einer von uns arbeitet im Bereich Finanzen, aber er sagt: "Es sind kreative Finanzen!"
Wir fühlen uns einander ähnlich. Wir mögen Verwaltungs-, Planungs- und Organisationsarbeit, die zu einem erfolgreichen Ergebnis führt. Wir mögen es, Dinge durchzuführen, die zu greifbaren Ergebnissen führen. Wir sind am Organisieren von Menschen interessiert. Wir sind an technischen Aspekten oder Erneuerung nicht interessiert. Durchführung ist das Schlüsselwort. **B UNTEN LINKS**	In unserer Gruppe gab es viele Ähnlichkeiten. Arbeitselemente, auf die wir uns alle einigten, waren: Ideen ausdrücken, lehren/ausbilden und zwischenmenschliche Aspekte. Wir erleichtern gern die Interaktion – Dinge mit anderen zu tun – von einer Person mit einer anderen. Wir sind für unterschiedliche Ansichten offen und wir sehen es gern, wenn eine Gruppe untereinander gut funktioniert. In der Arbeit, die uns Spaß macht, gibt es einen starken Bezug zu Menschen. Wir mögen es, uns auszudrücken und unsere Ideen zu verkaufen. **C UNTEN RECHTS**

Abbildung 4-20. Die Ergebnisse der vier Quadranten aus zwei öffentlichen Präsentationen

Gruppe berichten und wie sich jede Gruppe verhalten würde. Genau am Ende der 15 Minuten platzte die Gruppe 1, die linksdominante Gruppe, in einer Reihe in den Raum, wobei der vorn Gehende ein klappbares Schaubild trug. Sie sahen triumphierend aus, lächelten und waren offensichtlich zufrieden mit sich selbst. Ich fragte, ob sie einen Sprecher hätten und ob diese Person einen Bericht geben würde. Die Person mit dem klappbaren Schaubild gab dann folgenden Bericht:

Gruppe 1 (linksdominante Präsentation)

- Wir haben die Anleitung gelesen und uns sofort an die Aufgabe gemacht.
- Wir haben nicht getrödelt, wir haben uns nicht unterhalten.
- Nachdem wir unsere Listen gemacht hatten, mußten wir sie nach dem ordnen, was wichtig war.
- Wir müssen wissen, ob wir erreicht haben, was wir tun sollten.
- Das Wesentliche ist, daß unsere Arbeit vielseitig ist. Diese Punkte sind mit Sternchen und Pfeilen markiert.
- Wir ziehen es vor, das Ruder in der Hand zu haben.
- Wir haben ein starkes Bedürfnis nach Erfolg und Anerkennung.
- Wir bevorzugen einen strukturierten Ort.
- Wir brauchen Abgeschlossenheit.
- Wir sind zielorientiert.
- Wir lieben es, Resultate zu sehen.
- Wir sind immer damit beschäftigt, etwas konstruktives zu tun.
- Wir machen gern Listen.
- Wir lieben es, Dinge in unseren Listen abzuhaken.
- Wir lieben eine geordnete Umgebung.

Nach diesem Bericht bemerkte ein Mitglied der Gruppe, daß sie eigentlich nach 13 Minuten fertig waren, aber nicht zu früh zurückkommen wollten, also habe man die übrigen 2 Minuten damit verbracht, die Liste der wichtigen Merkmale auf ihrem klappbaren Schaubild in eine Rangfolge zu bringen.

Zu diesem Zeitpunkt war die Gruppe 2 noch nicht zurück und es wurde ein Bote losgeschickt, um sie zu holen. Als sie zurückkamen, war es etwa 20 Minuten, nachdem sie in den Arbeitsraum geschickt worden waren. Sie kamen einzeln herein und verschmolzen mit dem Publikum; und es brauchte sehr viel Ermutigung, bis ich sie vorn versammelt hatte. Es gab keine Schaubilder und offensichtlich keinen Sprecher. Nach einigem Bitten meinerseits hat einer von ihnen diesen Bericht gegeben:

Gruppe 2 (rechtsdominante Präsentation)

- Zunächst einmal waren wir alle durch das Wort "Arbeit" verwirrt.
- Wir konnten keine Entscheidung treffen.
- Einige haben Malen, Zeichnen, Gartenarbeit und Sport erwähnt.
- Wir lieben viel Platz.
- Die Aufgabe vom ganzheitlichen Standpunkt betrachten.
- Das Ende am Anfang sehen.

Nach diesem Bericht habe ich die Gruppe 1 (linksdominant) um einen Kommentar dazu gebeten, wie sie die Arbeit charakterisieren, die der Gruppe 2 (rechtsdominant) Spaß macht. Ihre Antwort war: "Es scheint rätselhaft." Die linksdominante Gruppe bemerkte dann freiwillig: "Wir möchten, daß Sie wissen, daß wir froh sind, so zu sein wie wir sind." Dann bat ich die linksdominante Gruppe, da die rechtsdominante Gruppe nicht früh genug zurück war, um den Bericht der anderen Gruppe zu hören, diesen zu rekapitulieren. Sie tat das mit diesen Schlüsselworten:

- Aufgabenorientiert
- Strukturiert
- Bedürfnis nach Abgeschlossenheit
- Erfolgreich
- Unter Kontrolle
- Organisiert

Ich habe dann die rechtsdominante Gruppe gebeten, die Arbeit zu charakterisieren, die der linksdominanten Gruppe "Spaß macht". Ihre Antwort war ein gleichzeitiges, einstimmiges "LANGWEILIG".

Das Entscheidende an all dem ist, daß Menschen, aufgrund ihrer Dominanz, unterschiedliche geistige Prozesse und unterschiedliche geistige Präferenzen haben, und daß das ihre Wahl der Arbeit und Tätigkeiten beeinflußt. In einer Zusammenfassung von über 50 ähnlichen Studien fühlten sich 75 Prozent der Teilnehmer in Gruppe 1 (Quadrant A) unwohl oder etwas verwirrt durch die Arbeit der Gruppe 2, während 90 Prozent der Teilnehmer in Gruppe 2 (Quadrant D) von der Arbeit der A-dominanten Gruppe gelangweilt waren und genau dieses Wort benutzten, um ihre Gefühle zu beschreiben.

Meine jüngsten 100 Präsentationen basierten alle auf dem Vier-Quadranten-Modell. Statt nur zwei Gruppen habe ich vier Gruppen von drei oder vier Leuten gewählt, wobei jede Gruppe eine ausschließliche Präferenz für einen der vier Quadranten A, B, C und D repräsentierte.

A Ingenieure Anwälte Finanzmanager	D Künstler Unternehmer Strategische Planer
Verwalter Buchhalter Betriebsplaner B	Sozialarbeiter Lehrer Krankenschwestern C

Abbildung 4-21. Berufliche Muster

Die Übung ist der für die Version mit zwei Gruppen ähnlich, aber aus logistischen Gründen arbeiten die Gruppen im Saal und werden nicht in abgelegene Arbeitsräume geschickt. Abbildung 4-20 zeigt die Ergebnisse zweier Vier-Quadranten-Präsentationen, die in 1986 durchgeführt wurden.

Ich glaube, daß diese Ergebnisse wichtige Folgen für die Art und Weise haben, wie wir die in unseren Unternehmen durchzuführenden Arbeiten strukturieren. Wir Manager neigen dazu, die geistigen Aspekte der Arbeit in den meisten Umgebungen zu ignorieren und zahlen folglich einen enormen Preis, sowohl hinsichtlich der Produktivität als auch, was menschlichen Schmerz angeht (das wird detaillierter in Kapitel 5 und 11 diskutiert).

f. Berufliche Muster

Da Menschen unterschiedlicher Dominanzen übereinstimmend auf Fragen über bevorzugte Arbeit antworten ist es nicht überraschend zu erfahren, daß gewisse Profile in einigen Berufen häufiger auftauchen als in anderen. Tatsächlich weisen die Muster auffallende Ähnlichkeiten auf.

Abbildung 4-21 zeigt einige Beispiele für die ausgeprägtesten Muster: Wie Sie sehen, neigen Ingenieure, Finanzmanager, Systemanalytiker und Anwälte dazu, Oben-Links-A zu bevorzugen. B wird von Verwaltern, Buchhaltern und Betriebsplanern bevorzugt. Der empathische Quadrant Unten-Rechts-C taucht in den Profilen von Sozialarbeitern, Lehrern und Krankenschwestern auf. Und Oben-Rechts-D ist schließlich ein durchgängiges Merkmal von Künstlern und Unternehmern. Mehrfachdominanzen zeigen sich in Berufen, die die Fähigkeit verlangen, entweder für die Tätigkeit oder zur Übersetzung auf mehr als eine Funktion zurückgreifen zu können. Zweifache Dominanzen finden sich zum Beispiel im Bereich Finanzen, Radiologie und Fertigung. Dreifachdominanzen treten in der Sozialarbeit, Pflege, Ausbildung und bei etwa der Hälfte aller Chefs auf. Und vierfache Dominanzen haben schließlich Chefs, Personalleiter, Politiker und Chefsekretärinnen.

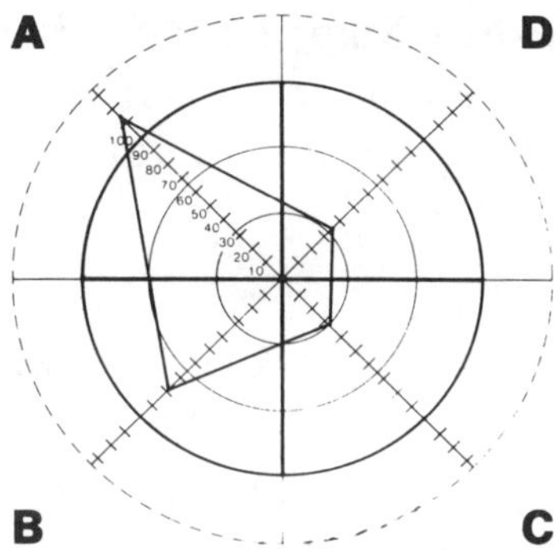

Abbildung 4-22. Radiologe

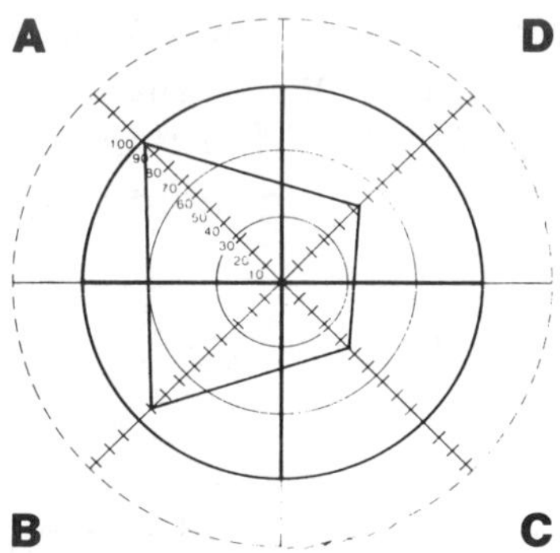

Abbildung 4-23. Technischer Leiter

g. Normprofile für ausgewählte Berufe

Gewisse Berufe ziehen Menschen mit bestimmten Hirndominanz-Profilen an. Wir bezeichnen das häufigste oder durchschnittliche Profil für einen bestimmten Beruf als Berufsnorm. Ich werde im Folgenden nur ein paar Muster der typischen Berufsprofile darstellen, die aus den vielen Berufen in unserer wachsenden Datenbank ausgewählt wurden. Andere Beispiele sind in Anhang C dargestellt.

Radiologe

Das Normprofil eines Radiologen zeigt eine starke Präferenz im Quadranten A und auch eine starke primäre Präferenz im Quadranten B. Dieses Profil ist auch durch tertiäre Präferenzen in C und D charakterisiert, wobei C typischerweise der am wenigsten bevorzugte ist.

Technischer Leiter

Ein gutes Beispiel für einen Beruf, der eine starke Präferenz im Quadranten A hat, ist der technische Leiter in einem mittleren bis kleinen technisch orientierten Unternehmen. Hier charakterisiert die starke Präferenz für A nicht nur die Ausbildung für die Arbeit, sondern auch die hauptsächliche Orientierung der Arbeitselemente in dem Beruf. Typische Beschreibungen sind unter anderem: logisch, analytisch, technisch und quantitativ. Die Berufsnorm kann, besonders hinsichtlich der Quadranten B und D, abhängig von der Orientierung der Arbeit erheblich schwanken. Wenn die Arbeit Fertigung und Produktion umfaßt, ist der Quadrant B gewöhnlich stärker. Wenn die Arbeit zu Design und Entwicklung tendiert, wird der Quadrant D stärker bevorzugt. Allerdings weisen alle den Quadranten C als am wenigsten bevorzugt aus.

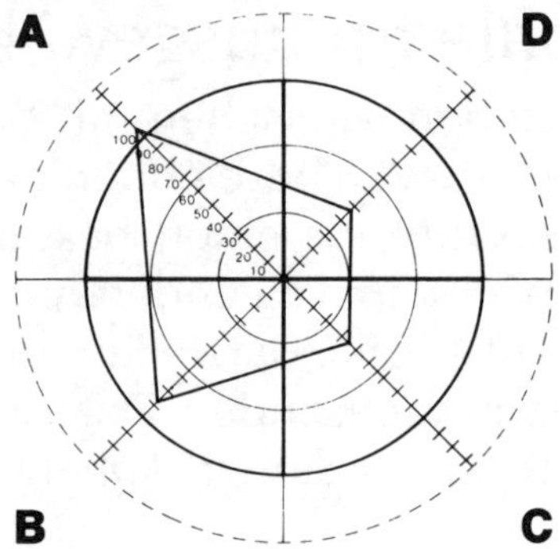

Abbildung 4-24. Finanzchef

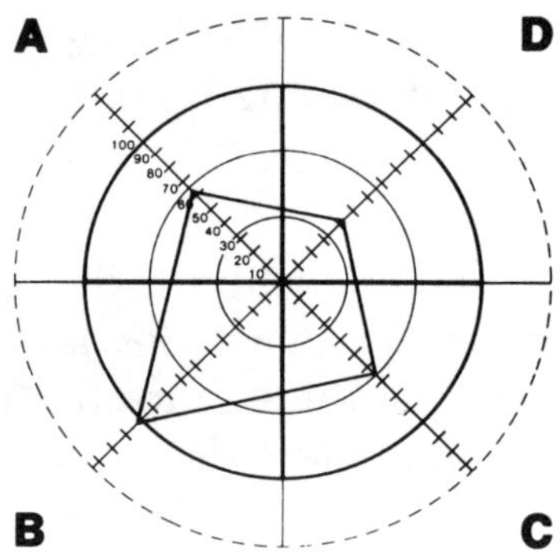

Abbildung 4-25. Verwalter

Leitender Angestellter für Finanzen

Dieses Profil repräsentiert Personen, die für finanzielle Angelegenheiten in Unternehmen, Institutionen, Behörden oder Organisationen verantwortlich sind. Ihr am stärksten bevorzugter Quadrant ist A, mit einer sehr starken zweiten primären Präferenz in B. Der Grad der Bevorzugung für den Quadranten D wird durch den Grad beeinflußt, in dem die Arbeit die eher globalen Aspekte der Finanzen beinhaltet. Je höher die Person in der Organisation steht, desto stärker ist typischerweise die Präferenz für den Quadranten D. In fast allen Fällen wird der Quadrant C am wenigsten bevorzugt.

Verwalter

Mit "Verwalter" bezeichnete Berufe treten in vielen Organisationen auf – Krankenhäusern, Unternehmen, Gemeindeverwaltungen, Ausbildungseinrichtungen. In diesem Beruf ragt der Quadrant B eindeutig als der am meisten bevorzugte heraus. Da sich die meisten Verwaltungsberufe auch mit Personal befassen, ist gewöhnlich auch im Quadranten C eine starke Präferenz vorhanden, aber sie ist typischerweise eine schwache primäre oder starke sekundäre Präferenz. Der am wenigsten bevorzugte Quadrant ist in diesem Beruf D, da phantasievolle, innovative Vorgehensweisen gewöhnlich nicht zur Rolle des Verwalters gehören.

Vorarbeiter

Das typische Profil für Vorarbeiter ist dem von Verwaltern recht ähnlich. Der am stärksten bevorzugte Quadrant ist B, mit dem Schwerpunkt auf den geplanten, organisierten

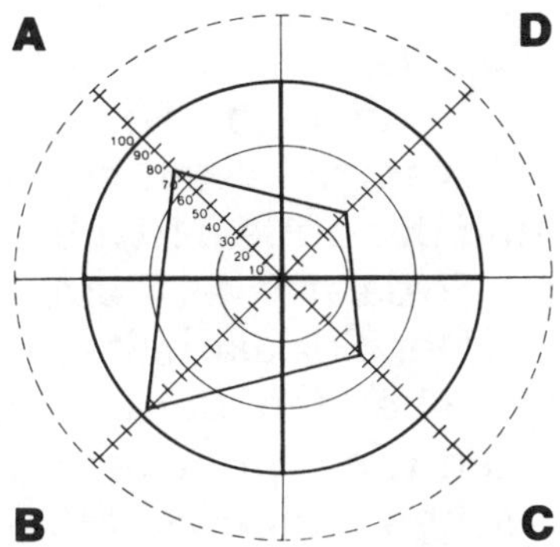

Abbildung 4-26. Vorarbeiter

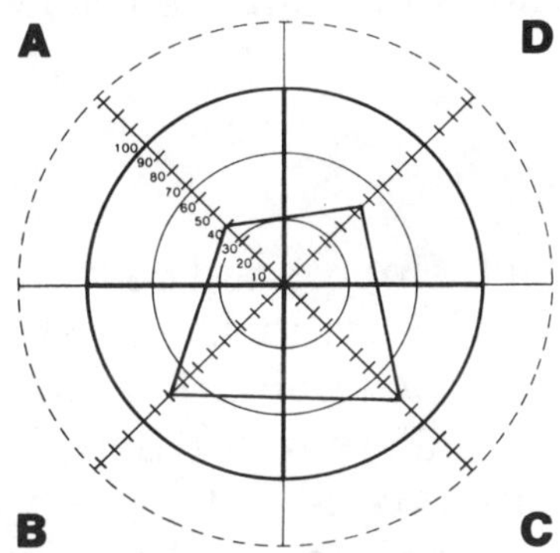

Abbildung 4-27. Sekretärin

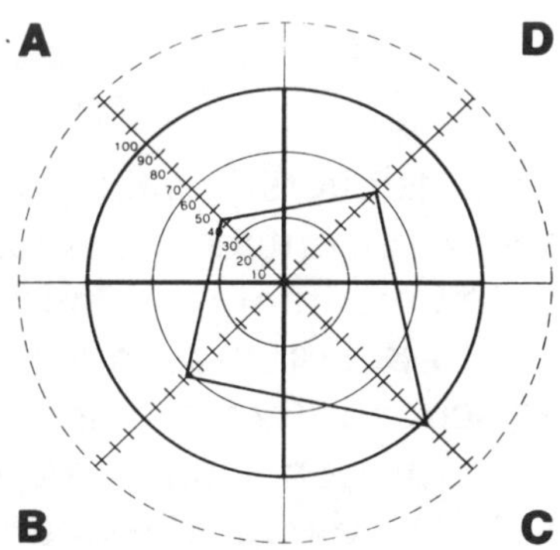

Abbildung 4-28. Hausfrau

und Verfahrensseiten der durchzuführenden Aufgaben und den Regeln, Verfahren und Disziplinen im Zusammenhang mit der Produktionsarbeit. Der zweite stark bevorzugte Quadrant ist A, mit einem Schwerpunkt auf den logischen, analytischen und quantitativen Verarbeitungsmodi. Der nächste bevorzugte Quadrant ist C, was die zwischenmenschliche Seite reflektiert, die die Rolle eines Vorarbeiters im Umgang mit Menschen beinhaltet. Der am wenigsten bevorzugte Quadrant ist D. Beim größten Teil der Arbeit eines Vorarbeiters würde der Quadrant D nicht dazu führen, daß die Arbeit in Übereinstimmung mit den eingeführten Vorgehensweisen durchgeführt wird.

Sekretärin

Das typische Profil einer Sekretärin ist in den limbischen Funktionen zweifach dominant, mit gleich starken Präferenzen in den Quadranten B und C. Diese Präferenzen stimmen mit der Natur der Arbeit überein, die geplante, organisierte, Ver-waltungstätigkeiten und zwischenmenschlich orientierte Aktivitäten erfordert. Fast immer ist der bei diesem Beruf am wenigsten bevorzugte Quadrant A.

Hausfrau

Die Berufsnorm für die Hausfrau ist zwei- oder dreifach dominant mit dem Schwerpunkt auf den Funktionen von B, C und D. Typischerweise ist der bei Hausfrauen am wenigsten bevorzugte Quadrant A, der am stärksten bevorzugte C. Die zweite Präferenz ist B und der dritte bevorzugte Quadrant ist D.

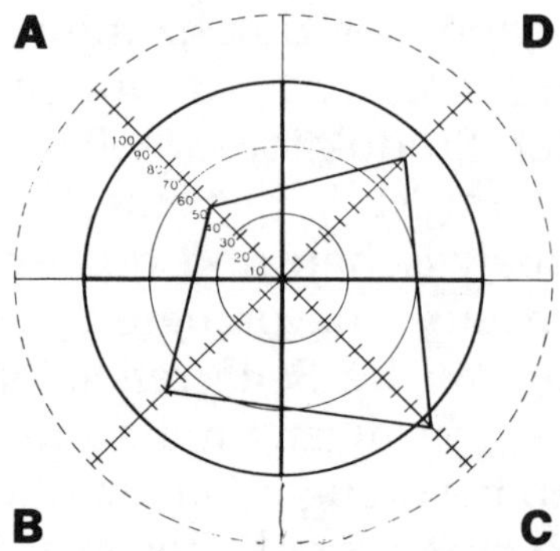

Abbildung 4-29. Sozialarbeiter

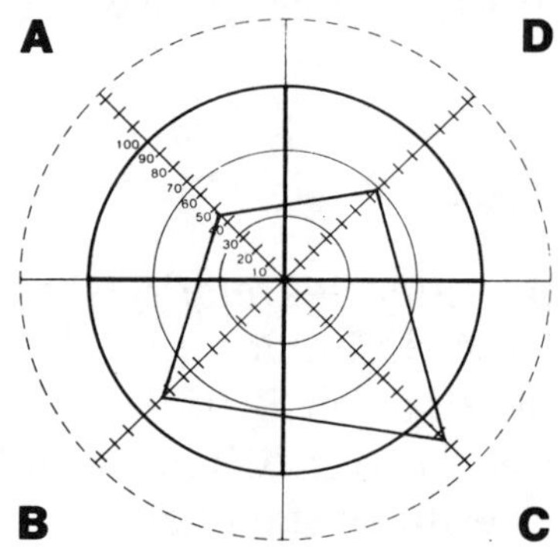

Abbildung 4-30. Krankenschwester

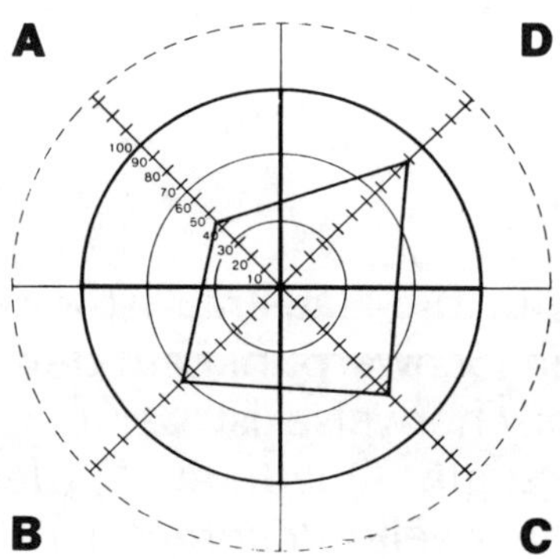

Abbildung 4-31. Verkaufsleiter

Sozialarbeiter

Im allgemeinen sind Profile von Sozialarbeitern dreifach dominant, wobei der am stärksten bevorzugte Quadrant C, der nächste D und der dritte B ist, ebenfalls primär. Fast immer ist der von Sozialarbeitern am wenigsten bevorzugte Quadrant A. Der Sozialarbeiter, dessen Beruf die Verkörperung der helfenden Berufe ist, hat typischerweise im Quadranten C ein primäres Ergebnis von mehr als 100. Der überraschend hohe Wert für den Quadranten B im Beruf des Sozialarbeiters reflektiert die hohe Zahl von Fällen und die administrativen Seiten der Rolle des Sozialarbeiters.

Krankenschwester

Das typische Profil einer Krankenschwester weist den Quadranten C als den am meisten bevorzugen aus, mit relativ gleichen, schwächeren primären Präferenzen in B und D. Die starke Präferenz für den Quadranten C im Beruf der Krankenschwester ist typisch für die "helfenden" Berufe. Oberschwestern haben den Quadranten B als den am stärksten bevorzugten, gefolgt von C, D und A.

Verkaufsleiter

Das Profil des Verkaufsleiters besitzt drei primäre Präferenzen, von denen zwei entgegengesetzt sind. Der am stärksten bevorzugte Quadrant ist D, mit einer schwächer primären Präferenz in B. D repräsentiert die nach außen gerichteten . trategischen Interessen am Abschluß, wohingegen die Präferenz für den Quadranten B die Struktur und Disziplin reflektiert, die für die betriebliche Planung und Folgeleistungen nach der Verkaufstätigkeit erforderlich sind. Die starke primäre Präferenz in C spiegelt die zwischenmenschlichen, expressiven Seiten des Verkäuferberufes wider.

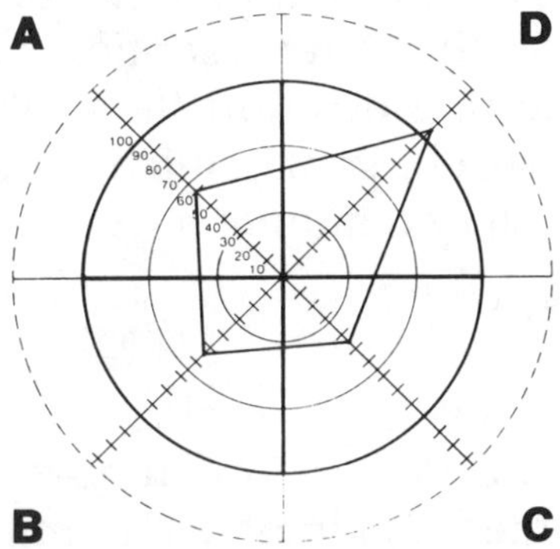

Abbildung 4-32. Strategischer Planer

Strategischer Planer

Dieses Profil zeigt eine starke Präferenz für den Quadranten D, eine wesentlich niedrigere primäre in A und eine starke sekundäre Präferenz in B. In diesem Beruf ist der Quadrant C häufig der am wenigsten bevorzugte. Dieses Profil ist durch eine sehr starke Bevorzugung des Quadranten D charakterisiert, da strategisches Denken auf globalem Verständnis und intuitiver und einsichtsvoller Verarbeitung relevanter Fakten beruht. Oft zeigt es eine primäre oder starke sekundäre Präferenz in A, wo die logische und analytische Verarbeitung von Fakten stattfindet. Das Profil des strategischen Planers steht in einem scharfen Gegensatz zu dem des eher betrieblichen Planers, der durch Verwalter und Manager auf der mittleren Ebene charakterisiert ist.

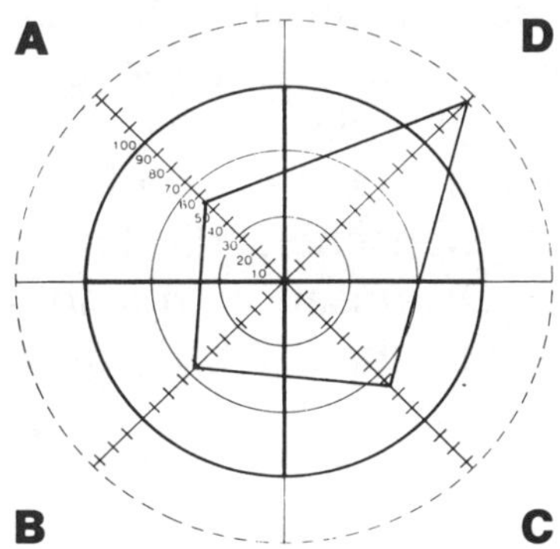

Abbildung 4-33. Unternehmer

Unternehmer

Das unternehmerische Profil zeigt eine sehr starke Präferenz für den Quadranten D, mit mäßigen bis starken sekundären Präferenzen in den anderen drei Quadranten. Das Profil des Unternehmers ist auf Risiko und Chancen orientiert. Wichtige Beschreibungen sind ganzheitliche, intuitive, parallele Verarbeitung. Die starken sekundären (oder schwachen primären) Präferenzen in den Quadranten A, B und C weisen auf, wenn nötig, situationsgerecht eingesetzte Kompetenzen in bestimmten Arbeitsbereichen wie Finanzen, Planung und zwischenmenschlichen Beziehungen hin.

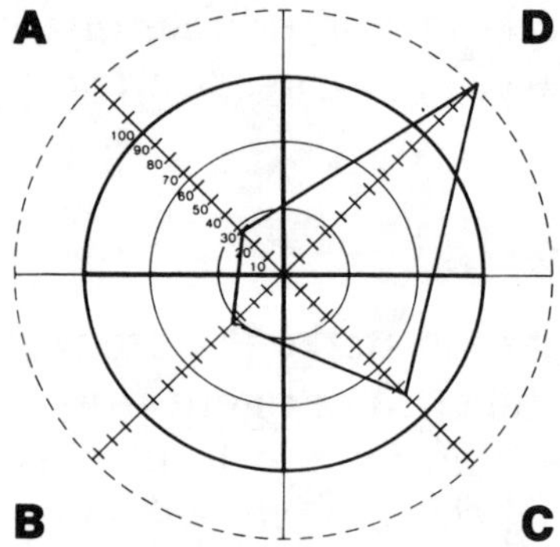

Abbildung 4-34. Künstler

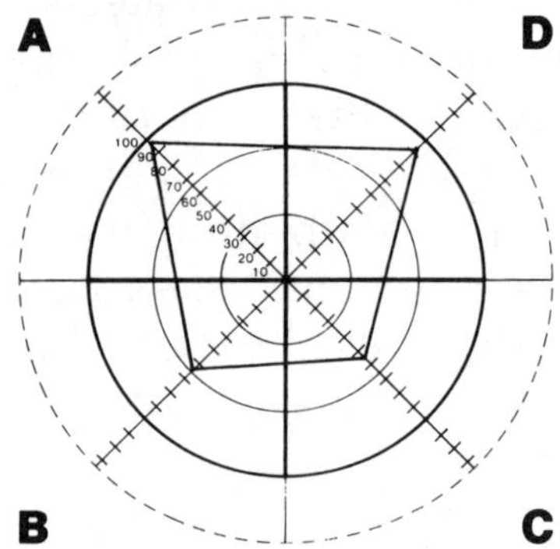

Abbildung 4-35. Physiker

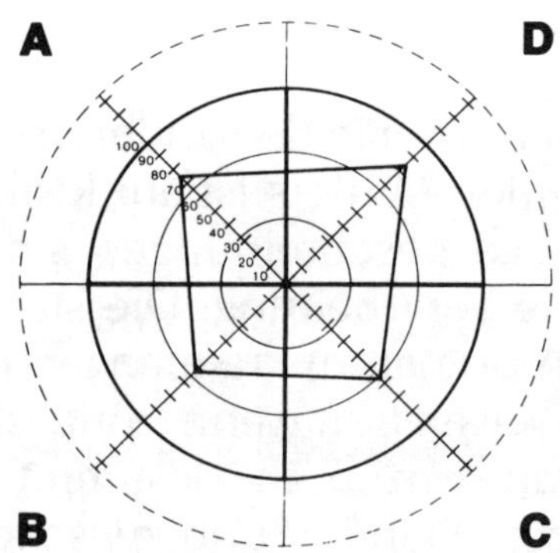

Abbildung 4-36. Chef

Künstler

Das Profil des Künstlers zeigt eine extrem starke Präferenz für den Quadranten D, eine schwach primäre in C, eine schwach sekundäre in B und eine tertiäre in A. Die extreme Präferenz für D repräsentiert die Richtung der geistigen Orientierung des Künstlers. Wichtige Beschreibungen sind artistisch, ganzheitlich, intuitiv, konzeptbildend, phantasievoll und räumlich.

Physiker

Das Profil des Physikers in zerebral zweifach dominant, mit gleich starken primären Präferenzen in A und D. Der danach bevorzugte Quadrant ist B mit einer mäßigen sekundären Präferenz. Der am wenigsten bevorzugte Quadrant ist C mit einer schwachen sekundären Präferenz. Der Physiker steht in scharfem Gegensatz zum Chemiker, der das vielleicht am stärksten nach oben links orientierte Berufsprofil aller technisch orientierten Berufe hat.

Chef

Das Profil des Chefs ist durch eine Ausgewogenheit von mindestens drei der vier Funktionsbereiche charakterisiert. Das Normprofil zeigt etwas höhere Ergebnisse in den Quadranten A und D. Diese Multidominanz charakterisiert tendenziell Menschen, die Führer mannigfaltiger, multifunktionaler Organisationen sind, die zum Beispiel aus den Berufen aufgebaut ist, die in diesem Abschnitt aufgeführt sind.

4.3 Nation, Tribalität und Territorium

Eine weitere wichtige Erkenntnis ist, daß Menschen mit ähnlichen Profilen dazu neigen, Gemeinschaften oder, man könnte sagen, Tribalitäten zu bilden, und zwar sowohl in ihrem beruflichen Leben, als auch im sozialen Umfeld. Das Wort Stamm ist passend, denn es impliziert, daß die Mitglieder nicht nur geistige Präferenzen, sondern auch Erfahrungen und Wahrnehmungen der sie umgebenden Welt teilen und über eine gemeinsame Sprache verfügen, um sie zu beschreiben, und häufig viel Zeit zusammen verbringen.

Wenn Menschen mit ähnlichen Profilen in der gleichen Firma arbeiten, neigen sie dazu, zusammen zu essen, gemeinsam Sport zu treiben und ihre Freizeit zu verbringen und allgemein in ihren tribalen Beziehungen Unterstützung und Trost zu finden. Einige berufliche Stämme (wie zum Beispiel Buchprüfer, Anwälte, Psychologen und Ärzte) besitzen den zusätzlichen Zusammenhalt der Fachsprache und Ähnlichkeiten der Ausbildung, die den Tribalismus stärken.

Manchmal brauchen Menschen mit ähnlichen Profilen nur Minuten, um einander zu finden, wie das folgende Beispiel zeigt. Wenn ich ein Seminar zu halten habe, zeichne ich routinemäßig die Profile in Voraus und mache die entsprechende Sitzordnung für die Teilnehmer. Ein Seminar dieser Art (für eine Gruppe Angestellter in der Öffentlichkeitsarbeit) beinhaltet zu Beginn ein geselliges Beisammensein. Bei dieser Gelegenheit konnte ich beobachten, wie diese 30 Menschen sich spontan in kleinere Gesprächs-Stämme aufteilten. Und natürlich waren diejenigen, die sich im Laufe des geselligen Beisammenseins natürlicherweise zueinander hingezogen fühlten, zum größten Teil die gleichen Personen, die sich während des Seminars in der formellen Sitzordnung zusammen fanden. Man kann dieses gleiche Gruppierungsmuster in einem viel größeren Maßstab bei Konferenzen von Standesvertretungen beobachten.

Mitglieder des gleichen Stammes tendieren zur gleichen Kleidung, tragen ihr Haar ähnlich und wählen ähnliche Veranstaltungen. Wenn man zum Beispiel an den getrennten Konferenzen der American Psychological Association (Amerikanische Gesellschaft für Psychologie) beziehungsweise der Association for Humanistic Psychology (Gesellschaft für humanistische Psychologie) teilnähme, würde man zwei deutlich unterschiedliche Stämme sehen. Da sie sich beide mit der menschlichen Psyche befassen, sind sie eigentlich zwei Stämme innerhalb einer Gemeinschaft, die aufgrund ihrer unterschiedlichen Spezialisierung und der geistigen Präferenzen getrennt sind.

Die beiden Stämme unterscheiden sich wesentlich im Bezug auf Programminhalt, Sitzungsplan, Kleidung und dergleichen. Die American Psychological Association zum Beispiel betont technische Arbeiten in Form von Vorlesungen und das Publikum trägt gewöhnlich Anzüge, Krawatten und Kleider. Im Gegensatz dazu hat die Association of Humanistic Psychology eine lockerere Tagesordnung mit zahlreichen informellen und erfahrungsorientierten Sitzungen. Einige von diesen finden auf dem Rasen statt, wobei die Menschen in Blue Jeans und T-Shirts gekleidet sind. Einige tragen sogar lockere, fließende Frisuren und Sandalen. Keiner der Wege ist besser, sie sind nur unterschiedlich und an verschiedene geistige Präferenzen angepaßt.

In der ganzen Geschichte haben Stämme, nachdem sie einmal gebildet waren, ihr Territorium begrenzt und Waffen erfunden um andere davon abzuhalten, in es einzudringen. Auf Hirndominanzen beruhende Stämme tun das gleiche und schützen sich auf unterschiedliche Weise vor Außenseitern: indem Zeugnisse eine Voraussetzung für die Mitgliedschaft sind, durch Kommunikation durch Mitteilungsblätter und Konferenzen (die nur einem begrenzten Publikum zugänglich sind), durch politische Einflußnahme für eine Sonderbehandlung nach dem Gesetz, oder indem Außenseiter durch Humor herabgesetzt werden. So ist bekannt, daß Ärzte dem Gedanken, daß Krankenschwestern in ihre Domäne der medizinischen Versorgung eindringen, Widerstand entgegensetzen, Anwälte errichten Zäune, die Rechtsbeistände auf Distanz halten sollen, vereidigte Wirtschaftsprüfer vermarkten dieses stammesbezogene Zeugnis.

Der Prozeß der Errichtung von Mauern gegen Außenseiter stärkt die Stammesbindungen sowohl in Insider- wie auch in Außenseiter-Gruppen. Es ist ein klassisches Phänomen, das von politischen Regimes verstanden und benutzt wird: Man schaffe einen äußeren Feind und die Menschen werden sich zu Angriff und Verteidigung zusammenschließen.

Wenn sich Stämme aus Gründen bilden, die keine Beziehung zu geistigen Ähnlichkeiten haben, bilden sich oft Unter-Stämme, die die Lücke füllen. Das gilt innerhalb des Medizinerberufes, der ein Beispiel dafür ist, wie stark sich Menschen innerhalb eines einzigen beruflichen Kontinuums unterscheiden können. Diese Variationen reichen von Pathologen und Radiologen, die beide zu 1-1-2-2-Profilen neigen, bis zu Kinderärzten und Psychologen, die zu 2-2-1-1-Profilen neigen. Zwischen diesen Extremen finden sich die Disziplinen Chirurgie, innere Medizin, Gynäkologie und Arzt für Allgemeinmedizin, die zum größten Teil logische, analytische, quantitative, faktenorientierte und rationale Arten des Wissens bevorzugen. Die Profile der bevorzugten Arten des Wissens von Ärzten übersetzen sich in sichtbare Verhaltensweisen. Pathologen neigen zur Selbstbeobachtung, arbeiten oft allein in Labors im Keller, stehen über dem Kontakt mit Patienten, führen ihre Aufgaben mit peinlich genauer Konzentration auf Einzelheiten und Technik aus und kommen mit wissenschaftlichem Abstand zu ihren Bewertungen. Kinderärzte sind im Gegensatz dazu im allgemeinen flexibel, extrovertiert, liebevoll und bereit, mit Kindern zu spielen. Sie dekorieren ihre Sprechzimmer hell und haben einen besonderen Platz für Kinder und Mütter, wo es Spielzeug und andere Ablenkungen gibt. Sie beziehen sich stark auf ihre Patienten und die Eltern ihrer Patienten. Sie neigen zu offener Kommunikation.

Die Ausgabe von 10. Juli 1987 (Band 258) des Journal of the American Medical Association führt 280 Organisationen mit medizinischen Interessen auf. Als Beispiel dieser zahlreichen Unter-Disziplinen oder Unter-Stämme habe ich willkürlich 30 separate medizinische Gruppen ausgewählt, die sich unterschiedlich genug für die Bildung ihrer eigenen Organisationen fühlen:

American Academy of Psychosomatic Medicine
american Ambulatory Pediatric Association
American Academy of Allergy and Immunology
American Academy of Child Psychology
American Academy of Cosmetic Surgery
American Academy of Dermatology
American Academy of Family Physicians
American Academy of Neurology

American Academy of Ophtamology
American Academy of Orthppaedic Surgeons
American Academy of Otolaryngic Allergy
American Academy of Pediatrics
American Academy of Psychiatry & the Law
American Academy of Psychoanalysis
American Academy of Thermology
American Association of Pathologists
American Broncho-Esophagological Association
American College of Allergists
American College of Cardiologists
American College of Cryosurgery
American College of Gastroenterology
American College of Obstetricians & Gynecologists
American College of Radiology
American Dermatological Association
American Geriatrics Society
American Lung Association
American Otological Society
American Opthalmological Association
American Pediatrics Society
American Psychiatric Association
American Psycho-Analytic Association
American Osychosomatic Association
American Society of Anesthesiologists
American Society of Hematology
American Society of Internal Medicine
American Thoracic Society
American Thyroid Association
American Urological Association
American Society of Toxicology*

* Die deutschen Verhältnisse in der Medizinorganisation sind auf einem anderen gesellschaftlichen Hintergrund zu anderen Strukturen geformt und haben daher eine andere Erscheinungsform, CPL

Man beachte, daß diese Unter-Stämme nur einige wenige ausgewählte Organisationen sind und nur einen Bruchteil der Gesamtzahl im medizinischen Berufsfeld vorhandenen repräsentiert. Es scheinen starke professionelle und soziale Bedürfnisse dafür vorhanden zu sein, daß sich diese Gruppen bilden und regelmäßig treffen.

Unter-Stämme haben sich auch innerhalb des Lehrerberufes, der Gewerkschaften und anderen Zusammenschlüssen von Menschen gebildet, deren Zusammenkommen auf sozialen und wirtschaftlichen Themen basierte statt auf Ähnlichkeiten der geistigen Präferenzen.

Wenn die Unter-Stämme innerhalb eines Stammes groß genug werden, kann es sein, daß sie ihre Bedürfnisse als ausreichend anders von denen der anderen Unter-Stämme empfinden, um die Bildung einer eigenen Organisation zu rechtfertigen – auf freundschaftliche oder andere Weise. Freundschaftliche Trennungen sind nichts Neues. Als zum Beispiel die Reparenting School of Transactional Analysis aus der Mitgliedschaft der International Transactional Analysis Association geboren wurde behielten die meisten Mitglieder der neuen Vereinigung sogar ihre Mitgliedschaft in dem größeren Zusammenschluß. Andere Beispiele von Abspaltungen sind allerdings nicht annähernd so angenehm verlaufen.

Die meisten von uns sind allerdings Zeugen von Auseinandersetzungen zwischen Stämmen, von Unter-Stämmen ganz zu schweigen. Dieses Szenario findet man am häufigsten am Arbeitsplatz, wo es Jahr für Jahr buchstäblich hunderte von Beispielen für chronische heiße oder kalte Kriege gibt. Finanzen, Verkauf, Technik, Fertigung, Personal- und Rechtsabteilungen sind auf der Hand liegende

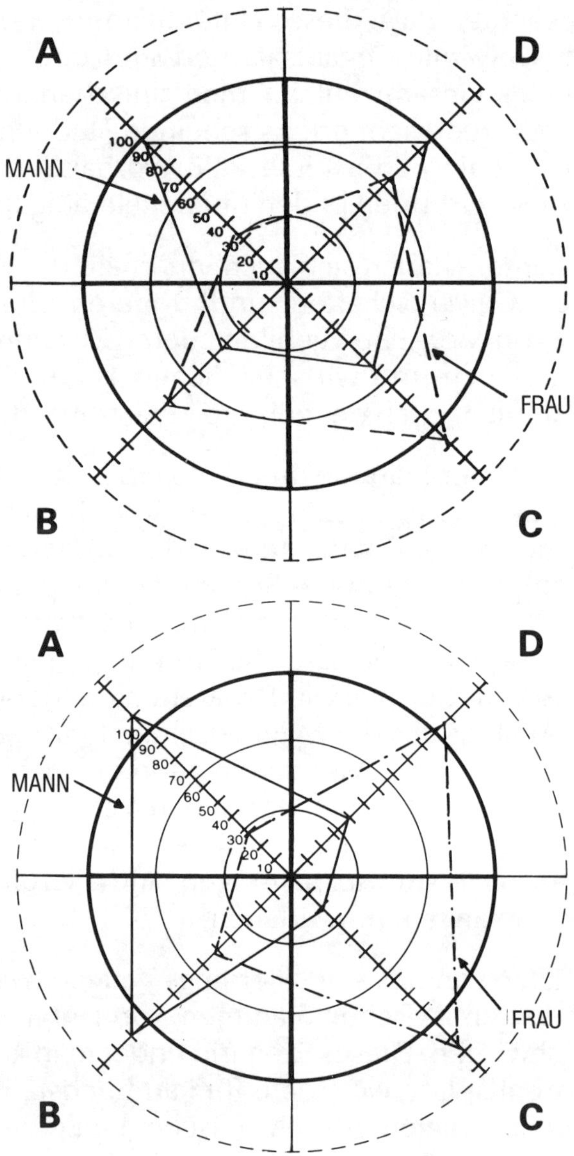

Abbildung 4-37. Profil von Ehepaaren

Beispiele für funktionelle Stämme, die sich mit solchen Aktivitäten befassen. Darüber hinaus gibt es die "Hauptquartier"-Stämme, die "Betriebs"- Stämme, die "Region", den "Stab", die "Erbsenzähler" und die merkwürdigen Leute in den "Skunkworks". In Schulbezirken sind es die Lehrer gegen die Verwaltung. Auf dem Gebiet der Werbung sind es die "kreativen" gegen die "Verwaltungs"-Stämme.

Nicht alle Beispiele für dramatische Auseinandersetzungen finden wir in Unternehmen. Tatsächlich treffen wir auf die schmerzhaftesten Konflikte, wenn wir durch unsere eigene Haustür treten.

4.4 Muster in Ehe und Familie

Die Daten weisen auf zwei bedeutende Ergebnisse hin, wobei das erste mit Paarungsmustern, das zweite mit Tribalismus in der Familie zu tun hat.

a. Paarungsmuster

Unser Wissen über Profile und Tribalismus vorausgesetzt sollte man meinen, daß wir uns zu denjenigen mit ähnlichen geistigen Präferenzen hingezogen fühlen, wenn wir einen Partner suchen. Keineswegs.

Studien von über 500 Ehepaaren zeigen eindeutig, daß sich Gegensätze anziehen. (Ihre Großmutter hätte Ihnen das sagen können, nicht wahr?) In über 75 Prozent der Fälle unterscheiden sich die Profile von Mann und Frau erheblich. In der Mehrzahl der Fälle hat der Mann ein links orientiertes Profil und die Frau ein rechts orientiertes. In den Fällen allerdings, in denen der Mann das rechts orientierte Profil hatte, war die Frau unweigerlich links orientiert. Ebenso war der Mann in der Mehrheit der Fälle zerebral und die Frau limbisch orientiert, die Männer eher konzeptbildend, die Frauen in ihren Denkprozessen mehr instinktiv. In weniger als 20 Prozent der von mir überprüften Ehen waren die Profile so ähnlich, daß am sie homogen nennen kann.

Im Gegensatz zu den normalen, heterogenen Mustern bei Ehepaaren weisen sich herausschälende Daten darauf hin, daß unverheiratete, zusammen lebende Paare ähnliche Profile haben, womit sie sehr kompatibel sind. Was bedeutet das? Wir wissen es noch nicht, also ist eine Verallgemeinerung gefährlich, es ist aber wahrscheinlich sicher zu sagen, daß es mit Bindung und der Suche nach Ganzheit zu tun hat. Männliche und weibliche "Gegensätze" suchen durch die Ehe unbewußt persönliche Ganzheit, was ihnen eine enorme Motivation und Kraft gibt, so daß es langfristig funktioniert. Sind sich zusammenlebende Menschen stärker bewußt, daß Ganzheit eine innere Angelegenheit ist? Macht die Fähigkeit, beste Freunde zu sein, das Bedürfnis nach einer Bindung durch den Ehevertrag leicht überflüssig, damit die Beziehung lebensfähig bleibt? Oder geben sie sich mit weniger zufrieden? Wir wissen es wirklich nicht, aber ich warte gespannt auf die Ergebnisse weiterer Untersuchungen zu dem Thema.

Wenn Ehepaare Schwierigkeiten haben, so geben sich die Spannungen recht oft, wenn sie ihre jeweiligen HDI-Profile sehen und ihre Unterschiede im Sinne unterschiedlicher, bevorzugter Arten des Wissens verstehen.

"Das Leben ist wie die Musik – sie muß mit dem Ohr, Gefühl und Instinkt komponiert werden, nicht nach Regeln. Trotzdem sollte man besser die Regeln kennen, denn in Zweifelsfällen können sie manchmal Führer sein, aber nicht oft."

Samuel Butler

"Erwachsene lieben Zahlen. Wenn man ihnen erzählt, daß man einen neuen Freund hat, stellen sie nie Fragen über wichtige Dinge. Sie sagen niemals: 'Wie klingt seine Stimme? Welche Spiele mag er am meisten? Sammelt er Schmetterlinge?'"

St. Exupery
Der kleine Prinz

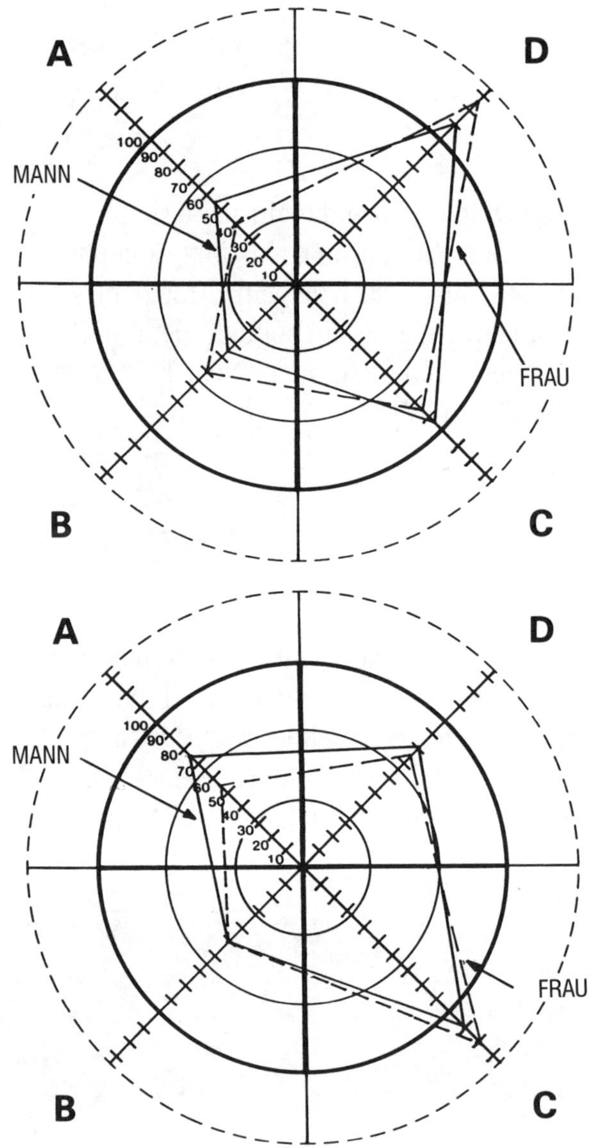

Abbildung 4-38. Profile von zusammen lebenden Paaren

Jeder erkennt plötzlich, daß die andere Person wirklich anders ist, daß sein oder ihr Verhalten keine absichtliche Masche, sonder die echte Folge einer anderen geistigen Präferenz ist. Eine typische Reaktion, wenn sie sehen, daß ihre Profile auffällig unterschiedlich sind, ist: "Oh. Du bist anders, aber ich hatte keine Ahnung wie anders! Ich dachte, Du machst das mit Absicht, um mich auf die Palme zu bringen, aber jetzt sehe ich ein, es ist nur, weil Du wirklich anders bist."

Die potentielle Kraft und Kreativität in einer Ehe zwischen extremen Gegensätzen ist immens, wenn jeder Ehepartner das Anderssein des anderen als legitim, stimulierend und vorteilhaft akzeptiert. Es kann ein sehr schwieriger Prozeß sein, diese Unterschiede akzeptieren zu lernen, aber der Lohn des Erfolges ist die Mühe wert. (Meine Frau Margy und ich sprechen aus hart erarbeiteter Erfahrung, wie in Kapitel 9 eingehender beschrieben.) Ein 1-2-2-2-Mann zum Beispiel, der mit einer 2-2-2-1-Frau verheiratet ist, bildet ein gemeinsames Gehirn, das zerebral zweifach dominant ist. Das macht es ihnen möglich, sowohl untereinander als auch in sich hin und her zu schalten. Dieses Umschalten ist eine unabdingbare Zutat um synergistisch kreativ zu funktionieren, und steht in einer direkten Beziehung zu meiner früheren Feststellung, daß alle Quadranten des Gehirns von entscheidender Bedeutung für ein vollständiges geistiges Handeln sind.

Wenn Kinder in die Gleichung einbezogen sind, entwickelt sich ein noch größeres kreatives Potential – zusammen mit potentiell größeren Schwierigkeiten: Wenn die Anzahl der Menschen steigt, können Stammesmuster ins Spiel kommen. Was sich dann häufig entwickelt, nenne ich das 'schwarze Schaf' Syndrom.

b. Das 'schwarze Schaf' Syndrom

Der verrückte John ist eine autentische Person. Und hier ist die Geschichte. Wie so oft wurde ich gebeten, das HDI für die Diagnose eines Problems in einer Familie einzusetzen. Ein Vater, der sich um seinen Sohn John sorgte, bat um ein Profil von ihm.

Das Gespräch verlief so: "Ich bin wirklich daran interessiert, mehr über meinen Sohn zu erfahren," begann er. "Er ist wirklich anders. Sonderbar. Meine Frau und ich machen manchmal Witze darüber, daß sie im Krankenhaus vielleicht einen Fehler gemacht haben und wir das falsche Baby mit nach Hause genommen haben. Er ist so verschieden von uns und dem Rest der Familie, daß wir uns wirklich fragen, was mit ihm los ist. Wir verstehen ihn nicht und haben Schwierigkeiten, uns mit ihm zu verständigen. Ich mache mir wirklich Sorgen um seine Zukunft. Ich mag seine Freunde nicht und kann seine Hobbies nicht ausstehen. Er scheint nicht in der Lage zu sein, einen Berufsweg zu finden, der zum Hintergrund unserer Familie paßt. Als Vater habe ich wirklich nicht das Gefühl, daß ich ihm irgendwie helfen kann. Würden Sie bitte sein Profil und die für den Rest unserer Familie machen?"

Abbildung 4-39 ist ein zusammengesetztes Profil des verrückten John und seiner Familie. Wie Sie sehen können ist sein 3-2-1-1 das spiegelbildliche Gegenteil der Profile seiner Eltern und Geschwister. Diese vier bilden einen Stamm, und wie es für Stämme typisch ist haben sie es im Laufe der Jahre fertiggebracht, einen Graben auszuheben, eine Mauer zu bauen und eine "Anti-John"-Waffe zu erfinden – das Wort verrückt –, das John für den größten Teil

"Ich habe immer geglaubt, wer etwas verrücktes tut, sei verrückt. Ich habe plötzlich erkannt, daß verrückte Menschen überhaupt nicht verrückt sind, und daß die Leute, die sagten, diese seien verrückt, verrückt sind."

Paul McCartney

"Messe tausend Mal und schneide einmal."

Türkisches Sprichwort

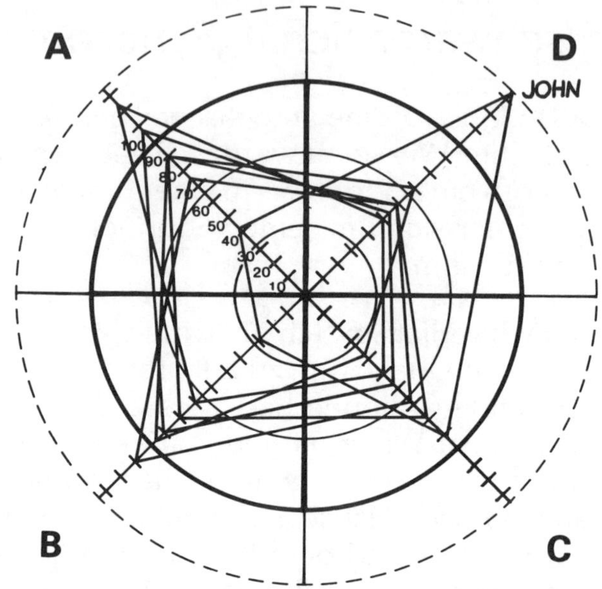

Abbildung 4-39. Der verrückte John und seine Familie mit Profil

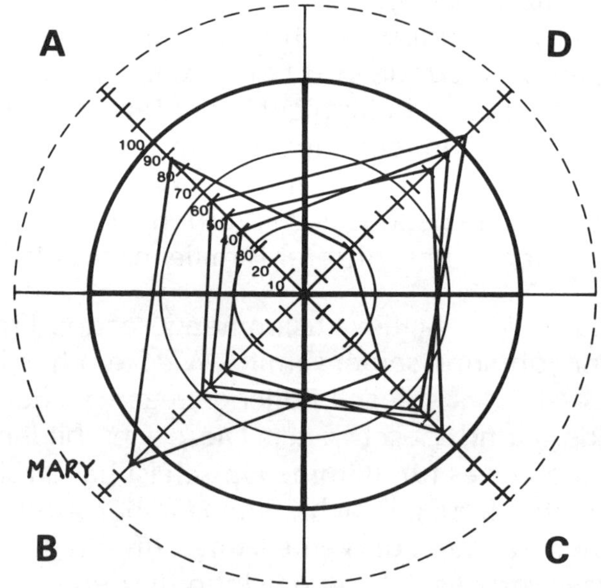

Abbildung 4-40. Die verzweifelte Mary und ihre Familie mit Profil

seiner Zeit als junger Mensch auf Distanz hielt. Der Vater sah sich das zusammengesetzte Familienprofil an und sagte: "Mein Gott, was habe ich getan?" Ich fragte ihn, ob John je mit seinen Freunden ausginge. Er sagte: "Oh ja, oft." Ich sagte: "In dem Falle stellen Sie sich vor, wie John zu seinen Freunden über seine 'verrückte' Familie spricht." Für den Vater war das eine neue Sichtweise.

Bei seiner Rückkehr nach Hause hat der Vater ein Familienpalaver um den Eßzimmertisch einberufen. Jedes Mitglied hatte eine Kopie des zusammengesetzten Familienprofils. Zuerst hat niemand irgend etwas gesagt. Dann hat ein Bruder ein erkundendes "Hallo, John" gewagt. Der Rest der Familie hat, jeder auf seine eigene Weise, dann John wieder in der Familiengruppe begrüßt, von der sie ihn vorher ausgeschlossen hatten.

Es gab nichts, was an John nicht stimmte. Er war – und ist – ganz einfach anders als der Rest seiner Familie. Seine bevorzugte Art des Wissens ist nicht-verbal, nicht-linear und "weich", was ihn für verbale Ablehnung und Kritik von denen mit entgegensetzten Präferenzen verwundbar macht. Sein Haar, seine Kleidung, seine Hobbies, seine Musik, sein Programm in der Schule, seine Freizeitgestaltung unterschieden sich alle von der Stammeskultur seiner Familie. Vom Standpunkt des Stammes betrachtet war John ein Außenseiter. Von Johns Standpunkt betrachtet war er ein Ausgestoßener.

Wenn Familien den Wert verstehen, der in der Bejahung von Unterschieden liegt, erhöhen sie die synergistischen Möglichkeiten, die in ihren Beziehungen zueinander liegen. In diesem Falle – der übrigens nicht selten ist – reichte es aus, nur die zusammengesetzten Profile zu sehen, um einen Fluß des Verstehens in Gang zu setzen,

"Wir können keine Brücke überqueren, bevor wir sie erreichen; aber ich lege immer gern vorzeitig einen Ponton."

Bernard M. Baruch

"Die hellsten Blitze in der Welt der Gedanken sind unvollständig, bis erwiesen ist, daß sie ihr Gegenstück in der Welt der Tatsachen haben."

John Tyndall

der John in seine Familie zurückbrachte und der Familie half, ihn zu verstehen. John heiratete kurze Zeit später eine junge Frau, deren Profil zu dem seiner übrigen Familie paßt. Gemeinsam, mit Verständnis, können er und seine Braut ein geistig vollständiges Gehirn aufbauen.

Das schwarze Schaf einer Familie ist nicht immer ein Kind. Eine Frau wandte sich in ihrer Not an mich und bat mich, da sie sich von ihrer Familie entfremdet fühlte, um ein zusammengesetztes Profil ihrer Familie. Das Gesamtprofil (siehe Abbildung 4-40) zeigte, daß die "verzweifelte Mary" ihr Gegenstück geheiratet, mit ihm eine Familie geschaffen hatte, deren Kultur eher seine dominanten Modi als das ihre widerspiegelte, und dann von der Stammesgruppe verbannt wurde, an deren Schaffung sie mitgewirkt hatte. Sie fühlte sich von ihren eigenen Kindern und ihrem Mann ausgestoßen und entfremdet, nur weil ihre Präferenzen sich von deren unterschieden. Wiederum förderte ein Familienrat das Verständnis. Statt "verrückt" zu sein wird Mary jetzt als einzigartig aber normal akzeptiert.

Ob auf die Beziehungen Zuhause oder an der Arbeit angewendet, das Wissen um unsere Hirndominanz gibt uns als Individuen und Gruppen die Macht, unser volles Potential besser auszuschöpfen. Wenn wir uns unserer eigenen bevorzugten Arten des Wissens bewußt und sensibel für die Präferenzen anderer Menschen werden, verbessern wir unsere Fähigkeit zur Kommunikation mit den Menschen um uns.

In diesem Kapitel habe ich mich hauptsächlich auf die Muster konzentriert, wie sie sich in unserem individuellen Leben manifestieren. Diese gleichen Muster sind auch machtvoll in viel größeren Gruppen – Kirchen, Gemeinden, Unternehmen, Staaten und Nationen – wo die ursprünglichen Familienmuster wieder und immer wieder wiederholt werden.

Es ist die bedeutendste Chance und Herausforderung, daß wir lernen, aus unseren Unterschieden Kapital zu schlagen und sie zu feiern, statt sie als Gründe zur Zurückweisung zu gebrauchen. Das zeigt sich nirgends auf dramatischer Weise als in der Unternehmenswelt, der wir uns jetzt zuwenden.

Der zweiseitige Mann

Viel schulde ich den Ländern, die mich wachsen ließen -
Mehr den Leben, die mich nährten -
Aber am meisten dem Allah, der mir
Zwei verschiedene Seiten meines Kopfes gab.

Viel sinne ich über das Gute und das Wahre in den Glaubensbekenntnissen unter der Sonne
Aber am meisten über Allah, der mir
Zwei verschiedene Seiten meines Kopfes gab.

Ich wäre lieber ohne Hemd oder Schuh,
Freund, Tabak oder Brot
Als für eine Minute oder zwei die beiden
verschiedenen Seiten meines Kopfes zu verlieren.

Rudyard Kipling

Abbildung 5-1. Der Vorfall in der GE-Kantine

5. UND WAS, BITTE SEHR, HAT DAS GEHIRN MIT MANAGEMENT ZU TUN?

Meine ersten umfangreichen Forschungsaktivitäten über die Funktionsweise des Gehirns verursachten einige Aufregung am Management Development Institute von GE. Die meisten Leute sahen keine Verbindung zu meiner beruflichen Tätigkeit in der Managementausbildung, obwohl ich zu der Zeit glaubte, ich hätte die Beziehung zur Kreativität und zum Lernen sehr deutlich gemacht. Meine Erfahrungen hatten meine Fähigkeit zur effektiven Kommunikation bereits nachgewiesen, aber ich hatte noch eine Menge über die enormen Verständigungsschwierigkeiten zu lernen, die dadurch entstehen, daß Menschen mit unterschiedlichen Hirndominanz-Präferenzen unterschiedlich denken.

Das wird lebhaft durch einen Zwischenfall illustriert, der sich 1977 in der Kantine des Instituts abspielte. Ich hatte es mir zur Gewohnheit gemacht, mich beim Mittagessen zu Gruppen zu setzen, mit denen ich im Unterricht keinen direkten Kontakt hatte, um ihre Erfahrungen am Institut mit ihnen zu besprechen und eventuelle Fragen zu beantworten. Ich trat an einen kleinen Tisch, an dem drei mittlere Manager mit großen Möglichkeiten saßen und stellte mich als Mitglied des Lehrkörpers vor. Einer dieser Menschen sagte:

"Oh, Sie sind der mit der Hirnforschung. Das klingt wirklich interessant und ich würde gern etwas darüber hören."

Daraufhin fing ich an, einen kurzen Überblick über meine Tätigkeit zu geben, wobei ich mich auf die aufregenden neuen Einblicke in die Hirnfunktionen konzentrierte, die sich abzeichneten. Während ich über die Tatsache sprach, daß die Hemisphären spezialisiert sind, und daß die Hirndominanz dazu führt, daß die meisten von uns ausgeprägte geistige Präferenzen für den Einsatz des einen oder anderen Teil des spezialisierten Gehirn haben, wurde dem jungen Mann zu meiner Rechten bei dem Thema sichtlich unbehaglich. Als ich fortfuhr zu beschreiben, wie manche Menschen in ihrem Denken sehr logisch und analytisch sein können, während andere sehr intuitiv und einfühlsam sein können, wurde er unruhiger und nach etlichen Minuten faßte er mich schließlich an der Schulter und sagte: "Ned, das ist sehr interessant, wirklich sehr interessant. Aber ich muß wirklich wissen – und wirklich, ich bin sehr an diesen neuen Entwicklungen interessiert, aber ich muß wirklich wissen – was hat das Gehirn mit Management zu tun?"

Totenstille folgte auf seine Frage. Ich sah ihn einen Augenblick an und dann jeden, der am Tisch saß; nachdem ich etwa 20 Sekunden abgewartet hatte, ob jemand etwas sagen würde, habe ich geantwortet: "Nun, in Ihrem Falle ..."

Heute, zehn Jahre später, würde ich eine derartige Frage nicht mit so wenig Verständnis beantworten, weil ich seitdem eine Menge über die Verständigungsschwierigkeiten gelernt habe, die zwischen Menschen mit unterschiedlichen Hirndominanzprofilen vorhanden sind, und darüber, wie diese Schwierigkeiten überwunden werden können.

Tatsächlich war die Frage: "Was hat das Gehirn mit

Management zu tun?" von seinem Standpunkt völlig richtig und es ist klar, daß die Verbalisierung der Antworten für uns alle wichtig ist. Das Gehirn und unsere neuen Erkenntnisse über die Hirndominanz haben sehr viel mit dem Management zu tun, weil sie auf kritischen Gebieten einige fundamentale Fragen beantworten und aufwerfen.

1. **Planung**. Was unterscheidet die strategische Planung von der betrieblichen Planung?
2. **Arbeitsplatzgestaltung**. Wie sollten Arbeit und Arbeitsplätze gestaltet sein, so daß 20 bis 40 Prozent Produktivität gewonnen werden können?
3. **Vorgesetzte**. Wie können Vorgesetzte ihre Untergebenen bezogen auf die Verhaltensweisen erreichen, die geändert werden müssen? Was können Vorgesetzte tun, um ihre Untergebenen zu motivieren?
4. **Teamarbeit**. Wie sollten Teams besetzt werden? Wie sollte das Verhältnis eines Chefs und seines Stabes im Sinne der Hirndominanz aussehen?
5. **Training des Top-Managements**. Was kann ein Chef tun, der bereits im Amt ist, um seine Führungsqualitäten zu verbessern? Wie sollten wir die Chefs für das Jahr 2010 ausbilden?
6. **Unternehmenskultur**. Wie kann ein Chef die Kultur seines Unternehmens flexibel halten, besonders im Hinblick auf Veränderungen und die Bewahrung innovativer Vitalität?
7. **Kommunikation.** Wie kann die Kommunikation zwischen wertvollen leitenden Angestellten mit unterschiedlichen geistigen Präferenzen hergestellt werden, um aus den verfügbaren Talenten den größten Nutzen zu ziehen?
8. **Kreativität**. Wie kann eine Organisation ein Klima für die Kreativität herstellen, ein kreatives Team aufbauen und es anleiten?
9. **Karrierehoffnungen**. Welche Hirndominanzmuster wären erforderlich, damit ein Mensch für eine herausgehobene Position wie Technik und Finanzen geeignet ist? Leitende Positionen? Unternehmer? Top- und Stabspositionen? Chefs?

Mein Wortwechsel mit dem jungen Mann war ein klassisches Beispiel für eine fehlgeschlagene Kommunikation, die noch durch unterschiedliche Bezugsrahmen verschärft wurde. Ein Bezugsrahmen ist ein System von Konzepten und Annahmen zu einem Thema und wie es sich zu anderen Themen verhält und wie es in sich strukturiert ist und wie sich die Person, die den Bezugsrahmen hat, zu dem Thema verhält.* Hier war ein multidominanter Mensch (ich), der im Augenblick im Quadranten D arbeitete und mit einem stark B-dominanten Menschen, der in einen anderen Bezugsrahmen dachte, über das Gehirn und die Beziehung der Aktivitäten von C-und D-Präferenzen zum Management sprach.

Wahrscheinlich begann und endete sein Nachdenken über das Gehirn beim letzten Mal, als er ein Bild davon in einer Biologieklasse in der High School sah. Seine Vorstellungen beschränkten die Aktivitäten von C und D strikt auf Freizeitverhalten, wie es zum Beispiel Tagträume sind, die dann auftreten, wenn man darauf wartet, daß eine unachtsame Forelle anbeißt.

Jedermann kann seinen Bezugsrahmen wechseln, aber dazu braucht ein B-dominanter Mensch, da er sehr prosaisch ist, zuerst einen Beweis dafür, daß er gültig ist – und dieser Nachweis besteht für ihn aus harten Fakten,

* Ich spreche in K .pitel 9 ausführlicher über Bezugsrahmen

die klar definierte Gedanken, Tatsachen und Beziehungen unterstützen. Menschen, die im Quadranten D funktionieren, wechseln dagegen ihren Bezugsrahmen recht leicht und häufig. Wenn sie das tun, fühlen sie darüber hinaus nur ein geringes oder kein Bedürfnis danach, die inhärente Logik des Wechsels zu definieren oder zu verbalisieren, oder die sich ergebenden neuen Verbindungen zu rechtfertigen.

Heutzutage, da mehr und mehr hellwache Manager dieses neue Wissen über das Gehirn aufsaugen, ändert sich unser Bezugsrahmen, der die Funktionsweisen des Gehirns und das Management betrifft, sehr schnell. Sie lernen, daß diese neue Technik der Hirndominanz sowohl in sich stimmig als auch für sie relevant ist. Dieses gilt nicht nur für das Management, sondern auch für alle Bereiche des alltäglichen Lebens. Am Anfang meiner Untersuchung war dieser Zusammenhang noch nicht einmal für mich einsichtig. Mein Hauptschwerpunkt war der eines Künstlers, der die Natur und die Quelle der Kreativität verstehen wollte. Bis ich einen Artikel in der Harvard Business Review las, verstand ich die Verbindung der Funktionsweisen des Gehirns mit denen des Managements nicht.

5.1 Klugheit und Dummheit

Warum sind manche Geschäftsleute gleichzeitig so klug und so dumm? Diese Frage hatte an jenem Sommertag die Wirkung, als ob um Mitternacht plötzlich alle Lichter im Stadion angingen. Das Gehirn hatte nicht nur eine Beziehung zu unserer Kreativität, es war fundamental für die Unternehmensstruktur, den Führungsprozeß und meinen eigenen Job!

"Bei dem Versuch etwas zu tun, das sie nicht können, übersehen die Menschen immer etwas, das sie können."

Ed Howe

"Damit wir kreatives Verhalten bekommen, müssen wir es belohnen."

Paul Torrance

"Bei einigen Dingen stelle ich mich dümmer an als bei anderen, nicht in jeder Richtung gleich dumm. Ich bin kein gut ausgewogener Mensch."

Saul Bellow

"Die feste Person für feste Aufgaben, die in älteren Gesellschaftsformen ein solches Geschenk Gottes war, wird in der Zukunft eine Gefahr für die Öffentlichkeit sein."

Alfred North- Whitehead

Abbildung 5-2. Zwei Manager mit unterschiedlichen Profilen reagieren auf die gleichen Daten

Der Augenblick ist mir noch lebhaft in Erinnerung. Es war Ende Juni 1976. Ich kam eines Morgens im Management Development Institute an und fand die neueste Ausgabe der Harvard Business Review in meinem Posteingang. Ich nahm sie in die Hand und überflog das Inhaltsverzeichnis als ich an dem Titel "Planung auf der Linken und Führung auf der Rechten" von Professor Henry Mintzberg hängenblieb. Konnte es sein, daß er über das Gehirn sprach? In der Tat! Ziemlich am Anfang des Artikels stellte er die Schlüsselfrage:

> Warum sind manche Menschen gleichzeitig so klug und so dumm, so fähig, gewisse geistige Aktivitäten zu meistern und so unfähig, andere zu bewältigen? Wie kommt es, daß einige der kreativsten Köpfe keine Bilanz verstehen können, während einige Buchhalter kein Gefühl für das Produktdesign haben? Warum sind einige brilliante Management-Wissenschaftler unfähig, Firmenpolitik zu behandeln, während einige der politisch befähigsten Menschen die einfachsten Elemente der Management-Wissenschaft nicht verstehen können?

Ich erinnere mich, daß ich mir sagte: "Mein Gott, ich glaube, er spricht von mir ... aber er spricht auch von meinem Stab, meinem Boss, meiner Familie und allen meinen Freunden." Obwohl alle Erfolg bei dem hatten, was sie taten, war keiner über das ganze Gehirnspektrum gleich "klug". Wir waren alle gleichzeitig klug und dumm. Er sprach über jedermann!

Mintzberg fuhr fort und brachte die neuen Erkenntnisse über die Spezialisierung des Gehirns mit unterschiedlichen Managementstilen in Verbindung. Im wesentlichen schlug er vor, daß unterschiedliche Aspekte der Führungsarbeit unterschiedliche Teile des Gehirns forderten. Zum Beispiel nutzt die betriebliche Planung die Funktionen des linken Gehirns, besonders die des Quadranten B.

Andere Aspekte, wie zum Beispiel der Umgang mit Menschen, eine Vision des Unternehmens haben und Einsatz der Intuition, setzen die C- und D-Funktionen der rechten Gehirnhälfte ein. In den Alltag der Unternehmen übersetzt, sagte Mintzberg, daß einige Manager in der Detailplanung sehr klug und weniger klug in der Sicht des Unternehmens als Ganzem sind, während es bei anderen Managern umgekehrt ist. Wenn man das ganze Spektrum des Denkens berücksichtigt, das bei der Führungsarbeit notwendig ist, machen es Mintzbergs Konzepte leicht, die gewaltigen Unterschiede zwischen der Ansicht eines Managers über die Arbeit, die getan werden muß, und der Art und Weise, in der andere Manager diese Arbeit ausführen, zu erklären.

Als hätte ich noch einer weiteren Ermutigung bedurft, schloß Professor Mintzberg, indem er ausdrücklich das Thema der Management-Ausbildung aufwarf. Er rief die Ausbilder von Managern auf: Erstens die Tätigkeit des Führens im Lichte der neuen Erkenntnisse über das spezialisierte Gehirn zu überdenken und zweitens den Prozeß der Management-Ausbildung entsprechend zu ändern. Professor Mintzberg hatte die Notwendigkeit proklamiert, das Gehirn nicht nur für Künstler, sondern auch für Manager neu zu entdecken.

5.2 Betriebliche und strategische Planung: Der wirkliche Unterschied

Eine der ersten Erkenntnisse, zu denen mich Mintzbergs Artikel führte, betraf die Natur des Unterschiedes zwischen betrieblicher und strategischer Planung, und wie man ihn vermitteln kann.

Einige Jahre zuvor hatte mich die Führungsspitze von GE mit dem Ziel, das Unternehmen stärker strategisch zu führen, beauftragt, ein Seminar für strategische Planung zu entwickeln. Daraufhin hatten meine Kollegen am Institut einen einwöchigen Workshop entwickelt, die auf die führenden 200 Geschäftsführer und Planungsleiter der Firma ausgerichtet war. Kurze Zeit später forderte der Chef, Fred Borch, ein kürzeres Seminar für die 10.000 wichtigsten untergeordneten Manager des Unternehmens, deren Verständnis der strategischen Planung bei der Förderung der von ihm geplanten Veränderung der Unternehmenskultur notwendig war. Obwohl das von mir entwickelte Seminar für sehr erfolgreich gehalten wurde, hatte ich das hartnäckige Gefühl, irgendwie etwas vergessen zu haben. Ich hatte nicht das Gefühl, daß das Seminar voll vermittelte, worum es beim strategischen Denken wirklich geht, aber ich konnte nicht herausfinden, was ich anders hätte machen sollen. Erst Mintzbergs Artikel gab mir den ersten Hinweis darauf.

Strategisches und betriebliches Planen sind geistig unterschiedliche Handlungen. Die Betriebsplanung, die eine stärkere Struktur braucht, befaßt sich mit Fakten, Logik, Analyse, Reihenfolge, Detail, Zeit, Geschichte, Pro-

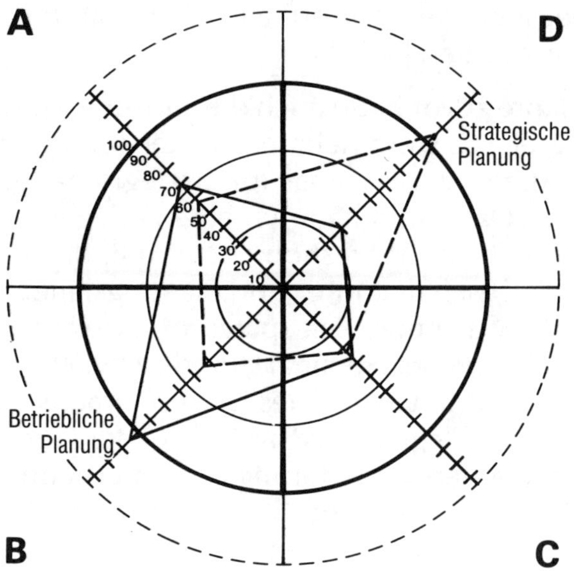

Abbildung 5-3. Profil der betrieblichen und strategischen Planung

zeß und Verfahren. In der strategischen Planung, die stärker experimentell ist, arbeiten wir mit Vision, Einsicht, Folgerung, Intuition, Trends, Mustern, Integration, Synthese, Projektionen, Risiko und globalem Denken.

Da keiner von uns an die geistigen Unterschiede zwischen betrieblicher und strategischer Planung gedacht hatte, berücksichtigten weder der Inhalt noch die Durchführung des Workshops die sehr wichtige Verlagerung aus den auf Sicherheit bedachten* Modi des Quadranten B, auf die experimentell ausgerichteten Funktionen des Quadranten D, die für die strategische Planung entscheidend sind. Wir hatten unwissentlich die Funktionen der rechten Quadranten zum großen Teil vernachlässigt. Von Anfang bis Ende betonten die Workshops und Seminare für strategische Planung die Prozesse und Techniken der Quadranten A und B und übersahen die wichtigsten Aspekte des Denkens in C und D, die zur vollständigen Nutzung dieser Techniken erforderlich waren.

Noch entscheidender war, daß wir nicht nur die in diesem kurzen Seminar liegende Herausforderung des Lernens unterschätzten, sondern auch die Herausforderung des kulturellen Wandels übersehen. Jede Bewegung von einer bevorzugten oder primären Funktion zu einem Bereich sekundärer oder gar tertiärer Präferenz erhöht die Anforderung an die geistigen Energien eines Menschen sehr stark. Besonders, wenn die normale Funktionsweise dieses Menschen dem dargebotenen Material genau diagonal entgegengesetzt liegt. Da die überwältigende Mehrheit der Teilnehmer an diesen Programmen starke Präfe-

* Auf Sicherheit bedacht ist ein Begriff, der benutzt wird, um die schützenden und bewahrenden Aspekte von Personen und Firmen lose zu beschreiben, die sich gegen Risiken, Veränderungen oder Abweichungen in Verfahrensweisen oder all dem schützen, das einen Plan stören könnte, der zu vorgegebenen Zielen führen würde.

renzen für die logischen, analytischen, rationalen und betrieblichen Planungsarten hatte, war es für sie ein gewaltiger Sprung, strategisches Planen und Denken zu begreifen, ganz zu schweigen vom nächsten Schritt: Dem Erlernen der Umsetzung.

Die Herausforderung für den Lehrer lag darin, neue Wege zu finden, mit denen B-dominanten Menschen ein Weg zum Quadranten D geebnet, ihre Fähigkeiten der Nutzung dieser Funktionen bestätigt und ihre Fertigkeiten ihrer Anwendung auf strategische Aufgaben entwickelt werden konnten.

Als diese aufregende Erkenntnis klar war, begann ich, die Themen und den Darlegungsprozeß unseres Workshops im Lichte dessen neu zu untersuchen, welche Quadranten sie nutzten, oder zu welchen sie Zugang haben mußten. Für die stattgefundenen Workshops war es zu spät, aber seitdem habe ich Dutzende von Strategien entwickelt, mit denen Menschen bei genau dieser Verlagerung geholfen werden konnte. Um Ihnen eine Vorstellung der Möglichkeiten bei der Planung eines Workshops zu geben, stelle ich hier nur einige dar, die ich kürzlich bei der Arbeit mit einer hochrangigen Gruppe aus der Ölindustrie benutzt habe.

Zusätzlich zur üblichen Planung benutzte ich eine Reihe angeleiteter Phantasien*, die das Denken von der Gegenwart 5 Jahre und schließlich 15 Jahre in die Zukunft bis zum Jahr 2000 führten. Zwischen diesen meditativen Exkursionen bauten die Teilnehmer ein Modell ihrer Sicht der Probleme, die zu lösen sie versuchten, und benutzten dabei ein breites Spektrum kreativer Materialien, ein-

* Angeleitete Phantasien: Eine Übung, bei der man vom Übungsleiter aufgefordert wird, die Augen zu schließen und sich darauf zu konzentrieren, im Geiste eine Reise zu machen, auf der man von ihm oder ihr durch Erzählung und Musik geführt wird.

"Ein Mann, der ein erfolgreiches Unternehmen weiterführen soll, muß Vorstellungskraft haben. Er muß die Dinge in einer Vision sehen, einem Traum des Ganzen."

Charles M. Schwab

"Eine Idee, die an einem Tage radikal, bizarr oder sehr eigenwillig erscheint, kann am nächsten Tag bereitwillig akzeptiert werden."

Quelle unbekannt

"Fast alle Menschen sind intelligent. Ihnen fehlt die Methode."

F. W. Nichol

"Ich weiß Ihr erfrischendes, innovatives und scharfsichtiges Denken zu schätzen. Unglücklicherweise bevorzugen wir das abgestandene, bewährte Denken."

Abbildung 5-4. Eine Ganzhirn-Organisation ist besser

schließlich Ton, Holz, Draht, Farbe, Modellpapier, farbige Fäden, Federn und dergleichen.

Vor und nach dem Modellbau nahm ich die Gruppe mit heraus zum Lake Lure, um Parallelen in der Natur zu finden – Metaphern, um die herum sie strategische Lösungen bauen konnten. Dann führte ich die Gruppe, zur Entwicklung der letzten Metapher für die Modellierung der abschließenden 15 Jahre, auf den Chimney Rock, von wo aus man einen spektakulären Blick von oben auf Lake Lure hat, so daß sie eine eher ganzheitliche Perspektive dessen bekamen, was sie am Tage vorher gesehen hatten. Die Gruppe festigte dann ihr Denken durch die Rückkehr zu den kreativen Materialien und den Bau einer Reihe von Modellen, die jetzt Schlüsselelemente einer Lösung zeigten.

Die abschließende Phantasie lieferte die Grundlage, auf der alle diese Elemente zu folgendem kombiniert werden konnten: (1) eine Reihe strategischer Alternativen und (2) einer Strategie ihrer Darstellung für das Top-Management – ein kritischer Schritt, der gewöhnlich ausgelassen wird. Der kombinierte Effekt des Einsatzes konventioneller und neuer Techniken gab den Individuen und der Gruppe als Ganzem die Erlaubnis, in der Art und Weise des Quadranten D zu denken und dabei strategische Lösungen zu entdecken, die eher traditionelle Vorgehensweise allein nicht enthüllt hätten.

Betriebliche und strategische Planung in diesem Sinne zu verstehen warf die große Frage auf, welche anderen Aktivitäten des Unternehmen vom falschen Quadranten aus betrachtet wurden. Dieses Denken führe noch weiter zum Thema des auf das Gehirn bezogenen Management im allgemeinen.

5.3 Der wichtige Schritt zum Ganzhirn-Management

Unter dem Gesichtspunkt der Ausbildung in Unternehmen und im Sinne des Wissens über das Gehirn könnte man sagen, daß wir uns Mitte der 70er Jahre im Mittelalter befanden. Die meisten Unternehmen waren derart linksdominant, daß ihre jeweilige Kultur gegen jeden Versuch der Einführung von Ganzhirn-Techniken immun waren. Bei vielen Unternehmen gilt das noch immer. Sogar leitenden Angestellten, die starke Präferenzen für rechtsdominante Funktionsweisen haben, fehlt das Verständnis, das für vollständige Respektierung und Nutzung dieser Stärken benötigt wird.

Wie ich später detaillierter ausführen werde, ist dies eine sehr gefahrvolle Situation, denn ohne bewußte Kultivierung der rechtsdominanten Funktionen neigt die linke Hemisphäre dazu, eine Firma zu übernehmen und sie in wachsendem Maße unfähig für innovative Tätigkeiten zu machen. Sowohl für meine eigene kleine Firma wie für Unternehmen im allgemeinen wird ein bewußteres, auf das ganze Gehirn ausgerichtete Herangehen an das Management aus drei zwingenden Gründen weniger eine Möglichkeit als einer eine Notwendigkeit.

Das rechte Gehirn, insbesondere der Quadrant D, ist der einzige Teil unseres Gehirns, der sich effektiv mit Veränderungen befaßt. So wichtig die Funktionen des linken Gehirns für den Erfolg eines Unternehmens auch sind, bedeuten sie doch den langsamen Tod für ein Unternehmen, wenn sie ohne die des rechten Gehirns eingesetzt werden. Linksdominante Funktionen, insbesondere die des Quadranten B, leisten Widerstand gegen Veränderungen. Aber die rechten Funktionen regen sie häufig an, begrüßen sie, produzieren angemessene Reaktionen auf sie und sind auch fähig, kritische Entscheidungen zu treffen, nachdem keine Fakten mehr verfügbar sind.

Wenn die Veränderung eine Konstante ist, *müssen* Manager, um in einer von Veränderungen gekennzeichneten Welt wirklich zu bestehen, in allen vier unterschiedlichen Funktionsweisen des Gehirns arbeiten, rechts wie links, zerebral wie limbisch. Dieses muß auf allen Führungsebenen geschehen, nicht nur an der Spitze. In der modernen Welt können Chefs nicht mehr genug leisten, um alle Führungsfähigkeiten des rechten Gehirns zur Verfügung zu stellen, die ihre Unternehmen brauchen. So wahr das heute auch ist, morgen gilt das noch mehr, da sich die Geschwindigkeit von Veränderungen noch weiter beschleunigt.

Heterogene Gruppen produzieren kreativere, effektivere Lösungen als homogene Gruppen. Das ist nicht gerade ein neuer Gedanke. Das Sprichwort "Vier Augen sehen mehr als zwei" gibt es seit einiger Zeit. Wie in Kapitel 7 und 8 eingehender erläutert wird, können kreatives und innovatives Funktionieren nur wirksam sein, wenn alle vier Quadranten zusammenarbeiten, um ihre spezialisierten Funktionen beizutragen.

Aber die heterogene Gruppe ist viel schwerer zu leiten, weil ein traditioneller, autoritärer Führungsstil nicht funktioniert. Warum nicht? Autoritäres Management ist im wesentlichen linksdominant. Wenn einem Ganzhirn-Team die Werte der Quadranten A und B aufgezwungen werden, so wirkt das beengend und ist daher gewöhnlich schädlich. Wenn wir die Leistung des Ganzhirn-Teams anzapfen wollen, müssen wir auf das ganze Gehirn ausgerichtete Managementmethoden lernen. In einer großen Organisation stehen die Chancen für ganzheitliches Funktionieren jedoch schlecht.

Wenn eine Organisation altert, wird sie zunehmend von den Funktionen des linken Gehirns dominiert, wenn die Führung nicht die rechten Dominanzen kultiviert und ermutigt. Diesem Phänomen liegt die Furcht zugrunde : Wir alle sind unsicher. Keiner von uns hat gern Unrecht. Diese Furcht verleiht vier Faktoren besondere Kraft, die zu der Linkslastigkeit führen.

Erstens neigen "erprobte" Methoden dazu, sich zu verfestigen, weil es schwer ist, gegen Erfolg zu argumentieren. Wir glauben, wenn etwas früher funktioniert hat, können wir vielleicht noch ein Jahr herausholen – auch wenn wir uns dabei unwohl fühlen. Die Parole wird ausgegeben "If it ain't *broke* , don't *fix* it."* Aber nach Edward de Bono, international bekannter Autor von *Lateral Thinking* und zahlreichen anderen Büchern, kann diese Haltung sehr wohl die mächtigste Triebfeder für den Niedergang der amerikanischen Industrie sein.

Zweitens neigen Menschen mit Präferenzen in A und B dazu, Leistungen auf eine Art und Weise zu erbringen, die Vertrauen inspiriert und zu mehr Verantwortung (und Autorität) führt. Sie ergreifen Maßnahmen, beenden was sie anfangen haben, halten Termine immer ein und dokumentieren Ereignisse, so daß sie Nachweise, Aufzeichnungen und Zahlen besitzen.

Drittens ist es schwer, gegen Zahlen zu argumentieren. Ihre Klarheit allein hat große Überzeugungskraft, wie ich in Kapitel 1 erwähnt habe. Diese Klarheit – die Klarheit der Funktionen von A und B – war der wichtigste Grund dafür, daß viele Elemente unserer Gesellschaft, besonders Unternehmen und Schulwesen, sich so stark auf das linke Gehirn ausgerichtet haben.

Viertens: Wenn wir Furcht erleben schützen wir uns, indem wir in den uns Schutz versprechenden Quadranten B herunter schalten, auf den Quadranten B zurückfallen. Man kann das beobachten, wenn ein Unternehmen in der Krise steckt: Das Management ergreift irgendwelche, manchmal sogar beliebige, Maßnahmen solange sie in die "richtige Richtung" gehen. Man kürzt Etats, schließt Verkaufsstellen, beschneidet die Forschung, setzt Promoting und Werbung aus. Es wird irgend etwas getan, solange es ein sichtbares Signal für das Herunterschalten (downshift) ist. Auch wenn einige dieser Maßnahmen angemessen sein können, addieren sich diese Edikte häufig zu einem Übermaß und können sehr schädlich sein. Ob sie funktionieren oder nicht, diese Verhaltensweisen tendieren dazu, große Macht in die Hände von Menschen zu legen, die bewahrende Funktionen ausfüllen, z.B. finanzielle, betriebliche, Verwaltung. Und wenn diese Macht einmal verliehen ist, ist es schwierig, sie wieder einzufordern.

* Wenn es nicht kaputt ist, repariert es nicht.

a. Was Ganzhirn-Management ist und was es nicht ist

Ich werde gleich erklären, was ich mit der Empfehlung eines ganzheitlichen Herangehens an das Management meine, lassen Sie mich aber zuerst sagen, was ich nicht meine.

Ich schlage *nicht* vor, Unternehmen sollten die Funktionen von A und B abwerten. Die Natur der meisten Unternehmen diktiert geradezu ein linkslastiges Herangehen an die alltäglichen Aktivitäten. Wir brauchen unsere B-dominanten Menschen, um Bücher zu führen, einheitliche Verfahren zu befolgen, den Bargeldfluß zu überwachen, den Bestand zu planen und zu kontrollieren, Akten in Ordnung zu halten, herauszufinden, wie die Spesen von Verkäufern verfolgt werden und für hundert andere wichtige Funktionen. Wir brauchen Techniker, Finanzanalytiker, Buchhalter, Ingenieure und Rechtsanwälte, die ihren Quadranten A benutzen, um Produkte technisch zu gestalten, Leistung zu messen, über Fakten zu berichten, Probleme logisch zu lösen und rational zu handeln.

Ich schlage *nicht* vor, daß wir den rechtsdominanten Funktionen von C und D die alleinige Macht geben. Dies ist keine Kampagne für das Denken des Quadranten D in der Buchhaltung zum Beispiel oder der Rechtsabteilung. D-dominante Menschen verstehen die Notwendigkeit von Beständigkeit, Regeln, Tradition, Fakten, Zeitpläne oder Zuverlässigkeit nicht hinreichend. Ich schlage nicht vor, daß wir die Mehrzahl der Ingenieure mit Präferenzen im Quadranten C einstellen. Ingenieure müssen vor allem Möglichkeiten finden, damit Dinge funktionieren. Obwohl menschliche Emotionen und Gefühle in Lösungen einbezogen werden müssen, dürfen sie nicht die Art und Weise dominieren, in der sie herbeigeführt werden.

Ich schlage nicht vor, daß wir das Unternehmen geistig umstrukturieren. Die geistige Struktur amerikanischer Unternehmen ist im wesentlichen gesund: (1) Auf den unteren Ebenen zeigen die meisten Manager starke Präferenzen im linken Gehirn. (2) Auf höheren Ebenen steigt der Anteil der Menschen mit mehrfachen Präferenzen. (3) Ganz an der Spitze ist der Chef fast unweigerlich dreifach oder vierfach dominant mit starken Neigungen zum Quadranten D. Diese Struktur ist angemessen, weil die Natur der Arbeit, die auf den unterschiedlichen Ebenen getan werden muß, sie verlangt. Die Arbeit des mittleren Managements ist zu 60 bis 80 Prozent auf das linke Gehirn orientiert, das umfaßt technische, finanzielle, analytische, verwaltende und planende Arbeiten, zusammen mit funktionellen Tätigkeiten wie Engineering, Fertigung, Marketing, Finanzen und Personalverwaltung. Um diese bedeutenden, untergeordneten Funktionen gut zu führen, muß der Chef im Gegensatz dazu in jedem der vier Quadranten geistiger Präferenz stark sein – besonders in der Fähigkeit, alle vier "Sprachen" zu sprechen, damit er effektiv als multidominante Übersetzer funktionieren kann.

Diese drei Punkte sind das, was ich nicht meine, wenn ich sage, daß Unternehmen stärker auf das ganze Gehirn ausgerichtet werden müssen.

Wenn Antworten auf Fragen und Herausforderungen des Unternehmens geplant und eingeführt werden, arbeitet das menschliche Gehirn am innovativsten und produktivsten, wenn sich alle vier Quadranten situationsbezogen und iterativ in den Prozeß einschalten. Die Quadranten A

Abbildung 5-5. Vergleich von Schuhgeschäften: Je mehr Vielfalt man bietet, desto mehr Kunden zieht man an

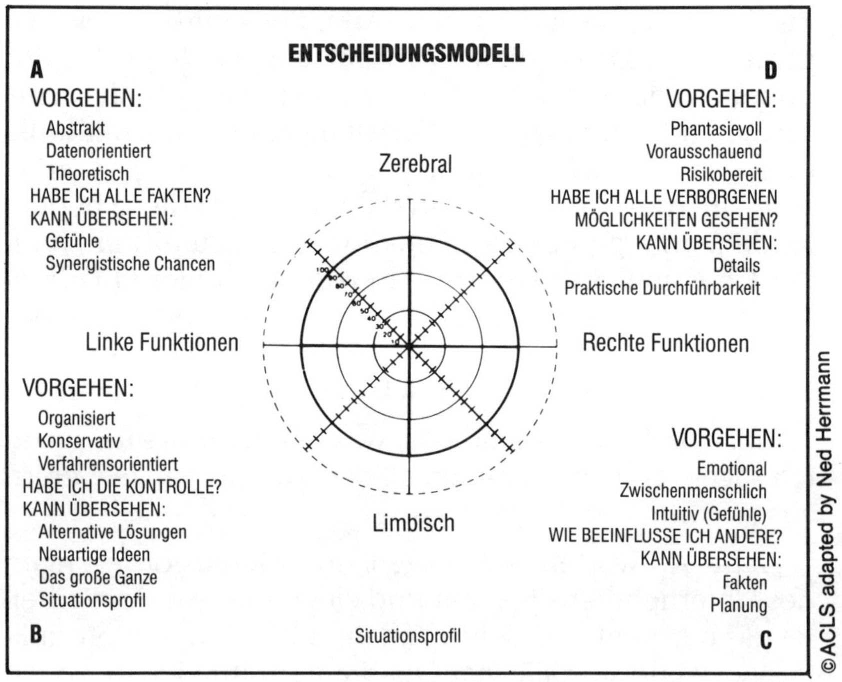

Abbildung 5-6. Ganzhirn-Entscheidungsmodell

und B definieren das Problem oder Thema. Die Quadranten B und C liefern die Zutaten aus dem Bauch und die Emotionen.

Die Quadranten C und D funktionieren als Brutstätten und machen es möglich, daß Lösungen in das Bewußtsein aufsteigen. Die Quadranten A und D verarbeiten dann diese Lösungen schrittweise und prüfen die Logik der einfallsreichen Lösung. Schließlich prüfen und verfeinern die Quadranten A und B, zusammen mit C und D, die Lösung im Laufe des Planungs-, Einführungs- und Kontrollprozesses.

Dieser Bedarf an allen vier Quadranten gilt für Individuen, Gruppen, Teams, Abteilungen und sogar ganze Firmen.

Im Ganzhirn-Management kann ein Wettbewerbsvorteil liegen. Das erste Gesetz der Kybernetik drückt diesen Zusammenhang auf eine andere Weise aus:

> Die Einheit in einem System, der die meisten Verhaltensmuster zur Verfügung stehen, steuert das System.*

Geistig bedeutet das, keine Organisation, die ihre geistigen Möglichkeiten auf die Quadranten A und B allein beschränkt, kann hoffen, die Vorherrschaft über die Organisation zu gewinnen, die A, B, C und D einsetzt und die Anzahl der möglichen Reaktionen, die diesen zur Verfügung steht maximiert. Um effektiv konkurrieren zu können, müssen Firmen auf dem Markt ebenso wie Individuen und Gruppen innerhalb einer Firma alle vier Quadranten einsetzen. Das heißt nicht, daß wir jeden Quadranten gleich stark benutzen müssen. Es heißt, daß wir

* The unit within any system that has the most behavioral responses available to it controlls the system.

situationsbezogen funktionieren, daß wir zu allen vier Quadranten gleichen Zugang haben, so daß wir unsere beste Antwort geben können, wenn die Situation eine gegebene Art von geistiger Funktion verlangt. Schließlich ist die Welt da draußen, insgesamt gesehen, ein zusammengesetztes ganzes Gehirn!

b. Barrieren für das Ganzhirn-Funktionieren

Wenn Sie meine Analyse akzeptieren, stimmen Sie mir darin zu, daß das auf die jeweilige Situation bezogene Funktionieren als ganzes Gehirn für die Gesundheit eines Unternehmens unzweifelhaft entscheidend ist. Es kann aber sein, daß Veränderungen nur langsam eintreten. Zusätzlich zu der normalen Trägheit, die alle Veränderung behindert, stellt die Tatsache, daß wir uns übermäßig auf die linken Funktionen verlassen eine Reihe von Barrieren für ihre Einführung dar: Unwissenheit, übermäßiger Konservativismus und Tribalismus.

Unkenntnis

Die erste Barriere ist die Unkenntnis. Obwohl das zweigeteilte Modell des linken und rechten Gehirns von verschiedenen Autoren hauptsächlich bezogen auf den Unterschied zwischen künstlerischer Tätigkeit und den analytischen Aspekten des Buchhaltens popularisiert wurde, verstehen immer noch sehr viele durchaus informierte Leute wenig oder nichts über die Bedeutung des Gehirns für die Entscheidungsfindung im Management. Sie sind schlicht uninformiert.

Der bewahrende Bezugsrahmen

Eng verwandt mit der Unwissenheit bezüglich der neuen Erkenntnisse, besteht die zweite Barriere aus einem bewahrenden Bezugsrahmen bezüglich Unternehmen, der hauptsächlich aus dem Quadranten B stammt. Aus der Perspektive des Quadranten B betrachtet, die fest in dem verwurzelt ist, was in der Vergangenheit funktioniert hat, sehen neue, verbesserte Ideen oft zu riskant aus als daß sie geduldet werden könnten. Da weit verbreitete historische Daten und Maßstäbe fehlen, die die Gültigkeit des Funktionierens menschlichen Gemeinschaften als ganzes Gehirn beweisen könnten, können Menschen mit einem bewahrenden Bezugsrahmen jede neue Idee sehr gut als gegenstandsloses und unbegründetes Zeug aus einem Elfenbeinturm halten, das Energien verbraucht, die anderswo besser eingesetzt wären.

Tribalismus

Die letzte Barriere ist weit verbreiteter Tribalismus, auf den ich mich in Kapitel 1 und 4 bezogen habe. Trotz der Kooperation, die die linke Hemisphäre bei der geistigen Kontrolle der physischen Funktionen der rechten Seite des Körpers zeigt und umgekehrt, befinden sich, wie ich schon darlegte, unsere Funktionen oft im Widerstreit. Dieser geistige Konflikt zwischen den linken und rechten Funktionen trägt zu Stammesmustern bei und er verschärft sie.

Der gegenseitige Mangel an Verständnis und Wertschätzung für die unterschiedlichen Arten des Wissens und die Arbeitsstile, die sich zwischen den Stämmen daraus ergeben, kostet amerikanische Firmen eine Menge. Das gilt sowohl direkt, ausgedrückt in Dollars, als auch indirekt, bezogen auf die längerfristigen Kosten, die in der Produktivität durch Unzufriedenheit und Mangel an Erfüllung entstehen. Ein offensichtliches und klassisches Beispiel direkter Kosten ist der ewige Krieg zwischen Verkauf und Fertigung. Wie viele Verkäufe kamen wegen zu starrer Produktionspläne nie zustande? Wie viele unnötige, kostspielige Überstunden haben Gewinnspannen hinweggefegt, weil ein Verkäufer nicht vorausgeplant, den Bedarf eines Kunden nicht rechtzeitig mitgeteilt oder geprüft hat, ob die Produktion bauen kann, was er zu verkaufen versucht. Amerikanische Unternehmen haben sich für diese Kriege dumm und dämlich bezahlt.

So hoch sie auch ausgefallen sind, waren diese Kosten doch nicht genug Anreiz zur Beseitigung der Sackgasse, in die sich die Stämme manövriert haben. Es ist ein trauriges Resümee.Aber das Erreichen einer besseren Arbeitsbeziehung zwischen traditionellen Gegnern innerhalb von Unternehmen wird eher ein Bonus am Ende des Weges zum Ganzhirn-Management sein als ein Antrieb, ihn zu beginnen. Die Motivation für einen auf das ganze Gehirn zielenden Führungsstil wird statt dessen aus zwingenderen Quellen kommen.

c. Warum die Barrieren den Trend zum Ganzhirn-Management nicht aufhalten können

Es gibt vier zwingende Faktoren, von denen einer oder mehrerere die Unternehmen letzlich dazu bringen, die Ganzhirn-Technologie in den nächsten paar Jahren bewußt einzusetzen.

1. **Die Welle.** Wenn es einmal verstanden wird, ist die Macht des Vier-Quadranten-Modells des Gehirns fast so unwiderstehlich wie die der Gezeiten. Es läßt die Menschen nicht mehr los, wenn sie ihm oder nur einer kleinen Probe der kreativen Befähigung ausgesetzt werden, die es vermittelt. Wieder und wieder sorgt die Auswirkung der Idee auf das einzelne Leben für die Ausbreitung des Wissens und der Begeisterung. Darüber hinaus breitet sich das öffentliche Wissen über die Funktionsweise des Gehirns explosiv aus. Darüber hinaus nehmen auch die günstigen Berichte über die Ergebnisse der Anwendung dieser neuen Erkenntnisse zu.
2. **Der Boss.** Der Chef ist die Person in einem Unternehmen, die mit der größten Wahrscheinlichkeit die Vorteile des Funktionierens als ganzes Gehirn zu schätzen weiß *und* dafür sorgen kann, daß dies in einer ausgewogenen Weise durchgesetzt wird. Unter allen beruflichen Kategorien zeigt sich das vierfach dominante Profil (1-1-1-1) unter Chefs am durchgängigsten und sie greifen meiner Erfahrung nach das Vier-Quadranten-Modell am bereitwilligsten auf.
3. **Das Zuckerbrot.** Untersuchungen haben gezeigt, daß viele Kopfarbeiter, nachdem sie ihre persönlichen Pro-

file des HDI erhalten haben, schätzen, daß ihre Produktivität sich um 30 Prozent steigern wird, da sie jetzt wissen, welches ihre bevorzugten Arten des Wissens sind und wie sie diese mit der Arbeit in Einklang bringen können, die ihnen Spaß macht.

4. **Die Peitsche.** Der Wettbewerbsnachteil, wenn die neue Gehirn-Technologie nicht eingesetzt wird, obwohl andere Firmen das tun, kann tödlich sein.

Die Vorteile des Einsatzes des Ganzhirn-Managements stimmen mit dem oben erwähnten Gesetz der Kybernetik überein. Allgemein verständlich ausgedrückt, ist die marktbeherrschende Firma: (1) die vielseitigste, innovativste und kreativste, (2) in Marketing, Technik, Produktlinie und Vielseitigkeit der Fertigung durchgängig vorausschauender als ihre Konkurrenten, (3) anderen ständig einen Schritt voraus, (4) effizienter, zuverlässiger und ordentlicher und (5) rechtlich und finanziell einwandfrei.

Würden Sie lieber für das beherrschende Unternehmen arbeiten oder für die Firma, die gegen sie konkurriert? Alberne Frage! Aber es ist festzustellen, daß einige Menschen freiwillig bei der Firma bleiben, die glaubt, was in der Vergangenheit funktioniert hat, funktioniere am besten, statt sich zu ändern und nach dem zu greifen, was dieses neue Wissen für sie tun kann.

Im Rest dieses Kapitels werde ich die Themen Kreativität und Produktivität behandeln. Die Themen werden jedoch unter anderen Überschriften in der Reihenfolge behandelt, der Sie auf Ihrem möglichem Weg zum Ganzhirn-Management folgen können, wenn Sie ein Chef oder Manager wären, der seine Möglichkeiten erforscht.

"Es ist leichter, Vergebung zu suchen als Erlaubnis."

Admiralin in der U.S. Navy

"Eine gute kreative Idee kollidiert immer mit einer etablierten Idee und einige Menschen finden das sehr furchterregend."

Quelle unbekannt

"Für die Gesellschaft ist es eine Frage von Leben und Tod, daß potentieller Kreativität eine faire Chance gegeben wird."

Arnold Toynbee

"Wie gut klingen doch schlechte Musik und schlechte Gründe, wenn wir gegen einen Feind marschieren."

Friedrich Nietzsche

"Wie weit Du auch einen falschen Weg gegangen bist, kehre um."

Türkisches Sprichwort

"Der vernünftige Mensch paßt sich an die Welt an, der Unvernünftige besteht auf dem Versuch, die Welt an sich anzupassen. Daher ist jeder Fortschritt von dem unvernünftigen Menschen abhängig."

George Bernhard Shaw

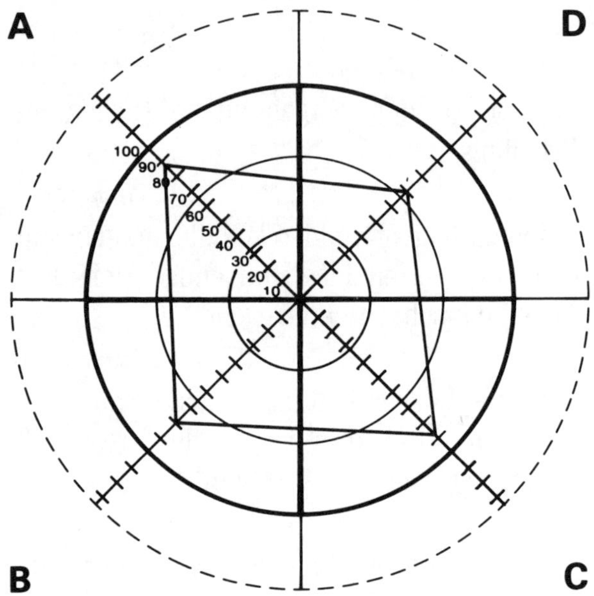

Abbildung 5-7. Chef-Profil

MULTIDOMINANT	
2111	11%
1112	7%
1111	9%
ZWEIFACH DOMINANT	
1121	15%
1122	11%
1221	11%
2211	22%
2121	8%
EINFACH DOMINANT	17%

Abbildung 5-8. Verteilung der Chef-Profile

5.4 Der multidominante Chef

Chefs sind eine außergewöhnliche Rasse, denn mehr als jede andere Berufsgruppe haben sie starke Präferenzen in wenigstens drei und manchmal vier Quadranten. Obwohl das zusammengesetzte Profil aller Chefs im Durchschnitt 1-1-1-1 ist, ist in diesem Durchschnitt eine ganze Palette von Profilen enthalten. Neun Prozent aller Chefs haben ein 1-1-1-1-Profil. In dieser Berufsgruppe tritt das 1-1-1-1--Profil neunmal häufiger auf als in der Gesamtbevölkerung.

Die Chance, einen 1-1-1-1-Chef zu finden, ist zehn bis zwanzigmal höher als einen Ingenieur, Finanzdirektor, Anwalt oder medizinischen Direktor mit dem 1-1-1-1-Profil zu finden. Vierfach dominante Profile sind insgesamt selten, aber sie tauchen unter den Chefs häufiger als in jeder anderen Berufsgruppe auf. Die Aufgabe des Chefs fordert eine Persönlichkeit, die facettenreich, vielseitig begabt und sehr oft multidominant ist. Dreiunddreißig Prozent aller befragen Chefs sind dreifach dominant, einundvierzig Prozent sind zweifach dominant und siebzehn Prozent sind einfach dominant. Abbildung 5-8 zeigt eine Stichprobe der häufiger auftretenden Chef-Profile.

In der statistischen Analyse der Häufigkeit von Chefprofilen fällt Ihnen vielleicht auf, daß viele an der vierten Stelle des Profils eine 1 haben, was auf eine starke Präferenz für die Funktionen des Quadranten D hinweist (risikobereit, experimentell, zukunftsorientiert, holistisch). Tatsächlich haben 83 Prozent der erfaßten Chefs eine primäre Präferenz für den Quadranten D. In vielen Fällen hat der Chef eine stärkere Präferenz für D als irgend ein Mitglied seines Stabes.

Die Vielfachdominanz des Chefs kann die Verwirrung erklären,die Menschen oft empfinden, wenn sie versuchen, den Chef "auszuloten". Wenn sie nicht selbst multidominant sind, und eine signifikante Präferenz für den Quadranten D haben, wird es ihnen oft scheinen, daß der Chef ihre Sprache spricht, in Ordnung ist, aber dann auf eine merkwürdige oder schwierige Persönlichkeit umschaltet, die unvorhergesehen die erste, vertrautere unterbricht. Der Chef scheint auch Dinge zu "wissen", zu denen ihm kein logischer Prozeß Zugang verschaffen kann. "Wie macht er das?" fragt man sich. "Sie greift sich das aus der Luft," mag jemand anders bemerken.

Die Verwirrung des anderen paßt oft zu der des Chefs. Ich treffe oft Chefs, die die geistigen Prozesse nicht verstehen, die sie einsetzen. Gewöhnlich glauben sie, daß es einfach Logik und gesunder Menschenverstand ist, was sie einsetzen.

Der Glaube an diese Logik schadet nichts, aber, da sie sich oft ihrer Möglichkeiten nicht bewußt sind, versäumen es Chefs oft, in gewissen Situationen aus ihrer eigenen Vielseitigkeit Kapital zu schlagen. Und diese Situationen ergeben sich oft: Interviews mit Chefs, persönliche Beobachtungen und eine Analyse willkürlich aus ihren Terminkalendern ausgewählter Wochen zeigen, daß die Hälfte der Arbeit, die sie tun, aus der Anwendung der dem rechten Gehirn eigenen Arten des Wissens Nutzen ziehen kann. Für einen Chef ist es sehr nützlich, das zu wissen. In unserer vom linken Gehirn dominierten Geschäftswelt brauchen auch die Chefs alle Ermutigung, die sie bekommen können, um ihre Fähigkeiten voll zu nutzen.

Meine Erfahrung mit Hunderten von Managern, einschließlich vieler Chefs zeigt, daß, je mehr sie ihre eigenen geistigen Präferenzen zu schätzen wissen, desto besser können sie ihren Stab und andere wichtige Manager in ihren Organisationen und die Gruppen außerhalb verstehen und im Kontakt mit ihnen zusammenarbeiten.

Ein Chef-Talent, das sich jedoch automatisch manifestiert, ob sich die Person dessen bewußt ist oder nicht, ist die Fähigkeit, Ideen von der Sprache eines Quadranten in die eines anderen zu übersetzen. Diese Übersetzerrolle fällt dem multidominanten Chef ganz natürlich zu. Chef-Kandidaten zeigen diese Begabung für das Übersetzen früh in ihrer Karriere. Es ist eine unabdingbare Fähigkeit, wenn der Zeitpunkt kommt, an dem Ideen in Handlung übersetzt werden, Fakten zu Schlußfolgerungen geführt, Konzepte artikuliert, menschliche Faktoren in diese Konzepte einbezogen und viele Ideen zu wenigen zusammengefaßt werden müssen. Die Fähigkeit, mit einer Vielzahl interner "Stämme" klar zu kommunizieren ist unabdingbar, damit sie zusammenarbeiten können.

Es gibt kein Gesetz, das besagt, eine A-B-dominante Person (1-1-2-2) könne nicht bis an die Spitze kommen. Es braucht aber auch zusätzliche Energie, um in einem Bereich sekundärer Präferenz zu arbeiten, also wird der A-B-dominante Chef härter arbeiten müsse, sowie auf dem Gebiet von C und D mehr Glück brauchen. Er wird in seinem Stab auch einen Menschen brauchen, der als der multidominante Übersetzer fungiert. Ich habe das recht oft gesehen. Zum Beispiel dehnte ein Anwalt den eigentlichen Arbeitsbereich des Rechts weit über das klassische Gebiet aus, indem er den Chef in einer breiten Palette interner und externer strategischer und politischer Fragen beriet. Bis er sein eigenes Profil sah, konnte er die Quelle der Unterschiede nicht ausdrücken, die er zwischen sich

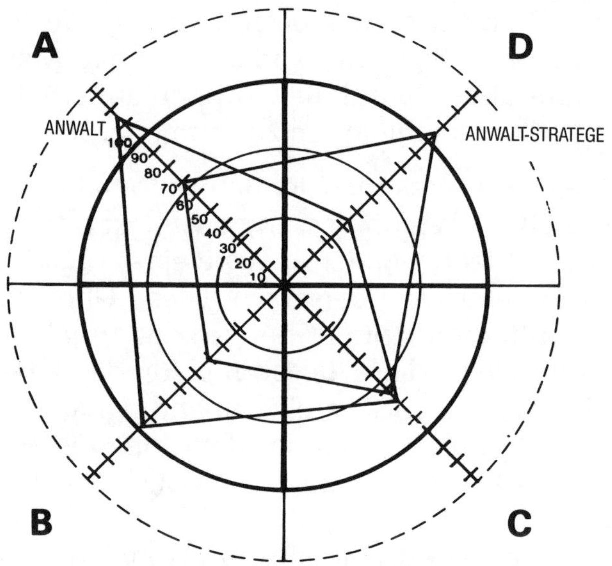

Abbildung 5-9. Profil eines Anwalts und des Anwalts als Berater

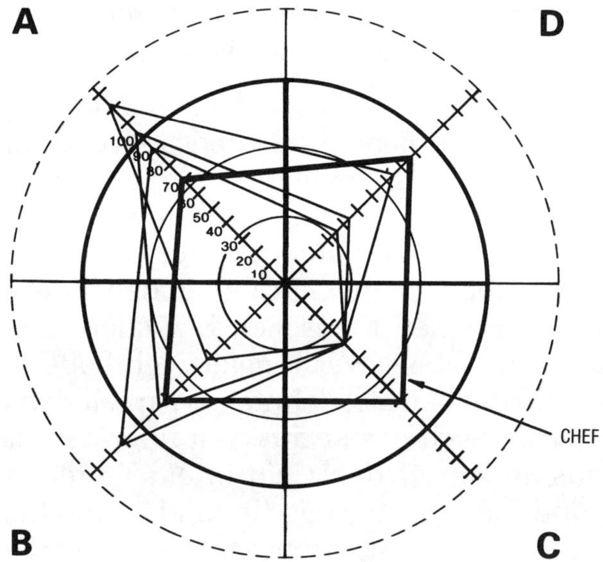

Abbildung 5-10. Profil eines Stabes und seines Chefs

selbst und der Mehrheit seiner Kollegen erlebte. Er erlangte sofort ein neues Selbstverständnis. Wie man in Abbildung 5-9 sehen kann, machen ihn seine stärkeren Präferenzen für D rechts oben zu einem ungewöhnlichen Anwalt.

a. Der linksdominante Stab des Chefs

Obwohl Chef-Profile tendenziell multidominant sind, neigen ihre unterstützenden Stabsabteilungen nach links. Das Mittel der Profile typischer Chefs-Stabsgruppen zeigte ausgeprägte Präferenzen für das Denken in A und B. In Untersuchungen von Dutzenden von Stabsgruppen bevorzugt die Mehrzahl der Mitglieder den Quadranten A stark, hatte eine fast vergleichbare Präferenz für B, zeigte eine eindeutig sekundäre Präferenz für D und war im Fehlen der Präferenz für C einheitlich. Abbildung 5-10 ist ein typischer Firmenstab und zeigt die Beziehung des Stabes zum Chef.

Wenn man die Profile der leitenden Mitglieder des Stabes betrachtet, die die primären Funktionen eines Unternehmens leiten, sind sie gewöhnlich der Inbegriff ihres Berufes. Daher ist der Leiter einer Engineering-Abteilung gewöhnlich selbst ein erfolgreicher Ingenieur, der die Führungsqualitäten für die Organisierung seiner Untergebenen entwickelt. Obwohl er jetzt ein Manager ist, paßt sein Profil noch immer zur Norm für Ingenieure in der gegebenen Organisation. Das gleiche gilt für leitende Angestellte in den anderen wichtigen Stabsfunktionen von Unternehmen wie Finanzen, Fertigung, Recht, Personalentwicklung und -führung, Forschung und Entwicklung und Marketing.

Im Gegensatz dazu zeigt der Chef nicht nur Präferenzen, die sehr gleichmäßig über alle vier Quadranten verteilt sind, er hat auch in vielen Fällen rechts stärkere Präferenzen als irgend ein Mitglied des Stabes, ungeachtet seiner Funktion.

Es sind diese Präferenzen, besonders für D oben rechts, die Weitsicht, globales Denken, eine Brücke zur Zukunft und die Fähigkeit zur Entwicklung einer ganzheitlichen Unternehmensstrategie zur Verfügung stellen. Ich glaube auf der Grundlage der Daten kann man mit Recht sagen, daß die den Macher der Politik vom Durchführenden abgrenzende Qualität die Fähigkeit des Zugangs und der Nutzung des Quadranten D ist.

Wenn sie einmal auf diese Unterschiede in den Arten des Wissens hingewiesen wurden, erkennen die meisten Chefs ihre Gültigkeit sofort. Während einer Gehirn-Update-Werkstatt, die ich für Chef und Stab einer Firma mit $ 20 Milliarden Umsatz abhielt, wandte sich der Chef an seinen Stab und sagte: "Mit wenigen Ausnahmen sind Sie alle linksdominant und das sollte so sein. Das ist die Arbeit, die für mich getan werden muß. Sie sind, jeder für sich und als Gruppe, die Besten in der Welt. Wegen Ihrer funktionellen Fähigkeiten habe ich Sie mit Absicht auf diese Positionen gebracht. Sie sind die Experten. Es ist mein Job, die durch Sie repräsentierten Funktionen zu integrieren und zusammenzufassen und die fehlenden Dimensionen einzubringen, die zur Erfüllung der Bedürfnisse unseres Unternehmens benötigt werden." Dieser Chef sagte, daß er jedes einzelne Mitglied seines Stabes verstehen mußte, wenn sie die Verantwortlichkeiten ihrer Funktionen repräsentierten, und daß er in der Lage sein mußte, dieses Verstehen in die Sprachen anderer Funktionen zu übersetzen, um sie alle zu integrieren.

"Wir glauben, daß Wissen das kreative Feuer nährt. Es muß eine stärkere neue Bindung, eine engere Beziehung als je zuvor, zwischen der analytischen und kreativen Seite unseres Unternehmens geben."

Quelle unbekannt

"Ein Träumer ist jemand, der seinen Weg nur bei Mondlicht finden kann, und es ist seine Strafe, daß er die Dämmerung früher als der Rest der Welt sieht."

Oscar Wilde

"Vergessen Sie, was da draußen 'zu haben' ist. Finden Sie statt dessen heraus, welche Art von Job Sie am glücklichsten machen würde, weil die Art, die Sie am glücklichsten machen würde, auch die ist, in der Sie ihre beste und effektivste Arbeit tun werden. Wie David Maister sagt: 'Wenn es Ihnen Spaß macht, sind Sie gut dabei, wenn nicht, dann nicht.'".

Richard Bolles Hints

"Wenn sich Gegensätze ergänzen ist alles harmonisch."

Lao Tse

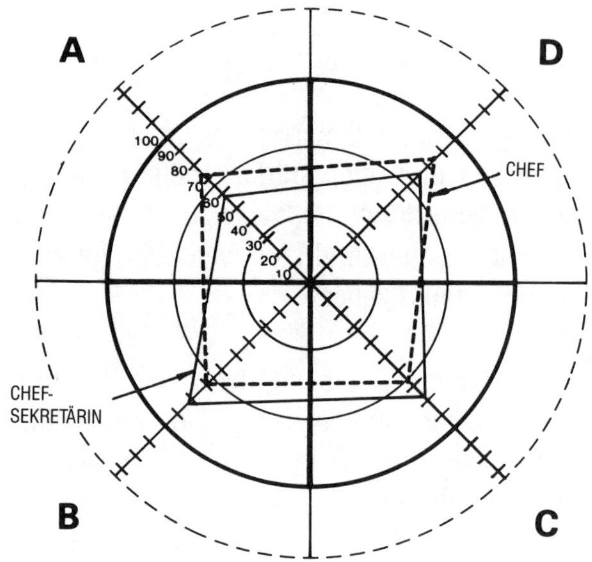

Abbildung 5-11. Profil einer Chefsekretärin und eines Chefs

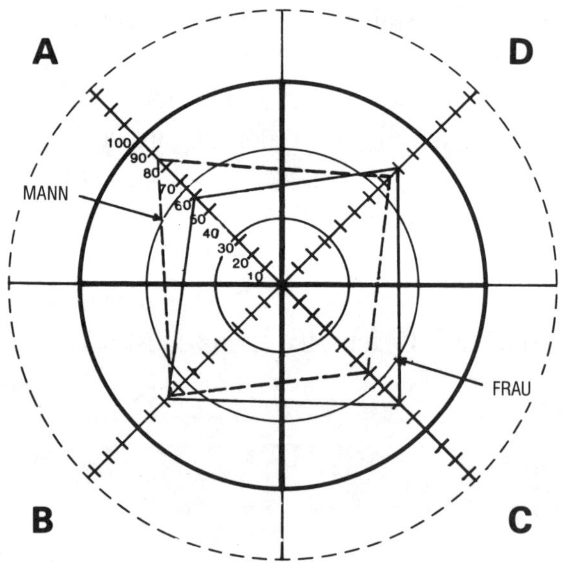

Abbildung 5-12. Profil eines Mannes und einer Frau

Wie steigt ein Ganzhirn-Mensch aus den Tiefen einer im Grunde linksorientierten Organisation nach oben? Nach meiner Beobachtung besitzen Chef-Kandidaten ihre Präferenzen frühzeitig, einschließlich derer für die rechte Hirnhälfte, aber sie beginnen ihren Weg nach oben, indem sie die linken Fähigkeiten der Quadranten A und B entwickeln und sich damit auszeichnen. Während sie sich also noch ihre Sporen verdienen schränken sie ihre rechtsdominanten Verhaltensweisen am Arbeitsplatz ein: Sie bleiben innerhalb der Normen des Unternehmens, üben Zurückhaltung und wagen sich nur auf einen rechtsdominanten Ast, wenn die linksdominante Vorbereitung und Dokumentation so ausgezeichnet ist, daß kein Makel zu finden ist. Das verlangt das System und das liefern sie. Sie beginnen ihre Arbeit in einer offensichtlicher intuitiven, experimentellen Weise erst, wenn sie über genügend Autorität verfügen, daß sie sich ohne die Gefahr der Bestrafung als anders darstellen können.

b. Frauen als Chefs

Die Profildaten über Chefs sind besonders interessant im Zusammenhang mit den Trends, die Frauen in der Geschäftswelt betreffen. Obwohl heute mehr Frauen als je zuvor in das Management von Unternehmen gelangen, verlassen auch viele große Unternehmen, um Eigentümer oder Chefs von kleineren Firmen zu werden. Dafür gibt es mehrere Gründe. Der erste Grund, aus dem Frauen sich allein auf den Weg machen ist natürlich der, daß amerikanische Großfirmen mit ihren Ambitionen als Managerinnen nicht Schritt halten. Nicht genug Frauen schaffen es in traditionellen Organisationen ihren Willen nach Führungspositionen durchzusetzen.

Zweitens, sind viele der Frauen, im Sinne geistiger Präferenz, gut dafür ausgestattet, es allein zu schaffen. In ihre Führungspositionen bringen sie eine gesteigerte Fähigkeit ein, die von ihren größeren, schneller und früher reifenden Corpus Callosum, der Unterschiede in der Chemie des Gehirns und den Differenzen in der Enkulturation herrühren. Alle diese Unterschiede tragen dazu bei, daß Frauen in ihrer Verarbeitung potentiell stärker interhemisphärisch sind als Männer. Darum sind Frauen im Durchschnitt mehr auf das ganze Gehirn orientiert, in tuitiver und weniger faktenorientiert, offener für neue Ideen als den Status Quo, stärker auf Menschen als auf Dinge ausgerichtet. Daher nehmen sie ihre Umgebung sensibler wahr, fühlen sich im Umgang mit dem innovativen Prozeß wohler und reagieren schneller auf sich ändernde Umstände in ihrer Umwelt.

Bedenken Sie dies: Außer dem Chef ist die Person, die am häufigsten ein 1-1-1-1 oder Ganzhirn-Profil hat, die Chefsekretärin. Wie viele Frauen, die in der Vergangenheit als Unterstützung des Chefs gearbeitet hätten, haben heute diesen Schreibtisch für sich?

Drittens wollen Frauen eine stärker auf das ganze Gehirnausgerichtete Umwelt und haben geistige Präferenzen, die ihnen bei ihrer Schaffung Vorteile verleihen. Ich möchte das im Sinne der Profildaten erklären. Vergleichende Daten über männliche und weibliche Chefs und Eigentümer von Unternehmen zeigen, daß sie sich in zwei der vier Quadranten deutlich unterscheiden. Männer und Frauen neigen zu starken Präferenzen für die Quadranten B unten links und D oben rechts, wobei es nur geringe Unterschiede zwischen ihnen gibt. In den Quadranten A und C unterscheiden sich aber männliche und weibliche Chefs erheblich. Im Durchschnitt ist A oben links der von Männern am stärksten bevorzugte Quadrant und der am wenigsten bevorzugte von Frauen. C unten rechts ist der am stärksten bevorzugte bei Frauen und der am wenigsten bevorzugte bei Männern.

Insgesamt weisen die Profildaten darauf hin, daß weibliche Chefs, mit ihren starken Präferenzen für den Quadranten C im Ganzhirn-Profil, in der Lage sind, einzigartige und effektive Unternehmenskulturen aufzubauen. Und sie sind tatsächlich da draußen in der Unternehmenswelt, und tun es.

Ich werde später mehr darüber sagen, lassen Sie mich nur anmerken, daß Männer gut daran tun würden, zu lernen, wie sich ihre Profile zu denen ihrer weiblichen Kollegen verhalten. Im Durchschnitt, und bitte beachten Sie, daß dies Durchschnittswerte sind, haben Männer deutliche Vorteile bei rationalen, faktenorientierten Funktionen und Frauen haben klare Vorteile bei intuitiven, emotionell orientierten Funktionen. Wenn man diese beiden auf eine kooperative Weise, statt in Konkurrenz oder Konflikt zusammen bringt, hat man das Potential für eine enorme Iteration und daher echte Synergie. Noch stärker auf den Punkt gebracht: Ohne die Fähigkeiten von A und C im Überfluß läßt man wichtige Teile der kreativen Gleichung aus. Männer und Frauen brauchen sich gegenseitig in der Geschäftswelt und ich fühle, daß es amerikanischen Unternehmen sehr viel besser gehen wird, wenn wir lernen, wie wir das herbeiführen.

Es gibt jetzt eine starke Notwendigkeit dafür, daß Unternehmen offen für Veränderungen sind und den innovativen Prozeß komfortabel handhaben. Das ist ein Grund dafür, daß Frauen als Chefs Erfolg haben werden, und daß

Firmen intern stärker auf das ganze Gehirn ausgerichtet werden müssen, trotz der Widerstände, die gegen eine solche kulturelle Veränderung bestehen.

5.5 Warum Reaktionen auf den kreativen Imperativ ausbleiben

Chefs haben Reden gehalten und eine "neue Verpflichtung zur Kreativität" proklamiert, ein unternehmerisches Herangehen an das Geschäft ermuntert und tatsächlich riesige Summen für die Forschung ausgegeben – aber die Ergebnisse waren enttäuschend. Warum? Weil der Chef eine Reaktion des Quadranten D verlangt, während das Management in rationalen, bewahrenden und verwaltenden Begriffen denkt, hauptsächlich Präferenzen des Quadranten B. Folglich verwenden Unternehmen diese Mittel für die Stützung der bestehenden Produktlinie statt die Erforschung des wahrhaft Neuen. Der frustrierte Chef fragt: "Was muß ich tun, damit meine Leute handeln? Ich sage ihnen, was ich will, aber nichts passiert!" Die Manager verstehen ihn scheinbar, applaudieren ernsthaft, sind aber geistig unfähig zur Ausführung. Sie wurden dafür eingestellt, geschult und belohnt, in einer linken Funktion gut zu arbeiten und jetzt, wenn sie ermahnt werden, auf die rechte Seite umzuschalten, können sie nicht wirksam reagieren. Sie fühlen sich unwohl und unsicher, wenn sie auf eine Weise arbeiten sollen, der sie nicht trauen und die sie nicht verstehen.

Unternehmen haben verschiedene Strategien versucht (zusätzlich zu Reden), um die Kreativität zu fördern, aber ohne ein richtiges Verständnis der geistigen Aspekte dieses Problems funktionieren sie gewöhnlich nicht. Sehen wir uns einige dieser Strategien und die Gründe dafür an.

a. Betriebsinterne Förderung innovativer Talente

Die vor mehreren Jahren eingeführte betriebsinterne Förderung innovativer Talente ist schlicht Unternehmertum innerhalb der Organisation. Obwohl populär verspricht die Idee mehr als sie hält, denn sie ist, wie die Reden von Chefs, ein Versuch, eine Funktion des Quadranten D in einem Bezugsrahmen des Quadranten B auszuführen. Die Lösung in einem großen Unternehmen: Weil Kreativität ein geistiger Prozeß ist, muß sich das Management geistig so organisieren, daß Kreativität angeregt wird. Das heißt, das Management muß ein geistiges Klima schaffen, in dem Kreativität stimuliert wird und sie dann nähren und führen. Das alles braucht Verständnis, Zeit und Geld, aber es ist möglich.

b. Skunkworks

Wenn traditionelle Vorgehensweisen zur Ermutigung von Innovationen nicht funktionieren, ist manches Management das Risiko nicht traditionelle Wege zu gehen eingegangen. Allgemein gesprochen geht es bei diesen Vorgehensweisen darum, daß man die etablierte Unternehmensstruktur, das System, das Üblichen verläßt. Ein gutes Beispiel dafür sind die Skunkworks.

Skunkworks bezieht sich auf eine kleine, schlagkräftige Organisation, die in einer abgeschiedenen Einrichtung an einem besonderen Projekt arbeitet, und in der an einem Ort alles zusammengebracht wird, daß für den Erfolg des Projektes benötigt wird. Die Vorgehensweise basiert auf der Idee, daß gewisse spezielle Arbeiten einzigartige Menschen brauchen, die auf eine Weise arbeiten, die legitim ist, aber sich so stark von der herrschenden Kultur des Unternehmens unterscheiden, daß sie nicht in ihm aufgenommen werden können. Also muß für sie ein besonderer Ort reserviert werden, der nicht nur kulturell, sondern auch räumlich vom Rest des Unternehmens getrennt ist – in einer Einrichtung, die es den Projekt-Mitarbeitern gestattet, am effektivsten zu arbeiten. Das bedeutet unweigerlich flexible Arbeitszeiten, lockere Kleiderordnung und eine spezialisierte Umgebung, die sich alle sichtbar vom Stammhaus unterscheiden.

Die ursprünglichen und erfolgreichsten Skunkworks wurden von dem legendären Kelly Johnson von Lockheed Aircraft geschaffen. Ein außergewöhnlicher Ingenieur, der sich ausschließlich der Konstruktion und Entwicklung geheimer militärischer Flugzeuge widmete, war Kelly Johnson für einige der wichtigsten technologischen Durchbrüche in der Geschichte der amerikanischen Luftfahrt verantwortlich. Mit dem Team in seinen Skunkworks bei Lockheed arbeitend (offiziell als Advanced Development Projects bezeichnet), konstruierte Johnson die leistungsfähigsten Flugzeuge der Welt – einschließlich der U-2, der SR-71 und YF-12.

In seinem mit Maggie Smith verfaßten autobiographischen Buch *Kelly* beschreibt er, wie er dem Top-Management auf die Nerven ging, damit es ihm erlaubte, eine experimentelle Abteilung aufzubauen, in der Designinge-

"Unternehmer: Ein mit hohem Einsatz spielender Mensch, der lieber ein spektakulärer Fehlschlag als ein langweiliger Erfolg wäre."

Jim Fisk

"Der Blitz der Inspiration kann überall einschlagen. Bei Archimedes kam er in der Badewanne und bei Isaac Newton unter einem Apfelbaum. Aber bei Alastair Pilkington kam er an einem trüben Oktoberabend, während er das Geschirr vom Abendessen abwusch. Während er auf die im Geschirrspüler schwimmende Seife und das Fett starrte, erdachte er plötzlich Floatglas – eine Methode, Glas billiger herzustellen, indem man es auf einem Bad aus geschmolzenem Zinn in einem Ofen schwimmen läßt."

Artikel in Newsweek von 1964

"Bei weitem der beste Preis, den das Leben bietet, ist die Chance, hart an einer Arbeit zu arbeiten, die es wert ist, getan zu werden."

Theodore Roosevelt
Ansprache zum Tag der Arbeit 1903

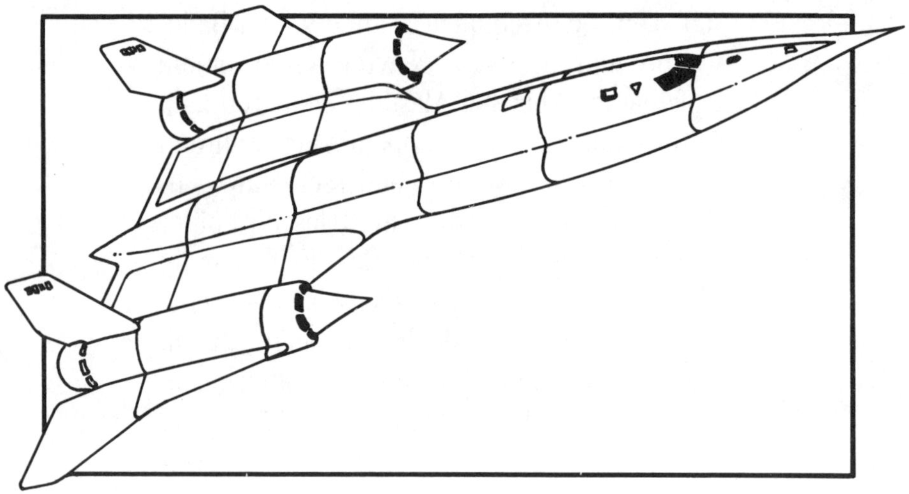

Abbildung 5-13. Kelly's schwarzer Vogel: SR71

nieure, Mechaniker und Handwerker eng zusammenarbeiten sollten, um Flugzeuge ohne die Verzögerungen und Komplikationen von zwischengeschalteten Abteilungen für Verwaltung, Einkauf und all die anderen Hilfsfunktionen zu entwickeln. Er wollte eine direkte Beziehung zwischen Konstruktion und Fertigung, was bedeutete, daß alle für das Projekt benötigten Funktionen in der Lage sein mußten, unabhängig vom Hauptwerk zu arbeiten. Er bekam schließlich die Chance, es zu versuchen, und was er daraufhin schuf waren die ersten Skunkworks.

Johnson weiß nicht genau, woher der Name Skunkworks kam, aber eine Anekdote erzählt, daß ein Ingenieur von Lockheed fragte: "Was zum Teufel treibt Kelly da drin?" "Oh, er rührt irgend ein Gebräu," war die Antwort. Das erinnerte an Al Capps damals polulären Comic Strip von "Li'l Abner" und dem haarigen Indianer, der regelmäßig das Gebräu umrührte, Skunks, alte Schuhe und anderes Material hineinwarf, das zur Hand war, um seinen "Kickapoo Joy Juice" zu produzieren.

Johnsons Erfolg kann uns wichtige Lehren geben, wie Dinge schnell, preisgünstig, in Zusammenarbeit und kreativ getan werden, und wie die Vorgehensweise auf das Maß des Risikos in jedem Projekt zugeschnitten wird. Was er tat und wie er es tat war grundsätzlich außerhalb – und in vielen Fällen trotz – des sogenannten regulären Systems. Er schuf eine einzigartige Form der Führung, in der er das Gefühl hatte, den Mitgliedern seines Skunkworks-Teams diese Dinge zu schulden: anspruchsvolle Jobs, die es Wert waren, getan zu werden, stabile Beschäftigung, fairer Lohn, eine Chance voranzukommen, Gelegenheit, einen Beitrag zu leisten, gutes Management, gesunde Projekte, gutes Gerät und gute Arbeitsplätze.

Wodurch unterscheidet sich diese von anderen Formen der Führung? Sie fand innerhalb eines enormen, stark strukturierten und sich langsam bewegenden Riesenunternehmens statt – einem Ort, an dem diese Art kreativer Effizienz allzu rar ist.

Er hat bewiesen, daß Skunkworks gut und sogar spektakulär funktionieren, wenn das Top-Management und die Verfechter des Projektes wissen, was sie tun, wenn die richtigen Leute in der richtigen Umgebung unter dem richtigen Führer unter dem richtigen Top-Management arbeiten, das die richtige Unterstützung liefert.

Johnsons Grundregeln für die Skunkworks werden in seinem Buch aufgezählt. Da ich glaube, daß seine Vorgehensweise für Projekte Gültigkeit hat, die weit über die streng geheimen der Spielart militärische Hi-Tech hinausgehen, habe ich Johnsons Regeln so angepaßt, daß sie für ein breiter angelegtes und kreativ orientiertes Projekt passen.

1. Der Leiter der Skunkworks sollte:
   (a) Ein kompetenter und richtungsweisender "Kämpe" mit einem "direkten Draht" zur obersten Leitung sein, der nach seinem Gutdünken genutzt wird, und genügend Autorität und Autonomie zur direkten Durchsetzung von Entscheidungen, was ihm, in jeder praktischen Hinsicht, die vollständige Kontrolle aller Aspekte seines Programms verleiht.
   (b) Der höchsten möglichen Ebene verantwortlich sein mindestens dem Vizepräsident des Geschäftsbereichs.
   (c) Geistig multidominant sein, fähig, Menschen unterschiedlicher geistiger Präferenzen zu akzeptieren und zu integrieren, und in der Lage, auf eine Weise zu arbeiten, die autoritativen und partnerschaftlichen Stil einschließt.

2. Die Leitung der Skunkworks sollte aus besonders fähigen und verantwortungsbewußten Menschen bestehen und weniger als 25 Prozent der normalen Organisation umfassen. Dieses Personal sollte:
   (a) Alle erforderlichen Funktionen enthalten (Engineering, fortschrittliches Design, Fertigung, Finanzen, Personal, strategische Planung usw.).
   (b) Jede einzelne und alle Veränderungen im Arbeitszusammenhang, sobald sie eintreten, jedem Beteiligten erklären.
   (c) In der Lage sein, nach Bedarf spezialisierte Kompetenz durch Verpflichtung von Experten einzubringen.

3. Die Arbeit sollte wie folgt strukturiert und zugeteilt werden:
   (a) Alle Mitarbeiter tun eine Arbeit, die das Projekt entweder direkt dem Abschluß näherbringt oder aber sie sind eng mit dieser Arbeit befaßt.
   (b) Die Jobs verlangen geistige Fähigkeiten in einer Kombination, welche die Lösungswege befördert – z.B. verlangt ein Job, der stark kreatives Denken fordert, daß 60 bis 70 Prozent der Arbeit in den Quadranten D und C getan wird, und nicht 80 Prozent Arbeit im Quadranten B.
   (c) Die geistigen Präferenzen der Menschen passen zu den Anforderungen der Arbeit, die sie tun.
   (d) Jeder einzelne kann, in Übereinstimmung mit den Anforderungen des Projektes, den Vorteil der für ihn besten Arbeitszeit ausnutzen.

Abbildung 5-14. Notbehelf

4. Die Kommunikation mit allen Mitarbeitern sollte ständig, geschickt, intensiv und umfassend sein, so daß alle Mitarbeiter das Projekt vollständig kennen. In dieser Weise können Entscheidungen über einen Aspekt des Projektes Ereignisse und Ziele in anderen Teilen des Projektes berücksichtigen. Zum Beispiel:
   (a) Die Arbeit sollte so ausgelegt sein, daß Berichte und Schreibarbeiten auf ein Minimum beschränkt sind, aber alle wichtigen Arbeiten sind gründlich zu dokumentieren.
   (b) Jede und alle Veränderungen in der Arbeitssituation werden jedermann erklärt sowie sie eintreten.
   (c) Allen Familien sollte der Status des Projektes bewußt sein und sie sollten mit den Arbeitsaktivitäten vertraut sein.

5. Der Arbeitsplatz sollte dem Team zur Verfügung stellen:
   (a) Die benötigte Privatsphäre, so daß es seine Arbeit frei von Störungen oder unangemessenen Einflüssen von Organisationen in der Umgebung tun kann.
   (b) Für alle Mitarbeiter des Teams freien Zugang zu allem wichtigen Gerät und kreativen Material.

Skunkworks sind also weit mehr als Orte. Es sind Unternehmungen, die sich spontan aus einer Organisation entwickeln, gewöhnlich durch die Weitsicht und den Antrieb von einem oder zwei Kämpen angetrieben, die Lücken in einer Organisation oder Kultur nutzen, die es gestattet, daß solche Bemühungen wachsen. Kämpen streben nach und fordern kreativen Raum. Das Top-Management, das weise genug ist, den Kämpen zu erkennen und anzuerkennen, und das gestattet, daß die Bemühung stattfindet, kann nur die richtige Umgebung schaffen.

Das Konzept der Skunkworks scheint so einfach, aber die meisten gehen daneben. Warum? Hauptsächlich, weil Kreativität nicht geregelt werden kann. Allzu häufig "pfropt" eine Firma, die verzweifelt Innovation braucht, ein Skunkworks- oder Matrix-Konzept einfach auf und es schlägt fehl, weil das Management die geistigen Anforderungen nicht wirklich versteht, die vorhanden sein müssen, damit kreative Bemühungen funktionieren. Ein typisches Versagermuster: Das Top-Management schafft eine Spezialabteilung, die sich mit einem wichtigen Unternehmensproblem befassen soll, beauftragt sie mit der Entwicklung einer kreativen Lösung und vergiftet dann das Arbeitsklima, indem sie die Spezialabteilung dafür bestraft, daß sie nicht im voraus nachweisen kann, in welchem Maße die Lösung funktionieren wird. Ein anderes Muster: Das Management baut spezialisierte Einrichtungen für Forschung und Entwicklung, die als kreativer Raum bezeichnet werden, aber weder das Design noch die Ziele kommen von innerhalb der Organisation, daher fehlt dem Projekt sowohl die Vision als auch ein Kämpe, der auf dem Weg dahin führen kann, und die Einrichtungen passen nicht zu der kreativen Aufgabe, die zu erfüllen ist.

c. Notbehelfe und Schwarzhandel

Wenn das Top-Management einem Unternehmen eine kreative Strategie aufzwingen will, dann ist das genauso albern, als hätte man im 2. Weltkrieg versucht, den schweren Pionieren der U.S.-Navy Notbehelfe und Schwarzhandel befehlen zu wollen. Die schweren Pioniere waren für die Einrichtung von Basen für verschiedene Marineeinheiten verantwortlich, hauptsächlich im Pazifik. Weil niemand immer im voraus an alles denken konnte und Eisenwarengeschäfte, die Vergessenes hätten liefern können, nicht vorhanden waren, wurden die schweren Pioniere absolute Meister im Organisieren, Betteln, Borgen und Schwarzhandel (es ist ein höfliches Wort für Stehlen, Fälschen und ähnliche Aktivitäten). Was sie schwarz nicht bekommen konnten, haben sie behelfsmäßig gebaut. Notbehelfe sind Erfindungen mit Hilfe vorhandener Materialien. Sie wurden tatsächlich das Wahrzeichen der schweren Pioniere. Die Einheit war enorm stolz auf ihre Kreativität, und besonders angespornt, wenn gesagt wurde "unmöglich". Können Sie sich die Auswirkung auf die schweren Pioniere vorstellen, wenn ein Admiral von der regulären Navy ihnen Schwarzhandel und Notbehelfe als militärische Strategie befohlen hätte? Das hätte alles ruiniert.

Übrigens stammt der amerikanische Begriff Notbehelfe (Juryrigging) aus der Zeit der Segelschiffe. Wenn ein Notfall eintrat, gleich welcher Art, rief der Kapitän alle Funktionsleiter zusammen, um eine Lösung zu finden. Wenn zum Beispiel der Mast brach, kamen der Bootsmann, der Schmied, der Schiffsausrüster, der Bootsmannsmaat wie eine Jury zusammen, um einem Weg zu finden und herzustellen, wie das Schiff seetüchtig gemacht und an Land gebracht werden konnte. Die Jury war im Ganzen gesehen das Ganzhirn-Matrix-Team eines Unternehmens, wobei die sofortige Innovation der einzige, sie einigende Zweck war. Hier haben wir es wieder mit einer Idee zu tun, die sehr viel mehr Gültigkeit hat, wenn sie in Begriffen des Geistes ausgedrückt wird, als wenn sie nur in Begriffen der Organisation dargestellt wird.

Ich trete nicht dafür ein, die Denkweise des Quadranten B abzuschaffen. Ganz und gar nicht. Was Innovation mehr als alles andere braucht ist, daß alle Präferenzen situationsbezogen zusammenarbeiten, um einem innovativen Zweck zu dienen. Planung, Vorbereitung, Überprüfung und Ausführung, Funktionen des Quadranten B, sind nicht nur für laufende Operationen entscheidend, sondern auch für die Einrichtung innovativer Projekte jeder Art.

d. Matrix-Management

Matrix-Management ist ein Begriff für eine multidisziplinäre Organisation oder ein Team von Menschen, die (gewöhnlich zeitweise) zusammengebracht werden, um ein gemeinsames Ziel zu erreichen. Mitarbeiter des Teams sind Spezialisten aus allen zum Erreichen des Zieles notwendigen funktionellen Bereichen oder Disziplinen. Anders als bei der Zusammensetzung der meisten Projektteams, die für die Dauer eines Projektes konstant bleibt, kann die Mitarbeit an einem Matrixteam häufig wechseln, um den Anforderungen der Arbeit gerecht zu werden. Wenn das Fachwissen einer Person nicht mehr benötigt wird, scheidet diese Person aus. Spezialisten werden nach Bedarf eingebracht. Firmen verleihen dem Matrixteam verschiedene Bezeichnungen wie Projektteam, Spezialabteilung usw. Die Bezeichnung spielt keine Rolle – der Gedanke bleibt der gleiche: Eine Gruppe Menschen wird aus verschiedenen Teiles des Unternehmens oder der Organisation zusammengebracht, um eine spezifische Aufgabe zu erfüllen, und wenn die Aufgabe abgeschlossen ist, wird die Gruppe aufgelöst. Der Teamleiter ist eher ein funktioneller als ein Verwaltungsleiter, der Arbeitsanweisungen für die vorliegende Aufgabe liefert, aber nicht die Autorität hat, Gehälter zu ändern oder Leitungsaufgabe zu erfüllen wie Entwicklungs- und Urlaubspolitik.

Wie viele Organisationskonzepte ist das Matrix-Management sinnvoll, so weit wie es geht: Unglücklicherweise geht es nicht weit genug: (1) Das Matrixkonzept wird nicht im Sinne der Hirndominanz verstanden und geschätzt und (2) wegen dieses Unwissens haben Gruppen ihre Energien in internen Streitigkeiten verschwendet, statt sie durch synergistische Iteration zu vervielfachen.

Abbildung 5-15 zeigt ein echtes und typisches Beispiel. Dieses zusammengesetzte Profil repräsentiert die Mitarbeiter einer Matrix-Spezialabteilung, die zum Erreichen einer bestimmten, kurzfristigen Aufgabe zusammengestellt wurde. Die der Gruppe zugeordneten Menschen brachten alle Fähigkeiten und die geschäftliche Erfahrung mit, die als für die Aufgabe unabdingbar erachtet wurde. Als das Team aber anhand des Vier-Quadranten-Modells analysiert wurde, zeigten sich zwei Schwierigkeiten. Erstens fehlte dem Team eindeutig starke Präferenzen im Quadranten A für logisches, analytisches Denken. Es zögerte daher bei der Analyse und Interpretation der Daten, von denen das Projekt abhing und unzweifelhaft schaltete es für synergistisches Arbeiten nicht gut genug um. Zweitens hatte der Leiter, obwohl mit allen geschäftlichen Informationen ausgestattet, die für die Führungsrolle benötigt wurde, nicht das Profil, das ein effektiver multidominanter Übersetzer braucht. Zusätzlich war er ein Vertreter des größten funktionellen Stammes, was die Tendenz zur inneren Polarisierung der Gruppe in "wir" und "die" verschärfte.

Innerhalb weniger Tage fuhr sich die Gruppe auch folgerichtig in einem Patt zwischen den eher konservativen, kontrollierten, bewahrenden Mitgliedern und den eher abenteuerlustigen, experimentellen und risikobereiten Mitgliedern fest. Im wesentlichen neutralisierten sie sich gegenseitig.

Erst als diese Hirndominanz-Diagnose die mangelnde Stärke imQuadranten A und das Fehlen eines multidominanten Übersetzers ans Licht brachte konnte der Job getan werden. Um aus der Sackgasse zu kommen wurden die ursprünglichen Führungsrollen weitgehend erhalten, aber der Chef schloß sich der Arbeitsgruppe an, um die Übersetzerrolle zu übernehmen, und zwei Berater mit sehr starken Präferenzen in A wurden ebenfalls eingebaut.

Daher braucht das Matrix-Management drei Dinge:

1. Eine Führung, die alle Dialekte versteht und Unterschiede kanalisiert, statt einfach Autorität auszuüben.
2. Einen Vorrat an potentiellen Team-Mitarbeitern, der groß und differenziert genug ist, um Menschen mit allen den Präferenzen zu enthalten, die für die Zusammenstellung eines Ganzhirn-Teams mit einem multidominanten Führer benötigt werden.
3. Ein Organisationsklima, das Verstehen und Ausdruck von Unterschieden ermutigt.

Im Lichte dieser Anforderungen kann man mit Sicherheit sagen, daß der wichtigste Grund, aus dem das Matrix-Management versagt, wahrscheinlich der ist, daß es von solchen Managern heterogene Führungsfähigkeiten verlangt, die die Führungsarbeit fast ausschließlich in homogenen Gruppen gelernt haben. Dieser Hintergrund bereitet sie schlecht darauf vor, mit dem Babel unterschiedli-

"Ein Mensch wird kreativ, ob er Künstler oder Wissenschaftler ist, wenn er in der Vielfalt der Natur eine neue Einheit findet. Das tut er, indem er eine Ähnlichkeit findet. Das ist kein mechanisches Verfahren und ich glaube, daß es in der Kunst wie in der Wissenschaft die ganze Persönlichkeit beschäftigt."

Jacob Bronowski

"Wenn man sagt, etwas sei nicht machbar, ist man in dem Augenblick damit fertig. Und es spielt keine Rolle, wie viel man weiß – auch wenn man ein Experte ist – wenn man sagt, es ist nicht machbar, ist man fertig. Und jemand, der nichts darüber weiß, aber glaubt, es sei machbar, ist jetzt für den Job besser geeignet als man selbst."

Harry Myers

"Logische Konsequenzen sind die Vogelscheuchen der Narren und die Leuchtfeuer weiser Männer."

Thomas H. Huxley

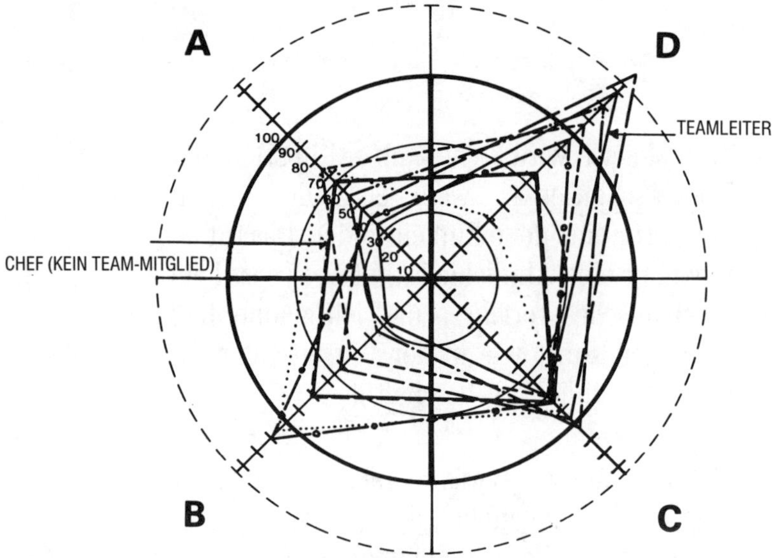

Abbildung 5-15. Matrix-ähnliche Spezialabteilung für Produkt-Design

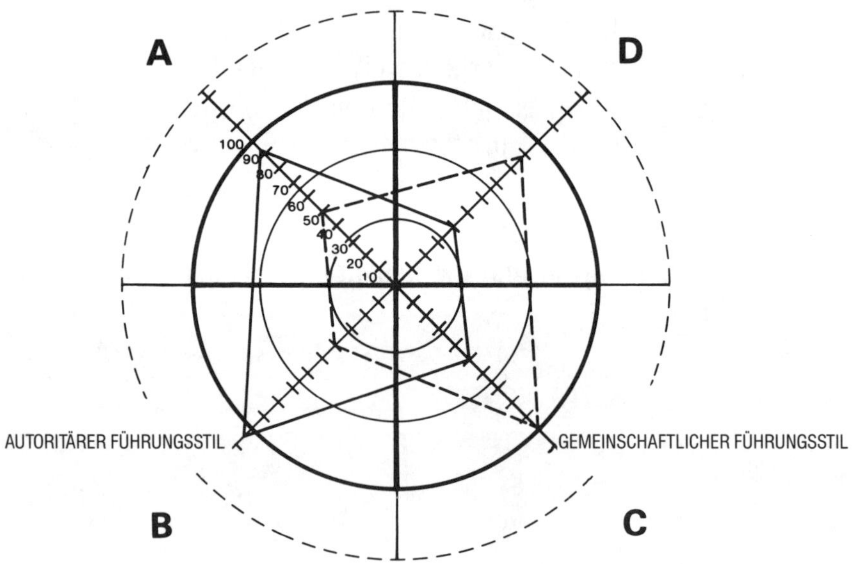

Abbildung 5-16. Profil von autoritärem und kollegialem Management

cher funktioneller Sprachen und breit gestreuter Werte und Stile fertig zu werden, die für das Arbeiten auf dem höchsten kreativen Niveau notwendig sind. In einer homogenen Gruppe ist Führung auf der Grundlage von Autorität möglich, während in einer heterogenen Gruppe die Autorität von der Fähigkeit abgeleitet werden muß, sich übergeistige Barrieren hinweg zu verständigen, gewaltige Unterschiede in Werten, Auffassungen, Annahmen, Vorurteilen, Vorverurteilungen und Hirndominanz-Merkmalen zu überwinden.

Die Fähigkeit ohne Autorität zu führen, liegt darin begründet, daß das Team selbst ein Teil der Führungsressourcen wird. Die einzigartigen Hintergründe und unterschiedlichen Fähigkeiten der einzelnen Mitarbeiter sind die wichtigsten Ressourcen. Traditionelle Autorität neigt dazu, Unterschiede zu ersticken, aber diese Ressourcen können durch eine Führung verfügbar gemacht werden, die Unterschiede ermutigt, und fähig ist, sie zu einem Ganzen zusammenzufügen. Sogar in einer homogenen Umgebung braucht hochklassiges, traditionelles Management eine vielseitige Kommunikation. Ein weniger hochklassiges Management muß entweder abdanken oder zurückkehren zu einer hierarchischen Autorität. Jeder Manager, der zwischen den oben genannten Möglichkeiten wählen muß, wird weit über seine Kompetenz hinaus belastet, wenn er in eine Matrix-Führungsrolle gestellt wird.

Da die meisten Manager zur linken Hirnhälfte tendieren und nicht daran gewöhnt sind, so unterschiedliche Gruppen zu führen, ist es wichtig, daß sie Fähigkeiten in der Führung von Unterschieden entwickeln. Je mehr sie wissen, wie wichtig Vielseitigkeit für Kreativität ist, desto offensichtlicher wird ihnen diese Notwendigkeit werden.

5.6 Das Vier-Quadranten-Team: Schlüssel der kreativen Gleichung

Um das höchste Potential für Innovation und Synergie zu erschließen, ist es wichtig, ein innovatives Projektteam zusammenzustellen, das zusammen ein ganzes Gehirn ist. Im Idealfalle umfaßt die Gruppe mindestens eine Person mit einer Präferenz in jedem Quadranten und ein oder mehrere Mitglieder mit einer dreifachen oder vierfachen Dominanz, so daß sie als Übersetzer dienen können. Größere Gruppen sollten auch alle vier zweifach dominanten Profile enthalten: links (A und B), rechts (C und D), obere Hälfte (A und D) und untere Hälfte (B und C).

Das einzige Problem bei dieser Art der Besetzung einer Gruppe besteht darin, daß sie sehr viel schwieriger zu führen ist als eine homogene. Nehmen sie sich einen Augenblick Zeit und gehen Sie zur Dominanz-Sortier-Übung in Kapitel 3 zurück und betrachten Sie die vier von Ihnen gewählten Geschäftsfreunde. Die vier Menschen in den Spalten A, B, C und D sind alle sehr unterschiedlich. Lassen Sie ihre unterschiedlichen Disziplinen für den Augenblick außer acht und stellen sie sich vor, wie es wäre, sie alle in einem Team arbeiten zu lassen. Mitglieder heterogener Teams sind hinsichtlich der bevorzugten Arten des Wissens so unterschiedlich, daß sie es oft als schwer – sogar anstrengend – empfinden, zusammen zu arbeiten. Es können zahlreiche Mißverständnisse und andere zwischenmenschliche Schwierigkeiten auftreten, wenn das Arbeitsklima Unterschiede nicht erkennt und sie honoriert.

Im Gegensatz dazu neigen Mitglieder homogener Gruppen dazu, ähnlich zu denken und leicht einen Konsens zu erreichen. Dadurch fühlen sie sich bei der Ausführung ihrer Aufgabe gut und, obwohl es tendenziell in die Irre führt, ist diese Gruppe für jeden Manager anziehend. Obwohl sie theoretisch fähig sind, alle Quadranten zu erreichen und zwischen ihnen umzuschalten wählen die Mitglieder homogener Gruppen in ihrer Zielstrebigkeit oft den schnellen Konsens, ohne die volle Bandbreite der Möglichkeiten zu erwägen, bevor sie ihre Entscheidung treffen. Folglich liefern sie oft Ergebnisse, die adäquat sein können, aber selten überragend sind.

Daraus folgt, daß die zentrale Notwendigkeit für eine Organisation, die danach strebt, ihren Arbeitsplatz kreativ und innovativ zu gestalten darin liegt, die Führung von Unterschieden zu lernen. – Es ist eine Kompetenz, die für einige Manager sehr viel schwerer ist als für andere. Ein Manager, dessen eigene geistige Präferenzen auf nur einen Quadranten beschränkt sind, findet es schwer, die geistige Einzigartigkeit von Mitarbeitern zu akzeptieren und zu honorieren, deren Präferenzen radikal anders sind. Diese Manager sind im Umgang mit Homogenität viel kompetenter und fühlen sich darin wohler, und typischerweise fehlt ihnen die Klugheit, die für die Führung eines heterogenen Teams ohne organisatorische Autorität erforderlich ist.

Es ist nicht leicht, das Führen von Unterschieden zu lernen. Es braucht Studium, Versuche und eine Zeit des Stolperns über persönliche Blindheit und Intoleranz. Es braucht Zeit und Hingabe, die Sensibilität für den Anderen zu entwickeln.

Ist es die Mühe wert? Meine Erfahrung mit Hunderten von Gruppen sagt Ja. Ohne Frage ist der heterogene Weg der Weg der Zukunft. Es ist großartig, wenn er funktioniert. In der richtigen Umgebung, mit angemessen ausgebildeten, kompetenten Team-Mitgliedern wird es fast immer funktionieren. Wenn es nicht funktioniert, ist das Versagen fast immer die Folge nicht geeigneter Führung oder eines nicht angemessenen Arbeitsklimas.

5.7 Schritte zur Herstellung des richtigen Klimas

Wenn Sie der Leiter eines Unternehmens, eines Geschäftsbereiches oder einer anderen organisatorischen Einheit sind, und sich jetzt der Einführung situationsbezogener Ganzhirn-Projektteams zur Förderung der innovativen Produktivität in Ihrem Unternehmen verpflichtet haben, werden Sie folgende Maßnahmen ergreifen wollen.

1. *Machen Sie sich persönlich sehr gut vertraut mit den geistigen Präferenzen der ganzen Gruppe des Top-Managements (einschließlich Ihrer eigenen) und verfeinern/erweitern Sie Ihre Fähigkeiten als Führungspersönlichkeit.* Obwohl erst der Anfang der Aufgabe ist der Erwerb dieses Verständnisses nicht nur intellektuell sondern auch als *Erfahrung* unabdingbar. Dieses Buch, und besonders die nächsten drei Kapitel, ist der Erweiterung Ihres Verständnisses der kreativen Arbeitsweise gewidmet und enthält zahlreiche Übungen, um den Lernvorgang so erfahrungsorientiert wie möglich zu gestalten. Letzlich kann aber kein Buch ein Ersatz für die Art persönlicher Erfahrung sein, aus der sich die wirkliche Verpflichtung entwickelt. Sie werden solche Erfahrungen brauchen, denn ohne die Verpflichtung, die daraus herrührt, ist es wahrscheinlich, wenn es hart auf hart geht, daß Sie Ihre Unterstützung für einen weniger strukturierten Stil zurückziehen. In diesen Fällen neigt das Management dazu, noch einseitiger als zuvor zu werden.

2. *Zeigen Sie Ihre Verpflichtung zur Ganzhirn-Arbeitsweise.* Wenn Ihr persönlicher Glaube und Ihre Verpflichtung fest sind, ist es unabdingbar, daß Sie sie der Organisation in einer beständigen Weise demonstrieren. Das bedeutet, die persönliche Einzigartigkeit anderer zu akzeptieren und die Unterschiede zwischen Menschen zu feiern - beachten, sich ihrer erfreuen und sie loben. Das ist nicht so sehr eine Frage der Politik, sondern der Rollenmodellierung: "Tut was ich sage, nicht was ich tue" hat nie funktioniert, wird es auch nie!

3. *Erkennen Sie die Merkmale der Unternehmenskultur, die gegen Heterogenität arbeiten und ändern Sie sie.* Dieser Schritt ist entscheidend, aber leichter gesagt als getan. Tatsächlich drängen Management-Wissenschaftler seit mehr als 25 Jahren vergeblich in diese Richtung. Sie haben ein stärker horizontales, kollegiales Herangehen an Führung befürwortet, eine Vorgehensweise, die organisatorische Unterscheidungen zwischen Ebenen mildert und Kommunikation nicht nur nach unten, sondern auch nach oben zuläßt.

a. Einführung des kollegialen Managements

Im Gegensatz zu autoritären Formen sind kollegiale Formen des Managements stärker auf das ganze Gehirn orientiert und nehmen an, daß die Präferenzen der rechten Hemisphäre, sowohl zerebrale wie limbische, situationsbezogen ebenso gültig und notwendig sind wie die der linken. Ganzhirn-Management meint das ganze Gehirn, nicht nur die rechten oder linken Funktionen. Wenngleich diese Form des Managements stärker holistisch, strategisch, kommunikativ, fähig ist, mit Zweideutigkeiten fertigzuwerden, und in seiner Vorgehensweise menschlicher ist, so wird sie doch, in ihrer besten Form, mit dem Eingeständnis durchgeführt, daß nicht alle Mitarbeiter im Sinne ihrer eigenen bevorzugten Art des Wissens eine gegebene Präferenz teilen. Kollegiales Ganzhirn-Management begrüßt alle Arbeitsweisen.

Einer der Beiträge, die die Gehirnforschung zum Gegenstand des kollegialen Managements geleistet hat, ist die verständliche Erklärung dafür, warum es Manager auf allen Ebenen einer Organisation immer wieder versäumen, Nutzen aus neuen Herangehensweisen an das Management zu ziehen. Manager sind nicht einfach pervers: Es ist nur so, daß ihre bevorzugte Art des Wissens mit der geistigen Ausrichtung des Managementsystems kollidiert, das sie anzuwenden versuchen.

Kollegiales Management wird allgemein in Organisationen akzeptiert, in denen C- und D-Modalitäten und Werte vorherrschen. Wo aber A und B dominieren, greift die kollegiale Vorgehensweise selten oder nie ohne eine sehr

"Die Macht intuitiven Verstehens wird dich bis ans Ende deiner Tage vor Schaden bewahren."

Lao Tse

"Ein Mann mit Genie macht keine Fehler. Seine Irrtümer sind willentlich und Pforten der Entdeckung."

James Joyce

"Streiten Sie für Ihre Grenzen und sie sind mit Sicherheit Ihre."

Richard Bach

"Die meisten Befürworter des Realismus in dieser Welt sind hoffnungslos realistisch."

Jawaharlal Nehru

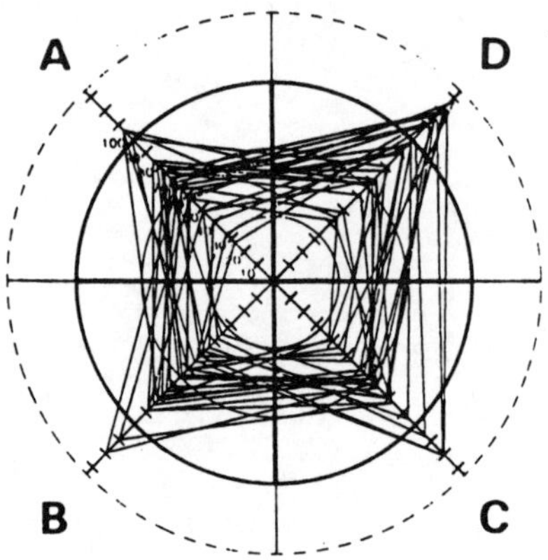

Abbildung 5-17. Typisches Profil einer Organisation

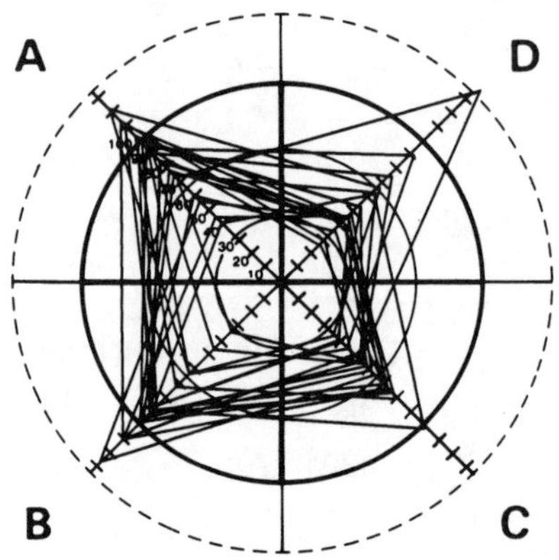

Abbildung 5-18. Typisches Profil einer A/B-dominanten Organisation

Abbildung 5-19. "Wir stellen nach unserem Bilde ein."

bewußte Anstrengung, das bevorzugte Denken der Organisation zu erweitern oder zu verlagern. In einem Management, dessen Kultur so ausgebildet ist, daß stark strukturierte, durchgeplante, organisierte, disziplinierte und administrativ konzentrierte Arbeitsweisen besonders bevorzugt werden, kann man die unverblümte Ablehnung eines Führungsstiles erwarten, der auch zweideutige Lösungswege akzeptiert, intuitives Denken als gültig betrachtet, emotionalen Ausdruck respektiert, ihre Mitarbeiter als einzigartig und an sich wertvoll betrachtet, in ihrer Verwaltung flexibel ist und darauf vertraut, daß die Mitarbeiter das tun, was sie selbst für die Entwicklung des Unternehmens für das Beste halten.

Selbst mit einer bewußten Bemühung um eine Erweiterung der Präferenzen ist die Veränderung wesentlicher Bezugsrahmen enorm. Was daher praktisch jedes große Unternehmen wahrscheinlich tun muß ist die Suche nach und Förderung von Mitarbeitern, deren Präferenzen die rechten Quadranten C und D beinhalten. Wahrscheinlich stehen sie schon auf der Gehaltsliste und tun Arbeiten, die nicht zu ihren Präferenzen passen. Ist das nicht der Fall, sollten sie eingestellt werden. Wenn ich Kunden dazu dränge, eine Ganzhirn-Gruppe aufzubauen – und das bedeutet weiterhin einen Anteil der Frauen von bis zu 50 Prozent zu entwickeln – sagen die meisten, das sei innerhalb ihrer Unternehmenskultur nicht möglich. Wenn ich die Vorteile zitiere und weiterhin darauf bestehe, "finden sich" mehr und mehr geeignete Kandidaten und es bildet sich Stück um Stück die gewünschte Ausgewogenheit aus.

Obwohl ich hier eigentlich nur von einer mäßigen *Verhaltens*änderung beim situationsbezogenen Handeln spreche, die zu einer stärkeren Nutzung der Quadranten

C und D hintendiert, wenn es die Situation erfordert, ist die *kulturelle* Veränderung doch grundlegend. Einige "anti-rechte" Haltungen, die in uns und der Gesellschaft vorhanden sind, sitzen tief. Es gibt ebenso tief sitzende anti-linke Haltungen, besonders unter den rechtlosen rechtsdominanten Menschen. Es wird eine Generation dauern, diese zu lockern.

Die Aufgabe der Einführung solcher Veränderungen scheint überwältigend, aber: (1) die verfügbare Technologie ist heute so mächtig, (2) die Forderungen der Konkurrenz und die Geschwindigkeit der Veränderungen verlangen sie, (3) die Zeit ist reif für diese Art von Veränderung.

b. Durchführung der kulturellen Veränderung

Wir können die *Kultur* einer Organisation als die Summe der Denkpräferenzen und sich daraus ergebenden Verhaltensweisen der Menschen innerhalb dieser Kultur definieren, besonders derer, die sie führen und leiten. Eine Kultur kann in fast der gleichen Weise profiliert werden wie ein Individuum. Abbildung 5-17 zeigt eine typisches Profil. Wenn sich einmal eine Kultur in einer Firma ausgeformt hat, neigen solche Profile zur Beständigkeit. Denn wenn Manager einstellen, suchen sie gewöhnlich nach den vielversprechendsten Kandidaten, die ähnliche Profile haben – wir stellen nach unserem Bilde ein.

Gegen den Strom der ausformulierten Kultur zu schwimmen, kann kostspielig sein. Die heute vorherrschende Organisationskultur zeigt eine Präferenz der Quadranten A und B, wie in Abbildung 5-18 zu sehen ist. In einer solchen Kultur führen linksdominante Verhaltensweisen zu Belohnungen. Von der Unternehmensnorm abweichendes Verhalten dagegen kann zu ebenso erheblichen Strafen führen. Menschen, die sich den Präferenzen der Quadranten C und D entsprechend verhalten, werden gewöhnlich als Außenseiter betrachtet und ausgestoßen oder geächtet. Wenn nicht, dann nur weil sie in A und B außerordentliches leisten. Selbst dann bleiben Verdächtigungen und die Person kann erniedrigt, oder gar ausgestoßen werden, weil sie in unkonventioneller Weise Risiken eingeht. Ironischerweise ist ein solcher Mensch oft das potentiell innerbetrieblich geförderte Talent, das dem Aufruf des Top-Managements nach Innovationen direkt antwortet.

In einigen Organisationseinheiten wie der strategischen Planung, in denen die Denkweisen des rechten Gehirns für den Erfolg des Unternehmens erforderlich sind, kann ein Chef oder leitender Manager einen schützenden Hafen für eine D-dominante Person schaffen. Aber wehe dieser geschützten Person, wenn das Ausscheiden oder eine Beförderung des Sponsors ihn oder sie bloßstellt oder ungeschützt hinterläßt. Wenn diese Menschen keinen stark entwickelten Selbstschutz haben, werden sie gewöhnlich von linksdominanten Stammesgruppen verdrängt. (Auch wenn die Stämme es versuchen, aber keinen Erfolg haben, beschließen innerbetrieblich geförderte Talente oft, daß sie sich dem Kampf nicht aussetzen wollen. Sie gehen dann, bauen ihr eigenes Unternehmen auf und konkurrieren gegen genau die Firma, der zu dienen sie versucht haben.) Die Zurückgebliebenen sind für diese Art der Vertreibung sehr sensibel. Sie sehen sehr deutlich, daß der Preis für nicht konformes Verhalten zumindest bei diesem Arbeitgeber durchaus ihr Lebensunterhalt sein kann, und sie ziehen die Köpfe noch mehr ein.

Man kann bei Fachautoren lesen, daß große Unternehmen nicht in der Lage seien, unternehmerisches (entrepreneurial) oder Außenseiter (maverick) Verhalten in ihren Reihen zu dulden. Haben sie Recht? Die Frage ist offen, weil wir die mentalen Aspekte, die hinter der Frage stehen, noch nicht gut genug verstanden haben, um alternative und funktionsfähige Lösungen anbieten zu können.(Lesen Sie Kapitel 10. Dort wird eingehender beschrieben, wie eine kreative Umgebung geschaffen werden kann.)

Falls sich das Management verpflichtet, kreative Umfelder zu schaffen, bin ich durchaus hoffnungsvoll. Was ein Unternehmer wirklich braucht, ist eine ideale Wirtschaftseinheit. Es ist ein Ganzhirn-Arbeitsplatz mit einer etwas mehr ausgebildeten kreativen Struktur: eher experimentell als bewahrend, eher offen als geschlossen, eher kollegial als autoritär, mehr geführt als überwacht, mehr angeleitet als diszipliniert, eher menschlich als verfahrensorientiert, eher flexibel als eingeschränkt, eher visionär als reaktionär, eher auf die Zukunft als die Vergangenheit ausgerichtet.

Gleichzeitig würde der ideale Arbeitsplatz rechtzeitige Ausführung, sorgfältige Überprüfung von wichtigen Entscheidungen, unantastbares Finanzgebaren, Aufmerksamkeit für rechtliche Fragen, detaillierte Betriebspläne für die Umsetzung strategischer Pläne in Handlung und gesunde Verfahrensweisen, Praktiken und administrative Kontrollen zur Unterstützung einer dynamischen Führung ermöglichen, und von allen diesen Dingen befördert werden.

Wie schafft und unterhält man eine solche Umgebung? Ich denke, es braucht einen *Kämpen* , einen einflußreichen Führer, der die geistigen Aspekte des Managements intuitiv versteht und den Mut und die Fähigkeiten hat, die benötigten Veränderungen herbeizuführen. Der ideale Kämpe wäre in der Lage, jede Unausgewogenheit in den Prioritäten und der Richtung des Managements zu spüren und die notwendigen Maßnahmen zu ergreifen, um das Unternehmen auf Kurs zu bringen und es gleichzeitig flexibel und offen zu halten. Meine Beobachtung vieler Mitarbeiter des Top-Managements weisen darauf hin, daß Kandidaten für diese Führungsrolle häufig schon vorhanden sind, aber noch nicht wissen, wie sie als Mittler von Veränderungen fungieren sollen. Ich glaube, daß die Kreativität der vielversprechendste Weg ist, positiv mit Veränderungen fertig zu werden und biete bestimmte Vorschläge dafür, wie man "kreativ wird" in Kapitel 11 an.

Unternehmen werden in der Lage sein, eine dauerhafte kulturelle Verlagerung herbeizuführen, wenn: (1) die Hirndominanz-Technologie Allgemeinwissen ist und in der geschäftlichen Ausbildung angewendet wird, und (2) unser Bezugsrahmen für die Unterrichtung unternehmensbezogener Themen Funktionen des rechten Gehirns honoriert. Wir sind auf dem Weg dahin. Bis August 1987 sind mehr als 45 Dissertationen auf der Grundlage der in diesem Buch beschriebenen Konzepte und Instrumente verfaßt worden. Aber ehe diese Konzepte nicht in den Kursen unserer Wirtschaftsoberschulen und Universitäten gelehrt und praktiziert werden, haben wir ihre Verwirklichung nicht tatsächlich versucht. Die Anwendung dieser Konzepte in der Umgebung von Lehre undAusbildung ist für ihren Erfolg am Arbeitsplatz (über)lebenswichtig.

c. Öffnung der Managementausbildung

Wie ich es sehe, sollte die Managementausbildung darauf abzielen, die Entwicklungsfähigkeit in allen vier Quadranten ausgewogen zu gestalten, Sie ist jedoch stark auf die Entwicklung der linksdominanten Quadranten A und B ausgerichtet. Eines der Akronyme aus der Managementausbildung der 50er und 60er Jahre ist POIM, was für "Planung, Organisation, Integration und Messen" steht. Nur Integration reflektiert eine rechtsdominante Präferenz, die anderen drei sind stark linksdominant. Dieses Verhältnis von drei zu eins zugunsten der Linken ist keine unfaire Bewertung der Managementausbildung in den 80er Jahren. In der Beziehung zwischen Unternehmen und Wirtschaftsschulen sehen wir Elemente eines geschlossenen Systems, das aus sich selbst lebt.

Die Managementausbildung ist nicht nur linksdominant, sondern sie zieht durch ihren Inhalt und ihre Orientierung auch die Art von Menschen an, die diese Denkweisen bevorzugen. Sie predigt zu Gläubigen. Die Folge ist eine Armee von Absolventen der Wirtschaftsschulen, deren Ausbildung sie alle zu potentiellen Opfern einer beschränkten Sichtweise macht. Viele legen ihre Scheuklappen jahrelang nicht ab, wenn überhaupt. Die Ironie ist, daß diese Institutionen, deren Aufgabe es ist, Wirtschaftskapitäne auszubilden, statt dessen ihre Lehrpläne auf das betriebliche Ende der Unternehmenshierarchie abstellen. Absolventen werden mit hohen Gehältern in Unternehmen eingestellt, aber viele stoßen auf Schwierigkeiten, zu Positionen aufzusteigen, die Kompetenz außerhalb ihrer spezialisierten linksdominanten Ausbildung verlangen, wie zum Beispiel strategische und intuitive Fähigkeiten.

Diese Ansicht wird durch die Daten bestätigt, die in der Titelgeschichte "Der Boss" des Forbes Magazine vom Juli 1987 enthalten sind, die die 800 mächtigsten Menschen (797 Männer, 3 Frauen) in amerikanischen Unternehmen analysiert.

Eine Untersuchung der Abschlüsse der ersten 100 aus dieser Gruppe ist aufschlußreich:*

Bakkalaureus	50
Ohne College-Abschluß	18
MBA	17
PhD	5
JD	3
MS	3
MA	2
Sonstige	2

Ich werde jetzt eine etwas andere Gangart wählen. Bisher habe ich über ein globales Herangehen an die Nutzung der Gehirn-Technologie zur Steigerung der Innovationen und Produktivität für das ganze Unternehmen besprochen. Als nächstes möchte ich von Menschen am Arbeitsplatz sprechen und wie man von ihnen eine höhere Produktivität erhalten kann.

* Achtundsechzig Prozent der ersten 100 haben keinen zweiten Abschluß oder überhaupt keinen akademischen Abschluß. Die Nachricht scheint klar – Spezialisierung ist nicht der beste Weg zur Spitze. Unsere Konzentration auf eng begrenzte, funktionelle Arbeit kann beschränkend wirken, wenn die wichtigste Arbeitsanforderung multifunktional und daher situationsbezogen auf das ganze Gehirn abgestellt ist.

Abbildung 5-20. Quadratische und runde Pflöcke. Anpassung des Einzelnen an einen Arbeitsplatz

5.8 Gehirnorientierte Arbeitsplatzgestaltung: Schlüssel zur Produktivität

Insgesamt gesehen sind Arbeitsplätze um spezifische Aufgaben strukturiert und es wird sehr darauf geachtet, daß es möglich ist, dem Einzelnen Verantwortlichkeiten zuzuweisen, so daß seine oder ihre Leistung für Bewertungszwecke gemessen werden kann. So weit das geht ist es sinnvoll, besonders an Arbeitsplätzen, an denen kooperative, kreative Bemühungen keine Priorität haben.

Mehrere Schwierigkeiten hindern uns allerdings daran, die unter dem Gesichtspunkt der Produktivität optimale Gestaltung zu erreichen.

1. Bei der Gestaltung der Arbeitsplätze berücksichtigt der verantwortliche Manager selten die bevorzugten Arten des Wissens. Folglich kann die Mischung der Aufgaben die Ausführung der wichtigsten dieser Verantwortlichkeiten unterstützen oder auch nicht.
2. Wenn sich Bedürfnisse mit der Zeit ändern, fügen Manager diesen Arbeitsplätzen neue Verantwortlichkeiten hinzu, ohne das ganze erforderliche Tätigkeitsspektrum neu zu bewerten. Der Kandidat kann für die neuen Verantwortlichkeiten geeignet sein, oder auch nicht Wenn der nächste Kandidat den Posten übernimmt, prüft der Manager nie nach, ob die Aufgabenzuteilung noch stimmt.
3. Wenn neue Leute eine vorhandene Position einnehmen wird kaum versucht, den spezifischen Arbeitsplatz an die geistigen Präferenzen dieser Menschen anzupassen.

Auf einigen Gebieten stellt das kein großes Problem dar. Die meisten Tätigkeiten in der Buchhaltung passen zu den geistigen Präferenzen der Menschen, die sie ausführen. Die meisten Profile von Anwälten stimmen mit den anwaltlichen Tätigkeiten überein, die sie durchführen.

Außerhalb der funktionellen Abteilungen und SelbstständigenKategorien ist die Geschichte aber eine andere. Die meisten Menschen haben Arbeitsplätze, an denen sie viele Arbeiten ausführen, die schlecht zu ihren geistigen Präferenzen passen.

Ich möchte, daß Sie sich darüber im Klaren sind, was ich sage. Zweierlei ist zu beachten:

1. Die Menschen streben zu Berufen, in denen sie ihre bevorzugten Arten des Wissens ausüben können. Darum können wir HDI-Berufskategorien entwickeln, die "typische" Profile für bestimmte Arten von Arbeiten enthalten.
2. Wenn aber Arbeiter einmal einen Arbeitsplatz haben – spezifische Positionen in spezifischen Unternehmen – finden sie sich oft mit Arbeiten belastet, in denen sie lange Zeiträume in Bereichen geringerer Präferenz oder gar Abneigung verbringen müssen.

Das Peter-Prinzip ist ein Ausdruck dafür. Menschen steigen in einer Organisation auf, bis sie ihre "Ebene der Inkompetenz" erreichen. Ein klassisches Beispiel dafür ist der Verkäufer, der zum Manager befördert wird, nicht weil er Manager-Neigungen hat (Präferenzen in A, B und C), sondern weil er ein brillianter D-dominanter Verkäufer ist. Möglicherweise wird er für seinen neuen Job ausgebildet – oft ist das nicht der Fall – also ist es eine Angelegenheit von "friß oder stirb". Als Manager bekommt er wenig oder

"Es gibt zwei Möglichkeiten, Licht zu verbreiten: die Kerze zu sein oder der Spiegel, der es reflektiert."

Edith Wharton
"Vesalius in Zante", *Artemis zu Aceton*

"Menschen werden nicht müde, weil sie dort arbeiten, wo die Arbeit intelligent gehandhabt wird. Arbeit, wenn sie interessant ist, ist ein Stimulans. Sorgen und fehlendes Interesse an dem, was man tut, ist ermüdend und entmutigend. Jeder von uns sollte seine Lieblingsinteressen haben – so viele, wie wir effizient und glücklich handhaben können. Wir sollten niemals zulassen, daß unsere Interessen schal oder kalt werden, so daß alle Begeisterung aufgebraucht wird. Jeder Tag kann ein Triumph werden, wenn man seine Interessen hoch hält – sie nähren wie man von ihnen genährt wird."

George Matthew Adams

nichts von dem, was ihn befriedigt und er richtet in der Abteilung Unheil an, weil er die Details haßt und seine Untergebenen nicht überwachen kann. Er ist unglücklich und langweilt sich und wird schließlich gefeuert, weil er es nicht geschafft hat.

Ein weiterer Ausdruck dafür, daß die Position und das Profil einer Person nicht zueinander passen, ist die starke Fluktuation unter sehr vielversprechenden jungen Mitarbeitern. Das Einstellungsverfahren von Unternehmen ist heute im wesentlichen das gleiche wie vor 35 oder 40 Jahren. Sie geben hohe Summen für die Rekrutierung an Colleges und Anwerbung von Talenten aus. Eine Armee von Managern mit den besten Absichten und starker Motivation, die die neuesten Anwerbungsmethoden einsetzen, fallen jedes Jahr in den Colleges ein, um den nächsten Jahrgang einzubringen. Es ist eine Frage der Politik, daß sie hinsichtlich der Qualität der Kandidaten absichtlich zu hoch greifen. Oft erhalten nur die besten 10 Prozent eines Abschluß-Jahrgangs ein Angebot.

Und was geschieht dann? Statt herauszufinden, auf welchem Gebiet dieser vielversprechende, hochbezahlte Mitarbeiter wahrscheinlich am besten ist, geben sie ihm oder ihr ein Sammelsurium von Jobs, die niemanden so sehr interessieren, daß er darum kämpfen würde. Es gibt keine Beziehung zwischen herausragender akademischer Leistung, geistigen Präferenzen, Potential und der zugewiesenen Arbeit. Der Mitarbeiter beginnt sein Arbeitsleben geistig überqualifiziert und auf dem falschen Platz. Einige Jahre später sind Motivation, Produktivität und Verpflichtung auf die Unternehmensziele bestenfalls lau. Diese Menschen beginnen sich umzusehen und gehen, wenn die richtige Gelegenheit kommt. Und das Unternehmen,um viele tausend Dollar ärmer, geht einen Ersatz suchen.

Die Mitarbeiter, die nicht gehen, erdulden eine "Management Förderung", die etwas mit dem zu tun haben kann, was sie am besten können, oder auch nicht. Viele Unternehmen benutzen ein willkürliches Stellenrotationsprogramm, in dem Menschen ohne Rücksicht auf geistige Präferenzen von einem Arbeitsplatz zum anderen versetzt werden, als das wichtigste Werkzeug der langfristigen beruflichen Entwicklung. Einige haben mit diesen Programmen Glück, aber auch sie finden sich unweigerlich am falschen Platz, wodurch ihre Leistung, Produktivität, Zufriedenheit und Moral stark verringert wird. Verzögerungen rühren eindeutig von derartigen Fehlbesetzungen her.

Solche über Jahre andauernde geistige Fehlbesetzungen führen zu mehr Stress und Angst. Das kann nicht nur die Häufigkeit von Grippe und Erkältungen erhöhen, sondern auch von Herzanfällen, Nervenzusammenbrüchen, Alkoholismus und Drogenmißbrauch. Auch wenn eine starke Motivation vorhanden ist, sein Bestes zu tun, haben Menschen am falschen Arbeitsplatz Schwierigkeiten, mit den Anforderungen der Arbeit Schritt zu halten und sie müssen oft länger arbeiten um das zu leisten, was andere in weniger Zeit tun könnten. Das beschneidet ihre Freizeit und kann familiäre Beziehungen zerstören.

Klingt das zu stark dramatisiert? Wenn ja, bedenken Sie dies: Jedes Jahr verläßt jeder fünfte Amerikaner seinen Arbeitsplatz. Sprechen Sie mit den mittleren Managern im amerikanischen Gewerbe und der Industrie von heute und finden sie selbst heraus, wie angeödet sie wirklich sind. Ihr Problem ist es, daß sie die Überlebenden eines rohen Systems sind, das allzu oft gegen statt für die Produktivität arbeitet. In Untersuchungen, die ich selbst über Jahre durchgeführt habe, habe ich nur eine handvoll Fälle gefunden, in denen ein Stelleninhaber seinen oder ihren Arbeitsplatz als perfekt passend empfunden hat. Es ist eher typisch, daß Stelleninhaber das Gefühl haben, einen viel besseren Weg zu kennen und ihn auch gehen zu wollen, wenn sie nur den Hauch einer Chance bekämen. Ich dränge sie häufig, das zu tun.

Bei der Arbeit mit Geschäftsleuten auf allen Ebenen einer Organisation empfehle ich, daß sie ihre Arbeit so gestalten, daß sie zu ihren geistigen Präferenzen und Kompetenzen paßt,wenn sie die Freiheit zu unabhängigem Handeln haben. Die meisten haben viel mehr Handlungsspielraum als sie wissen oder zugeben. Wo sie diese Freiheit nicht haben, fordere ich sie auf, die Initiative gegenüber ihren Managern zu ergreifen, um Veränderungen in den Prioritäten und dem Inhalt der Arbeit durchzuführen. Das Ergebnis kann Gewinn-Gewinn-Gewinn sein: Gewinn für sie selbst, Gewinn für den Manager und Gewinn für die Firma. Ich empfehle Managern, ein Klima zu schaffen, das ihre Mitarbeiter ermutigt, solche Initiativen zu ergreifen.

Der Zuwachs an Produktivität und Zufriedenheit am Arbeitsplatz kann enorm sein, und das ist keine geringfügige Angelegenheit in der Produktivitätsgleichung. Zufriedenheit ist auf vielfältige Weise sowohl ein Maßstab für als auch eine Quelle der Selbstachtung, welche ein lebenswichtiger Faktor ist, der zu ausgezeichneter Leistung und hoher Produktivität am Arbeitsplatz beiträgt. Menschen mit großer Selbstachtung leisten keine schlampige Arbeit. Es ist wohl sicher zu sagen, daß die Arbeit in bevorzugten

"Erziehung, Lernen und Ändern sind dem Lösen von Problemen so nahe verwandt, daß sie alle Bezeichnungen für die gleiche Sache sein können."

George Prince

"Wenn man nicht von Begeisterung angefeuert ist, wird man mit Begeisterung gefeuert."

Vince Lombardi

"Lieben heißt engagiert sein, arbeiten, interessiert sein, schaffen."

Lina Wertmüller

"Jeder Job ist ein Selbstporträt des Menschen, der ihn getan hat."

Quelle unbekannt

Arten des Wissens eine wichtige Quelle der Selbstachtung und daher der Produktivität ist.

Wenn ich mit Geschäftsleuten als Publikum arbeite, bitte ich sie manchmal, eine Prozentzahl zu wählen, die ihre eigene Produktivität beschreibt, diese private Information auf einen Zettel zu schreiben und ihn dann in eine Tasche zu stecken. Später, nachdem ich über die Anwendung meiner Arbeit auf die Geschäftswelt, die Chance zur Gestaltung von Arbeitsplätzen und die Umsetzung von Menschen auf diese Arbeitsplätze gesprochen habe, bitte ich sie, auf einen anderen Zettel zu schreiben, wie hoch ihre Produktivität sein könnte, wenn sie die Gelegenheit bekämen "Spaß zu haben", und diesen Zettel in eine andere Tasche zu stecken. Am Ende des Tages, kurz vor dem Ende der Veranstaltung, sage ich dann: "Ach, übrigens, was werden sie mit diesen beiden Zetteln in Ihren Taschen anfangen?" Sie rücken damit heraus, daß der Unterschied zwischen den beiden Zahlen zwischen 10 und 50 Prozent liegt, wobei die höhere Zahl immer bei der Arbeit liegt, die "Spaß macht".

Auf der Grundlage dieser und anderer Beobachtungen glaube ich, daß der mögliche Produktivitätszuwachs im durchschnittlichen Unternehmen bei 30 Prozent liegt. Um das zu prüfen,fragen Sie sich selbst: Wie würde ein perfekt passender Job Ihre Produktivität beeinflussen? Wie würde Arbeit, die Spaß macht, ihre Zufriedenheit mit der Arbeit beeinflussen? Was ist hier also gesunder Menschenverstand? Den besten Kandidaten zu behalten, die beste Arbeit zur Verfügung zu stellen. So viel Zeit und Geld dafür aufwenden, den richtigen Arbeitsplatz zu entwerfen wie wir auf die Rekrutierung der Menschen ausgeben, die die Arbeit tun sollen. Sicherstellen, daß die bevorzugte Art des Wissens und die Kompetenzen des Kandidaten zu den geistigen Anforderungen der auszuführenden Arbeit passen.

Ich spreche in Kapitel 11 ausführlicher über dieses Thema, weil seine Anwendung und Lösungen über die Unternehmenswelt hinaus relevant sind. Produktivität ist nicht nur eine Frage von Unternehmensstruktur. Sondern sie muß auch in der Arbeitsorganisation gelöst werden, nicht nur bei den Angestellten, sondern auch bei den gewerblichen Arbeitnehmern. Und die Frage stellt sich nicht nur in den USA, sondern in der gesamten Welt.

Wir haben über Vieles gesprochen: Wir haben von der Notwendigkeit geschrieben, daß sich Unternehmen die Funktionen des GANZHIRN-MANAGEMENT nutzbar machen. Wir habe weiter ausgeführt, welche Rolle die Chefs, und insbesondere die Chefinnen, bei der Einführung dieses Wandels spielen, bis hin zu den Innovationen in einem Unternehmen, und wie man diesen Prozeß in Gang setzt, indem man Ganzhirn-Teams etabliert, und eine entsprechendes Umfeld aufbaut, sowie die Wirtschafts- und Management-Ausbildung neu ausrichtet.

Schließlich habe ich dargelegt, wie enorm die Produktivität von Menschen an individuell gestalteten Arbeitsplätzen dadurch gesteigert wird, daß ihre mentalen Fähigkeiten auf das Arbeitsprofil passen. Im nächsten Kapitel werde ich näher auf das Thema der Kommunikation zwischen Menschen mit unterschiedlichen Präferenzen über mentale Grenzen hinweg eingehen. Es ist ein tiefgründiges und sehr vergnügliches Thema. Aber niemand kann seinen Konsequenzen entgehen.

"Die größten Feinde der Kreativität sind verkrustete Starrheit und sture Selbstzufriedenheit."

Quelle unbekannt

"In einer sich schnell ändernden Welt ist die Fähigkeit zur Kreativität und Anpassung von unschätzbarem Wert."

Quelle unbekannt

"Keine Idee ist so verrückt, daß sie nicht mit einem scharfen, aber gleichzeitig ruhigen Auge erwogen werden sollte."

Winston Churchill

Abbildung 6-1. Blick auf Lake Lure

6. KRIEG ODER FRIEDEN? KOMMUNIKATION ÜBER GEISTIGE GRENZEN HINWEG

Nirgends zeigen sich unsere unterschiedlichen geistigen Präferenzen grundlegender als in unserem Kommunikationsverhalten. In diesem Kapitel beginne ich mit der Vorstellung der verbalen und nonverbalen Dialekte des Gehirns. Daran schließt sich das große Thema Humor an. Mit den Beispielen von Irrwegen und Sackgassen knüpfe ich an das Kapitel 5 an.

Ähnlichkeiten oder Unterschiede der Hirndominanzprofile drücken sich am deutlichsten in unserem Kommunikationsverhalten aus. Am deutlichsten wurde mir dieser Zusammenhang in einer Reihe von Gesprächen, die ich immer wieder gerne zur Erläuterung zitiere. Nachdem wir fünf Jahre lang einen Bauplatz gesucht hatten, fanden meine Frau Margy und ich endlich den für uns idealen Platz für den Bau eines "Ganzhirn-Hauses", das uns als Heim und Hauptquartier dienen sollte. Er befand sich in Lake Lure, North Carolina, in einem Freizeitpark, der jetzt Fairfield Mountains genannt wird. Nach einigen Nachforschungen und Nachdenken haben wir uns schließlich für einen Architekten entschieden. Lou Bruinier kam aus Portland, Oregon. Er sollte uns bei der Planung des Hauses helfen. Ein Termin wurde festgelegt, an dem er einfliegen und die Baustelle besichtigen sollte.

Der festgesetzte Morgen war ein perfekter Septembertag in den Bergen. Ich führte Lou den Pfad entlang, der am Kamm verlief, zu einer Lichtung an der Seite des Berges, die einen atemberaubenden Blick auf den See, das darunterliegende Tal und die Berge in der Umgebung bot. Der Architekt war von dem Anblick sichtlich bewegt. Er stand einfach da, sog es auf. Nach einer Weile fragte ich: "Nun, Lou, was denken Sie?" Und ohne sich umzudrehen sagte er: "Welch ein Ort, um ein Heim zu bauen. Was für ein Platz, um immer dort zu leben. Ich habe das Gefühl, als machte ich Gottes Arbeit. Ich danken Ihnen für die Ehre!" Dann nahm er sein Skizzenbuch heraus und trug die ersten Linien seines Planes ein.

Die Pläne waren etwa ein Jahr später fertig. Nachdem wir mit einer Reihe von Bauunternehmern gesprochen hatten, die den Bau ausführen sollten, wählten wir Grover Wilson, den lokalen "Sultan of Homes". Ich brachte Grover zur Baustelle und er bewegte sich in die Nähe des gleichen Platzes, den Lou eingenommen hatte. Es war wieder ein perfekter Septembertag. Nachdem er die Aussicht und die Baustelle eine oder zwei Minuten betrachtet hatte, fragte ich: "Nun, Grover, was denken sie?" Nach einer Minute drehte er sich um, sah mich an und sagte: "Oh, ich habe schlimmeres als das hier gesehen."

Ein weiteres Jahr verging, und während ich dabei war, ein Baudarlehen und eine Hypothek zu arrangieren, lud ich den Bankier ein, auf den Berg zu kommen und sich die Baustelle anzusehen. Es war wieder ein schöner Septembertag. Er ging den Pfad zur Lichtung, wobei er es sorgfältig vermied die Brombeersträucher zu streifen, und seinen Dreiteiler einzureißen und seinen Aktenkoffer zu zerkratzen. Als wir zu der Lichtung kamen, schien er natürlicherweise zu der Stelle zu streben, die vorher Lou und Grover eingenommen hatten. Er wandte sich zu mir um, sagte aber nichts. Ich konnte nicht anders und fragte ihn:

Abbildung 6-2. Ansicht von Lake Lure mit dem Bauunternehmer

Abbildung 6-3. Ansicht von Lake Lure mit dem Bankier

A **FAKTEN** logisch analytisch technisch finanziell **WAS**	**ZUKUNFTSAUSSICHTEN** D integrierend phantasievoll Einfühlsam visionär **WARUM**
WIE organisiert detailliert geschäftsmäßig sequentiell **FORM** B	**WER** zwischenmenschlich emotional auf Menschen ausgerichtet hilfreich **GEFÜHLE** C

A **ZÄHLEN**	D **AUSGEBEN**
SPAREN B	**HELFEN** C

"Geld"

Abbildung 6-4. Vier Dialekte des Gehirns

"Nun, Jack, was denken Sie?" Jack schaute mir gerade in die Augen und sagte: "Ned, auf diesem Land werden Sie nie Mais anpflanzen können." Ich hatte versucht, seine Antwort vorauszusehen, aber dieses ging über mein Vorstellungsvermögen.

Wie unterschiedlich ist doch die Sicht, die jede unserer Hirndominanz bietet, und wie unterschiedlich sind die Bedeutungen von Worten und Inhalten, die wir zur Beschreibung dieser Sichtweisen benutzen.

6.1 Getrennt durch eine gemeinsame Sprache: Einführung in die Dialekte des Gehirns

Das alte Sprichwort über die Amerikaner und die Engländer, die "zwei durch eine gemeinsame Sprache getrennte Völker" seien, gilt für diejenigen unter uns, die unähnliche Hirndominanz-Profile haben. Da Englisch für die meisten von uns die *Lingua Franca* ist, nehmen wir an, daß wir über die innewohnenden Bedeutungen gemeinsam verfügen. Aber Menschen haben sehr unterschiedliche Blickwinkel und messen den Worten, die sie für die Beschreibung dieser Blickwinkel verwenden, unterschiedliche Bedeutungen bei. Tatsächlich können die Unterschiede in den Hirndominanz-Präferenzen so groß sein, daß sie separate und unterschiedliche Dialekte oder "Sprachen" schaffen. Obwohl sie oberflächlich betrachtet das gleiche Vokabular benutzen, weisen diese Dialekte den gleichen Worten unterschiedliche Bedeutungen zu und benutzen sie zur Beschreibung von Welten, die aus sehr unterschiedlichen Standpunkte gesehen werden.

"Wenn es ein Erfolgsgeheimnis gibt, liegt es in der Fähigkeit, die Ansicht des Anderen zu hören und die Dinge aus dem seinen wie auch dem eigenen Blickwinkel zu sehen."

Henry Ford

"Harmonia ist das Abstimmen von Gegensätzen, die Bereinigung der Vielen, eine Versöhnung von Andersdenkenden."

Theon von Smyrna

"Hunderte von Menschen können für einen sprechen, der denken kann, aber Tausende können für einen denken, der sehen kann."

John Ruskin

BEISPIELE DAFÜR, WIE VIER BERICHTERSTATTER DEN GLEICHEN UNFALL SEHEN

A **FAKTEN**	D **ZUKUNFTSAUSSICHTEN**
"Noch einmal ... die Forensik beweist mit Hilfe der unbestreitbaren Fakten Blutgruppe, Fingerabdrücke und spektrografischer Analyse von Lackteilen, ohne Zweifel, daß ..."	"Dieser Unfall demonstriert die tödliche Kombination des Fahrens unter Alkohol und fehlerhafter Konstruktion von Autos. Diese beiden Themen sind von nationaler Bedeutung und verdienen die sofortige Aufmerksamkeit des Gesetzgebers, wenn künftige Generation angemessen geschützt werden sollen."
"Um 1:15 Uhr, am Donnerstag, dem 9. April, fuhr auf der Fernstraße 9, 15 Meilen nördlich von Columbus, eine schwarze, viertürige Plymouth-Limousine, Baujahr 1978, mit 75 Meilen pro Stunde, in einem Schulbereich, in dem 35 Meilen pro Stunde zugelassen sind ..."	"Weinende, schreiende Mutter greift den geduckten Verdächtigen an, während gereizte Polizeibeamte eine wütende Menge an der schrecklichen Szene mit einem zermalmten Schulbus und den blutigen Opfern des Unfalls zurückhalten."
FORM B	C **GEFÜHLE**

Abbildung 6-5. Vier Ansichten des gleichen Unfalls (S. 162)

VIER REAKTIONEN AUF EINE "HEISSE" IDEE

OBEN LINKS **FAKTEN (rational)**	**OBEN RECHTS** **ZUKUNFTSAUSSICHTEN** **(visionär)**
Sieht gut aus. Die Fakten seinen zu stimmen - die Zahlen sind in Ordnung. Es könnte funktionieren.	Welch eine großartige Idee! Ich kann das zehn Jahre von heute sehen! Ich kann vor meinem geistigen Auge wirklich die Zukunft sehen.
Es ist möglich, aber ich sehe hier einige mögliche Risiken. Ich würde warten, bis alle Fragen vollständig beantwortet sind.	Oh Mann, das ist ein Sieger! Mich kribbelt's am ganzen Körper!
FORM (bewahrend) **UNTEN LINKS**	**GEFÜHL (Bauch)** **UNTEN RECHTS**

Abbildung 6-6. Vier Reaktionen auf eine "heiße" Idee

Obwohl alle diese Dialekte Grundlage unserer tägliche Kommunikation sind, benutzen die meisten von uns sie ohne ein Bewußtsein möglicher Mißverständnisse. Daher werden wir jeden Tag auf bedeutsame oder nicht bedeutsamer Weise mißverstanden.

Wir haben erkannt, daß diese Dialekte entsprechend der Hirnquadranten eingeordnet werden können, wie das folgende Modell zeigt. Es gibt demnach die Sprache der Logik und des Verstandes (A), die Sprache der Struktur und Kontrolle (B), die Sprache der Gefühle und Emotionen (C) und die Sprache der Intuition und Vorstellung (D).

Diese Dialekte manifestieren sich sowohl in der verbalen als auch der nicht-verbalen Kommunikation.

a. Beispiele verbaler Dialekte

Als Beispiel dafür, wie diese Dialekte sehr unterschiedliche Bedeutungen vermitteln können, betrachten Sie Abbildung 6-4. Vier verschiedene Ansichten des gleichen imaginären Autounfalls sind in Bild 6-5 dargestellt. Sie wurden von vier Berichterstattern geschrieben, die jeweils eine Präferenz für eine bestimmte Art des Wissens haben.

Wie man sehen kann, beeinflußt die Hirndominanz-Präferenz jedes Berichterstatters nicht nur die verwendete Sprache, sondern auch seine Wahrnehmung und Reaktion und daher die Richtung, die eine Geschichte nimmt.

Im nächsten Beispiel sehen wir, wie die Dialekte sich von Quadrant zu Quadrant unterscheiden. Wir sehen, wie vier verschiedene Menschen auf eine "starke Idee" reagieren (Abbildung 6-6).

Zeitschriften können wir ebenfalls im Sinne der angesprochenen geistigen Präferenzen klassifizieren. Zwei populäre Zeitschriften, die die linken zerebralen Funktionen ansprechen sind Scientific American (Spektrum der Wissenschaften) und High Technology. Popular Mechanics paßt hier ebenfalls, weil sie sich auf mechanische und technische Angelegenheiten konzentriert und mit Daten und Spezifikationen überquillt. Omni und Venture, die D oben links ansprechen, zeigen dramatische und ungewöhnliche Lay-outs, Bilder und Worte. Die Harvard Business Review und The Bureaucrat (eine Publikation der US-Regierung) reflektieren hauptsächlich B unten links. Und für C unten rechts haben wir People, Life und Guidepost.

Wenn wir die Dialekte der Hirnquadranten verwenden, können wir Filme, Bücher, Kunstwerke und fast jeden anderen expressiven Aspekt unserer Existenz in ähnlicher Weise klassifizieren. Alle reflektieren, wie ihre Leser, Betrachter und Schöpfer zu denken gewohnt sind und sich Wissen aneignen.

Natürlich findet nicht alle Kommunikation verbal statt. Ganz im Gegenteil.

b. Beispiele nicht-verbaler Dialekte

Definitive Studien von Albert Mehrabian beweisen, sehr zur Überraschung der meisten Menschen, daß 55 Prozent unserer Kommunikation von Angesicht zu Angesicht nicht durch Worte, sondern Mimik, Körpersprache, Kleidung und andere nicht-verbale Hinweise geschieht. Die Stimme (Tonlage, Lautstärke, Sprechtempo und Modulation) machen weitere 38 Prozent aus, womit Worte nur zu 7 Prozent Träger der Nachricht sind!

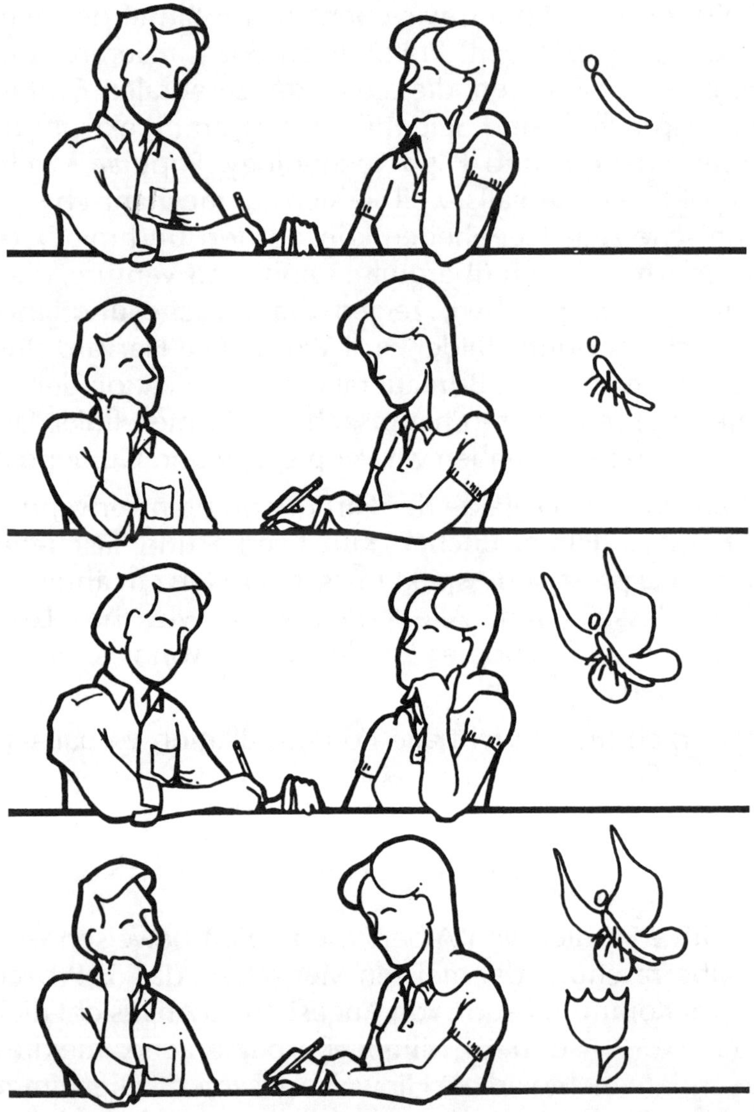

Abbildung 6-7. Schritte des interaktiven Zeichnens

Im Jahre 1979 hatte ich die Gelegenheit, nicht nur etwas über nicht-verbale Muster zu lernen, sondern auch darüber, wie tiefgreifend unsere Hirndominanz-Präferenzen sie beeinflussen. Naomi Frankel und Indie Luria, damals Diplomanden (Master-Grad) in Kunsttherapie am Pratt Institute in Brooklyn, machten mich mit einer faszinierenden Technik namens "Interaktives Zeichnen" bekannt. Sie arbeiteten daran, das Interaktive Zeichnen für die Kommunikation in der Wirtschaft zu adaptieren. Der Sinn des interaktiven Zeichnens ist es, eine machtvolle Erfahrung für nicht-verbale Kommunikation zu liefern. Das ist besonders nützlich für solche Menschen, die Kommunikation ohne darüber nachzudenken für hauptsächlich verbal halten.

Das funktioniert wie folgt. Zwei Menschen erhalten ein Thema, und werden gebeten, abwechselnd auf einem einzigen Blatt Papier zu antworten ohne zu sprechen oder Worte zu schreiben. Einer der beiden Menschen beginnt, das Thema zu interpretieren, indem er Linien, Gestalten, Formen oder Krakel zeichnet, dann folgt der andere und fügt Linien, Gestalten, Formen hinzu. Die gesamte Kommunikation findet auf dem Papier statt. Während sie arbeiten, können sie das Handwerkszeug wechseln, indem sie zu Beispiel vom Bleistift zum Wachsmalstift und dann zum Filzstift greifen. Während sie in dieser Weise vorgehen, entwickelt sich die Kommunikation zwischen ihnen.

Nachdem ich ein oder zwei Tage mit der Idee gespielt hatte dämmerte es mir, daß, wenn man Menschen mit ähnlichen oder unähnlichen Hirndominanzprofilen zu Paaren zusammenbrachte, das interaktive Zeichnen die Auswirkung der geistigen Präferenzen auf die nicht-verbale Kommunikation demonstrieren konnte. Das erste

Experiment, das in dem nächsten "Brain-Update-Workshop" stattfand, erbrachte auffallende Ergebnisse, wie Sie sehen werden, auffallend genug, um diese Übungen zu einem dauerhaften Bestandteil vieler meiner Workshops zu machen.

Bei der Arbeit mit 18 Menschen, die einen guten Querschnitt über das Hirndominanz-Spektrum repräsentierten, teilte ich die Gruppe zunächst in homogene Paare auf, die jeweils im selben Quadranten dominant waren, und gab ihnen das Thema "Blume". Die Zeichnungen bewiesen ihre Fähigkeit ohne viel Überredung oder Anleitung zu kommunizieren: Die Blumen sahen wie Blumen aus. Blumen, die von einem Paar von einem Ende des Hirndominanz-Spektrums gezeichnet wurden, unterschieden sich deutlich von Blumen, die von Paaren am anderen Ende gezeichnet wurden. Und sie sahen alle harmonisch aus, als ob jedes Paar sich mit Leichtigkeit über ein einziges Konzept einer Blume und einen Weg für den reibungslosen Ausdruck dieses Konzeptes einigte. In der nächsten Übung waren die Paare heterogen von entgegengesetzten Enden des Dominanzspektrums zusammengestellt. Das Thema war "Baum" und wie erwartet zeigten diese Zeichnungen, daß die Teilnehmer größere Schwierigkeiten bei der Verständigung hatten. Sie hatten weder ein gemeinsames Konzept des Baumes noch teilten sie die Methode der Darstellung. Hier sind einige Beispiele.

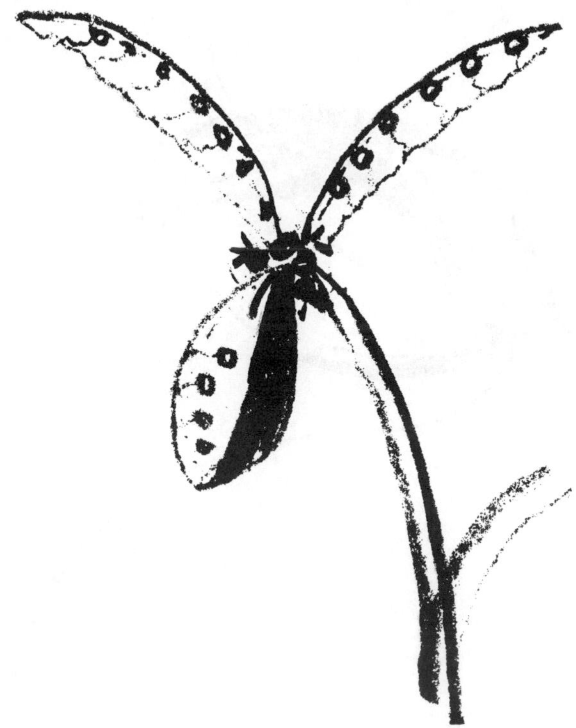

In Abbildung 6-8 sehen wir, wie wirksam ein homogenes, rechtsdominantes Paar eine attraktive Blume zeichnen kann. Beide Personen hatten ein gutes Gefühl für das Ergebnis, und genossen die Erfahrung.

Abbildung 6-9 illustriert, wie die ästhetischen Qualitäten einer extremen Präferenz für den Quadranten D die Gestalt und Form der Zeichnung beeinflussen. Sie sieht aus, als wäre sie von einem Menschen ausgeführt worden, und nicht von zweien. Beide Teilnehmer genossen die Erfahrung sehr.

Die problematischsten Kombinationen ergeben sich wie gewöhnlich mit den Quadranten, die einander im Modell diagonal gegenüber liegen: A mit C und B mit D. Sie sind scheinbar unfähig, eine gemeinsame Grundlage herzustellen, und typischerweise endet das Ganze in einem milden (oder deutlichen) Machtkampf. In Abbildung 6-10 tun sich Person 1 und Person 2 zusammen, um eine Blume zu zeichnen. Sie hatten mit der Blume genügend Schwierigkeiten. Das Wetter verschlimmerte ihre Verständigungsschwierigkeiten noch: Person 1 schuf die Sonne und Person 2 trug den Regen bei. Als Person 1 die Strahlen der Sonne zeichnete, verstärkte Person 2 den Regen, was sich zu einer Falle in der Verständigung entwickelte.

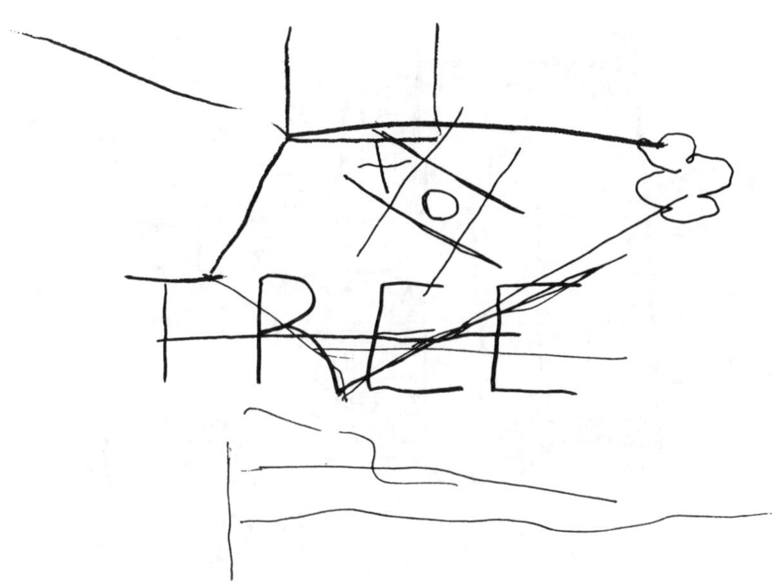

Abbildung 6-11 zeigt eine Zeichnung mit noch größeren Schwierigkeiten. Die Mitglieder dieses heterogenen Paares, mit Präferenzen für die Quadranten B beziehungsweise D, schienen völlig unfähig zu sein, sich zu verständigen. Es sind mehrere Versuche erkennbar, eine Zusammenarbeit um das Thema "Baum" zu beginnen, aber es entwickelte sich nichts. Frustriert begann das Paar, Tic-Tac-Toe zu spielen und schließlich hat einer, um die Aufgabe abzuschließen, die Initiative ergriffen und das Wort "Baum" ausgeschrieben. Sie waren beide Vizepräsidenten der gleichen großen amerikanischen Firma, und sie hatten jahrelang am gleichen Konferenztisch gesessen und sich sicher gefühlt, daß jeder verstand, was der andere meinte!

In Abbildung 6-12 ist das Thema des interaktiven Zeichnens "Haus". Dieses Haus, welches sehr gerade und strukturiert,schlicht und einfach ist, reflektiert die Präferenzen für den Quadranten A, die die beiden Menschen gemeinsam war.

Im Gegensatz dazu ist das Haus in Abbildung 6-13 phantasievoller und einladender. Es besitzt eine ungewöhnliche, spiralförmige Treppe, ein buntes, rundes Fenster und einen höchst ungewöhnlichen Eingang. Dieses Haus wurde von einem begeisterten D-dominanten Paar gezeichnet.

Abbildung 6-14 ist eine Zeichnung, die von einem zweifach dominanten, heterogenen Paar produziert wurde. Diese Menschen fingen interaktiv an, begannen aber bald parallel zu arbeiten, wobei die A/B-dominante Person den Grundriß übernahm und die C/D-dominante Person es mit einer Gesprächsekke, Sauna und Schwimmbad ausstattete. Die beiden arbeiteten unabhängig voneinander, völlig beschäftigt mit dem jeweils eigenen Teil der Zeichnung und achteten wenig auf den des Anderen.

In Abbildung 6-15 war das mit dem Thema "Haus" beschäftigte heterogene Paar von der Anfangsform des jeweils anderen völlig verwirrt. Einer zeichnete griechische Säulen, der andere eine Zwergenhütte, die im völligen Widerspruch zur Richtung der ersten Person stand. Als sie die Ubung später diskutieren, sahen sie sich einfach an und fragten spöttisch: "Was in aller Welt haben sie versucht zu machen?" Das ist ein weiteres Beispiel für nicht zusammen passende leitende Angestellte, die wahrscheinlich annahmen, sie könnten sich gut verständigen.

Natürlich ist Konkurrenz nicht das exklusive Vorrecht von Gegensätzen. Abbildung 6-16 zeigt einen Nachweis. Am Anfang ging das A- und B-dominante heterogene Paar in einer Weise vor, die mit linksdominantem Denken übereinstimmt. Aber dann sah Person 1 wie Person 2 eine ihrer Linien falsch interpretierte und schoß den Vogel von 2 ab. Woraufhin 2 den Baum von 1 fällte. Als ich die Übung beendete, wollten sie gerade das Fahrrad überrollen.

In Abbildung 6-17 sehen wir ein klassisches, nicht zusammen passendes Paar aus einem D-dominanten Chef und seinem B-dominanten Vizepräsidenten für Betriebssicherheit. Auf das Thema "Haus" hin entwickelte der Chef das Thema des Vogelnestes, aber der Sicherheitschef konnte damit nichts anfangen bis, ganz zum Schluß, die Figur des Vogels hinzugefügt wurde. An diesem Punkt kennzeichnete der Sicherheitschef das Thema vorsichtig, indem er das Wort an die Seite der Zeichnung schrieb. Der Chef war von der Unfähigkeit seines Vizepräsidenten, ihn zu verstehen, vollkommen verblüfft.

Im Gegensatz dazu zeigt Abbildung 6-18 eine sehr attraktive Zeichnung, die von zwei ähnlichen, multidominanten Menschen angefertigt wurde, die eine gemeinsame Richtung spüren konnten. Man hat fast das Gefühl, das Haus könnte gebaut werden.

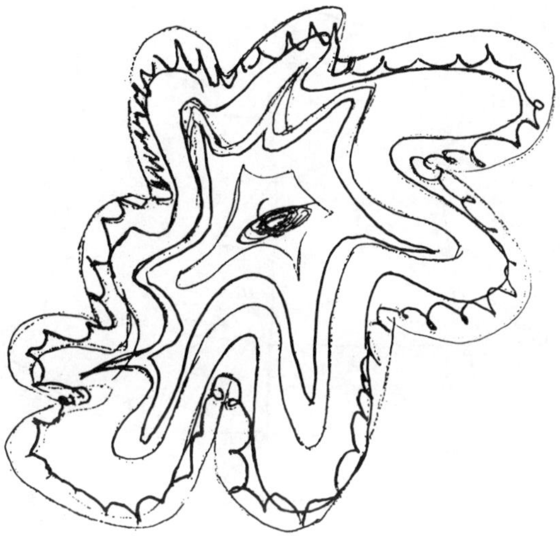

Erstaunlicherweise gelten diese Verständigungsmuster sogar, wenn überhaupt kein Thema gestellt wird. Abbildung 6-19 ist das Produkt von zwei Menschen mit ähnlichen Präferenzen in D, die auf "Themeless" (Übung ohne Thema) ein abstraktes Bild gezeichnet haben, welches das gemeinsame Interesse an kurvigen Formen und Farbkominationen reflektiert.

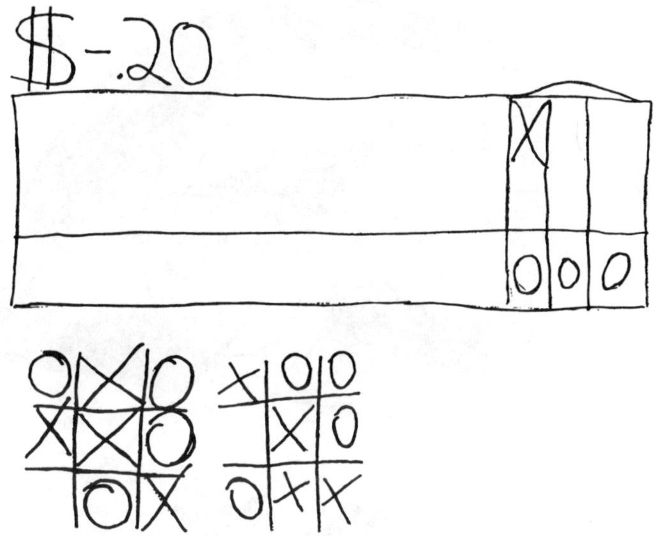

Im scharfen Gegensatz dazu hat ein A-dominantes Paar auf "Themeless" mit einer Reihe von Linien, Buchstaben und Zahlen geantwortet.

Die Zeichnung in Abbildung 6-21, die von einem homogenen Paar stammt, zeigt eine sehr abstrakte Szene, die starke zerebrale, rechte Präferenzen und eine ästhetische, künstlerische Qualität zeigt.

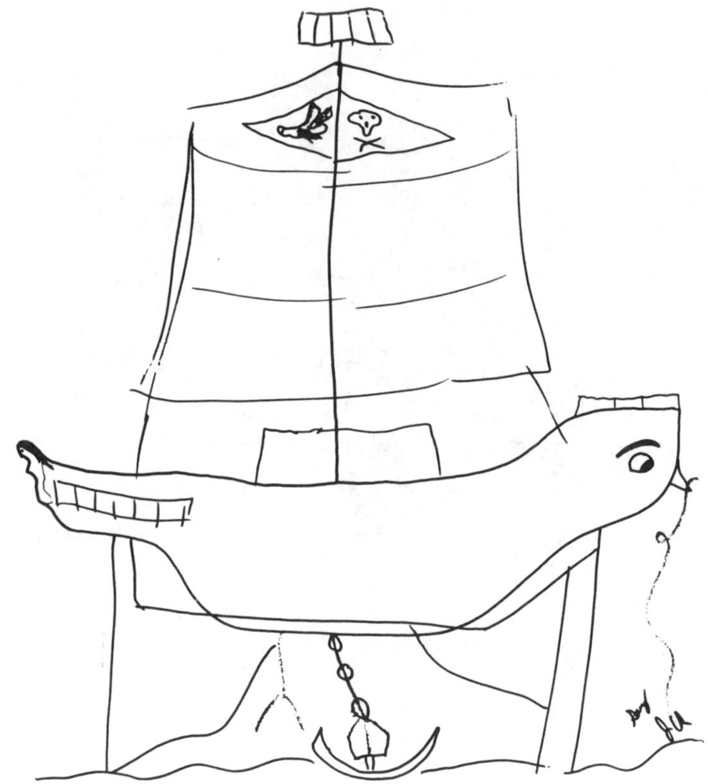

Ich schließe mit einer meiner liebsten Arbeiten, eine weitere Lösung der Übung "Themeless". In Abbildung 6-22 hatte Person 1 die Absicht das Thema "Schiff" zu projizieren. Unglücklicherweise konnte Person 2 diese Richtung nicht begreifen und sah statt dessen "Vogel". Person 1 blieb hartnäckig und fuhr mit dem Schiff fort, bis die beiden schließlich ein "Huhnschiff" hatten.

Abbildung 6-23. Reuben Nakian

Bei der Macht der nicht-verbale Kommunikation ist es nicht überraschend, wenn man herausfindet, daß einige von uns manchmal besser überhaupt nicht sprechen sollten. Ich denke an meinen Freund, den verstorbenen Reuben Nakian. Reuben starb erst vor kurzem, weit über 80 Jahre alt, und war ein Bildhauer von internationalem Ruf, dessen Kunstwerke im Museen in der ganzen Welt ausgestellt werden. Ein winziger Gnom von einem Mann mit einem Schock weißen Haars, hatte er ein fast elfenhaftes Aussehen und einen leicht wackeligen Gang, was alles über sein wahrhaft erstaunliches Talent hinwegtäuschte.

Als Reuben in 1977 die Brandeis-Medaille für seine Lebenswerk zugesprochen bekam, lud er mich zusammen mit vielen anderen Freunden aus Stamford ein, der Verleihungszeremonie im Guggenheim-Museum beizuwohnen. Bei unserer Ankunft fanden wir eine große Bühne mit fünf Ehrenplätzen sowie dem Podium und Sitzen für die Mitglieder des Komitees vor. Die Feier bestand aus einer kurzen Würdigung jedes Preisträgers, die vom Vorsitzenden gehalten wurde, gefolgt von einer Antwort der Preisträger, die nie länger als fünf Minuten dauern sollte.

Der erste Geehrte war der Dichter Robert Lowell. Nachdem er für seine hervorragenden Leistungen gewürdigt worden war, erhob er sich, fischte einen Zettel aus der Innentasche seiner Jacke und rezitierte etwa 30 Sekunden lang blumige Poesie, die er für den Anlaß geschrieben hatte.

Die zweite geehrte Person war ein junger Filmregisseur.Nachdem er vorgestellt worden war, gab er einen sehr verständlichen, vierminütigen Überblick der vielfältigen Arbeit eines Regisseurs.

Der dritte Preisträger, ein älterer Verleger, begann die Geschichte seiner Karriere ganz von Anfang anhand der Briefe zu erzählen, die er von den Autoren erhalten hatte, mit denen er in Verbindung gestanden hatte. In seinem Bedürfnis, seine Antwort in der richtigen Reihenfolge und detailliert darzustellen, vergaß er die Zeit völlig und überschritt die ihm zugeteilten fünf Minuten bei Weitem.

Die Bildhauerin Anne Frank wurde ebenfalls ausgezeichnet. Sie ging halbwegs zum Podium, blickte auf das Publikum und sagte sehr gefühlsbetont: "Ich danke Ihnen allen sehr für diesen wunderbaren Tag."

Abbildung 6-24. A-dominante Karikatur

Abbildung 6-25. B-dominante Karikatur

Abbildung 6-26. D-dominante Karikatur

Abbildung 6-27. C-dominante Karikatur

Und schließlich war mein Freund Reuben an der Reihe. Nach seiner Vorstellung ging der alte Mann langsam auf das Podium zu. Aber er kam irgendwie nie dort an. Statt dessen blieb er stehen, blickte zum Komitee, sah über das Publikum, schaute rasch auf die ihn ehrenden Personen. Seine Hände ausstreckend, verzog er plötzlich seinen Körper und sein Gesicht in einem Ausdruck wortloser Akzeptanz, Freude und frustrierter Hilflosigkeit darüber, daß er keine angemessenen Worte finden konnte. Dann wandte er sich um, und ging unter donnerndem Beifall den kurzen Weg zu seinem Platz zurück.

Denken Sie über diese Antworten nach. Können Sie sie einem bestimmten Hirnquadranten zuordnen? Je besser Sie mit dem Modell vertraut werden, desto deutlicher werden diese verbalen und nicht-verbalen Verhaltensweisen.

6.2 Was finden Sie komisch?

Damit zwischen zwei Menschen eine sinnvolle Kommunikation stattfinden kann, müssen beide entweder den gleichen geistigen Dialekt sprechen oder einer oder beide müssen wissen, daß diese Dialekte existieren und sie müssen offen für sie sein. Es ist nicht überraschend, daß dieses Prinzip auch für den Humor gilt. Was wir für lustig halten, steht zu den Präferenzen für die Quadrantenpaare in einer Beziehung: Wir bevorzugen entweder links oder rechts oder limbisch oder zerebral. Mit einem Großteil unseres Humors machen wir Witze über Funktionen, die wir selbst nicht bevorzugen.

In den letzten Jahren habe ich Cartoons gesammelt, die hauptsächlich einen oder mehrere Quadranten der geisti-

"Der Humor liefert den therapeutischen Stoß, der Dinge auf ihren rechten Platz rückt. Man muß entspannt sein und Spaß haben, um kreativ zu sein. Das kann man nicht, wenn man zu ernsthaft ist."

Quelle unbekannt

"Ich zitiere andere nur, um mich besser auszudrücken."

Michel de Montaigne

"Die Menschen sind am aktivsten, wenn sie wirklichen Problemen ausweichen, am kraftvollsten, wenn sie echte Werte ablehnen."

Jean Toomer

gen Präferenzen ansprechen. Experimente mit mehreren hundert Gruppen haben bestätigt, daß der jeweilige Humor der Menschen eine starke Beziehung zu ihrem Hirndominanz-Profil hat. Ein Mensch kann laut über eine oder zwei Karikaturen lachen, von einer dritten leicht amüsiert sein und überhaupt keine Reaktion auf eine vierte zeigen, während sein Nachbar genau entgegengesetzt reagieren kann.

Auf Seite 190 finden Sie vier klassische Beispiele für Quadranten-orientierten Humor.

6.3 Beispiele für Kommunikationsfehler in der Geschäftswelt

Kommunikationsfehler können für ein Unternehmen sehr kostspielig sein, und die Kosten stehen gewöhnlich in einem direkten Verhältnis zu der Führungsebene, auf der sie auftreten. Es folgen zwei Beispiele.

a. Die Führungskraft und der Redenschreiber

Solange Manager in der Hierarchie eines Unternehmens noch aufsteigen, neigen sie dazu, ihre eigenen Reden zu schreiben. Folglich neigt das, was sie sagen und wie sie es sagen, dazu, ihre Werte, Vorstellungen, Annahmen, Erwartungen, Vorurteile, Vorverurteilungen, Erfahrungen und Hirndominanz-Präferenzen genau wiederzugeben. Kurz, was sie vermitteln, stimmt mit ihrem persönlichen Stil und mit der Gestaltung ihrer Unternehmenskultur überein.

Mit ihrem Aufstieg auf höhere Ebenen ist es mit zunehmendem Zeitdruck unzweckmäßig, die eigenen Reden zu schreiben. Der Redenschreiber für leitende Angestellte tritt auf – und die Chancen für Kommunikationsfehler steigen. Aufgrund der unterschiedlichen Natur ihrer Berufe ist es unvermeidlich, daß der Chef und sein Redenschreiber unterschiedliche Hirnquadranten bevorzugen werden, und daher auch unterschiedlich denken. Was ist daran schlecht? Nur dies: Beide, ohne sich Rechenschaft abzulegen über das, was geschieht, lassen es zu, daß die Denkweise des Redenschreibers die Mitteilungen des Chefs über die Denkweise des Chefs hinaus verändern, und schaffen damit Unstimmigkeiten zwischen dem, was der Redenschreiber im Auftrage des Chefs mitteilt, und was der Chef tatsächlich in die persönliche Kultur einzuführen bereit ist, die er mit den Jahren aufgebaut hat.

Am häufigsten geschieht das, wenn ein Chef sich in eine elegant formulierte Redewendung oder Idee verliebt, die großartig klingt, aber entweder in der Ausführung unpraktisch oder als Unternehmenspolitik schlicht nicht angemessen ist. Eines meiner liebsten Beispiele ist das Schlagwort "parallele Wege des Fortschritts (parallel paths of progress)", die von einem Redenschreiber für einen Technischen Direktor einer großen amerikanischen Firma komponiert wurde. Als er die Wendung in seiner Rede sah, sagte der Technische Direktor: "Das wird sie wirklich umhauen! Ich mag das!" Was er mochte, war die geschickte Redewendung. In Wirklichkeit war er dem Konzept niemals verpflichtet. Dreißig Jahre später dauert der Mythos fort und Tausende von Menschen in dieser Firma beschweren sich immer noch darüber, daß es keine "parallelen Wege des Fortschritts" gibt oder jemals gegeben hat.

b. Der Erneuerer und der Verwalter

Hören wir dem Gespräch zwischen einem Werbe- und Verwaltungschef eines Großunternehmens und der kreativsten Person aus der Werbeabteilung zu. Im Sinne der Dominanzprofile sind diese beiden Männer ein klassisches Beispiel für ein nicht zusammen passendes Paar. Sie haben keine gemeinsamen geistigen Präferenzen, und ihre primären Präferenzen liegen einander diagonal gegenüber. Walter, der Verwaltungschef, bevorzugt die logischen, analytischen, faktischen, rationalen Funktionen stark und er möchte sie auf strukturierte Weise ausgeübt wissen – im voraus geplant, wunderschön organisiert und stark detailliert. Wenn möglich, geht er den sicheren Weg, bevorzugt erprobte Strategien vor riskanteren experimentellen oder weniger etablierten Ideen. Er zieht Fakten und Form Gefühlen vor und vermeidet unstrukturierte persönliche Situationen. Seine bevorzugten Quadranten sind A und B, und die am wenigsten Bevorzugten sind C und D.

Im Gegensatz dazu zeigt John, der Creativ-Direktor, eine extreme Präferenz für risikoreiche, innovative, experimentelle Handlungen. Er lebt nach der Intuition und schätzt auch Kunst und Schönheit um ihrer selbst Willen. Er sieht das Ganze und neigt dazu, anderen die Details zu überlassen. Er bevorzugt emotionale, zwischenmenschliche, musische Tätigkeiten. Wenn möglich vermeidet er die

"Sie haben eine Mark. Ich habe eine Mark. Wir tauschen. Sie haben meine Mark und ich habe Ihre. Wir sind nicht besser dran. Aber angenommen, Sie haben eine Idee und ich habe eine Idee. Wir tauschen. Wir haben unseren Vorrat an Ideen um 100 Prozent erhöht."

A. S. Gregg

"Wenn du nicht weißt was es ist, werd' ich es dir nie erklären können."

Louis Armstrong

"In den menschlichen Beziehungen reichen einige Sprachkenntnisse weiter als ein bißchen von fast allem. Wo eine Sprache heute oft eine Wand errichtet, können zwei ein Tor bilden."

Walter V. Kaulfers

Abbildung 6-28. John und Walter

Struktur und zieht es vor, andere die logischen, analytischen, quantitativen Komponenten liefern zu lassen. Er bevorzugt die Funktionen von C und besonders D. Am wenigsten bevorzugt er A und B.

Der Dialog beginnt, als John mit einer Mappe unter dem Arm und einem Lächeln in seinem Gesicht in das Büro des VP spaziert. Der VP sitzt hinter einem großen Schreibtisch, umgeben von einer beeindruckenden Büroeinrichtung und Dekoration. John geht etwa acht Fuß weit in das Büro und bleibt stehen. Walter, der Verwaltungschef, blickt auf, sieht John und sagt, ohne seinen Ausdruck zu ändern: "Ich wußte nicht, daß wir einen Termin hatten, John, – aber Sie sehen aus, als wollten Sie etwas sagen."

John: "Ja. Ich muß Ihnen von einigen neuen Entwicklungen in unserer Kampagne für die neue Produktlinie dieses Jahres erzählen. Wie Sie wissen, sind wir bei den neuen Designs so weit vom üblichen abgewichen, daß wir um die Darstellung dieser Ideen in der diesjährigen Herbstkampagne gerungen haben."

Walter: "OK, John, aber machen Sie es kurz. Ich muß mich auf eine wichtige Sitzung oben vorbereiten."

John: "Nun, Walter, ich glaube, ich hatte heute Morgen einen Durchbruch, gleich nach dem Aufwachen. Wie ich so dalag und langsam aufwachte dämmerte mir langsam, daß unser bisheriges Vorgehen in dieser Kampagne die wichtigsten Konzepte der neuen Linie verfehlt. Und als ich diesen Gedanken weiterspann, begann ich zu sehen. . . ."

Walter: "Worum geht es, John? Ich habe keine Zeit. Erzählen Sie mir nicht Ihr ganzes 'Guten Morgen, Amerika'."

John: "Nun, Walter, es war mir wichtig, Ihnen zu erzählen, wo die Idee herkam und wie sie sich entwickelte."

Walter: "John, Sie kennen micht gut genug um zu wissen, daß mich nur das Endergebnis interessiert – die Grundlinie, – nicht der ganze Hokuspokus, der dahinführt."

John: "Ja, das weiß ich und ich möchte Ihnen keine Zeit für Ihre wichtige Arbeit stehlen, aber mir scheint, daß dies eine wichtige Kampagne ist und sie braucht nicht nur Ihre Genehmigung, sondern auch Ihre Unterstützung, damit sie stattfinden kann."

Walter: "John, kommen sie zur Sache."

John: "Nun, das zentrale Konzept ist, daß ich glaube, statt die einzelnen Elemente der Produktlinie darzustellen sollten wir, und das kam mir in meiner Veranschaulichung, ein großformatiges Bild machen, daß die ganze Produktlinie zeigt, mit Bildelementen, die zeigen, wie sich jedes einzelne Produkt zu jedem anderen der Linie verhält."

Walter: "OK, das scheint klar, also was soll die Aufregung?"

John: "Nun, die Vision, die ich von unserer Marketingstrategie hatte, ist auf das ganze System statt auf die einzelnen Produkte ausgerichtet und deswegen muß die Kampagne global ausgerichtet sein statt auf die Teile konzentriert zu werden."

Walter: "Na, John, wir sind hier verdammt gut damit gefahren, daß wir über die Teile gesprochen haben! Ich sehe nicht ein, warum wir ein neues Vorgehen riskieren sollten, wenn wir mit der Art von Kampagne, die wir in den letzten paar Jahren gemacht haben, so gut gefahren sind. Und überhaupt, redet unsere Konkurrenz vom ganzen System? Teufel noch mal, nein! Bevor wir ins Blaue hinein reden brauche ich einige harte Fakten, die eine derart kostspielige Veränderung unseres Vorgehens rechtfertigen."

John: "Nun, Walt', zu den Kosten bin ich wirklich noch nicht gekommen, aber mir scheint, wir haben eine gute Chance, diese Sache zu den gleichen Kosten und mit größerer Wirkung einzufahren."

Walter: "John, ich habe Ihnen bei früheren Gesprächen wieder und wieder gesagt, daß es gewisse Grundregeln dafür gibt, wie mir etwas vorgelegt wird. Die erste ist, daß Sie eine vollständige Präsentation haben, beginnend mit den Kosten des Projekts und einer Aufschlüsselung seiner kritischen Elemente. Zweitens, daß Sie einen Zeitplan haben, der Anfang, Mitte und Ende des Projekts zeigt. Drittens, daß Sie genügend Kopien dieser Begleitmaterialien haben, so daß ich sie zur Überprüfung anderen Mitgliedern des Stabes schicken kann, und viertens, daß Sie im voraus einen Termin machen."

John: "Walt', ich bin mir dieser Grundregeln bewußt, aber ich dachte, weil meine Idee so heiß ist, daß ich rasch einige Skizzen mache und einige vorläufige Layouts, die ich Ihnen zeige solange die Idee noch frisch ist, so daß wir die möglicherweise gesparte Zeit nutzen und eine schnelle Entscheidung treffen können, in diese Richtung zu gehen. Sehen Sie sich diese Layoutskizzen an ..."

Walter: "Verdammt, John, sie wissen, daß ich das nicht kann. Wir müssen diese Dinge ordentlich tun und uns mit ihnen in einer Weise befassen, die die Kosten einbezieht und die Zeit für die Ausführung der Aufgabe. Also, wenn Sie so weit sind, daß Sie mir Ihre Vorschläge für die Werbekampagne unter diesen Bedingungen vorlegen können, gebe ich Ihnen gern mehr Zeit. Bis dahin stehe ich für dieses Thema nicht zur Verfügung. Machen Sie sich an die Arbeit!"

Versuchen Sie, sich in diese beiden Männer zu versetzen. Lesen Sie den Dialog zweimal, und stellen Sie sich folgende Fragen: Welche der beiden Ansichten ist gültig? Wie stelle ich mir selbst ein Bein? Wann ist diese Verhaltensweise angemessen? Diese Antworten können für Sie und die Menschen, mit denen Sie leben und/oder arbeiten, äußerst wichtig sein.

Diese und hunderte von anderen Beispielen beweisen, daß geistige Unterschiede nicht nur existieren. Sie stehen auf eine machtvolle, manchmal lustige und manchmal herzzerreißende Weise zwischen uns, wie in Kapitel 4 in der Geschichte vom schwarzen Schaf John illustriert. Unsere Unwissenheit läßt uns wieder und wieder schlecht aussehen.

Wir sind uns sicher, daß wir uns klar ausgedrückt haben. So sicher, daß wir glauben, wenn andere uns nicht verstehen, daß sie sich absichtlich dumm anstellen.

Wie lautet die Antwort? Erstens müssen wir mehr über unsere eigenen mentalen Präferenzen lernen. Und wir müssen die Dialekte, die wir wegen dieser Präferenzen benutzen, verstehen lernen. Zweitens müssen wir mehr darüber lernen, wie die Präferenzen und Dialekte der anderen sich von unseren unterscheiden, so daß wir, wenn wir mit ihnen über geistige Grenzen hinweg kommunizieren müssen, eine bessere Chance haben, die Nachricht korrekt zu senden und zu empfangen. Das gilt für alle unsere Handlungen und Beziehungen: im Geschäft, unter Kollegen, Managern, Untergebenen und Zuhause zwischen Ehepartnern, Eltern, Kindern und Freunden.

Schließlich müssen wir einen größeren Respekt für unsere Unterschiede entwickeln und die machtvollen Beiträge, die wir einander gerade wegen dieser Unterschiede anbieten können.

Die Entwicklung dieses Respekts vor dem Anderen wird viel leichter, wenn wir dem Kreativen in unserem Leben einen größeren Anteil einräumen. Darum geht es in den letzten Kapiteln.

> "Es gibt Menschen, die ihren Körper als selbstverständlich hinnehmen. Ich nicht. Geist und Körper sind wie die Serben und Kroaten, unglückliche Bewohner eines einzigen Staates."
>
> Pat Goodheart

> "Wir müssen lernen, als Brüder miteinander zu leben, oder als Narren zusammen untergehen."
>
> Martin Luther King Jr.

III. Das kreative Leben und wie es verbessert werden kann

Abbildung 7-1. Kreativität, blockiert durch einen aufgeblasenen Drachen

7. ZICKZACK-BLITZ: KREATIVITÄT UND DAS GANZE HIRN

Es ist eine Mythologie, daß Kreativität allein Künstlern, Wissenschaftlern und Erfindern vorbehalten und eine Begabung sei, die normalen Menschen in ihrem Alltag nicht zugänglich ist. Als Folge daraus haben gewöhnliche Menschen teilweise Ehrfurcht vor kreativen Menschen und finden im Genie nur wenige Abstufungen. Sie erkennen das Genie in der Sixtinische Kapelle, erkennen aber die kleinen genialen Lösungen des Alltags nicht an.

7.1 Kreativ? Wer, ich?

Unsere Ehrfurcht vor der Kreativität ist wie ein Drache, der das Tor zu unserer persönlichen Kreativität blockiert, und den wir töten müssen, bevor wir unser eigenes kreatives Reich betreten können. Für viele Menschen ist der Drache ein Luftballon, den wir selbst gemacht haben, wie ein Flüchtling von Macy's Festzug zum Erntedankfest. Es ist eine durch unseren Verstand zu einem Monstrum aufgeblasene Furcht, vor der wir zitternd zurückschrecken. Wir haben diesen Drachen geschaffen, um uns vor etwas Schlimmerem zu schützen: der Möglichkeit, daß wir es wirklich versuchen, unser Bestes tun könnten – und da draußen Menschen finden, die es für immer noch nicht gut genug halten und nicht nur ablehnen, was wir getan haben, sondern uns als Person.

Wir müssen erkennen, daß wir durch unsere Weigerung, auf einem niedrigeren Niveau als dem eines Genies kreativ zu werden, uns selbst ablehnen und gleichzeitig ein Urteil ohne Beweise fällen. Wenn dieser Verurteilungsmechanismus uns als Kinder auch vor Tadel geschützt haben mag, als Erwachsene müssen wir uns nicht mehr so verwundbar fühlen wie als junge Menschen. Wir müssen statt dessen die volle Verantwortung für uns selbst übernehmen: Für die Ermutigung des Kindes in uns, für das Lob unser selbst, weil wir etwas versucht haben, für das Begrüßen unserer eigenen Spontaneität, die Bewunderung unserer Bereitschaft, von vorn zu beginnen, wenn sich etwas anders entwickelt, als wir erwartet hatten, und für die Freude an unseren kleinen und bescheidenen kreativen Schöpfungen, von denen es jeden Tag viele gibt.

Tatsächlich ist der größte Teil der individuellen Kreativität recht bescheiden – keine Sixtinische Kapelle, keine Neunte Symphonie von Beethoven, keine Erfindung von Thomas Edison, nur ein Lösung für ein alltägliches Problem, wie zum Beispiel die Mikrowelle zum Arbeiten zu bringen ist, indem wir sie umdrehen und auf dem Kopf stehend benutzen, oder einen neuen Weg nach Hause zu finden, oder einen albernen Vers für einen Freund zu schreiben, oder ein Wohnzimmer einzurichten und zu dekorieren. Ein Mann hat die Säule eines defekten Thermometers auf Null gebracht, indem er es an den Flügel eines Ventilators befestigt und diesen eine Minute laufen gelassen hat; er glaubt das sei "bloß technisch", aber es ist voll kreativ. Es ist kreativ, ein Haus zu planen, ein neues Geschäft zu gründen, ein Bild zu malen, einen Garten zu gestalten, ein neues Problem zu lösen, eine Möglichkeit zu finden, die Katze zu füttern, wenn man drei Tage lang nicht zu Hause ist. Das alles sind Beispiele für kreatives Verhalten, weil sie alle ein Element des Neuen, Ungewöhnlichen und Anderen enthalten.

Abbildung 7-2. angewendete kreative Idee

a. Mythen über die Kreativität werden enthüllt

Wenn wir Kreativität in diesem Sinne verstehen, sind drei Dinge klar:

1. Alle Menschen können kreativ sein, denn sie ist ein Teil unseres Geburtsrechts.
2. Man muß kein Genie sein, um kreativ zu sein.
3. Es spielt keine Rolle, wie streng unsere Kreativität in der Vergangenheit unterdrückt wurde. Wir können sie durch Lebenserfahrung und spezielle Programme wieder zugänglich machen, stimulieren und entwickeln.

Ich schätze, daß weniger als 1 Prozent der Gesamtbevölkerung als Genie einzuordnen ist, aber von den Tausenden von Menschen, mit denen ich gearbeitet habe, und die sich im Großen und Ganzen nicht für kreativ halten, waren über 70 bis 80 Prozent in der Lage, zu ihrer eigenen Befriedigung zu zeigen, daß (1) sie kreative Fähigkeiten haben und (2) das Ausüben dieser Fähigkeiten ihnen sehr viel Freude und Gewinn bringen kann.

Diese guten Neuigkeiten sind nicht für die in kreativer Hinsicht nicht informierten oder eingearbeiteten Menschen bestimmt. Die gleichen Techniken, die einem Novizen die kreative Welt öffnen können, können im Meister eine kreative Explosion auslösen. Ein Erfinder von GE, er hatte 34 Patente auf seinem Konto, nahm an unserer ACT-Werkstatt I teil und sagte: "Wenn ich das alles vor 25 Jahren gewußt hätte, hätte ich jetzt 100 Patente!"

b. Erwerb der Schlüssel zum Schloß der Kreativität

Was machte für diesen Erfinder und Tausende anderer Menschen, die ihre kreativen Fähigkeiten entdeckten, den Unterschied? Die Schlüssel sind diese:

1. Ein Verständnis des kreativen Prozesses und der Stufen aus denen er besteht, und wie die vier Arten des Wissens auf jeder der Stufen ins Spiel kommen.
2. Ein Verständnis dessen, was jede Funktion auf jeder Stufe behindert.
3. Die Verpflichtung, das eigene kreative Bewußtsein und die eigenen Fähigkeiten zu steigern.

Dieses erste von vier Kapiteln, die solchen Menschen helfen sollen, die ihre Kreativität steigern wollen, führt jeden Bereich dieses Verständnisses aus.

7.2 Was ist Kreativität überhaupt?

Ich widerstehe der Versuchung, Kreativität zu definieren: Jeder Menschen erlebt sie auf so einzigartige und individuelle Weise, daß niemand eine Definition formulieren kann, die auf jeden anderen paßt. Trotzdem müssen Sie wissen, wovon ich spreche. Also definiere ich das Wort in diesem Abschnitt. Fügen sie dieser erweiterten Definition alles hinzu, was für Sie funktioniert.

Manche Menschen denken nur im Sinne von Einfallsreichtum an Kreativität, und das ist sicher ein Teil der Wahrheit.

"Kreativität kann auch erlernt werden. Wenn man sich einmal davon überzeugt hat und sich bewußt wird, daß man neue Dinge schaffen kann, dann ist es eine einfache Sache, einen besonderen Weg für das Schaffen zu wählen."

unbekannt

"Kreativität ist eine so zarte Blume, daß Lob sie zum Blühen bringen kann, während Entmutigung die Knospe oft zerstört. Jeder von uns bringt mehr und bessere Ideen hervor, wenn unsere Bemühungen geschätzt werden."

unbekannt

"Disziplin und konzentriertes Bewußtsein tragen zum Akt der Schöpfung bei."

John Poppy

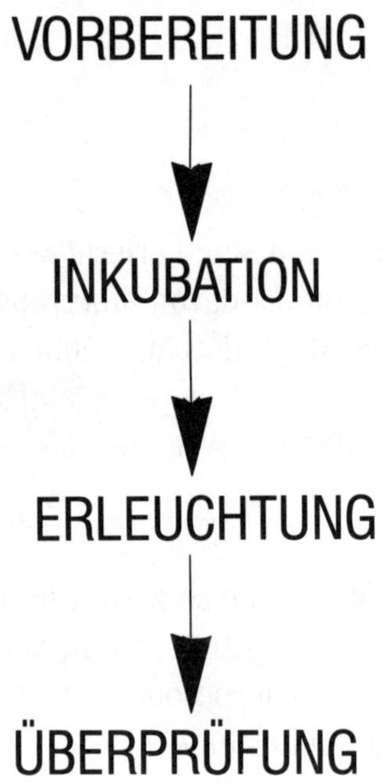

Abbildung 7-3. Der vierstufige kreative Prozeß nach Walla

"Starke Ideen" sind großartig und wir schwelgen in ihnen, wenn sie einschlagen. Aber wenn der Prozeß stoppt, erlischt der "Blitz". Die Welt geht unverändert weiter. Die Idee ist gewöhnlich verloren. Entscheidend ist vielmehr folgendes: Ideen an und für sich, wenn sie in unseren Köpfen beginnen und enden, produzieren weder Wachstum noch völlige Befriedigung, weil es keine Grundlage für die Rückmeldung gibt, die zu weiteren Ideen ermutigen kann. Der Verstärkerkreis schließt sich nicht.

Ich gehe davon aus, daß *Kreativität in ihrer ganzen Bedeutung beides umfaßt, sowohl die Entwicklung einer Idee, als auch ihre Umsetzung, d.h. etwas geschehen zu lassen.* Um kreative Fähigkeiten zur Wirklichkeit werden zu lassen, muß man die Idee in einer Form anwenden, die sowohl die Erfahrung selbst als auch die eigene Reaktion und die anderer auf die Leistung möglich macht. Wenn Sie und andere Ihre kreative Bemühungen begrüßen, dann ist es wahrscheinlich, daß Sie kreativer werden.

Eine auf die Anwendung bezogene Definition der Kreativität stellt das Thema in einem anderen Licht dar, denn:

1. Obwohl *Ideen* in Sekunden kommen können, kann die *Anwendung* zu ihrer Realisierung Tage, Jahre oder sogar ein Leben lang dauern.
2. Obwohl *Ideen* aus nur einem Quadranten stammen können, bedarf die *Anwendung* letzlich der spezialisierten geistigen Fähigkeiten aller vier Quadranten des Gehirns.
3. Obwohl *Ideen* in einem einzigen Blitz kommen können, besteht die *Anwendung* notwendigerweise aus einem Prozeß, der aus mehreren unterscheidbaren Phasen aufgebaut ist.

Wenn die Kreativität unter Einbeziehung der Anwendung definiert wird, ist die Kreativität auch auf die Welt der Wirtschaft insgesamt anwendbar, wo sie unter der Bezeichnung Problemlösung umgeht.

7.3 Die Quelle und der Prozeß der Kreativität

*Die Quelle der Kreativität ist das Gehirn – nicht nur ein Teil des Gehirns, sondern das Gehirn in seiner Gesamtheit.** Heute ist dieses Thema gut eingeführt und wird akzeptiert, aber als ich es in 1975 zum ersten Mal vorstellte, war es ein neuer Gedanke und einige meiner Mitarbeiter auf dem Gebiet der Schulung dachten, ich wäre verrückt. Warum? Weil nicht eines der bekannten Werke über die Kreativität das Gehirn auch nur einmal erwähnte! Hinsichtlich der Kreativität war es einfach kein Teil des vorherrschenden Bezugsrahmens. Ich stellte die Verbindung her, die andere nicht hergestellt hatten. Nämlich: (1) wiel ich von dem Augenblick, an dem ich über die Forschung an Patienten mit durchtrenntem Gehirn gestolpert war, ausdrücklich danach gefragt hatte, woher die Kreativität kommt, und (2) weil mein Bewußtsein der Dualität von Kindheit an stark gewesen war. Andere, deren Bezugsrahmen und Hintergrund sich von meinem unterschied, konnten keine Verbindung zu den herstellen, was ich sagte.

Das Wissen darum, daß die Kreativität aus dem Gehirn stammt, leistet einen enormen Beitrag dazu, den Prozeß zugänglich zu machen, zu stimulieren, zu entwickeln und anzuwenden, da es uns sagt: (1) Welchem Vorgang wir folgen müssen, und (2) wie dieser Prozeß in jeder Phase die spezialisierten Fähigkeiten des Gehirns in Anspruch nimmt.

Der Forscher Graham Wallas hat vor vielen Jahren beschrieben, was geschieht, wenn Menschen Probleme mit dem Ziel angehen, kreative Lösungen zu finden. Er beschreibt diesen vierstufigen Prozeß wie folgt:

1. In der *Vorbereitungsphase* definieren wir das Problem, das Bedürfnis oder den Wunsch, sammeln alle Informationen, die die Lösung oder Reaktion berücksichtigen muß und erarbeiten Kriterien für die Überprüfung der Annehmbarkeit der Lösung.
2. In der *Inkubationsphase* treten wir von dem Problem zurück und lassen es durch unseren Geist bedenken und verarbeiten. Wie die Vorbereitung kann die Inkubation Minuten, Wochen, sogar Jahre dauern.
3. In der *Erleuchtungsphase* steigen Ideen aus dem Geist auf und liefern die Grundlage einer kreativen Antwort. Diese Ideen können Teile des Ganzen oder das Ganze selbst sein, d.h. entweder das ganze Konzept oder die Entität wird auf einmal gesehen. Anders als die anderen Phasen ist die Erleuchtung oft sehr kurz, mit einem gewaltigen Ansturm von Einsichten innerhalb weniger Minuten oder Stunden.
4. In der *Überprüfung*, der letzten Phase, führt man Tätigkeiten aus, um zu zeigen, ob das in der Erleuchtung Erschienene das Bedürfnis und die in der Vorbereitungsphase definierten Kriterien erfüllt oder nicht.

Die vierstufige Beschreibung hat mir dabei geholfen, zu definieren, was bei meinen eigenen kreativen Bemühungen geschieht. Betrachten Sie als Beispiel mein Herangehen an die Schaffung einer Skulptur meiner Tochter Pat.

* Ich spreche hier von der Physiologie des Menschen und nicht in philosophischen oder spirituellen Zusammenhängen.

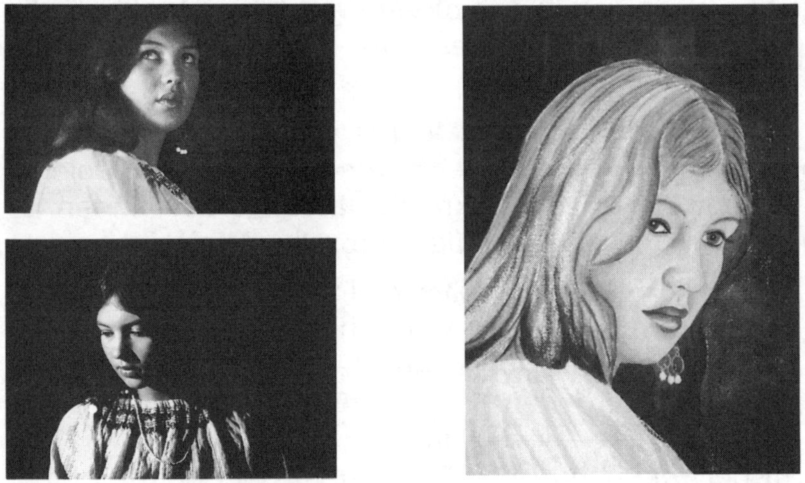

Vorbereitung im Bild

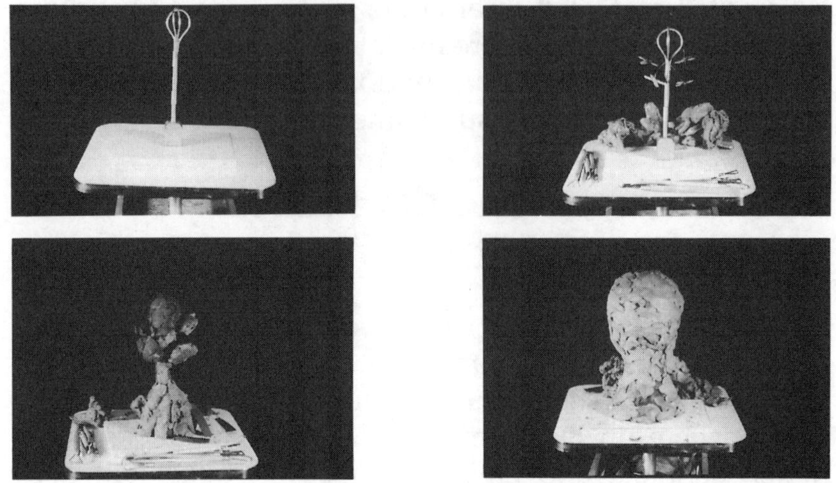

Das Bild bekommt Raum

Abbildung 7-4. Die Herstellung der Pat-Skulptur in verschiedenen Phasen

Das Modell wird Skulptur

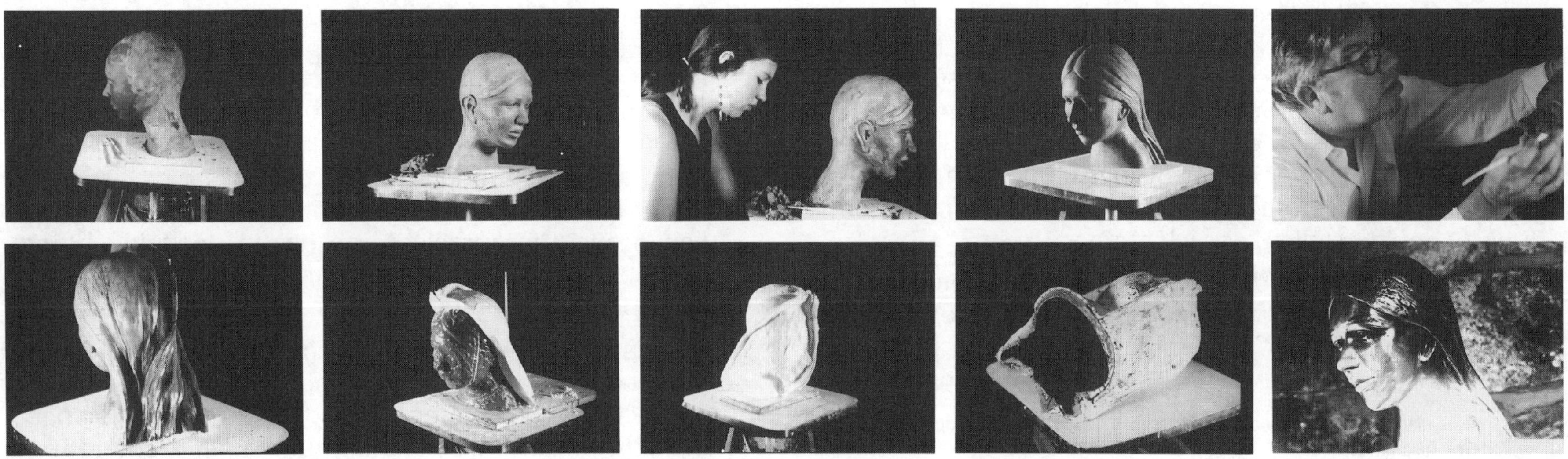

a) Pat: Eine Ganzhirn-Skulptur

Es war eines meiner Ziele, plastische Porträts meiner Frau und Töchter herzustellen. Die Skulpturen von Ann und Laura waren fertig und die meiner Frau fast, als ich beschloß, die meiner ältesten Tochter Pat als nächste zu machen. Sowohl beim Malen als auch beim Bildhauern lasse ich mich grundsätzlich auf das nächste Projekt ein, unmittelbar bevor oder nachdem das laufende Projekt abgeschlossen ist. Das ermöglicht es mir, ein neues Projekt reifen zu lassen, während ich andere Dinge tue.

Während ich darüber nachdachte wie *Pat* anzupacken sei, stellte ich mir den vollständigen Kopf vor. Dabei kamen mir Bilder des Vorgangs der Arbeit mit Ton, der Herstellung der Form, dem Guß der Arbeit und schließlich seiner Fertigstellung, so daß die Skulptur ausgestellt werden konnte. Ich nutzte die 45-minütige Fahrt von Stamford nach New York City um die Idee auszubrüten.

Die Erleuchtung kam nach Wochen zeitweisen Nachdenkens, als ein aufregend neues Konzept der Skulptur von *Pat* in meinem Geist explodierte. Pat würde mehr als eine Skulptur an sich werden, es würde ein *bildhauerisches Ereignis.* Es würde eine multimediale Präsentation, in der Fotografien der Entwicklung der Skulptur vom blanken Gerüst über das Original in Ton zur Herstellung der Form und dann über den Gußvorgang zum fertigen, kalten Bronzeguß zeigen würde. Diese Fotografien würden auf einer Leinwand gezeigt, begleitet von Musik, die Pat und ich für jede bildhauerische Phase aussuchen würden, und sie würden Pats Stimmung und Lebenseinstellung zu diesem besonderen Zeitpunkt widerspiegeln. Die Show würde mit der Enthüllung der fertigen Skulptur enden.

Ich werde nie meine Ekstase vergessen, als sich mir diese ganze Idee präsentierte. *Ich mußte jemandem davon erzählen, damit ich sie in meinem Geist festhalten konnte.* Zufällig saß ich neben einem flüchtigen Bekannten, als der Vorortzug sich New York näherte und unterbrach seine Lektüre der Zeitung, um ihm von meiner wundervollen Idee zu berichten. Obwohl etwas verwirrt, reagierte er zustimmend. Einige Monate später war das Projekt erfolgreich abgeschlossen und ist seitdem einige Dutzend Male als multimediale Kunstausstellung gezeigt worden.

Wegen ihrer Komplexität ist die Skulptur sowohl beispielhaft für den vierstufigen kreativen Prozeß als auch die Funktion der vier Quadranten im Verlauf des Prozesses. Ich möchte ihn Schritt um Schritt beschreiben

Zunächst einmal war das integrierte Konzept des bildhauerischen Ereignisses selbst eindeutig eine ganzheitliche Idee des Quadranten D. Die Handhabung der multimedialen Aspekte des Projektes erforderte die spezialisierten Fähigkeiten der Quadranten A und B. Bevor der Ton auch nur berührt wurde mußte ein sehr detaillierter, sequentieller Plan für die Inszenierung und Aufnahme der sich entwickelnden Skulptur auf Film vorhanden sein. Bald war mein kleines und bereits vollgestopftes Studio überzogen mit einer komplexen Anordnung von fotografischer Ausrüstung und Stereo-Tonbandgeräten und Lautsprechern. Eine Kamera war auf einem Stativ angebracht, so daß sie, über eine Fernauslösung, das sich entwickelnde Porträt einfangen konnte. Auf jeder Seite der Kamera befanden sich die Stereo-Lautsprecher für die Musik, die Pat und ich im voraus gewählt hatten und die während des bildhauerischen Prozesses gespielt werden

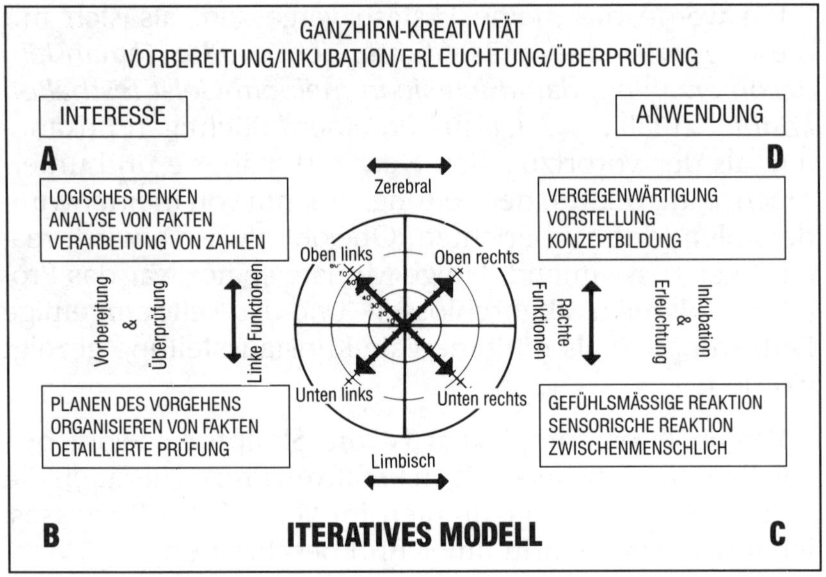

Abbildung 7-5. Ganzhirn-Modell der Kreativität

würde. Diese Musik würde später mit den zu diesem Zeitpunkt aufgenommenen Fotografien zusammengebracht. Damit all das aufs Stichwort funktionierte, mußten eine Reihe technischer Probleme im voraus gelöst werden, bevor die Arbeit im Ton begann. Während diese Aspekte detailliert ausgearbeitet wurden, mußte ich zwischen den rein künstlerischen Aspekten der Skulptur und den technischen und planerischen Aspekten der Ausführung der fotografischen Aufzeichnung des künstlerischen Prozesses hin- und herschalten.

Der Quadrant C war für dieses Projekt ebenfalls lebenswichtig. Die Skulptur von Pat bot mit die Gelegenheit, meiner Tochter näherzukommen. Das war sowohl eine Anforderung als auch eine Chance. Meine Tochter in einem dreidimensionalen Porträt festzuhalten erforderte mehr als sie einfach zu sehen, es forderte auch, daß ich ihr inneres, weniger sichtbares Selbst spürte. Wenn ich den Kontakt (the touch) zu dem verlor, wer sie war, würde das Projekt fehlschlagen und eine kostbare Chance für Nähe ginge verloren. Wir leiteten den tieferen Umwandlungsprozeß ein, indem wir eine fotografische Studie von ihr machten. Das gab uns auch die Zeit zu besprechen, welche Musik in der endgültigen Präsentation sowie während der bildhauerischen Arbeit verwendet werden sollte. Für alle diese Dinge mußte ich den Quadranten C meines Gehirns im Laufe des ganzen Projektes einsetzen.

Als die Modellierung begann, war Quadrant D für die bildhauerische Tätigkeit notwendig, und A und B waren gefordert, um sich mit den enormen Problemen zu befassen, die sich besonders im Modellierungs- und Gußvorgang ergaben. Hier ging es um technische Lösungen, in denen meine Kenntnisse der Chemie und Physik gefragt waren.

Die Zusammenstellung der endgültigen Multimedia-Präsentation forderte die Auswahl und Anordnung von über 100 Dias aus den vielen Hundert während des Prozesses aufgenommenen Fotografien und ihre Synchronisierung mit der Musik, die Pat und ich im voraus gewählt hatten. Das war ein interaktiver Ganzhirn-Prozeß, der emotionale Sensibilität, Beachtung der Reihenfolge, Stimmigkeit des Konzepts, Wertschätzung des Ideenflusses und Bewußtheit der von der Musik gelieferten Färbung verlangte.

Das Endergebnis entstand eine wundervoll ermutigende Feedback/Verstärkungsschleife. Professionell wurde die Skulpur von *Pat* sehr gut aufgenommen, gewann in beurteilten Ausstellungen als reine Skulptur drei blaue Bänder und wurde einmal als beste Show beurteilt. Noch wichtiger für mich war, daß das Publikum wirklich bewegt war, wenn es *Pat* als Multimedia-Ereignis sah. Das zeigt mir, daß die Präsentation die Erfahrung, die meine Tochter und ich geteilt haben, wirklich eingefangen hat.

Zusammenfassend habe ich während des Prozesses der Ausführung dieses komplexen kreativen Aktes alle vier Quadranten des metaphorischen Gehirnmodells eingesetzt; nicht alle gleichzeitig oder in einer festen Reihenfolge, sondern iterativ und wiederholt, wie es die Situation jeweils verlangte. Künstlerische Leistung, Vision, räumliches Vorstellungsvermögen und ganzheitliche Konzeptbildung wurden vom Quadranten D beigetragen. Sensibilität meiner Tochter gegenüber, die Einbeziehung der Musik und der zwischenmenschliche Austausch von einem Augenblick zum anderen, der erforderlich war, damit Pat erfolgreich als den erweiterten Prozeß des Sitzens Modell

"Unsere Kreativität ist nur durch unsere Anschauungen begrenzt."

Willis Harmon

"Da wir dazu bestimmt sind, unser Leben im Gefängnis unseres Geistes zu leben, ist es unsere einzige Pflicht, es gut auszustatten."

Peter Ustinov

"Der Schwächste unter uns hat eine Gabe, so trivial sie auch scheint, die ihm eigen ist und die, würdig eingesetzt, auch eine Geschenk an seine Rasse ist.

Ruskin

"Die Angst zu versagen ist die verheerendste Blockade der Kreativität."

unbekannt

"Wie es für jedes andere Gebiet gilt, so kann auch die Produktion von Ideen durch gewisse Techniken durchgesetzt werden – besonders wenn das Urteil während der Ideenbildung aufgeschoben wird."

Alex Osborn

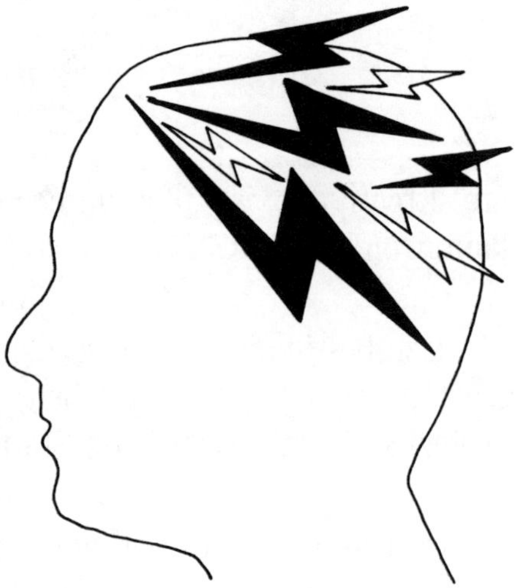

Abbildung 7-6. Zickzack-Blitz

durchstehen konnte, nutzten den Quadranten C voll aus. Planung, Folgerichtigkeit, Organisation und Strukturierung von Materialien und Prozessen, die für die Dokumentierung und das Festhalten des bildhauerischen Prozesses notwendig waren, zogen Nutzen aus allen Denkweisen des Quadranten B. Und schließlich lieferten meine Qualitäten des Quadranten A die Logik und Analyse, die erforderlich waren, um die ganzheitliche Idee in ein praktisches, durchführbares Projekt umzuwandeln, sowie das Wissen in Chemie und Physik, die für die Lösung der technischen Probleme erforderlich waren, die sich im Laufe des Projekts ergaben.

Man könnte dieses Projekt akkurat sowohl als linksdominant (A und B) und rechtsdominant (C und D) wie auch als zerebral (die oberen Quadranten A und C) und limbisch (die unteren Quadranten B und D) beschreiben. Es ist ein gutes Beispiel einer kreativen Ganzhirn-Aktivität.

b) Die Quadranten und der Zickzack-Blitz

Dieses Projekt illustriert klar die grundsätzlichen Beziehungen zwischen den vier Phasen des kreativen Prozesses nach Wallas und der Verwendung der vier Gehirnquadranten. Darüber hinaus habe ich es notwendig gefunden, Wallas Prozeß in zwei andere wichtige, gehirnorientierte Phasen einzuschließen – Interesse und Anwendung. Die sich daraus ergebende Dynamik ist folgende:

1. *Interesse* ist generell, wahrscheinlich über alle vier Quadranten verteilt.

2. Die *Vorbereitung* anderseits nutzt hauptsächlich die Quadranten A und B, weil sie aus dem Sammeln von Fakten, dem Organisierung und der Entwicklung eines Planes besteht.
3. Die *Inkubation* findet in den rechten Funktionen C und D statt, beinhaltet Kontemplation, unterbewußte Verarbeitung, Reflektion, Nachdenken, Vergegenwärtigung und sinnliche Wahrnehmung.
4. Die *Erleuchtung* ist ebenfalls eine Tätigkeit des rechten Gehirns, besonders in Verbindung mit dem Quadranten D. In dieser Phase wird die Idee nicht-verbal formuliert und kommt manchmal in Form eines Aha-Erlebnisses.
5. Die *Überprüfung* beginnt mit der linksdominanten Tätigkeit des Aufzeichnens oder Festhaltens der Idee und ihrer Überprüfung um zu sehen, ob sie eine Lösung für das ursprüngliche Problem ist. Das fordert die Quadranten des linken Gehirns, A und B.
6. Die *Anwendung* ist die letzte Phase und ist gewöhnlich über alle vier Quadranten verteilt. Sie beginnt typischerweise aber in B und setzt sich dann in A, C und D fort.

Die Einbeziehung von *Interesse* und *Anwendung* am Anfang und Ende des kreativen Prozesses anerkennt die Notwendigkeit geistiger Motivation für den Beginn der Vorbereitungsphase und die Notwendigkeit geistiger Befriedigung für den Abschluß des Prozesses mit einem handlungsorientierten Ende.

Obwohl dieser sechsstufige Prozeß sehr geordnet klingt, – und gelegentlich auch ist, bewegt man sich in der Praxis zwischen diesen Phasen hin und her, geht manchmal an verschiedenen Punkten, den ganzen Prozeß noch einmal durch und kann einige Teile sehr rasch und andere über einen Zeitraum von Jahren tun. Man kann sogar, im Laufe des Prozesses der Reaktion auf eine kreative Herausforderung, andere Aufgaben einbeziehen, deren Ausführung dann neue Perspektiven, Bewußtseinsinhalte und Vorgehensweisen zur Antwort auf die ursprüngliche Herausforderung beitragen. Diese erweitere Version dessen, was als Iteration bezeichnet wird, wurde "Zickzack-Blitz im Gehirn" genannt, eine Wendung, die zuerst als Beschreibung der höchst vielseitigen Mentalität Winston Churchills benutzt wurde. An einem beliebigen Wochenende konnte Churchill: an einer Rede vor dem Parlament arbeiten, ein Bild malen, mit seinem Enkel im Garten spazieren gehen, eine militärische Kampagne planen, über die Geschichte der westlichen Zivilisation schreiben, eine bedeutende politische Strategie bedenken oder einen detaillierten Plan für eine Operation sorgfältig durcharbeiten. Also kann das Hakenschlagen so verstanden werden, daß es eine schnelle Hin-und-Her-Bewegung zwischen sehr unterschiedlichen Aktivitäten repräsentiert, von denen jede eine besondere Mischung der spezialisierten geistigen Prozesse erfordert und die alle zusammengenommen den kreativen Mechanismus versorgen.

Der Prozeß kann im wirklichen Leben ganz anders aussehen, aber die meisten Menschen finden dennoch leicht eine Beziehung zu dem sechsstufigen Gesamtprozeß, weil er kreative Ereignisse beschreibt, die sie in ihrem eigenen Leben erfahren haben.

Noch aufregender ist, daß sie die Beschreibung benutzen können, um die Ursache kreativer Schwierigkeiten zu diagnostizieren, wenn sie auf sie stoßen.

7.4 Was den kreativen Prozeß behindert

Der kreative Prozeß ist besonders in seinen frühen Phasen sehr delikat, und es ist wichtig, daß in jeder Phase die richtigen Quadranten aktiviert werden. Das geschieht nicht immer.

Eine zu starke Dominanz in einem der vier Quadranten kann die inhärente Ausgewogenheit stören, die die vom ganzen Gehirn angewendete Kreativität so machtvoll gestaltet. Wir haben zum Beispiel gesehen, daß im Laufe der Vorbereitungs-und Überprüfungsphase die Quadranten A und B aktiviert werden sollten – Sammeln von Informationen, Festlegung von Zielen, Messung von Ergebnissen usw. Aber eine starke Dominanz in C oder D kann den kreativen Prozeß komplizieren, indem die Wahrscheinlichkeit erhöht wird, daß dieser Mensch: (1) von detaillierten Nachforschungen gelangweilt wird und zu einer Lösung springt ohne die notwendigen Vorbereitungen zu treffen, (2) sich ausschließlich auf Intuition verläßt, statt Fakten zu prüfen und sie zu logischen Schlüssen zu verfolgen, (3) es versäumt, eine gute Idee festzuhalten und zu verfolgen und/oder (4) sich auf eine kostspielige Verpflichtung zur Anwendung einläßt, ohne zuerst zu prüfen, ob die Idee das vorliegende Problem anspricht.

Ein noch weiter verbreitetes Hindernis ist der bremsende Effekt eines der linken Quadranten (A oder B) auf die Entwicklung von Ideen. Wenn der Einfluß von A zu stark ist, kann das dazu führen, daß man die Macht, die in der Ansprache ethischer Werte liegt, herunterspielt. Oder die Realitäten abwertet, die in der Implementierung in einer Welt liegen, in der man mit gewöhnlichen sterblicher Wesen handeln muß, um irgendetwas zu erreichen. Stark B-dominante Menschen erfahren die meisten Schwierigkeiten, denn im Quadranten B beurteilen und kritisieren wir uns am strengsten. Präferenzen in B sind so mächtig, daß sie die offenen, frei fließenden Prozesse des Quadranten D vollständig unterdrücken können.

So störend eine Dominanz in einem Quadranten für die Kreativität auch sein mag, sie führt nicht annähernd zu dem Ungleichgewicht des Einflusses einer Zweifachdominanz in nebeneinanderliegenden Quadranten – zweifach dominant links (A-B), zweifach dominant rechts (C-D), zerebral zweifach dominant (A-D oder limbisch zweifach dominant (B-C). Die Paarung zweier stark verwandter Funktionen kann den Zugang zu den von den beiden anderen, kontrastierenden Funktionen unbedingt benötigten Beiträgen völlig abschneiden und das für eine synergistische Arbeitsweise benötigte Niveau der Iteration stark einschränken.

a. In Unternehmen und Regierungsstellen

Meiner Ansicht nach manifestieren sich die behindernden Auswirkungen der Funktionen von A und B nirgends deutlicher als in der Welt der Unternehmen. Nicht nur die Lösungen, die kreative Arbeit hervorbringt, sondern auch der Prozeß selbst wird durch übertriebene A- und B-dominante Haltungen erstickt. Zwei Beispiele: Erstens wird der kreative Prozeß in den meisten geschäftlichen Zusammenhängen als Problemlösung bezeichnet. Das bedeutet an und für sich, daß etwas als ein Problem etwas negatives – beurteilt werden muß, um eine kreative Antwort hervorzurufen. Die Menschen vergessen, daß das Erkennen und die Erfüllung eines Bedürfnisses mehr damit zu tun haben kann, eine Chance zu sehen – ein Plus – als mit dem Erkennen eines Problems, eines Minus.

Ich habe durch die Entwicklung eines auf Unternehmen ausgerichteten Workshops mit der Bezeichnung "Kreative Problemlösung (Creative Problem Solving *CPS*)" einen positiven Schritt hin zur Überwindung dieser Lücke getan. Weitere Informationen darüber finden sich in Kapitel 9.

Zweitens halten die meisten Menschen das Lösen von Problemen für einen rein linksdominanten Prozeß – ordentlich und gerade heraus, eine schrittweise Analyse und angewandte Logik. Diese Ansicht des Prozesses schaltet eine breite Palette C-und D-dominanter Techniken und Aktivitäten aus, wie zum Beispiel Modellbildung, Simulierung, Männchen malen, intuitives Erfassen, metaphorisches Denken und Synthetisieren. Synthetisieren meint das Zusammenbringen von Dingen, um etwas Neues zu schaffen, dessen Wert die Summe dessen bei Weitem überschreitet, was jede Idee für sich Wert wäre. Diese C- und D-Techniken erzeugen Visionen, die wahrhaft innovative Beiträge leisten.

Man sollte meinen, daß wir, bei der enormen Macht dieser C-und D-dominanten Tätigkeiten, ihnen einen höheren Wert beimessen würden. Warum tun wir das nicht? Zu einem großen Teil tun wir nur das, was uns in der Schule beigebracht wurde.

b. In Schulen

Ein Teil des Grundes liegt darin, daß ein so großer Teil unseres Erziehungssystems auf die Vermittlung A- und B-dominanter Tätigkeiten ausgerichtet ist – die bevorzugte Funktionsweise der meisten Schulräte, Direktoren und Verwalter. Aber es gibt einen fundamentaleren Grund für unsere unausgewogene Erziehung, und der hat mit dem Gehirn selbst zu tun. In ihrem Buch *Drawing on the Right Side of the Brain* zitiert Betty Edwards die Krise in der Kunsterziehung, die bei den meisten von uns etwa im Alter von zehn Jahren aufzutreten scheint. Die meisten von uns zeichnen, bevor sie in die Schule kommen, aber mit zehn Jahren können es die meisten nicht mehr. Unser angeborenes Talent wurde von der auf der Sprache basierenden Logik überwältigt. Das Sprachzentrum, in der linken Hemisphäre, neigt dazu, die anderen Talente einzubeziehen und dann zu überwältigen. Je früher wir lehren, wozu die Sprache führt (Grammatik, Wortschatz, Rechtschreibung und Aufsatz), desto früher und vollständiger beginnt die linke Hemisphäre die rechte zu beherrschen.

Ist die Achtung aller unserer nicht-verbalen, intuitiven Funktionen für die menschliche Entwicklung nicht ebenso wichtig wie unsere Konzentration auf die verbalen und rationalen? Das Leben ist in Wirklichkeit ein Ausgleich zwischen diesen unterschiedlichen, aber potentiell synergistischen Funktionen.

Hat der Erwerb einer visuellen Bildung in unserer Erziehung nicht den gleichen Wert? Die visuelle Bildung versetzt uns in die Lage zu verstehen was wir sehen, im Gegensatz zu den Worten, die wir lesen, oder den Zahlen, die wir manipulieren.

Abbildung 7-7. Einstein reitet einen Regenbogen.

Auch wenn wir unser Erziehungssystem heute umorientieren würden, gäbe es immer noch Millionen Erwachsene, für die andere Lösungen notwendig wären. Die Schule ist schon aus. Glücklicherweise gibt es Abhilfen, mit denen eine übermäßige Linkslastigkeit korrigiert werden kann, und diesen wenden wir uns jetzt zu.

In diesem Kapitel haben wir bisher gesehen, daß: (1) der kreative Prozeß die Anwendung beinhaltet, (2) alle vier Quadranten in einer gewissen Weise benutzt werden müssen, damit dieser Prozeß funktioniert und (3), wenn die Quadranten in der falschen Phase aktiviert werden, kann die Kreativität mit kreischenden Bremsen gestoppt werden.

Wir wenden uns jetzt der Untersuchung von Möglichkeiten zu, wie wir unsere kreativen Gaben zurückgewinnen und steigern können – um einige der in unserer Ausbildungs- und Arbeitszeit erworbenen Vorurteile zu korrigieren.

Zur Einführung in dieses Thema möchte ich Sie auf einen scheinbaren Umweg führen, aber in Wirklichkeit ist es ein direkter Weg. Wir werden uns ansehen, was Menschen tun, die bereits kreativ sind, und die das richtig tun.

7.5 Was kreative Menschen richtig machen: Kreativität in Kunst und Wissenschaft

Menschen fragen oft, ob sich die der Kunst innewohnende Kreativität von der den Wissenschaften inhärenten Kreativität unterscheidet. Meine Antwort ist, daß die wesentlichen Prozesse fast identisch sind, aber sich darin unterscheiden, wie die Menschen sie sehen und was sie daran betonen.

Was verbindet die beiden Arten der Kreativität? (1) Sie nutzen beide die gleichen geistigen Prozesse, (2) sie sind beide iterativ, (3) sie sind beide situationsbezogen und (4) die Ergebnisse von beiden können durch ein besseres Verständnis dieser Prozesse und das Auffinden von Möglichkeiten eines besseren Zugangs zu ihnen gesteigert werden.

Die beiden Prozesse unterscheiden sich darin, daß jeder ein anderes Ende des kreativen Kontinuums betont. Der künstlerische kreative Prozeß ist etwas stärker auf die rechten Funktionen gerichtet, das heißt nicht-verbal, visuell, phantasievoll, konzeptbildend und ästhetisch. Die wissenschaftliche Kreativität dagegen konzentriert sich etwas stärker auf Logik, Tatsachenwissen und Technologie – linksdominante Funktionen. Diese Schwerpunkte sind natürliche Widerspiegelungen der Bevorzugung rechter Funktionen, C und D, durch den Künstler, und derjenigen der Linken, A und B, durch den Wissenschaftler. Keineswegs überraschend nehmen die Menschen sie entsprechend wahr: Künstlerische Kreativität wird als ästhetisch und formlos wahrgenommen, während wissenschaftliche Kreativität als fester umrissen, konzentriert und willkürlich wahrgenommen wird.

Aber hier kommt der Treffer: Wenn man die Lebensgeschichten und die Schriften wissenschaftlicher und künstlerischer Genies studiert, wird klar, daß viele von zu außerordentlichen Menschen wurden, da sie geistige Funktionen verwendeten und auf sie bauten, die auf ihrem Fachgebiet nicht dominant sind.

Das lebhafteste Beispiel hierfür ist der multidominante wissenschaftliche und künstlerische Riese Leonardo da Vinci. Wenn man das Dutzend seiner bedeutendsten Kunstwerke Seite an Seite mit dem Dutzend seiner bedeutendsten wissenschaftlichen Errungenschaften stellen würde, so hätte man Schwierigkeiten zu entscheiden, welche größer sind. Leonardos künstlerisches Genie wurde durch sein Genie für wissenschaftliches Verstehen und seine Erfindungsgabe ergänzt und gesteigert. Jedes hat Nutzen aus den vom anderen Teil genutzten geistigen Prozessen gezogen. Seine künstlerische Sicht stellte Herausforderungen an seine Abbildung eines Menschen. Sein Blick für Struktur und Mechanik führte ihn dazu, die Anatomie durch Sektion von Leichen und den Aufbau von Skeletten zu studieren. Dann drückte er sein neues Verständnis durch das Zeichnen von Körperteilen und das Malen wundervoller Bilder aus.

Es ist wohldokumentiert, daß Albert Einstein sich auf einem Lichtstrahl reitend sah, bevor er die Relativitätstheorie erdachte. Einstein hielt seine Gabe der Phantasie für viel wichtiger für sein Gedankenrepertoire als die eher rationalen und organisierten Arten des Denkens. Er war der Ansicht, daß er in seinem ganzen Leben nur zwei "große" Ideen hatte, und daß er viele Jahre damit verbrachte, sich entweder auf sie vorzubereiten oder ihre Gültigkeit zu überprüfen. Für ihn waren der Erwerb von Wissen, Fakten, Daten und Statistik schlicht Vorbereitung für den intuitiven Prozeß, aus dem seine Ideen auftauchten.

Von August Kekulé wird oft geschrieben, daß er den Benzolring durch einen Traum erdachte, in dem er eine sich in den Schwanz beißende Schlange sah. Diese macht-

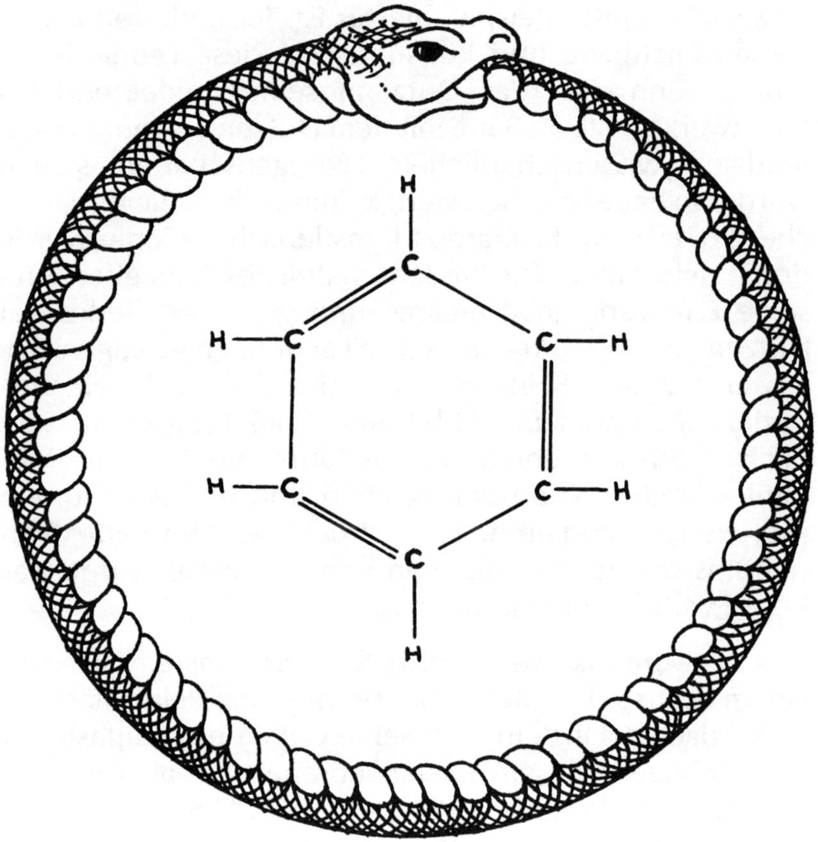

Abbildung 7-8. Kekulés Traum von der Schlange führte zur Entdeckung des Benzolrings

volle Metapher lieferte ihm die Grundlage für die Lösung des Rätsels, mit dem er kämpfte: Der Molekularstruktur des Benzols. Unter allen Fächern ist die Chemie unter den am stärksten von den geistigen Funktionen und Tätigkeiten des Quadranten A beherrschten. Doch hier war ein Mensch, der, obwohl er den geistigen Prozeß des Quadranten A nährte und übte, auch Nutzen aus den visuellen, intuitiven und Träume verarbeitenden Funktionen des Quadranten D zog.

Sowohl Kekulé als auch Einstein hatten enorme iterative Fähigkeiten. Da sie zweifach dominant waren (mindestens in A und D), konnten sie durch das Corpus Callosum zwischen diesen beiden spezialisierten Funktionen hin und herschalten und so zwei verschiedene geistige Prozesse zu einem synergistischen Ganzen zusammenfügen.

Der synergistische Durchbruch – der Traum oder die Phantasie, aus der die Erleuchtung gewöhnlich besteht – ist selten geplant oder terminiert. Weder Einstein noch Kekulé hat seine Phantasie aufgebaut, sie haben sie einfach erlebt und in der Folge gehandelt. Die Verbindung fand im Unterbewußten statt und manifestierte sich durch einen geistigen Prozeß, der in Phantasien oder Träumen "spricht". Dieses Träumen oder Phantasieren tritt natürlich und spontan auf eine nicht verstandene Art und Weise auf. Das soll nicht heißen, daß Menschen nicht willkürlich phantasieren oder träumen können, denn das können sie. Viele unter uns konzentrieren sich routinemäßig auf ein Problem oder eine Frage, bevor sie schlafen gehen, mit dem Ziel, von seiner Lösung zu träumen und diese dann beim Erwachen festzuhalten. Aber für die meisten von uns ist die Erleuchtung meistens kein geplantes Ereignis sie passiert einfach. Wir können es öfter geschehen lassen, wenn wir lernen, unsere Träume und Phantasien anzuzapfen und ein System bereit haben, mit dem wir die sich ergebenden Ideen festhalten.

Im Sinne des kreativen Ausdrucks besteht die Welt meiner Ansicht nach aus: (1) den bereits kreativen – Menschen, die ihre kreativen Gaben bereits zu ihrer Freude und zu ihrem Nutzen aktiv ausüben, (2) den manchmal kreativen – Menschen, die Augenblicke kreativer Brillanz erleben, aber nur gelegentlich, und (3) denjenigen, die kreativ sein können, aber dieses Potential erst noch anzapfen müssen.

In der ersten Gruppe finden sich Tausende von kreativen Menschen, die nie über die Bedeutung des Gehirns und ihres eigenen kreativen Prozesses nachgedacht haben, und die auf eine sehr kraftvolle, sehr produktive Weise erfolgreich sind: Designer, Werbemanager, Produzenten, Redakteure, Schriftsteller, Musiker, Künstler, Erfinder – die Aufzählung kann beliebig erweitert werden. In jedem Falle hat das Profil eine starke Beziehung zur Norm für kreative Prozesse. Diese Profile sind häufig einfach dominant im Quadranten D. Das ist nicht überraschend, da die meisten bereits kreativen Ideenmenschen sind. Nach meiner Erfahrung sind professionell kreative Menschen sich weitgehend dessen nicht bewußt, was während des kreativen Prozesses in ihnen vorgeht. Sie wissen auch nicht, warum sie in einem Aspekt des kreativen Prozesses besser sind, als in anderen. Wenn diese Menschen ihre Profile sehen, verstehen sie diese Dinge aber sofort. Sie sehen zum Beispiel, daß sie, um ein kreatives Projekt erfolgreich abschließen zu können, Hilfe von außen brauchen, weil gewisse Aspekte des kreativen Prozesses außerhalb ihrer Präferenzen liegen.

"Es behindert die kreative Arbeit des Geistes, wenn der Intellekt die Ideen zu gründlich untersucht, wenn sie einströmen."

Friedrich Schiller

"Kreativität beinhaltet das Ausbrechen aus etablierten Mustern, um Dinge auf eine andere Weise zu sehen."

Edward de Bono

"Die Arroganz der Logik behindert die Verwendung neuer Ideen."

unbekannt

"Die Vorstellungskraft muß ihre Arbeit der Prüfung der kritischen Fähigkeiten vorlegen."

Morris I. Stein

"Bleibt fest in eurer Weigerung, bei der Algebra bei Bewußtsein zu bleiben. Ich versichere euch, im wirklichen Leben gibt es so etwas wie Algebra nicht."

Fran Lebowitz

Die innerhalb von Organisationen bereits kreativen Menschen sind diejenigen, die andere dort vorhandene Ressourcen effektiv nutzen: Kundendienst, Marketing, Buchhaltung, Finanzen, Personal und technische Ressourcen. Im Gegensatz dazu müssen Menschen, die unabhängig kreativ arbeiten müssen, sich diese Dienstleistungen beschaffen. Es ist nicht überraschend, daß diese Menschen zu einem recht ausgewogenen Profil neigen: Ihre primäre Präferenz für den Quadranten D wird durch starke sekundäre Präferenzen in anderen Quadranten unterstützt, womit sie bei der Beendigung einer kreativen Aufgabe situationsbezogen funktionieren können. Darüber hinaus verbessert eine Stärkung dieser unterstützenden Fähigkeiten ihre ursprüngliche Präferenz oft.

Bereits kreative Menschen, die Werkstätten wie ACT I und CPS besucht haben, berichten übereinstimmend, daß ihr kreatives Potential erheblich erweitert wurde und daß sie sich in der Lage fühlen, kreative Arbeiten auszuführen, die noch größere Herausforderungen darstellen.

In der zweiten Kategorie, *manchmal kreativ*, finden wir Menschen, die über Augenblicke kreativen Ausdrucks berichten, einschließlich Erfindungen, dem Malen eines Bildes oder Schreiben eines Gedichtes, bei denen solche Augenblicke aber selten sind. Das demonstriert wieder die situationsbezogenen Fähigkeiten des spezialisierten Gehirns. Obwohl diese Personen ihre primäre Präferenz nicht in solchen phantasievollen Funktionsweisen haben, ermöglichen ihre starken sekundären Präferenzen den Zugang und die Nutzung dieser Fähigkeiten, wenn sie dazu angeregt werden: Wenn ein Projekt dringend eine originelle Lösung für ein technisches Problem fordert, wenn sie im Urlaub eine schöne Szene festhalten wollen oder Gefühle der Liebe in eine poetische Form übersetzen wollen.

Die dritte Kategorie von Menschen umfaßt diejenigen, die kreativ arbeiten können oder auch nicht, die es aber in jedem Falle einfach nicht wissen. Das sind Menschen, die Kreativität falsch definiert haben, aus welchem Grunde auch immer, ihr latentes Potential erst noch erforschen müssen.

Es wird somit klar, daß auf dem Gebiet der Kunst und der Wissenschaft die Kreativität alle Arten des Denkens einsetzt. Tatsächlich *wird die Kreativität eher durch eine vielseitige Intelligenz als durch einen hohen IQ aktiviert* und ein großer Teil dieser Intelligenz ist nicht intellektuell, es sind Ahnungen, Intuition, Gefühle und kinästhetische, sensorische, geistige Aktivitäten aus dem Bauch. Die Kreativität zieht Nutzen aus der Tätigkeit aller unserer geistigen Quadranten: linkem und rechten Gehirn, zerebral und limbisch, und zwar einzeln oder in einer Kombination.

Wir alle haben eine vielseitige Intelligenz. Können wir also nicht alle kreativer sein, auch wenn wir bereits kreativ sind, obwohl wir keine Genies sind? Und wenn das so ist, wie können wir heute beginnen, die zusätzliche Kreativität auszudrücken und zu genießen?

7.6 Schlüssel zum kreativen Leben: Zurückgewinnung unserer Leidenschaft

Ein wichtiger Schlüssel – vielleicht der Schlüssel – zum kreativen Leben ist Leidenschaft. Mit Leidenschaft meine ich eine sehr zwingende, energische Aufmerksamkeit für etwas. Alle Arten von Menschen, die Spaß haben, sind leidenschaftlich. Wie auch Menschen, die sich gerade verliebt haben. Wie auch Sammler, Sportfans, Kinder, die verrückt auf Pferde sind, Jungen, die gerade Sammelbilder entdeckt haben oder Videospiele, Computer-Hacker.

Kleine Kinder sind zu fast allem, was sie sehen, leidenschaftlich hingezogen. Tatsächlich verhalten sie sich leidenschaftlich, wenn sie sich selbst sehen, und fühlen, und riechen, und hören, und auch schmecken. Ihre Leidenschaft umfaßt das Leben selbst mit allen seinen Erfahrungen. Sogar ängstliche Kinder sind, wenn sie einmal sicher sind, außerordentlich enthusiastisch. Sie greifen nach allem, was sie erreichen können – Spinnen, Blumen, Schmetterlingen, Blöcken, Händen, Augen, Katzen, Nahrung, Wind, Wasser, Würmern, Ihnen, Musik – allem. Sie sind natürliche Experimentatoren, leidenschaftliche Forscher, fasziniert von der Untersuchung von allem. Mit der Zeit beginnen sie, Verbindungen zwischen Dingen herzustellen: Ein Kind, das Öl in einer Wasserpfütze sah, rief aus: "Oh, sieh nur! Ein toter Regenbogen!" Ihre Wahrnehmungen sind so außerordentlich und neu, daß Art Linkletter sich seinen Ruf durch Interviews mit Kindern erwarb. Abgesehen davon, daß sie Indiskretionen begingen, die die Eltern erschreckten und das Publikum ent-

"Das Spiel lehrt Kinder, die Welt zu meistern."

Jean Piaget

"Wenn der Künstler in einem Menschen lebt, was auch immer seine Arbeit sein mag, wird er eine erfinderische, suchende, wagemutige, sich selbst ausdrückende Kreatur. Er wird für andere Menschen interessant. Er stört, regt auf, erleuchtet und öffnet Wege zu einem besseren Verständnis. Wenn diejenigen, die keine Künstler sind, versuchen das Buch zu schließen, öffnet er es und zeigt, daß noch andere Seiten möglich sind."

Robert Henri

"Die Idee ist da, in dir eingeschlossen. Du mußt nur den überzähligen Stein entfernen."

Michelangelo

"Ich schließe meine Augen, damit ich sehen kann."

Abbildung 7-9. "Spiel!"

zückten, haben sie uns wiederholt für das Wunder der Welt um uns sensibel gemacht.

Die natürliche Leidenschaft für das Leben in all seinen Unwägbarkeiten, die Kinder charakterisiert, ist auch in der Persönlichkeit von Menschen stark vorhanden, die beschlossen haben, ihre Kreativität zu behalten oder wieder zu gewinnen. Sie üben ihre Neugierde ständig, probieren neue Dinge und ergötzen sich am Experiment um seiner selbst willen – auch wenn die Ergebnisse an sich nicht erfreuen. Sie sind für den Augenblick offen, was er auch bringen mag. Sie gehen mit Erwartung, Begeisterung und Energie an das Leben heran.

Wie können wir unsere Leidenschaft zurückgewinnen, wenn wir zugelassen haben, daß sie sich abgekühlt hat? Was ist, wenn wir einer von den zahlreichen Menschen sind, deren Freude am Leben schwach geworden oder gar erloschen ist? Wenn wir daran verzweifeln, keinen eigenen, originellen Gedanken zu haben? Eine Möglichkeit – eine wichtige Möglichkeit – ist es, die Menge echter Freude zu erhöhen, die wir in unserem Leben zulassen. Es gibt viele Dinge, die das Leben angenehmer machen – gute Musik hören, Sport treiben, essen, was unseren Körper nährt – aber ich möchte mich in diesem Abschnitt auf vier Dinge konzentrieren:

1. Wir können von unseren Kindern lernen – oder neu lernen.
2. Wir können uns selbst und andere bestätigen, und Bestätigung annehmen.
3. Wir können eine Inventur unseres Lebens machen. Wir können unsfragen, ob unser Leben, uns wirklich befriedigt und wenn das nicht der Fall ist, was geändert werden muß, damit das Leben uns befriedigt.

4. Wir können uns selbst Beweise dafür liefern, daß die Rückgewinnung unserer Leidenschaft sich lohnt und möglich ist.

a. Kinder sind unsere besten Lehrer

Kinder haben eine Menge besondere Talente zu bieten. Ihr Streben nach Neuem und Wundern ist sowohl eine Ursache als auch eine Wirkung. Sie ist eine Gabe des voll gelebten Lebens und eines der Dinge, die das Leben lebenswert machen. Jeder, der Kinder kennt, kann Ihnen sagen, daß sie folgendes können:

Kinder folgen ihren Interessen. Wenn sich ein Kind langweilt, wissen Sie es. Dieses höfliche Interesse, in dem wir anderen steckenbleiben, gibt es nicht. Was sie mögen, tun sie und dadurch lernen sie, daß sie glücklich sind, wenn sie tun, was sie mögen. Also tun sie es noch einmal.

Kinder suchen und experimentieren mit neuen Dingen. Wenn Kinder mit etwas nicht Vertrautem konfrontiert werden, riskieren sie etwas und probieren es aus. Sie schubsen und tippen es an, riechen an ihm, betrachten es aus allen Winkeln, versuchen, es auf unterschiedliche Weise zu benutzen, wollen sehen, was Sie davon halten – vielleicht geben sie es Ihnen sogar um zu sehen, was sie damit machen. Im Gegensatz dazu kleben wir Erwachsenen ein Etikett darauf und sagen: "Ich weiß, was das ist" und lassen es fallen. In Wirklichkeit sagen wir: "Ich weiß, was ich darüber schon weiß und es gibt nichts, was ich darüber noch wissen will." Was fast nie die Wahrheit über irgend etwas oder irgend jemanden ist.

"Wenn Kinder sich so entwickelten wie es von Geburt an beabsichtigt ist, wäre allen die reinen Genies."

Johann Wolfgang von Goethe

"Es dauert lange, bis man jung wird."

Picasso

"Kreative Denker machen falsche Ansätze und schwanken ständig zwischen unbeherrschbaren Phantasien und systematischem Angriff."

Harry Hepner

"Bis das Kind mehr als einen Krakel zeichnen kann, im Alter von drei oder vier Jahren, dominiert ein bereits gut ausgebildeter Vorrat an konzeptueller, von Wissen formulierter Sprache sein Gedächtnis und kontrolliert seine grafische Arbeit. Zeichnungen sind grafische Aufzeichnungen im wesentlich verbaler Prozesse. So wie eine im wesentlichen verbale Erziehung die Kontrolle gewinnt, gibt das Kind seine grafischen Bemühungen auf und verläßt sich fast ausschließlich auf Worte. Die Sprache hat zuerst das Zeichnen ruiniert und dann vollkommen verschluckt."

Karl Bühler, Psychologe

Kinder beachten ihre eigenen Rhythmen. Wir Erwachsenen neigen dazu, uns anzutreiben bis etwas getan ist, oder bis eine bestimmte Zeit gekommen ist, aber Kinder tun etwas, wenn ihnen danach ist. Da ein anderer Mensch ihre Bedürfnisse erfüllt, haben sie natürlich mehr Zeit und Freiheit. Wir täten gut daran, ihrem Beispiel zu folgen, wenn wir die Wahl haben. Wenn wir zu unseren produktivsten Zeiten arbeiten und zu den anderen Zeiten ruhen, nutzen wir unsere Energien am Besten. Wenn wir zum Beispiel ein Nachtarbeiter sind und zwischen 16:00 Uhr und 2:00 Uhr am besten arbeiten, sollten wir danach streben, unseren Tag so einzurichten, daß wir diese Stunden nutzen. Wir werden für uns selbst und andere glaubwürdiger.

Kinder achten Träume und Tagträume. Kinder beachten, sprechen über und verfolgen ihre Träume und Phantasien. Sie können Bilder zeichnen, die sie in ihren Träumen gesehen haben, Gespräche mit Traumpersonen führen und versuchen, etwas in Träumen und Tagträumen erlebtes neu zu schaffen. Das alles sind kreative Handlungen. Darüber hinaus sind sie wichtig: Die Menschheit hat gelernt, daß Träume eine Sprache sind, die das Unbewußte zur Kommunikation mit dem Bewußtsein benutzt. Viele Menschen sagen, sie erinnern sich an ihre Träume nicht, aber ich weiß von keinem ernsthaften Versuch eines Menschen, eine Verbindung zu seinem Traumleben herzustellen, der nicht erfolgreich war. Diejenigen, die erfolgreich sind, berichten oft von einer Erfahrung des Erwachens und Schlafens, die wie das Leben zweier Leben ist, wobei jedes das andere bereichert und nährt.

Kinder betrachten Fehler als Information, nicht als Fehlschlag. "So geht es nicht. Ich frage mich, wie es noch nicht geht." Für Kinder ist der Prozeß, etwas herauszufinden, ein Gewinn an sich. Wir hängen aber an Ergebnissen fest, also belegen wir unsere Fehler mit Urteilen: "Wir haben es falsch gemacht," – und, was noch schlimmer ist, wir führen es weiter: "Die Leute lieben uns nicht," "Wir sind nie gut genug," und "Wir werden ganz allein sein". Es ist kein Wunder, daß Fehler uns so tief erschrecken. Muster wie diese werden nicht über Nacht gelernt und sie zu ändern kann mehr als einige Versuche benötigen, aber sie können geändert werden.

Kinder spielen. Kinder machen aus allem ein Spiel. Ihr wichtigstes Geschäft ist sozusagen das Spiel. Sie ergötzen sich daran, sich selbst, Eltern und Persönlichkeiten zu verulken. Sie lieben es, Grimassen zu schneiden, etwas vorzugeben, zu ringen, Versteck zu spielen, zu überraschen, Streiche zu spielen. Sie lieben es zu lachen, Geheimnisse zu verraten, Geschichten von Kobolden und Elfen und Riesen und Monstern und Helden zu erfinden. Es geht ihnen nicht um Genauigkeit. Wenn sie Zweifel haben, so wissen sie, daß sie es immer er finden können. Viele Erwachsene haben sich aber die Erlaub nis entzogen, albern zu sein, den Teil von sich selbst zu offenbaren, der sich jung fühlt. Wir sind zu sehr besorgt, wir könnten kulturelle oder institutionelle Normen verletzen, z.B. "nicht männlich" oder "nicht weiblich" zu scheinen. Auch heute noch marschieren Frauen zur Melodie von "Sei damenhaft" und "Nette Mädchen kämpfen nicht, schreien nicht, werden nicht böse und konkurrieren nicht." Wir akzeptieren das Urteil anderer Menschen darüber, was gutes Verhalten ist und verurteilen unser eigenes, alles im Namen der Sicherheit. Nicht, daß Sicherheit nicht wichtig wäre, sie ist es. Ohne Sicherheit erleben Kinder und Erwachsene ihre Energien als vermindert und von Angst zersplittert. Wir müssen passen, fühlen, daß wir, zumindest in einem gewissen Maße, dazugehören. Wir brauchen eine gewisse Vorhersagbarkeit, damit wir die Größenordnungen zu treffender Entscheidungen in beherrschbaren Grenzen halten können. Wir müssen wissen, daß unser Leben nicht bedroht ist, bevor wir spielen können. Aber Sicherheit ohne die frische Anregung und Freude, die aus einem offenen, experimentellen, spielerischen Geist kommt, wird letztlich alle, außer den ganz furchtsamen, dazu treiben, sich auf der Suche nach diesem undefinierbaren "mehr" aus ihren sicheren Schubladen zu wagen.

Die Tatsache, daß die Dinge, die Kinder tun, die Kreativität fördert ist offensichtlich. Um das zu bestätigen, müssen sie nur eine Gruppe von Menschen, die aktiv kreativ sind, mit einer Gruppe vergleichen, deren Kreativität latent oder inaktiv ist: Sie werden erfahren, daß die kreative Gruppe sich mehr mit dem befaßt, was ihr Interesse weckt, bereitwilliger Risiken eingeht, daß sie stärker an ihre eigenen Rhythmen angepaßt ist und darauf reagiert, phantasievoller ist und eher dazu neigt, ihren Träumen und Phantasien zu folgen, und weniger damit, "es richtig zu tun", rebellischer und unangepaßter ist und wesentlich spielerischer.

Was bestimmt, ob ein Mensch diese Eigenschaften und Talente bewahrt oder nicht? Wie können wir als Eltern unseren Kindern helfen, diese Lebhaftigkeit zu bewahren und zu steigern?

b. Bestätigung läßt die Luft aus unserem Drachen

Ein wichtiger Faktor, von dem ich glaube, daß er zur Erhaltung meiner eigenen kreativen Fähigkeiten beigetragen hat, war die unfehlbare Unterstützung für jeden kreativen Akt, der mich interessierte. Mein Vater, obwohl ein sehr stiller Typ, war für mich das Modell der Kreativität. Er malte. Eines seiner Gemälde hängt heute in meinem Büro. Er baute auch Radios und Hifi-Anlagen. Er strebte immer danach, etwas zu schaffen, das mehr konnte als das, was man kaufen konnte. Oft gelang ihm das. Auch wenn das Radio nicht besser war, war die Tätigkeit an sich gut, denn dadurch konnte er experimentieren.

Meine Mutter lieferte das noch wichtigere verbale Lob, Ermutigung und Unterstützung, die mein kreatives Verhalten verstärkten. Sie sorgte dafür, daß ich Gesangsstunden nahm, lange bevor ich wußte, daß ich eine Stimme hatte, deren Ausbildung sich lohnte. Als ich mit einer guten Note in einer Übung zum technischen Zeichnen nach Hause kam, kaufte sie mir sofort einen Zeichentisch. Als ich den Drang hatte, ein Spiegelteleskop zu bauen, brachte sie mich dorthin, wo ich die Stücke und Teile kaufen mußte. Es spielte keine Rolle, ob sie das laufende Projekt verstand oder nicht. Sie sagte ernsthaft, daß sie dachte, es sei wundervoll, daß ich etwas so kluges und kreatives tat, und sie unterstützte mich mit konkreten Handlungen.

Die Eltern unter Ihnen, deren Kinder noch jung sind, können das für sie tun, was meine Mutter für mich getan hat, und was ich für meine Kinder tue, auch wenn sie jetzt

Abbildung 7-10. Die Barrieren zur Kreativität werden durch die Tötung unseres geistigen Drachens entfernt

erwachsen sind. Sagen Sie ihnen, daß sie wunderbar sind. Helfen Sie, aber nur, wenn Sie gefragt werden. Achten Sie auf den Prozeß und lassen Sie das Endergebnis wunderbar sein – nur weil Ihre Kinder es gemacht haben. Fragen Sie, was sie gelernt haben und loben Sie das Gelernte. Sagen Sie ihnen, daß es genauso wichtig ist, herauszufinden, was nicht funktioniert, wie herauszufinden, was funktioniert.

Genauso wichtig: *sagen Sie sich selbst die gleichen Dinge.* Lassen Sie Ihre Endergebnisse wundervoll sein, nur weil Sie sie hervorgebracht haben und mochten, was Sie gemacht haben. Wenn Sie können, tun Sie es selbst, und wenn Sie Hilfe brauchen erbitten Sie sie von Menschen, die genauso sehr wollen, daß Sie etwas lernen wie sie angeben wollen. Finden Sie heraus, was Sie gelernt haben und loben Sie sich dafür. Sagen Sie sich, daß es genauso wichtig ist, herauszufinden, was nicht funktioniert, wie herauszufinden, was funktioniert. Und haben Sie keine Angst davor, sich zu sagen, daß Sie wirklich stolz auf Ihre Bereitschaft sind, "es zu probieren". Es spielt keine Rolle, was "es" ist, keine Rolle, ob es bescheiden oder großartig ist, nur weil es etwas ist, das Sie mochten.

Als Erwachsener war meine Frau Margy die bei weitem bedeutendste und beständigste Quelle von Bestätigung für mich. Ihre enthusiastische Unterstützung meiner Schauspielerei, meines Gesangs, Malens, Bildhauerns, des Hausbaus und einer Reihe anderer risikoreicher Abenteuer – einschließlich der Gründung mehrerer Unternehmen – hat in 40 Jahren nie geschwankt. Mit ihren eigenen Inseln der Brillanz gut ausgestattet, hat Margy mich immer darin unterstützt, über das hinauszugehen, wo ich scheinbar festgefahren war. Sie hat mich überhaupt erst ermutigt zu malen und mich dann sanft gedrängt, andere Medien zu versuchen: Eine Suche, die mich schließlich zur Guache führte – für mich der glorreichste und vielseitigste Medium der Malerei. Es war Margy, die mir immer wieder gesagt hat, ich habe sensible und kreative Hände und sollte das Bildhauern versuchen. Zwei Jahre sanfter aber hartnäckiger Bestätigung haben mich schließlich dazu gebracht, den wilden Drachen zu töten, der dieses Tor zu meinem kreativen Schloß bewachte. Auf vielerlei Arten hat sich die Skulptur als meine kreativste Ausdrucksweise erwiesen. Ohne Margys positiven Einfluß hätte ich es nie auch nur versucht.

Das hat natürlich Folgen. Mein Erfolg als Künstler hat mich zum Gehirn geführt, das seinerzeit die Kunst als wichtigsten Brennpunkt meiner kreativen Energie überwältigt hat. Aber Margy ist in diesem neuen Gehirn-Leben mein Partner, wie sie auch in meinen früheren Leben mein Partner gewesen ist. Die Macht unbegrenzter Bestätigung und Unterstützung verleiht Leben. Ich fühle mich durch Margys Unterstützung stark motiviert und wahrhaft gesegnet.

c. Unsere Tage zu zählen heilt das gleichgültige Leben

Wenngleich ich mehr als meinen Anteil an Bestätigungen hatte, hatte ich auch mehr als meinen Anteil an nahezu tödlichen Erfahrungen. In der Folge habe ich zehnmal eine Inventur meines Lebens gemacht, und ich kann Ihnen sagen, daß das ebenfalls einen wunderbaren Antrieb gibt, das Leben aus dem Vollen zu leben. In einem Erlebnis während des Krieges habe ich den Absturz eines brennenden Flugzeugs überlebt, der für viele andere tödlich war. In einem anderen schwenkte ein auf mich zu rasendes Auto im letzten Augenblick gerade so weit weg, daß der sichere Tod verhindert wurde, während beide Autos total zerstört wurden. In einem weiteren passierte mein Leben vor meinem Auge Revue, als ich ohnmächtig wurde. Es war auf dem Weg gegen eine Betonwand mit 40 Meilen pro Stunde. Es gab sieben andere Ereignisse, das jüngste vor nur sechs Monaten.

Ohne deswegen mystisch zu werden muß ich Ihnen sagen, daß diese Art von Erfahrung Sie praktisch zwingt, sich Fragen zu stellen: "Wozu ist mein Leben überhaupt gut?" "Warum lebe ich?" Darüber hinaus zwingt es Sie, eine befriedigende Antwort zu finden, auch wenn sie nur lautet: "Na, ich weiß es wirklich nicht, aber ich werde mich nicht einfach durch den Rest treiben lassen."

Bitte fassen Sie das nicht als Einladung auf, Fallschirmspringen, Motorradrennen oder dergleichen anzufangen: Sie können Ihre Wertschätzung des Lebens auf einfachere Weise steigern. Hier sind ein paar Übungen:

1. Stellen Sie sich vor, Ihnen wurden gerade 10 Millionen Dollar Jahreseinkommen gegeben, steuerfrei, und niemand außer Ihnen weiß davon, und Sie können damit für den Rest Ihres Lebens machen, was Sie wollen. Wie würden Sie Ihr Leben leben?
2. Stellen Sie sich vor, Sie hätten ein Jahr zu leben, bei guter Gesundheit, ohne finanzielle Probleme, und Sie hätten, egal was passiert, absolut nicht mehr als 12 Monate. Schreiben Sie die Dinge auf, die Sie in dieser Zeit tun würden. Wie sieht diese Liste im Vergleich zu dem aus, wie Sie jetzt Ihre Zeit verbringen?

3. Schreiben sie Ihren Nachruf. Was sagt er aus? Was möchten Sie, das er aussagt? Was würden Sie an Ihrem Leben ändern müssen, damit der Nachruf wahr wird? Was würde das kosten? Sind sie bereit, es zu tun?

Wenn man diese Übungen macht, erfährt man, daß viele der Dinge schon möglich sind, die man tun würde, wenn man eine Million hätte, wenn man wüßte, daß man in einem Jahr stirbt und auf sein Leben zurückblicken müßte. Man muß keine Million im Jahr haben um zum Beispiel den Hunger zu bekämpfen, man kann sich einer der 20 verschiedenen Organisationen anschließen, die sich der Lösung dieses Problems verschrieben haben und einen wesentliche Beitrag leisten.Man muß keine Million haben, um sein eigenes Unternehmen zu gründen, man braucht eine Idee, Freunde und Zielstrebigkeit. Sie müssen nicht dem Tod ins Auge schauen, um Briefe der Liebe und Dankbarkeit an Menschen zu schreiben, die für Sie wichtig waren, Sie können das heute tun. Es braucht nicht die Erwartung des Lebensendes, oder das Durchmachen einer lebensbedrohenden Krise, um etwas zu versuchen, das man immer tun wollte – wie einem Pinsel in die Hand zu nehmen, Alaska zu besuchen oder zu schreiben.

Tatsächlich ist die Möglichkeit, daß Sie nur ein Jahr haben, real. Keiner von uns weiß, wann er abgerufen wird. Kreative Menschen leben, als gäbe es kein Morgen. Und das ist ein Teil dessen, was es ihnen ermöglicht, heute leidenschaftlich zu sein.

d. Beweisen, daß die Chance besteht: Sie brauchen nur einen Durchbruch

Eine andere Möglichkeit, Ihre Leidenschaft für das Leben zu erneuern, ist die Chance zu sehen, es zu tun, zu erkennen, daß ein erfüllteres Leben eine reale Möglichkeit ist, und letztlich gar nicht so weit außer Reichweite. Hier sind einige Möglichkeiten, wie Sie sich beweisen können, daß es möglich ist.

Anfänger, die mehr über sich selbst herausfinden wollen und bewußtseinserweiternde Gelegenheiten erforschen wollen, können an Programmen des Esalen Institute, Big Sur, Kalifornien, des Monroe Institute of Applied Schiences, Virginia, dem Omega Institute in Rhinebeck, New York, dem New York Open Center, Inc., dem Wainwright House, Rye, New York und vielen anderen ähnlichen Einrichtungen teilnehmen, die der Entwicklung des Menschen dienen. Fast alle diese Einrichtungen haben eine Palette von Programmen, die auf ihre Bedürfnisse paßt, ob Sie ein Anfänger oder Fortgeschrittener sind. Einige Kurse werden sehr attraktiv sein, andere überhaupt nicht. Folgen Sie Ihren Interessen und beschnuppern Sie ihre Angebote, wie ein Smörrebrot. Für die körperlich fitten Abenteuerer, die den Sprung wagen wollen, gibt es Outward Bound und eine ganze Reihe ähnlicher Programme, einschließlich Larry Wilsons wundervollen LEAP-Programm, das physische Risiken und erzieherische Anregung kombiniert. Ich habe viele dieser Programme persönlich erlebt – erst kürzlich das LEAP-Programm am Pecos River in der Nähe von Santa Fe, New Mexico.

Stark auf Wachstum orientierte Programme im Zusammenhang mit der Hirndominanz-Technologie sind unter anderem der HDI-Zertifikat-Workshop und die ACTAL-Werkstatt (Angewandtes kreatives Lehren und Lernen: Applied Creative Teaching and Learning), die von meiner Firma in Lake Lure, North Carolina, durchgeführt werden. Diese beiden führen nicht nur zu Zertifikaten für die Anwendung meines Instrumentes, sondern repräsentieren selbst auch wichtige Programme für die persönliche Entwicklung.

Ideen erzeugende Workshops sind ebenfalls zu haben, besonders die von der Synectics Corporation in Cambridge, Massachusetts, angebotenen, die von George Prince geleitet wird. George ist für die Begriffe experimentell und bewahrend verantwortlich, auf die ich mich im ganzen Buch beziehe. Ein jährlich stattfindendes Ereignis für Anfänger und Fortgeschrittene ist das CISPI-Programm, das von der Creative Education Foundation der Universität von Buffalo unter der Führung von Sidney Parnes durchgeführt wird, einem der bekanntesten und am meisten respektierten Lehrer auf dem Gebiet der Kreativität. Es gibt auch die hervorragenden Solstice Workshops, die jährlich von Bob Samples durchgeführt werden, Autor von The *Metaphoric Mind* und zahlreichen anderen Büchern. Die Workshops finden in Windstar (dem John-Denver-Zentrum) in Colorado statt. Listen mit Werkstätten der eben beschriebenen Art erscheinen regelmäßig im *Brain/Mind Bulletin*, herausgegeben von Marilyn Ferguson, Autorin der *Aquarian Conspiracy*, und auch im *New Age Journal*.* Meiner nicht allzu bescheidenen Ansicht nach ist der fortschrittlichste Workshop der Welt auf dem Gebiet der Kreativität die Werkstatt Angewandtes kreatives Denken (ACT I), die in Kapitel 8 detailliert beschrieben wird.

* Über deutschsprachige Seminare + Einrichtungen können Sie gerne über den PAIDIA Verlag Einstiege erhalten.

"Alles ist relevant. Dinge relevant zu machen ist der kreative Prozeß."

William J. Gordon

"Die bloße Grundlage eines Problems ist oft viel wichtiger als seine Lösung, die nur eine Frage mathematischer oder experimenteller Fähigkeiten sein kann."

unbekannt

"Neue Fragen zu stellen, neue Möglichkeiten zu erschließen, alte Probleme aus einem neuen Blickwinkel zu betrachten erfordert kreative Vorstellungskraft und kennzeichnet echte Fortschritte in der Wissenschaft."

Albert Einstein

"Metaphern sind 'Wortbilder' die der Sprache Macht und Reichtum verleihen, indem sie unsere Sinne in die Erfahrung einbeziehen'."

Gabriele Lusser Rico

"Jedes Kind ist ein Künstler. Das Problem ist, wie es ein Künstler bleiben kann, nachdem es erwachsen ist."

Picasso

"Die ernsteste Tätigkeit des Menschen ist das Spiel."

George Santayana

Abbildung 8-1. Musiktherapeut und Offizier beim Lösen eines Problems

8. ACT I: DURCHBRUCH ZUR KREATIVITÄT

Ich habe im letzen Kapitel die Suche nach Erfahrungen, die Ihnen bestätigen, daß Sie tatsächlich kreativ tätig sein können, als einen gangbaren Weg für die Wiedergewinnung Ihrer kreativen Passion empfohlen.

Eine der Möglichkeiten, die wir im letzten Kapitel für die Rückgewinnung der kreativen Leidenschaft empfohlen haben, war, Erfahrungen zu suchen, die bestätigen, daß die Gelegenheit zu kreativer Tätigkeit für Sie tatsächlich gegeben ist. Übereinstimmend mit diesem Gedanken beschreiben wir jetzt unseren Flaggschiff-Workshop, Angewandtes kreatives Denken oder ACT (Applied Creative Thinking) I, die darauf ausgelegt ist, so viele kreative Erfahrungen verfügbar zu machen, wie menschlich überhaupt in fünf Tage gefaßt werden können.

Ein Buch kann natürlich kein Ersatz für die eigentliche Erfahrung sein, aber wir versuchen in diesem Kapitel Ihnen ein nachempfundenes Erlebnis der ACT I zu vermitteln, indem wir es in der Weise des ganzen Gehirns beschreiben. Wir hoffen, daß Sie zu folgender Erkenntnis kommen: Wenn die Menschen, von denen hier die Rede ist, Ihre kreative Leidenschaft zurückgewinnen können, dann können Sie das auch. Grundsätzlich kann jeder Mensch in der ihm gemäßen Weise vollkommen kreativ arbeiten und leben.

8.1 Ein typischer ACT-Durchbruch

Vergegenwärtigen Sie sich zwei Menschen. Einer, ein hochrangiger Offizier, bevorzugt stark die analytischen, quantitativen, tatsachenbezogenen Denkweisen und geht über die emotionellen, zwischenmenschlichen, intuitiven Vorgehensweisen hinweg (liebt A, vermeidet C). Der andere, eine Musiktherapeutin, bevorzugt einsichtsvolle, intuitive, fühlende und sensorische Wahrnehmungen und vermeidet die rationale Verarbeitung, schreckt sogar vor ihr zurück (liebt C, vermeidet A).

Sie haben die Aufgabe, gemeinsam ein Problem zu lösen. Die Aufgabenstellung enthält eine Menge Fakten, viele quantifizierbar, aber nicht genug, um zu einer logischen Schlußfolgerung zu führen. Fehlende Elemente und Lücken in den Daten verlangen mehr als eine strikt lineare Problemlösung.

Die Art und Weise, in der diese beiden an das Problem herangehen, reflektiert ihre extremen Präferenzen. Der Offizier mit den intensiven Präferenzen in A quantifiziert die Elemente des Problems und drängt auf eine mathematische Lösung. Die Musiktherapeutin dagegen fühlt sich von all den Fakten und Daten erschreckt und kann nicht verstehen, was der Offizier tut. Während sie arbeitet, bewegt sie sich auf einen Platz in der Nähe des Fensters, wo sie über das Problem nachdenkt und dabei aus dem Fenster sieht. Nach der einleitenden Besprechung spricht keiner 10 oder 15 Minuten lang. Dann, als der Oberst auf der dritten Seite seiner mathematischen Ausarbeitung ist, dreht sich die junge Frau um und sagt zu ihm: "Ich hab's."

Er antwortet: "Was meinen Sie damit?"

Sie sagt: "Ich weiß nicht, wie ich die Antwort beschreiben soll, aber ich weiß, sie ist richtig."

"Was meinen Sie damit, Sie wissen, das sie richtig ist? Und wie kann ich sehen, was es ist, wenn sie es nicht einmal beschreiben können?"

"Ich kann es für Sie zeichnen," antwortet sie. Mit einigen Wachsmalstiften zeichnet sie einige Symbole, die die Elemente des Problems darstellen und die Beziehung zwischen ihnen.

"Okay, das sehe ich," gibt er zu, "aber ich sehe die Lösung nicht." Da sagt sie: "Nun, ich zeige sie Ihnen," und beginnt, ihren Körper auf eine Weise zu bewegen, um einen Aspekt des Problems ausdrücken, und dann auf eine andere Weise, um einen anderen Aspekt auszudrücken. Und dann, wiederum durch Bewegung, zeigt sie, wie diese beiden Elemente zusammenkommen und eine Lösung bilden. Der Oberst ist sprachlos, denn sie hat die Antwort in der Tat erfaßt.

Die Aufgabe verlangt einen Bericht an die Gruppe und der Oberst sagt: "Da Sie die Antwort haben, geben Sie den Bericht ab."

Die Frau erwidert: "Es ist unmöglich zu erklären, was ich gerade gezeigt habe." Woraufhin der Oberst antwortet: "Nun, ich weiß noch immer nicht, wie um alles in der Welt Sie es gemacht haben, aber ich bin damit zufrieden, daß Sie es gemacht haben und ich kann nicht nur erklären, was Sie gemacht haben, sondern auch, warum es die richtige Antwort ist."

Bei der Rückkehr zur Gruppe artikuliert er sowohl den Vorgang der Problemlösung als auch die Antwort.

Ehrfürchtig ruft die Musiktherapeutin aus: "Mein Gott, das ist wunderbar! Bringen Sie mir bei, wie Sie das machen."

Lächelnd erwidert der Oberst: "Das werde ich, aber nur, wenn Sie mir beibringen, wie Sie machen was Sie getan haben."

In weniger als einer Stunde haben diesen beiden Menschen gelernt, daß *die beste Arbeitsweise eines Menschen verbessert werden kann, wenn man eine Arbeitsweise hinzunimmt, über die man hinweggeht oder die man fürchtet.* Beide Menschen haben ihre Wertsysteme und Prioritäten entsprechend neu geordnet, um Denkweisen einzubeziehen und zu entwickeln, die sie während des größten Teils ihres Erwachsenenlebens mißbilligt und vermieden hatten.

Dieser Vorfall war erst der Anfang. Als er über ein Jahr später mit mir sprach, sagte der Oberst: "Dieser Augenblick war einer der wichtigsten in meinem Leben. Intuition erschien mir immer voller Absurdität, nicht auf Fakten beruhend, und mit Sicherheit nicht etwas, das ernste, professionelle Menschen in ihrem Arbeitsleben einsetzen würden. Ich habe meine Meinung geändert. Seit einem Jahr habe ich, wegen dieser persönlichen Erfahrung und diesem neuen Wissen über das Gehirn, die Funktionen meines rechten Gehirns eingesetzt und entwickelt. Die Beobachtung meiner Frau und das Spiel mit meinen Enkeln hat mich viel gelehrt. Es stellt sich heraus, daß viele meiner Kollegen die Intuition benutzen, wenn keine Fakten oder Daten vorliegen, die eine logische Schlußfolgerung unterstützen. Sie schienen sich alle dagegen zu sträuben, zuzugeben, daß es ihre Intuition ist, die sie benutzen. Aber mit dieser neuen Einsicht weiß ich jetzt, was es ist."

Die Musiktherapeutin, die aus der mangelnden Fähigkeit zu planen und zu organisieren, große berufliche Schwierigkeiten erlebt hatte, begann ihre Vorstellungen in der Geschäftswelt auszudrücken, und so auf diesem Gebiet Erfolg zu haben. Ihre ursprüngliche Erfahrung mit dem Oberst sowie spätere Gespräche mit ihm und anderen gaben ihr den ersten Zugang zu den Fähigkeiten ihres linken Gehirns. Innerhalb eines Jahres hatte sie ihre beruflichen Verbindungen stark verbessert, ihre Arbeit von sie ausnutzenden Kollegen zurückgewonnen und kommerzielle Produkte vermarktet, die ihr den Einstieg in eine Karriere verschafften, die vorher nicht möglich war. Heute achtet und nutzt sie diese Fähigkeiten, um konkrete Ziele zu erreichen, statt ihnen auszuweichen.*

Sie könnten sagen: Wäre es nicht wunderbar, wenn derartige Lernerfahrungen ein alltägliches Ereignis wären?

Tatsächlich kann das so sein und ist es auch. Es hat sich buchstäblich Tausende von Malen in Hunderten unserer Kurse wiederholt. Wir haben bewiesen, daß die abstumpfenden (wenn auch wohlgemeinten) Fehler, die von Eltern, Lehrern, Ehegatten, Bossen, Kollegen und Freunden begangen werden, korrigiert werden *können*. Wir *können* unser Recht, alle Funktionen zu nutzen, zurückgewinnen und wir *können* uns selbst und andere während des Prozesses überprüfen. Erforderlich ist dazu ein Lehr- und Lernklima, das *Unterschiede preist* (celebrates differences). Der Oberst und die Therapeutin haben *wegen ihrer Unterschiedlichkeit, nicht ihnen zum Trotz* gelernt.

Es gibt noch mehr gute Neuigkeiten: Wenn es einmal erlebt wurde, wird ein Lernklima, das Unterschiede positiv bewertet, gewöhnlich verinnerlicht. Darum behalten die Lernenden den Nutzen aus ihrem neuen Wissen und können ihr Wachstum und ihre Entwicklung selbständig fortsetzen. Wegen des Privilegs der Teilhabe an solchen Erfahrungen ergreifen viele Lehrer diesen Beruf überhaupt erst. Und dann finden sie sich von Konzepten und Praktiken eingeschränkt, die so starr und linear sind, daß Durchbrüche wie Märchen zu klingen beginnen. Heute haben wir durch das neue Wissen über das Gehirn die Chance, unsere ursprüngliche Berufung als Entwickler des menschlichen Geistes zu erneuern. Und hinter diesem Gedanken steht ein ganzheitlicher Begriff von Geist.

Die Nachricht verbreitet sich schnell. Seit unserem ersten ACT I in 1979 wurden viele neue Programme zur Schulung der Kreativität im ganzen Land eingeleitet, einige sehr zwingend und andere weniger, aber der Wind hat sich gedreht. ACT I, jetzt im achten Jahr, ist weiterhin der fortschrittlichste Workshop auf diesem wachsenden Gebiet. Als die größeren Unternehmen die Gelegenheit hatten, ACT I zu erleben, brachten sie sofort den Wunsch nach einer kürzeren Version zum Ausdruck, die den zahlreichen Mitarbeitern zur Verfügung stehen sollte, die sie dem ACT-Konzept ausgesetzt wissen wollten, aber nicht eine ganze Woche lang freistellen konnten.

Die Antwort war die Entwicklung einer neuen, zweieinhalbtägigen Version: des Workshops Kreative Problemlösung (Creative Problem Solving -CPS), und die Ausbildung eines Lehrkörpers, der ihn an Unternehmenssitzen überall lehrt. CPS war sofort ein Erfolg, als er in 1984 vorgestellt wurde. Er ist heute der Kern des Entwicklungsprogramms einer Reihe bedeutender Unternehmen.

Wenn sie ein Lehrer oder Student sind und sich persön-

* Ich würde ja mehr Einzelheiten angeben, aber es ist nicht angebracht, die Lösung der berühmten "Wünschelruten"-Übung zu enthüllen.

Abbildung 8-2. "Wie viele von Ihnen wollen malen können?"

lich und beruflich mit dem Wind dem Kreativitätstraining zuwenden und die Ganzhirn-Methoden in Ihrer Umgebung einführen wollen, wurde dieses Kapitel mit genau Ihnen im Hinterkopf geschrieben. Das heißt im Einzelnen:

1. Die Geschichte der Einführung des ACT I bei GE kann für Lektionen darüber benutzt werden, wie Innovationen in einer institutionalisierten Umgebung eingeführt werden können.
2. Drei neue Modelle: Lehren und Lernen und zusammengesetzte Ganzhirn-Lerngruppe zeigen die Basis des Konzept, auf dem das Workshop-Design aufbaut.
3. Die heutige Gestalt des Kurses mit den verschiedenen metaphorischen und Vier-Quadranten-Beschreibungen können nützliche Ideen und Kenntnisse des Lehrens nach der Ganzhirn-Methode aufzeigen.
4. Die Anregungen des Nachspiels (NACH DEM ACT) können Ihre Erfahrung der Ganzhirn-Kreativität bereichern.

8.2 Wie ACT entstand

Sie werden sich erinnern, daß Mintzbergs Prämisse ist, daß Menschen bei ihrer Arbeit klug und dumm sind. Meine Ergänzung zu dieser Prämisse ist, daß wir auch in unserem *Lernen* klug und dumm sein müssen. Und wie Sie gesehen haben, ist das so. Als wir begannen, die Kurse bei GE neu anzulegen, begann *jedermann*, ungeachtet seiner geistigen Präferenzen, klüger zu werden.

Während wir lernten, das gesamte Gehirndominanz-Spektrum bei der Darstellung einer Sache in einem Kurs abzudecken, stellte ich eine Sache immer häufiger nicht nur in einer Weise, sondern auf drei oder vier und manchmal sogar fünf oder sechs Arten dar. Ich würde zuerst Fakten und Daten benutzen, dann ein grafisches Modell zeigen, eine Fallstudie entwickeln, diese mit Hilfe einer Metapher oder eines Films interpretieren und das mit einer Erfahrungssimulation verfolgen, wobei am Ende um eine schriftliche Stellungnahme gebeten würde.

"Waren nicht alle die Wiederholungen langweilig und zeitraubend?", könnten Sie fragen. Überhaupt nicht. Die Teilnehmer liebten es, nicht nur wegen der Vielfalt, sondern auch, weil jede Art der Darstellung ihr Verständnis des Themas erweiterte. Man kann auf eingeschränkte Weise aus einer schriftlichen Beschreibung etwas über ein Auto lernen, mehr durch eine Fotografie, noch mehr, indem man es berührt und sich hinein setzt und noch mehr, indem man es fährt, unter die Motorhaube sieht oder eine Autofabrik besichtigt.

Daher stellte die multidominante Vermittlung sicher, daß die Teilnehmer das Material so verstanden, wie es verstanden werden sollte. Und was den Begriff zeitraubend angeht: Wenn die Ausbildungsziele eines Menschen überhaupt sinnvoll sind, wie kann ein Kurs, bei dem Menschen wirklich etwas lernen, dann mehr Zeit und Geld kosten als ein Kurs, in dem Menschen nichts lernen?

Durch diese frühen Modifikationen der Kurse stark ermutigt beschloß ich, zu lernen, wie aus dem Nichts eine Ganzhirn-Lernerfahrung aufgebaut werden kann. Es dauerte nicht lange, bis ich eine Einladung erhielt, sofort zu handeln, die plötzlich wie in Stein gemeißelt vor mir stand. Ich saß in einem Publikum und hörte einen Vizepräsidenten von GE etwas in diesem Sinne sagen: "GE braucht dringend ein Ausbildungsprogramm, das das kreative Potential der Mitarbeiter freisetzt, damit sie es bei der Arbeit anwenden können." Ich machte mir eine geistige Notiz, die besagte: "Du weißt, wie das geht. Nimm die neuen Dinge, die du gerade über das Gehirn gelernt hast und wende sie auf die Gestaltung einer Kreativitäts-Workshop an. Schicke diesem Burschen innerhalb von 24 Stunden einen Vorschlag. Das ist die Gelegenheit, auf die du gewartet hast." Bei der Rückkehr in mein Büro entwickelte ich sofort einen schriftlichen Vorschlag für einen Kreativitäts-Workshop und schickte ihn an den VP.

Nichts geschah. Ich schickte eine Kopie meines ursprünglichen Vorschlages mit einer Begleitnotiz. Ein weiterer Monat verging ohne eine Reaktion. Da ich eine Verweigerung nicht zulassen konnte, rief ich den VP an und sagte: "Ich werde nächsten Dienstag im Hauptquartier sein und ich möchte vorbeikommen und über meinen Vorschlag eines Kreativitäts-Workshop reden." Er sagte: "In Ordnung, aber es wäre gut, wenn Sie etwas Besseres als Ihren schriftlichen Vorschlag hätten, um mich zu überzeugen."

Was sollte ich jetzt tun? Der VP war nicht nur äußerst intelligent, er war auch als Stratege in der Frage der Personalentwicklung ungewöhnlich begabt. Ich mußte schleunigst schlau werden!

a. Was wäre, wenn Sie zeichnen könnten?

Ein Erlebnis nur wenige Stunden nach meinem Telefongespräch und vor meinem Besuch lieferte mir eine viel bessere aber höchst riskante Strategie. Während ich in einem Workshop zu einer Gruppe von etwa 100 Managern über

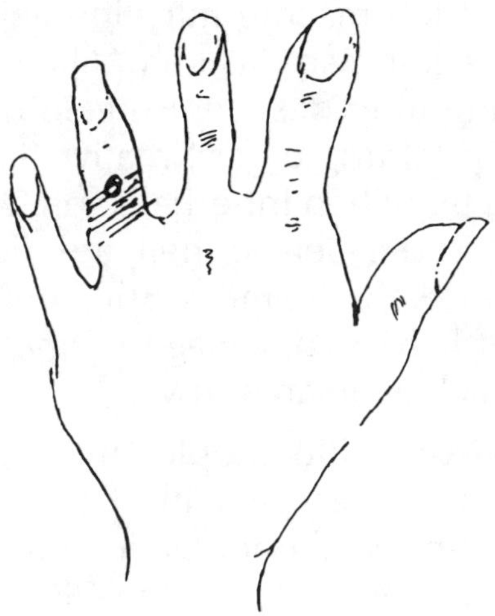

Abbildung 8-3. Erste Zeichnung einer Hand

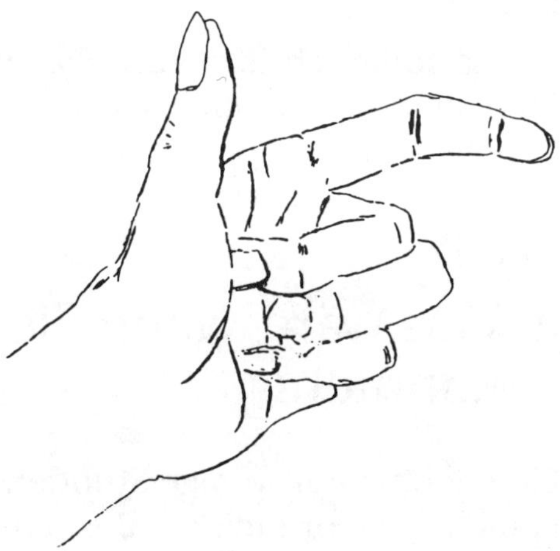

Abbildung 8-4. Zeichnung nach Übungen mit Betty Edwards

das Thema Führung sprach, hatte ich den Anfang eines Aha!, das mich dazu veranlaßte, eine ungewöhnliche Umfrage durchzuführen. "Wie viele von Ihnen können zeichnen?" Fünf oder sechs hoben sofort die Hände, langsam gefolgt von zwei oder drei anderen. "Wie viele von Ihnen möchten gern zeichnen *können*?" Jetzt war jede Hand oben, sogar die derjenigen, die gesagt hatten, sie könnten schon zeichnen. Überrascht und erfreut fragte ich dann: "Wie viele von Ihnen glauben, daß sie kreativ sind?" Drei oder vier hoben die Hand. "Wenn Sie zeichnen könnten, wie viele von Ihnen würden dann glauben, daß sie kreativ sind?" Etwa 75 Hände hoben sich. Aha! Die Menschen setzen Kreativität mit künstlerischen Fähigkeiten gleich! Ich stellte dann diese Frage: "Wenn ich Sie alle lehren könnte zu zeichnen, wie viele von Ihnen wären daran interessiert, es zu lernen?" Fast jede Hand schoß sofort hoch. Ich war mit Hochstimmung erfüllt von der Möglichkeit einer neuen Strategie gegenüber meinem Vizepräsidenten.

Als ich an jenem Dienstag während der Fahrt ins Hauptquartier über die bevorstehende Besprechung nachdachte, kam ich immer wieder auf einen Punkt zurück. Mein Erfolg als Künstler übertrug sich in meine berufliche Karriere: Weil ich Anerkennung als Künstler erreicht hatte, hielten die Leute mich für kreativ und sie nahmen mich in Anspruch, wenn künstlerischer Input und Vorgehensweisen benötigt wurden. Wenn sie also meine Kreativität akzeptierten, weil ich zeichnen und malen konnte, und wenn ich ihnen Fertigkeiten im Zeichnen oder eine andere Fähigkeit vermitteln konnte, die sie für "kreativ" hielten, könnte es dann nicht sein, daß sie ihre *eigene* Kreativität akzeptierten und nutzten und sogar Andere davon überzeugten, daß sie kreativ sind?

Bei dem Gespräch mit dem Vizepräsidenten ging ich zunächst meinen Vorschlag geradeheraus durch. Als ich fertig war, sagte der VP: "Das ist alles schön und gut, Ned, aber ich bin nicht davon überzeugt, daß Sie tun können, wovon Sie sagen, daß Sie es können."

"Was würde Sie überzeugen?"

Er antwortete: "Ein sichtbarer Beweis dafür, daß Menschen etwas kreatives tun können, das sie nicht konnten, bevor sie gekommen sind."

"Wenn ich Ihnen die Demonstration geben kann, die Sie gerade verlangt haben, werden Sie dann genehmigen, daß ich die Planung des Workshops angehe?"

Er antwortete schnell: "Ja."

"Okay," sagte ich, "Lassen Sie mich diese Frage stellen. Können Sie zeichnen?"

Er antwortete: "Nicht sehr gut."

"Möchten Sie gern Zeichnen lernen?"

"Und wie," sagte er mit einem breiten Lächeln.

"Wenn ich Ihnen beibringen könnte zu zeichnen, würden Sie sich für kreativer halten?"

"Unbedingt."

Bingo! Volltreffer!! Heureka!! Tor!!

b. Die erste Zeichenstunde

Ich setzte mich sofort mit Carl Coleman vom Geschäftsbereich Kernenergie in San Jose in Verbindung, einem freundlichen Befürworter meiner Arbeit, und er arrangierte, daß eine Gruppe Kerntechniker für meine Zwecke zusammenkam. Sie waren offensichtlich Kandidaten für das Experiment – alles A- und B-dominante Menschen, und nicht einer von ihnen konnte zeichnen.

Als nächstes habe ich meine Freundin und Kollegin Betty Edwards eingeladen, bei der Planung der Veranstaltung zusammenzuarbeiten. Sie nahm die Herausforderung an. Sie werden sich erinnern, daß Betty Edwards den Bestseller *Drawing on the Right Side of the Brain* geschrieben hat, der zu dieser Zeit gerade veröffentlicht wurde. Darin lehrt sie Menschen das Zeichnen auf der Grundlage der geistigen Aspekte des "Sehens" im Gegensatz zu der traditionellen Vorgehensweise der Kunstausbildung. Ihre Arbeit stellt einen phänomenalen Sprung in der Kunsterziehung dar.

Wir planten eine Veranstaltung für jenes Wochenende im September, beginnend mit einer zweistündigen Gehirn-Update-Sitzung am Freitagabend, in der ich die Prämisse des spezialisierten Gehirns präsentierte, Betty vorstellte und den Weg für die Zeichentätigkeit bahnte, die am nächsten Tag folgen sollte. Am Samstag führte Betty die Gruppe durch ihren Lernprozeß und unterstrich dabei wiederholt, wie er mit dem Gehirn in Verbindung steht. Sie begann, indem sie jeden einzelnen aufforderte, seine oder ihre Hand zu zeichnen, mit "Zeichnung ohne Unterweisung" zu bezeichnen und zu unter schreiben. Später, nachdem sie eine Reihe von Übungen durchgeführt hatte (die in ihrem Buch nachzulesen sind), bat sie jede Person, seine oder ihre Hand mit Hilfe der neuen Fähigkeit zu "sehen", die im Laufe des Workshops entwickelt worden war, erneut zu zeichnen. Am Ende des Tages, in einer abschließenden Mini-Kunstausstellung, verglichen wir alle diese beiden Zeichnungen, Vorher und Nachher. Die Unterschiede waren recht spektakulär, wie sie aus den abgedruckten Beispielen sehen können.

Als er den materiellen Nachweis der Veränderungen

sah, die die Veranstaltung hervorgebracht hatte, war mein Vizepräsident stark beeindruckt, so sehr, daß er von diesem Augenblick an nicht nur als mein Boss auf einer höheren Ebene, sondern auch als ein begeisterter Förderer fungierte. Wir gingen sofort daran, die Strategie für die Einführung des Workshops besser auszuarbeiten.

c. Strategie der Einführung

Zurückhaltung war für den Erfolg des Workshop-Projektes unabdingbar, weil wir die Freiheit brauchten zu tun, was am besten funktionierte, auch wenn es der Kultur zuwiderlief. Jeder, der ebenfalls neue Ideen in eine alte Struktur einführen möchte, sollte drei Dinge in Erwägung ziehen, die ich getan habe, um diese Freiheit zu sichern:

1. *Im ursprünglichen Vorschlag habe ich mich auf das Ergebnis statt auf den Prozeß konzentriert.* Damit war sichergestellt, daß uns jede Zustimmung ermächtigen würde, das Ziel anzustreben, aber mögliche Einmischungen in der Art und Weise unterband, wie sie erreicht werden.
2. *Ich habe einen Ort außerhalb gewählt*, weil solche Dinge wie Biofeedback, Spielen mit kreativen Materialien und die Erfahrung von Vergegenwärtigung am Management Development Institute nicht angemessen durchzuführen wären. Wir benötigten die Privatsphäre, damit sich ein kreatives Lernklima entwickeln konnte. Für diesen ersten Workshop und für alle, die seitdem stattgefunden haben, war die Heimat der ACT I das International Training and Communications Center (ITCC) am Monroe Institute in der Nähe von Charlottesville, Virginia.
3. *Ich vermied den Eindruck, daß der Workshop "zu ungewöhnlich" sein würde.* Mit der Genehmigung meines Managers nannten wir den Workshop "Produktive Problemlösung" – kurz PPL – weil wir mit der Bezeichnung "kreativ" keinen Reinfall riskieren wollten. Wir dachten auch, das Wort *kreativ* könnte gewerbliche Mitarbeiter von GE abschrecken. Wie Motivation war es kein Wort, das zu der Zeit in dieser Kultur häufig verwendet wurde. Wir hätten uns keine Sorgen machen sollen. Anders als die meisten Pilot-Workshops, deren Ausarbeitung 6 bis 12 Monate dauert, war der Erfolg so unglaublich dramatisch, daß wir den Namen für den nächsten in den änderten, den wir heute benutzen: Applied Creative Thinking (ACT I -Angewandtes kreatives Denken).

d. Die Anlage des ACT

Als diese Entscheidungen getroffen waren, wendeten wir uns den Details der Ziele und Vorgehensweise, der Entwicklung von Modellen und der Erstellung von Verständnisprüfungen zu. Die Formulierung dieser Kurs-Bestandteile hat sich mit den Jahren entwickelt, aber das Wesentliche ist unverändert geblieben, also werden sie im Rest dieses Kapitels in der Form dargestellt, in der sie heute verwendet werden.

Zwei wichtige Partner, die einen Anteil an der Schaffung der ACT hatten, müssen hier erwähnt werden. Naomi Frankel und Indie Luria, die Berater, die mich in das interaktive Zeichnen einführten, trugen nicht nur viele originelle Ideen bei, sondern waren auch bei der Anregung meines Nachdenkens über jeden Aspekt des Workshops enorm einflußreich und hilfreich. In jüngerer Zeit haben Alison Strickland und Ted Coulson zahlreiche originelle Ideen beigetragen und wesentliches zur Verstärkung und Verbesserung der Anlage geleistet. Ted und Alison sind zu äußerst effektiven Führern der ACT-Erfahrung geworden und sind heute der Stamm des Lehrkörpers für den Workshop.

Kursziele und Vorgehensweise

Der Zweck des Workshop wurde bereits definiert: Das kreative Potential des Einzelnen am Arbeitsplatz zu erschließen. Ich wußte damals, daß der Schlüssel zum Erreichen dieses Ziels die persönliche Bestätigung, mehr Bestätigung und noch mehr Bestätigung war, ist und immer sein wird.

Lassen Sie mich erklären, warum Bestätigung für das Erschließen eines Potentials so wichtig ist. Wie ich gesagt habe, glauben viele Menschen, daß sie nie "kreativ" waren oder sein könnten. Wenn man sich darauf konzentriert, fungiert diese Anschauung oft als sich selbst erfüllende Prophezeiung. Sehr oft ist eine Furcht vor erweiterter geistiger Aktivität die Wurzel dieser Ansicht. Eine der ersten Aufgaben bei der Entwicklung der Kreativität eines Menschen ist daher die Linderung dieser Furcht. Psychotherapeuten sagen, zwei Gegenmittel für Furcht und Angst sind: (1) Informationen zur Minderung der Unsicherheit und (2) wiederholte Beteuerung, um ein Gefühl der Geborgenheit und des Wohlbefindens zu liefern. ACT liefert Informationen im Überfluß. Wiederholte Beteuerungen kommen am machtvollsten in der Form von Ermutigung und Annahme individueller Unterschiede, und ACT stellt diese sowohl von Außen als auch von Innen bereit,

"Leben heißt nicht lernen, sondern anwenden."

Legouve

"Das Staunen der Kindheit wiedergewinnen heißt, eine Antriebskraft für erwachsene Gedanken zu sichern."

Charles Sherrington

"Genauso wie wir unsere Vorstellungskraft drosseln können, können wir sie beschleunigen. Wie in jeder anderen Kunstgattung kann die individuelle Kreativität durch gewisse Techniken durchgesetzt werden."

Alex Osborn

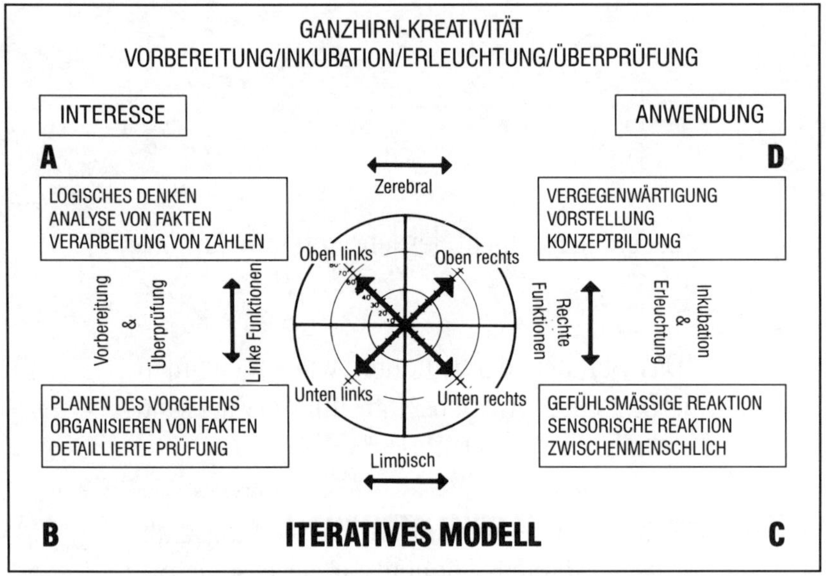

Abbildung 8-5 Ganzhirn-Modell der Kreativität

was noch wichtiger ist. Die Menschen entwickeln die inneren Informationen und Sicherheit selbst durch persönliches Erleben bei der Arbeit an (1) Aufgaben, die im Laufe des Workshops gestellt werden und (2) persönlichen und geschäftlichen Problemen, denen sie in ihrem eigenen Leben gegenüberstehen und die sie in ACT einbringen.

Wenn Menschen Tätigkeiten ausführen, die beweisen, daß sie sich in der Tat gleichzeitig etwas bildlich vorstellen und logisch denken können, stellen sie ihren inneren Kritiker ruhig. Es ist der immer wachsamen Teil des linken Gehirns, der zu unserem Schutz vor dem Risiko der Ablehnung dient. Wenn der innere Kritiker erst einmal zur Ruhe gebracht ist, sind Menschen frei, sich neue Möglichkeiten zu eröffnen: Beim A-und B-dominanten Menschen ist die neue Möglichkeit, eine Chance ein Aha! zu erleben, eine intuitive Wahrnehmung zu prüfen, etwas auf eine neue Weise zu "sehen". Beim C- und D-dominanten Menschen kann die neue Möglichkeit eine verbesserte Erfahrung der Kontrolle sein, der Macht, eine Idee tatsächlich zum Ausdruck zu bringen, eine verbesserte Fähigkeit der Wertschätzung eines Themas oder Problems als endlich.

Welche Bestätigung vermittelt ACT?

1. Ihr eigener Arbeitsstil in einer kreativen Umgebung ist in Ordnung und wichtig.
2. Andere, unterschiedliche Arbeitsstile in einer kreativen Umgebung sind ebenfalls in Ordnung und wichtig.
3. Sie können auf geistige Funktionen zugreifen, die Sie für nicht zugänglich gehalten haben.
4. Sie können Ihre kreativen Möglichkeiten erweitern, wenn Sie das zu tun beschließen.

Die Ganzhirn-Modelle für das Erreichen dieser Ziele

Für mich bedeutete ein Ganzhirn-Workshop, daß alles auf das ganze Gehirn ausgerichtet war:

1. Ganzhirn-Inhalt
2. Ganzhirn-Darstellung
3. Ganzhirn-Lerngruppe
4. Ganzhirn-Umgebung*

Ich benutzte für jeden dieser Aspekte ein Modell. Lassen Sie mich an dieser Stelle für diejenigen unter Ihnen, die mit Modellen und ihrer Verwendung nicht vertraut sind, ein paar Worte über Modelle verlieren. Ein Modell ist eine Norm. Die Norm ist etwas, mit dem etwas anderes verglichen oder an dem es gemessen wird. In einem gewissen Sinne ist eine Beschreibung jedes Konzeptes, jeder Struktur oder jedes Prozesses ein Modell. Es beschreibt eine Norm-Version von etwas in allgemeinen Begriffen – zum Beispiel ein Dingsbums, von dem Sie beschlossen haben, daß jedes andere Dingsbums ihm in gewisser Weise ähneln muß, damit es als Dingsbums gelten kann.

Modelle können viele verschiedene Formen annehmen. Hier ist zum Beispiel das einer idealen Lernumgebung für leitende Angestellte, die ich bei der Prüfung von Konferenzzentren benutze, in denen Kurse abgehalten werden sollen.

> Das Gebäude des Lernzentrums sollte attraktiv und an einer Stelle gelegen sein, die von großer natürlicher Schönheit ist. Das Zentrum sollte auf 10 bis 20 Acres (Ein Acre ist gleich 4046,8 m²) gelegen sein, vorzugsweise auf einem einen See überblickenden Hügel und in der Nachbarschaft einer voll entwickelten Freizeitanlage. Der Standort des Lernzentrums wäre eine Welt für sich, abgetrennt von der Freizeitanlage, aber nahe genug bei ihr, um ihre Möglichkeiten und Annehmlichkeiten nutzen zu können, ohne daß sie in den Lernraum eindringen. Es sollte weniger als eine Stunde von einem Flughafen entfernt liegen und mit Mietwagen und Privatautos erreichbar sein. Die Einrichtung sollte aus zwei oder drei Gebäuden bestehen, die speziell für ihre jeweiligen Konferenzfunktionen ausgelegt sind.
>
> Das erste Gebäude, das Lernzentrum, sollte mindestens 150 Quadratfuß (14 Quadratmeter) Bodenfläche pro Person zur Verfügung stellen. Das umfaßt allgemeinen Konferenzraum sowie Gruppenräume für die Kleingruppenarbeit. Die ideale Größe eines Konferenzraums für 20 – 24 Menschen ist 40 mal 55 Fuß. Alle sollten voll klimatisiert und vollständig mit hochwertigen audiovisuellen Geräten sowie professionell geplanten und installierten Beleuchtungsanlagen ausgestattet sein, die für eine Lernsituation geeignet sind.
>
> Das zweite Gebäude, das Wohngebäude, sollte Platz für mindestens 30 Personen bieten: bis zu 24 Teilnehmer, 3 Kursleiter und 3 Personen des örtlichen Personals. Die Zimmer sollten mittelgroße Einzelzimmer sein, ausgestattet mit einem kleinen Fernseher und einer Stereoanlage mit einer Vorrichtung zur Ansteuerung durch eine übergeordnete Beschallungsanlage. Das Wohngebäude sollte über einen Freizeitraum, einen Fitnessraum und einen einladenden Gesellschaftsraum verfügen.
>
> Das dritte Gebäude könnte entweder ein Teil des Wohngebäudes oder von ihm abgetrennt sein. Es enthält den privaten Speiseraum und die Küche. Die Mahlzeiten wären von höchster Qualität, wobei die ausgewogenen Menüs auf die Seminaraktivitäten abgestellt sind, und nicht aus schweren, kalorienreichen Nahrungsmitteln bestehen. In der Nähe dieser Gebäude sollte sich ein privates, gut gepflegtes, offenes Sportfeld befinden, das sich zum Beispiel zum Drachenfliegen, zum Bumerang werfen, Volleyball und dergleichen eignet. Die Straßen, die zu dem Lernzentrum führen und es umgeben, sollten zum Spazierengehen und Laufen geeignet sein, ohne daß man auf den Verkehr oder neugierige Anwohner oder Touristen achten muß.

* In Kapitel 10 wird dieses Thema eingehender behandelt.

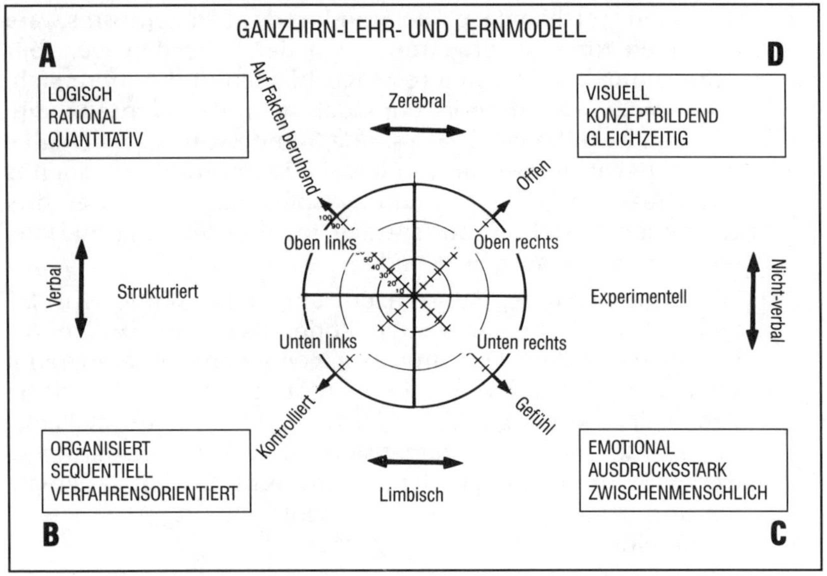

Abbildung 8-6. Ganzhirn-Lehr- und Lernmodell

Wenn man einen Ort für spezialisierte Kurse wie ACT I wählt, sollte man die vorhandenen Einrichtungen mit diesem idealen Modell vergleichen und versuchen, ihm so nahe wie möglich zu kommen. Wenn ich auf der Grundlage des Modells neue Einrichtungen bauen würde, würde ich das gleiche versuchen. Wenn die Einrichtungen alle Merkmale des Modells enthält, befindet sie sich in voller Übereinstimmung. In dem Umfang, in dem sie keine vergleichbaren Einrichtungen enthält, befindet sie sich nicht in Übereinstimmung.

Modell der Ganzhirn-Kreativität. Als Ausdruck meiner Prämisse, daß die Kreativität für das ganze Gehirn gilt, wollte ich ein Modell, das zeigt, wie das Gehirn arbeitet, während es mit dem kreativen Prozeß befaßt ist. Für dieses Modell nahm ich Wallas vier Stufen des kreativen Prozesses (Vorbereitung, Inkubation, Erleuchtung und Überprüfung) und setzte sie mit den vier Gehirnquadranten in Beziehung. Nach der Arbeit mit dem Modell wurde klar, daß Interesse und Anwendung wesentliche Schritte in dem Prozeß waren und eingefügt werden mußten. Abbildung 8-5 zeigt das vollständige Kreativitätsmodell. Zusammen mit den sechs Phasen besitzt das Modell Pfeile, die aufzeigen, wie die geistige Aktivität zwischen den vier Hauptfunktionen hin und her schaltet und die speziellen Fähigkeiten nutzt, die in jedem Quadranten ihren Sitz haben.

Das Ganzhirnmodell ist davon abhängig, daß alle vier Quadranten in allen vier Phasen des kreativen Prozesses situationsbezogen verfügbar sind. Wenn man einen abschaltet, wird der kreative Prozeß behindert. Wenn man zwei oder mehr Quadranten oder Phasen ausschaltet, ist man nicht mehr in der Lage, die angewandte Kreativität zu erzielen. Der Prozeß steht. Wenn der Umschaltweg zwischen den Quadranten blockiert wird, ist das kreative Potential wiederum vermindert, weil die Basis der Synergie verweigert wird. Das Kreativitätsmodell hat mir bei der Entwicklung des ACT I geholfen, weil es die Metaphern des kreativen Prozesses und der Hirnhälften-Spezialisierung zu einer einheitlichen ganzen vereinigt, auf der die Anlage des Lerninhaltes beruhen kann.

Ganzhirn-Lehr- und Lernmodell. Zusätzlich zu dem Modell der Ganzhirn-Kreativität, das eine Norm für den Inhalt darstellte, brauchte ich noch ein zweites Modell, das eine Norm für die Darbietung lieferte. Dieses Modell, das in Abbildung 8-6 dargestellte Ganzhirn-Lehr- und Lernmodell unterteilt den Lernprozeß zuerst in die vier Hirnquadranten, faßt diese dann in die beiden Kategorien *strukturiert* (links) und *unstrukturiert* (rechts) zusammen. In den strukturierten Funktionen (A und B) haben wir *harte Verarbeitung* mit logischen, rationalen, kritischen, quantitativen Themen und Aktivitäten und einige verfahrensbezogene Aktivitäten mit geplanten, organisierten und sequentiellen Elementen des Lernprozesses. Diese stärker strukturierten Modalitäten stehen im scharfen Kontrast zu den nicht-linearen, nicht-verbalen, unstrukturierten Funktionen (C und D) des rechten Gehirns: visuelle, konzeptbildende und gleichzeitige Verarbeitung und der *weichen Verarbeitung* mit emotionellen, ausdrückenden und zwischenmenschlichen Aktivitäten. Zusammen umfassen diese die volle Spannweite der Präferenzen für das Lehren und Lernen.

Bei der Anlage des Workshops prüfte ich jeden wichtigen Lerngegenstand anhand des Modells um sicherzustellen, daß das Material durch Medien vorgelegt wird, die

"Wo es einen offenen Geist gibt, wird immer eine Front sein."

Charles Kettering

"Alles ist relevant. Der kreative Prozeß besteht darin, Dinge relevant zu machen."

William Gordon

"Wir sind bei den Unternehmungen erfolgreich, die unsere positiven Eigenschaften fordern, sind aber hervorragend bei denen, die auch unsere Mängel nutzen können."

Alexis de Tocqueville

Abbildung 8-7. Die Metapher von Schiff und Pflug

den Präferenzen für jede der geistigen Funktionen entsprechen. Das bedeutete mindestens, daß jeder Lerngegenstand durch irgendein erfahrungsorientiertes oder unstrukturiertes Medium ausgedrückt würde, zusätzlich zur verbalen, didaktischen Information.

Das Modell der Ganzhirn-Lerngruppe. Die ideale oder Modell-Ganzhirn-Lerngruppe besteht aus 18 Menschen, vorzugsweise 9 Frauen und 9 Männern, die über das ganze Hirndominanzspektrum verteilt sind, so daß sie als Gruppe ein zusammengesetztes, ganzes Gehirn darstellen. Bevor Teilnehmer zu unseren Workshops zugelassen werden, füllen sie den Fragebogen aus und wir erstellen ihre Profile, damit wir sehen können, wo sie im ganzen Hirndominanzspektrum einzuordnen sind. Damit können wir sicherstellen, daß die 18 Teilnehmer, als Gruppe, das beste Ganzhirn darstellen, das wir zusammenstellen können.

Würde es in einer solchen Ganzhirn-Gruppe versäumt, Menschen mit Präferenzen in einem der Quadranten zu erreichen, würde ihr Potential für das Verstehen verringert und damit das für Synergie in der Gruppe. Es ist daher unabdingbar, daß man einen guten Test für das Verstehen hat.

Der Test der Metapher

Lehrer wissen oft nicht, ob Schüler den dargebotenen Stoff verstehen oder nicht. Allzu oft sagt das nicht-verbale Verhalten von Schülern, wie Nicken oder Lächeln, dem Lehrer, daß sie verstehen, obwohl sie in Wirklichkeit nicht verstehen. Schüler sagen nicht die Unwahrheit, sie sehen nur durch die Filter ihrer eigenen Hirndominanz-Präferenzen und, wenn sich diese Filter von denen des Kursdesigners unterscheiden, definieren sie das Beabsichtigte so um, daß es etwas anderes bedeutet. Und dann glauben sie oft zu verstehen, obwohl das nicht der Fall ist.

Da für die vom Ganzhirn-Design beabsichtigte Iteration und Synergie ein sehr hohes Verständnis-Niveau unabdingbar ist, müssen wir unbedingt im Verlaufe des Workshops einen Maßstab haben, der uns von einem Augenblick zum nächsten sagt, ob etwas verstanden wurde oder nicht. Ohne einen solchen Maßstab würden wir am Ende mit dem gleichen Dilemma dastehen, das aufzulösen diese Bemühung ursprünglich zum Ziel hatte: herauszufinden, oder, schlimmer noch, *nicht* herauszufinden, daß wir einen Kurs abgehalten und die Teilnehmer seine Intention nicht erkannt haben.

Wir haben unsere Chancen, zu den Teilnehmern durchzukommen bereits erhöht, indem wir einfach Ganzhirn-Lehrtechniken benutzt haben. Wenn man beim Vermitteln eines Punktes zwischen unterschiedlichen Modalitäten hin und her springt, so hilft das einem Lehrer zu erkennen, daß jemand einen Punkt noch nicht begriffen hat, weil der Prozeß irgendwie Fragen von den Teilnehmern zu ermutigen scheint und das dem Lehrer hilft, ein Gespür für das Verständnisniveau der Menschen zu bekommen. (Wenn Sie Lehrer sind, wissen Sie, wie kostbar die Chancen für die Aufklärung eines Mißverständnisses sind, bevor sie sich im Geist festsetzen.) Diese Methode half, aber wir brauchten mehr.

Das "Mehr", das wir brauchten, wurde von einer *Metapher* geliefert. Eine Metapher ist die Verwendung eines Gegenstandes zur Klärung des Verständnisses von einem anderen. Lehrbuchbeispiele sind unter anderem: "Der Geist des Menschen ist das Licht des Herrn" (Sprüche 20, 27) und "Ein Buch sollte als Axt für die gefrorene See in uns dienen" (Franz Kafka). Das Licht ist eine Metapher für den Geist, die Axt für ein Buch und die gefrorene See für unsere Seelen und Herzen. Metaphern können verbal und nicht-verbal, schriftlich oder visuell, stumm oder hörbar sein. Sie können Kulturen, Sprachen und Hirndominanz-Präferenzen überbrücken. Ein Produkt des rechten Gehirns, kann man eine Metapher als die Übersetzung von einer geistigen Sprache in eine andere auffassen, vom wörtlichen zur Analogie. Ihre Macht besteht in dem sofortigen Verstehen, das sie aufgrund der Übersetzung bringt. Um vollständig überprüft zu werden, muß eine Metapher übersetzt werden, und ist nur durch volles Verständnis möglich. Mit Verständnis wird es einen Volltreffer geben.

Hier ist ein Beispiel dafür, wie man eine Metapher als Test des Verstehens benutzen kann: Ein Bauernjunge, der nie ein Meer gesehen hat und nicht mit Schiffen vertraut ist, kann ein Verständnis der Bewegung eines Schiffes entwickeln mit Hilfe der Metapher "Das Schiff pflügt das Meer". Wenn er das visuelle Bild begreift, könnte er sagen: "Oh, ich kapiere. Das Schiff bewegt sich durch das Wasser wie der Pflug durch das Land. Der Bug des Schiffes durchschneidet das Wasser wie der Pflug die Erde durchschneidet. Ja, das kann ich mir vorstellen." Wenn er gebeten wird, sein Verständnis zu demonstrieren, könnte er sagen: "Ein Schiff schneidet das Wasser wie ein Messer durch den Guß eines Kuchens schneidet," woraufhin der Lehrer sagen würde: "Ja, das ist richtig."

Metaphern sind ein ausgezeichneter Verständnistest, weil sie den Grad des Verstehens oder des mangelhaften Verstehens so vergrößern, daß er sichtbar wird.

Abbildung 8-8. Der Maibaum: Eine Metapher für ACT I

In ACT sind Metaphern viel mehr als Meßwerkzeuge, eher eine Art des Denkens und mehr als eine nützliche Technik für die Verarbeitung einer Problemlösung. Sie sind auch frisch und reichhaltig und machen Spaß. In einem größeren Zusammenhang war die Metapher das wichtigste Mittel für die Vermittlung des spezialisierten, dominanten, situationsbezogenen Vier-Quadranten-Ganzhirns. Metaphern haben es uns ermöglicht, ein brauchbares Verständnis zu entwickeln, obwohl uns noch Einzelheiten der physiologischen Funktionsweise des Gehirns fehlen. Die metaphorischen Modelle erlauben es uns, Bereiche des Unwissens zu akzeptieren und trotzdem zu erklären, warum das Konzept funktioniert.

Ich bin für immer in der Schuld von Bob Samples, Autor von *The Metaphoric Mind*, nicht nur, weil er dieses sehr wichtige Buch geschrieben hat, sondern auch für seine sanfte, geduldige, außerordentlich wirksame Weise, in der er mich die Macht der Metapher gelehrt hat.

8.3 Was in dem ACT-Workshop geschieht

a. Beschreibung des Unbeschreiblichen

Es gibt mindestens zwei Dinge an dem Workshop ACT I, über die allgemein Übereinstimmung herrscht. Das erste ist, daß er eine außerordentliche Lernerfahrung darstellt – für viele die wichtigste in ihrem Leben. Der zweite Punkt der Übereinstimmung ist, daß die Erfahrung unbeschreiblich ist. Als er ein Kapitel für sein neues Buch über die Kreativität schrieb, sagte Morris Stein, Professor der Psychologie an der New York University und international anerkannter Experte für Kreativität, obwohl er stark beeindruckt sei, sei es ihm nicht möglich, seine Erfahrung als Teilnehmer an ACT I vollständig zu beschreiben. Die Vermischung von Inhalt, Umgebung und Erleben ist zu reichhaltig, komplex und multidimensional. Im Wissen, daß ACT der Beschreibung spottet, werde ich trotzdem mein Bestes tun und hoffen, daß Sie mindestens einen Vorgeschmack bekommen. Ich werde passenderweise mit einer Metapher anfangen.

Die Maibaum-Metapher

Die diesen Abschnitt begleitende Abbildung zeigt ACT I als eine "Maibaum"-Erfahrung, die auf einem aus vier Quadranten bestehenden Feld erlebt wird, die den kreativen Prozeß anzeigen, der den Kern von ACT I darstellt. Die 18 Teilnehmer stehen im Kreis um den Maibaum. Zusammen stellen sie ein ganzes Gehirn dar. Jeder hält ein Band mit einem Lerninhalt. Wäre diese Metapher ein Film, könnte man sehen, daß sie sich während des Erlebens des kreativen Prozesses in und aus und um die vier Quadranten bewegen und dabei ihre Bänder mit den Inhalten entlang dieser unterschiedlichen Wege mitnehmen. Außer der Teilnahme ist jeder dieser 18 Menschen auch ein bedeutendes Element der Auslegung und liefert eine Zutat von entscheidender Bedeutung für die Gesamtmischung der Ressourcen. Es ist gerade ihre Einzigartigkeit, die von entscheidender Bedeutung für den stattfindenden interaktiven Lernprozeß ist. Folglich ist jeder ACT I-Workshop, obwohl er dem gleichen Zeitplan folgt, einzigartig.

Jeder Quadrant des Maibaum-Spielfeldes ist so dargestellt, daß er diejenigen Aktivitäten, Übungen und Ereignisse der Workshoperfahrung darstellt, die hauptsächlich in diesen Quadranten fallen. Zum Beispiel befinden sich die Daten im Zusammenhang mit dem HDI und die didaktischen Materialien, die das Ganzhirn-Modell beschreiben, im Quadranten A, der auch die *Vorbereitungsphase* im vierstufigen kreativen Prozeß leitet. Im Quadranten B, den man sich als den *Überprüfungsteil* des Prozesses denken kann, werden Struktur und Reihenfolge der Workshopaktivitäten kritisch, Festhalten und Ausführung des in dem Workshop gelernten hat dort seinen Sitz. Im Quadranten C, der den *Inkubationsteil* des kreativen Prozesses darstellt, finden die gefühlsorientierten zwischenmenschlichen Übungen und Ereignisse zur Kommunikation statt. Der Quadrant D schließlich ist die Heimat der *Erleuchtung* und hier befinden sich die Aktivitäten und Übungen, die mit der Hervorbringung von Ideen wie Zeichnen, Ideenbildung, Modellierung, angeleiteten Phantasien und Träumen zu tun haben.

Konzept und Anwendung der Metapher sind von zentraler Bedeutung für die Workshoperfahrung. Also wird sie als königliche Standarte dargestellt, die von der Spitze des des Maibaums flattert.

Ebenso wichtig ist der Gedanke des Spiels, den die Metapher des Maibaums eingibt und die die Erfahrung des ACT I charakterisiert. So intensiv die Menschen auch arbeiten und so viel sie auch lernen, die Teilnehmer spielen und ihre bloße Freude trägt enorm zum Lernprozeß bei. ACT ist eine besondere Umgebung, in der der spielerische Gedanke des Maibaums legitim ist, gültig und lehrreich, außerdem ist er eine Augenweide.

In der Mitte des Spielfeldes, das alle vier Quadranten abdeckt, befindet sich eine mit *Möglichkeiten* bezeichnete Region. Diese repräsentiert die Zeit und Gelegenheit für die Teilnehmer, Dinge auszuprobieren, zu experimentieren, sich selbst zu testen oder die Erfahrung einfach zu verinnerlichen.

Ebenfalls in der Mitte befinden sich die beiden zusätzlichen Phasen, die ich in Wallas ursprüngliche vierstufige Definition des kreativen Prozesses eingefügt habe: die Anfangsphase des *Interesses* und die Endphase der *Anwendung*. Diese beiden sind von Natur multidominant und neigen dazu, einen Aspekt anzunehmen, der für jeden Teilnehmer einzig ist.

Von Tag eins bis Tag fünf durchläuft jedes einzigartige Individuum den Prozeß des Zusammenschlusses, Auseinandergehens und erneuten Zusammenschlusses mit anderen einzigartigen Menschen, zuerst in homogenen, dann in heterogenen Gruppen. Das heißt: Während ihres Erlebens des kreativen Weges tun sie das sowohl mit Menschen, die ihre geistigen Präferenzen teilen als auch mit anderen Menschen, deren Sicht der Welt sehr viel anders ist. Es ist die Reichhaltigkeit dieser Interaktion, die stattfindet, während die Rhythmen und Erfahrungen des Workshops sich von Tag zu Tag fortsetzen, die die Erfahrung so bedeutend und erfolgreich macht. Schließen sie Ihre Augen einen Augenblick lang und stellen Sie sich vor, wie der Maibaum zu leben beginnt. Wenn Sie sich diese Bewegung, Farbe und Lebhaftigkeit vorstellen, bekommen Sie ein Gefühl für das Wesen der ACT-Erfahrung.

Der nächste Abschnitt bietet einen anderen Weg zur Entdeckung von ACT. Er besteht aus "Einführungen in ACT", die von einfach dominanten Menschen aus jedem der vier Quadranten geschrieben sein könnten. Jede beschreibt verschiedene Aspekte des Inhalts und der Erfahrung des Workshops anders. Das erste Beispiel ist der Beitrag des Quadranten A. Die Beiträge der Quadranten B, C und D folgen.

ACT von Quadrant zu Quadrant

Quadrant A

ACT I wurde in 1979 von Ned Herrmann (mit Unterstützung von zwei Kreativitätsberatern, Naomi Frankel und Indie Luria) für die General Electric Company entwickelt. Bis Januar 1988 haben über 55 Sitzungen mit durchschnittlich 18 Teilnehmern pro Veranstaltung stattgefunden. Der Workshop wird am International Training and Communications Center (ITCC) auf dem Gelände des Monroe Institute in Faber, Virginia, abgehalten. Das Monroe-Gelände ist etwa 880 Acres groß. Ned Herrmann hat die ersten 25 Workshops persönlich geleitet. Seit 1985 hat er die Leitung an Alison Strickland und Ted Coulson übertragen, die beide zur gegenwärtigen Anlage beigetragen haben. Mit Hilfe des Hirndominanz-Instruments nach Herrmann wird das Profil der Teilnehmer erstellt, die zusammen eine Ganzhirn-Lerngruppe darstellen.

Die Prämisse des Workshop basiert auf Graham Wallis vierstufigem Modell des kreativen Prozesses (Vorbereitung, Inkubation, Erleuchtung und Überprüfung), ergänzt durch die zusätzlichen Phasen des Interesses und der Anwendung. Der Workshop füllt ein fünftägiges Programm von Montagmorgen bis Freitagmittag. Weit über 100 Firmen und Organisationen haben Teilnehmer unterstützt. Der Workshop wird ständig überarbeitet und wird gegenwärtig in der zwanzigsten Fassung abgehalten.

Die Teilnehmergruppe des Workshops soll nicht nur hinsichtlich der Hirndominanz-Merkmale sondern auch nach Geschlecht ausgewogen sein. Allerdings waren in den letzten 8 Jahren die Teilnehmer zu 60 Prozent Männer und zu 40 Prozent Frauen.

Quadrant B

Die Einrichtung des ITCC am Monroe Institute befindet sich etwa 1,2 Meilen von der Bundesstraße 6 entfernt, die ihrerseits 2,0 Meilen von der Bundesstraße 29 entfernt ist, und insgesamt 27,2 Meilen südlich von Charlottesville, Virginia. Teilnehmern, die mit dem Auto anreisen, wird eine Landkarte zur Verfügung gestellt. Wer mit dem Flugzeug kommt, benutzt den Flughafen Charlottesville, der mit dem Bus des ITCC etwa 45 Minuten entfernt liegt.

Das Zentrum besteht aus drei Hauptgebäuden – dem Wohngebäude, dem Konferenzgebäude und dem Monroe Institute of Applied Sciences Research Laboratory. Im Wohngebäude können insgesamt 24 Personen in verschiedenen Kombinationen von Ein-, Zwei- oder Dreibettzimmern untergebracht werden, wobei jede Person seine oder ihre eigene, private, kontrollierte, holistische Umgebung (Controlled Holisitic Enviromental Chamber CHEC) hat. Diese CHEC ist mit Audio, Video und Frischluftzufuhr ausgestattet. Gut zubereitete Mahlzeiten werden pünktlich auf der Basis des Zeitplanes des Workshop serviert.

Das Konferenzzentrum heißt zu Ehren eines der wichtigsten Förderer von Bob Monroe David Frances Hall. Es wurde unter besonderer Berücksichtigung der Bedürfnisse der ACT-Workshops gebaut. Es besteht aus einem zentralen Raum mit den Maßen 40′ x 55′ und vier Gruppenräumen, einem Geräteraum und Lagerräumen.

Die Teilnehmer kommen am Sonntag Nachmittag oder Abend rechtzeitig für den Beginn am Montagmorgen um 8 Uhr an. Der Tagesplan enthält Pausen, Mahlzeiten und ein gesellschaftliches Beisammensein mit der Möglichkeit von Aktivitäten für Gesundheit und Fitness. Abendliche Sitzungenenden etwa um 22:30 Uhr.

In allen Workshops, einschließlich des morgendlichen Weckens, wird Musik eingesetzt. Im Laufe der Sitzungen am Tage und Abend werden etwa 25 Filme gezeigt. Zusammen mit allen notwendigen kreativen Materialien werden Leitfäden für die Teilnehmer, Arbeitsbücher und Notizbücher geliefert. Jedem wird eine Kassette mit einer angeleiteten Phantasie einer Reise durch das Gehirn, und einer besonderen, erzählerischen Reise durch den kreativen Prozeß gegeben.

Die Workshops sind so geplant, daß extreme Witterungsbedingungen sowohl im Winter als auch im Sommer vermieden werden.

Jedes Jahr werden etwa acht Werkstätten geplant, wobei dieser Zeitplan entsprechend der Nachfrage ergänzt wird.
Die Abfolge der Workshops richtet sich nach dem 4-stufigen kreativen Prozeß, wobei jeder Tag eine Phase als seinen Schwerpunkt hat. An jedem Tag sind Struktur und Reihenfolge des Inhalts gemäß dem Ganzhirn-Modell arrangiert.

Quadrant C

Ich bin so froh, daß Du an ACT teilnehmen wirst. Was für ein fabelhaftes Erlebnis! Du wirst es nie vergessen. Ich erinnere mich, daß ich am letzten Tag über das geschrieben habe, was ich gelernt habe. Ich konnte nicht glauben, daß nur drei Tage vorher drei Zimmer voll mit kreativem Material geöffnet worden waren. Es war, als spazierte man in einen riesigen Laufstall! Ich erinnere mich, an den unglaublichen Augenblick, als ich entdeckte, daß ich meine Hand gut genug sehen konnte, um sie zeichnen zu können – ich kann tatsächlich zeichnen! Später in einer Pause sah ich eine wundervolle alte Scheune und machte eine Skizze von ihr. Sie war gut! Ich werde sie in meiner Küche aufhängen, um mich daran zu erinnern, wie wunderbar ich mich fühlte. Ich lernte auch, wie ich das elende persönliche Problem lösen kann, von dem ich Dir erzählt habe. Nach all dieser Zeit war es überhaupt nicht das, was ich gedacht hatte, aber jetzt kann ich es als das sehen, was es ist und ich weiß, daß mein Partner und ich damit fertigwerden können. Ein Teil dessen, was mir half, war das Band über den kreativen Prozeß. Es zeigte mir, daß ich das Problem jetzt wirklich sah und damit fertigwerden konnte. Ich weiß, daß ich beschreiben sollte, was ich gelernt habe, aber es war einfach zuviel, um es aufzuschreiben. Die Filme allein waren die Reise wert. Man hat mir gesagt, ACT sei großartig und die Filme seien besonders 'gut'. Aber ich hatte ja keine Ahnung! 'Großartig', 'unglaublich', 'wunderbar' wäre treffender gewesen. Wenn ich nur das mitgenommen hätte, was sie uns gelehrt haben, würde es ein Leben lang dauern, es zu verarbeiten. Ich erinnere mich jetzt an die Schmetterlinge in meinem Bauch, als die Kursleiter den Ton brachten und sagten, wir sollten ihn benutzen, um unsere Gefühle auszudrücken. Ich habe nie geglaubt, daß ich so etwas tun könnte, aber es stellt sich heraus, daß ich nicht *annähernd* so schlecht bin, wie ich dachte, und daß eine ganze Menge Leute mehr Schwierigkeiten haben als ich. Zusammen machte unsere Gruppe große Fortschritte, die ich mitnehmen werde. Die Arbeit in der heterogenen Gruppe aus sechs Leuten mochte ich besonders. Ich werde nie das erste Mal vergessen, als wir sechs zusammenkamen und versuchten, ein Thema zu finden. Obwohl wir es wahrscheinlich alle versuchten, wußte keiner von uns wirklich, wie wir mit den Unterschieden in der Gruppe fertigwerden sollten, und als uns schließlich etwas einfiel, war das in den letzten drei Minuten dieser Stunde! Es war lächerlich! Mann, sind wir auf den Punkt gekommen! Als wir das nächste Mal in der Gruppe zusammenkamen, haben wir wunderbar zusammengearbeitet. Bevor der Workshop zu Ende war, hatten wir ein wirklich bedeutendes Problem gelöst. Der Vorgang war wie Magie und wenn wir nicht so unterschiedlich gewesen wären – Hintergrund, Erfahrungen, die Art in der wir die Dinge sehen – hätte es nie so gut funktionieren können. Es ist wirklich schade, daß wir kein Video von unserer gemeinsamen Arbeit haben. Zuhause hätte es ein Modell sein können!

Sie teilen Dir Dein Hirndominanz-Profil erst fast am Ende mit. Als ich gestern Nachmittag meines zum erstenmal sah, wußte ich mit absoluter Sicherheit, daß ich das bin. Wir wußten es alle. Der Workshop half uns wirklich herauszufinden, wer wir sind, jedem von uns, also bestätigte das Profil dieses Wissen nur. Ich bin überzeugt – wenn die Profile in fünf Tagen 18 Menschen genau beschreiben können, ist diese Sache wertvoll. Ich werde Profile für meine Familie und meine Leute an der Arbeit machen lassen.

In der frei verfügbaren Zeit habe ich etwas versucht, das ich nie vorher getan habe. Meine Hand und die Zeichnung der Scheune waren so aufregend, daß ich um etwas Ton von der 'Fühl'-Übung gebeten und meine Hand modelliert habe. Und die nehme ich mit nach Hause, weil es das Beste ist, was ich in meinem ganzen Leben gemacht habe!

Klingt das, als ob ich gearbeitet oder gespielt habe? Wir haben so viel erreicht, daß man sagen müßte, wir hätten gearbeitet, aber wir hatten so viel Spaß, daß man auch sagen müßte, wir hätten gespielt. Warte nur, bis Du die Übung im interaktiven Zeichnen machst. Das ist lustig! Und letzte Nacht ... nun ja, das ist wirklich unbeschreiblich, aber unendlich bemerkenswert.

Es war schwer, wegzugehen, sogar von diesen verrückten CHEC-Einheiten, in denen ich schließlich gern schlief. Und diesen wun-

dervollen Menschen – den Teilnehmern und dem Personal. Ich habe eine Menge Kurse mitgemacht, aber ich habe nie eine so großartige Gruppe erlebt. Ich höre, daß alle ACT-Gruppen das sagen. Wenn das stimmt, ist es immer noch schwer zu glauben, aber es gibt eine Menge anderer Dinge, die ich vorher auch nicht geglaubt habe.
Ich bin wirklich neugierig darauf anzufangen, einige der Dinge anzuwenden, die ich über die Anregung von Kreativität gelernt habe. Weil ich ein Manager bin, gibt es ein paar Dinge, die ich sofort tun kann, sowohl um meinen eigenen kreativen Raum zu fordern als auch anderen in meiner Gruppe zu helfen, ihren zu fordern. Aber zuerst werde ich meiner Chefin dafür danken, daß ich ACT besuchen durfte! Ich habe vorher nicht wirklich verstanden, was sie von mir verlangt hat, und ich möchte ihr dafür danken, daß sie es mir gezeigt hat.

Quadrant D: Das Bild des Drachen

Abbildung 8-9. Die Einführung des Quadranten D in die ACT: Der persönliche Drache wird durch die Erfahrung getötet

8.4 Zentrale Bestandteile der ACT-Workshops

Bis hierher kann das von mir geschaffene Bild des Workshops wie eine lockere Ansammlung unabhängiger Module klingen. Tatsächlich ist ACT I ein unglaublich komplexes, streng koordiniertes Programm mit einem präzisen Zeitplan und einer sorgfältigen Abfolge. Im ACT-Teppich ist linkes und rechtes, zerebrales und limbisches Material verwoben, wechseln didaktische und erfahrungsorientierte Einheiten ab. Bis jetzt habe ich mich auf das konzeptbezogene und metaphorische Material konzentriert. Jetzt wenden wir uns der linken Hälfte zu für ein wenig Organisation und lineare/sequentielle Verstärkung.

ACT I umfaßt folgende Teile:

1. Didaktisches Vorlesungsmaterial
2. Filme
3. Musik
4. Einzel- und Gruppenübungen

a. Didaktisches Material

Nach einem informellen Aufwärmen am Sonntag Abend widmen wir den Montag (den ersten vollen Tag) einem Informationsblitz (im Original Deutsch). Dieser ist speziell darauf ausgelegt, den Quadranten A und B zu beweisen, unseren inneren Kritikern und Beschützern, daß wir etwas Sinnvolles tun, und daß wir uns nicht dagegen schützen müssen, wie Narren dazustehen.

Um C- und D-dominante Menschen angeregt und bei uns zu halten, würzen wir die Vorträge sorgfältig mit Bil-

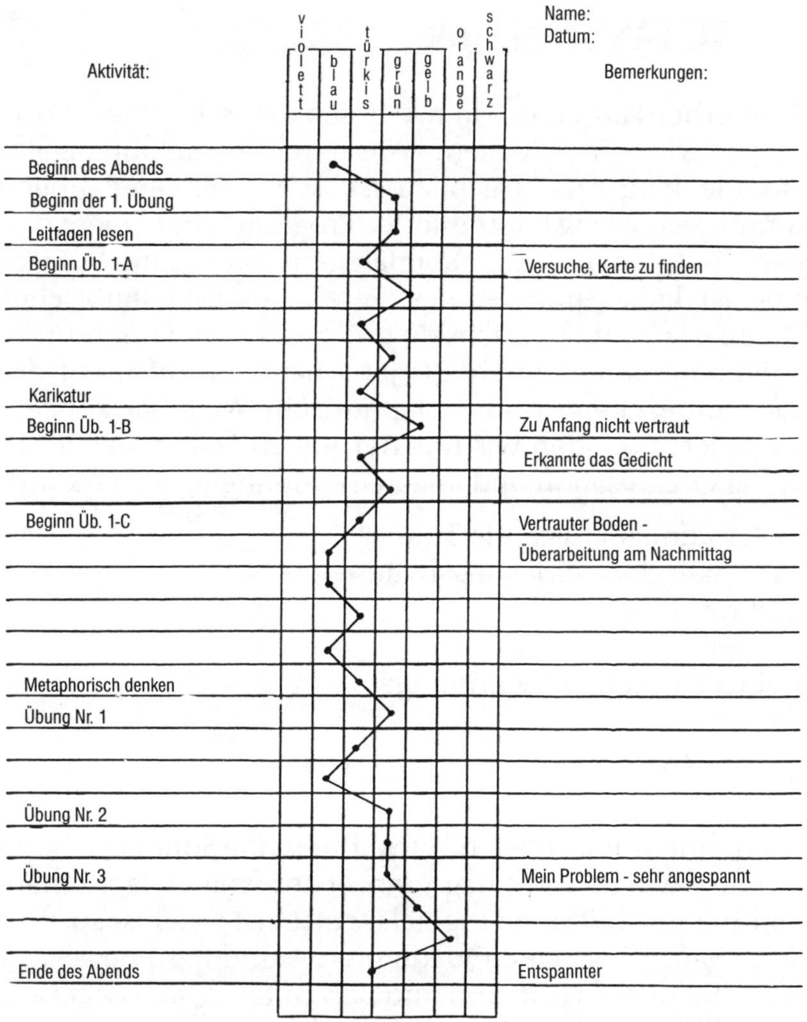

Abbildung 8-10. Typisches Biofeedback-Protokoll aus der ACT Workshop

dern, Filmen, Karikaturen, Witzen, Bewegungsübungen, Blicke in die Zukunft und Pausen. Nach dem Montag kehren wir periodisch zu dem didaktischen Material zurück, um die Teilnehmer wissen zu lassen, wo wir sind und wohin wir gehen. Sobald A und B aber beruhigt sind, bewegt sich ACT viel stärker zu den Funktionen von C und D, wobei wir rasch nach A und B zurückkehren, um die Ganzhirn-Ausgewogenheit herzustellen.

Filme

Da Filme wunderbar Bedeutungen vermitteln, zeigen wir in dem einwöchigen Programm bis zu 25. Viele sind bewegt und nichtverbal und mindestens 70 Prozent sind metaphorisch. Alle fördern die effektive Kommunikation zwischen den verschiedenen Dialekten des Gehirns und unterschiedlichen Kulturen. Diese visuellen Metaphern verstärken und erweitern die didaktischen Aussagen und liefern eine reichhaltige Basis für die Interaktion und Diskussion in den Gruppen. Die in ACT verwendeten Filme werden von den Teilnehmer durchgehend unter das beste visuelle Material gereiht, das sie je gesehen haben.

Musik

Ich habe jahrelang die Musik instinktiv in Workshops eingesetzt. Besonders setzte ich Barockmusik ein, bevor nachgewiesen wurde, daß sie das Lernen fördert. Meine Erfahrung in jenen Jahren hat gezeigt, daß die Musik den Lernprozeß nicht nur grundsätzlich fördert, sondern auch einen spezielleren Nutzen hat. Ich sortiere Musik in zwei Kategorien: störende und nicht störende. *Störende* Musik regt physische Aktivität an. Sie lenkt auch die Aufmerksamkeit auf sich selbst und weg von der Lerntätigkeit, also benutzen wir sie, um die Kontinuität dessen zu unterbrechen, was gerade geschieht und die Aufmerksamkeit der Gruppe auf etwas anderes zu richten. Im Gegensatz dazu erhält und unterstützt die nicht störende Musik Lerntätigkeiten und ACT enthält jeden Tag mindestens vier Stunden dieser musikalischen Verstärkung. Musik wird von 6:00 bis 7:30 Uhr in die privaten CHEC-Einheiten übertragen und von Montag bis Freitag entsprechend der sich entwickelnden Natur des Workshops programmiert. In ähnlicher Weise wird die Musik bei Mahlzeiten und in Pausen benutzt, um die für die Tageszeit und Workshop-Aktivität angemessene Atmosphäre schaffen zu helfen. Bis Donnerstagabend hat sich die Musik von Klassik und Barock zu Gitarre und stampfendem Country und Rock 'n' Roll verlagert.

b. Einzelübungen

Die Übungen stellen den Kern von ACT dar, weil sie der Mechanismus sind, durch den die Menschen beginnen, ihre eigene, innere Bestätigung aufzubauen. In ACT wechseln Einzelübungen mit Übungen zu zweit, zu dritt und in Sechsergruppen ab. Die wichtigsten Einzelübungen umfassen: Zeichnen, Biofeedback, Vergegenwärtigung durch Träume und Theta-Zustände, kreative Problemlösung und Arbeit mit kreativen Materialien, welche den Entwurf eines persönlichen Symbols und dreidimensionale Problemlösung umfaßt. Die Gruppenübungen beginnen mit der Kommunikation zu zweit und enden mit der Aufgabe einer Problemlösung in einem heterogenen Team aus sechs Personen.

In allen diesen Übungen, besonders den Einzelübungen, gehen wir über die einfache Demonstration hinaus, daß zum Beispiel jedermann zeichnen kann. Wir fragen, was können Sie *noch* tun? Wenn sie zeichnen konnten, obwohl Sie vor drei Stunden dachten, Sie könnten es nicht, was können Sie dann *noch* tun, um Ihr kreatives Potential und Ihre eigenen geistigen Prozesse zu üben?

Zeichnen

Ich habe die von Betty Edwards entwickelten Zeichenübungen oben in diesem Kapitel beschrieben. Die Version für ACT I ist im wesentlichen die gleiche, nur stärker verdichtet. Die Ergebnisse sind aber ebenso beeindruckend.

Nachdem wir den Menschen in ACT I den Zugang zum Zeichnen geöffnet haben, ziehe ich es vor, ihnen in ACT II den Weg zur Bildhauerei zu zeigen. Menschen, die zu bildhauern gelernt haben, sind benommen von ihrer plötzlichen Fähigkeit, etwas wirklich "künstlerisches" zu tun, das sie immer für außerhalb ihrer Möglichkeiten gehalten haben.

Biofeedback

Eine Biofeedback-Vorrichtung ist alles, was Informationen über einige biologische Aspekte Ihres Körpers liefert und Ihnen die Möglichkeit gibt, Korrekturen vorzunehmen. Man kann also ein Thermometer, ein EEG-Gerät und Stethoskope als Biofeedback-Instrumente auffassen. Beispiele für Biofeedback-Maße sind: Der durch den Puls gemessene Herzschlag, die durch ein Thermometer gemessene Körpertemperatur und die von einem EEG-Gerät angezeigten Zustände des Gehirns.

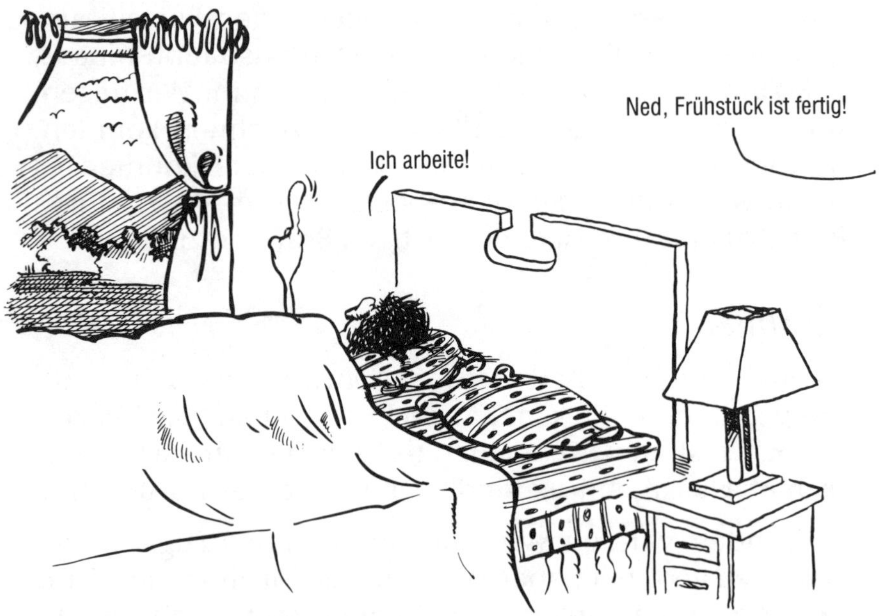

Abbildung 8-11. Ned nutzt seinen morgendlichen Theta-Zustand kreativ

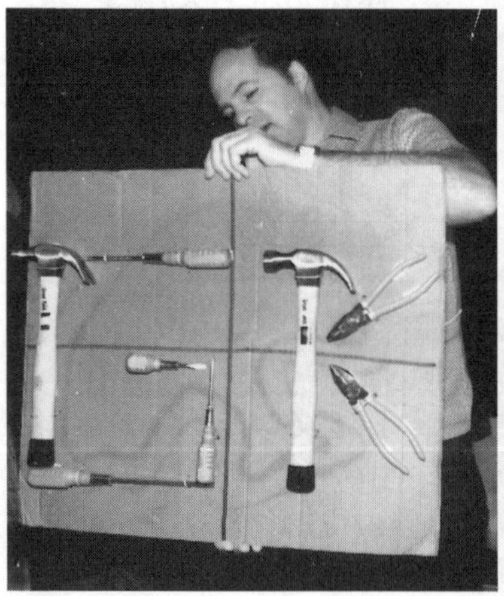

Abbildung 8-12. Beispiele für persönliches Symbol und Problemmodellierung

Biofeedback-Übungen spielen in ACT eine wichtige Rolle, da sie zeigen, daß Menschen mehr tun können als sie für möglich halten. Und wenn sie einen Aspekt ihrer autonomen Körperfunktionen kontrollieren können, indem sie den Geist für eine Aufgabe einsetzen, was können sie dann noch tun?

In einer Übung gebe ich den Teilnehmern Biopunkte, kleine Thermometer in der Form kleiner Kunststoff-Haftscheiben, deren Farbe sich mit der Temperatur der Oberfläche ändert, auf der sie haften. Wenn man einen Biopunkt auf jeder Hand befestigt und sich auf einen Farbcode bezieht, kann man die Temperatur jeder Hand messen. Phase Eins der Übung demonstriert die Wirkung der verschiedenen Bewußtseinszustände auf die Hauttemperatur des Körpers. Einzelne treten eine angeleitete Phantasie an, die den Zustand des Gehirns aus dem wachen Beta-Zustand in einen entspannteren Alpha- oder Theta-Zustand überführt.

Da die Hauttemperatur direkt mit dem Bewußtseinszustand zusammenhängt, können sogar Anfänger diese Beziehung durch die Biofeedback-Technik demonstrieren. Phase Zwei der Übung beinhaltet eine erweiterte angeleitete Phantasie, in der die Individuen aufgefordert werden, die Temperatur nur einer Hand zu ändern. Das ist fortgeschrittener, aber eine ganze Reihe Menschen, die zum erstenmal teilnehmen, können gewöhnlich die gewünschten Ergebnisse produzieren. In Phase Drei der Übung werden die Teilnehmer aufgefordert zu üben, die Temperatur ihrer Hände zu verschiedenen Tageszeiten zu verändern – früh am Morgen, nach dem Aufstehen, am Mittag und am Abend. Weit über 50 Prozent unserer Teilnehmer sind in der Lage, im Laufe des Tages wesentliche Temperaturunterschiede zu demonstrieren. Viele sind auch in der Lage, Unterschiede zwischen der einen und der anderen Hand zu produzieren.

Wieder lautet die von uns gestellte Frage, was können Sie noch tun? Wenn Ihre geistigen Prozesse eine solche Kontrolle über Ihren Körper haben, daß sie eine Hand wärmer als die andere "denken" können, in welchem Maße können Sie dann Ihre übrigen geistigen und körperlichen Prozesse beeinflussen?

Obwohl der Gedanke des Biofeedback, als ich es in 1977 zuerst als Lerntechnik für Teilnehmer aus Unternehmen vorschlug, für "verrückt" gehalten wurde, hat seine Wirksamkeit als Lernmittel sogar beim unbeugsamen Publikum aus der Geschäftswelt eine breite Zustimmung gewonnen.

Träume und Theta-Zustände

Zusätzlich zur kreativen Vergegenwärtigung durch angeleitete Phantasien schaffen wir ein Bewußtsein der Bedeutung von Träumen, sowohl bei Tag als auch nachts. Ein zum größten Teil metaphorisches Produkt unseres rechten Gehirns, enthalten Träume oft Elemente der Antworten, die wir auf unsere Probleme suchen. Um jedoch vollen Nutzen aus unseren Träumen ziehen zu können, müssen wir uns dazu erziehen, ihre flüchtigen Nachrichten einzufangen und eine Wertschätzung für ihre Bedeutung kultivieren.

Ich benutze ständig Träume zur Lösung von Problemen. Ich schätze besonders den Theta-Zustand – diese wundervolle Zeit zwischen dem Schlaf (Delta) und dem Wachen (Alpha oder Beta). Es ist eine köstliche Zwielichtzone: ein kreativer, offener Ort, um Ideen zu entwickeln und Einsichten und Antworten zu finden. Manchmal, wenn ich spät zum Frühstück komme, ruft mich meine Frau Margy im Schlafzimmer und ich antworte oft: "Ich arbeite!" Und das tue ich. Der Theta-Zustand ist ein wundervoller Ort zum arbeiten. Er kann durch den Einsatz angeleiteter Phantasien und spezielle Kreativitätsbänder hervorgerufen werden und im Laufe von ACT beginnen die Teilnehmer, die Art der geistigen Verarbeitung auf gültige Weise einzusetzen.

Kreative Materialien: Das persönliche Symbol und Problemmodellierung

Was ich *kreative Materialien* nenne (und viele Menschen für Zeug für den Kindergarten oder Schrott halten), stellt ein wesentliches Mittel für die Befähigung von Individuen und Gruppen dar. Den meisten von uns wurde die Wertschätzung dieser Materialien aberzogen und wir müssen wieder in ihren Wert und ihre Bedeutung eingeführt werden.

Also zeigt der Kursleiter in ACT und anderen Ganzhirn-Workshops immer eine großzügige Ansammlung an kreativen Materialien vor, von Federn und Ton zu Holz, Plastikstücken, farbigem Garn und Draht. Um die Menschen für ihre Beschaffenheit und Eigenschaften zu sensibilisieren, fordert der Leiter die Gruppe auf, die Eigenschaften und Merkmale eines jeden zu beschreiben. Zum Beispiel: "es ist bunt, weich, federnd, leicht, flexibel, glatt".

Nach dieser ersten Einführung werden die Teilnehmer gebeten, in bis zum Rand mit solchen Materialien gefüllte Arbeitsräume zu gehen und drei oder vier auszuwählen, die wie wirklich mögen und eines oder zwei, die sie wirklich abstoßen. Wenn sich die Türen der Arbeitsräume öffnen, steigt die Aufregung spürbar. Besonders auf den ersten Blick geben die Materialien einen Eindruck überwältigender Reichhaltigkeit. Attraktiv ausgestellt, sehr zugänglich und in offenen Schüsseln oder Behältern, die die Menschen einladen, sie zu berühren und sich mit ihnen bekannt zu machen, umfassen die Materialien Holzblöcke, Sperrholzplatten, Styropor- und Kartonstücke, Rohre, Stangen, Dübel, Reifen und alle möglichen Papierprodukte, Baumaterialien wie gekerbte Stöcke, Scheiben und Verbinder, Bauspielzeug, Säcke mit federn, Filz, Fell, Tuch und Bändern, Spielfiguren, verschiedene Arten von Draht, Faden und Klebstoff, Stücke und Teile zerbrochener Maschinen wie eine Waschmaschinenpumpe, die Skala eines zerbrochenen Thermometers, Teile von kleinen Haushaltsgeräten, eine große Vielfalt an Filzstiften, Farben, Wachsmalstiften, Pastellfarben, Wasserfarben und zahlreiche Pinsel und viel, viel mehr.

Wenn die Menschen ihre Materialien ausgewählt haben, gehen wir zu den beiden zentralen Übungen über: (1) Schaffung eines dreidimensionalen persönlichen Symbols und (2) Modellierung eines Problems, das einer kreativen Lösung bedarf.

Bei der Schaffung ihres persönlichen Symbols (ein grafisches oder visuelles skulpturartiges Modell, das sie selbst symbolisiert), der ersten Aktivität mit kreativem Material, werden die Teilnehmer gebeten, nicht nur die kreativen Materialien zu verwenden, die ihnen Freude machen, sondern auch diejenigen einzubeziehen und ihnen einen Wert beizumessen, die sie zuerst abstoßend fanden. Ein Teil des Zieles dieser Übung ist es, Menschen dazu anzuregen, einen verborgenen Wert in Dingen zu finden, die sie normalerweise übergehen, mit der Wirkung, ihre Augen für neue Möglichkeiten zu öffnen. Die Symbol-Übung ist selbst eine Metapher dafür, der Welt um uns mehr Aufmerksamkeit zu schenken. Es sagt einiges aus, wenn zahlreiche Menschen berichten, daß die Materialien, die sie ursprünglich nicht mochten, ihnen halfen, ein Problem beim Zusammenbau eines Symbols oder Problemmodells zu lösen. Oft stellen diese sich bekämpfende Parteien in ihnen selbst dar.

In der zweiten Übung, der Problemmodellierung, machen die Teilnehmer ein Modell eines Problems, so daß sie alle seine Aspekte sehen können und dabei möglicherweise eine Lösung finden können. Diese Technik der Problemlösung hat sich wegen ihrer bloßen Macht als unübertroffen erwiesen. Aus dieser Übung kommen mehr Einsichten und potentielle Lösungen als aus fast jeder anderen, die ich gesehen oder benutzt habe.

Gruppenübungen in Kommunikation

Die bis zu diesem Punkt beschriebenen Übungen konzentrieren sich darauf, Menschen zu helfen, über die Grenzen von Quadranten in ihren eigenen Köpfen hinweg zu kommunizieren. Die nächsten Übungen helfen uns bei der Kommunikation über die Grenzen von Quadranten hinweg zu helfen, die zwischen uns und anderen Menschen bestehen.

Es ist die erste Aufgabe, den Teilnehmern zu der Erkenntnis zu verhelfen, daß sie sich nicht optimal mitteilen – typischerweise sind sie der Ansicht, daß sie sich genau richtig mitteilen. Die Menschen neigen dazu, den Ausdruck der Stimme und des Gesichts zu ignorieren, die tatsächlich mehr mitteilen als Worte. Aber stellen Sie Paare zusammen und lassen Sie sie auf verschiedene Arten "ja" und "nein" zueinander sagen und sie entdecken plötzlich sehr viele Möglichkeiten zur Vermittlung einer Bedeutung, wo sie vorher nur wenige benutzt haben. Andere Kommunikationsübungen sind (1) Sprechen und Schreiben von den am wenigsten bevorzugten Quadranten her, (2) nicht-verbale Kommunikation durch interaktives Zeichnen mit Partnern mit ähnlichen und unterschiedlichen Hirndominanz-Profilen (siehe Kapitel 6) und (3) beobachten, wie ein Partner Gefühle durch die Arbeit in Ton ausdrückt und dann diese Gefühle nachahmen.

Wenn sie Menschen in Kommunikationserfahrungen führen, beginnen die Lehrer mit homogenen Gruppen. Die Leichtigkeit der Lösung von Problemen und der Verarbeitung von Informationen mit Teilnehmern ähnlicher Präferenzen hilft den Menschen, Bestätigung in der Kommunikation zu erleben und liefert somit Sicherheit. Wenn die Teilnehmer mit Gleichgesinnten Bestätigung erfahren haben, beginnen die Leiter allmählich, Unterschiede einzuführen, zunächst in heterogenen Paaren, dann in Triaden, dann in Gemeinschaften von sechs Personen. Die Teilnehmer stoßen jetzt sowohl auf die Verbesserungen als auch die Herausforderungen, die darin liegen, daß unterschiedliche geistige Funktionen in der gleichen Gruppe am Werke sind. Zunächst können die Menschen vorsichtig, aus dem Gleichgewicht gebracht und sich sogar feindlich gegenüber Unterschieden verhalten. Das ist aber nur eine vorübergehende Erscheinung und sie beginnen bald, den Wert dieser unterschiedlichen Funktionen zu verstehen, wie in dem Beispiel, das am Anfang dieses Kapitel steht.

Die einzigartige Kombination der in ACT enthaltenen Übungen bereitet die Teilnehmer darauf vor, den kreativen Prozeß in seiner Fülle zu erleben. Dabei verbessern sie ihr Verständnis für und ihre Akzeptanz von persönlicher Einzigartigkeit, ihren Respekt für Unterschiede und ihre Fähigkeit zur Kommunikation über die Grenzen von Quadranten hinweg. Das ist am deutlichsten, wenn die homogenen Sechsergruppen am Ende der einwöchigen Erfahrung ihren Rhythmus finden. Die meisten beginnen in einem Zustand potentieller oder annähernder Anarchie und entwickeln sich zu einer absolut packenden Synergie, arbeiten in einer einheitlicheren, machtvolleren Weise als sogar die homogenen Gruppen es am Anfang taten.

8.5 Waschechte Vorteile: Unverfrorene Prahlerei, Empfehlungen und Wunder

Seine Wirkung wird nie vergehen. Das ist das höchste Kompliment, das ich machen kann.*

Falls Sie diesen Abschnitt unbescheiden finden, lassen Sie mich gewähren. Falls sie es bis jetzt noch nicht bemerkt haben: Ich bin außerordentlich stolz auf die ACT-Workshops. Es ist ein Privileg, Teil der wunderbaren Durchbrüche, Verwandlungen und Heilungen zu sein, die aufgrund von ACT im Leben von Menschen eintreten. Meines Wissens war nie jemand unzufrieden und ich nehme mir die Freiheit, jedermann zu sagen, daß es eine wunderbare Erfahrung ist, und daß es ihnen besser ginge und sie glücklicher wären, wenn sie teilnähmen. Wenn dies also wie eine Verkaufsmasche oder wie Prahlerei klingt: das ist

* Jane Coles, Analytikerin im Geschäftsbereich Dampfturbinen von GE, zitiert in der Business Week, 1985.

es und ich entschuldige mich nicht. Ich wünschte, wir könnten den Workshop für jedermann zugänglich machen, der teilnehmen will – das ist einer der Gründe, aus denen ich dieses Buch schreiben wollte – so daß so vielen Menschen als möglich so viel wie möglich von ACT zugänglich gemacht werden kann.

Ich bin aus mehreren Gründen so stolz auf ACT. Die meisten Schulungserfahrungen verblassen mit der Zeit. Aber weil sich ACT auf die Vermittlung entsprechend der Ganzhirn-Methode konzentriert, statt sich nur auf intellektueller Weise damit auseinanderzusetzen, machen die Lernenden eine echte und dauerhafte Verlagerung ihres Verständnisses und ihrer Werte mit. Die wichtigste dieser Verlagerungen ist die Fähigkeit, ihre Einzigartigkeit und die anderer Menschen zu verstehen, zu akzeptieren und positiv zu bewerten. Die vielen hundert Menschen, die an ACT teilgenommen haben, teilen ein gemeinsames Gefühl der Selbstbestätigung, ein vollständigeres Verständnis von Antworten auf solche Fragen wie: Wer bin ich? Warum tue ich die Dinge, die ich tue? und Was kann ich werden?

Was sagen Absolventen von ACT I nach einigen Monaten, einigen Jahren oder fünf Jahre später über die Erfahrung? Hier sind einige Beispiele ihrer Rückmeldungen:

Hausfrau/Sekretärin
Drei Monate danach
"Ich habe ACT besucht, und wußte nicht genau, was ich erwarten sollte. Mein Mann hatte schon teilgenommen. Ich hatte Zuhause einige Vorteile seiner Teilnahme gesehen, da sie auf einige Dinge angewendet wurden, mit denen wir uns in der Familie beschäftigt hatten. Dann sah ich einige positive Aspekte seiner Anwendung an der Arbeit und bekam auch einiges positives Feedback für mich. Ich denke, was mich am meisten an ACT beeindruckt hat, war, daß ich in eine unternehmensbezogene Workshop besuchte, der jedes Spektrum einer Organisation erreicht, jede Denkweise jedes Menschen von oben bis zu den unteren Ebenen und zu sehen, wie sie interagieren und wie sie füreinander wertvoll sein können und zusammen arbeiten. Ich habe erkannt, daß kreative Problemlösung eine wirklich gute Sache ist, die man auf einer persönlichen Ebene anwenden kann. Während meiner Woche in der ACT habe ich herausgefunden, daß ich das tun kann."

Personalabteilungsleiter
Eineinhalb Jahre danach
"Ich habe ACT besucht, und hatte das Gefühl, mich selbst zu kennen, und ich kam mit der einzigartigen Erkenntnis heraus, daß ich ein wenig anders war, als ich gedacht hatte. Während ich begann, dieses neue Wissen über mich selbst auszuwerten und es wirklich zu betrachten und herauszufordern fand ich heraus, daß es wirklich ein neues Bewußtsein dessen eröffnete, der ich wirklich bin. In der Lage zu sein, das mit nach Hause und an die Arbeit zu nehmen und das neue Wissen auf die Lösung von Problemen anzuwenden, ist sehr hilfreich. Es ist wirklich eine machtvolle Woche, die man erlebt."

Schulungsleiter
Vier Monate danach
"Ich habe ACT besucht, um die Kreativität wieder zu finden. Ich hatte das Gefühl, einmal kreativ gewesen zu sein, sie aber verloren zu haben. Diese einmalige ACT-Erfahrung hat es mir ermöglicht, wieder herauszufinden, daß es in Ordnung ist, kreativ zu sein, in Ordnung, das Risiko

einzugehen. Meine kreative Seite konnte herauskommen, ohne an der Arbeit eine Menge zu riskieren und es gab eine Möglichkeit, das zu tun ohne andere zu sehr zu überwältigen. Bei der Einführung Zuhause hilft es, ruhig zu sein und sich im Hintergrund zu halten."

Unternehmensberater
Eineinhalb Jahre danach
"Für mich war es beeindruckend, den Effekt des ganzen Gehirns - aller vier Quadranten – tatsächlich bei der Zusammenarbeit als kreatives, Probleme lösendes Team zu sehen. Insbesondere die spezielle Team-Übung, bei der man das sich entwickeln sieht, hat mir geholfen, bessere Möglichkeiten der Arbeit mit Kunden zu finden, bei der Strukturierung von Teams für Problemlösungen, die Vertreter aller vier Quadranten enthalten. Besonders in einer Situation, in der sie einige wirklich 'starke Ideen' entwickeln müssen."

Unternehmenstrainer
Vier Monate danach
"Ich kam mit einem sehr angenehmen Gefühl aus der ACT-Werkstatt. Einem warmen Gefühl, das ich für immer behalten möchte. Ich mag die Art, in der die Workshop-Aktivitäten Dinge zusammenbrachte, Menschen zusammenbrachte. Ich mochte alles, aber Drachen steigen zu lassen und das interaktive Zeichnen waren besonders interessant."

Architekt
Ein Jahr danach
"Es kann für Sie auch von Interesse sein, daß mein Geschäft seit der Rückkehr von ACT I explodiert ist. Der Staub beginnt sich gerade zu legen und ich kann Möglichkeiten der Planung größerer und aufregenderer Projekte sehen. Eine fabelhafte Gelegenheit, mein neu gefundenes kreativen Denken weiterhin einzusetzen."

Vier Jahre danach
"Ich besuchte ACT, um herauszufinden, wie ein rechtsdominanter Mensch in einer linkdsdominanten Welt überleben kann. Das Endergebnis war, daß er eine Menge der Funktionen meines linken Gehirns geweckt hat und mir sehr viel Vertrauen darin gegeben hat, in der Art des ganzen Gehirns in meinem Beruf als Architekt weiterzumachen. Im Dilemma von Problemlösungen war ich immer frustriert, aber die Teilnahme am ACT hat mir neues Vertrauen in positive, analytische Lösungen von Problemen gegeben. Ich mache auf einer höheren und erfolgreicheren Ebene Geschäfte als vor ACT."

Kommunikationsberater
Sechs Jahre danach
"In der Werbung ist Kreativität eine gefragte Ware, -zu verstehen, was die Kreativität geschehen läßt, ist für den Erfolg entscheidend. ACT hat mich gelehrt, daß es Techniken gibt, mit denen man Menschen zu kreativen Problemlösungen bringen kann. Darum war ich in der Lage, viele dieser Techniken anzuwenden und sie in eine Arbeitsumgebung einzubringen, in der Kreativität geschätzt wird. ACT hilft den Menschen, ihre eigene, persönliche Kreativität zu entdecken und zu erkennen, wo und wie sie sie einsetzen können. Mir hat es sehr geholfen."

Marketingberater
Eineinhalb Jahre danach
"Ich besuchte ACT und dachte, außer mir sei jedermann kreativ, aber ich erfuhr, daß das nicht so ist. Eine mächtige neue Idee von den vielen, die ich mitnahm war die Macht der Verwendung einer breiten Palette kreativer Materia-

lien bei der Präsentation von Ideen, statt immer verbal zu sein oder Tageslichtprojektoren zu benutzen. Dreidimensional zu werden ist so machtvoll, wenn man einem Kunden eine Idee vermittelt."

Berufsberater
Vier Jahre danach
"Ich kam mit dem Problem zu ACT, meinen Doktor zu bauen und mein eigenes Unternehmen zu gründen. Ich ging von ACT weg mit einem Namen, einem Symbol und drei Wochen danach bin ich im Geschäft. Kreativität funktioniert!

Ich habe in ACT gelernt, daß das, was ich nur für das Spiel für nützlich gehalten habe, auch im Geschäft außerordentlich wertvoll ist. Es machte mir Spaß zu spielen und bald auch den anderen Menschen um mich. Ich konnte es nicht erwarten, wieder in die wirkliche Welt zurückzukehren und es in die Praxis umzusetzen."

Kreativitätsberater
Eineinhalb Jahre danach
"Ich habe an einem ACT-Workshop teilgenommen, weil es um Kreativität ging. Es hat Spaß gemacht. Es war mein Ziel, konkretere Ziele zu haben – und ich ging mit dem Gegenteil weg. Ich habe beschlossen, loszulassen und habe jetzt mehr Vertrauen in die Macht meiner eigenen Inspirationen und beabsichtige, weiter meinen Träumen zu folgen, Dinge geschehen zu machen. Ich bin jetzt ein besserer Redner, Philosoph, und vertraue in das, was ich zu tun anfange."

Lehrer/Trainer
Eineinhalb Jahre danach
"Ich ein rechtsdominanter Mensch, der vor einer linksdominanten Welt davonlief. Man gab mir das Gefühl, ich sei 'merkwürdig'. ACT I ließ mich erkennen, daß ich der Welt etwas wunderbares zu bieten habe. Kreativität ist für jeden da. Ich ging belebt, mit Selbstvertrauen und fühlte mich normaler."

Manager, Finanzen
Fünf Jahre danach
"ACT hat mir (einem linksdominanten Menschen) geholfen, mein Urteil zurückzuhalten, wenn ich es mit kreativen Menschen zu tun habe. Es ist nicht richtig oder falsch, es ist einfach rechts oder links, anders sein. Persönlich habe ich gelernt, meinem 'Bauch' mehr zu vertrauen als früher, als ich nur von der Analyse her handelte. Ich freue mich auf noch mehr persönliches Wachstum, das mich einige der Stärken nutzen lassen wird, die ich irgendwo im rechten Gehirn habe."

Technischer Leiter
Vier Monate danach
"Sie haben in ACT eine bemerkenswerte Umgebung hergestellt. Es kann kein Zufall sein, daß alle diese Ingenieure so außerordentlich sensibel und fürsorglich sind. Sie haben wirklich etwas bemerkenswertes getan. Danke. Die Lernumgebung hat die Erfahrung für mich sehr bereichert."

Technischer Gruppenleiter
Vier Monate danach
"ACT war großartig! Es hat mir ein Bewußtsein der Kreativität und Risikos und Selbstverständnis gegeben. Ich kam überzeugt davon zurück, daß ich einen Unterschied machen kann und ich will es versuchen. Ich empfehle, daß Sie es versuchen."

Leitender Ingenieur
Vier Monate danach
"Vom Skeptiker Mitte der Woche zu einem Gläubigen Ende der Woche – ACT I hat mir einige Techniken für die Lösung von Problemen gegeben, die wirklich funktionieren. Nicht nur auf dem Papier, sondern auch in der Praxis. Eine gute Gelegenheit zu lernen, wie andere in einer Situation, in der Probleme gelöst werden müssen, denken und arbeiten, und wie man ungeachtet der Hirndominanz interagieren kann."

Ingenieurstechniker
Vier Monate danach
"ACT I ist der beste einwöchige Kurs, an dem ich je teilgenommen habe. Er bietet sowohl persönliches als auch berufliches Wachstum. Man geht mit einigen spezifischen Techniken, die Fähigkeiten für die Problemlösung wirklich verbessern. Die Gruppendynamik, die Umgebung und die Lehrer sorgen für eine sehr anregende und lohnende Woche. ACT I bietet den Teilnehmern eine wichtige und positive emotionale Erfahrung, die ihnen hilft, aus eingefahrenen Geleisen herauszukommen und das kreative Potential in ihnen und unter ihren Mitarbeitern und Gruppenleitern anzuwenden."

Ingenieur
Drei Monate danach
"Vom ersten Augenblick, in dem wir als Gruppe zusammenkamen, gab es kein Nachlassen. Schwungkraft begann sich aufzubauen und es gab kein Nachlassen von 7:00 Uhr bis 19:00 Uhr, als wir die Mission abbrachen und nach Hause zurückkehrten. Die Menschen, die man trifft, sind erste Klasse, talentierte Typen. Wenn ACT II eine Konkurrenz für ACT I ist, tragen sie mich jetzt dafür ein!"

Leitender Ingenieur
Vier Monate danach
"Ein erstklassiges Programm, gut organisiert und flexibel, so daß die Bedürfnisse des Einzelnen erfüllt werden. Es hat mir bewiesen, daß ich kreativ ein kreativer Kopf sein kann und daß wir alle diese Fähigkeit haben.

Ich glaube, es wird mir helfen, positiver im Umgang mit neuen Ideen zu sein und nebenbei besser zu verstehen, wie andere Menschen über Probleme denken. Ich fühle, daß diese Art Training für unser Unternehmen wertvoll ist und ich unterstütze den Gedanken sehr, andere dorthin zu schicken, die interessiert sind."

Konstruktionsingenieur
Vier Monate danach
"Es gab mir einige neue Einsichten in das Kreativsein und mir Beachtung schenken, meiner Umgebung und anderen Menschen. Das gibt mir ein großartigeres Gefühl persönlicher Freiheit als ich je zuvor gespürt habe."

Marktsegment-Manager
Vier Monate danach
"Zu jener Zeit kämpfte ich mit der Entwicklung neuer Strategien für zwei Produktkategorien, die in Schwierigkeiten waren, und in der Folge von ACT entstand ein freier Fluß von Ideen und eine neue Klarheit des Denkens."

Leiter, Schulungsprogramme
Vier Monate danach
"Der jüngste ACT-Workshop war unbedingt in jeder Hinsicht großartig. Kursinhalt, Struktur, Präsentationsstil, Teamsitzungen und praktische Übungen waren alle ausgezeichnet."

Hausfrau
Sechs Monate danach
"ACT I hat mir das Leben gerettet. Ich dachte, ich würde verrückt, aber ich war nur anders – kreativ anders."

Forschungschemiker
Ein Jahr danach
"Viele ACT-Ideen breiten sich aus – zumindest hier in der Forschung und Entwicklung. Viel mehr Leute sind sich der Prämissen des Programms bewußt und ich glaube wirklich, daß die Konzepte genutzt werden, um dem Einzelnen und der Firma zu nutzen. Natürlich ist das wahrscheinlich der beste Lohn eines Lehrers, oder?"

Künstler
Sechs Monate danach
"Ich habe in einer Woche mehr gelernt als in meinem ganzen Leben."

Musiktherapeut
Vier Monate danach
"In einem wundervollen Fluß entfaltet sich Einsicht auf Einsicht für mich. Beide Hemisphären sind in Aktion und ich habe ein Gefühl der Befreiung. Diese Phase des Lebens ist wirklich eine Idee, deren Zeit gekommen ist!"

Lehrer/Trainer
Neun Monate danach
"Es war wundervoll, mir eine Woche lang den Wind durchs Gehirn blasen zu lassen. Ein großer Stein wurde in den Teich geworfen. Das Klatschen und die Wellen waren faszinierend und haben Spaß gemacht. Aber am besten ist, daß der Pegel des Teiches angehoben wurde. Noch einmal, Danke!"

Firmenchef
Zwei Jahre danach
"Was meine Herangehensweise an das Führen angeht, war ACT I meinem zweiten Abschluß in Betriebswirtschaft voll gleichwertig. Auf dem Gebiet der Kreativität hat es mich auf dem Weg der Entdeckung meiner selbst gebracht, den ich weiter verfolgen werde."

Denken Sie über sich selbst nach und wie dieses Buch Ihre Ansicht über sich selbst verändert hat. Vielleicht machen sie jetzt eine Pause und schreiben auf, wie sie glauben, daß Sie sich verbessern können oder wie Sie ausgewogener werden können, da Sie Ihre persönlichen Präferenzen kennen. Schreiben sie einen Brief an sich selbst. Verschließen Sie ihn in einem Umschlag und öffnen Sie ihn in ein paar Monaten. Wir neigen alle dazu, einige der Dinge zu verschieben, die wir an uns ändern möchten, obwohl sie uns langfristig zu besseren Menschen machen würden. Denken Sie an den Wert der Dinge, die Sie in der Vergangenheit vermieden haben. Wenn Sie das tun, begeben Sie sich in eine sichere, urteilsfreie Umgebung.

Diese Veränderungen, die Menschen im ACT durchmachen, dauern nicht nur an, sondern sie geschehen weiter. Besonders gilt das für Menschen, die im Folgenden planvoll weiterhandeln. Das liegt daran, daß die gewonnene Selbsterkenntnis ihnen hilft zu erklären, warum Dinge früher so geschehen sind, wie sie geschehen sind, und wie man sie künftig zum Besseren beeinflussen kann.

Außer diesen profunden inneren Verlagerungen teilen uns Absolventen andere praktische Vorteile mit. Diese Vorteile umfassen verbesserte Fähigkeiten zur: (1) Verwendung erweiterter Fähigkeiten zum Lösen von Problemen:

Analyse von Alternativen, Zeichnen und Bildhauern, Modellierung, Vergegenwärtigung, Träumen, um nur einige zu nennen, (2) besseren Erkennung und Führung kreativer Menschen, (3) Verbesserung der Beziehung zum Ehepartner, Manager, Gleichrangigen und Freunden, (4) für Änderungen am Arbeitsplatz, die Produktivität und Erfüllung steigern, (5) Entwicklung sinnvollerer und befriedigenderer beruflicher Pläne, (6) Diagnose von Ähnlichkeiten und Unterschieden in anderen Menschen, um die Kommunikation und Beziehungen zu verbessern, (7) um als Eltern erfolgreicher zu sein, (8) mit zwischenmenschlichen Konflikten besser fertigzuwerden, (9) Verzögerungen zu überwinden und (10) gute Ideen besser festzuhalten.

Ich bin immer besonders froh zu hören, daß ein ACT-Absolvent nach seiner Rückkehr am Arbeitsplatz das "Schwarze-Schaf"-Syndrom mildert. Wenn Mitglieder einer Gruppe entdecken, daß ein Mensch, der am Rande stand, wenn er nicht gar "außen vor" stand, ein Profil hat, das sich von dem des Nächsten stark unterscheidet, gehen sie anders auf ihn zu. Diese "merkwürdige" Person wird plötzlich für die anderen akzeptabler, weil sie erkennen können, daß die unterschiedlichen Verhaltensweisen aus unterschiedlichen geistigen Präferenzen herrühren und nicht von der absichtlichen Perversität eines Außenseiters, der die harmonische Homogenität der Gruppe stören will. Fast über Nacht verbessern sich die Beziehungen im Team, verwandeln sich sogar.

Der Workshop ruft das Aha-Erlebnis hervor aber wie wir wissen, muß dieser kreative Blitz im Hier-Und-Jetzt angewendet werden, wenn es die kreative Arbeitsweise langfristig stärken soll. In der Anwendungsphase helfen wir wie folgt. Vor der Ankunft bereitet sich der Teilnehmer auf

" Wenn man aus den eingefahrenen Geleisen gewöhnlicher Wahrnehmung geworfen wird, für ein paar zeitlose Stunden die Außen- und die Innenwelt gezeigt bekommt, nicht wie sie einem von Worten und Gedanken besessenen Tier erscheinen, sondern wie sie direkt und bedingungslos vom Geist als solchem wahrgenommen werden - Das ist eine Erfahrung von unschätzbarem Wert für jedermann."

Aldous Huxley
Aus: Doors of Perception

"Die Musik hat eine emotionale Qualität, die der Attraktivität der Farbe ähnlich ist. In den Künsten der Malerei, Bildhauerei, Architektur und Tanz ist die Form lebenswichtig und eine intellektuelle Interpretation erforderlich. Schönheit liegt in der sorgfältigen Mischung vieler Elemente ... Aber Musik und Farbe benötigen fast keine Mühe, damit man sie genießen kann: Sie haben einen primitiven Charme und fließen leicht über die Deiche des Gehirns, um die Emotionen zu überfluten."

Faber Birren

ACT vor, indem er fünf geschäftliche und persönliche Probleme definiert, die er lösen möchte. Die Probleme reichen über die ganze Skala, von Beziehungsproblemen zu geschäftlichen oder beruflichen Dilemmas bis zu künstlerischen Blockaden. Diese Probleme und Schwierigkeiten stellen das Material dar, das die Teilnehmer dann unter der Anleitung der ACT-Lehrer in ihrer eigenen kreativen Mühle verarbeiten. Der letzte Tag von ACT ist der Aufgabe gewidmet, den Teilnehmern zu helfen, spezifische Schritte zu formulieren, um ihr Leben hinsichtlich dieser oder anderer von ihnen gewählten Schwierigkeiten zu ändern. Diese Schritte können alles mögliche sein, von dem Verfassen einer neuen Zusammenfassung bis zur Erstellung eines ausgearbeiteten Programms für Zeitmanagement oder das Schreiben eines Buches. Wenn sie diese Schritte unternehmen und ihre Früchte erleben, schließen sie den Verstärkerkreis, der die Erfahrung vollständig macht.

Wir trainieren Menschen auch in dem Prozeß des Wiedereintritts. Zum Beispiel unterstreichen wir durch Filme und andere Medien, daß frisch zu einer Art des Denkens Bekehrte sich selbst eine harte Zeit bereiten können, wenn sie nicht die Art und Weise abstimmen, in der sie diese Gedanken Menschen vorstellen, die noch nicht von ihnen gehört haben. Das gilt für alle Umgebungen: Büros, Familien, Freunde, Kirchen undsoweiter. Aus diesem Grunde ermutigen wir Unternehmen, mehr als eine Person zu schicken, falls möglich. Ein Team von drei oder vier ist ideal. Die gegenseitige Unterstützung hilft, die Verpflichtung während des eher langsamen Prozesses der Verbreitung der kreativen Nachricht zu stärken.

Da die Prozesse eine so persönliche Auswirkung auf ihr Leben hat, bedeutet das, daß die Teilnehmer, wenn sie nach Hause gehen, ständige Gedächtnishilfen haben, die im Zusammenhang mit ihrer erweiterten Erfahrung der kreativen Verarbeitung stehen.

Aber es gibt mehr, in der Tat viel mehr Dinge, die jeder tun kann. Kapitel 9 stellt eine umfassende Vorgehensweise dar, der jeder folgen kann. Auch wenn Sie noch nicht bereit sind, diese Ideen auszuführen, lassen Sie sich etwas Zeit zur Erforschung des nächsten Kapitels.

"Fast alle Kreativität hat zielstrebiges Spiel zum Inhalt."

"Unter allen praktischen Gesichtspunkten kann die kreative Kapazität des Gehirns letzlich unendlich sein."

George Leonhard

"Mit ihrem starken Schwerpunkt auf Kommunikation und der frühen Schulung der 3 Rs diskriminieren unser Erziehungssystem und die moderne Gesellschaft grundsätzlich eine ganze Hirnhälfte. In unserem heutigen Schulsystem ist die der untergeordneten (rechten) Hemisphäre des Gehirns gewidmete Aufmerksamkeit minimal im Vergleich mit dem auf die (linke) oder wichtigere Hemisphäre verschwendeten Training."

Roger Sperry

"Der Verstand kann Fragen beantworten, aber die Vorstellungskraft muß sie stellen!"

Ralph W. Gerard

"Es ist nicht leicht, die See mit dem Mund zu beschreiben."

Kokyu

"Man nehme ein paar Jahreszeiten lang einmal oder zweimal pro Woche ein Musikbad und man wird herausfinden, daß sie für die Seele das ist, was das Wasser für den Körper ist."

Oliver Wendell Holmes

"Wer Vorstellungskraft ohne Wissen hat, hat Flügel und keine Füße."

Joseph Joubert

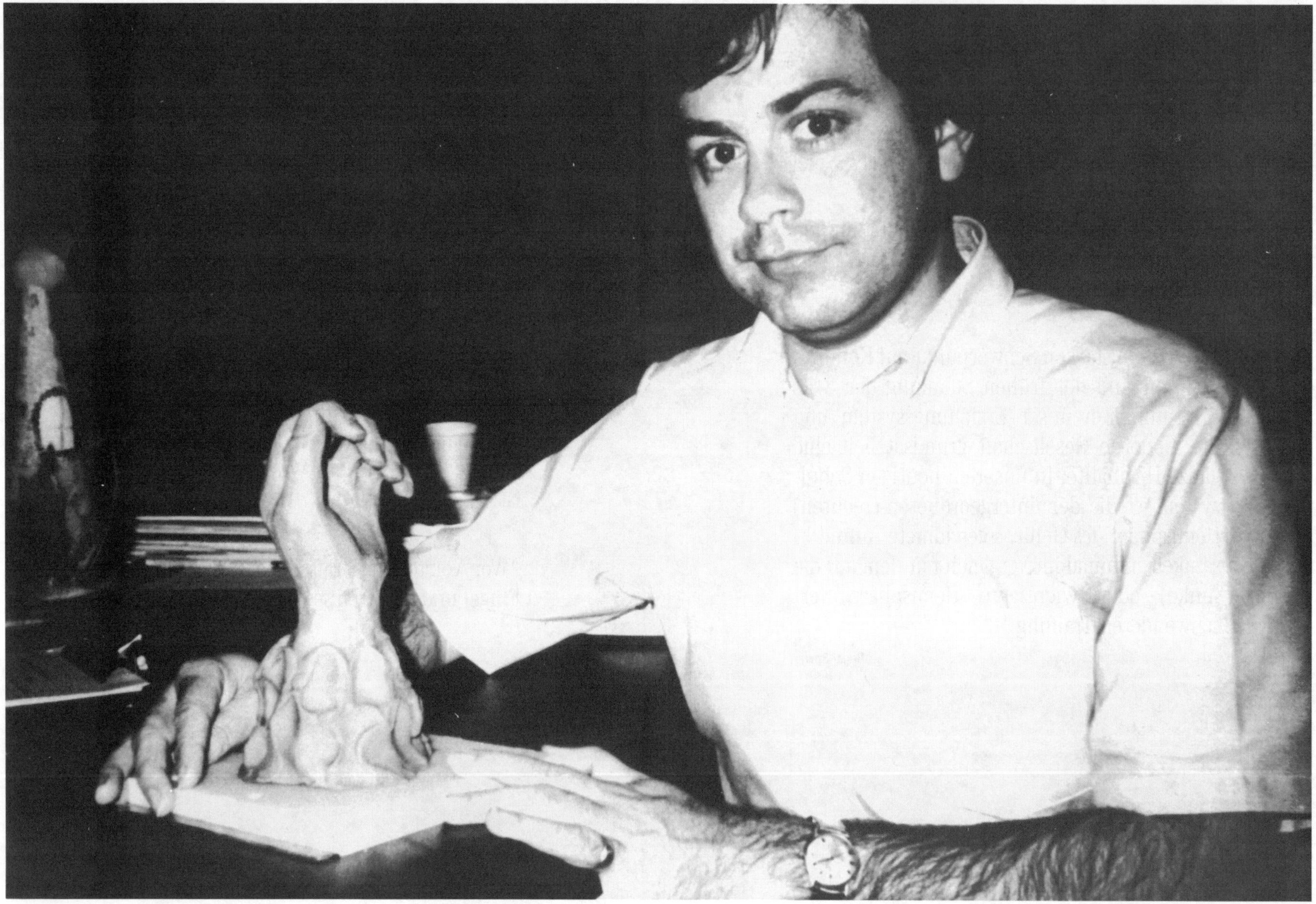

Abbildung 9-1. Richard LeBlanc

9. VOM ACT – IN DIE AKTION

Das größte Hindernis, dem viele Menschen auf ihrem Weg zur kreativen Arbeitsweise begegnen, ist ihre irrige Annahme, Kreativität sei nur für andere kreative Menschen da.

Ich erinnere mich lebhaft an den Augenblick als Richard Le-Blanc, ein Spezialist für Qualitätskontrolle bei GE, mich fragte, ob wir in unserem ACT-Vorratsraum Ton hätten. Am vorherigen Nachmittag hatte er eine Zeichnung von seiner Hand angefertigt, die bemerkenswert wirklichkeitsgetreu war. Jetzt hatte er den Drang zum Bildhauern. Es war ein heimliches Verlangen, das er jahrelang unterdrückt hatte, aber sein Erfolg in der Zeichenübung gab ihm das nötige Selbstvertrauen, um es zu versuchen. Innerhalb weniger Stunden hatte er eine Skulptur seiner Hand geschaffen, die so lebensnah war, daß sie seine Seele anrührte.

Hier ist, in seinen eigenen Worten, sein Bericht der Erfahrung:

> Ich hatte bei vielen Gelegenheiten versucht, zu zeichnen und zu skizzieren, war aber nie wirklich zufrieden mit der Arbeit gewesen. Im Laufe von ACT I gab mir die letzte Skizze meiner Hand so viel Mut, daß der Ton aus irgendeinem Grunde der nächste Schritt war – drei Dimensionen. Ich häufte Ton auf eine Basis und begann mit den Werkzeugen zu bildhauern, die ich gerade finden konnte. Ich hatte nie wirklich versucht zu bildhauern, aber ich fühlte mich sehr wohl bei dem, was ich tat. Ich benutze eine Hand zum Bildhauern, während ich die andere als Modell betrachtete. Was ich sah, war beinahe jenseits der drei Dimensionen – in die Hand hinein. Ich mußte die Hand als eine Knochenformation mit Muskeln und Sehnen sehen, die mit Fleisch bedeckt war, wobei Spannung das Bild ausformte. Ich sah Licht und Schatten, Form und Gefühl und konnte die Hand ausbilden. Ich sah über den Anblick meiner Hand hinaus. Die Hand bleibt bis heute bei mir als eine Erinnerung daran, was Sehen erreichen kann.
>
> Ich habe meine Erfahrung mit der Hand bei vielen Gelegenheiten genutzt. Seit jenem Tage habe ich nicht mehr als Bildhauer gearbeitet, aber ich weiß jetzt, daß ich es kann. Ich habe seitdem nicht mehr ernsthaft skizziert, aber nun weiß ich, daß ich es kann. Ich habe mich im Fotografieren versucht, und die Ergebnisse sind gut. Auf Film festzuhalten, was ich sehen kann (nicht immer, was da ist), ist sehr lohnend. Mittags einen Sonnenuntergang zu sehen, auf Film eine Stimmung zu schaffen, oder nur den Tau festzuhalten, der an einer Blume hängt und das Bild des Gartens einfängt, geht über das Anschauen hinaus: Es ist sehen.
>
> Das ist vor drei Jahren geschehen und es ist offensichtlich, welche Kraft ich daraus ziehe. Die Grenzen dessen, was wir tun, gleichgültig wo wir uns befinden, ziehen wir selbst. Wir sehen, was wir uns zu sehen erlauben; wir fordern uns innerhalb der selbst auferlegten Grenzen heraus. Es bedarf des Risikos, um sich selbst wirklich auszudehnen, und das Risiko ist der Schritt, der erforderlich ist um zu wissen, ob man dazu in der Lage ist. Kreativität ist eher das Einreißen von Wänden als das Aufbauen von Fertigkeiten. Ich weiß jetzt, daß ich es bin, der kontrolliert, wie viel ich sehe, indem ich kontrolliere, wie sehr ich loszulassen oder zu riskieren bereit bin. Es liegt so viel Bequemlichkeit darin, innerhalb des Bekannten zu bleiben, aber so viel Aufregung im Übergang in das Unbekannte.
>
> ACT hat auch die Erkenntnis geliefert, daß jedes Problem viele Lösungen haben kann. Wenn eine mögliche Lösung nicht funktioniert, heißt das nicht, daß die Idee nicht gut oder die Ausführung der Lösung schlecht war. Es kann bedeuten, daß die Zeit für die Idee einfach noch nicht gekommen ist. Wenn man eine Lösung ausprobiert (das Risiko) und versagt (das Ergebnis), ist das kein Verlust. Es nicht zu versuchen ist der Verlust. Man sollte versuchen, für jedes Problem 5, 10, 50 Lösungen zu finden. Denn wenn man mit der ersten Idee losrennt, hat man nie sein volles Potential ausgenutzt. Ich fordere mehr heraus, lasse mehr los, sehe mehr als je zuvor. Ich teile eine

Abbildung 9-2. Scheune und Gedicht von John Hanson

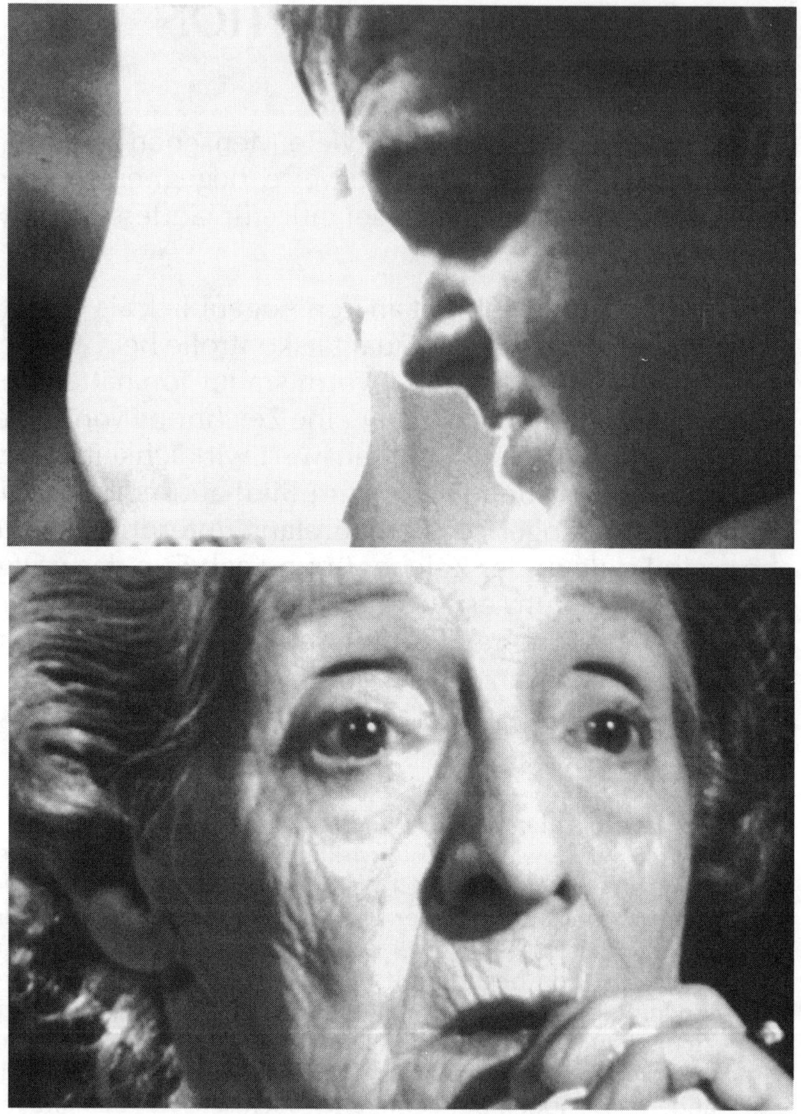

Abbildung 9-3. May und Leslie. Fotos von dem Film May's Miracle, aus der Serie "Man Alive", Canadian Broadcasting Corporation, aufgenommen von Nehdi.

Idee immer, auch wenn es vor ihrer Zeit ist. Ich versuche, die Ziellinie nicht zu sehen, denn wenn ich das tue weiß ich, daß ich zu niedrig ziele.
Der Ganzhirn-Denkprozeß hat mir geholfen, den größten Nutzen aus sozialen Beziehungen und solchen am Arbeitsplatz zu ziehen. Das Verstehen dieses Denkprozesses, der Spezialisierung von Individuen, von Mißverständnissen und unserer eigenen Einzigartigkeit hat mir seit ACT jeden Tag geholfen. Jeder Mensch hat ein zurückgehaltenes Potential und das "Loslassen" dieses Potentials ist lohnend. Die Gedanken, Ideen und Talente, die merkwürdig scheinen mögen, sind jene besondere Einzigartigkeit, die uns "über den Rest" stellen. Es gibt wenig Anerkennung, Befriedigung, Erweiterung oder volle Nutzung Ihres Potentials, wenn sie "einer aus der Masse" sind. ACT hat mich meine Einzigartigkeit gelehrt und die Folge ist, daß ich sie jetzt zeigen will. ACT hat mich gelehrt, wie ich das erhalte, was ich möglicherweise in Zukunft will, weil ich meine Ziele und Grenzen setze. Es kommt alles von innen.

Bei einer früheren Veranstaltung des ACT I hat John Hanson, ein technischer Leiter von GE, seine neu entdecken Fähigkeiten im Zeichnen angewendet, um eine der Scheunen auf dem Grundstück des Monroe Institute festzuhalten. Er hat sie mir einige Jahre später mit seinem Dankgedicht auf einer Schmuckplatte aufgezogen zugeschickt (Abbildung 9-2).

Unsere Erfahrung aus der Arbeit mit Tausenden von Menschen unterstützt die Schlußfolgerung stark, daß die meisten, wenn nicht alle, in der Lage sind, eine Insel potentieller Brillanz zu finden, die noch in ihrer geistigen See verborgen ist. Die wahre Geschichte von *May's Miracle*, einem vom Film Board of Canada produzierten Dokumentarfilm, illustriert die Wirklichkeit dieser scheinbar unwahrscheinlichen Idee auf dramatische Weise.

Mary Lempke, allen als May bekannt, war eine kleine Frau in den mittleren Jahren, deren Familie erwachsen war. Sie fühlte sich von der scheinbar hoffnungslosen Not des Babys "Leslie" herausgefordert, das nicht nur blind, sondern auch als Opfer einer schweren Gehirnlähmung geboren wurde. Die Ärzte sagten den Tod innerhalb von Monaten voraus, aber May war überzeugt, daß das Baby mit ihrer Liebe und Ermutigung überleben würde. "Nichts, das zu mir kommt, stirbt," sagte sie.

Überzeugt, daß ihre Liebe das Kind retten würde, adoptierte sie Leslie und zog ihn in einer Atmosphäre auf, die von bedingungsloser Liebe und der festen Erwartung erfüllt war, daß er schließlich gehen und sprechen würde. In den ersten acht Jahren war er unfähig, das eine oder andere zu tun, aber sie war beharrlich, bis er eines Tages schließlich eine Minute lang alleine stand, bevor er zusammenbrach. Es dauerte weitere vier Jahre, bis er begann, ein paar Schritte zu gehen.

Eines Tages, früh im Teenageralter, bewegte Leslie, als er mit einem Stück Faden spielte, seine Finger auf rhythmische Weise und May dachte sofort: "Musik!" Rasch kaufte sie ein gebrauchtes Piano und half Leslie, auf den Tasten zu klimpern. Sie begann, das Haus mit Musik von einem alten Plattenspieler zu füllen. Eines Nachts, etwa drei Jahre später, erwachte sie durch Klaviermusik. Sie dachte, sie hätte den Fernseher angelassen und ging in das Wohnzimmer, wo sie Leslie beim Klavierspielen entdeckte. Sie konnte es nicht glauben, es war richtige Musik! Zu der Zeit war er 16 Jahre alt. Sein musikalisches Talent hatte 3 Jahre geschlummert, bevor es durchbrach. Langsam aber sicher entwickelte Leslie ein musikalisches Repertoire. Einige Jahre später verblüffte er May, als er zu singen begann.

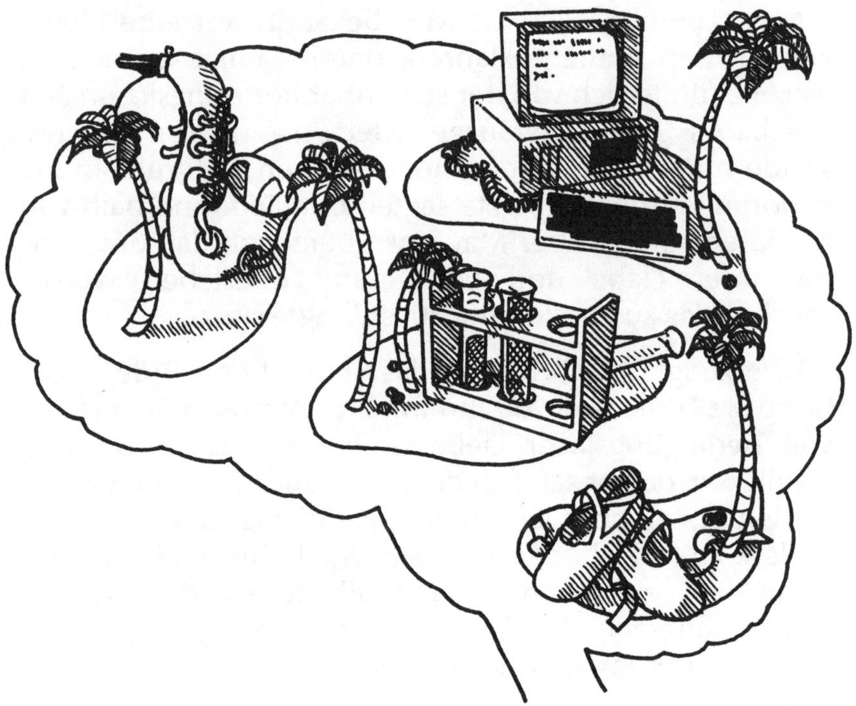

Abbildung 9-4. Inseln der Brillanz

Acht Jahre, nachdem er zu singen begonnen hatte, fing er an zu sprechen. Er war mehr als 25 Jahre alt, bevor er ein einziges Wort sprach.

Bis dahin waren seine musikalischen Fähigkeiten so weit entwickelt, daß er in öffentlichen Konzerten aufzutreten begann. Ende 20 erstaunte er das Publikum mit seine Fähigkeiten im Spiel und Gesang. Und das reichte bis zu einer verblüffenden Routine, bei der er Musik spielte, die er zum erstenmal gehört hatte, jede Note war perfekt.

Ein Teil des Dramas dieser Geschichte liegt darin, daß die Insel der Brillanz dieses Jungen in so scharfem Gegensatz zu seinen Behinderungen stand. Während Leslie's Fähigkeiten im linken Gehirn minimal waren, waren seine selektiven musikalischen Fähigkeiten des rechten Gehirns mehr als nur klug zu bezeichnen, sie waren brillant. Einige Menschen mögen Leslie für stark behindert betrachten, ihn als einen 'idiot savant' bezeichnen. Aber das ist ein hartes Urteil. Man stelle sich statt dessen vor, wie es wäre, wenn man aufwüchsen, ohne jemals das Tageslicht zu sehen und in einem Körper zu leben, dessen Glieder nicht nur schwach sind, sondern von denen jedes seinen eigenen Willen zu haben scheint und sich jedes in eine andere Richtung bewegt. Aber das ist nicht die ganze Geschichte. Ein anderer Teil des Dramas sind die außerordentliche Liebe, der Glaube und die Hingabe von May und, was am wichtigsten ist, ihre positiven Annahmen über das, was er werden könnte. In dieser Welt gibt es nicht viele Menschen wie sie. Aber man muß nicht behindert sein, um seine Begabungen zu finden. Und niemand muß, wie May, Wunder tun, um jemandem zu helfen. Entscheidend ist, daß May gezeigt hat, daß Leslie's verstecktes geistiges Potential zugänglich war und genutzt werden konnte. Und wenn das für Leslie gilt glaube ich, daß die Theorie von den "Inseln der Brillanz" für uns alle gilt. Jeder Mensch, ungeachtet seiner Persönlichkeit oder seines Berufes, hat ein Gehirn, in dem es einen bestimmten Bereich gibt, der optimal funktioniert. Dies ist ein Bereich, der dem Menschen ein Erlebnis außerordentlich erfüllender, kompetenter, freudvoller Tätigkeit geben kann, wenn man ihn in der richtigen Situation erschließt.

Die Talente der Menschen sind sehr unterschiedlich: Jemand wie Leonardo da Vinci scheint einen ganzen Kontinent der Brillanz zu besitzen. Einige von uns haben Inselgruppen. Einige von uns haben Begabungen in Sprachen, Mathematik, Naturwissenschaften, räumlichen Beziehungen oder Musik. Ihre Begabung kann sogar in der Aufzucht von Pflanzen oder Tieren liegen, oder der Zucht von Regenwürmern. Ihre spezielle Fähigkeit kann es sein, zu hören oder zu sehen, zu schmecken, zu riechen oder zu berühren. Ihr Talent kann ihnen an der Arbeit nützen oder einfach eine Quelle der Freude beim Spiel sein.

Über wie große und wie zahlreiche Talente sie auch immer verfügen, ist nicht das Entscheidende. Bei Allem ist entscheidend, daß die Ausübung ihrer Begabungen ihnen ein großartiges Gefühl geben sollte, ein Vehikel für ihr persönliches Wachstum sein sollte, oder sogar die Basis der Karriere bilden sollte.

Wenn wir also alle Inseln der Brillanz haben, und ihre Ausübung ein so gutes Gefühl vermittelt, warum wissen wir nicht immer von ihnen? Dafür gibt mehrere Gründe. Erstens sind unsere Inseln der Brillanz oder die Begabungen für uns manchmal so natürlich, daß wir nicht einmal wissen, daß wir sie haben oder daß sie uns außerordentlich machen. Manchmal braucht es eine Eignungsprüfung

"Fähigkeiten schreien danach, genutzt zu werden und stellen ihr Lärmen erst ein, wenn sie gut genutzt werden."

A.H. Maslow

"Kreativität ist das rechtmäßige Erbe jedes menschlichen Wesens."

Michael F. Andrews

"Eine genutzte, brauchbare Idee ist besser als eine gute Idee, die auf der Poliermaschine bleibt."

Alex F. Osborne

oder eine Herausforderung, um sie zu finden. Zum Beispiel hat eine Freundin eine Menge psychologische Tests gemacht und ihr wurde, im Alter von 35, mitgeteilt, daß ihre räumliche Begabung von der Art war, die Frank Lloyd Wright von anderen Architekten unterschied. Erst dann begann sie, ihre mechanische Begabung und ihr Interesse an und Bewußtsein von Räumen als etwas ungewöhnliches zu erkennen, und ihre Nutzung dieser Begabung zu erweitern.

Der zweite Grund, aus dem wir uns unserer Inseln nicht voll bewußt sein mögen, ist, daß wir vielleicht nicht genügend Zeit, Gelegenheit oder Mut hatten, unseren eigenen Neigungen zu folgen. Kinder erziehen, uns unseren Weg durch die Schule zu erarbeiten, uns einer Karriere widmen oder einfach Körper und Geist zusammenzuhalten kann eine Vollzeitbeschäftigung sein, und es kann dauern, bis man den Mut zur Veränderung entwickelt. Und trotzdem sind wir vielleicht nicht in der richtigen Umgebung, um sie zu stimulieren. Oft braucht es einen aufregenden Job, ein herausforderndes Problem oder einen scharfsichtigen, verständnisvollen Mentor, der genau den richtigen Anstoß gibt und unsere Gaben ans Tageslicht bringt.

Trotz all dieser Hindernisse ist es nie zu spät, neue Inseln der Brillanz für sich oder geliebte Menschen zu finden. Man benötigt nur Hingabe. Jeden Tag wählt man viele kleine Dinge, die darüber bestimmen, wie man seine Zeit verbringt. Sobald die Verpflichtung vorhanden ist, kann man beginnen, seinen Willen in einer neuen Richtung auszuüben. Ein erster Schritt zur Entwicklung dieser Hingabe ist es zu bestätigen und zu akzeptieren, daß man, wie jedermann sonst, Inseln der Brillanz hat und man sie finden kann, wenn man den Willen dazu hat. Wenn man sich einmal für diesen Kurs entschieden hat, wird man herausfinden, daß es unzählige mögliche Wege gibt.

Als ich den Gegenstand der Kreativität in Kapitel 7 ansprach, sagte ich, Sie könnten Ihre *Verpflichtung* zu einer kreativen Lebensweise verstärken, wenn Sie einer oder mehreren von vier Strategien folgten: (1) von Kindern lernen, (2) Selbstbestätigung üben, (3) Bewertung Ihrer Zeit lernen und (4) verschiedene Dinge testen, die Sie interessieren, bis Sie herausfinden, was Ihnen wirklich Spaß macht. In Kapitel 8 habe ich beschrieben, wie das "Testen verschiedener Dinge" bei Menschen aussieht, die an der Werkstatt ACT I teilnehmen.

Dieses Kapitel geht einen Schritt weiter und umreißt, wie Sie Ideen und Aktivitäten in Ihr tägliches Leben integrieren können, die Ihre kreativen Fähigkeiten und Erfahrungen fördern. Diese Aktivitäten fördern drei Hauptziele:

1. Stärkung des Willens zum kreativen Leben
2. Erweiterung geistiger Präferenzen durch Änderung des Bezugsrahmens
3. Verbesserung von Fertigkeiten im kreativen Prozeß

9.1 Stärkung des Willens zum kreativen Leben

Bei den meisten Menschen verlangt die Aussicht eines kreativeren Lebens wesentliche Änderungen des Verhaltens und alte Gewohnheiten sind nicht immer leicht abzulegen, wie wir alle wissen. Das Ändern eines Verhaltens, besonders geistiger Arbeitsweisen, erfordert Willenskraft und Hartnäckigkeit, besonders, wenn man sich in einen vermiedenen Bereich hinein ausdehnt.

Es wird leichter, Ihre Willenskraft zu stärken, wenn Sie zunächst einmal wissen, auf welche Herausforderungen Sie treffen werden, damit Sie sich vorbereiten können. Und wenn Sie über eine Reihe von Tricks verfügen, mit Hilfe derer Sie sich eine positive Einstellung bewahren können.

a. Herausforderungen an Ihre Willenskraft

Wenn Sie sich entschließen, Ihre Präferenzen dahingehend zu erweitern, daß Sie geistige Funktionen und Aktivitäten einbeziehen, die Sie gegenwärtig vermeiden, werden Sie wahrscheinlich folgendem gegenüberstehen. Erstens ist die Erweiterung von Präferenzen für einige Menschen leichter als für andere. In Begriffen der Hirndominanz ausgedrückt werden rechtsdominante Menschen, die die Fähigkeiten ihres linken Gehirns entwickeln wollen, im allgemeinen größere Schwierigkeiten haben als linksdominante Menschen, die die Fähigkeiten ihres rechten Gehirns entwickeln wollen. Das liegt daran, daß linksdominante Aktivitäten stärker auf Wissen basieren und es daher notwendig ist, daß die Person bestimmte Sprachen, Fakten und Techniken lernt. Die Entwicklung rechtsdominanter Präferenzen ist leichter, weil sie nicht so viel Arbeit erfordert. Ich werde in Kürze erläutern, was sie erfordert.

Zweitens können Sie damit rechnen, auf Widerstand zu stoßen, auf alte Einstellungen, dem "Drachen", der Ihre Energien aufbraucht, wenn Sie sich in nicht vertraute Funktionen hinein erweitern. Das ist nur natürlich, ungeachtet der Richtung, in die Sie sich zu entwickeln versuchen. Schließlich wurden Sie jahrelang von Ihren Eltern und der Gesellschaft im allgemeinen dahingehend beeinflußt, einige Dinge zu schätzen und andere zu mißbilligen, fürchten oder lächerlich zu machen. Bewußt sagen sie, daß Sie etwas nicht können, oder daß Sie es versucht haben, aber nicht mögen, oder daß es zu langweilig ist. Unbewußt kann es sein, daß Sie immer noch alte Nachrichten hören, die etwas abwerten, was sie tun wollen, oder sich an ein traumatisches Erlebnis erinnern, wie zum Beispiel eine Verlegenheit, in die Sie in der Schule gebracht wurden.

Derartige Gewohnheiten verschwinden nicht über Nacht, besonders, wenn sie mit der Identität in Verbindung stehen (z.B. "echte" Männer zeigen keinen Schmerz, oder "kreative" Menschen überlassen die Finanzen anderen, oder "gewöhnliche" Menschen sind nicht klug genug, um mit großen Ideen umgehen zu können). Eine verbreitete Furcht ist der Gedanke: "Wenn ich meine Präferenzen auf neue Gebiete ausdehne, verliere ich die Gaben, die ich jetzt habe." Es gibt keinen Grund zur Sorge. Tatsächlich können Ihre stärksten Präferenzen und Fähigkeiten durch das Üben weniger bevorzugter Funktionen sogar gestärkt

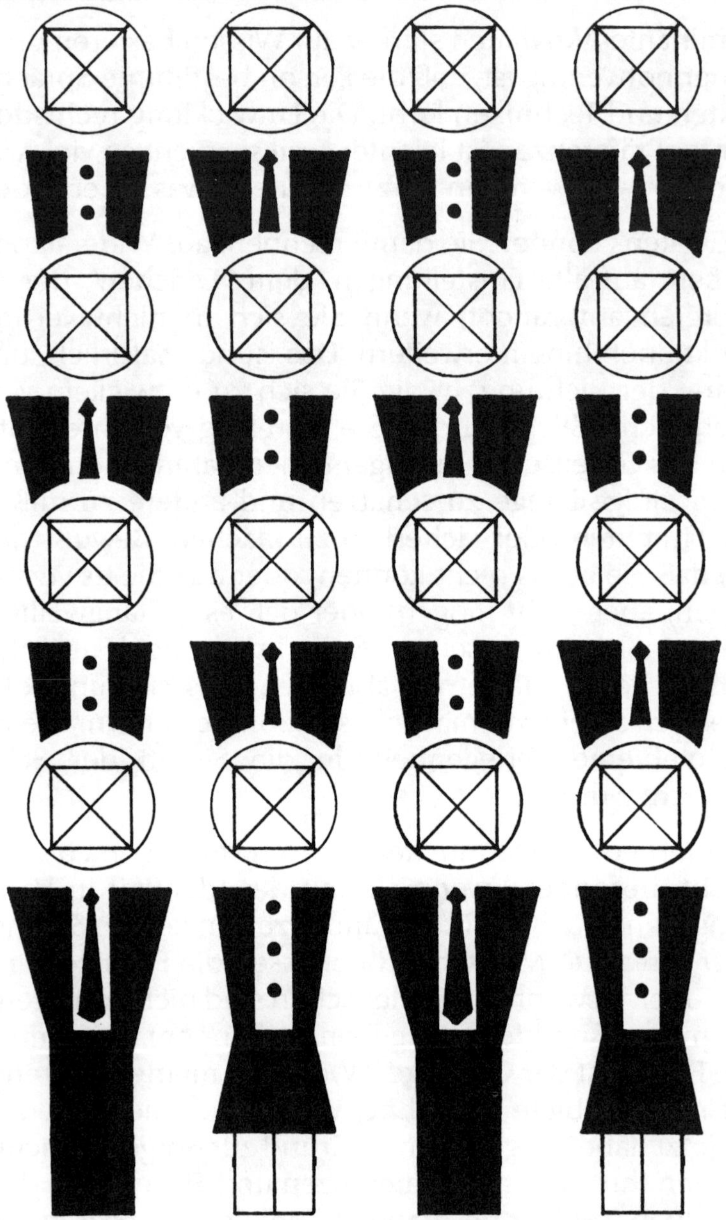

Abbildung 9-5. Man muß nicht 1-1-1-1 sein

werden. Es ist zum Beispiel möglich, daß die Erfahrung, daß Sie Ihre Rechnungen bezahlen und ein besseres Verständnis Ihrer finanziellen Lage Ihnen die Sicherheit gibt, die Sie für den nächsten kreativen Sprung brauchen! Oder daß es Sie erfrischt, wenn Sie sich die Zeit nehmen, sich entspannt geistigen Bildern hinzugeben und Sie in der Lage sein werden, mit erneuerter Konzentration zur Arbeit an detaillierten Berechnungen zurückzukehren.

b. Tips für die Erhaltung einer positiven Einstellung

Wenn Sie die Verpflichtung eingehen, Ihre Präferenzen zu erweitern, Fertigkeiten zu verbessern und kreativer zu leben, können Sie sicher sein, daß Sie Ihr Ziel erreichen werden. Der Schlüssel ist hier eine positive Einstellung, nicht nur zu bestimmten Verlagerungen, sondern auch zu dem gesamten Prozeß der Änderung und des Wachstums.

Wie geht man an die Entwicklung dieser positiven geistigen Einstellung heran? Hier sind ein paar Tips:

1. *Klopfen sie sich ein paarmal auf die Schulter*, einfach weil Sie es wagen, zu beginnen. Die meisten Menschen tun das nie.
2. *Zählen sie den Gewinn ganz offen*. Rechnen Sie aus, was es kostet, wenn Sie die Fähigkeit, die Sie entwickeln wollen, nicht haben. Wenn sie zum Beispiel ein Künstler sind, dessen Büro, Studio und Marketingaktivitäten sich in einem verzweifelten Zustand befinden, werden sie es nie als selbständiger Maler schaffen. Der Gewinn aus der Entwicklung von Präferenzen in A und B kann sehr gut den Unterschied einer erfolgreichen Karriere als Künstler und einer erfolglosen ausmachen

3. *Betrachten Sie das Lernen als eine Forschungs- oder Erkundungsreise,* statt als schmerzliche Aufgabe. Sie sind nicht an eine Veränderung gebunden und haben daher wirklich die freie Wahl!
4. *Denken Sie daran, daß Sie die freie Wahl haben.* Mit Ihren vorhandenen Talenten und Neigungen haben sie es bis hierher geschafft. Ihr Überleben hängt nicht von der Veränderung ab.
5. *Verpflichten Sie Profis,* die Sie beim Erlernen der Arbeit in diesen Funktionen anleiten. Heutzutage gibt es im Überfluß Lehrer für die Entwicklung jeder Funktionsweise, einschließlich Intuition, Körpersprache, laterales Denken, Buchführung, Schreiben. Es gibt keinen Mangel an professioneller Hilfe.
6. *Verschaffen Sie sich Unterstützung von anderen.* Tun Sie sich mit jemandem zusammen, der auf die Weise denkt, in der Sie es möchten, und arbeiten sie dann mit Hilfe Ihrer eigenen bevorzugten Funktionsweisen mit diesem Menschen an der Lösung eines schwierigen Problems. Beobachten Sie aber auch die Arbeit des anderen Menschen. Oder bauen Sie eine Gruppe auf. Statt alleine zu arbeiten, finden Sie andere Menschen, die das gleiche Bedürfnis und den gleichen Wunsch nach Wachstum haben wie Sie und führen Sie ein gemeinsames Projekt in dem gemeinsam gemiedenen Quadranten durch.
7. *Setzen Sie vorhandene Fähigkeiten zur Entwicklung gewünschter Fähigkeiten ein.* Wenn Sie zum Beispiel Ingenieur sind, und kreativer arbeiten möchten, aber nicht wissen, wie das geht, sammeln Sie zunächst Untersuchungen über kreative Menschen, dann quantifizieren, organisieren, verarbeiten und analysieren Sie die Daten, um die charakteristischen Präferenzen zu erkennen, die kreativen Menschen gemeinsam sind.

"Überzeugen Sie sich davon, daß Sie mit Ton und nicht mit Marmor arbeiten, mit Papier und nicht ewiger Bronze: Lassen Sie diesen ersten Satz so dumm sein, wie er will. Niemand wird sich beeilen und ihn so drucken, wie er dasteht. Schreiben Sie ihn einfach auf, dann den nächsten. Es kann sein, daß Ihr ganzer erster Absatz oder die erste Seite ohnehin gestrichen werden muß, wenn Ihre Arbeit fertig ist: Es ist eine Art Vorgeburt."

Jacques Barzun

"Man muß ein wenig den Narren spielen, wenn man nicht für ganz närrisch gehalten werden will."

Michel de Montaigne

"Ohne über die eigene Natur hinaus zu gehen kann man nicht die letzte Weisheit erreichen."

Lao Tse

Abbildung 9-6. Das Neun-Punkte-Rätsel

9.2 Erweiterung geistiger Präferenzen durch Änderung des Bezugsrahmens

Ich empfehle keineswegs, daß jedermann danach streben sollte, 1-1-1-1 zu werden. Das wäre für viele Menschen nicht angemessen und würde die Welt eines Teiles ihrer faszinierenden Vielfalt berauben. Ich empfehle jedoch sehr, daß jedermann aus zwei wichtigen Gründen lernt, so viele Quadranten und Fähigkeiten zugänglich zu machen und situationsbezogen zu benutzen wie möglich: (1) Eine Vermeidung kann uns daran hindern, das zu bekommen was wir wollen, und (2) die fortgesetzte Geschwindigkeit und Größenordnung der Veränderungen in unserer Welt fordert kreative Antworten, die die Fähigkeit zur Iteration zwischen allen Quadranten verlangen.

Eine der mächtigsten Unterstützungen für die Verlagerung von Präferenzen hat damit zu tun, daß wir den Wert uns weniger vertrauter Funktionen erkennen. Wir haben bereits von den Einstellungen gesprochen, die der Erweiterung von Präferenzen entgegenstehen. In diesem Abschnitt möchte ich davon sprechen, wie wir solche Denkblockaden überwinden.

In diesem Zusammenhang ist das Konzept der Bezugsrahmen sehr nützlich, da es uns in die Lage versetzt, die Komponenten des Denkprozesses jedes Quadranten zu sehen. (Sie werden sich erinnern, daß der Begriff Bezugsrahmen im Zusammenhang mit der betont bewahrenden Haltung des Quadranten B in Kapitel 5 eingeführt wurde.)

Ein Bezugsrahmen ist eine Denkstruktur, die aus Werten, Argumentationen und Entscheidungen über etwas aufgebaut ist. Hier ist ein Bezugsrahmen über körperliche Fitness: "Sport ist gut für die Gesundheit (Wert), ich habe, was ich dafür brauche (Argumentation), also bleibe ich körperlich fit (Entscheidung)." Das ist ein guter Bezugsrahmen, wenn man in Form kommen will. Aber was ist, wenn Ihr Bezugsrahmen über Übungen lautet: "Sport ist eine gute Sache, aber zu langweilig um sich damit zu befassen (Wert), es spielt keine große Rolle, wenn ich es nicht tue (Argumentation), also tue ich es nicht (Entscheidung)." Mit diesem Bezugsrahmen hätten Sie Schwierigkeiten, sich dazu zu bringen, längerfristig Sport zu treiben. Sie müßten Ihre Werte und Argumentation ändern, bevor Sie eine Entscheidung treffen können, die so fest ist, daß Sie sich daran halten.

Denken sie immer daran, daß Bezugsrahmen individuell sind und sehr komplex sein können. Schreiben Sie Ihre Gedanken und Gefühle über die Funktionen eines Quadranten auf, sehen Sie sich dann die Liste an und locken Sie die Werte, Argumentationen und Entscheidungen heraus, die in ihr genannt oder impliziert werden, um Ihren Bezugsrahmen zu einem Quadranten zu ermitteln, für den Sie Präferenzen entwickeln wollen.

Bezugsrahmen können auch visuell sein. Nehmen Sie das in Abbildung 9-6 gezeigte Neun-Punkte-Rätsel als Illustration. Es ist das Ziel des Neun-Punkte-Rätsels, alle neun Punkte mit Geraden zu verbinden, ohne (1) den Stift vom Papier zu nehmen oder (2) einen Punkt zweimal zu berühren. Wenn Sie dieses Rätsel nicht kennen, nehmen Sie sich einen Augenblick Zeit, es zu lösen. (Wenn Sie das Rätsel lösen wollen, hören Sie jetzt auf zu lesen, denn jetzt kommt die Lösung.) Das Rätsel kann nur gelöst werden, wenn man aus dem Quadrat hinausgeht, das die neun

"Jedes Individuum ist ein kreativer Mensch. Diese innere Kreativität erscheint, oder wird ausgedrückt, wenn der Mensch die Freiheit hat, sein Potential zu nutzen."

Clark E. Moustakas

"Jeder gesunde und kreative Mensch widersteht der Umarmung durch Gebräuche und starre Gewohnheiten."

Herbert Bonner

"Ein Mensch, der nie einen Fehler macht, hat nie etwas ausprobiert."

unbekannt

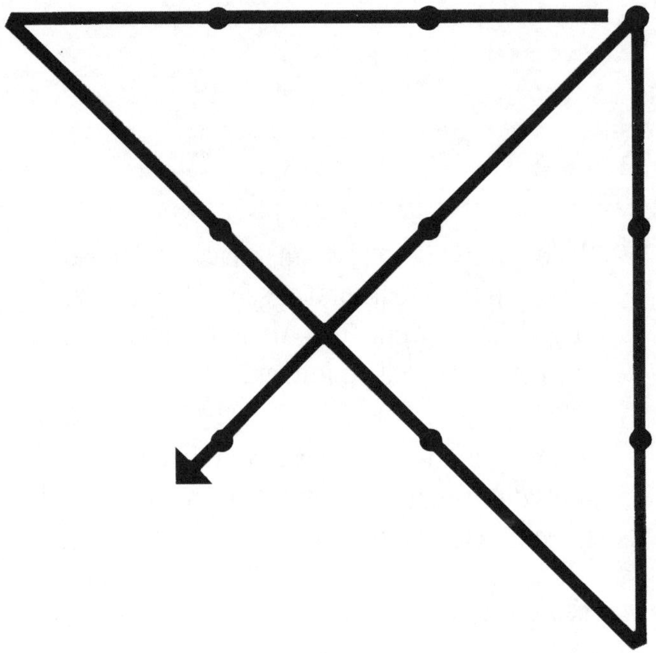

Abbildung 9-7. Lösung des Neun-Punkte-Rätsels

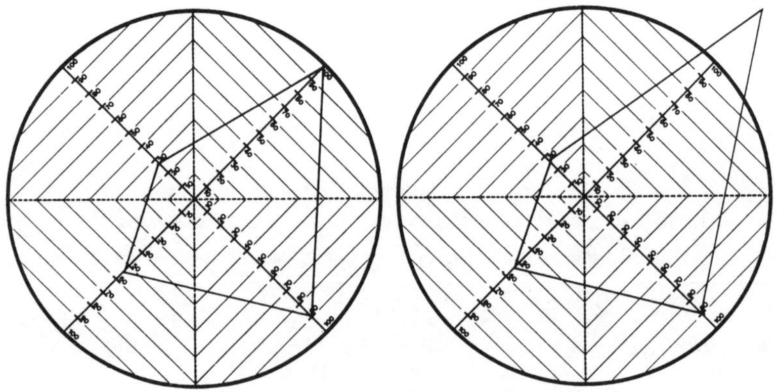

Abbildung 9-8. Ein 100-Punkte Profil sowie ein Maximalprofil

Punkte umschreiben würden, wenn die äußeren Punkte durch Geraden verbunden wären (siehe Abbildung 9-7). Obwohl die Linien nicht vorhanden sind, neigt unser Verstand dazu, sie trotzdem zu liefern und so die Grenzen zu schaffen, die wir dann "überschreiten" müssen, um das Problem zu lösen. Übrigens, Sie müssen kein schlechtes Gefühl haben, wenn Sie es nicht herausfinden – die meisten Menschen lösen das Rätsel überhaupt nicht, oder wenn sie es schaffen, dann dauert es recht lange.

Bei der Entwicklung der kreisförmigen Darstellung des Vier Quadranten-Profils hatte ich ein ähnliches Erlebnis der Verlagerung eines Bezugsrahmens. Für die Darstellung der Stärke der Präferenz für jeden Quadranten legte ich willkürlich eine Skala von 0 bis 100 fest. Zu jenem Zeitpunkt erschien mir das sinnvoll. Schließlich wurde die Händigkeit auf einer Skala gemessen (Null bis 100 Prozent), warum sollte man also die Hirndominanz nicht auch auf einer Skala messen? Nachdem ich das Minimum bei Null und das Maximum bei 100 festgelegt hatte, begann ich mit der Bewertung der ersten Fragebogen und die sich daraus ergebenden Profile aufzuzeichnen. Nachdem ich etwa 500 Instrumente bewertet hatte, dämmerte es mir plötzlich, daß ich die Höchstwerte für die Quadranten nicht auf 100 begrenzen mußte, wenn sie darüber hinaus gingen. Ich konnte Profile außerhalb des Kreises zeichnen.

Die Zahlen, die ich für diese Skala benutzte, waren, im Gegensatz zur Skala für die Händigkeit, keine Prozentsätze und es war tatsächlich unangemessen und irreführend, innerhalb des Kreises zu bleiben. Die Werte gingen weit über 100 bis 125 oder sogar 150. Indem ich den Höchstwert auf 100 begrenzte, schnitt ich einfach extrem starke Präferenzen der Personen ab, die den Test gemacht hatten – vernachlässigte sie. Ich hatte bereits 500 Profile auf die andere Art gemacht und den Wunsch, innerhalb der willkürlichen Grenze von 100 zu bleiben, noch nicht wirklich aufgegeben. Trotzdem war die Logik derart, daß sie meine Gebundenheit überwand und noch während ich geistig gegen dieses eingefahrene Denken ankämpfte zwang ich mich, Profile zu zeichnen, die Werte über 100 darstellten.

In dem Augenblick, als ich aus dem einschränkenden Kreis ausbrach, fühlte ich eine große Erleichterung. Ich hatte nicht nur begriffen, daß es großen Sinn machte, diese extremen Werte zu validieren, sondern ich konnte plötzlich auch viel, viel mehr sehen. *Erstens* sah und verstand ich das Gegenteil der Präferenz, die Vermeidung, vollständiger. *Zweitens* wußte ich plötzlich, daß die über den Kreis hinausgehenden Präferenzen so stark sind, daß sie sich im Verhalten zeigten – ein Mensch wäre nicht in der Lage, sie zu verbergen. *Drittens* verstand ich, daß eine gleich starke Vermeidung ebenfalls sichtbar war. Weiterhin erkannte ich, daß die Kombination einer Präferenz in einem Quadranten, die über den Kreis hinaus ging, mit einer Vermeidung nahe am Nullpunkt die Stärke der Präferenz umso stärker betonte.

Wenn wir unsere eigenen Bezugsrahmen erweitern, kann das zu dem gleichen befreienden Effekt führen, der sich in dem Gefühl einer mit Erleichterung verbundenen Offenbarung ausdrückt. So hartnäckig Sie auch an Ihren festen Ideen festhalten, wenn man sie überschreitet, fühlt man sich fast immer besser. Für mich war der Ausbruch aus dem Kreis ein weiterer Hinweis darauf, daß wir dazu neigen, uns unnötigerweise einzuschränken, indem wir uns Grenzen auferlegen, die nicht wirklich existieren.

"Wenn man sich weigert, das Offensichtliche zu akzeptieren, hat man den ersten Schritt zur Kreativität gemacht."

unbekannt

"Intuition ... Intuition ist etwas, von dem man behaupten kann, man habe es gehabt; nachdem eine Sache, vor der man erwartet hatte, daß sie nicht funktioniert, ein unerwarteter Erfolg ist."

Ray Alvord

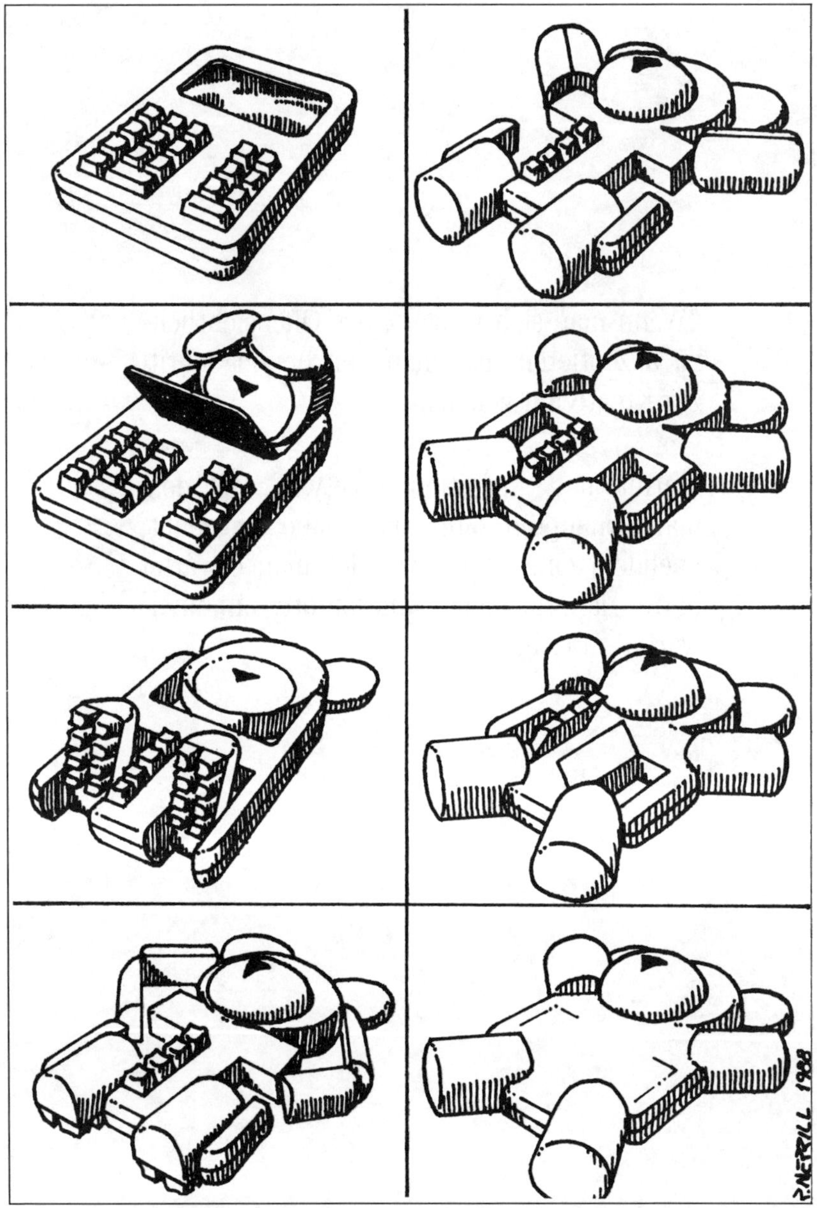

Abbildung 9-9. Verlagerung von berechnender Logik zu Teddy- Sensibilität

Wir entwickeln Bezugsrahmen, die fast alles abdecken, nicht nur wichtige Themen wie Liebe, Krieg oder Religion, sondern auch die bescheidenen Dinge. Nehmen wir einen kleinen Vorfall als Beispiel, der sich vor einigen Jahren ereignete. Ein mit mir am Management Development Institute von GE gleichrangiger Mensch und ich trafen uns gelegentlich auf dem Parkplatz und wir gingen gemeinsam in das Hauptgebäude. Er trug einen Aktenkoffer, - einen von den ganz feinen, mit einem Kombinationsschloß und poliertem Korduanleder. Ich trug eine Wildleder-Einkaufstasche, die gewöhnlich mit Papieren und "Zeug" gefüllt war. Gelegentlich beäugte er meine Einkaufstasche, aber sie wurde im Gespräch nie erwähnt. Als wir eines Tages zusammen gingen, blieb er plötzlich stehen und sagte: "Ned, ich möchte, daß sie wissen wie sehr ich es bewundere, daß Sie eine Einkaufstasche wie diese benutzen. Ich könnte das nicht. Ich bewundere die Art, in der sie daruf bestehen, Ihre Papiere so zu tragen, wie Sie es wollen und nicht, wie andere es machen, obwohl ich sicher bin, daß Sie wissen, daß die Leute darüber Witze machen." Der Bezugsrahmen, den dieser sehr gute Mann in Hinblick auf angemessene Kleidung hatte, schloß eine Wildleder-Einkaufstasche nicht ein. Obwohl seine praktische Logik unterstützen mochte, den Transport von Papieren auf diese Weise durchzuführen, war es zu diesem Zeitpunkt einfach außerhalb seines sozialen Bezugsrahmens.

9.3 Erweiterung der Präferenzen für spezifische Quadranten

Wir haben gesehen, daß es oft erforderlich ist, unsere Bezugsrahmen zu verlassen, um geistige Präferenzen zu erweitern. Zum Beispiel um ein Rätsel zu lösen oder Profile genau auszudrücken. In der gleichen Weise ist es oft notwendig, über unseren aktuellen Bezugsrahmen hinauszugehen, wenn wir Präferenzen für geistige Funktionsweisen erweitern wollen.

Die schwierigsten Erweiterungen von Präferenzen sind die Verlagerungen, die wir zu dem Quadranten hin vornehmen, der unserer stärksten primären Präferenz diagonal gegenüber liegt: Von A nach C und von C nach A, von B nach D und von D nach B. Daher werde ich zuerst Möglichkeiten für diese Erweiterungen besprechen. Dann werde ich, da zweifach dominante Menschen zwei primäre Präferenzen in benachbarten Quadranten haben, wodurch sie eher zerebral statt limbisch oder stärker links- als rechtsdominant sind, oder aber umgekehrt, Möglichkeiten vorschlagen, wie die Präferenz für die andere Hirnhälfte erweitert werden kann. Diese Empfehlungen sind in den Diagrammen zusammengefaßt (Abbildungen 9-12, 9-13, 9-14, 9-15), die sie sich bitte kopieren und als Gedächtnishilfen aufhängen sollten.

Übrigens, wenn ich von Verlagerungen spreche, meine ich nicht, daß eine Präferenz gegen eine andere ausgetauscht wird. Ich meine das *Hinzufügen* zu vorhandenen Präferenzen durch (1) Lockerung der Abhängigkeit von nur einer Funktion und (2) Erweiterung der Fähigkeit, im diagonal gegenüber liegenden Quadranten zu arbeiten. Wir "verlagern" unseren geistigen Schwerpunkt, aber wir verlieren nichts.

a. Erweiterung von A nach C

Menschen, die den Quadranten A stark bevorzugen, halten es oft nicht für angemessen, gewisse Gefühle auszudrücken oder sogar zu fühlen. Ihr Bezugsrahmen hinsichtlich der Gefühle kann etwa so lauten:

Wert: Gefühle sind nicht nützlich, tatsächlich aber stehen sie klarem Denken im Wege.

Argumentation: Ich kann meine Gefühle ausschalten und das hat keine negative Auswirkung.

Entscheidung: Daher werde ich nichts fühlen, ich betrachte nur die Fakten und handele entsprechend.

Um sich über einen solchen Bezugsrahmen hinaus zu bewegen, muß der A-dominante Mensch mehrere Dinge schätzen lernen. *Erstens*: es ist möglich gleichzeitig klar zu denken und zu fühlen, obwohl man dazu etwas Training und Übung brauchen kann. *Zweitens*: über einen gewissen Punkt hinaus kann man seine Gefühle nicht abschalten ohne das Denken zu verzerren.

Drittens: statt das Denken zu stören, können Gefühle die Qualität des Denkens tatsächlich verbessern. Gefühle sind eine andere Form des Denkens. Sie beinhalten neuronale Aktivitäten im Kontext des limbischen Systems, gerade wie kognitives Denken neuronale Aktivitäten im Kontext der zerebralen Hemisphären beinhaltet. Gefühle liefern enorme Mengen an Informationen und sind daher jeder anderen Art von faktischen Informationen gleichwertig. Wenn sich zum Beispiel ein A-dominanter Mensch in der Gegenwart eines Bekannten plötzlich nervös fühlt, kann das mehrere Möglichkeiten signalisieren: (1) Der Bekannte empfindet Furcht und sendet Furchtsignale aus und der andere Mensch fängt die Hinweise unterbewußt auf und beginnt, sich ebenfalls nervös zu fühlen, (2) der Bekannte fühlt Ärger und bedroht den anderen Menschen auf subtile Weise oder (3) der Mensch hat irgendeine Unvereinbarkeit bemerkt, gewöhnlich in den Worten und Handlungen, die darauf hindeutet, daß nicht alles so ist wie es sein sollte.

Bewußt A-dominant denkende Menschen werden eine Situation wie die oben beschriebene analysieren, erwägen, ihre Haltung zu Gefühlen zu ändern, und sich dann das Lernziel setzen, emotionale Informationen aufzufangen und zu entschlüsseln. Wenn sie beginnen, Gefühle bei anderen wie bei sich selbst zu schätzen und zu respektieren, neigt ihr neuer Bezugsrahmen dazu, etwa wie folgt auszusehen:

Wert: Gefühle liefern wichtige Informationen, mit denen man sich geschäftlich und sozial zurechtfindet.

Argumentation: In einer Situation, in der Fakten und Gefühle im Spiel sind, liefern die Fakten allein nicht genügend Informationen, um danach handeln zu können. Gefühle sind Fakten gleichwertig. Ich kann Gefühle empfinden ohne meine Fähigkeit des klaren Denkens aufzugeben.

Entscheidung: Es ist angemessen und wichtig, daß ich lerne, Gefühle zu erkennen und zu interpretieren, wobei ich professionelle Hilfe suche, wenn es notwendig ist.

b. Erweiterung von C nach A

Menschen mit starken Präferenzen in C, die sich weiter nach A hin entwickeln möchten, können einem ähnlichen Muster folgen. Es ist nicht ungewöhnlich, daß ein C-dominanter Mensch etwa folgenden Bezugsrahmen hat:

Wert: Menschen, die zu viel denken und analysieren, sind unsensibel und sie benutzen Fakten nur, um die Leute zu überwältigen und zu manipulieren.

Argumentation: Ich kann nicht gleichzeitig analytisch denken und fühlen. Was mir meine Intuition nicht sagt, brauche ich nicht zu wissen.

Entscheidung: Ich werde nicht hinter Fakten her jagen. Ich werde Dinge nicht analysieren. Ich folge dem, was ich für richtig empfinde.

Um sich in Richtung des A-dominanten Denkens zu erweitern, muß der C-dominante Mensch mehrere Dinge über die Beziehung zwischen Gefühlen und analytischem Denken lernen. (1) Gefühle allein sind eine unzuverlässige Quelle der Führung in stark gespannten Situationen, besonders, wenn andere Menschen uns drängen, in ihrem statt in unserem eigenen Interesse zu handeln. (2) Folglich kann die Entscheidung, zu fühlen, *statt* logisch zu denken, unsere Fähigkeit zum Mitgefühl mit uns selbst und anderen tatsächlich behindern. Zum Beispiel können Menschen kein wirkliches Mitgefühl mit der Not eines anderen Menschen haben, wenn sie wegen ihrer eigenen finanziellen Angelegenheiten verwirrt und erregt sind. (3) Gefühle ändern sich oft wesentlich infolge neuer Fakten und man braucht eine sorgfältige Analyse wie auch Einsicht, um die Quelle unserer Gefühlsreaktionen zu verstehen und angemessen zu reagieren.

Wenn man sich darauf konzentriert, zu denken und zu fühlen, bietet das wesentliche Vorteile, nicht nur nach außen, sondern auch innerlich. Es kann unser Gefühlsleben tatsächlich wesentlich verbessern, indem es die Palette dessen erweitert, auf das wir regieren können. Einige psychotherapeutische Schulen, durchaus nicht alle, glauben, daß alles Gefühl vom Denken ausgeht, also wäre unser Gefühlsleben umso kreativer und reicher, je kreativer und reicher unsere Gedankenwelt ist. Einstein dient hier wiederum als Beispiel eines monumentalen Intellekts kombiniert mit weichen, musikalischen, emotionalen, zwischenmenschlichen, spirituellen Attributen. Er schien zwischen diesen gegensätzlichen Funktionen hin und her zu wechseln, aber die Geschichte sagt uns, daß er für den Erwerb seiner Kompetenzen im Quadranten A hart gearbeitet hat. Sein klares Denken hat seine Kreativität gefördert, statt sie abzuschalten.

Klares Denken gibt uns auch die psychische Sicherheit, unsere Gefühle voll zu erleben ohne andere geschätzte Aspekte unseres Lebens in Gefahr zu bringen. Wenn Sie zum Beispiel ein C-dominanter Mensch sind und Ärger über einen anderen Menschen empfinden, aber nicht in der Situation sind, in der der Ausdruck Ihres Ärgers angemessen ist, können Sie die Funktion des Quadranten A dazu heranziehen, ein Prinzip für den Ausdruck von Gefühlen abzurufen. Zum Beispiel: Schade Dir bei dem Vorgang niemals selbst. Und dann können Sie eine andere Möglichkeit wählen. Zum Beispiel eine der folgenden: Die erste besteht aus mehreren Schritten: (1) Fragen Sie sich warum sich dieser Mensch Ihnen gegenüber so verhält, (2) falls ein Mißverständnis vorzuliegen scheint, überprüfen Sie die Sache mit dem anderen Menschen und (3) klären Sie das Mißverständnis auf. Eine weitere Möglichkeit besteht in einer anderen Vorgehensweise: (1) Nutzen Sie die Funktion des Quadranten D, und stellen Sie sich vor, daß Sie Ihren Gegenspieler kitzeln, bis er zugibt, Unrecht zu haben, und um Vergebung bittet, (2) schalten Sie in den Quadranten B um und tun Sie etwas einfaches und geschäftiges, damit sich das Gefühl ändern kann und (3) wenn die emotionelle Ladung verringert ist, schalten Sie wieder in den Quadranten C und erneuern Sie ihre Funktionsweise auf der intuitiven und Gefühlsebene.

Diese Art des klaren Nachdenkens über Möglichkeiten gestattet es C-dominanten Menschen, Gefühlen Beachtung zu schenken, ohne in einer Weise zu reagieren, die sie später bereuen könnten. Und die stellt nur eine der vielen Beispiele dafür dar, wie sie ihr Leben verbessern können, indem sie Präferenzen für klares Denken wie auch authentische Gefühle entwickeln.

Wenn er sich einmal in die Funktionen des Quadranten A hinein entwickelt hat, könnte der neue Bezugsrahmen des C-dominanten Menschen etwa so aussehen:

Wert: Denken gestattet es mir eindeutig, mein Verständnis dafür zu verbessern, warum Menschen so handeln wie sie handeln, so daß ich in einer Weise reagieren kann, die mit meinen humanitären Zielen voll übereinstimmt.

Argumentation: Mein Denken ist schlicht ungeübt. Wenn ich mir etwas Zeit zum Denken lassen, kann ich wie jeder andere auch Schlußfolgerungen ziehen und ich kann das umsetzen, während ich empfinde.

Entscheidung: Ich werde lernen, Fakten und Prinzipien zu erwerben und zu behalten und aus ihnen Schlußfolgerungen zu ziehen, um meine Intuitionen zu überprüfen.

Abbildung 9-10. Foto des Pfarrers

Es gibt einige wunderbare Beispiele dafür, wie C-dominante Menschen durch die Macht angeregt werden, die sie fühlen, wenn sie sich selbst klares Denken erlauben und sich darin bestärken. Hier sei nur ein Beispiel genannt.

Ein stark C-dominanter Pfarrer begann eine Sitzung des Kirchenvorstandes, indem er ein Bild einer 102 Jahre alten Witwe herumreichte, die ein Foto eines gut aussehenden jungen Mannes hielt. Er war auch Pfarrer und ihr Ehemann gewesen, der im Alter von nur 32 Jahren gestorben war. Das Gesicht der alten Frau war auf dem Bild wunderbar, voller Liebe, Frieden und Dankbarkeit. Die nationale Pensionskasse der Kirche hatte ihr 70 Jahre lang eine Rente gezahlt, während sie ihre 6 Kinder in Kriegszeiten und durch Krankheiten großzog. Jetzt, in ihren letzten Tagen, hatte sie einen Brief an die Kirchenzeitung geschrieben, in dem sie ihre große Dankbarkeit für die liebevolle Umarmung zum Ausdruck brachte, die ihr und ihrer Familie das Heim der Kirche finanziell und auch sonst seit so vielen Jahren gegeben hatte.

Der Pfarrer gab das Bild ohne Kommentar herum, denn er hielt seine Botschaft für offensichtlich: Seiner Ansicht nach rief es einige der guten Gefühle hervor, die Menschen darüber haben konnten, daß die Kirche sich um die ihren kümmerte. Die Sitzung ging weiter ohne daß er bemerkte, daß er gerade ein großes Mißverständnis zugelassen hatte. Einige Mitglieder des Kirchenvorstandes, angeführt von einem Menschen mit starken Präferenzen für den Quadranten A, waren ziemlich gereizt. Der Vergütungs-und Pensionsplan des Pfarrers war als Teil der Etatprüfung immer wieder auf der Tagesordnung des Kirchenvorstandes. Also kamen sie, ohne verbale Informationen, die den Zweck des Bildes hätten klarstellen können, zu einer Vielzahl von Schlußfolgerungen, die von "Ich verstehe das nicht" bis hin zu "Ist es denn zu glauben, er will uns weich machen und uns das Gefühl geben, wir seien verpflichtet, ihm genug zu zahlen, damit er so glücklich wird wie diese Frau." reichten.

Als der Pfarrer darüber nachdachte, wußte er intuitiv, daß das Bild etwas bewirkt hatte. Aber er konnte nicht verstehen, was schief gegangen war, bis er Wochen später sein stark C-dominantes Profil sah. Er erkannte plötzlich, warum die zum größten Teil linksdominanten Mitglieder des Kirchenvorstandes seinen Versuch der Kommunikation nicht verstanden hatten. Das Verstehen brachte sofort Verlegenheit, gefolgt von einem Gefühl der Erleichterung. Er weiß jetzt, wie er diese Art Mißverständnis vermeiden kann, wenn er linksdominanten Menschen (besonders A-dominanten) etwas sagt.

Er fragt sich: Erstens, welches Ziel will ich durch die Mitteilung dieser Information erreichen? Zweitens, welche Frage versuche ich zu beantworten? Was er seinen Zuhörern mitteilt, sagt er in dem Bewußtsein sowohl der verbalen als auch der nichtverbalen Informationen. Er weiß jetzt, daß er zum Beispiel das Bild der alten Rentnerin für eine informelle Mitteilung während der Kaffeepause oder eine künftige Sitzung zu einem anderen Thema aufhebt. Anderseits könnte er zum Kirchenvorstand sagen: "Da wir heute meine Altersversorgung diskutieren werden, möchte ich Sie wissen lassen, daß ich der Kirche und Ihnen persönlich sehr dankbar dafür bin, daß Sie sich darum kümmern, was mit mir geschieht, wenn ich in Rente gehe. Ich bin bereit, Ihnen alle Fakten zu liefern, die Sie von mir für die Entwicklung eines Planes benötigen."

c. Erweiterung von B nach D

Eine der spannendsten Verlagerungen ist die vom Quadranten B nach D. Wenn B-dominante Menschen sich entscheiden, diesen Sprung zu machen, und man hat zum Anfang sicher ein Gefühl, wie bei einem Sprung ins kalte Wasser, können sie eine enorme Macht und Befreiung fühlen. Die Macht kommt, weil sie in den intuitiven und künstlerischen Funktionen oft mit außerordentlicher Effektivität arbeiten können, da sie eine geordnete, zuverlässige Operationsbasis als Fundament geschaffen haben. Besonders in der letzteren Tätigkeit können die Aufmerksamkeit B-dominanter Menschen fürs Detail, kombiniert mit der Vision und Sensibilität des Quadranten D Werke außerordentlicher Qualität und Eleganz hervorbringen.

Diese Verlagerung steht mit Planung in Verbindung und erinnert mich an einen B-dominanten Unternehmensplaner, der an einer strategisch orientierten Sitzung zum Hervorbringen von Ideen teilnahm, die ich leitete. Als der von mir verwendete Prozeß sich hin zu den Funktionen des Quadranten D bewegte und die traditionelleren Aspekte in der betrieblichen Planung von A und B verliessen, beteiligte er sich immer weniger an der Diskussion, bis er schließlich ganz verstummte. Als er, durch eine angeleitete Phantasie, seine eigene Intuition und konzeptbildende Fähigkeiten entdeckte, sprudelte er die beste strategische Idee heraus, die wir den ganzen Tag gehört hatten. Dann untermauerte er seine strategische Idee mit einer beeindruckenden Reihe von Details, wobei er Nutzen aus seinem B-dominanten Fachwissen zog. Der triumphierende Ausdruck auf seinem Gesicht sagte alles. Ein typischer Bezugsrahmen des Quadranten B zu den Funktionen von D könnte etwa so aussehen:

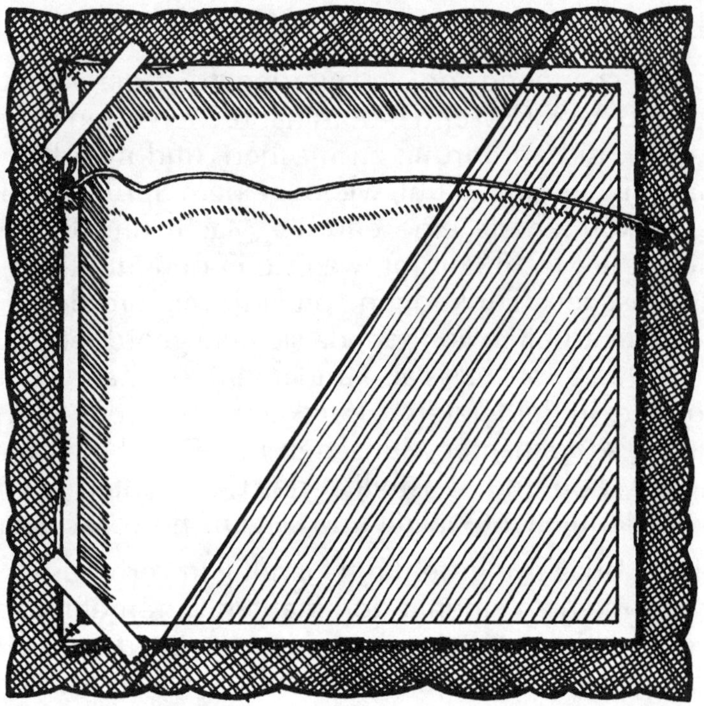

Abbildung 9-11. Verbesserte Verpackung für Gemälde

Wert: Der richtige Weg, Dinge zu tun ist die Verwendung erprobter Methoden, für alles einen Platz zu haben und alles an seinem Platz zu haben. Wenn kein System vorhanden ist, gibt es ein Chaos. Man weiß nicht was funktioniert, man kann nicht finden was man braucht, wenn man es braucht und verschwendet eine Menge wertvolle Zeit. Veränderungen und neue Ideen zerstören nur das bereits erprobte System.

Argumentation: Auch mit dem ständigen Bedürfnis des Lebens nach Veränderung ist das Leben konstant genug, so daß es immer eine erprobte Methode für das gibt, was ich tun möchte, und einen Ort, der die verschiedenen Arten von "Alles" aufnimmt, die ich brauche. Ich kann die Geschwindigkeit der Veränderung in einem gewissen Maße kontrollieren.

Entscheidung: Ich werde erprobte Methoden verwenden und mein Leben ordentlich und sicher führen, damit die Dinge nicht aus dem Ruder laufen.

An vielen Orten, besonders in Umgebungen, die eher funktional als konzeptbezogen sind, kann diese Art von Bezugsrahmen längere Zeit gut funktionieren. Aber sogar dort entstehen Probleme, wenn sich wesentliche Veränderungen ergeben. Auf einer persönlichen Ebene zum Beispiel werden Kinder erwachsen und ihr Geist entwickelt neue Fähigkeiten, die es Eltern unmöglich macht, die gleiche Beziehung zu ihnen zu haben wie in der Vergangenheit. Oder aber ein Ehemann oder eine Ehefrau kann sich entscheiden, wieder zur Schule zu gehen und das verlangt Veränderungen in der Arbeitsteilung in der Familie. Plötzlich muß sie zu ihrer Arbeit fahren, er muß kochen. Weitergehende gesellschaftliche Veränderungen fordern eine ähnliche Aufmerksamkeit. Vor Jahren machte es den meisten Frauen nichts aus, Mädchen genannt zu werden, heute erwartet einen Mann, der eine Frau ein Mädchen nennt, eine andere Art von Reaktion: Verärgerung oder gar Abweisung. Er erwartete, daß er automatisch das Essen bezahlte, heute erwartet er oft, daß sie für sich selbst bezahlt.

Im Geschäftsleben ist Veränderung die Norm. Wenn der Markt zum Beispiel aufhört, ein wichtiges Produkt nachzufragen, muß ein Unternehmen kreativ reagieren, um zu überleben. Es muß Wünsche der Verbraucher voraussehen, es muß sie sogar formen, statt einfach nur darauf zu reagieren. Wenn ein Konkurrent ein neues, überlegenes Produkt einführt, muß das Unternehmen eine neue Technologie oder einen neuen Geschäftszweig entwickeln, oder es stirbt. Wenn das Unternehmen aufgekauft wird und das neue Management, das aus einem anderen Industriezweig stammt, seine Arbeit aufnimmt, kann es andere Annahmen über den Betrieb haben. Wenn sie an erprobten Methoden festhalten, kann das für langjährige Mitarbeiter bedeuten, daß sie gefeuert werden. Das gleiche gilt in einem etwas geringeren Maße, wenn ein neuer Vorgesetzter eingestellt wird.

Da derartige Veränderungen ständig vorkommen, müssen B-dominante Menschen Wege entwickeln, auf denen sie damit fertigwerden. Sie können zum Beispiel ihre B-dominanten Talente und Verfahrensweisen einsetzen, weil Prozesse und Verfahrensweisen für den Umgang mit Veränderungen vorhanden sind. Mögliche Verfahrensweisen sind: (1) Erkennen der Art der Veränderung in jedem Stadium, (2) Entwurf und Bewertung von Möglichkeiten der Reaktion darauf und (3) Durchplanung von Wegen für die Ausführung dieser Möglichkeiten. Diese Verfahrensweisen können erlernt werden. Es gibt auch Möglichkeiten, mit emotionalen Komponenten fertigzuwerden: sie erkennen und zulassen, dann werden sie analysiert und ihre langfristige Auswirkungen berücksichtigt.

B-dominante Menschen müssen wissen, daß der Zugang zu anderen Quadranten möglich und gewinnbringend ist, sowohl was die Wahrnehmung der Natur der Veränderungen als auch die Inkubation und Erleuchtung betreffend kreativer Möglichkeiten ihrer Bewältigung angeht. Besonderen Wert haben dabei die Fähigkeiten des Quadranten D für Konzeptbildung und Vergegenwärtigung, die B-dominante Menschen durch Üben erleben und in verbalen Ausdruck übersetzen lernen können. Die Macht dieser visuellen Konzepte liegt darin, daß sie einen breiteren Konzeptrahmen liefern, innerhalb dessen das Genie des B-dominanten Menschen für das Organisieren Veränderungen berücksichtigen und unterbringen kann, ohne die Ordnung aufzugeben.

Wenn er diese neuen Fähigkeiten akzeptiert, kann der neue Bezugsrahmen des B-dominanten Menschen etwa so aussehen:

Wert: Der Prozeß des effektiven Meisterns von Veränderungen ist ein geordneter. Man kann lernen, Veränderungen nicht-verbal wahrzunehmen ohne Chaos zuzulassen. Man kann Ordnung selektiv bewahren. Veränderungen sind nicht an sich schlecht.

Argumentation: Ich kann lernen, offener und kreativer zu sein und Details immer noch angemessen berücksichtigen.

Entscheidung: Ich werde erprobte Verfahrensweisen für die Bewältigung von Veränderungen erlernen und ihnen folgen. Ich werde meine Begabung für Ordnung

DIAGRAMM A

Möglichkeiten für die Verlagerung ihrer Werte bezüglich stärker/weniger bevorzugter Funktionen

1. Zur Verlagerung nach unten rechts: Lockern Sie das Bedürfnis nach Beweisen durch Fakten.
   ACHTEN SIE GEFÜHLE.

2. Zur Verlagerung zu den rechten Funktionen: Respektieren Sie die Intuition.
   ACHTEN SIE INSTINKTIVE, ERFAHRUNGSORIENTIERTE, HUMANISTISCHE VORGEHENSWEISEN.

3. Zur Verlagerung nach oben rechts: Lockern Sie die Strenge von Form und Struktur.
   ACHTEN SIE DIE SPONTANEITÄT.

4. Zur Verlagerung zu den limbischen Funktionen: Respektieren Sie aus dem Bauch kommende Gefühle.
   ACHTEN SIE DIE REAKTION DES KÖRPERS UND DIE FORM VON DINGEN UND LOCKERN SIE DEN GEBRAUCH DER INTELLEKTUELLEN UND KONZEPTBILDENDEN FUNKTIONEN.

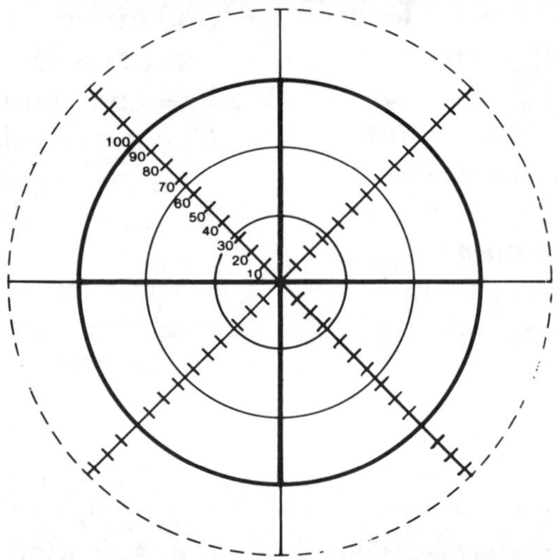

5. Zur Verlagerung zu den zerebralen Funktionen: Respektieren Sie die kognitiven Prozesse.
   ACHTEN SIE DIE AUSGEWOGENHEIT VON RATIONALEM UND INTUITIVEM DENKEN.

8. Zur Verlagerung nach oben links: Lockern Sie die Intensität von Gefühlen.
   ACHTEN SIE FAKTEN.

7. Zur Verlagerung zu den linken Funktionen: Respektieren Sie die Logik.
   ACHTEN SIE GEPLANTE, ORGANISIERTE, RATIONALE VORGEHENSWEISEN.

6. Zur Verlagerung nach unten links: Lockern Sie das Bedürfnis nach absoluter Freiheit.
   ACHTEN SIE FORM UND STRUKTUR.

Abbildung 9-12. Diagramm A. Wie man sich in gegenwärtig nicht bevorzugte Quadranten hinein erweitern kann auf eine Weise nutzen, die positive Veränderungen unterstützt. Ich werde meiner Intuition größeren Wert beimessen und lernen, sie zu nutzen, so daß ich besser mit Veränderungen umgehen kann.

d. Erweiterung von D nach B

Auch die Erweiterung von D nach B kann sehr aufregend sein. Betrachten wir den Fall eines befreundeten Künstlers, der ständig Schwierigkeiten mit Kunden, Sponsoren und Lieferanten hatte. Seine Gemälde waren wundervoll und seine Arbeit wurde bewundert, aber er hielt seine Verpflichtungen nie ein. Er kam in Verzug, er lieferte das Falsche, er machte den Rahmen falsch, er berechnete den falschen Betrag, er bezahlte seine Rechnungen nie. Er gewann eine Menge Preise, aber er war so unzuverlässig, daß er nicht viel verkaufte. Sich seiner Präferenzen und Vermeidungen nicht bewußt, machte er die Anderen für seine Schwierigkeiten verantwortlich. Als er sich bei einer Gelegenheit darüber beschwerte, wie eine Kunstausstellung durchgeführt wurde, ermutigte ich ihn, sich für die Durchführung der nächsten zu melden statt ein Gemälde auszustellen. Er lehnte die Idee sofort ab, als ich ihm aber anbot, bei der Bildung eines Komitees behilflich zu sein und ihn während des Projektes zu unterstützen, willigte er zögernd ein.

Diese Erfahrung wirkte auf ihn wie eine Metamorphose. Eine Kunstausstellung ist in Planung und Ausführung ein kompliziertes Ereignis. Je mehr er sich damit beschäftigte, desto stärker schien er die Notwendigkeit für Planung und Organisation zu akzeptieren. Obwohl er nicht wußte, wie man es machte, begann er es zumindest zu versuchen.

"Der offene Geist lehnt die Konvention nicht ab, er benutzt die Konvention einfach als einen Ausgangspunkt für originelle Forschungen."

Bob Samples

"Ich dachte daran als eine außergewöhnliche Handlung, die etwas Neues und Nützliches für die Menschheit produzierte. Jetzt sehe ich es als weniger kosmisch und eher gewöhnlich an, eine alltägliche Angelegenheit, eine Art des Denkens und Handelns, die eng mit dem Lernen und Verändern nicht nur des eigenen Selbst, sondern seiner Lage verbunden ist."

unbekannt

"Finden uns nicht die bewegendsten Momente unseres Lebens uns alle ohne Worte?"

Marcel Marceau

"Ein Mann ist nicht müßig, weil er in Gedanken versunken ist. Es gibt sichtbare Arbeit und es gibt unsichtbare Arbeit."

Victor Hugo

DIAGRAMM B

AKTIVITÄTEN ZU HAUSE - PERSÖNLICHE ÜBUNGEN, DIE HELFEN IHRE WENIGER BEVORZUGTEN FUNKTIONEN ZUGÄNGLICH ZU MACHEN UND ZU ENTWICKELN

Aktivitäten, die helfen, die linken Funktionen zugänglich zu machen und anzuregen

AKTIVITÄTEN OBEN LINKS

Sagen Sie auf der Grundlage dessen, was Sie über das Heute wissen, vorher, was Morgen geschehen wird.
Finden Sie heraus, wie eine häufig benutzte Maschine tatsächlich arbeitet.
Nehmen Sie ein aktuelles Problem und zerlegen Sie es in seine Hauptbestandteile.
Prüfen Sie eine jüngst getroffene impulsive Entscheidung und identifizieren Sie ihre rationalen Aspekte.
Wandeln Sie Ihre Träume für das Rentenalter in eine quantitative Formel um.
Schließen sie sich einer Investmentgesellschaft an.
Befassen sie sich mit einigen logischen Spielen.
Lernen sie den Umgang mit einem PC.
Spielen Sie in einer Gruppenentscheidung den "Advokaten des Teufels".
Schreiben Sie eine Kritik Ihres Lieblingsfilmes.

AKTIVITÄTEN UNTEN LINKS

Bauen Sie einen Modellbausatz nach den Anweisungen zusammen.
Erstellen Sie ein persönliches Budget.
Erstellen Sie eine Liste des persönlichen Eigentums.
Joggen Sie, rennen sie nicht.
Ordnen Sie Ihre Schallplatten der Reihe nach in Kategorien.
Erstellen sie einen Stammbaum.
Gehen Sie zum Volkstanz.
Finden sie einen Fehler in Ihrem Kontoauszug.
Organisieren Sie Ihre Werkzeuge für Haus und Garten.
Seien Sie den ganzen Tag lang pünktlich.
Organisieren sie Ihre Fotos.

Aktivitäten, die helfen, die rechten Funktionen zugänglich zu machen und anzuregen

AKTIVITÄTEN OBEN RECHTS

Lassen sie einen Drachen so steigen wie man einen Drachen steigen lassen soll.
Erfinden Sie eine "Gourmet"-Mahlzeit und kochen Sie sie.
Spielen sie mit Ton und entdecken Sie seine Struktur und innere Bedeutung.
Nehmen sie eine 15-minütige "Theta-Pause", bevor Sie aufstehen.
Fahren sie "ins Blaue" ohne sich schuldig zu fühlen.
Rennen sie, joggen Sie nicht.
Machen sie "500" Fotos ohne sich über die "Kosten" Sorgen zu machen.
Schaffen Sie ein persönliches Symbol oder gehen Sie in die Disco tanzen.
Erlauben Sie sich Tagträume.
Stellen Sie sich selbst im Jahr 2000 vor.

AKTIVITÄTEN UNTEN RECHTS

Spielen Sie mit Ihren Kindern wie sie spielen möchten.
"Tanzen" Sie ohne Ihre Füße zu bewegen.
Machen Sie jeden Morgen, Nachmittag und Abend eine 10-minütige "Fühl-Pause".
"Lieben" Sie einen "Tannenzapfen" oder irgend eine andere natürliche Sache.
Spielen Sie die Musik, die Sie mögen, wenn Sie sie hören wollen.
Erlauben Sie ohne Scham- oder Schuldgefühle, daß Ihnen Tränen in die Augen steigen.
Erleben Sie Ihre eigene Spiritualität auf eine nicht religiöse Weise.
Entdecken Sie Dinge, die Ihre Kinder Sie gelehrt haben und finden Sie Möglichkeiten, ihnen zu danken.

Abbildung 9-13. Diagramm B. Spezifische Aktivitäten für die Stärkung der Fähigkeit, jeden Quadranten zu benutzen.

DIAGRAMM C

Ein Muster von vier Arten alltäglicher Aktivitäten, die, durch regelmäßige Übung, ein stärker auf das ganze Gehirn orientiertes, persönliches Herangehen an die Arbeit und das Leben im allgemeinen zu erreichen und zu verstärken. (Aktivitäten nach Bedarf modifizieren, anpassen oder ändern.)

TAG 1
A. Überprüfen Sie Ihre finanzielle Lage für die laufende Woche, den letzten Monat und das Jahr bis heute.
B. Planen Sie die wichtigsten Aktivitäten für diese Woche.
C. Offenbaren Sie Ihre Fähigkeit, Ereignisse aus der jüngsten Zeit zu verstehen, jemandem, der Mitgefühl braucht.
D. Zeichnen Sie eine Metapher der letzten Woche und lassen Sie sie von jemandem interpretieren.

TAG 2
A. Vergleichen Sie die Ergebnisse der Aktivitäten der letzten Woche mit Ihren Zielen für diese Woche.
B. Erleben Sie einen perfekten Tag, an dem Sie "rechtzeitig da sind".
C. Entdecken Sie etwas über Ihr spirituelles Selbst.
D. Treffen Sie eine wichtige Entscheidung allein auf der Grundlage der Intuition.

TAG 3
A. Lösen Sie ein aktuelles Problem mit gesundem Menschenverstand.
B. Nehmen sie einen Stapel persönlicher Papiere und ordnen Sie ihn.
C. Tun Sie etwas, das einige starke persönliche Gefühle anregt und machen Sie diese Gefühle für andere sichtbar.
D. Machen Sie eine "Tagtraum"-Pause.

TAG 4
A. Erstellen Sie eine objektive Kritik eines wichtigen Projektes.
B. Identifizieren Sie etwas, das Sie vor sich her schieben und handeln Sie diesbezüglich.
C. Berühren Sie einen Menschen, den Sie lieben und offenbaren Sie Ihre Gefühle für ihn.
D. Suchen Sie einen "einzigartigen" Menschen auf und lernen Sie etwas wertvolles aus der Erfahrung.

TAG 5
A. Denken Sie an eine wichtige Unternehmung fast ausschließlich quantitativ und in Zahlen ausgedrückt.
B. Ordnen, reinigen und ordnen Sie Ihr Portemonnaie/IhreHandtasche in genau 10 Minuten neu.
C. Erforschen Sie die Farbe und Struktur eines Raumes, den Sie oft benutzen, die Sie aber vielleicht nicht bemerkt haben.
D. Meditieren sie 20 Minuten lang.

TAG 6
A. Nennen Sie in einem kurzen Absatz Ihre gegenwärtigen Ziele.
B. Überprüfen Sie die Einzelheiten Ihres Testamentes oder anderer wichtiger persönlicher Papiere.
C. Nehmen Sie sich die Zeit, Ihrer Lieblingsmusik zuzuhören.
D. Lassen Sie eine Idee sich entwickeln, genießen Sie den Prozeß der Entwicklung und des Festhaltens.

TAG 7
A. Identifizieren Sie zehn wichtige Tatsachen über sich selbst oder Ihre Aktivitäten und geben Sie ihnen eine Rangfolge.
B. Machen Sie Termine für Ihre ärztliche Untersuchung, Sicherheitsprüfung usw.
C. Erreichen Sie ein angenehmes Gefühl Ihres eigenen Körperrhythmus.
D. Gehen Sie ein Risiko ein, indem sie etwas sehr ungewöhnliches tun.

Abbildung 9-14. Diagramm C. Ein Sieben-Tage-Programm für die tägliche Übung aller vier Quadranten.

Und mit dem Verständnis und der Hilfe von anderen Menschen schaffte er es, eine erfolgreiche Ausstellung durchzuführen. Die Belohnungen, die er für seine verwaltende Führung erhielt, waren einem blauen Band gleichwertig. Er führte noch eine Ausstellung durch. Er war noch erfolgreicher. Aber noch beeindruckender war die Transformation seiner eigenen Arbeit. Seine Gemälde waren so gut wie immer, aber ihre Präsentation war stark verbessert. Die Befestigung und Rahmung waren jetzt professionell. Braunes Schutzpapier bedeckte die Rückseiten und die Schraubenlöcher und der Aufhängedraht waren von der richtigen Größe und sicher am richtigen Platz angebracht. Diese Aufmerksamkeit für Details scheint unwesentlich, in Wirklichkeit signalisiert sie aber eine Werteverlagerung, die zur schnellen Entwicklung der benötigten Fertigkeiten und Verhaltensweisen und schließlich zur Transformation seiner beruflichen Beziehungen führten.

Vor seiner Metamorphose hätte der typische D-dominante Bezugsrahmen meines Freundes etwa so aussehen können:

Wert: Die wichtigste Sache ist die Freiheit zu träumen, schöpferisch zu sein, für den Augenblick zu leben. Details, Regeln und Bestimmungen sind lästig: sie sind langweilig, dauern zu lange und beengen den Stil eines Menschen.

Argumentation: Ich kann ohne Aufmerksamkeit für Details frei und kreativ sein. Falls notwendig, ist immer jemand da, der Probleme löst.

Entscheidung: Ich werde nicht zulassen, daß jemand mich zum Einhalten von Regeln oder Beachten von Details zwingt.

Wenn wir erwachsen sind, entspricht die Freiheit der Ordnung und Disziplin in unserem Leben, ob wir dieses nun selbst herstellen oder ein anderer Mensch das für uns tut, wie z.B. ein Ehepartner oder ein Elternteil. Wenn der Künstler sich nicht dazu erzieht, seine Pinsel sauber und die Farbbehälter verschlossen zu halten, ist seine Farbe verloren. Wenn wir unser Budget nicht einhalten und die bescheidenen Dinge nicht tun, die Geldeintreiber von unserer Tür fernhalten, wird uns die Unruhe in unserem Leben die Energie rauben, die wir für kreative Arbeit und Spiel brauchen. Das ist die Strafe dafür, wenn Details nicht beachtet werden.

Es gibt aber auch eine positive Seite. Über den Lebensunterhalt und die Ordnung am Arbeitsplatz hinaus hilft uns die Beachtung von Details auch, im Quadranten D besser zu funktionieren, da unsere Vision verbessert wird. Im Quadranten D findet die Synthese statt und je deutlicher und vollständiger wir die Teile sehen können, desto eleganter und echter wird die Wertschätzung des Ganzen sein. Daher macht die Disziplin von Details und Verfahrensweisen kreatives Denken nicht nur möglich, sie verbessert sie sogar.

Wenn man dieses Wissen aus der Erfahrung lernt, so kann das sehr hilfreich sein. Und das gilt besonders für C- und D-dominante Menschen, die eher erfahrungsorientiert als intellektuell arbeiten. Wenn Sie zum Beispiel Ihre Buchführung für die letzten drei Monate machen müssen, sollten Sie in Erwägung ziehen, einen Freund zu bitten, Ihnen bei der Organisation der Aufgabe zu helfen und Sie dann bei der Durchführung zu ermutigen. Wenn die Aufgabe abgeschlossen ist, ist es sehr wahrscheinlich, daß Sie ein Gefühl des Erfolgs und der Stärke empfinden – wobei mehr kreative Energie zur Verfügung steht als vor Beginn der Aufgabe. Diese Erfahrung ist eine machtvolle Bestätigung dafür, daß die Erweiterung in die Funktionen des Quadranten B die Lebensqualität verbessert, statt es langweilig zu machen.

Mit diesem erfahrungsorientierten Verständnis könnte der D-dominante Mensch, der voll kreativ sein möchte, seinen Bezugsrahmen so ändern, daß er etwa wie folgt aussieht:

Wert: Wenn man sich dem Detail widmet, erhält man ein sicheres Fundament, und das verbessert die kreativen Funktionen.

Argumentation: Wenn ich mir Zeit lasse, kann ich alles meistern, was ich brauche, damit ich Details handhaben kann.

Entscheidung: Ich übernehme die Verantwortung, mich um Details in meinem Leben zu kümmern und verschaffe mir Hilfe, wenn die Aktivität mich auslaugt statt zu erfrischen.

9.4 Erweiterung in verschiedene Hälften des metaphorischen Modells

Wie in Kapitel 4 erwähnt, wird die normale Tendenz von Menschen, entgegengesetzte Funktionen zu meiden noch verstärkt, wenn sie in benachbarten Quadranten zweifach dominant sind. Das erhöht ihren Widerstand gegen das Funktionieren als ganzes Gehirn und kann daher ihre Fähigkeit, zwischen den Quadranten umzu-

"Inspiration ist die Auswirkung einer Tatsache auf einen vorbereiteten Geist."

Louis Pasteur

"Enthusiasmus ist der wichtigste Einzelfaktor, der dazu beiträgt, daß ein Mensch kreativ wird."

Robert E. Mueller

"Ein glücklicher Zufall oder freudige Entdeckung findet nur statt, wenn man tatsächlich etwas sucht."

M.O. Edwards

Abbildung 9-15. Untergrundbahnhof für linke ‹—› rechte Funktionen

schalten und im kreativen Prozeß vollständig zu funktionieren, behindern.

Dieser Abschnitt präsentiert Ideen für die Ausführung von Verlagerungen zwischen linken und rechten und oberen und unteren Denkweisen. Sehen Sie zur Überwindung von Widerständen, die Sie spüren können, in den unten aufgeführten Diagrammen nach.

- *Diagramm A* enthält die wichtigsten Punkte von Strategien für die Erweiterung in Quadranten und geistige Funktionen, die gegenwärtig nicht bevorzugt werden.
- *Diagramm B* führt spezifische Tätigkeiten zur Stärkung der Fähigkeit bei der Nutzung jedes Quadranten auf.
- *Diagramm C* präsentiert ein beispielhaftes Sieben-Tage-Programm für das tägliche Üben aller vier Quadranten.
- *Diagramm D* faßt zusammen, wie man auf alle Denkweisen zugreifen kann.

a. Erweiterung nach rechts und links

Der Widerstand gegen die andere Hirnhälfte ist tendenziell bei den Menschen am höchsten, deren primäre Präferenzen in die rechte oder linke Hemisphäre fallen. Zusätzlich zu den negativen Werten bezüglich der entgegengesetzten Funktionen ist eine Abneigung dagegen vorhanden, sich aus der inneren Erfahrung einer angenehmen, beruhigenden geistigen Harmonie zu begeben, die sich daraus ergibt, daß man auf nur einer Seite des Gehirns bleibt. Die Harmonie wird durch die Verlagerung auf die entgegengesetzten Funktionen gestört. Es ist die Form des Denkens, das als gestört oder disharmomisch empfunden wird, und dessen Integration große Mühe bereiten kann.

Die frohe Botschaft ist, daß die Verlagerung in entgegengesetzte Funktionen die kreative Kraft enorm verstärkt, indem sie es möglich macht, voll umzuschalten, und daher mit dem ganzen Gehirn kreativ zu sein. Obwohl also eine Bewegung nach links oder rechts wie eine Menge Arbeit aussehen kann, macht sie das geistige Leben abwechslungsreicher und damit interessanter. Wenn man sich einmal bewegt hat, kann man daraus enorm viel Freude ziehen. Die Gesamtstrategie für die Bewegung von rechts nach links ist es, die Benutzung von Zahlen zu lernen, zu lernen wie Fakten gesammelt, organisiert und analysiert werden, sowie man Selbstdisziplin erwirbt. Dieses erwirbt man durch folgende Tätigkeiten: (1) Erlernen des Umgang mit Computern, (2) Gedächtnis- und Konzentrationsübungen, (3) Kompetenz in der Verarbeitung von Zahlen erwerben, (4) verwaltungsorientierte Fertigkeiten und Techniken lernen, (5) analytische Fähigkeiten entwickeln, (6) die Disziplin für das Erkennen und Festhalten wichtiger Fakten erwerben und (7) Zeitmanagement-Fertigkeiten erwerben und entwickeln. Um Ihnen ein besseres Verständnis dafür zu vermitteln, wie diese Strategien verfolgt werden können, werden ich im Folgenden zwei Formen detailliert beschreiben.

Umgang mit Computern lernen. Wenn sie beschlossen haben, den Umgang mit Computern zu lernen, machen Sie es sich so leicht wie möglich. Jeder Computer wird Ihnen helfen, sich stärker auf die linken Funktionen zu orientieren, weil alle Computer quantitativ, sequentiell funktionierende Maschinen sind. Einige sind jedoch stärker auf das Oben-Rechts dominante Denken ausgerichtet als andere. Wenn sie also 3-2-1-1 sind, wählen Sie nicht den anwender*unfreundlichsten* Computer. Sehen Sie sich mehrere an und stellen Sie vor dem Kauf sicher, daß er für rechts-dominante, visuell orientierte Menschen ausgelegt wurde. Im Augenblick ist der MacintoshTM der für C- und D-dominante Menschen am besten geeignete PC, der erhältlich ist.

Erwerb der Kompetenz für die Verarbeitung von Zahlen. Einige sehr innovative Leute haben begonnen, Kurse für Buchhaltung und Finanzen zu entwickeln, die auf die Bedürfnisse rechtsdominanter Menschen ausgerichtet sind, indem sie eine stärker an Erfahrung orientiertes Vorgehen wählen, statt didaktisch und auf der Basis von Vorträgen vorzugehen. Das von Quantum Educational Discoveries aus Burlington, Vermont, angebotene Buchhaltungsspiel ist eine derartige Quelle. Andere werden am Omega Institute angeboten, das jeden Sommer in Rhinebeck, New York, stattfindet und eine Woche speziell dem Erlernen von geschäftlichen und finanziellen Angelegenheiten widmet.

Wenn man sich in der anderen Richtung bewegt, d.h. von links nach rechts, muß man den Zwang lockern, eine Sache verbal zu definieren und zu begrenzen, und statt dessen ihre Verbindung mit allem um sie herum spüren und fühlen, und sich nicht nur auf die Sache selbst beschränken. Es bedeutet, etwas zu erleben statt logisch darüber nachzudenken. Es fordert die Fähigkeit eines Menschen, sich etwas vorzustellen, mit den Möglichkeiten zu spielen, sich bildlich vorzustellen, was daraus werden kann, und sich innerlich darauf einzustellen.

Bei vielen A- und B-dominanten Menschen ist es für die Förderung dieser "weichen" Fähigkeiten erforderlich, daß

Abbildung 9-16. Rolltreppen zu den oberen/unteren Funktionen

sie ihren Geist bremsen, sich Zeit lassen, sich in etwas zu "verlieren". Die intuitiven und phantasierenden Funktionen sind zu delikat, um mit Geschäftigkeit oder dem Geschäft konkurrieren zu können. Fische kann man an einem windigen Tag im See nicht sehen. Die Oberfläche muß ruhig sein, bevor man sich ihrer Annäherung an die Oberfläche bewußt werden kann. In ähnlicher Weise gestattet es geistige Ruhe den natürlichen Rhythmen, Impulsen und Bildern, an die Oberfläche zu kommen. Biofeedback-Training ist ein wirksamer Weg zu diesem Stille-Werden, ebenso wie angeleitete Vergegenwärtigung,

Traumarbeit, Zeichnen, Bildhauern oder Bilder in einer Wolke zu sehen.

b. Erweiterung nach unten und oben

Manche Menschen finden, daß die Verlagerung zwischen den oberen und unteren Funktionen weniger Schwierigkeiten bereitet als die Verlagerung nach links oder rechts. Diejenigen, die primäre Präferenzen in der oberen oder unteren Hälfte haben, wissen bereits, wie man zwischen links und rechts umschaltet; das ist das wichtigste, wenn man lernt, synergistisch in den Quadranten zu funktionieren. Andere werden finden, daß die Quadranten auf der gleichen Seite des metaphorischen Modells ähnliche Werte besitzen, wodurch es leichter wird, den Bezugsrahmen nach Norden oder Süden zu erweitern. Hier ist ein Beispiel dafür, wie man die Wertschätzung für die oberen oder unteren Funktionen steigern kann, indem man sich erst die linke, dann die rechte Seite vornimmt. Wenn man sich von A nach B ausdehnt, kann man die verbalen und numerischen Fertigkeiten der linken Quadranten dazu benutzen, sich selbst zu erklären, definieren und zeigen, daß der Einsatz auf Tatsachen beruhender, logischer Prozesse bei der Lösung von Problemen in der Vergangenheit sehr erfolgreich war. Bei der Erweiterung von A nach B kann man diese gleichen verbalen und mathematischen Fertigkeiten benutzen, um die Fakten zu sammeln. Diese Fakten würden die Folgen aufzeigen die aus dem Ignorieren von Details entstehen, den Wert dieser Konsequenzen quantifizieren und auf Prinzipien verweisen, mit denen man konsequent Verfahrensweisen folgen kann.

Allgemein gesprochen befaßt sich die Verlagerung zu den Denkweisen der oberen Quadranten damit, daß man lernt, Fakten und Einsichten, Zahlen und Metaphern, rationale und intuitive Prozesse für Problemlösungen integriert. Diese iterativen Fertigkeiten werden sich mit der Übung steigern, wenn Sie (1) Ihr Verständnis der kognitiven und iterativen Natur der zerebralen Hemisphäre des Gehirns verbessern und (2) üben, persönliche Entscheidungen zu treffen, indem Sie die Technik des absichtsvollen Umschaltens zwischen konkreten Positionen des Hier und Jetzt und eher abstrakten, logischen und visuellen Wahrnehmungen eines Problems benutzen, und dabei die gleichwertige Gültigkeit beider Funktionsweisen bestätigen.

Im Gegensatz dazu befaßt sich die Verlagerung zu den Denkweisen der unteren Quadranten damit, daß wir lernen, unseren instinktiven Reaktionen zu vertrauen, uns der körperlichen Empfindungen bewußt zu werden und diese Sinne zielgerichteter einzusetzen. Damit meine ich, daß man sich bewußt Zeit läßt, dem Körper im Sinne von Entspannung, Spannung, Irritation usw. zu prüfen und dieses Bewußtsein als Feedback zu nutzen, auf dem man

"Schließlich findet der größte Teil des Schreibens nicht an der Schreibmaschine, nicht am Schreibtisch statt. Ich würde sagen, es findet in den ruhigen, stillen Augenblicken statt, während man ein Spaziergang macht oder sich rasiert oder ein Spiel spielt oder was auch immer tut, oder sogar, während man mit jemandem spricht, an dem man nicht unbedingt interessiert ist. Sie arbeiten, Ihr Geist arbeitet an diesem Problem im Hinterkopf."

Henry Miller

"Die Unfähigkeit sich zu entspannen, ein Problem loszulassen, verhindert oft seine Lösung."

Eugene Raudsepp

"Die Seele denkt nie ohne ein Bild."

Aristoteles

DIAGRAMM D

WIE SIE DEN ZUGANG ZU UND DIE BENUTZUNG IHRER WENIGER BEVORZUGTEN FUNKTIONEN ERLERNEN

BEI DER VERLAGERUNG VON DEN OBEREN ZU DEN UNTEREN FUNKTIONEN

Lernen Sie, Ihren Reaktionen aus dem Bauch zu vertrauen, werden Sie sich Ihres Körpers bewußter und setzen Sie Ihre Sinne zielgerichteter ein. Dieses Wissen kann durch das Verstehen der instinktiven Natur des limbischen Systems und die Entwicklung von Vertrauen in Ihre Körperreaktionen, emotionalen Reaktionen, Gefühl für Form und Struktur und Ihre Urinstinkte stark unterstützt werden.

BEI DER VERLAGERUNG VON DEN LINKEN ZU DEN RECHTEN FUNKTIONEN

Lernen Sie zu spüren, zu fühlen, sich etwas bildlich vorzustellen, zu spielen und Ihren Instinkten zu vertrauen. Dieses Wissen kann stark unterstützt werden, wenn man lernt, wie kreative Materialien benutzt werden, zu zeichnen, zu bildhauern, Probleme zu modellieren, bildliche Vorstellung zu erfahren, Biofeedback-Fertigkeiten zu entwickeln und für Veränderungen und persönliches Risiko offen zu sein.

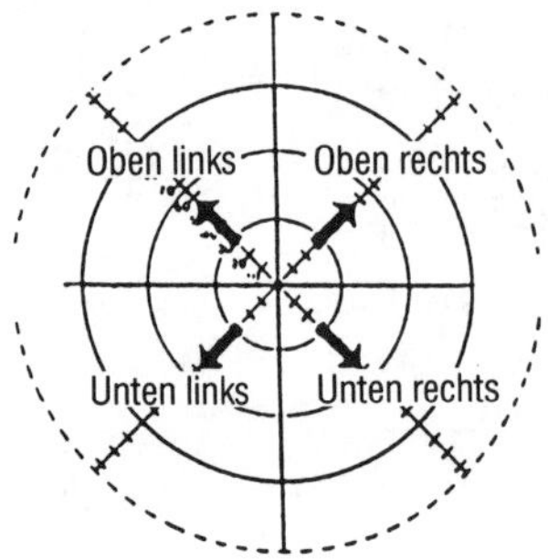

BEI DER VERLAGERUNG VON DEN RECHTEN ZU DEN LINKEN FUNKTIONEN

Lernen Sie, Zahlen zu benutzen, Fakten zu sammeln, zu organisieren und zu analysieren, wie man Selbstdisziplin erwirbt. Dieses Wissen kann stark unterstützt werden, indem man den Umgang mit Computern lernt, Gedächtnis- und Konzentrationsfähigkeit erwirbt, Kompetenz in der Verarbeitung zu Zahlen, verwaltungsorientierte Fertigkeiten und Techniken lernt und Fertigkeiten im Zeitmanagement übt.

BEI DER VERLAGERUNG VON DEN UNTEREN ZU DEN OBEREN FUNKTIONEN

Lernen Sie, sowohl Fakten als auch Einsichten, Zahlen und Metaphern, rationale und intuitive Prozesse für Problemlösungen mit situationsbezogener Effektivität zu nutzen. Dieses Wissen kann stark unterstützt werden, wenn man die kognitive und iterative Natur der zerebralen Hemisphären des Gehirns versteht. Üben Sie das Treffen persönlicher Entscheidungen, indem Sie zwischen harten, faktenorientierten Positionen und weichen, einsichtsvollen Wahrnehmungen des Problems hin und her schalten und die gleichwertige Gültigkeit beider Funktionsweisen bestätigen.

Abbildung 9-17. Diagramm D. Ganzhirn-Entwicklung

Verhaltensänderungen begründet. Dieses Wissen kann durch das Verstehen der normalerweise instinktiven Natur des limbischen Systems des Gehirns stark unterstützt werden, und indem wir Vertrauen in unsere Körperreaktionen, emotionalen Reaktionen, Gefühl für Form und Struktur und Urinstinkte entwickeln.

Wenn man Nutzen aus der Ähnlichkeit der Funktionen zieht, erhält man Zugang zur vertikalen Verlagerung zwischen den rechten Quadranten. Sowohl C- als auch D-dominante Menschen schätzen die Intuition: Sie wissen aus Erfahrung, daß sie manchmal nur ihre Aufmerksamkeit auf etwas konzentrieren müssen, bis es klar wird und sie es verstehen. Folglich können sie bei der Erweiterung von C nach D ihre intuitive Wahrnehmung auf das Erkennen des Wertes konzentrieren, der darin liegt, über emotionale Modi zu verfügen, und so ein besseres Gefühl für das Hier-und-Jetzt zu entwickeln. Bei der Verlagerung von D nach C können intuitive Wahrnehmungen ebenfalls nützliche Metaphern liefern und Ihre Akzeptanz neuer Möglichkeiten stärken.

Es gibt also unzählige Möglichkeiten, auf weniger bevorzugte Modi zuzugreifen und sie zu entwickeln, und sie sind nicht notwendigerweise kompliziert. Betrachten Sie die Diagramme B und C. Wenn Sie diese Empfehlungen lesen, fragen Sie sich vielleicht sogar, was so einfache, gewöhnliche Aktivitäten überhaupt erreichen können. Tatsächlich sind sie aus zwei Gründen ausgezeichnete Möglichkeiten: (1) Sie verschaffen einen leichten Zugang zu den gewünschten Funktionen und (2) das Einfache und Gewöhnliche ist meistens der beste Anfang, weil man sich sicherer fühlt. Die Ausübung weniger bevorzugter Funktionen scheint manchmal riskant, weil unsere Werte oft

"Latente Fähigkeiten sind wie Ton. Er kann Schmutz an Schuhen, Backstein in einem Gebäude oder eine Statue sein, die alle Betrachter inspiriert. Der Ton ist der gleiche. Das Ergebnis ist davon abhängig, wie er benutzt wird."

James F. Lincoln

"Kreativität kann sowohl als die Kunst als auch die Wissenschaft des Denkens und Verhaltens mit Subjektivität und Objektivität definiert werden. Sie ist eine Kombination aus Gefühl und Wissen, aus dem Wechsel zwischen dem, was wir spüren und dem, was wir bereits wissen ...
DIE BEIDEN ZU KOMBINIEREN HEISST, MEHR ALS BEIDE ZU GEWINNEN: Eine natürlichere und bewußtere Ausgewogenheit zwischen Extremen. Diese "kreative" Ganzheit gestattet es uns, uns von oben zu sehen, unseren Weg zu führen und ihm zu folgen, unser Ziel festzulegen und loszugehen: sowohl die Anregung zu planen als auch die Reaktion zu erleben."

unbekannt

die Genehmigung für ihre Benutzung ausschließen. Wenn wir beginnen, diese Funktionen in Situationen mit geringem Risiko zu benutzen, z.B. zu Hause oder allein oder mit Freunden als Unterstützung, verringert sich das Risiko.

Es ist wichtig, mit einer Aktivität fortzufahren, bis man weiß, daß man vollen Zugang zu einer gegebenen Funktion hat. Wenn Sie ein- oder zweimal eine Routine durchgehen, wird das nicht zu Ihren Gunsten sein. Tun Sie es systematisch und beharrlich, wird es das. Sie werden wissen, daß Sie angekommen sind, wenn Sie diese einfachen Aufgaben ausführen können und sich befriedigt statt schuldig, dumm, albern, mißbraucht oder beherrscht fühlen. Zum Beispiel liefert das "ins Blaue fahren" einen ausgezeichneten Zugang zum Quadranten D. Wenn Sie aber ein B-dominanter Mensch sind, können Sie wahrscheinlich nicht einfach herumfahren, ohne dabei ein Gefühl der Schuld und Verschwendung zu spüren. Sie werden erst dann vollen Zugang zum Quadranten D haben können, wenn das Schuldgefühl nicht mehr auftaucht.

Der gleiche Gedanke gilt für einen D-dominanten Menschen, der sich in B hinein entwickelt: Wenn Sie ein D-dominanter Mensch sind, werden Sie erst dann vollen Zugang zu den Fähigkeiten des Quadranten B für das Detail und die Ordnung haben, wenn Ihre Liste des persönlichen Eigentums nicht als harte Arbeit erstellt wird, die Sie ablehnen, sonders als ein Prozeß der Entdeckung. Sie werden wissen, daß Sie vollen Zugang zum Quadranten C haben, wenn Sie fähig waren, mit Ihren Kindern so zu spielen, wie sie wollen, ohne sich lächerlich zu fühlen und sich zu fragen, ob wohl jemand zusieht und Ihr Verhalten zu beurteilen. Sie haben erst dann vollen Zugang zu den mathematischen, finanziellen Fähigkeiten des Quadranten A, wenn Sie sie persönlich anregend und lohnend finden: Sie könnten sich mit einigen gleichgesinnten Menschen zusammentun und sich einem Investmentclub anschließen, oder die neu gefundene Freiheit genießen, daß Sie Ihre finanziellen Angelegenheiten in die Hand genommen haben.

Darüber hinaus ist die beste Empfehlung, die ich Ihnen geben kann, daß Sie die Chancen für Zufriedenheit in Ihrem Leben erhöhen, indem Sie kreative Projekte angehen und bestimmte kreative Fertigkeiten im kreativen Prozeß verbessern.

9.5 Verbesserung von Fähigkeiten im kreativen Prozeß

Der kreative Prozeß erfordert gewisse Fertigkeiten und ihre Beherrschung kann einen gewaltigen Unterschied machen. Eine Fertigkeit beinhaltet das Legen des Fundaments in der Vorbereitungsphase. Eine weitere die Vergegenwärtigung einer Metapher und daraufhin das schnelle Umschalten, bis die Metapher vollständig in nicht-metaphorischen Begriffen ausgedrückt ist, die alle Quadranten befriedigen.

Wieder eine andere ist es, die Entwicklung der Ideen zu gestatten und kein Urteil zu fällen, bis sie in ihrer Ganzheit festgehalten wurden. Dieser Abschnitt bietet Anregungen für jeden dieser kritischen Bereiche.

a. Vorbereiten: Problem/Herausforderung/ Gelegenheit definieren

Man sagt, der kreativen Einsicht gehe harte Arbeit voraus. "Der vorbereitete Geist," sagt man uns, "begünstigt die Kreativität." Einstein hat viele Jahre damit verbracht, die Fakten und as Wissen zu sammeln, das er für die Grundlage brauchte, von der seine beiden kreativen Sprünge gemacht werden konnten.

Die Vorbereitung schafft einen Ausgangspunkt und eine Richtung, die das Unterbewußte einschlagen soll. Das alte Sprichwort, daß "ein wohl definiertes Problem bereits halb gelöst ist", ist wahr. Der Zweck der Definition des Problems ist sein echtes Verständnis, das wiederum Teil oder Anleitung hin zu einer Lösung wird. Ein Problem mit einer ungenauen Definition ist wie ein schadhafter Kompaß, der so aussehen kann, als ob er funktioniert, aber eben nicht funktioniert. Wenn man der Richtung folgt, in die er zeigt kann es sein, daß man nie an sein Ziel kommt.

Die Definition eines Problems nutzt Analyse, Logik und Sprache. Sie fordert Präzision und Genauigkeit. Sie erfordert Disziplin und Ordnung. Sie ist wunderbar linksdominant. Ein Problem klar und genau zu definieren erfordert die Fähigkeit, es als das zu "sehen" was es ist, seine Hauptmerkmale zu unterscheiden, zwischen dem wichtigen und unwichtigen zu differenzieren und die Problemstellung so zu fassen, daß sie die Konzentration und Klarheit hat, die die Richtung für den Rest des kreativen Prozesses liefert.

"Unser Problem ist es, das mächtige Stimulans des individuellen Gedankens auf allen Ebenen und in jeder Phase unserer Bemühung am Leben zu halten. Wenn wir das nicht tun, machen wir aus dem Mann mit den großen Ideen einen heimatlosen Menschen."

Crawford H. Greenwalt

"Es ist das wirkliche Kennzeichen des kreativen Menschen, daß das unvorhergesehene Problem eine Freude ist und kein Fluch."

Norman H. Mackworth

Denken Sie sich diese frühe Arbeit als ein Mysterium, ein Abenteuer oder einfach als Spiel. Wenn Sie das tun, werden sogar die stärker strukturierten, willkürlichen und mühsamen Aspekte des kreativen Prozesses vergnüglich tun, sie erhalten noch mehr von einer faszinierenden Erforschung. Diese Vorgehensweise hilft dem rechten Gehirn, mit dem Prozeß zusammenzuarbeiten, statt von ihm abzulenken.

b. Visualisieren: Ansehen, sehen, hören, riechen ...

Die Visualisierung ist eine Fähigkeit, die in jedem Stadium des kreativen Prozesses hilfreich ist. Obwohl die Vorbereitung tendenziell stärker auf das linke Gehirn ausgerichtet ist, kann die Visualisierung auch hier hilfreich sein, wenn man ein intuitives Verständnis des Problems sucht.

Bilder müssen übrigens nicht völlig visuell sein. Sie können auch nicht-visuell erfahren werden: gehört, kinästhetisch gefühlt oder sogar gerochen werden. Irgendwie liefert uns der Geist ein Gefühl des Bildes ohne uns notwendigerweise etwas zu zeigen, daß wie ein "geistiger Film" aussieht. Man muß also nicht in Bildern denken können, um kreativ zu sein. Ich glaube allerdings je visueller man ist, desto leichter kann man seine bildlichen Vorstellungen in Worte umsetzen, also lohnt es sich, seine Fähigkeit in Bildern zu denken zu entwickeln und zu verbessern. Dafür gibt es zahlreiche Techniken. Eine ist eine angeleitete Phantasie – eine entspannende Erzählung, begleitet von angemessener Musik, kann lebhafte geistige Bilder erzeugen. Eine andere ist es, mit dem Fotografieren zu beginnen – nicht so sehr um ihrer selbst willen, sondern zur Schärfung Ihrer visuellen Fähigkeiten. Es ist erstaunlich, wie viel im fertigen Bild auftaucht, daß man durch die Linse nie gesehen hat.

c. Inkubieren: Ideen keimen lassen

Die Inkubation beginnt, wenn die Hausaufgaben der Vorbereitung fast abgeschlossen sind und alles für die Ausführung des kreativen Prozesses benötigte im Geist des Menschen vorhanden ist. Bei einigen Menschen kann die Inkubation verwirrend sein. Produktivität und und Effizienz sind schwer zu erwerben, andere Menschen und Dinge können ablenken oder irritieren; von außen kann es so aussehen, als geschehe nichts: Die Person wirkt wie weggetreten, spielt herum, dreht Däumchen oder starrt einfach aus dem Fenster. In dieser Zeit können Menschen, die auf stärker zielgerichtet aussehende Verhaltensweisen drängen, den Inkubationsprozeß behindern und sollten daher gemieden werden.

Was unterstützt den Inkubationsprozeß? Im wesentlichen zwei Dinge:

1. Geduld haben und dem Prozeß vertrauen.
2. Entspannende Alpha- und Theta-Zustände fördern.

Man kann die unbewußte Erzeugung von Ideen während der ganzen Inkubationsphase fördern, indem man die entspannten Alpha und Theta-Zustände fördert. Diese Zustände treten natürlicherweise auf, wenn man die täglichen Zyklen der geistigen Aktivität durchläuft, besonders beim Träumen. Die meisten Menschen träumen im Schlaf alle 90 Minuten und haben auch, wenn sie wach sind, etwa alle 90 Minuten einen Tagtraum. Man kann diese Zustände auch fördern, indem man sich mit Aktivitäten befaßt, die sie hervorrufen, wie zum Beispiel baden oder duschen, sich im Bett entspannen, in einer Hängematte dösen oder, bei vielen Menschen, durch Laufen und besonders beim Fahren auf der Autobahn. Sie können sogar ein Nickerchen machen, wenn Sie möchten, sie sollten es aber nur tuen, wenn sie das ohne Schuldgefühle können. Diese sich nicht fokussierenden, aber voll bewußten geistigen Zustände sind durch nicht urteilende, nicht kritische, formfreie, fließende Formen der Ideenverarbeitung gekennzeichnet.

Wenn die Inkubationsphase der Erleuchtung Platz macht, versuchen Sie, dieses entspannte Gefühl zu erhalten, denn eine volle Ernte an Ideen erhält man am Besten, wenn man offen bleibt. Wenn die Ideen aufzutauchen beginnen, urteilen Sie nicht, halten Sie sie einfach so fest wie sie erscheinen.

d. Einfangen: Alle Ideen aufzeichnen sobald sie auftauchen

Kreative Menschen produzieren oft sehr viel mehr Ideen als tatsächlich zum Lösen eines Problems benötigt werden. Wie Popcorn in einem übervollen Popcorn-Popper platzt, purzeln Ideen in Kaskaden um das Problem herum. Sehen wir uns dieses "Poppen" etwas näher an. Im kreativen Prozeß führt eine Idee zu einer anderen, dann zu einer dritten und einer vierten, und hin und wieder kommen ganze Gruppen von Ideen zusammen und bilden etwas völlig neues und anderes. Wie bei einer physikalischen Kettenreaktion kann eine geistige Kettenreaktion "kritisch werden", eine große Idee aus vielen kleinen bilden. Um eine physiologische Metapher zu benutzen kann man sich die Kette aus Ideen als eine Kette von Neuronen denken, die in synaptischen Interaktionen feuern. Je vertrauter wir mit dieser Denkweise werden, desto öfter tritt sie auf. Je größeres Vertrauen wir darein haben, daß eine Idee zu einer zweiten und dritten führen wird und was die Differenzen ausmachen kann, desto wahrscheinlicher ist es, daß es die Weg nehmen wird.

Der Fluß der kreativen Ideen kann zu bewußten wie zu unbewußten Zeiten entstehen. Es kann passieren, wenn Sie tagträumen oder schlafen oder einfach Ihrem Geschäft nachgehen. Einer der Werte des Definierens eines Problems liegt darin, daß der Prozeß es als eine auszuführende Aufgabe in den Gefäß Ihres Geistes legt. Ihr Geist bearbeitet es dann auf seine eigene Weise. Manchmal wird diese Arbeit aktiv, bewußt und zielgerichtet mit Ihrer voll bewußten Teilnahme ausgeführt. Zu anderen Zeiten scheint es "einfach zu passieren". Eine Möglichkeit zur Förderung dieser Funktionen ist es, Ihren Interessen zu vertrauen und ihnen zu folgen. Wie kreative Menschen wissen, kann das Spannungen reduzieren, die Freude steigern und daher den Geist erfrischen.

Wenn das Poppen beginnt, und die Ideen anfangen zu fließen, ist es wichtig, sie ohne Beurteilung festzuhalten und aufzuzeichnen. Vermeiden Sie eine Bewertung von Ideen in den frühen Phasen des kreativen Prozesses, ob Sie alleine oder mit anderen Menschen arbeiten. Jedermann, dessen Ideen kritisiert werden zögert, bevor er sie mit anderen Menschen teilt. Sowie Sie aber lernen, sich

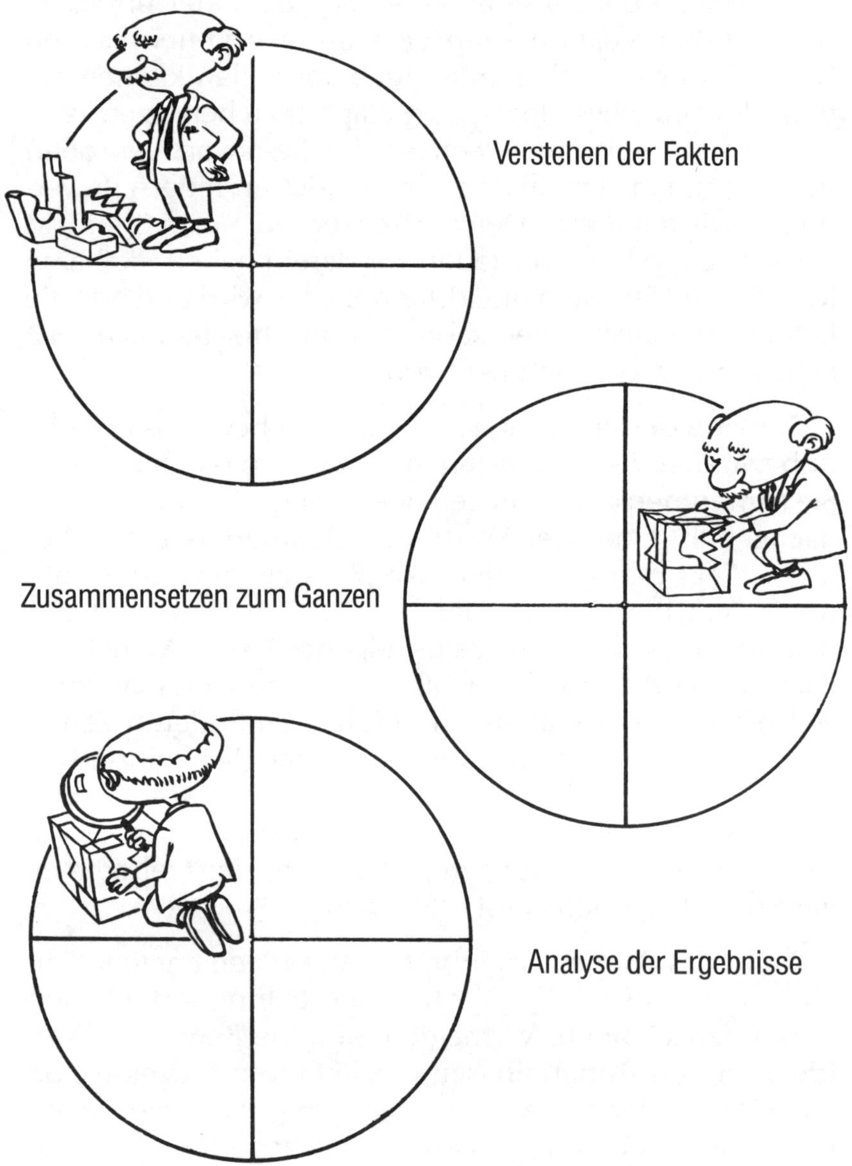

Abbildung 9-18. Zerebrale Iteration.

selbst und anderen zu versichern, daß Sie Ihre Ideen nicht gegen Angriffe verteidigen müssen, sowohl Ihre eigenen als auch die von anderen, wird Ihre Energie für Spekulationen und das Suchen nach neuen Richtungen frei. Je versp④nnener, verrückter oder sexy die Ideen sind, desto größer ist sogar die Chance, daß man Lösungen findet, die wirklich einzigartig sind. Wenn man weiter "heraus" geht, gelangt man weg von routinemäßigen Denkmustern und bricht Blockaden der Wahrnehmung auf. Nehmen Sie eine "verrückte" Idee und suchen Sie nach Möglichkeiten sie zu kombinieren oder auf ihr aufzubauen. Sie könnten eine Idee finden, die zu einem elektrisch getriebenen Auto oder dem persönlichen Helikopter oder dem ohne Tinte funktionierenden Füller führt. Auch wenn es nur ein Spaghettidreher ist, haben Sie wenigstens Spaß daran.

e. Mit Begeisterung im Zickzack gehen (Im Zickzack mit Gusto)

Auf Fakten basierendes Wissen wird im analytischen Quadranten A gesammelt, Sitz des Tatsachenwissens, der logischen Verarbeitung und des rationalen Denkens. Anderseits findet die Vorstellung im Quadranten D statt, Sitz der Integration, Intuition und Vorstellungskraft. Die Festlegung auf eine kreative Reaktion kann daher als die Synthese von Wissen und Vorstellungskraft beschrieben werden. Das ist der synergistische "Zickzack-Blitz" von dem ich früher gesprochen habe, den das massiv zusammengeschaltete Gehirn möglich macht.

Es funktioniert wie folgt: Wir sammeln Wissen und Fakten. Wir analysieren sie auf ihre Bedeutung hin, indem wir sie in ihre Bestandteile zerlegen. Dann setzen wir diese Teile zu einem Ganzen zusammen, aus dem wir das Wesen eines Verständnisses ableiten. Wir gehen zu einer Analyse dieses Wesens zurück. Haben wir es richtig zusammengesetzt? Paßt es? Neue Fakten und Informationen und Daten tauchen nach Bedarf auf. Wir untersuchen sie auf ihre Bedeutung, synthetisieren einen Überblick und analysieren dann unser neues Bild erneut. Während wir zwischen diesen beiden gegensätzlichen Denkweisen hin und her schalten, schaffen wir ein neues Verständnis neue Interpretationen, neue Ideen. Wir "begreifen". Wenn wir begreifen, wissen wir es. Wenn wir es nicht *wissen*, haben wir es noch nicht begriffen.

Diese Iteration ist ein wundervolles und machtvolles Phänomen. Und das Beste, was Sie tun können, ist Ihrer Unsicherheit zu vertrauen, und weiter vorwärts drängen bis es sich richtig anfühlt und so einfach aussieht, daß Sie sich fragen, was so lange gedauert hat. Dann ist es an der Zeit, daß Sie sich etwas Gutes tun, weil Sie weitergemacht haben, bis Sie es begriffen haben!

Was auch immer das Niveau Ihrer kreativen Fähigkeit ist: Um sie persönlich, organisatorisch oder geschäftlich lohnend zu machen, müssen Sie sie in einer Umgebung anwenden, die Kreativität wachsen und blühen läßt. Diesem lebenswichtigen Gebiet wenden wir uns als nächstes zu.

"Der kreative Geist ist selten gelangweilt."

Gordon A. Macleod

"Es gibt gewisse Dinge, die unser Zeitalter braucht. Es braucht vor allem mutige Hoffnung und den Impuls zur Kreativität."

Bertrand Russell

"Nichts ist so mächtig wie eine gute Idee, aber nicht ist so machtvoll sicher wie eine gute Idee, deren Zeit gekommen ist."

G. Herbert True

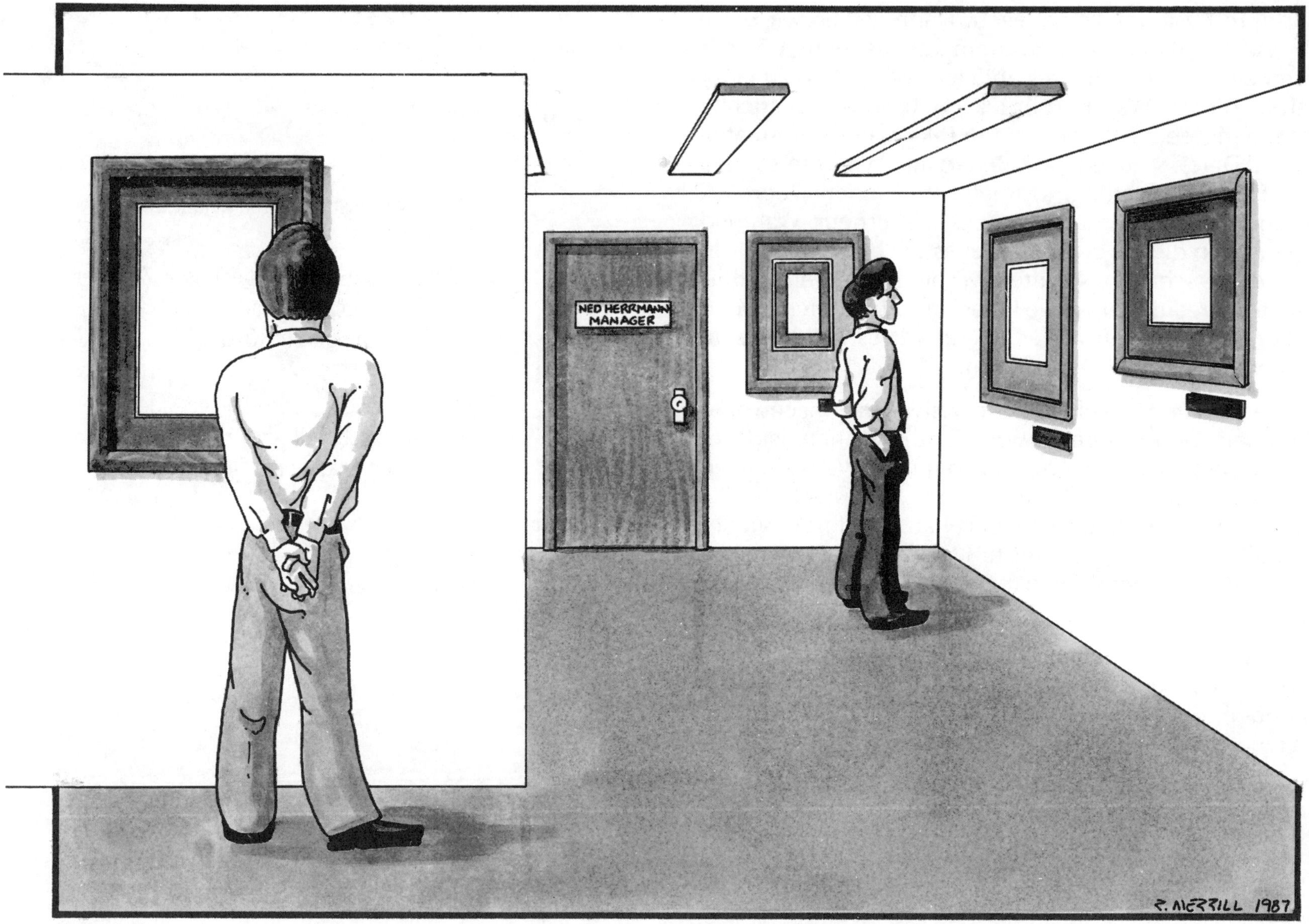

Abbildung 10-1. Kunstausstellung in der Hauptverwaltung von GE, New York City (gegenüber)

10. AUFBAU IHRER KREATIVEN UMGEBUNG: INNEN WIE AUSSEN

Das Konzept des kreativen Raumes umfaßt die geistige, physische und emotionale Umgebung, in der die Kreativität stattfindet. Weder Manager noch Partner noch Ehepartner können Ihnen den kreativen Raum geben, den Sie brauchen, um als kreativer Mensch tätig zu sein. Der kreative Raum ist etwas, das Sie für sich selbst schaffen und fordern müssen. Folgendes habe ich für mich selbst, Zuhause und am Arbeitsplatz, getan und dabei gelernt.

Als ich bei GE anfing, hatte ich das Gefühl ich selbst zu sein: Einzigartig in Ausbildung und Erfahrung, unverwechselbar in Aussehen und Motivation und auf vielen Gebieten kreativ tätig. Zum Beispiel hatte ich, innerhalb von zwei Monaten nach meiner Einstellung bei GE, eine Lösung für das Problem mit der Drehkupplung des Unterwasser-Objektsuchers erfunden – zu jener Zeit eines der wichtigsten Projekte der General Engineering Laboratories. Später fand ich Beifall als Firmen"-Meister" der effektiven Präsentation, in jenen Tagen der populärste Kurs, der von der Firma gehalten wurde. Ich richtete auch eine schlagkräftige Arbeitsgruppe ein, die sich mit *"ungelösten Problemen in der Industrie"* befaßte. Auch in der Freizeit war ich kreativ, sang Hauptrollen in der Schenectady Light Opera Company und spielte Hauptrollen bei den Schenectady Civic Players. Ich baute auch unser Haus mit meinen eigenen Händen, wobei ich zahlreiche innovative Vorgehensweisen benutzte, einschließlich einer an der Decke installierten Heizstrahleranlage. Die Schenectady Junior Chamber of Commerce wählte mich zum jungen Mann des Jahres. Die Ehrungen und die Aufmerksamkeit, die ich erhielt, beinhalteten eine Anerkennung meiner kreativen Fähigkeiten und befriedigten mich.

Als ich jedoch begann, bei GE in verantwortungsvollere Positionen aufzusteigen, änderten sich die Dinge. Der Druck, mein Verhalten auf die Bedürfnisse der Bürokratie abzustellen, intensivierte sich. Wenn ich in jenen Tagen zur Hauptverwaltung der Firma fuhr, mußte ich meine Ideen zuerst von einem Berater der Firma prüfen lassen, um die Genehmigung für ihre Vorlage zu erhalten. Die Menschen nahmen mich als "anders" wahr, und das hatte augenscheinlich Nachteile für mich. Allmählich gab ich nach. Als meine Verantwortlichkeiten immer anspruchsvoller wurden, übernahm ich die vorherrschende Identität der Firma (company colors), und ich wurde in meinem Berufsleben mehr und mehr wie einer aus der Masse.

Diese Konformität störte mich aus zwei Gründen: Erstens hatte ich das Gefühl, meine Identität zu verlieren und mein Gefühl der Ganzheit. Die Spaltung zwischen meinem künstlerischen Selbst und dem Rest von mir wurde an der Arbeit schärfer, und das in einem solchen Maße, daß sie nicht einmal durch meine künstlerischen Bemühung voll ausgeglichen werden konnten. Schlimmer noch, die Art von Arbeit, die ich bei GE machen wollte, wurde entweder vernachlässigt oder an andere Stellen vergeben. Arbeiten, die kreativen Input erforderten, gingen an externe "Experten", als ob eine Entfernung von 50 Meilen von der Hauptverwaltung sie kreativer machte als jemand, der vor Ort beschäftigt war. Obwohl ich als vielversprechender Anfänger für "kreativ" gehalten worden war, wurde ich überhaupt nicht in Erwägung gezogen, sobald ich ein gereifter Profi geworden war. Aber ich wußte, daß ich nicht weniger kreativ als vorher war. Das Problem lag in der Art und Weise, in der ich im Unternehmen gesehen wurde.

Die Entscheidung, mich zu wehren, fiel in 1968, als ich laut zu mir sagte: "Verdammt, wenn sie mich auf der Grundlage meiner Arbeit nicht für kreativ halten, dann muß ich dafür sorgen, daß sie es auf der Basis meiner Kunst tun." Diese Aussage führte zu einer wohlüberlegten Strategie zur Änderung meines Image. Zu jener Zeit nahm die von mir geleitete Abteilung von GE den gesamten 27. Stock der Hauptverwaltung in der Lexington Avenue Nr. 570 in New York City ein und bot mir erheblichen Platz und Freiraum für Aktionen. In der nächsten Woche waren in meinem Empfangszimmer und Büro 20 meiner Gemälde ausgestellt, die an mehreren anstehenden Kunstausstellungen teilnehmen sollten. Ich kündigte eine Beurteilung der Kunst an. Jedermann, der eine Meinung hatte, wurde aufgefordert festzustellen, von welchen der Gemälden er dachte, daß sie in einer der 3 anstehenden Ausstellungen gezeigt werden sollten. Etwa 50 Personen nahmen teil und im Laufe der nächsten Woche fand ich Möglichkeiten, meine leitenden Angestellten zur Besichtigung meiner informellen Ausstellung einzuladen.

Es funktionierte. Zuerst legten nur verbale Rückmeldungen Zeugnis von der Verschiebung ab. "Große Güte, Ned, sie sind wirklich großartig! Ich wußte gar nicht, daß Sie so kreativ sind" und "Ned's Arbeit ist wirklich beeindruckend, wir brauchen diese Art Kreativität hier an der Arbeit." Dann schaute Lincoln "Lindy" Saline herein, ein Mann, der eine wichtige Rolle in meinem Leben spielen sollte – als Boss, Mentor und Freund – und lud mich ein, bei der nächsten Cocktail Party der Management Association zum Muttertag am Management Development Institute von GE eine Ein-Mann-Kunstausstellung zu veranstalten. In den nächsten 12 Jahren entwickelte sich die Einrichtung dieser Kunstausstellung zu einem unternehmensweiten Ereignis, an dem über 100 Künstler teilnahmen und bis zu 800 Werke ausgestellt wurden.

Als Ergebnis all dessen wurde ich "offiziell" kreativ. Artikel über mich erschienen in GE's *Monogram Magazine*. Man begann mich als die "kreative" Person zu Arbeitsgruppen und Projektteams hinzuzuziehen. Außenseiter wurden durch Kanäle von GE an mich als Ratgeber und Berater in kreativen Problemen verwiesen. Innerhalb einer kurzen Zeit wurde ich wegen der kreativen Beiträge, die ich leisten konnte, eingeladen, mich dem Personal des Management Development Institute anzuschließen. Der Mann, der mich immer wieder einlud, an mich glaubte, und mich schließlich in den frühen Phasen der Hirnforschung schützte, die zum HDI und ACT I und schließlich zu diesem Buch führte, war Lindy Saline.

Im Lichte dessen, was ich seither gelernt habe, kann ich sagen, daß ich meinen eigenen kreativen Raum gefordert und besetzt habe. Das heißt, ich habe folgendes getan:

1. Die eigene Überzeugung bestätigt, daß ich ein Recht darauf hatte und eine Vision dessen entwickelt was ich wollte.
2. Anderen meine Kreativität demonstriert.
3. Kreative Aufgaben gesucht, und sie angenommen wie sie auf mich zukamen, und sie dazu benutzt, meine eigenen kreativen Fähigkeiten sowie mein Potential weiter auszudehnen.

In diesem Kapitel möchte ich meine Ansicht darüber vorstellen was kreativer Raum ist und wie Sie kreativen Raum für sich und Ihre Kinder und für andere, Zuhause und am Arbeitsplatz einrichten können.

10.1 Was ist kreativer Raum?

Kreativer Raum ist ein Konzept, das zahlreiche Möglichkeiten und Gelegenheiten bietet. Er ist die Summe dessen, was unsere Kreativität nährt, unterstützt, inspiriert und verstärkt. Dieser Raum umfaßt somit uns selbst, unsere Familien, unsere Kollegen, unsere uns bestärkenden Erinnerungen, die Impulsgeber unserer Kreativität und unsere Lieblingsorte. Mein eigener kreativer Raum umfaßt mein Haus, das Büro, den See, auf dem ich tagträume und in meinem Boot liegend diktiere, die ständige Ermutigung meiner Frau Margy, meiner Töchter und meiner Freunde, sowie die Wechselbeziehung zu meinen Kollegen. Dazu treten die geistigen und emotionalen Haltungen und die Disziplin, die ich mit den Jahren entwickelt habe, um mein Recht auf ein kreatives Leben zu festigen und unterstützen. Zu diesem Raum gehört ebenso mein Engagement ein kreatives Leben zu führen und die Früchten zu geniessen, die sich daraus ergeben. Und nicht zuletzt sind die vielen Menschen, die auf meine Arbeit reagiert haben, dazu zu zählen.

Die Definition des kreativen Raumes wird überschaubarer, wenn sie aufgeteilt wird in (1) das Individuum, (2) die Umgebung und (3) die Schnittstelle zwischen beiden. Das "Individuum" sind Sie. Die Umgebung ist die gesamte physische, geistige und emotionale Umwelt. Das kritische Element ist die Schnittstelle zwischen diesen beiden Polen.

"Es gibt immer Sonnenschein, wir müssen nur unser Teil tun: Wir müssen uns in ihn bewegen."

Clara Louise Burnham (1854 - 1927)

Tse-kung fragte, was einen überlegenen Menschen ausmache. Der Meister sagte: "Er handelt bevor er spricht und er spricht nachher in Übereinstimmung mit seinen Handlungen."

Konfuzius

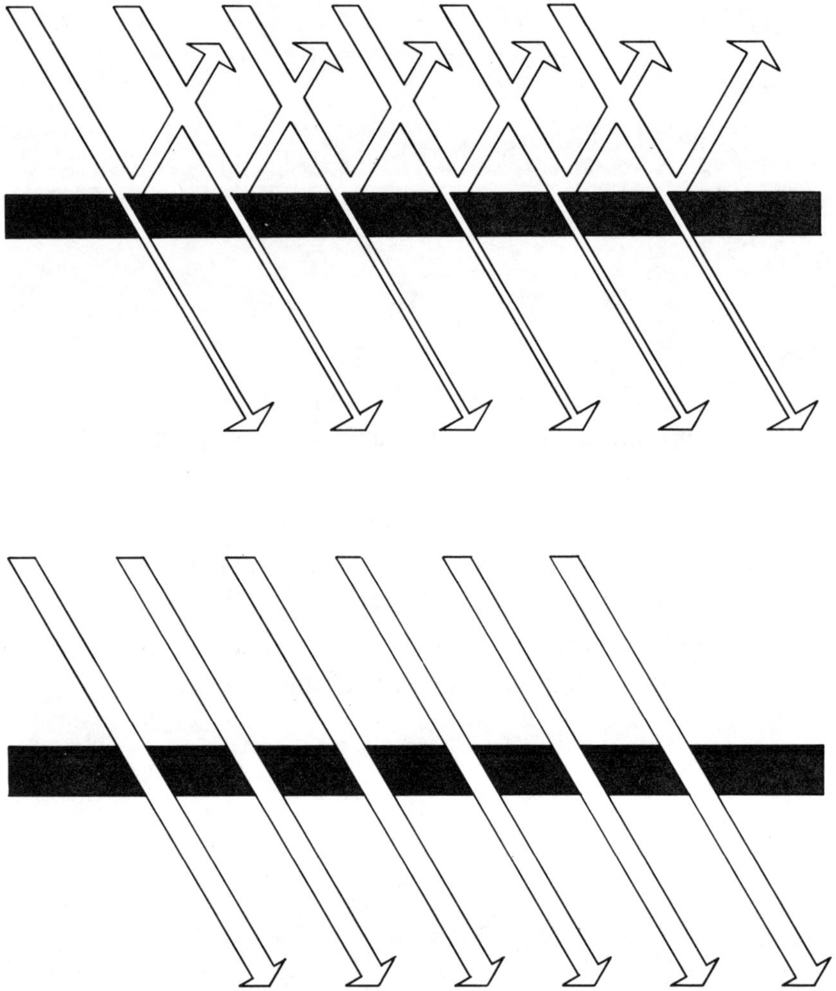

Abbildung 10-2. Nicht reflektierendes Glas: Eine gute Impedanzanpassung

Diese Schnittstelle zwischen Ihnen und Ihrer Umwelt muß mehrere Charakteristika haben, wenn sie Ihre Kreativität anregen soll.

Eine gute "Impedanzanpassung". Impedanzanpassung ist ein in der Wissenschaft verwendeter technischer Begriff. Sehr einfach ausgedrückt bezieht er sich auf die Ausgewogenheit der Eigenschaften zwischen zwei verschiedenen Dingen, die miteinander verbunden sind, und durch die ein Energiefluß von dem einen zum anderen stattfindet. In der Audioelektronik zum Beispiel müssen die elektrischen Eigenschaften oder die Impedanz eines Lautsprechers richtig an die Impedanz eines Verstärkers angepaßt sein, damit eine hohe Wiedergabetreue entsteht. Ein anderes Beispiel: Nicht reflektierendes Glas entsteht durch eine Impedanzanpassung. Normalerweise haben Glas und Luft so unterschiedliche Impedanzen, daß Licht, das durch die Luft geht, beim Auftreffen auf das Glas reflektiert wird. Wenn man das Glas mit einem transparenten Film einer genau bemessenen Dicke beschichtet, überbrückt der Hersteller die Unterschiede zwischen den Impedanzen womit es möglich wird, daß Licht zum größten Teil unbehindert von der Luft durch das Glas geht. Eine gute Impedanzanpassung zwischen einem Individuum und seiner/ihrer Umwelt ermöglicht eine "weiche" Schnittstelle. Sie läßt es mit anderen Worten zu, daß zwischen den beiden ein Energiefluß stattfindet, der in beiden Veränderung und Bewegung ermöglicht. Der kreative Prozeß in Menschen ist zerbrechlich. Also sollte die kreative Umgebung entweder entgegenkommend und formbar statt harsch oder unnachgiebig sein. Oder es muß eine isolierende Brücke vorhanden sein, die den kreativen Menschen davor schützt, direkt auf die ihn umgebende Welt zu treffen.

Eignung für die laufende Phase des kreativen Prozesses. Die Schnittstelle muß auch zu der Phase des kreativen Prozesses passen, in der sich der Mensch gerade befindet. Das heißt, entweder muß die kreative Umgebung anpassungsfähig und variabel sein, oder, und das ist wahrscheinlicher, es braucht mehr als nur eine kreative Umgebung. Es kann sein, daß für den kreativen Prozeß mehrere benötigt werden. Als ich dieses Buch schrieb, benutzte ich jeden Raum des Hauses – das Studio, den Dachboden, das Wohnzimmer, die Galerie, das Arbeitszimmer, das Bootsdeck, den See, das ACS Büro und jede Autofahrt und jeden Flug. Und wenn der Prozeß des Schreibens eine andere Form der Anregung brauchte, habe ich die Umgebung entsprechend geändert.

Die Eignung ist besonders für die Überprüfung und Anwendung wichtig. Bedenken Sie, daß Sie Ihre kreativen Ideen *anwenden* müssen, um Ihren kreativen Prozeß zu verstärken. Wenn Sie eine Idee für ein unglaubliches Feinschmecker-Gericht haben, ist es wichtig, daß Sie eine Küche haben, in der Sie es zubereiten können, und daß es Menschen gibt, die es dann essen.

Wenn sie eine Idee modellieren wollen, brauchen Sie kreative Materialien, mit denen Sie arbeiten können. Wenn Sie eine Idee für ein Gemälde haben, brauchen Sie einen Raum, in dem Sie Farben benutzen können und gutes Licht haben: Einen Ort, an dem sie ein Gemälde tatsächlich *produzieren* (produce) können, ohne andere Bereiche Ihres Lebens oder des Lebens anderer Menschen zu stören. Im Idealfalle gestattet es Ihre kreative Umgebung mitten im kreativen Prozeß alles stehen und liegen zu lassen, ohne aufzuräumen, wegzugehen und wiederzukommen, und genau da weiterzumachen, wo Sie aufgehört haben.

"Ideen halten sich nicht. Man muß etwas mit ihnen tun."

Alfred Narth Whitehead

"Nachdem man ein Problem in alle Richtungen untersucht hat, kommen glückliche Ideen unerwartet, mühelos, wie eine Inspiration. Soweit es mich betrifft, sind sie mir nie gekommen,wenn mein Geist erschöpft war, oder wenn ich an meinem Schreibtisch gearbeitet habe . . . Sie kamen besonders leicht, wenn ich an einem sonnigen Tag langsam auf bewaldete Hügel stieg."

H. L. von Helmholtz

"In jeder Ecke, in allen vergessenen Dingen und Winkeln ist die Natur bestrebt, Leben in das Tote zu hauchen, Leben in das Leben selbst."

Henry Beston
"The Headlong Wave"
The Outermost House

ÜBUNG: BEANSPRUCHEN SIE IHREN KREATIVEN RAUM

Geben Sie *Ihren* kreativen Raum unten an, indem Sie eine Form zeichnen, die diesen Raum in dem jeweiligen Teil eines oder mehrerer Quadranten "umschließt". Geben Sie dann auf den in jedem Quadranten vorgegebenen Linien eine Beschreibung der "erfüllenden" Arbeit, die Ihren Besitzanspruch auf diesen Raum festlegt.

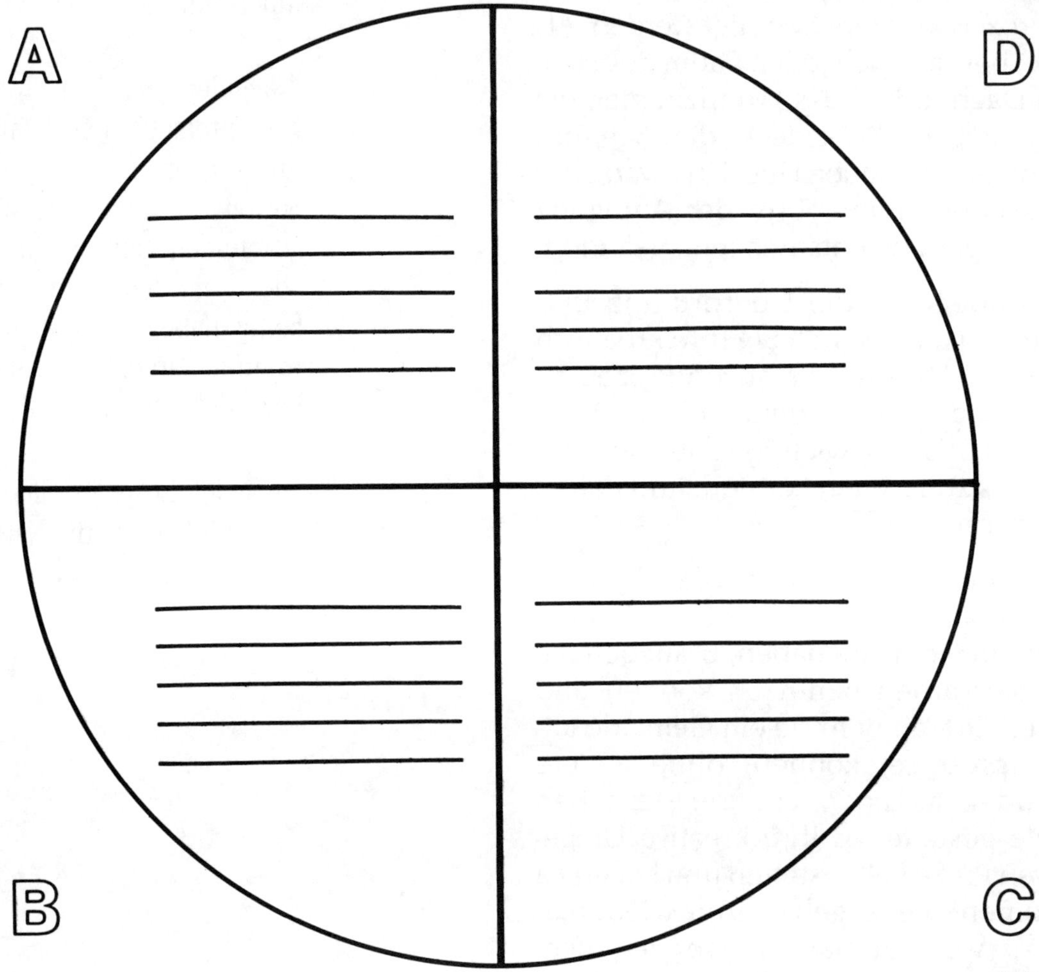

Abbildung 10-3. Übung kreativer Raum

Persönliche Erholung. Die Schnittstelle zwischen Ihnen und Ihrer kreativen Umgebung muß Sie erneuern können. Meine Erfahrung ist es, daß in der Natur diese Erholung am leichtesten und kräftigsten zu bekommen ist. Ich meine hier die freie Natur mit ihren Geräuschen von Wind und Wasser, den Blumen, den Bäumen und Vögeln, alle diese Impressionen des Lebendigen und des Wachstums. Es ist besonders wichtig, daß reichlich Licht und Luft vorhanden sind. Außer in der Natur liegen in der Musik, in Büchern, beim Spielen und in der Auseinandersetzung mit anregende Menschen die Momente der Erholung, die man braucht.

Gegenseitige Unterstützung. Die Schnittstelle sollte auch eine gegenseitige Unterstützung zulassen. Das heißt: Die Umgebung sollte Sie anregen und nähren, und Sie sollten Ihrerseits der Umgebung das zurück geben, was Sie ihr im kreativen Prozeß entzogen haben.

Übertragbarkeit. Sie sollten Ihren kreativen Raum nicht zurücklassen müssen. Teile von ihm sollten Ihnen geistig folgen, um ihre Prozesse zu fördern, wo immer Sie sich gerade aufhalten, so daß Sie in jeder Situation Ermutigung finden. In diesem Sinne nahm ich mein Studio und Pat's Skulptur auf der Fahrt zur Arbeit in New York City und auf dem Heimweg mit. Und in diesem Sinne umgaben mich mein Haus und Lake Lure, während ich Teile dieses Buches in Autos, Flugzeugen oder zwischen Werkstattveranstaltungen schrieb. Oft war die Zeit, die ich in der Kirche verbrachte, eine reiche Quelle kreativer Ideen. Der kreative Raum, den Sie in Ihrem Kopf herumtragen, ist der wichtigste überhaupt. Der ganze Reichtum der Außenwelt kann Ihnen nicht zu ihrer Kreativität verhelfen, wenn der kreative Raum in Ihrem Kopf zu klein ist, oder eingeengt wird.

Ursprünglich entwickelt sich Ihr kreativer Raum als Folge Ihrer frühesten geistigen und emotionalen Umgebung. Besonders das, was Ihnen von Ihren Eltern, Lehrern und sonstigen Bezugspersonen zugänglich gemacht wird, und worin Sie bestärkt wurden. Wenn Sie als Erwachsene diese Umgebung in Ihrem eigenen Geist eingerichtet haben, entwickeln Sie die Neigung, von innen nach außen zu arbeiten: Ihre Innenwelt so gut wie möglich auf die Außenwelt zu übertragen, die Sie für sich und andere geschaffen haben. Wie das geschieht, ist unterschiedlich: Die Übertragung der Innenwelt auf die Außenwelt kann bedeuten, daß man sich einen physikalischen Raum einrichtet, in dem man kreativ sein kann. Es kann auch bedeuten, daß man beschließt, am Arbeitsplatz ein Projekt zu verfolgen und eine überlegte und klare Strategie entwickelt, um die Genehmigung und Unterstützung dafür zu gewinnen.

Für eine kreative Lebensführung braucht jeder Mensch einen positiven kreativen Raum, ein umfassendes Gefühl für die kreativen Möglichkeiten. Dieses Kapitel soll Ihnen helfen, Ihren eigenen kreativen Raum nach Ihren Vorstellungen zu gestalten. Als ersten Schritt sollten Sie Ihren kreativen Raum zu fordern beginnen, indem Sie die Übung kreativer Raum in Abbildung 10-3 ausführen.

Dieses Kapitel widmet der Beschreibung spezifischer, physischer Merkmale der kreativen Umgebung relativ wenig Raum, denn was einen Menschen anregt, kann sich deutlich von dem unterscheiden, was ein anderer Mensch aufregend findet. Zum Beispiel kann die Umgebung, die ich für mich schaffe, für jemand anders viel zu vollgestopft sein. ACT I bietet eine kreative Umgebung, die für die meisten Menschen funktioniert, weil es wirklich für jeden etwas gibt: Die Anzahl der Möglichkeiten ist überwältigend. Es wäre aber kaum praktisch vorzuschlagen, daß man in jedem Haus oder an jedem Arbeitsplatz eine derart immense Ansammlung von Möglichkeiten und Materialien anhäuft.

Was wäre, wenn es *tatsächlich* eine ideale kreative Umgebung gäbe? Eine Umgebung, in der alle Menschen kreativ arbeiten können. Ich habe die Hoffnung eine zu schaffen, und plane für mich selbst, meine Familie, meine Freunde und meine Klienten meinen endgültigen kreativen Raum. Er ist noch ein Traum, aber ich besitze die Örtlichkeit und der Traum beginnt Gestalt anzunehmen. Meine ideale kreative Umgebung wäre eine zum Gegenstand geronnene Metapher des das ganze Gehirn nutzenden kreativen Prozesses, und sollte alle vier Quadranten des Gehirns ansprechen. Er enthielte ein Gebäude, das wie eine Skulptur zum Bewohnen gestaltet wäre, mit einer Vielzahl kleiner Privaträume für individuelle Tätigkeiten und große Räume für Bewegung, Licht, Filme, Gruppenveranstaltungen und Musik. Und es wäre nicht irgendeine Musik, sondern eine bei besonderen Gelegenheiten durch Lichtorgeln, tanzende Glasfasern und Laser in Farbe und Bewegung umgesetzte Musik. Man würde Skulpturen und Gemälde im Entstehungsprozeß sehen, jeder wäre eingeladen, daran teilzunehmen, und fotografische Projektionen würden stattfinden. In den Arbeitsräumen wären jederzeit alle möglichen kreativen Materialien verfügbar. In anderen Räumen würden Werkzeuge, Spielzeug (jede Menge Spielzeug) und Maschinen (Computer, Kopierer) vorhanden sein. Eine Multimedia-Bibliothek würde mit Büchern, Bändern, Videos und Postern überquellen. Erweiterungen des Raumes nach außen würden einen Landschaftsgarten, Brunnen, ein Baumhaus, Waldwege und eine Reihe von Aussichtspunkten umfassen und eine Vielzahl verschiedener Perspektiven liefern, damit man unterschiedliche Gesichtspunkte entwickeln kann. Es wäre ein Ort, an dem kreativer Ausdruck für jedermann normal wäre. Ich bin gespannt auf die interessierten Menschen, die eines Tages Lake Lure besuchen, wenn der Traum zur Wirklichkeit geworden ist.

Ihre eigene, gegenständliche, kreative Umgebung ist also etwas, das Sie entwickeln müssen. Ich kann in diesem Kapitel nur Anregungen geben, und tue das auch. Aber es sind Ihre eigenen Forschungen und Experimente, durch die Sie herausfinden, welchen Weg Sie gehen müssen. Denken Sie beim Weiterlesen immer an Ihre eigenen Neigungen und Ressourcen, und entwerfen Sie eine Liste von Möglichkeiten, die Sie für sich ausprobieren. Wenn Sie ein paar Möglichkeiten gefunden haben, die Ihnen zusagen, haben Sie einen wichtigen Schritt zu einem besseren kreativen Leben getan.

Es ist ein guter erster Schritt auf dem Wege, wobei es keine Rolle spielt, wie alt Sie sind, wenn Sie es lernen, einen kreativen Raum für Ihre Kinder zu schaffen.

10.2 Kreativer Raum für das Kind

Es ist angemessen, mit der Elternrolle zu beginnen, denn ob wir leibliche Kinder haben oder nicht, es gibt immer das Kind in uns, das gehegt und ermutigt werden muß, wie in seiner Kindheit.

Tatsächlich liefert die Eltern/Kind-Metapher eine weitere Möglichkeit, unseren inneren iterativen Prozeß zu verstehen, der negativ oder positiv sein kann. Unglücklicherweise ist er allzu oft negativ: Die meiste Zeit verbringen wir damit uns zu ermahnen, anstatt daß wir uns die Freiheit lassen, den Weg zu finden, wie wir unsere Persönlichkeit vollständig ausdrücken können. Zum Beispiel beschimpfen wir uns als kindisch oder unreif, wenn wir von einer Aufgabe abweichen, oder wenn wir statt zu arbeiten spielen, oder wenn wir respektlos sind. Wir schelten uns für Unwissenheit, für ehrliche Fehler, für unvermeidliche Verzögerungen. Und dann rebellieren wir auch wie Kinder, die auf diese innere Tyrannei reagieren: Wir verachten Autorität, schmähen die für gewisse künstlerische Tätigkeiten erforderlichen gewissenhaften Nachforschungen, verlachen bewährte Verfahrensweisen als "alt und langweilig". Dieses negative innere Tauziehen drückt uns geistig und körperlich nieder und stört ernsthaft unsere Fähigkeit, Situationen zu meistern, welche innovative Reaktionen erfordern.

Eine positive Kontrast zu diesem negativen inneren Tauziehen in der Eltern/Kind-Iteration liegt in der Bestätigung aller Formen kreativer Bemühungen und alle Modi: Der linken, rechten, sowie der oberen und unteren (A,B,C,D): Wenn eine kindliche Spontaneität auftritt oder Respektlosigkeit vorkommt, ist die elterliche Reaktion positiv, z.B. "Was für eine interessante Idee" oder "Große Güte, das hat nicht funktioniert, aber ich wette, daß wir herausfinden, wie es funktioniert" oder "Warum nicht" oder "Probiere mal etwas anderes aus" oder "Es ist gut, daß Du es versucht hast." Andere positive Rückmeldungen wären unter anderem "Es ist in Ordnung, wenn wir das annehmen, was wir sind, weil unsere geistigen Präferenzen so sind" und "Wir können auch lernen, was zu wissen haben, ohne uns dafür zu bestrafen."

"Unsere Kinder beginnen, die Erfüllung zu erleben sobald wir uns entschließen, eine Umgebung zu schaffen, die ihnen das gestattet."

Bob Samples

"Eltern sollten viel mehr mit ihren Kindern spielen. Denn Menschen, die nicht spielen können, können an der Arbeit auch nicht sehr gut sein."

Junge (11)

Diese Botschaften stehen in Einklang mit meiner Überzeugung, daß die Vorbereitung von Kindern auf ein befriedigendes Leben in dieser sich schnell ändernden, hochtechnisierten, aufregenden Welt bedeutet, ihnen bei folgendem zu helfen:

1. *Maximierung der Anzahl der geistigen Möglichkeiten*, die ihnen zur Verfügung stehen, um in auftretenden Situationen entsprechend zu reagieren.
2. *Ihre natürlichen Neigungen zu fördern* auf dem Wege zur Dominanz in einem oder mehreren Quadranten.

Wenn ich die Chance häte, den Weg mit meinen eigenen Kindern noch einmal zu gehen, würde ich vieles anders machen: Statt auf die drei Rs (Reading, Writing, Arithmetic) würde ich mich auf die vier P (Permissions, Praise, Play, Personal Uniqueness) Erlaubnis, Lob, Spiel und persönliche Einzigartigkeit konzentrieren.

a. Permission: Erlaubnis

Erlaubnis beinhaltet die Freiheit, hauptsächlich das zu tun, was natürlich ist, das meint, wozu unsere Kinder aufgrund ihres Geschmacks und ihrer Neugierde zu dem Zeitpunkt neigen, zu dem sie sich dazu entschließen, es zu tun. Wir geben die Erlaubnis auf mehreren wichtigen Gebieten.

Du kannst alles versuchen

Kinder wollen vieles probieren: Sie besitzen eine natürliche Neugier, die sie ermutigt, genau die Experimente durchzuführen, mit deren Hilfe sie ihre Welt, sich selbst und andere Menschen kennenlernen. Wir geben die Erlaubnis zu diesen Experimenten, indem wir reichlich Gelegenheiten verfügbar machen. Daß heißt, in dem wir Anregungen liefern, die alle Möglichkeiten für Erfahrungen abdecken: sehen, hören, berühren, riechen, kinästhetische und geschmackliche sowie emotionale, physische, imaginäre und intellektuelle.

Ein wichtiger Teil der Bereitstellung einer breiten Palette von Anregungen ist es, zahlreiche Arten der Kommunikation zu benutzen. Hätte ich die Chance, mit meinen Töchtern noch einmal anzufangen, wüßte ich heute, daß die Art meiner Verbindung mit ihnen eine enorme Wirkung hat, und daß ich sicherstellen muß, daß unsere Kommunikation in mehr als einem Quadranten stattfindet. Demgemäß würde ich lernen, was immer dazu notwendig ist. Ihnen Landschaften eröffnen, die ich selbst vermeide, um sicherzustellen, daß ich kostbare Augenblicke des Verstehens in der Sprache meiner Kinder nicht verpasse. Zusätzlich zu der Einführung in die Welt der Fakten würden meine Mitteilungen zum Beispiel Metaphern, Geschichten und Phantasien enthalten. Meine Kinder und ich würden uns die Zeit nehmen, um unsere Träume zu verarbeiten. Ich würde auch mehr darüber lernen, wie Gefühle ausgedrückt werden, und ihnen nicht nur Glück und Ärger zeigen, bei denen sich Männer tendenziell am sichersten fühlen, sondern versuchen ihnen die ganze *Bandbreite* der Gefühle zu eröffnen. Ich würde das Erlernen einer einfachen Aufgabe, wie das Mischen von Farbe oder wie man ein Puzzle zusammensetzt mit ihnen teilen.

Du kannst deinen eigenen Lieblingsweg gehen

Während ich ihnen den ganzen Bereich der möglichen Erfahrungen zugänglich machte, würde ich auch darauf achten, die Präferenzen meiner Töchter für bestimmte Arten des Wissens zu entdecken und sie dann zu unterstützen, und darauf vertrauen, daß ihre eigene, innere Richtung für sie gesund und gültig ist. Um sicherzustellen, daß eine Präferenz für einen Quadranten nicht zu einer schädlichen Vermeidung eines anderen führt, würde ich auch sicherstellen, daß ergänzende Entwicklungschancen vorhanden sind, und sie sanft dahin führen, daß sie mit diesen Quadranten vertraut werden.

Du kannst dir Zeit lassen

Eine weitere wichtige Erlaubnis ist das Recht, sich mit seinem eigenen Tempo zu entwickeln. Das Gehirn wächst in Stufen und schubweise, wie der Rest des Körpers. Und wenn man ein Kind auffordert, etwas anzunehmen, oder es fordert, Leistungen auf einem hohen Niveau auszuführen, bevor das Gehirn des Kindes dazu bereit ist, so führt das zu beträchtlichen Ängsten. Es kann auch zu ungesundem Konkurrenzdenken führen. Und dieses geschieht meistens um die Bedürfnisse des Egos der Eltern zu befriedigen. Um das zu vermeiden würde ich fortfahren, Wissen über die

Entwicklungsphasen und wie man sie erkennt zu erwerben und meine Erwartungen und Anforderungen an die Stufe anpassen, die jedes Kind erreicht hat.

"Spiele, damit Du ernst sein kannst."

Anarchasis, 600 v. Chr.
nach Aristoteles Nikomachische Ethik

"Es ist ein glückliches Talent, wenn man zu spielen versteht."

Emerson, Journals 1834

"Es ist ein starkes Anzeichen der Mittelmäßigkeit, wenn man immer wenig lobt."

Vauvenargues

"Das Spiel der Kinder sollte als ihre ernsteste Tätigkeit betrachtet werden."

Michel de Montaigne

Abbildung 10-4.

b. Praise: Lob

Erlaubnis und Lob sind sehr eng miteinander verbunden. Alle Menschen neigen dazu, das zu tun, wofür sie Liebe und Aufmerksamkeit bekommen. Wenn ich es noch einmal tun müßte, würde ich meine Kinder sehr viel loben. Nicht nur für das was sie meiner Meinung nach tun sollten, oder was die Gesellschaft billigt, sondern für alle ihre Fortschritte in allen Quadranten. Ich würde sie nicht nur dafür loben, daß sie Schreiben oder Rechnen oder Addieren oder Multiplizieren gelernt haben, sondern auch für folgendes:

- "Sehen" lernen – Dinge zu bemerken: Die Schönheit einer Linie oder Farbe, die Wechselwirkung mit einer anderen Farbe, die exquisite Struktur eines Steins oder Tuches.
- Erkennen eines Geruchs oder Geschmacks, und neue kennenzulernen, sowie die Erweiterung der Liste dessen, was sie akzeptieren.
- Körperliche Bewegung in Tanz und Sport und Ausdruck von Gedanken durch Bewegung.
- Verstehen der Emotionen eines Menschen angesichts einer neuen oder konfliktträchtigen Situation.

Belohnungen, eine Erweiterung des Lobes, müssen in einer Form gegeben werden, die das Kind als positiv erlebt. Ich würde sicherstellen, daß Fortschritte in allen Quadranten positiv aufgenommen und belohnt werden, und ich würde mit jedem Kind prüfen, ob ich nicht unbewußt Belohnungen zurückhalte oder sie auf andere Weise zu Leistungen in der einen oder anderen Funktionsweise dränge.

Ich würde auch sicherstellen, daß ich meine Töchter dafür lobe und belohne, daß es sie gibt und nicht nur für Leistung. Zu wissen, daß wir einfach lebendig sein können, und daß es jemanden gibt, der sich nur deswegen freut, vermindert Ängste, steigert Energien und macht uns frei, frei zu wählen. Ich würde sicherstellen, daß meine Kinder wissen, daß meine Liebe nicht von ihrer Leistung abhängig ist.

c. Play: Spiel

Das Spiel ist die wichtigste Beschäftigung von Kindern. Hier lernen sie, in ihrer Welt zu leben. Es ist auch eine lebenslängliche Quelle der Freude. Ein Großteil des Elends und des Mangels an Phantasie, den die meisten Menschen in ihrem Leben erfahren, stammt daher, daß sie vergessen haben, wie man spielt.

Um meinen Kindern zu helfen, sich einen frischen Geist und frohe Aussichten für ihr späteres Leben zu bewahren, würde ich viel Zeit beim Spielen mit ihnen verbringen, und dabei nicht meine Regeln zugrunde legen, sondern ihnen in ihrem Spiel folgen. Diese würde einen hohen Stellenwert einnehmen. Es wäre mein Anteil mit der bewußten Absicht, Schulwissen zu ergänzen, statt es nur zu verstärken. Unser Spiel wäre allerdings ein permanenter Teil unseres gemeinsamen Lebens, nicht nur eine vorschulische Pflicht.

"Wenn ein Kind mit Zustimmung lebt, lernt es, mit sich selbst zu leben."

Dorothy Law Nolte

"Alles zu träumen was man träumen will ist die Schönheit des menschlichen Geistes. Alles zu tun was man tun will ist die Stärke des menschlichen Willens. Sich selbst zu vertrauen, wenn man seine Grenzen erforscht ist der Mut zum Erfolg."

Bernard Edmonds

"Sei dein eigener Palast, sonst ist die Welt dein Gefängnis."

John Donne (1573 – 1631)

Abbildung 10-5. Du mußt nicht wie ich sein

d. Personal Uniqueness: Einzigartigkeit des Menschen

Wenn Kinder heranwachsen und beginnen, die Entscheidungen hinsichtlich ihrer Ausbildung und ihres Berufes selbst zu treffen, ist es ungeheuer wichtig, daß sie sich sicher fühlen, wenn sie ihren eigenen Wünschen folgen. Wenn sie etwas tun, von dem sie annehmen, daß es jemand anders von ihnen will, oder einfach den Fußstapfen eines anderen folgen, so funktioniert das meistens nicht, und es dauert oft Jahre, bis sie zu ihrer persönlichen Bestimmung zurückkehren.

Eines der Dinge, die wir unbewußt tun ist, daß wir unsere Kinder entweder auffordern unser Abbild zu werden oder das Leben zu führen, das wir gern gelebt hätten. Manchmal sind diese unbewußten Wünsche extrem stark und wir bringen sie sehr machtvoll zum Ausdruck ohne es überhaupt zu wissen.

Es ist nicht schlecht, wenn wir für unsere Kinder Träume haben, aber wir müssen diese Träume mit der sehr festen Verpflichtung verbinden, unsere Kinder ihrem eigenen Stern folgen zu lassen, und ihre persönliche Einzigartigkeit zu ehren. Wenn sie ihren eigenen Neigungen und Sehnsüchten folgen, statt denjenigen, die andere für sie vorbereitet haben, dann brauchen sie die ausdrückliche Zusicherung, daß dadurch unsere Liebe oder Nähe, die sie brauchen und wollen, nicht erschüttert wird.

Wir müssen unsere Kinder für ihre Einzigartigkeit lieben und nicht nur für die Art und Weise, in der sie zeigen können, daß wir genetisch oder auch sonst gute Eltern sind. Sie sind ein Stück Unsterblichkeit für uns, sie sind der

Name, haben vertraute Züge in einer jüngern Gestalt. Wir verdienen höchste Anerkennung, wenn unsere Kinder sich glücklich und frei entschließen können, ihren persönlichen Interessen zu folgen.

Als Eltern müssen wir von der Vorstellung Abschied nehmen, daß unsere Kinder in der Schule die gleichen Fächer, wie wir bevorzugen, den gleichen Beruf ergreifen oder sich in gleicher Weise verheiraten. Es kommt darauf an, daß unsere Kinder ihre Einzigartigkeit entdecken und leben.

Dabei dürfen wir nicht vergessen, daß wir Träume für unsere Kinder haben. Wir müssen uns mit ihnen auseinandersetzen und akzeptieren, daß unser Weg nicht immer der ihre sein kann. Indem wir ihre bevorzugten Denkstile, ihre Art an Dinge heranzugehen, zu fühlen, kreativ zu sein kennenlernen, verschaffen wir uns Zugang zu ihrer Welt. Und diese Welt kann die unsere bereichern: Die Welt der Kindheit kann Teil unseres kreativen Raums werden.

10.3 Kreativer Raum für Erwachsene

Sobald die Kindheit hinter Ihnen liegt, tragen Sie allein die Verantwortung für Ihren kreativen Raum. Andere können Ihnen Ermutigung, Modelle und Ermahnung geben, aber Sie müssen entscheiden, welche Einflüsse Sie zulassen und was Sie mit ihnen anfangen.

Im Allgemeinen gelten für den Aufbau eines kreativen Raumes drei bedeutende Richtlinien:

- Sie müssen den Raum für sich selbst beanspruchen: In vielen Fällen ist dazu eine Erklärung der Absicht erforderlich, das kreative Selbst zu üben und zu erweitern.
- Sie *besitzen* ihn nicht wirklich, bevor Sie in *benutzen*. Das heißt, bis Sie zulassen, daß er Sie ändert und Sie im Gegenzug die Verantwortung für seine Qualität und seinen Charakter übernehmen.
- Andere, die den gleichen Raum mit Ihnen teilen, müssen an dem Entscheidungsprozeß beteiligt sein.

Sie können Ihren kreativen Raum in Ihrem Heim vielleicht leichter als irgendwo sonst schaffen, denn die meisten Menschen haben Zuhause mehr Kontrolle über ihr Leben. Und hier gibt es zumindest einige Bereiche, die sie wirklich ihr eigen nennen können. Nachfolgend gebe ich einige Beispiele für kleine und große kreative Räume aufzeigen.

a. Ateliers und Ecken

Dem Prozeß der Veränderung meines Image und der Forderung meines kreativen Raumes an der Arbeit ging eine ähnliche Veränderung Zuhause voran. Das geschah nicht allzu lange nach meinen durch Herzblock verursachten Ohnmachten. (Sie werden sich erinnern, daß sie zum Ende meiner Karriere als Sänger führten, und ich zu malen begann.) Kurz danach wurde ich zur Hauptverwaltung in New York City versetzt und im Zusammenhang damit zog ich von Cincinnati, Ohio nach Stamford, Connecticut, um.

Abbildung 10-6. Atelier in Stamford

Nachdem ich den Verlust eines Ventils für meinen kreativen Drang erlebt hatte entschied ich, daß ich nie wieder ohne ein solches Ventil leben wollte, und ich war von dem Gedanken besessen, in unserem neuen Haus ein Atelier zu haben. Wie auch Margy: In Cincinnati malte ich im Wohnzimmer, das neben der Küche lag, und sie war furchtbar allergisch gegen die Ölfarben, die ich benutzte. Aber mein Drang zur Malerei war so stark, daß ihn zu verleugnen zu Frustrationen geführt hätte, mit denen ich nicht hätte fertigwerden können. Darum wählten Margy und ich für unser neues Haus einen umgebauten Stall mit einem Werkzeugschuppen von 12 mal 20 Fuß, der für die nächsten 17 Jahre mein künstlerisches Reich wurde.

Es dauerte nicht lange und das Atelier sah aus als wäre ein Wibelsturm durchgezogen. Aber für mich war es der Himmel. Ich hatte einen riesigen Zeichentisch, auf dem Pappteller aufgestapelt waren (ich benutzte sie als Paletten und hob sie als Farbmuster auf, nachdem ich ein Gemälde fertiggestellt hatte). Aktenorder quollen mit interessanten Anregungen über. Schränke waren randvoll mit Malereibedarf. Neben einem Fernseher und verschiedenen Projektoren konkurrierten Podeste für die Bildhauerei und Miniaturen von Michelangelos Skulpturen um den kleiner werdenden Platz. Klumpen von Ton und kalt gegossener Bronze lagen auf dem Fußboden und verliehen der bereits reichlich bunten Oberfläche eine dreidimensionale Struktur. Während ich dazu überging, kalt gegossene Bronze zu verwenden nahm der Raum ein eindeutiges Aroma der Chemikalien des Formenmaterials an. (Bis zum heutigen Tage erinnern sich meine Töchter an den strengen Geruch der Bronzen von Robbenbabys, die im Küchenherd gebrannt wurden.) Zu der Aufregung kam noch hinzu, daß jedes der Mädchen seinen eigenen Schrank für seine gerade laufenden künstlerischen Projekte hatte. Kurz gesagt, bald enthielt das Studio alles und jedes, das ich irgendwie hinein stopfen konnte, und das meine kreativen Bemühungen inspirieren oder unterstützen konnte.

Obwohl der kreative Prozeß bei mir und vielen anderen Menschen im wesentlichen unordentlich ist, muß er nicht immer wie das Chaos aussehen. Auch ein separater Raum ist nicht immer notwendig. Tatsächlich gibt es nur wenige Anforderungen an eine feste, physikalische Umgebung, die dem kreativen Prozeß dienen soll:

1. *Festhaltesysteme*. Ob die Erleuchtung nun schrittweise oder auf einmal kommt: Es ist wichtig, die Stücke zu sammeln, bis sie zu einem fertigen Bild zusammengesetzt werden können. Festhaltesysteme können einfach sein: Bleistift und Block, Tagebuch oder ein Diktiergerät. Die wichtigste Anforderung ist, daß Sie sie im Augenblick der Erleuchtung bei sich haben.
2. *Eine Inkubationsausstellung*. Es ist wichtig, einen Arbeitstisch oder ein schwarzes Brett zu haben, um im Vorbereitungsprozeß gesammeltes Material auszustellen. Während ich entscheide, was ich malen will, breite ich zum Beispiel Proben von Szenen aus, die dem nahekommen, was ich malen will, die dem aber nicht genau entsprechen. Ich lasse die Gegenstände auf dem Tisch würden eine Zeit mit mir "sprechen", bis etwas Klick macht (Erleuchtung) und ich bereit bin, mit dem Malen zu beginnen.
3. *Ein Platz für schöpferische Arbeit*. Das kann der gleiche Arbeitstisch wie unter 2. sein. Es kann eine Schreibmaschine sein, oder ein Zeichentisch, ein Klavier oder ein Tonbandgerät. Die wichtigste Anforderung ist, daß genügen Platz für die Lösung der vorliegenden Aufgabe

"Der Künstler ist keine andere Art von Mensch, aber jeder Mensch ist eine andere Art von Künstler."

Eric Gill, Philosoph

"Oh, Du suchst diesen besonderen Pinsel? Keine Sorge, ich habe ihn sicher verwahrt."

C. H.

"Definition der kreativen Vorstellungskraft: Ich setzte den ersten Pinselstrich auf die Leinwand. Danach muß die Leinwand mindestens die Hälfte der Arbeit leisten."

James Brooks, Maler

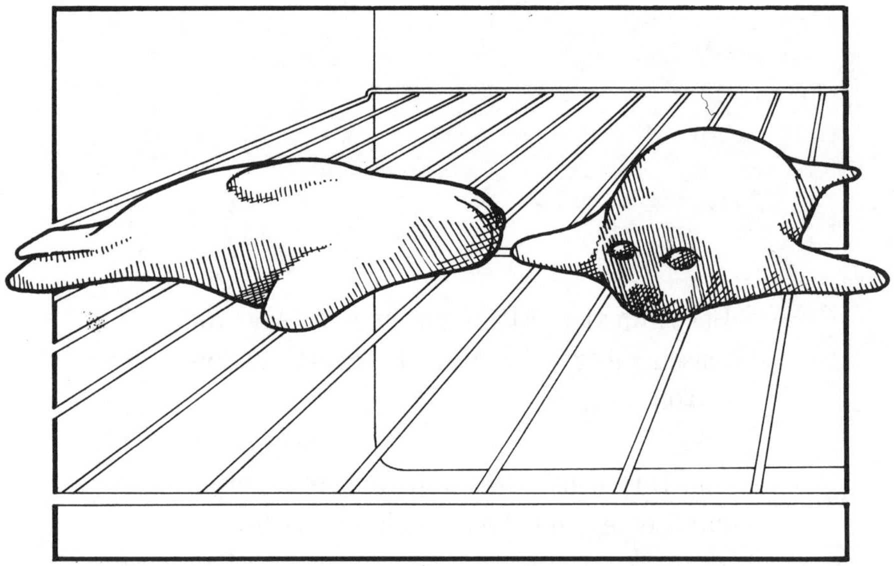

Abbildung 10-7. Brennen von Bronzeskulpturen

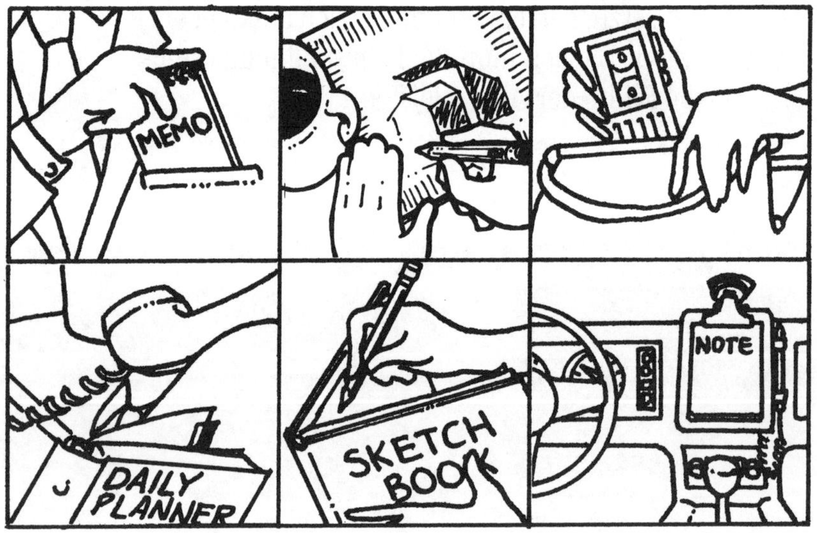

Abbildung 10-8. Typische Festhaltesysteme

vorhanden ist, und man die Arbeit mitten im Prozeß stehen und liegen lassen kann, ohne aufräumen zu müssen. Wenn man nur wenig Platz in einem größeren Raum hat, kann man einen hüfthohen Raumteiler aufbauen, der niedrig genug ist, so daß keine Klaustrophobie entstehen kann. Und er ist hoch genug, um die Unordnung zu verbergen und das Gefühl eines abgetrennten Raumes zu vermitteln. Eine andere Möglichkeit besteht darin, daß man Freunde mit einem ähnlichen Geschmack findet und zusammen einen Dachboden oder ein Studio zu mieten, um die Kosten zu teilen und die kreative Anregung zu steigern.

4. *Positive Nachrichten für den Einzelnen.* Eine positive Nachricht kann ein Schild an der Wand sein, auf dem steht "Schriftsteller bei der Arbeit", oder "Meine kreative Ecke", oder "Ich beanspruche diesen kreativen Raum". Es kann ein schwarzes Brett sein, an dem Sie sich Notizen machen und Zettel mit interessanten Gedanken aufhängen, die Ihnen beim Ordnen Ihrer Gedanken helfen. Es kann ein Brief von einem respektierten Mentor sein, der aussagt: "Was Sie schreiben ist großartig." Es kann eine interessante Schlagzeile oder ein interessanter Zeitungsartikel sein. Oder ein Gemälde oder Poster, das Sie sehr schätzen. Es kann kurz gesagt alles sein, das Ihren Geist in Ihr eigenes kreatives Reich führt, Sie ermutigt und stärkt, und Ihnen ein gutes Gefühl gibt.

Sie werden herausfinden, daß die Tätigkeit des Einrichtens einer förderlichen, physischen Umgebung für Ihre Kreativität an sich ein aus allen sechs Phasen bestehender kreativer Prozeß ist. Am Ende des Prozesses wird darüber hinaus die Interaktion zwischen Ihnen und der äußeren Umgebung auch in einer reichhaltigeren Interaktion zwischen Ihnen und Ihrer Innenwelt widergespiegelt. Das war genau die Erfahrung, die Margy und ich gemacht haben, als wir unser Haus in Lake Lure gebaut haben.

b. Ein Ganzhirn-Haus

Margy und ich fühlten uns gleichermaßen verpflichtet, in einer auf das ganze Gehirn ausgerichteten, kreativen Weise zu leben. Daher beschlossen wir, unser ganzes Haus als kreativen Raum zu planen. Es war ohne Zweifel das größte und eines der am tiefsten greifenden kreativen Ereignisse, die ich bisher erlebt hatte, und es hatte eine wundervolle Auswirkung auf meinen inneren kreativen Raum. Dieses Geschehen illustriert auch einige wichtige Aspekte des und Möglichkeiten für das Nachdenken über kreativen Raum: Die Bedeutung der Kommunikation, den Einsatz kreativer Prozesse und Materialien für die Förderung von Verständnis, und den Lohn der Beharrlichkeit. Entnehmen Sie der Geschichte, was immer Sie anspricht.

Als Margy und ich unser Leben nach meinem Ausscheiden bei GE planten, stimmten wir darin überein, daß wir eine Ganzhirn-Umgebung aufbauen wollten, in der wir beide unseren kreativen Raum für Arbeit und Freizeit beanspruchen konnten, und die unsere Kreativität fördern würde. Damit ist hier die individuelle und die partnerschaftliche Kreativität gemeint.

Um eine solche Umgebung zu schaffen, mußten wir uns mit größerer Klarheit und Tiefe verständigen, als wir es seit Jahren getan hatten. Da wir es beide wollten, bereiteten wir uns darauf vor, in dem Prozeß der Schaffung unseres kreativen Raumes besonders bewußt vorzugehen.

Es erinnerte mich eine Bemerkung von Margy ziemlich zu Anfang der Entwicklung meines Verständnisses für den

"Niemand hatte jemals im Anzug eine Idee."

Sir Frederick G. Banting

"Jeder Komponist kennt die Not und Verzweiflung, die entsteht, wenn man Ideen vergißt, weil man nicht die Zeit hatte sie aufzuschreiben."

Hector Berlioz

Das traurigste, was man über den Stift eines Schriftstellers sagen kann, ist: "Ich hab's nicht aufgeschrieben!"

"Der Schöpfung geht immer das Chaos voraus."

Holmes, the Guardian Angel

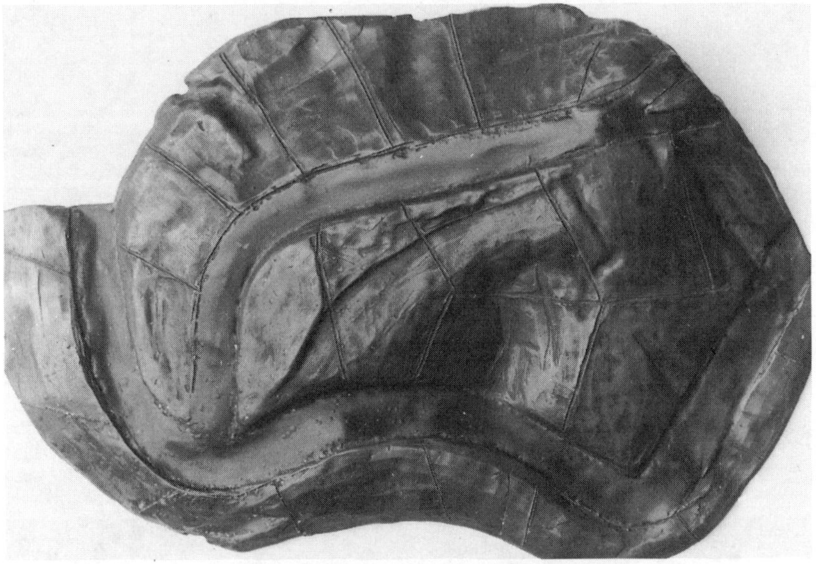

Abbildung 10-9. Standort des Hauses in Lake Lure in Bronze

Abbildung 10-10. Skizze des Grundstücks

Einfluß der persönlichen Hirndominanz auf das Verhalten an meine eigene kraftvolle Art. Sie sagte: "Ned, es ist unmöglich, eine Auseinandersetzung mit Dir zu gewinnen. Deine Logik ist so unnachgiebig, Dein Tonfall so einschüchternd, der endlose Strom von Worten so überwältigend, daß ich nie eine Chance habe meine Ansicht zu vermitteln. Ich gehe auf Deine Ideen ein, damit ich meine Kraft nicht verbrauche."

Vielleicht hätte ich es wissen sollen, aber das war nicht der Fall. Aber im Zusammenhang mit dem Ganzhirn-Modell verstand ich Margy's Standpunkt plötzlich. Meine logische, rationale, verbale Ausdrucksweise war für mich oft so zwingend, daß ich die intuitiven, sensiblen, gefühlsorientierten Ausdrucksweisen, die sie bevorzugt, nicht schätzen konnte. Es war nicht so, daß sie nicht logisch, rational und verbal sein konnte, oder daß ich nicht intuitiv, einfühlsam und nicht-verbal sein konnte. Es ist nur so, daß wir zeitweise in entgegengesetzten Modalitäten hängen blieben: In A und C sowie in B und D. Und kein klares Feedback des jeweils anderen Partners ankam, konnte keiner von uns verstehen, womit wir unsere Verständigung blockierten. Die Unterschiede zwischen uns waren immer ein Teil dessen gewesen, was uns gegenseitig anzog. Aber bis wir die Quelle dieser Unterschiede zu verstehen und dann voll zu respektieren begannen, konnten wir diese Unterschiede nicht in eine synergistische Partnerschaft umsetzen.

Es war für keinen von uns leicht, eine lebenslange Gewohnheit zu ändern, aber wir haben bei der Anpassung unserer Verhaltensweisen bemerkenswerte Fortschritte gemacht. Ich für meinen Teil wurde mir meiner kraftvollen Art bewußter und fand sie gelegentlich zu exzessiv. Ich wurde mir bewußt, daß der Ausdruck verbaler Logik oft eine gewisse Arroganz mit sich bringt, wenn dieses auch unbeabsichtigt war. Diese Arroganz, zusammen mit einem dröhnenden Baß und den Gesten und der Ausdrucksweise eines Schauspielers bilden die Grundlage zu wirklicher Einschüchterung. Ich wußte dieses seit Jahren, aber bis ich diese Information im Zusammenhang mit des Hirnmodells sah, habe ich sie nicht verstanden. Heute versuche ich, anderen offener zuzuhören, ohne gleichzeitig Argumente zu formulieren. Genauso wichtig ist, daß ich mir selbst zuhöre, und das Feedback es mir ermöglicht, ständig Anpassungen meines Verhaltens vorzunehmen. Die Erkenntnisse, die aus meinen vier Wochenendseminaren am Esalen Institute in Big Sur, Kalifornien, erwuchsen, öffneten mich für das Fühlen und den Ausdruck echter Emotionen.

Margy hat sich ihrerseits ebenfalls geändert. Statt es zuzulassen, daß meine Darbietung den Inhalt meiner Worte überwältigt, läßt sie es zu, daß meine gelegentlichen Exzesse an ihr vorbeigehen. Sie antwortet statt auf das exzessive Verhalten auf die verbale Bedeutung. Das hilft uns beiden sehr. Wir sind uns dabei behilflich, Verbündete statt Gegner zu sein. In der Folge haben wir entdeckt, daß wir die geistigen Unterschiede des Anderen wirklich brauchen, damit sie unseren eigenen Mangel an Präferenzen oder Abneigungen ergänzen. Wir werden mehr und mehr zu effektiven und erfüllten Partnern in unserem gemeinsamen Leben. Diesen gemeinsam Weg gehen wir mit Humor, der unlöslich mit unserer Kreativität verwoben ist.

Diese Art von Wissen ist nicht vom Alter abhängig: Es ist eine lebenslange Chance der persönlichen Entwicklung. Dieses gilt nicht nur für uns, sondern für jedermann, der

"Sei deutlich unklar."

E. B. White

"Kommunikation ist etwas so einfaches und schwieriges, daß wir es niemals in einfache Worte fassen können."

T. S. Mathews

"Um recht zu denken, müssen wir verstehen, was Andere meinen. Um den Wert unserer Gedanken zu erkennen, müssen wir ihre Wirkung auf den Geist des Anderen ausprobieren."

William Hazlitt, "On People of Sense"
The Plain Speaker 1826

"Die Skulptur ist eine Art der Architektur."

Stevenson, The Wrecker, III

"Die größte Erfordernis für das erfolgreiche Management oder gewöhnliche Geschäft ist der Mangel an Vorstellungskraft."

William Hazlitt

"Jedermann, der nach seinem Wesen nicht sein eigener Mann ist, ist naturgemäß ein Sklave."

Aristoteles (384 – 322 v. Chr.)

in einer engen persönlichen Beziehung steht. Das ist eine hoffnungsvolle Botschaft für uns alle, besonders für die, die wie ich, jeden Tag älter werden.

Der Lernprozeß über unsere Kommunikationsformen setzte sich während des ganzen Hausprojektes fort. Er half uns dabei, sehr gute Entscheidungen zu treffen. Zum Beispiel hatten wir ursprünglich geplant, uns in Grafton, Vermont, niederzulassen. Wir liebten diese Landschaft beide und ich hatte den größten Teil meiner Landschaftsmalerei dort gemacht. Aber nachdem wir in Winter, im Frühjahr sowie im farbenfrohen Herbst dort gewesen waren, wußten wir, daß Vermont im größten Teil des Jahres einfach zu naß, schlammig, kalt und abgelegen war, um unseren gemeinsamen Bedürfnisse gerecht zu werden.

Ohne daß wir einen Namen dafür hatten, praktizierten wir einen wichtigen Schritt im kreativen Prozeß: Die Überprüfung der Angemessenheit der von uns vorgesehenen Lösung, – und sie hat die Prüfung nicht bestanden. Damit begann eine fünf Jahre dauernde Suche, in deren Verlauf ich mich durch die Appalachen malte, um ein wärmeres, leichteres "Vermont" zu finden, einen Ort mit vier deutlich unterschiedlichen Jahreszeiten, Bergen, Wasser, einer Menge Bäume, Privatsphäre, einem Flughafen und einer Großstadt in einer Entfernung unter einer Stunde Fahrt. Von allen Orten, die ich in den Vereinigten Staaten besucht habe, hat der Urlaubsort Fairfield Mountains in der wundervollen Kleinstadt Lake Lure, North Carolina, alle diese Bedürfnisse und Wünsche am besten befriedigt. Das war das Land, das den Architekten in der zu Beginn von Kapitel 6 erzählten Geschichte so beeindruckte. Wir liebten diese Berge beide und für Margy gab es noch ein Extra – sie kehrte nach Hause zurück!

Nachdem Fairfield Mountains ausgesucht war, mußten wir zuerst die Umgebung und die Seele des Landes kennenlernen. Das haben wir auf mehrere Arten getan. Da wir beide kleine Flugzeuge mochten, haben wir eine Reihe von Überflügen durchgeführt, um unsere Wahl des Grundstücks zu überprüfen. Das Gebiet war so stark bewaldet, daß das die einzige Möglichkeit war, ein Gefühl dafür zu bekommen, wie das Land lag und wie die Aussichten sein konnten. Die Prüfung aus der Luft hat es bestanden.

Als wir später so viel Land gekauft hatten, daß wir wußten, daß das Bauprojekt durchgeführt werden konnte, folgte ich meinen künstlerischen Instinkten und modellierte die Topographie des Landes in zwei kalt gegossenen Bronzeskulpturen und schuf auch eine Serie von 12 Skizzen und 6 vollständigen Gemälden verschiedener Aussichten aus verschiedenen Perspektiven. Das war für mich eine neue Art der Vorbereitung und eine außerordentlich nützliche Erfahrung. Nachdem ich diese Projekte abgeschlossen hatte, fühlte ich, daß das Land und seine natürlichen Aussichtspunkte vollständig zu mir gehörten, daß ich tief in mir seinen Charakter, seine Schwächen und inneren Geheimnisse kannte.

Die Planung unseres Hauses beanspruchte meine Fähigkeiten der bildlichen Vorstellung wirklich aufs äußerste. Der Bauplatz war zu stark bewaldet als daß ich klar hätte sehen können, von wo aus man die beste Aussicht auf den See und die Berge hätte. Also mußte ich es mir geistig vorstellen. Das war besonders wichtig, wenn ich an die oberen Stockwerke des Hauses dachte. Meine Verbildlichung hatte ergeben, daß wir mindestens ein dreistöckiges Haus bauen mußten, um die Aussicht von wenigstens zwei Stockwerken genießen zu können. Um durch das grundsätzliche Design und die Fenster denken zu können "beamte" ich mich bis zu 6 Meter über den Waldboden, stellte mir vor, wie der Ausblick von dort sein würde und habe auf dieser Grundlage eine Reihe von Skizzen von verschiedenen Planungsmöglichkeiten gemacht. Auf diese Herausforderung habe ich mich vorbereitet, als ich aus der Perspektive eines Heißluftballons, in 60 Metern Höhe, ein Luftbild der Stadt Grafton in Vermont gemalt habe. Welch ein Spaß!

Wir wollten, daß das Haus eine gute Impedanzanpassung an diese großartige natürliche Umgebung hat. Wir dachten an ein Innen-/Außen-Haus: Es sollte die Umgebung mit aller vorhandenen Natur hereinlassen und gleichzeitig das Innere herauslassen, das heißt, es sollte uns ein Leichtes sein, in die natürliche Umgebung zu gehen, als sei die freie Natur nur eine Erweiterung des Innenraumes. Eine gute Impedanzanpassung bedeutete auch, daß es mindestens einen Raum im Haus geben mußte, von dem man in jede Richtung sehen konnte. Um diesen Innen-/Außen-Charakter zu erhalten, stellte ich mir den Platz jedes einzelnen Fensters, des Oberlichtes und jeder Tür im Haus vor. Wenn ich steckenblieb, setzte ich mich einfach in ein Flugzeug, damit der geistige Saft wieder zu fließen begänne.

Noch bevor das Haus geplant war, beschlossen Margy und ich, eine aktive Solarheizung einzubauen. Wir hielten es für einfach unvorstellbar, das in einem solchen Klima nicht zu tun. Experimente mit unkonventionellen Heizungen waren mir nicht neu. Schon 1949 hatte ich eine sehr effektive Heißwasserheizung geplant und gebaut, die in der Decke des Hauses in Schenctady eingebaut war. Sie hatte perfekt funktioniert, also war ich für dieses Projekt sehr zuversichtlich.

Jeder Vogel mag sein eigenes Nest am liebsten."

Randle Corgrave

"Wir formen unsere Gebäude. Danach formen sie uns."

Winston Churchill
Time, 12. September 1960

"Es ist die Ehe der Seele mit der Natur, die den Intellekt fruchtbar macht und die Vorstellungskraft gebiert."

Thoreau, Journal

Abbildung 10-11. Ansicht des Hauses von unten

Andere hatten bei weitem nicht ein so gutes Gefühl bei dem Gedanken an ein mit Sonnenwärme beheiztem Haus. Der Architekt, obwohl begeistert, hatte noch nie eine solche Heizung geplant, und fühlte sich nicht kompetent, sie in das Haus einzuplanen. Die örtlichen Bauunternehmen waren noch argwöhnischer. Sie hatten auch einigen Grund, denn es gab einige Herausforderungen. Erstens: Um die Aussicht zu nutzen und doch einen effektiven Kollektor zu haben, mußte die Kollektoranlage vom Haus getrennt sein und das bedeutete, daß die Sonnenenergie ca. 10 m weit transportiert werden mußte. Niemand hielt das für praktisch durchführbar. Zweitens: Die Solartechnologie hatte sich ungleichmäßig entwickelt, wobei die Technologie der Speichersysteme hinter der der Kollektoren und Luftsysteme hinterher hinkte. Auch das vielversprechendste System, das ursprünglich von MIT entwickelt worden war, und bei dem eutektische oder Glaubersalze verwendet wurden, hatte nie richtig funktioniert.

Aber ich hatte große Hoffnung, daß die technischen Probleme der Speicherung gelöst würden. Sie wurden gelöst, wie auch das Problem, die Solarenergie über eine Strecke von über 10 m zum Haus zu leiten, was, wie ich in Erfahrung brachte, praktisch ohne Energieverlust möglich war! In diesem Prozeß war Richard Pratt eine Hauptperson, ein junger Mann aus der Gegend, der ein Umweltschützer war und der sich von der Zukunft der Solarenergie hatte begeistern lassen. Er stellte sich für das Projekt als Berater zur Verfügung. Er war es auch, der meinen Traum in einen technisch stimmigen Plan umwandelte, und den Bau des Kollektor-Speichersystems und den Einbau der Luftanlage überwachte. Heute, nach fünf Jahren Betrieb, haben wir das System vollständig verifiziert – es funktioniert wirklich. Und ich war mir dessen sicher gewesen.

Aber ich greife meiner Geschichte voraus. Wir hatten das Grundstück, aber noch keinen Architekten gefunden, dessen Arbeiten zu den Bildern in meinem Kopf zu passen schienen. Und wir hatten gesucht! In den 10 Jahren des Träumens und Suchens hatten wir über Hunderten von Magazinen gesessen und uns Dutzende von Büchern mit Hausplänen schicken lassen, die jetzt ein ganzes Brett in unserem Bücherregal füllten. Eines Tages, als ich eine Zeitschrift durchblätterte, fand ich einen Plan, der mir wirklich gefiel. Er paßte weder zum Bauplatz noch zu unseren Bedürfnissen, und der Architekt lebte in Oregon, aber ich mochte den Plan. Ich versuchte, das Design zu modifizieren, aber nichts funktionierte. Es wurde mir nicht bewußt, daß das Haus von jemandem geplant werden konnte, der nicht aus der Gegend stammte, aber in meiner Frustration nahm ich das Telefon und rief den Architekten Lou Bruinier aus Portland/Oregon an, um mich darüber zu beklagen, daß er so weit weg wohnte. Ich sagte folgendes: "Ich mag Ihren Entwurf des Hauses wirklich, das ich in der Zeitschrift gesehen habe. Und es tut mir nur leid, daß Sie kein Haus in North Carolina planen können." Er sagte: "Warum nicht? Wenn Sie mir eine Fahrkarte kaufen, kann ich da sein, wann Sie wollen und ich kann das Haus aus der Entfernung planen." Bingo! Es klang verrückt, aber aufgrund meiner früheren Erfahrungen mit dem Hausbau schien es auch möglich.

Auf Lou Bruinier's erste Reaktion auf den Bauplatz, den ich in Kapitel 6 beschrieb, folgte ein ausgedehntes Gespräch zwischen uns dreien. Während wir über den Platz gingen, erzählten Margy und ich von unserem Traum. Wir gestikulierten dabei, um ein Gefühl des Raumes zu vermitteln, den wir brauchten. Nur 10 Prozent unserer Ausführungen befaßten sich mit der Beschreibung des Äußeren, den Rest unserer Ausführungen verwendeten wir auf das Innere, so daß das Haus im wesentlichen von innen nach außen geplant wurde. Der eigentliche Kern des Hauses sollte unsere Küche sein. Auf diese Weise würde dieser Raum der natürliche Versammlungsort sein, gleichgültig was im Haus stattfand. Wir wollten die Isolierung nicht, die typische Hausfrauen in konventionell zugeschnittenen Häusern erleiden. Demgemäß wurden die Innenräume horizontal und vertikal um diese zentrale Küche herum angeordnet. Außer daß Margy die Aktivitäten, die in anderen Teilen des Hauses stattfanden sehen und an ihnen teilhaben wollte, wünschte sie auch erstklassige Aussichten, nicht nur auf die freie Natur, sondern auch in das Haus: Von der Mitte der Küche wollte sie in der Lage sein, den Kamin im Wohnzimmer zu genießen, den Fernseher und den Holzofen im Familienzimmer und den großartigen Berg mit seinen felsigen Hängen, der sich auf der anderen Seite des Tales über den See erhob.

Der Rest des Hauses sollte sich von diesem Kern bis zu den und über die Fenster hinaus erstrecken. Fenster, mehr Fenster und noch mehr Fenster. Wir wollten ein gewölbtes Wohnzimmer mit der spektakulären Aussicht auf das Tal, den See und die Berge, um ein Gefühl der Offenheit und des Raumes zu vermitteln. Wir wollten, daß die Suite aus Elternschlafzimmer und Bad im dritten Stock, getrennt von den Gästezimmern/Arbeitszimmern im Erdgeschoß, ein "Baumhaus" ist. Durch Verbildlichung hatte ich die Fenster so angeordnet, daß sie nicht nur am Tage eine Aussicht auf den See und bei Nacht auf die Sterne boten, sondern auch morgens den ersten Sonnenschein einfingen. Wir wollten, daß extravagante zweistöckige Fenster das Treppenhaus einschlossen, damit es uns mit der Natur verband, wann immer wir die Treppe herauf oder herunter gingen. Und Lou hat uns Fenster gegeben. Die enorme Anzahl der Fenster im Haus hat es zu dem gemacht was es ist, und sie hat unendlich viel zu unserer Freude an dem ganzen Raum beigetragen.

Was nach diesem Treffen mit Lou geschah umfaßte eine lange, erfreuliche Reihe erfolgreicher Lösungen von Planungs- und Konstruktionsproblemen. Nachdem Lou die ursprünglichen Pläne erstellt hatte, wollten wir zum Beispiel ein noch klareres Gefühl dafür, wie das Haus funktionieren würde. Margy, die außerordentlich kreativ ist, und ein Gefühl für Farben, Form und Stil hat, das meines bei weitem übertrifft, drängte auf einen konkreteren Weg zur Überprüfung unseres geistigen Konstruktes des Innenraumes. Zu diesem Zweck beschloß ich unter Verwendung der vorläufigen Pläne des Architekten ein maßstabgerechtes Modell des Hauses zu bauen.

Ich brauchte etwa vier Sätze der Pläne. Ich klebte einfach die äußeren Höhenlinien und die Baupläne auf Hemdenkarton, schnitt sie aus, und setzte sie auf einer Basis zusammen, die ein Abbild der Konturen der Baustelle war. Es war großartig! Wenn man das Dach und die Decken abnahm, konnte man das Haus von innen und außen dreidimensional sehen. Auf diese Weise entdeckten wir einige versteckte Möglichkeiten: Zwei geräumige Schränke wurden zum Beispiel einfach dadurch verfügbar, daß wir in Wände Türen schnitten. Daß maßstabgerechte Modell half nicht nur uns, es half auch anderen zu verstehen, was wir im Sinn hatten. Bei einem Besuch während des Hausbaus stellte ich erfreut fest, daß die Arbeiter eine kleine Schutzhütte für das Modell gebaut hatten. Wenn sie bei der Interpretation der Pläne ein Problem hatten, versammelten sie sich um das Modell um zu sehen, wie die Pläne in die Dachlinien und Innenraum übertragen wurden.

Für mich ist das fertige Haus eine Skulptur, in der wir leben. Es ist auch ein riesiger Erfolg, das allgemein gefällt. Margy und ich sind sehr stolz auf die Metapher meiner Arbeit, die es darstellt. Wir sind auch dankbar dafür, daß wir in der Lage waren, das Haus zu bauen, denn das hat uns außerordentlich gestärkt, bestätigt und unsere jeweilige innere, kreative Umgebung vergrößert. Die Größenordnung spielt keine Rolle, aber ihre äußere Arbeit beim Errichten einer kreativen Umgebung kann für Sie das gleiche tun. Es ist die Mühe wert.

Ich empfehle grundsätzlich, daß die Menschen beginnen, ihre kreativen Schwingen zuerst Zuhause zu üben, bevor sie das am Arbeitsplatz tun. Daß sie in der Art des ganzen Gehirns arbeiten, die die humanitären Werte des Quadranten C, die Vision von D, die Logik von A und die praktische Ausrichtung von B hochhält. Letztendlich wünsche ich jedermann die Chance, für sich selbst einen kreativen Raum am Arbeitsplatz zu schaffen.

c. Kreativer Raum am Arbeitsplatz

Es ist wichtig daran zu denken, daß kreativer Raum an der Arbeit von niemand anderem eingerichtet werden kann, als von dem Menschen, der ihn benutzt. Warum nicht? Die Gründe sind offensichtlich, wenn man darüber nachdenkt.

Erstens: Da Ihr kreativer Raum so viele innere wie auch äußere Faktoren umfaßt, kann niemand von allen den Dingen wissen, die Ihre kreative Arbeit anregen. (Das ist der gleiche Grund, aus dem ich das HDI so gestaltete, daß man es selbst ausfüllt.)

Zweitens: Die geistigen Präferenzen und Prioritäten anderer können ihre Beurteilung dessen beeinträchtigen, was für Sie gültig ist. Zum Beispiel wird ein Finanzverwalter, der mit einem nicht ausgeglichenen Budget ringt, zuerst die Notwendigkeiten des Budgets berücksichtigen, auch wenn er Optionen aufzeigt. Es ist nicht so, daß er das nicht tun sollte. Aber derartige Einschränkungen müssen später in der Entscheidungsfindung berücksichtigt werden, anstatt ganz am Anfang, wodurch die Möglichkeiten eingeengt werden. Der Gedanke, daß es zu teuer ist, kann genau der Funke sein, der dazu benötigt wird, um zu einer anderen, bezahlbaren Lösung zu kommen.

Obwohl kreativer Raum nicht verordnet werden kann, versuchen Unternehmensführungen immer wieder die Einführung. Aber sie bekommen nicht was sie wollen. Ein Fehler, den sie häufig machen, ist die Verwechslung des kreativen Raumes (häufig als F & E bezeichnet) mit der Zentrale der durch Star Trek bekannten *Enterprise*. Kreative Räume sind nun einmal keine Raumschiffe, und die Sterilität der Zentrale eines Raumschiffes trägt nicht viel zur Förderung der Kreativität bei.

Ich möchte Ihnen etwas schildern, von dem ich hoffe, daß es ein extremer Fall für diese Verwechslung ist. Es ist ein klassisches Beispiel dafür, was man nicht tun sollte, wenn man kreativen Raum für andere plant. Ich habe eine Firma besucht, die gerade $ 100 Millionen darauf verwendet hatte, ungenutzte Werkshallen in ein kreativen Zentrum umzubauen. Es hätte wunderbar sein können, aber man hat die falsche Umgebung gebaut, und die Menschen, die dort arbeiteten, haben diese Umgebung gehaßt. Sie hatten keine Privatsphäre. Treffpunkte waren klein, unbequem und fensterlos. Die Farben waren grau und schwarz. Noch schädlicher war die Forderung von Sauberkeit: Keine Arbeit oder Rohstoffe durften offen herumliegen, keine schmutzigen Produkte durften mitgebracht werden. Die Einrichtung wurde wie eine Militärbasis geführt, komplett mit Kleiderordnung und festen Arbeitszeiten.

Um seinen ursprünglichen Fehler noch zu verschlimmern, konzentrierte das Management die Aufmerksamkeit auf die enorme Investition, die man getätigt hatte und kündigte eine Kampagne für "effiziente Forschung" an. Gruppen des Unternehmens, die ihre eigenen Skunkworks gebildet hatten, wurden angewiesen, diese unordentlichen und ineffizienten Einrichtungen zu schließen und ihre Bemühungen in dem neuen kreativen Zentrum zusammenzufassen.

Welch eine herzzerreißende Verschwendung! Man stelle sich vor, was die Firma hätte erreichen können, wenn das Management den kreativen Gruppen ein Budget und den Auftrag gegeben hätte, ihren eigenen Raum von innen nach außen zu planen.

Statt dessen hat man, durch Unwissenheit, mangelnde Sensibilität und die Arroganz der Logik ein kostspieliges Monstrum geschaffen und die Möglichkeiten des kreativen Ausdrucks zerstört oder eingeschränkt, den das Unternehmen so dringend brauchte. Das ist nicht Geld, das dieses Jahr verloren wurde. Das ist Geld, das für immer verloren ist.

So viel ich auch über den kreativen Prozeß weiß und so sehr ich auch meinem Personal helfen möchte, ich könnte ihm seinen kreativen Raum nicht auf einem Silbertablett servieren. Bei GE war das Beste, was ich für die Einrichtung

Abbildung 10-12. Eine kreative Ecke

seines kreativen Raumes tun konnte, folgendes: (1) Die Verpflichtung zeigen, daß ich selbst kreativ arbeite, (2) die Menschen wissen lassen, daß ich das von ihnen erwartete, (3) sie ermutigen, loben und belohnen, wenn sie es taten, und (4) ihnen mehr aufregende, kreativ Arbeiten übertragen.

Also ist die Einrichtung des kreativen Raumes am Arbeitsplatz die alleinige Aufgabe jedes einzelnen Menschen, gleichzeitig sind aber andere Menschen unlösbar damit verbunden. Auch wenn Sie der Präsident und Vorsitzende des Vorstandes sind, können Sie ohne die wenigstens stillschweigende Zustimmung anderer einen kreativen Raum für sich selbst beanspruchen (nur ein Besitzer kann ungestraft handeln). Um also das Recht zur kreativen Arbeitsweise in unserem gewählten Beruf zu erstreiten und zu behalten, müssen die meisten von uns andere davon überzeugen, daß es in ihrem besten Interesse ist, wenn sie uns gewähren lassen.

Das ist, zumindest teilweise, ein Stück Öffentlichkeitsarbeit und hat damit zu tun, daß ein Bild vermittelt wird, das mit Kreativität in dem jeweiligen Beruf übereinstimmt. Ich dränge die Menschen, ihre Kleidung und ihre Frisur zu ändern, wenn sie ihr Image verändern wollen. Das ist ein sichtbares Signal ihrer Absicht, sich zu ändern.

Wohlgemerkt, es ist wichtig anzuerkennen, daß jeder Beruf bestimmte Verhaltensweisen und ein angemessenes Aussehen hat, besonders bei Männern, die in unserer Gesellschaft so rigide uniformiert werden. Ein Bankier, durch dessen Hände Millionen von Dollar aus Firmenvermögen gehen, fühlt zu Recht, daß er es sich nicht leisten kann, sein traditionelles Image konservativer, peinlich genauer Sorgfalt zu beflecken. Aber auch angesichts solcher strikten normativen Forderungen gibt es Chancen, das Aussehen seiner Kleidung zu verbessern. Sogar ein Bankier kann ein attraktives Hemd tragen, eine exquisite Krawatte und einen zeitgemäßen, gut geschnittenen Anzug. Auch ein Bankier kann sein Haar etwas länger tragen.

Verglichen mit dem Bankier hat es der Ingenieur und der Verwalter leicht: Sie können buntere Kleidung und Pullover tragen, mit konservativ geschnittenen Anzügen und formellen Schuhen lockerer umgehen. Frauen haben noch größere Freiheiten und viele nutzen sie. Der alte Stereotyp der leitenden Angestellten im Anzug war allzu oft nur ein Euphemismus für unmodern. Schöne Farben und Tuche und ein fließender Schal sind an einer Frau nie deplaziert, gleichgültig welche Position sie innehat.

Die Geschichte, die dieses Kapitel einleitet, erzählt wie ich mich bewußt daran gemacht habe, die Art und Weise zu ändern, wie man mich bei GE sah. Die Veränderung meines Aussehens war nur der erste Teil einer überlegten Strategie in vier Phasen.

1. *Veränderung des Aussehens.* Ich änderte mein Aussehen, indem ich meine Frisur und meine Kleidung veränderte und Koteletten und Haar einen halben Zoll länger wachsen ließ als vorher. Ich kaufte farbige Hemden und weichere, weniger strukturierte Krawatten, deren Muster organisch statt geometrisch war.
2. *Besitzanspruch anmelden.* Ich habe gezeigt, daß ich mein Büro als das Meinige betrachtete, indem ich in meinem Büro eine Kunstausstellung abhielt. Ich habe ein riesiges Wandbild geschaffen, das einen visuellen Statusbericht meiner Organisationsprojekte darstellte.
3. *Einführung und Ermutigung kreativer Vorgehensweisen.* Ich habe meinen Stab absichtlich ermutigt, bei der Ausführung der alltäglichen Arbeiten der verschiedenen Abteilungen kreativ vorzugehen. Ich habe neue Aktivitäten in dem Entwicklungsprogramm eingeführt, für das ich verantwortlich war. Ich habe Besprechungen mit meinen Kunden und Kollegen abgehalten, um Ideen und Informationen über ihre Bedürfnisse zu gewinnen, und sie an kreativen Problemlösungen beteiligt.
4. *Veröffentlichung der Veränderungen.* Ich sorgte dafür, daß meine Abteilungsleiter und Konzernangestellte mein Büro besuchten, damit sie sehen konnten, was ich getan hatte, und zwar nicht nur mit dem Raum, sondern auch mit den Aktivitäten, die in dem Raum durchgeführt wurden. Ich habe frische und neuartige Wege erfunden, auf denen Berichte an Vorgesetzte erstattet wurden. Dabei habe ich den Raum nicht nur eingefordert, sondern auch die Anerkennung für seine effektive Nutzung.

Vielleicht das wichtigste, das ich tat, war, daß ich andere eingeladen habe, am Spaß teilzuhaben. Denn es macht Spaß, und wenn Menschen Spaß haben, beginnen ihre kreativen Säfte zu fließen, und dann werden sie als Mitarbeiter gewöhnlich wertvoller. *Niemand verliert und jeder gewinnt.* Ich möchte Ihnen ein Beispiel dafür geben:

Mein Büro hier in Lake Lure ist oft von Lachen erfüllt. Auch mitten in einer potentiellen Katastrophe haben wir noch Spaß bei dem Versuch, einfallsreiche Lösungen zu finden, und das gelingt auch oft. Marie Crisp, eine wichtige Mitarbeiterin, die kreative Workshops leitet, bringt oft ein Lächeln auf das Gesicht derjenigen, die mit ihr zusammenarbeiten. Indem sie sich Problemen von der lustigen

Abbildung 10-13. Veränderung des Aussehens

Seite her nähert, verbessert sie ihre Chancen, neue Alternativen zu eröffnen, die bei zu großer Ernsthaftigkeit blockiert wären. Ich ermutige alle Menschen um mich dazu, den Humor in ihrer Arbeit zu finden, weil ich fühle, daß das ein legitimer und notwendiger Teil einer kreativen Umgebung ist.

Viele der in meinen öffentlichen Präsentationen gut aufgenommenen visuellen Materialien sind die Folge davon, daß ich den Humor in den sehr technischen, ernsten Aspekten meiner Arbeit finde. Ich benutze oft Karikaturen, Nachrichten und Witze, um meine Präsentationen für Geschäftsleute aufzulockern. Vor einiger Zeit habe ich Nehdi, einen professionellen Fotografen, der mein Spezialist für visuelles Material ist, gebeten, meine Präsentation für eine bedeutende landesweite Konferenz um eine Reihe von Karikaturen zu erweitern. Statt mir eine wörtliche Übersetzung meiner Bitte zu liefern hat er eine übermütige Karikatur in jedes der mehreren Dutzend Titelbilder eingearbeitet. Ich war entzückt. Als ich ihn fragte, wie er auf die Idee gekommen sei sagte er, die Titel schienen ihm für sich allein zu langweilig und da ich ohnehin ständig Humor einsetzte, habe er das Gefühl gehabt, er könnte auch ein wenig Humor einsetzen – schließlich sei mein visuelles Material auch *sein* kreativer Raum. Das Publikum war nicht nur begeistert, er hat nebenbei auch noch eine neue Kunstform erfunden. Diese humorvollen Titelbilder sind jetzt zur Norm geworden.

Viele der Materialien, die meine Mitarbeiter erstellen, entstehen in Folge davon, daß ihnen diese Arbeit Spaß macht, und daß das Klimas, in dem sie arbeiten, so angenehm ist. Ich kann es modellieren. Ich kann zulassen, daß sie sie verfolgen. Aber sie müssen es schaffen.

Mir macht es jedesmal Spaß, wenn es passiert. Wie bei dem einen Mal als Angie Conner, eine wichtige Mitarbeiterin, die mir bei größeren Projekten hilft, ein Problem zu lösen hatte. Was sollte man tun, um einen bedeutenden Kunden zu unterstützen, der eine "Kreativitätsmesse" für Firmenangestellte veranstaltete und für unsere Werkstatt ACT werben wollte. Angie fragte ein paar Leute nach ihrer Meinung und das führte zu einem Brainstorming aller Mitarbeiter. Ideen begannen aufzutauchen. Wie wäre es mit einem ACT-Fotoalbum und Zitaten von Teilnehmern? Einem fortlaufenden Video eines ACT-Workshops, während er abläuft? Einem Rundschreiben? He, wie wäre es mit einer speziellen Zeitung mit dem Namen des Kunden im Titel? Angie verschwand wie ein Blitz. Diese Idee gefiel ihr und wurde rasch ihre. Sie begann sofort, ihren kreativen Raum zu fordern.

Angie hatte nie eine Zeitung gemacht, aber sie hat alles geschrieben, die Schlagzeilen erdacht, die Bilder ausgewählt und das Layout "blitzartig" hergestellt und dem Kunden, zusammen mit einem Dutzend anderer kreativer Dinge, rechtzeitig 500 Exemplare der Zeitung zugestellt. Der Kunde war entzückt und beschloß, noch mehr Interesse in der Firma zu wecken, indem der das ACT-Material an einige der Firmenstandorte schickte. Es war aufregend zu sehen, wie sie die Idee an sich riß, und sie verwirklichte. Jedermann wurde dadurch angeregt, daß er ihr half, damit er ihr zum Erfolg verhalf, und in diesen wenigen Tagen hat sie das halbe Bürogebäude als ihren kreativen Raum beansprucht.

Es sollte Ihnen jetzt klar geworden sein, daß die Einrichtung des kreativen Raumes am Arbeitsplatz, aber auch an allen anderen Orten, ein Job ist, der im wesentlichen von innen ausgeführt wird. Niemand kann es für Sie tun. *Sie* müssen es selbst tun und das gilt ohne Rücksicht auf die Position, die Sie innehaben. Es ist vom Standpunkt jedes Menschen gesehen eine lohnenswerte Arbeit – besonders von Ihrem Standpunkt aus, aber auch von dem Ihres Chefs. Indem er eine Umgebung zur Verfügung stellt, die der Forderung Ihres kreativen Raumes förderlich ist, läßt der Boss das Wunder zu, daß sich die Selbstmotivierung manifestiert. Niemandes Macht wird aufgegeben – statt dessen wird sie in die Hände des Menschen gegeben, der sie am besten nutzen kann – dem Arbeiter, der Spaß hat.

> "Es ist ein Segen, daß in jedem Zeitalter jemand genug Individualität und Mut hat, um zu seinen eigenen Überzeugungen zu stehen."
>
> Robert G. Ingersol

Abbildung 11-1. Die Tür zur Normalität

11. HOFFNUNGSVOLLE NACHRICHTEN FÜR DIE ZUKUNFT

Wir haben das Gehirn als einen "schwarzen Kasten" angesehen: Ein rätselhaftes Ding, mit dessen Hilfe andere Dinge funktionieren, das aber so weit über unser Verständnis hinausgehen, daß es sinnlos ist, ihre Arbeitsweise ergründen zu wollen. Das Gehirn war ein Thema, das für Wissenschaftler reserviert war, die in Labors vergraben waren, und an obskuren und esoterischen Experimenten und Theorien arbeiteten. Heute ist dieses Zeitalter eindeutig Vergangenheit. Vor zehn Jahren nahm man mich beiseite und riet mir, nicht öffentlich über das Gehirn zu sprechen. Heute bin ich in Vorstandszimmern willkommen, man lädt mich ein, Jahresversammlungen von Konzernen einzuleiten, wählt mich als Hauptredner bei nationalen Kongressen, behandelt mich in Colleges mit Respekt und Hunderte von Menschen haben mich angerufen und mir geschrieben.

Das Zeitalter des persönlichen Gehirns ist angebrochen. Damit meine ich, daß das Gehirn und seine Arbeitsweise jetzt aus dem Labor heraus ist. Es ist ein Thema, zu dem wir alle eine persönliche Beziehung haben können. Wir können jetzt durch Beobachtung unseres täglichen Lebens mit Hilfe der Hirndominanz-Technologie darauf schließen, wie unser eigenes Gehirn funktioniert. Darüber hinaus können wir diese Arbeitsweise beeinflussen. Die Hirndominanz-Technologie kann uns helfen Türen zu öffnen, von denen wir nicht einmal wußten, daß sie geschlossen waren.

Von allen Türen, die wir öffnen können, hat keine eine befreiendere Wirkung als diejenige mit dem Schild DIE TÜR ZUR NORMALITÄT – WER HIER EINTRITT, GEHÖRT HIERHER.

11.1 Neue Definition des Normalen: Alle, die anders sind, gehören dazu

In meiner Arbeit ist die neue Definition des Normalen ein zentrales Thema – tatsächlich ist sie das zentrale Thema. Die Hirndominanz-Technologie gibt uns einige neue Möglichkeiten der Betrachtung der Normalität und wir können sie besser definieren als bisher. Zwei dieser neuen Definitionen sind: (1) Normalität heißt, daß man zu einem Stamm ähnlicher Menschen gehört und (2) normal sein schließt auch Einzigartigkeit ein.

a. Normalität im Stamm

"Normalität" ist ein vergleichendes Konzept, das gewöhnlich im Rahmen einer Kultur definiert wird. Wir sind normal, wenn wir so sind wie alle anderen. Wir sind noch normaler, wenn wir wie alle anderen in unserer sozialen Gruppe unserer Gang oder unserem Stamm sind. Menschen, die nicht wie der Rest des Stammes sind, "sind nicht normal". Eine Aussage, die eine sehr negative Bedeutung trägt, da sie meint "dieser Mensch gehört nicht in unsere Gruppe". Er oder sie teilt unsere Ziele, Sprache und Erwartungen nicht. Und diese Begriffe beschreiben unsere Normalität.

Abbildung 11-2. Der technoide David und sein Stamm

Im Kontext des Vier-Quadranten-Gehirns ist man normal, wenn man eines der Profile hat, sich in Übereinstimmung mit ihm verhält und somit ein Mitglied des homogenen Stammes wird, der aus Menschen mit diesem Profil besteht. Wenn Sie einen Quadranten den anderen vorziehen, sollten Sie wissen, daß Sie nicht allein sind. In einem Zimmer voll merkwürdiger Johns ist der merkwürdige John einfach John, eben normal. Genauso wie die spießige Sally, der vorsichtige Henry und die emotionale Mary in ihren eigenen Stämmen normal sind – einfach Sally, Henry und Mary. Die Normalität erstreckt sich über das ganze Spektrum der Hirndominanzen.

Da das so ist, ist jeder auf einzigartige Weise andere Mensch in dieser Ganzhirn-Welt tatsächlich normal. Es wurde einmal gesagt, es sei der Sinn eines Stammes, Menschen auszuschließen, die nicht in die Stammesnormen passen. Wenn das so ist, dann ist es auch wahr, daß es der Sinn eines Stammes ist, Menschen einzubeziehen, die in diese Normen passen. Unsere Datenbasis zeigt, daß die Menschen auf der Welt insgesamt ein ganzes Gehirn bilden, wobei es eine relativ gleichmäßige Verteilung auf alle vier Quadranten gibt. Es gibt also für jeden Menschen, der aus einem Stamm vertrieben wird, einen anderen Stamm, in dem Normen gelten, in die er oder sie paßt.

Diese Wahrheit hat viele Menschen sehr tiefgreifend verändert. Mir haben Menschen geschrieben oder, mit Tränen in den Augen, persönlich gesagt, daß sie sich, aufgrund ihres Verständnisses des Ganzhirn-Konzeptes und nachdem sie ihre Profile kennen, in Ordnung fühlen. Sie haben erkannt, daß ihre überwältigenden Gefühle des Isoliertseins – nicht normal zu sein – einfach die Folge davon war, daß sie anders als ihr lokaler Stamm waren. Sie hatten sich aus dieser Gruppe ausgestoßen gefühlt und darum fehlte ihnen das Gefühl der Zugehörigkeit, das wir alle brauchen und suchen. Aber sie erkennen jetzt, daß es andere gibt, die wie sie sind. Sie gehören dazu.

b. Einzigartigkeit als Normalität

Obwohl Hirnforscher viele Theorien debattieren argumentiert keiner, daß ein Gehirn genau wie das andere ist. Gehirne sind wie Schneeflocken: Jedes unterscheidet sich von jedem anderen, und das gilt auch für die komplexen geistigen Muster und Verhaltensweisen, die damit im Zusammenhang stehen. Es ist normal, anders zu sein, weil niemand genau so ist wie ein anderer Mensch.

Aber wie anders ist anders? Wo zieht man die Grenze zwischen einzigartig, exzentrisch, abnormal und krank? Diese Debatte dauert seit Jahrhunderten an und wird zu meinen Lebzeiten mit Sicherheit nicht zu jedermanns Zufriedenheit beigelegt werden.

Es ist nicht meine Absicht, festzulegen, wer ausgeschlossen werden sollte. Ich beabsichtige eher die Erweiterung der Definition dahingehend, wer einbezogen werden sollte. Warum? Weil die Einbeziehung besser funktioniert, wie jeder Teilnehmer an ACT mit Freude bestätigen wird.

Wenn man die weiter gefaßten Definitionen der Normalität benutzt, die durch das Vier-Quadranten-Modell verfügbar sind, so ergeben sich mehrere zusätzliche Ideen. Diese sind hoffnungsvolle Perspektiven, die, wie ich hoffe, den Menschen helfen werden, die kreativer leben möchten.

1. Unterschiede sind nicht nur normal, sondern auch positiv und kreativ.
2. Die Wertschätzung und Nutzung dieser geistigen Unterschiede machen es leichter, mit Veränderungen zu leben, da sie uns kreativer leben lassen.
3. Wenn wir lernen, die volle Bandbreite der geistigen Gaben zu schätzen – unsere und die anderer Menschen – können wir in unserem Leben besser wählen, besonders was die Ausrichtung unserer Ausbildung und unseren Beruf angeht.
4. Wenn diejenigen, die andere Menschen führen, persönliche Präferenzen anerkennen und ehren und den Menschen die Chance geben ihre Arbeit an ihre Präferenzen anzupassen, können sie einen gewaltigen Produktivitätsgewinn erzielen.
5. Wenn wir lernen, die geistigen Gaben des Anderen zu würdigen und vor allem zu bestätigen, können wir an der Bildung einer wirklichen Gemeinschaft teilnehmen – vielleicht unsere beste Überlebenshoffnung in dieser von Streit zerrissenen Welt.

Wenn sie auf das persönliche Leben angewendet werden, können diese Ideen eine profunde Selbstbestätigung liefern und enorme Kräfte freisetzen. Das ist in meinem Leben geschehen und kann auch in Ihrem geschehen.

11.2 Neue Definition von Unterschieden: Wir können lernen, sie als positiv anzusehen

Wenn wir akzeptieren, daß geistige Differenzen normal sind, ist es nur einen halben Schritt zu der Erkenntnis, daß sie auch generell positiv und für eine kreative Lebensweise besonders wichtig sind:

Sie sind positiv, weil alle Quadranten notwendig sind, also ist das Profil eines Menschen in der richtigen Umgebung wünschenswert.

Sie sind kreativ, denn wenn Individuen und Gruppen alle Quadranten situationsbezogen einsetzen und die Unterschiede zwischen ihnen weniger stark betonen, dann fördert das den kreativen Prozeß.

Es ist besonders wichtig, an diese Tatsachen zu denken, wenn wir die Beziehungen zwischen Männern und Frauen betrachten.

a. Vive les differences!

Zufälligerweise fällt die Mehrzahl der physiologischen Unterschiede zwischen Gehirnen in zwei Hauptgruppen, die mit dem Geschlecht übereinstimmen: männlich und weiblich. Das trifft auch auf die erworbenen geistigen Präferenzen zu, die mit diesen physiologischen Unterschieden zusammenhängen. Männer neigen generell zu den analytischen, oberen linken Funktionen, Frauen zu den emotionalen, unteren rechten. Wie Sie gesehen haben können die Probleme zwischen Menschen, deren Präferenzen sich diagonal gegenüber liegen, beträchtlich sein. Daher ist es nicht überraschend, daß die Ansichten von Männern und Frauen als Gruppe tendenziell polarisiert sind.Wie Sie aber auch gesehen haben ist das Potential für eine verbesserte Arbeitsweise ebenfalls enorm.

b. Übung: Wertschätzung von Unterschieden

Stellen Sie sich vor, was zwischen zwei Menschen möglich ist, die sich nicht nur kreativen Raum zur Verfügung stellen, sondern sich auch lieben und sich verpflichten, zusammen kreativ zu leben! Versuchen Sie die folgende Übung, um ein Gefühl für dieses Potential zu bekommen. Sie ist für Sie persönlich sehr machtvoll und potentiell wichtig, lassen Sie sich also genug Zeit, damit sie Nutzen aus ihr ziehen können.

Name: ______________________ Datum: __________

Machen Sie zuerst für sich selbst und einen Menschen, zu dem Sie eine intensive Beziehung haben, Kopien dieser Übung. Jeder von Ihnen sollte die Fragen in den folgenden Abschnitten so objektiv und offen wie möglich beantworten.

TEIL I

A.Was schätze ich an meinem logischen, analytischen, rationalen Selbst?

____

B. Was schätze ich an meinem geplanten, organisierten, an Verfahren orientierten Selbst?

C. Was schätze ich an meinem emotionalen, zwischenmenschlichen, fühlenden Selbst?

D. Was schätze ich an meinem einsichtsvollen, synthetisierenden, phantasievollen Selbst?

TEIL II

A. Was schätze ich am logischen, analytischen, rationalen Selbst des anderen?

B. Was schätze ich am geplanten, organisierten, an Verfahren orientierten Selbst des anderen?

C. Was schätze ich am emotionalen, zwischenmenschlichen, fühlenden Selbst des anderen?

D. Was schätze ich am einsichtsvollen, synthetisierenden, phantasievollen Selbst des anderen?

TEIL III

Denken Sie darüber nach, was der andere Mensch für Sie tun könnte, wenn er oder sie beschlösse, Sie zu bestätigen, Ihnen zu helfen oder Sie zu unterweisen. Betrachten Sie die Unterschiede zwischen Ihren positiven Eigenschaften und denen des anderen Menschen und denken Sie über Möglichkeiten nach, mit Hilfe derer Sie: (1) diesen Menschen für den Wert ermutigen und loben können, den Sie in dem sehen, was er oder sie bereits hat, (2) diesem Menschen mit Ihren Fertigkeiten helfen können und (3) diesen Menschen lehren können, Ihre Fertigkeiten zu erwerben, falls er sie erlernen möchte. Mit diesen Gedanken im Hinterkopf, füllen Sie diese fünf Punkte Sie und den anderen Menschen betreffend aus:

Wichtigste Unterschiede zwischen uns:

Positive gemeinsame Eigenschaften:

Was ich tun kann, um micht selbst zu bestätigen:

Was ich tun kann, um dem anderen Menschen bei der Selbstbestätigung zu helfen:

Gelegenheiten für positive Synergie zwischen Ihnen:

TEIL IV

Wenn Sie beide die Übung bis hierhin ausgeführt haben, teilen Sie einander Ihre Antworten mit, indem Sie die in den Teilen I, II und III ausgefüllten Blätter austauschen. Nachdem Sie zu Ihrer Zufriedenheit über Ihre Antworten gesprochen haben, füllen Sie Teil V der Übung aus, indem Sie Ihre Antworten in das Übungsblatt des anderen eintragen.

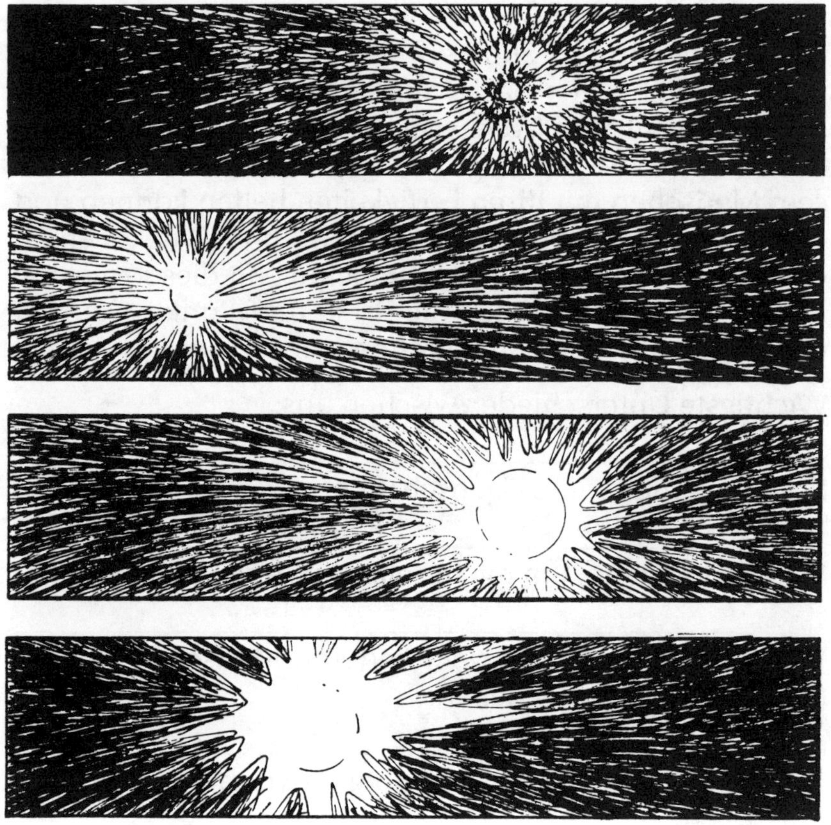

Abbildung 11-3. Die Metapher Geburt eines Sternes

TEIL V

So fühle ich mich, nachdem wir die Chance hatten, unsere Antworten miteinander zu teilen und zu diskutieren:

____

____

Ich glaube, wir sollten folgendes tun:

Ich kann: ______________________________

Du kannst: ______________________________

Wir können beide: ______________________________

TEIL VI

Wenn Sie beide Teil V ausgefüllt haben, geben Sie die Blätter jeweils an den anderen Menschen zurück. Bevor sie miteinander über Ihre Gefühle und Handlungspläne sprechen, nehmen sie sich die Zeit, um die Wichtigkeit der Gelegenheit zur Verständigung zu bedenken, die Sie jetzt haben. Wenn Sie beide bereit sind, sprechen Sie miteinander.

Wenn sie diese Übung beendet haben, werden Sie Wege gefunden haben, auf denen Sie und der andere Mensch wesentlich zum Wohlergehen und der Kreativität des anderen beitragen können. Tatsächlich kann dieser Beitrag schon damit begonnen haben, daß Sie so denken. Sie können sich schon sicherer darüber fühlen, wer Sie sind, schon interessierter an dem, was Sie werden können, bereiter sein, das geschehen zu lassen und Ihre Bereitschaft, im Leben eines anderen einen Unterschied auszumachen, kann größer sein.

Wenn Sie zum erstenmal versucht haben, genau auf diese Weise zu denken, kann die Macht und Möglichkeit dieser Denkweise ein wenig überwältigend wirken! Wenn man Unterschiede nutzt, statt über sie zu streiten, dann führt das zu einem wirklich positiven Ergebnis. Da ein derartiges Potential gegeben ist, ist es kein Wunder, daß sich Gegensätze anziehen! Sie und der andere Mensch können jetzt eher bereit sein, eine synergistische, kreative Partnerschaft zu bilden.

Ich denke es ist fair, wenn ich sage, daß die Wertschätzung und Nutzung unterschiedlicher Denkweisen, nicht mehr und nicht weniger, das zuverlässigste und wichtigste Signal dafür ist, daß ein Mensch sich von der gewöhnlichen zur kreativen Lebensweise bewegt hat. Das gilt nicht nur in unseren Partnerschaften, sondern in allen Beziehungen, einschließlich derer, die wir zu uns selbst haben. Kreativität ist nur möglich, wenn wir unsere Schutzwälle gegen unterschiedliche Visionen, Ansichten und Methoden abbauen und den Reichtum annehmen, den diese anderen Wahrnehmungen bieten. Die Tatsache, daß wir diese Schutzwälle abbauen können, bietet uns eine wichtige Hoffnung dafür, daß wir Veränderungen in dieser Welt meistern können.

11.3 Meistern von Veränderungen: Wir können lernen, kreativ zu werden

Wenn Theorien der Astrophysik benutzt werden, die Geburt eines Sternes zu beschreiben, dann liefern sie die Basis einer faszinierenden Metapher für den kreativen Prozeß des ganzen Gehirns*. Das Universum besteht aus unzähligen Milliarden von Sternen – allein 200 Milliarden in unserer Milchstraße. Tatsächlich sind es so viele, daß jeder Mensch auf der Erde so viele als persönliche Sterne beanspruchen kann, wie er oder sie mag. Genau wie jeder Mensch einzigartig ist, so unterscheidet sich jeder Stern von allen anderen. So wie wir alle ein eigenes Leben haben, hat auch jeder Stern sein eigenes – sie werden geboren, leben und sterben. Ein Stern wird aus einer reichhaltigen Mischung aus Gasen und kosmischem Staub "geboren". Aus diesen Partikeln bildet sich ein Kern, der dadurch wächst, daß er ihn umgebende Materie durch die Schwerkraft anzieht. Schließlich bildet sich aus diesem kosmischen Material eine Kugel und mit der Zeit wächst diese zu einem stumpf roten Protostern – der erste wichtige Meilenstein auf dem Weg zum Sternenleben. Während der Protostern weiter an Masse gewinnt, packen die Gravitationskräfte die Materie im Kernbereich dichter und dichter, wobei Druck, Dichte und Temperatur ständig steigen. Schließlich wird die Temperatur hoch genug zur Zündung des nuklearen Ofens des Protosterns und er reift dann zu einem hellen Hauptreihenstern heran. Wenn die Kerntemperatur hoch genug ist, um den nuklearen Ofen auszulösen, wird der Stern "kritisch"**. Seine Energien werden freigesetzt und er erreicht seinen zweiten wichtigen Meilenstein auf dem Weg des Sternenlebens. Jetzt scheint er Tag und Nacht, Milliarden von Jahren lang.

* Ich entschuldige mich bei den Menschen, die besonders viel über die Astrophysik wissen. Ich benutze die Geburt eines Sternes als Metapher, stark vereinfacht, weil ich denke, sie hilft bei der Aufklärung der tiefgreifenden Veränderung, die in Menschen und Unternehmen stattfindet, wenn sie beginnen, ihr ganzes Gehirn zu benutzen

** Der Begriff kritisch werden bezieht sich auf einen Übergangspunkt, an dem ein Merkmal oder eine Eigenschaft einer endlichen Änderung unterworfen wird.

Wenn ein Stern kritisch wird, bedeutet das, daß der höchste mögliche Zustand der inneren Energien erreicht wird. Wird diese Energie freigesetzt, so erhält sich der Fusionsprozeß selbst, und es muß keine weitere Energie mehr von außen zugeführt werden. Statt dessen nimmt der Fusionsprozeß sein eigenes Leben an. Er verlagert sich in eine völlig neue Dimension der Aktivität, steigt aus seinem Kern auf und das Sternensystem erreicht einen konstanten Zustand ausgewogen hoher Energie – es ist ein echter Stern entstanden, vielleicht sogar eine lebensspendende Sonne.

Im kreativen Prozeß können wir im Augenblick der Erleuchtung "kritisch werden" – im Augenblick des Aha!, in dem eine Idee geboren wird. Ideen bestehen aus sich gegenseitig anziehenden Fragmenten, die zusammengeführt werden, wenn sich die geistige Bewegung bis zum kritischen Zustand aufbaut. Vorher kollidieren Fakten, Bedürfnisse, Meinungen und Wahrnehmungen miteinander und stoßen auch mit unserer etablierten Art des Nachdenkens über ein Thema zusammen, genauso wie die kosmischen Teilchen miteinander zusammenstoßen, wenn im Kern eines Sternes die Kernfusion stattfindet. Für einige von uns kann das sehr verwirrend sein, für andere weniger. Das ist abhängig davon, wie offen wir sind, wie gut wir das Zusammentreffen unserer inneren Unterschiede meistern können. Wenn das Aha-Erlebnis eintritt, steigen sie aus der Tiefe unseres Geistes auf, eine Macht, die in der Form einer neuen Vision freigesetzt wird – einer neuen Perspektive, die uns über unsere alten Wahrnehmungen hinaus führt und uns einen ganzen, neuen Bereich des Verstehens eröffnet. In dieser neuen Vision sind unsere alten Wahrnehmungen sowohl enthalten als auch transzendiert und eine neue Idee wird geschaffen.

Die Metapher in der die Kernfusion in einem Stern und der kreative Prozeß bei Menschen auf einer Stufe gefaßt wird, ist insofern gültig als sowohl die Fusion aus auch die kreative Energie bei ihrer Freisetzung positiv oder negativ eingesetzt werden können. Damit sie positiv eingesetzt werden kann, muß die Energie ausgeglichen, kontrolliert und gezügelt werden, so daß sie in eine konstruktive Richtung fließt, denn andernfalls zerstört sie die bestehende Struktur – wie auch ein unkontrollierter Stern zu einer Supernova werden und explodieren kann, oder seine Energie so schnell verbraucht, daß er schrumpft und einen schnellen Tod erleidet.

Wie kontrolliert man die Kreativität? Die im Kern eines Sterns enthaltene Energie wird durch ein ausgewogenes System kontrolliert. Die Kernfusion in einem Stern wird durch das Gleichgewicht des Systems sowohl kontrolliert als auch erhalten. Im kreativen Prozeß können wir die geistige Energie dadurch kontrollieren, daß wir einen auf das ganze Gehirn ausgerichteten Gleichgewichtszustand sowohl vor als auch nach dem Augenblick der Erleuchtung erreichen: (1) Vorher, indem wir in der Vorbereitungsphase unsere Absicht sorgfältig definieren und (2) nachher, indem wir unsere Ideen in der Überprüfungsphase einer rigorosen Untersuchung unterziehen und die Ideen in der Anwendungsphase auf eine fruchtbare Weise anwenden. Anders ausgedrückt bleibt unsere kreative Energie relevant, sicher und wird nützlich angewendet, indem wir im Prozeß unser ganzes Gehirn einsetzen, statt nur einen nicht ausgewogenen Teil. Der Kern eines Protosternes muß kritisch werden, wenn ein Stern geboren werden soll. In dem gleichen Sinne muß unser geistiger Prozeß kritisch werden, wenn eine Idee geboren werden soll. Wenn das geschieht, werden wir kreativ.

Der Begriff "kreativ werden" bezieht sich auf ein Übergangsstadium im Geist, während dessen die für den kreativen Prozeß notwendigen spezialisierten Funktionen in Reaktion auf ein Bedürfnis, das man empfindet, für die Anwendung auf eine Aufgabe situationsbezogen verfügbar werden.

Da wir auf das Jahr 2000 zueilen wird diese Fähigkeit der Zügelung unserer geistigen Energie durch eine vollständiger kreative Lebensweise immer wichtiger. Die Geschwindigkeit von Veränderungen beschleunigt sich so stark, daß Menschen sie durch nicht weniger als durch ihr gesamtes Gehirn meistern werden können.

Wenn wir lernen, kreativ zu werden, verbessert das nicht nur unsere Fähigkeit, neue Ideen zu erdenken, sondern auch als Individuen und als Gruppe mit Veränderungen zu leben.

a. Wenn Individuen kreativ werden

Die individuelle Reaktion auf Veränderungen ist einer der Faktoren, der einen Menschen am deutlichsten von anderen unterscheidet. Einige von uns kommen gut mit Veränderungen zurecht, und wir reagierten begeistert. Ein Umzug an einen anderen Ort ist ein Abenteuer, eine Reorganisation eröffnet neue Möglichkeiten. Andere finden Veränderungen störend und verwirrend, sogar erschrekkend. Wir können Dinge nicht mehr so erledigen wie wir sie erledigen können, also kann das bedroht sein, das wir an uns selbst und unserer Arbeit schätzen: unsere Kompetenz, die Qualität und Größenordnung unserer Arbeit, die

"Es gibt nichts dauerhaftes außer der Veränderung."

Heraklit (540 – 475 v. Chr.)

"Ändere deine Gedanken, und du veränderst die Welt."

"Es ist nicht unsere Aufgabe im Leben, andere zu übertreffen, sondern uns selbst zu übertreffen – unsere eigenen Rekorde zu brechen, das Gestern durch das Heute zu übertreffen, unsere Arbeit mit größerer Kraft als je zuvor zu tun."

Stewart B. Johnson

"Eine Veränderung läßt immer den Weg für andere offen."

Niccolo Machiavelli

Abbildung 11-4. Freude und Trauma der Veränderung

Art und Weise, in der uns unsere Kollegen sehen. Sowohl an der Arbeit als auch privat unterbrechen Veränderungen etablierte Beziehungen und legen damit unsere sorgfältig unterdrückte Einsamkeit und Angst vor dem Unbekannten offen, und sie verbauen uns Möglichkeiten, die wir als Fluchtwege benutzt haben.

Obwohl einige von uns besser mit Veränderungen umgehen können als andere, gibt es keinen unter uns, der nicht Nutzen daraus ziehen kann, daß er lernt, etwas besser zu tun. Sogar die anpassungsfähigsten Menschen widerstehen bestimmten Arten von Veränderungen und wir alle haben eine Grenze, jenseits derer wir nichts mehr ertragen können. Wenn wir uns dieser Grenze nähern oder sie überschreiten, wird unser instinktiver Drang nach Geborgenheit und Sicherheit aktiviert. Wie intensiv wir auf diesen instinktiven Drang reagieren, ist abhängig von der Größenordnung und der Geschwindigkeit der Veränderung, und wie sehr wir von ihr überrascht sind.

Obwohl ich auf diesem Gebiet auch viel zu lernen habe, glaube ich doch, daß ich eine Technik zur Wissenschaft erhoben habe: Wann immer eine starke Veränderung eintritt, werde ich kreativ. Für mich bedeutet das, daß ich alle Quadranten einsetze und in eine Vorbereitungsphase eintrete. Zuerst gehe ich nach links, betrachte und analysiere Fakten, definiere Prozesse und verfolge die Ereignisse, wo das angemessen ist. Dann gehe ich nach rechts, in meine Quadranten C und D und aktiviere meine intuitiven und visionären Fähigkeiten für ein Brainstorming über Alternativen, dann zurück zum Quadranten B, um diese Ideen festzuhalten. Dann gehe ich in die Inkubationsphase und wende mich anderen Arbeiten zu, sicher im Wissen, daß ich meine Hausaufgaben erledigt habe und mein Unterbewußtsein fleißig an den Veränderungen arbeitet, während ich andere Dinge erledige. Wenn die Erleuchtung kommt, zeichne ich sie sofort auf und beginne, zwischen B und D zu iterieren, kläre die Definition der Lösung und überprüfe, ob sie angemessen für die vorliegende Situation ist.

"Ich frage mich, ob ich diesen Computer zurückschicken kann."
"Wie konnte ich nur ohne ihn leben?"

Wenn man auf diese Art kreativ wird, kann das für jedermann eine Hilfe beim Meistern von Veränderungen sein, denn man erreicht dreierlei:

1. In uns wird Bewegung eingeleitet, wodurch es für uns leichter wird, konstruktive Möglichkeiten der Reaktion auf die außerhalb ablaufenden Veränderungen wahrzunehmen. Wenn wir nicht aktiv und beweglich sind, kann es sein, daß die Herausforderung der Veränderung uns festgefahren in unserem Widerstand vorfindet, d.h. in einer Haltung des "Niemals!" oder "Mich überzeugst du nicht," statt des "Was wäre, wenn ...?"
2. Sie aktiviert diejenigen intuitiven Fähigkeiten in uns, die es uns am besten ermöglichen, Veränderungen zu akzeptieren und auf sie zu reagieren. Es ist der Zwang zur Kontrolle, der uns behindert, wenn die Veränderung eintritt. Wenn wir darauf bestehen, unser etabliertes, verfahrens- und tatsachenbezogenes Denken durchzusetzen, ist die Bewältigung von Veränderungen sehr schwierig. Es ist aber gerade die Natur der intuitiven Funktionen, Veränderungen zu schätzen und sich mit ihnen zu entwickeln. Mit den intuitiven Fähigkeiten ausgestattet erwarten uns geringere Widerstände.
3. Tendenziell wird unsere Furcht verringert, weil die kreative Fähigkeit eine aktive Funktion ist, die ein angenehmes Gefühl mit sich bringt. Wenn wir Angst haben, schützen wir uns selbst. Wir ziehen unsere Muskeln zusammen, werden geistig starr und halten uns an dem fest, was in der Vergangenheit funktioniert hat. Unser Körper produziert enorme Mengen an Adrenalin, Energie wird freigesetzt, die enorme Spannungen in uns erzeugt, weil wir sie zurückhalten. Wenn wir dagegen geistig aktiv werden, statt nur zu reagieren, kann diese Energie fließen. Wir können wieder atmen. In der einfachen Handlung der Konzentration auf einen Bewegungsprozeß – sogar einen sehr konzentrierten – lösen wir den Schraubstock der Angst, der unseren Körper und Geist einengt.

Ich glaube, daß dieses kreative Herangehen an Veränderungen eine außerordentlich frohe Botschaft für diejenigen unter uns ist, die sich zunehmend ihrer Sterblichkeit bewußt werden. Es ist ein Mythos daß wir im Alterungsprozeß unsere geistige Flexibilität verlieren und zunehmend unfähig werden, auch nur die kleinste Störung unserer Routine zu bewältigen. Die Wahrheit ist, daß diese erschrekkende Starre gar nicht erst einsetzen muß. Wenn wir lernen, kreativ zu werden, wenn eine Veränderung eintritt, können die Jahre unser Wissen ganz einfach bereichern.

Auch hat keine Altersgruppe einen Vorteil, wenn sie lernt kreativ zu werden. Unter Verwendung von Ganzhirn-Techniken genießen unsere Lehrer die alltägliche Erfahrung, daß Menschen im Alter von 65 und 70 Jahren das gleiche Material in der gleichen Klasse lernen wie Menschen, die 40 Jahre jünger sind. Alle sind gleich motiviert, aktiv und erfolgreich. Die gewöhnlichen Altersschranken scheinen nicht zu exisitieren.

Abbildung 11-5. Eine Organisation wird kreativ

b. Wenn Organisationen kreativ werden

Was für den einzelnen Menschen gilt, scheint auch auf Organisationen zuzutreffen. Je kreativer sie ist, desto besser meistert sie Veränderungen.

Eine ganze Organisation kreativ werden zu lassen ist nicht so einfach wie für sich selbst eine kreative Lebensweise einzuleiten, aber es gibt einige Ähnlichkeiten: (1) In beiden Fällen macht der Zugriff auf die Kreativität auch den Teil von uns zugänglich, der Veränderungen entweder freudig annimmt oder uns in die Lage versetzt, sie zu meistern. (2) In beiden Fällen ist Kreativität lernbar, wenn die Individuen bereit sind, unterschiedliche Stile anzuerkennen und zu respektieren, und zwar sowohl bei sich als auch bei anderen. (3) In keinem Falle kann die Veränderung oder Kreativität von außen verordnet werden – sie ist ein Prozeß, der aus dem Inneren kommt, in der Entscheidung jedes Menschen liegt, seine oder ihre persönlichen Erfahrungen und kreativen Sehnsüchte zu respektieren.

Wenn sich eine Organisation zu einer kreativen Funktionsweise hin entwickelt, neigt sie dazu, mehrere Phasen zu durchlaufen. In der ersten, in der die meisten Organisationen bleiben, können kreative Menschen in der Organisation arbeiten, aber sie sind entweder isoliert oder arbeiten nur mit reduzierter Kraft und wählen andere Ort, um ihre Kreativität auszuleben. Die Bewegung hin zu einer kreativen Arbeitsweise beginnt in der zweiten Phase, sobald zwei oder mehr Menschen begonnen haben, kreativ zu arbeiten. Wenn das geschieht, beginnt eine Kettenreaktion, die eine kritische Masse erreichen kann. Wenn das Management etwas über die Kreativität weiß, stellt es kreative Herausforderungen in der Form von Bedürfnissen, und bindet die sich daraus ergebende kreative Energie in sorgfältigen Verfahren ein, die das Erreichte festhalten und überprüfen. Wenn das geschieht, wird die Organisation kreativ, und das ist die dritte Phase.

Wegen der Art und Weise, in der das geschieht, kann man sich die kreativ aktiven Menschen in der Organisation als "Kreativitätsmittel" denken. Sie fördern eine kreative Arbeitsweise der Organisation.

Das hat eine große Bedeutung für jede Organisation, die sich entschieden hat, die Kreativität zu fördern. Es ist absolut unabdingbar, daß sichergestellt wird, daß die für diese Aufgabe verantwortlichen Menschen selbst gelernt haben, auf effektive Weise kreativ zu sein. Ein Mensch, der noch nicht gelernt hat, in seinem/ihrem Leben Kreativität hervorzurufen, ist kaum in der Lage eine Organisation in dieser Bemühung führen. Dieser Mensch muß den kreativen Prozeß verstehen, Unterschiede zwischen Menschen schätzen, und auf sie bauen, sie führen ohne zu herrschen, und alle Sprachen des Gehirns sprechen, nicht nur eine oder zwei. Unter der Anleitung eines solchen Menschen können wahrhaft wunderbare Veränderungen eintreten, auch in Organisationen, die viele für unheilbar konservativ halten, wie zum Beispiel Fertigungsbetriebe, Banken, Anwaltskanzleien, militärische Organisationen, Versicherungsunternehmen und dergleichen.

Eines der spannendsten Dinge, die man erkennt, wenn man beobachtet, wie eine Organisation kreativ wird, ist, daß die Intelligenz von Menschen und ihre Fähigkeit, sich auf ein Problem zu konzentrieren, immens zu steigen scheint. Sie werden nicht intelligenter, sie zeigen nur was

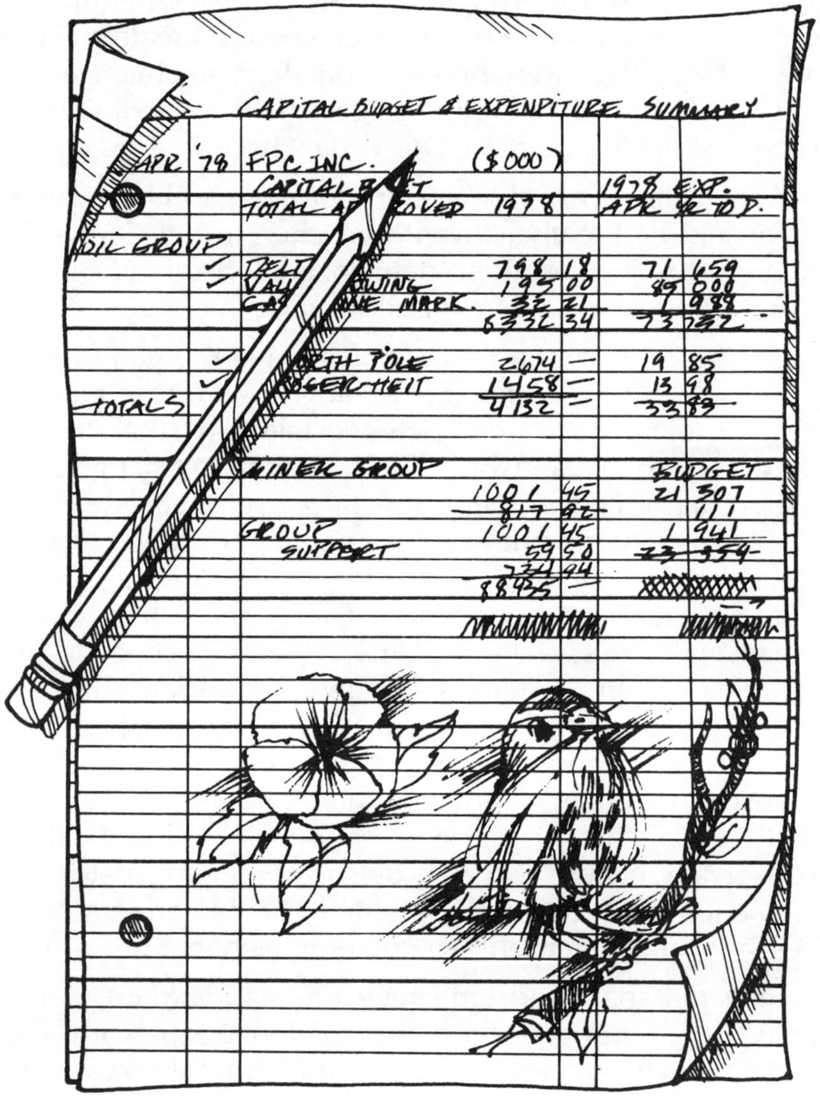

Abbildung 11-6. Der künstlerische Buchhalter

sie können. Der Grund, aus dem sie es können, ist der, daß das einzelne Mitglied eines in einer kreativen Umgebung arbeitenden Ganzhirn-Teams sich ganz natürlich auf das ausrichtet, was er oder sie am Besten kann, und weil andere ebenfalls das tun was sie am Besten können, kann dieser Mensch diese Arbeiten anderen überlassen ohne den Nutzen der Iteration untereinander zu verlieren. Das führt zu folgenden Fragen:

1. Wie messen wir die Intelligenz? Sind die Menschen begabter als wir ihnen zubilligen?
2. Wie können wir es einrichten, daß Menschen die Arbeiten verrichten, die es ihnen gestatten, ihre bevorzugte Art des Wissens einzusetzen?

Die beiden nächsten Abschnitte dieses Kapitels geben einige der Antworten.

11.4 Neue Bewertung der Intelligenz: Wir können die Wahl der Schule, der Hauptfächer und Karrieren verbessern

Wenn man kreative Arbeit in Organisationen beobachtet und an ihr teilnimmt, beginnt man zu verstehen, daß konventionelle Messungen der Intelligenz und Kreativität schief sind, wenn nicht irrelevant. Wie die Daten unserer Fragebogen beweisen, gibt es mindestens vier unterschiedliche Arten der Intelligenz. Typische Intelligenztests messen aber nur zwei gründlich (A und B) und vernachlässigen die beiden anderen (C und D) fast vollständig.

Dieses Vorurteil wird noch deutlicher, wenn man die Anmeldekriterien für Colleges betrachtet. Der bei weitem größte Teil des Wissens, sowohl in der Vorbereitung als auch infolge des Besuches weiterbildender Schulen, scheint fast ausschließlich im Sinne des linken Gehirns definiert zu sein.

Wenn wir Talent ohne Berücksichtigung des gesamten Spektrums der Intelligenz bewerten, passen Ausbildung, Berufe und Arbeitsplätze nicht zusammen. Die Konsequenzen sind besonders schmerzlich, wenn liebevolle aber uninformierte Eltern versuchen, ihren Kindern bei der Entscheidung für einen Ausbildungsweg zu helfen.

Ich trete nicht dafür ein, daß Menschen nur auf die von ihnen bevorzugte Weise lernen – weit gefehlt. Das Leben in dieser Welt ist weniger problematisch, wenn wir unsere Fähigkeiten ausgewogen gestalten. Also sollte jemand mit Präferenzen in C und D wahrscheinlich Kurse über die persönliche Buchführung belegen, um ein Beispiel zu nennen. Ein stark A-dominanter Mensch sollte wahrscheinlich einen erfahrungsorientierten Kurs über zwischenmenschliche Beziehungen besuchen.

Es ergibt aber überhaupt keinen Sinn, wenn man erwartet, daß der rechtsdominante Mensch Buchführung als Hauptfach belegt oder der A-dominante Mensch ein Sozialarbeiter wird. Dennoch wird genau diese Art von Entscheidung jeden Tag getroffen. Die gastronomischen Berufe verlangen eine starke Ausrichtung auf die Menschen, was wiederum eine starke Präferenz für C erfordert. Der einfach A dominante Mensch, der eine der besten Hotelfachschulen besucht, um der Familientradition in der Gastronomie zu folgen, kann einen Beruf im finanziellen Spektrum des Unternehmens ausfüllen. Es ist

"Wenn man die Menschen so behandelt, als seien sie was sie sein sollten, dann hilft man ihnen, zu dem zu werden, dessen sie fähig sind."

Johann W. von Goethe (1749 – 1832)

"Es ist eine der traurigsten Erfahrungen, die ein Mensch machen kann, wenn er sich, mit grauen Haaren und Falten im Gesicht, am Ende einer unproduktiven Karriere der Tatsache bewußt wird, daß er nur einen kleinen Teil seiner selbst genutzt hat."

V. W. Burrows

aber möglich, daß er niemals die überlegene Kompetenz und Zufriedenheit im Umgang mit Menschen erreicht. Der junge Mensch, der den Quadranten C stark bevorzugt und einen medizinischen Beruf ergreift, um seinen wohlmeinenden Eltern eine Freude zu machen, wird große Schwierigkeiten haben, die Ausbildung zu überstehen, ganz zu schweigen von der darauf folgenden brutalen Zeit als Assistenzarzt. Je weniger wir über unsere Präferenzen wissen, desto wahrscheinlicher sind Fehlentscheidungen, die teuer, demoralisierend und verschwenderisch sind.

Die Tragödie ist nicht, daß diese Menschen etwas lernen, das sie nicht bevorzugen, obwohl die emotionalen und psychischen Kosten erheblich sein können. Sie liegt darin, daß sie – und wir, die Gesellschaft, insgesamt – den Nutzen aufgeben, der darin liegt, daß sie ein wahrhaft bemerkenswertes Niveau der Leistung und Zufriedenheit erreichen. Und sie verzichten auf die Freude und Zufriedenheit, auf einem Gebiet kompetent zu werden, das sie ausfüllt und das sie mögen.

Verglichen mit den Bürokratien der Regierungen und der akademischen Welt stehen Gewerbe und Industrie besser da, wenn es darum geht, Arbeitsplätze und Präferenzen aufeinander abzustimmen. Auch wenn dieses nur gilt, weil das Überleben eines Unternehmens eine gewisse Kompetenz fordert, die tendenziell mit der Präferenz übereinstimmt. Aber auch in der Geschäftswelt gibt es einige auffällige Ausnahmen. Eine der kostspieligen ist die Form des Stellentausches in Programmen für Manager mit hohem Leistungspotential. In derartigen Programmen werden vielversprechende Menschen in eine Reihe sehr unterschiedlicher Jobs gesteckt, und ob sie bestehen oder durchfallen hängt davon ab, ob sie in allen Jobs gleich gut sind. Die Wenigen, die in all den verschiedenen Jobs, die unterschiedliche Kompetenzen verlangen, gleich gut sind, sind eindeutige Kandidaten für eine leitende Position, aber die große Mehrheit fällt durch, weil sie in gewissen Jobs keine Stars sein können, da sie ihre weniger gut entwickelten geistigen Präferenzen und damit Fähigkeiten fordern.

11.5 Die Arbeit an Profile anpassen: Talent einspannen und die Produktivität erhöhen

Wenn die meisten von uns nicht gut darauf vorbereitet sind, Entscheidungen über ihre Ausbildung zu treffen, sind wir noch schlechter darauf vorbereitet, uns für Berufe zu entscheiden. Im Idealfalle sollten wir eine Arbeit wählen, die "Spaß macht", und zwar auf dem Gebiet unserer stärksten Präferenzen und unserer größten Kompetenz. Obwohl es nicht vernünftig oder gar ideal ist zu erwarten, daß wir eine Arbeit finden, in der wir nichts als unsere Lieblingsbeschäftigung tun, so ist es doch vernünftig zu erwarten, daß die meisten Menschen zumindest zeitweise ihrer Lieblingsbeschäftigung nachgehen. Arbeit ist ein zentraler Bestandteil der menschlichen Existenz. Nicht nur im materiellen Sinne, der Nahrung, der Unterkunft, usw., sondern auch im Sinne menschlicher Zufriedenheit und des Wohlergehens.

Ein weiterer Grund, aus dem es so wichtig ist, unserer Lieblingsbeschäftigung nachzugehen, liegt in der Natur der Arbeit selbst. Die meiste Arbeit – sogar körperliche

Arbeit ist zum größten Teil geistiger Natur. Daraus folgt, daß wir dann am produktivsten sein werden, wenn wir eine Arbeit verrichten, die diejenigen geistigen Funktionen anspricht, die wir am stärksten bevorzugen. Damit diese Art der Anpassung möglich ist, müssen wir genug über unseren Geist wissen, daß wir nicht nur den richtigen Beruf, sondern auch die richtige Arbeit in diesem Berufsfeld wählen können. Damit meine ich folgendes. Die Kategorie des Arztes verlangt zum Beispiel eine Orientierung auf den Quadranten A. Die geistigen Anforderungen spezifischer Disziplinen innerhalb dieses Berufsfeldes sind jedoch sehr unterschiedlich, wie in Kapitel 4 erwähnt. Ich hoffe, daß niemand aus einer Familie jemals einen Kinderarzt oder Psychiater hat, dessen Profil auf einen Pathologen oder Radiologen paßt! Die enormen Schwankungen in der Kompetenz und Zufriedenheit von Ärzten resultieren oft aus solchen Fehlern: Weniger kompetente und/oder zufriedene Ärzte sind möglicherweise diejenigen, die ihre Entscheidung auf der Grundlage von Hoffnungen oder Traditionen der Familie, der finanziellen Lage oder anderer Faktoren getroffen haben, statt auf der Grundlage der wirklichen Präferenz. Ich glaube, daß wir eines Tages eine verantwortungsvolle Art und Weise lernen werden, in der geistige Funktionen und Arbeit aufeinander abgestimmt werden, wenn sich die Technologie dafür entwickelt, und daß der Produktivitätsgewinn daraus enorm sein wird!

Wie stimmt man geistige Profile mit spezifischen Arbeiten ab? Obwohl wir sehr viel über die Arbeit und geistige Präferenzen gelernt haben, stehen wir erst am Anfang. Darum beachten Sie bitte: Ich empfehle nicht, daß man eine Personalpolitik einführt, mit der jemand für eine gegebene Arbeit in die engere Wahl gezogen wird, nur

"Laßt uns unseren Geist darin schulen, das zu wünschen, was die Situation fordert."

Seneca (4 v. Chr. – 65 AD)

"Unser Geist braucht Entspannung und gibt nach / wenn wir die Arbeit nicht mit ein wenig Spiel mischen."

Moliere,
Die Schule der Ehemänner (1661)

"Mit einer guten Erbmasse gibt Ihnen die Natur gute Karten. Und in einer guten Umgebung lernen Sie, diese Karten gut auszuspielen."

Walters C. Alvarez, M.D.

"Im Grunde seines Herzens weiß jeder Mensch, daß er ein einzigartiges Wesen ist, daß es ihn nur einmal auf dieser Erde gibt. Und es gibt keinen außerordentlichen Zufall, der dazu führt, daß eine so wunderbare Einheit wie er oder sie ist, ein zweites Mal entsteht."

Friedrich Nietzsche (1844 – 1900)

weil das Profil dieses Menschen auf die Hirndominanz-Charakteristiken des Jobs paßt oder nicht.

Ich möchte zwei weitere Gründe erwähnen, aus denen das HDI nicht in einem formalen Abstimmungsprozeß als schnelles Mittel der Bestimmung der Eignung eines Menschen für einen Job verwendet werden sollte. Erstens ist das HDI wie alle Instrumente ein Schnappschuß, der die Präferenz für geistige Funktionen zu einem bestimmten Zeitpunkt mißt. Es mißt nicht die Kompetenz oder andere wichtige Entscheidungsfaktoren (Charakterstärke, persönliche Loyalität, Effektivität unter Druck, die Fähigkeit, einen anderen wichtigen Angestellten zu ergänzen, Einfluß als Katalysator für die Führungsmannschaft oder Motivation für Wachstum und Veränderung). Der zweite Grund ist dieser: Wenn die Menschen sich selbst den auf sie passenden Job aussuchen, sind die Ergebnisse im allgemeinen ohnehin die vom Management gewünschten. Es ist nicht notwendig, sich auf die Kosten und Schwierigkeiten der Institutionalisierung der Abstimmung mit Präferenzen einzulassen, denn, wenn sie die Gelegenheit haben, tendieren die meisten Menschen ganz natürlich zu Arbeiten, die sie am meisten mögen, und sie tun das auf eine Weise, die wenige Manager verbessern können.

Es ist allerdings ratsam, diese Anpassung zu ermutigen, und ich empfehle die folgenden spezifischen Wege, auf denen das erreicht werden kann:

1. Jobs unter Berücksichtigung geistiger Präferenzen planen.
   a. Jobs nach den Quadranten, die sie beanspruchen, in Arbeitselemente untergliedern.
   b. Prioritäten setzen, um die Hauptelemente dieses Jobs zu kennzeichnen und sicherstellen, daß der größte Teil der Zeit, die der Mensch in diesem Job verbringt, Arbeiten beinhaltet, die die gleichen geistigen Funktionen beansprucht wie auch die wichtigste Arbeit.
   c. Abstand davon nehmen, dieser Position einfach Verantwortlichkeiten hinzuzufügen, wenn auch nur zur Vereinfachung der Verwaltung, wenn sie die geistige Neigung des Jobs aus dem Gleichgewicht bringen, d.h. ihn aus dem Quadranten verlagern, der erforderlich ist, um den eigentlichen Zweck des Jobs zu erfüllen.
2. Die Anpassung von Arbeit und Präferenz ständig ermutigen.
   a. Angestellte auf allen Ebenen darüber unterrichten, wie die Hirndominanz zu ihrer Effektivität und Zufriedenheit am Arbeitsplatz in Verbindung steht.
   b. Manager und Vorarbeiter in Techniken der Arbeitsberatung schulen und sie anweisen, mit ihren Untergebenen zusammenzuarbeiten, wenn sie die Aufgaben eines Jobs neu verteilen wollen (übereinstimmend damit, daß getan wird was getan werden muß).
   c. Den sich daraus ergebenden Produktivitätszuwachs messen.

Eine Initiative zur Anpassung von Jobs dem zu überlassen, der diese Stelle innehat (incumbent), ist schlicht gesunder Menschenverstand, wenn man darüber nachdenkt. Schlußendlich wissen die meisten von uns mehr über die eigene Arbeit und die eigenen Präferenzen als irgend ein anderer Mensch. Wenn wir darüber hinaus wieder eine gewissen Kontrolle über unser Arbeitsleben gewonnen haben, setzen wir eine Menge positive Energie frei, die dann auf produktive Arbeit verwendet werden kann.

Wie die meisten guten Management-Techniken erleichtert das langfristig die Führungsarbeit, aber die Einführung dieser Vorgehensweise ist für die Organisation kein leichtes Unterfangen. Geistige Einstellungen zu verändern, und die notwendigen Fertigkeiten zu vermitteln, braucht eine starke Verpflichtung, eine umfangreiche Ausbildung, Zeit und Mut. Ich glaube aber, daß der Nutzen so groß ist, daß der Aufwand vergleichsweise unbedeutend scheinen wird. Ein derartiges Programm sollte durch die Verringerung von Streß und den Produktivitätszuwachs mehr als nur sich selbst tragen. Ich möchte einige Beispiele für die Art von Problemen geben, die dadurch gelöst werden können.

Als ich in 1974 Leiter des Managementtrainings am Management Development Institute von GE war, hatte ich das Glück, daß Naomi Steinberg meine Sekretärin war. Naomi, die mehrere Jahre am College studiert hatte und außerordentlich leistungsfähig war, wollte wirklich auf einem professionellen Niveau arbeiten, wobei ihr das Gehalt nicht so wichtig war. Wenn sich also die Gelegenheit ergab, übertrug ich ihr unabhängige, professionelle Arbeiten, damit sie mehr Erfahrung sammelte. Ihre Rolle als Sekretärin wurde enorm erweitert, als ich für mich das Gehirn neu entdeckte und die damit zusammenhängenden Forschungen einleitete. Naomi wurde meine Forschungsassistentin und Mitarbeiterin und wir begannen beide begeistert, aus den vielen Quellen, die zu jener Zeit zu sprudeln begannen, Informationen zu sammeln. Für viele Menschen wäre die zusätzliche Belastung überwältigend und nicht beherrschbar gewesen. Innerhalb weniger Monate hatte Naomi aber ein System entwickelt, in dem wichtige Informationen auf Karteikarten eingetragen,

"Jedes ernste Wagnis beginnt in uns."

Eudora Welty,
One Writer's Beginnings (Harvard University Press)

"Es sind die unglücklichsten Menschen, die die Veränderung am meisten fürchten."

Mignon McLaughlin

"Es spielt keine Rolle, wie alt man wird, wenn man den Wunsch, kreativ zu sein bewahren kann, dann hält man das Kind im Manne am Leben."

John Cassavetes

Abbildung 11-7. Naomis Titel

geordnet und dann in geeigneten Gruppen zusammengefaßt wurden.

Während sie begann, Informationen für ihr eigenes Wissen zu sammeln, begann sie, Bücher über das Gehirn zu beschaffen, las sie und richtete meine Aufmerksamkeit auf wichtige Quellen, von denen sie meinte, ich sollte sie kennen. Ich gab ihr nur die allgemeine Richtung an und sie hielt einen ständigen Informationsfluß aufrecht, einschließlich wichtiger Kontakte, professioneller Konferenzen und Gelegenheiten für Präsentationen, die zusammen eine bedeutende neue Priorität in meinem Arbeitsleben darstellten. Aus eigener Initiative nahm sie sich Arbeit mit nach Hause und kam am nächsten Tag mit Zusammenfassungen von Material wieder, das sie für mich gelesen hatte, und mit Empfehlungen für Maßnahmen, die ich ergreifen sollte. Ihre, wie ich später erfuhr, starken Präferenzen für den Quadranten B hatten sich zu Motivationen und Kompetenzen entwickelt, die perfekt zu meinen Bedürfnissen paßten.

Das ist aber noch nicht alles. Zur gleichen Zeit war ich Vorsitzender der Elfun-Kunstausstellung, die jedes Jahr am Institut abgehalten wurde. Als meine Sekretärin wurde Naomi der Brennpunkt der Verwaltung der Kunstausstellung, aber sie ging weit über ihre nominellen Pflichten als Hilfsperson hinaus. Sie befaßte sich persönlich mit bis zu 100 Künstlern – die bis zu 600 bis 800 Werke einrichten – und ergriff die Initiative und befaßte sich mit den unzähligen seltsamen und wundervollen Dingen, die sich beim Zusammenstellen einer so großen Kunstausstellung ergeben. Am Wochenende der Ausstellung selbst tat sie was immer nötig war, und sie tat selbständig viele Dinge, von denen mir zu diesem Zeitpunkt nichts unter die Augen kam.

Als Naomis Fähigkeiten immer offensichtlicher wurden beschloß ich, auf ihre Präferenz für unabhängige professionelle Arbeit zu reagieren, indem ich sie als Leiter von Workshops ausbilden ließ. In der Folge wurde sie bald ein Mitglied des Lehrkörpers am Management Development Institute, obwohl sie immer noch meine Sekretärin war. Mitten in dieser ganzen Entwicklung beschloß sie, wieder zur Abendschule zu gehen und ihren Abschluß zu machen. In den wenigen Jahren, die sie brauchte, um alles das zu erreichen, führte sie weiterhin ihre anderen normalen und besonderen Aufgaben mit außerordentlicher Qualität aus. Als sich in meiner eigenen Abteilung die Gelegenheit ergab, Naomi auf die Position eines Programm-Managers zu befördern, habe ich sie ohne zu zögern gewählt, nicht ohne den Verlust zu spüren. In ihrer neuen Rolle arbeitete sie weiter als Kursleiter und leistete so gute Arbeit, daß sie bald andere Kursleiter ausbildete. Innerhalb von vier Jahren hat Naomi den Sprung von der Sekretärin zur Programm-Leiterin geschafft und ihr Gehalt wesentlich erhöht, von ihrer persönlichen Befriedigung ganz zu schweigen. Ihre Energie und Motivation schienen fast grenzenlos zu sein. Je mehr hochwertige Arbeit ich ihr zugänglich machte, desto aufgeschlossener wurde sie. Die Arbeit machte ihr in jeder Hinsicht Spaß. Seitdem ist Naomi weiter gewachsen und nimmt auch heute eine verantwortliche Position in der Ausbildung im Unternehmen ein. Sie genießt die Bewunderung und den Respekt von jedem, der mit ihr arbeitet.

Der Ingenieur Charles Brown ist ein weiteres Beispiel für jemanden, dessen Produktivität enorm stieg als er die Chance erhielt, eine Arbeit zu tun, die er bevorzugte. Der Fertigungstechnik eines großen technischen Unternehmens zugeteilt, hatte er alle Talente, die für die Ausführung der ihm übertragenen Aufgaben erforderlich waren. Er hatte aber auch andere Fähigkeiten und Interessen. Zu jener Zeit war nicht bekannt, was heute aber offensichtlich ist. Charles hat eine Präferenz für den oberen rechten Quadranten D, die genauso stark ist wie seine Präferenz für oben links A. Daher regte seine Arbeit im Quadranten A ständig phantasievolle Ideen in seinem Quadranten D an. Unter dem früheren Management war ihm abgeraten worden, mit dem Produkt selbst zu experimentieren, weil diese Verantwortung nicht in seinen Aufgabenbereich fiel und daher Menschen in einer anderen Abteilung zugewiesen war. Aber ein neuer Manager trat ein und spürte Charles' andere Interessen und potentielle Fähigkeiten schnell. Statt die von Charles vorgeschlagenen Verbesserungen des Designs abzulehnen, ermutigte er sie. Charles reagierte mit einer wahren Flut von Ideen und Verbesserungen in allen Bereichen und lieferte schließlich die Grundlage für ein brandneues Produkt.

Jeder gewinnt, wenn derartige Dinge geschehen. Naomi und Charles haben beide ihre eigenen Jobs gestaltet. Sie brauchten nur die Chance dazu. Letztendlich hat jeder gewonnen: sie, ihre Manager und ihre Firma.

Das gleiche könnte man für jedes Mitglied meines Personals in Lake Lure sagen. Sie sind wie mit Helium gefüllte Ballons, die an den Fesseln ihrer Jobs zerren, die noch besseren Leistungen und höherer persönlicher Befriedigung im Wege sind. Ich fühle mich gesegnet, und sie auch.

Die Anpassung von Jobs hilft auch, das Problem des goldenen Käfigs zu lösen. Es ist, besonders in hochbezahlten Berufen, eine recht häufige Erscheinung, daß Menschen ein Plateau der Effektivität – und des Interesses – erreichen und dort bleiben, weil der Job zum größten Teil ihre sekundären Präferenzen fordert. Zu Anfang behalten sie ihr Interesse wegen der aufregenden Aussicht auf Beförderung und der steilen Lernkurve. Sie leisten akzeptable, sogar hervorragende Arbeit. Aber an irgend einem Punkt, meistens an dem Punkt, an dem sie "es geschafft" haben – was auch immer das in ihrem Vokabular bedeutet – weicht all diese Aufregung und dieses Streben der Erkenntnis, daß, wenn sie ihren Willen hätten, sie etwas ganz anderes tun würden. Unglücklicherweise sind diese Menschen in einem goldenen Käfig gefangen. Da sie ihr gegenwärtiges Niveau, finanziell, erreicht haben können sie nur absteigen und sie haben ihren Lebensstil und ihre Verpflichtungen auf ein hohes Einkommen eingerichtet.

Diese Situation erzeugt einen enormen Streß, der in mancher Hinsicht schwieriger zu meistern ist als der Streß eines Menschen, der eindeutig und bewußt haßt, was er oder sie tut. Bei dem Menschen im goldenen Käfig erstreckt sich der Streß auf die ganze Arbeitssituation: hohe Bezahlung, aber wenig Befriedigung, hoher Rang, aber kaum eine Chance einer wesentlichen Beförderung, jede Menge harte Arbeit, aber keine Erfolgserlebnisse, bezahlte Arbeit, aber keine Chance der Selbstverwirklichung am Arbeitsplatz. Ein solcher Mensch kann eine Reihe von Lösungen versuchen: ein zweiter Beruf, nicht mit der Arbeit im Zusammenhang stehende Hobbies oder gemeinnützige Tätigkeiten. Viele engagieren sich in Fitnessprogrammen und einige Firmen fördern das. Aber diese Lösungen gehen das zentrale Problem nicht an und der Streß bleibt bestehen.

Aber man sehe sich an, was geschieht, wenn Menschen ihre geistigen Präferenzen mit der Natur ihrer Arbeit abstimmen! Karrieren, die ein Plateau erreicht hatten, heben ab. Farblose Arbeit im falschen Job macht mühelosem Fachwissen in der richtigen Arbeit Platz. Selbstverwirklichung außerhalb der Arbeitsstelle wird durch Selbstverwirklichung am Arbeitsplatz ersetzt. Jeder gewinnt!

11.6 Bestätigung aller Modi: Wir können Gemeinschaft lernen

Die Kraft der Gemeinschaft ist etwas, das ich bei dieser Arbeit seit Jahren erlebt hatte, aber nicht benennen konnte, bis mir M. Scott Peck's brillantes neues Buch The Different Drum auf die Sprünge geholfen hat. Gemeinschaft kann eines der wichtigsten Ergebnisse der Anwendung des Ganzhirn-Konzeptes sein und Peck definiert sie als "eine Gruppe von Individuen, die gelernt haben, ehrlich miteinander zu kommunizieren, deren Beziehung tiefer geht als ihre Masken und die eine wichtige Verpflichtung entwickelt haben, sich gemeinsam zu freuen, gemeinsam zu trauern und Freude aneinander zu haben, den Zustand des anderen zum eigenen zu machen."

Die Bildung einer Gemeinschaft geht weit über meine ursprüngliche, bewußte Absicht hinaus, die die Schaffung optimaler Lerngruppen war, in denen jedes Mitglied durch seine oder ihre Natur zum Lernen der anderen Mitglieder beiträgt. Und das ist ein Teil der Macht einer zusammengesetzen Gruppe, wenn sie zur Gemeinschaft wird. Aber da ist noch viel mehr. Wie Sie sich aus Kapitel 4 erinnern, bilden sich homogene Gruppen leicht und erreichen rasch einen Konsens. Obwohl sich heterogene Gruppen langsam bilden und es schwer haben, einen

Konsens zu finden, entsteht aus diesem Ringen eine gewaltige Bindung, Bestätigung und Kraft. In ACT I ist die Transformation offensichtlich, wenn das als Organismus arbeitende Team aus sechs Menschen eine bleibende Gemeinschaft schaffen kann.

Noch spannender ist für mich, daß die Bindung nicht auf bestimmte Menschen in einer bestimmten ACT-Gruppe oder alle Absolventen von ACT I beschränkt zu sein scheint, obwohl man die Bindung klar sehen kann, wenn eine Versammlung mehrere Gruppen von ACT-Absolventen zusammenbringt. Statt dessen erweitert sich das Gefühl der Gemeinsamkeit auf Mitglieder jeder zusammengesetzten Gemeinschaft, die es gelernt hat, Unterschiede zu akzeptieren, zu preisen und aus ihnen Nutzen zu ziehen. In anderen Worten: Die Idee der Ganzhirn-Gruppe selbst, kombiniert mit erfahrungsorientiertem Wissen, motiviert Menschen dazu, sich mit unglaublicher Leichtigkeit und Geschwindigkeit zu einer neuen Gruppe zusammenzuschließen. Wir haben gesehen, wie das bei zahlreichen Gelegenheiten geschehen ist, obwohl die ursprüngliche Erfahrung der Gemeinschaft in ACT I drei bis fünf Jahre vorher mit anderen Menschen gemacht wurde.

Jeder der mehr als 1000 Menschen, die bis heute an ACT I teilgenommen haben sagt, daß ihre Gruppe die beste "Lerngemeinschaft" war, die sie je erlebt haben. Ich bin absolut sicher: Wenn wir alle diese Menschen wieder zusammen brächten, sie aber in anderen Gruppen kombinierten, dann hätten sie bezogen auf ihre neuen Gemeinschaften das gleiche Gefühl.

Nachfolgend gebe ich einige Gründe an, aus denen, wie ich glaube, dies in den von uns geschaffenen Ganzhirn-Gemeinschaften geschieht:

"Ich hatte wirklich das Gefühl, daß ich heute jeden der Teilnehmer wegen irgend einer Sache anrufen könnte (nicht nur im Zusammenhang mit der Werkstatt) und ihre Hilfe erhalten würde.
Es scheint mir unglaublich, daß, obwohl wie jeder eine persönliche Erfahrung gemacht haben und das Ziel nicht der Aufbau eines Teams per se war, ich mich nach dem Erleben dieser Woche diesen Menschen näher fühle als manchen meiner eigenen Kollegen."

Doreen Kereysik (Workshop-Teilnehmerin)

"Kein Mensch ist eine Insel, ganz in sich, jeder Mensch ist ein Teil des Kontinents."

John Dunne, Devotions (1624)

Abbildung 11-8. Gemeinschaft

1. Die Unterschiede in der Gruppe betonen die persönliche Einzigartigkeit jedes Mitgliedes, so daß die Menschen sich wirklich wie einzigartige Individuen verhalten, und dennoch normal fühlen können.
2. Die Menschen erkennen, daß individuelle Unterschiede eigentlich Ressourcen für das Lernen sind. Jedermann ist ein Kursbereicherer.
3. Folglich erkennen, schätzen und anerkennen die Menschen die Beiträge des anderen. Das positive Feedback liefert enorme Sicherheit, die wieder Energie in den Gruppenprozeß einspeist.
4. Da individuelle Unterschiede so anregend sind, und solchen Spaß machen, sind Ganzhirn-Gruppen einfach interessanter.
5. Die Ausrichtung auf das ganze Gehirn fördert ein Lernverhalten, das zu einer starken Beteiligung, Anteilnahme und Interesse aneinander führt.
6. Die Teilnehmer beginnen, einander die Dinge zu vermitteln, die zu lernen sie motiviert und daher wird der Prozeß des Lernens persönlicher und interaktiver.

Bei sorgfältiger Förderung können genau diese Vorteile einer Ganzhirn-Lerngemeinschaft auch außerhalb des Klassenzimmers verfügbar gemacht werden: In der Familie, in Arbeitsgruppen, in allen Arten von Organisationen und auf allen Ebenen. Unser intellektuelles Verständnis der Gemeinschaft steckt noch in den Kinderschuhen. Wie Peck sagt, ist sie ein Phänomen, das – wie die Elektrizität – größer ist als wir, und daher außerhalb unseres Fassungsvermögens liegt. Aber ihre kreative Kraft – zu motivieren, zu beleben, etwas zu erreichen und zu heilen – manifestiert sich wieder und wieder in unseren Ganzhirn-Lerngemeinschaften!

Die Hirndominanz-Technologie wurde von einer dramatischen Veränderung unseres Bezugsrahmens begleitet. Der phantasievolle Begriff dafür ist Paradigma-Verlagerung. Gewöhnliche Menschen interessieren sich für das Gehirn und sind bereit, es zu verstehen. Und sie sind bereit durch dieses Verständnis diese wichtigste persönliche Ressource besser zu nutzen. Dabei haben wir die einengenden Grenzen überschritten, die die Kultur unabsichtlich um uns gezogen hat. Wir haben den willkürlichen Kreis durchbrochen, der unsere Sicht auf uns selbst begrenzt und haben das menschliche Gehirn zu einem Gegenstand gemacht, der gelehrt, angewendet und gepriesen werden kann. Das Gehirn ist zum Brennpunkt meines Lebenswerkes geworden. Für Sie kann es der Anfang des Selbstverständnisses sein. Schließen Sie sich diesen Erkenntnissen an, und werden Sie kreativ!

"Die natürliche Welt ist dynamisch. Vom expandierenden Universum bis zum wachsenden Haar auf dem Kopf eines Babys ist nicht von einem zum anderen Augenblick das gleiche."

Helen Hoover
"The Waiting Hills" The Long-Shadowed Forest

Anhang A

DIE VALIDITÄT DES HERRMANN-HIRNDOMINANZ-INSTRUMENTES

von C. Victor Bunderson, Ph.D.

Zusammenfassung: Das Herrmann-Hirndominanz-Instrument (HDI) liefert ein gültiges, zuverlässiges Maß der geistigen Präferenzen von Menschen, wenn es professionell angewendet, entsprechend dem Vier-Quadranten-Modell interpretiert und nach der zugelassenen Bewertungsmethode bewertet wird.

Dieser Anhang wurde erstellt, um die Fragen zu beantworten, die Laien und professionell im Bereich Messungen tätige Menschen zum Herrmann-Hirndominanz-Instrument (HDI) haben mögen. Mißt das HDI tatsächlich was es zu messen vorgibt? Gibt es nachvollziehbare Nachweise auf der Grundlage akzeptierter Meßnormen dafür, daß die von diesem Instrument gelieferten Ergebnisse eine zuverlässige und gültige Anzeige des Profils eines Menschen darstellen? Sind die Präferenzen für verschiedene Arten des Denkens, Fühlens und Handelns, wie sie durch die Antworten auf das Instrument ausgedrückt werden, ein äußerer Ausdruck einer zugrunde liegenden Realität im Gehirn, wie es in diesem Buch entwickelt wird? Unter welchen Umständen behält das HDI seine Gültigkeit? Diese Fragen lassen sich in drei grundlegende zusammenfassen:

1. Wird das vierfache oder Quadranten-Modell der Hirndominanz durch Forschungsdaten gestützt?
2. Ist das Instrument eine hinreichende Methode der Quantifizierung und macht es die zugrunde liegenden Präferenzen, wie das Gehirn eingesetzt wird, deutlich ?
3. Ist eine bestimmte Anwendung der Ergebnisse angemessen und gültig?

Man kann auf der Grundlage der Untersuchungen, über die in diesem Anhang berichtet wird, kurz zusammenfassen:

Es ergaben sich gute Beweise dafür, daß

1. *vier stabile, diskrete Gruppen der Präferenz existieren.*
2. *diese vier Gruppen mit dem in diesem Buch erläuterten Modell verträglich sind.*
3. *die vom Instrument abgeleiteten Ergebnisse gültige Indikatoren für diese vier Gruppen sind.*
4. *die Ergebnisse gültige Schlüsse über die Präferenzen und Abneigungen eines Menschen für jede dieser Gruppen geistiger Tätigkeit zulassen.*
5. *der Einsatz des Instrumentes, so wie es bisher in den Bereichen Lernen, Lehren, Beratung und Selbsteinschätzung verwendet wurde, hohe professionelle Standards erfüllt.*

Detaillierte Antworten werden unter den folgenden Überschriften betrachtet:

- *Professionelle Standards für den Einsatz des HDI: Beziehung zur Validität.* In diesem Abschnitt werden die Umstände besprochen, unter denen die Validität aufrechterhalten werden kann.
- *Verstehen der Validität: Die Arten von Nachweisen, die die Validität stützen.* Konstruktbezogene Nachweise sind die wichtigsten. Konstrukte sind die Ideen oder Konzepte im Quadranten-Modell, die sich damit befassen, wie Menschen die Verwendung verschiedener Pro-

zesse des Gehirns bevorzugen oder vermeiden. In diesem Teil wird die innere und äußere Validität der Konstrukte besprochen.

- *Die durch das HDI gemessenen Konstrukte*. In diesem Abschnitt werden die Konstrukte und die Annahmen definiert, die ihrer Messung zugrunde liegen. Es werden einige beschreibende statistische Daten aus einer Studie von 8000 Fällen dargestellt.
- *Besprechung von sechs Studien, die sich mit der inneren und äußeren Konstrukt-Validität befassen.* Dieses ist der längste, am stärksten technisch ausgerichtete und detaillierteste Teil dieses Anhanges. In allen Studien wird zur Validierung von Schlüssen darüber, wie sich die inneren Punkte des HDI gruppieren und wie sich die Ergebnisse des HDI zu äußeren Ergebnissen ähnlicher und unterschiedlicher Konstrukte verhalten, mittels der statischen Methode der Faktoranalyse analysiert.
- *Künftige Forschungen*. Es werden drei Gebiete für künftige Forschungen besprochen: (1) Verfeinerung der Bewertung und Verbesserung der Skalierung des HDI, (2) Validierung von Schlüssen darüber, wie Menschen mit verschiedenen Profilen ihre Gehirne unterschiedlich aktivieren und (3) Validierung von Schlüssen darüber, wie Menschen mit verschiedenen Profilen sich unterschiedlich verhalten, das heißt wie sie lernen, lehren, sich untereinander verständigen, in Teams zusammenarbeiten und Berufe wählen.

Professionelle Standards für den Einsatz des HDI: Beziehung zur Validität

Die bedeutenden Herausgeber von Tests für Instrumente zur Qualitätsmessung heißen alle eine Reihe professioneller Standards für Aufbau, Bewertung und Verwendung von Tests gut. Die Standards sind in *Joint Standards for Educational Testing* veröffentlicht, die von der American Educational Research Association, der American Psychological Association und dem National Council on Measurement in Education veröffentlicht werden (Joint Standards, 1985). Einige Organisationen veröffentlichen ihre eigenen Standards, die Erweiterungen sind, sich jedoch generell auf die Joint Standards beziehen (z.B. ETS, 1986). Die Joint Standards führen die Validität als ersten wichtigen Punkt auf, befassen sich aber auch mit der Zuverlässigkeit, gesunden Methoden der Entwicklung und Revision von Tests, Skalierung, Normierung, Verträglichkeit von Ergebnissen und der Qualität von Handbüchern und Anleitungen für die Anwender.

Für eine kleine Organisation, die kein bedeutender Herausgeber von Tests ist, hat Applied Creative Services, Ltd., eine außerordentliche Leistung bei der Festlegung hoher professioneller Standards für die Testentwicklung, Validierung und angemessene Verwendung erbracht. Dieses Buch mit seinem Anhang ist bis heute die detallierteste Präsentation der Konzepte und Methoden, auf der die Hirndominanz-Messung und ihre Anwendung basieren. Im Laufe der gesamten Geschichte der Entwicklung des HDI wurden Dokumentationen erstellt und Forschungen unterstützt, und die Forschungen werden heute fortgesetzt. Hohe Standards der Interpretation des Instrumentes und seiner Verwendung werden dadurch aufrechterhalten, daß diejenigen, die das HDI bewerten und anwenden wollen, ein Zertifikat erwerben müssen. Regelmäßige Workshops für den Erwerb des Zertifikats finden seit 1981 mindestens 4 Mal pro Jahr statt, um diese hohen Standards zu halten.

Zugelassene Anwender wissen, daß das HDI kein "Test" ist. Die Joint Standards sprechen sich ebenfalls gegen die Verwendung des Wortes "Test" als Beschreibung für Fragebogen aus, die sich mit der Persönlichkeit, den Interessen, Haltungen und dergleichen befassen. Es ist ein Präferenzprofil, das aus Hinweisen über die Vielfalt der im menschlichen Gehirn vorhandenen Prozessen abgeleitet wird, und auf der Grundlage der praktischen Anwendung und laufender empirischer Forschungen über einen Zeitraum von etwa 11 Jahren verfeinert wurde.

Standards für die Verwendung eines Meßinstrumentes sind abhängig von den Verwendungszwecken, für die das Instrument vorgesehen ist. Bei der Auswahl aus den verschiedenen professionellen Standards und Merkblättern für Qualität, Fairness und professionellen Einsatz von Messungen sind folgende als besonders auf das HDI anwendbar herausragend:

1. Mit jedem vorgesehenen Publikum klar zu kommunizieren. Die Materialien und Anweisungen, die mit der Verwendung des HDI in Verbindung stehen, sollten einen technischen Jargon vermeiden und die relevanten Konstrukte der Gehirnpräferenz und der Profilergebnisse klar erläutern. Dieses Buch ergänzt und ersetzt früheres Material, aber es ersetzt die Zulassungserfahrungen nicht.
2. *Nachweise der Qualität und Nützlichkeit des Meßinstrumentes zu liefern.* Die mit dem HDI in Zusammenhang stehenden Materialien sollten die Qualität und Nützlichkeit des Instrumentes genau darstellen und derartige Feststellungen auf empirische Nachweise stützen (z.B. die in diesem Anhang zitierten Daten). Eine andere Art des Nachweises wird den Anwendern im Laufe von Zertifikats-Werkstätten und Managementtraining-Werkstätten geliefert, in denen das Instrument verwendet wird.
3. *Anwendern bei der Interpretation ihrer Ergebnisse zu helfen.* Anwender müssen darüber informiert werden, wie ihre Ergebnisse zu interpretieren sind. In einer Zertifikats-Werkstatt wird erhebliche Mühe darauf verwendet, eine vollständige Erklärung der für die Berichterstattung über die Ergebnisse verwendeten Skalen zu geben und wie diese mit den Konstrukten der Gehirnpräferenz im Zusammenhang stehen. Informationen über unterschiedliche Untergliederungen der Bevölkerung und ihre Profile können gegeben werden. Es werden Fragen angegeben, mit denen Anwendern des Instrumentes dabei geholfen wird, eine Über-Interpretation und Fehlinterpretation der Ergebnisse zu vermeiden. Den Anwendern werden zusätzliche Informationsquellen zu den Profilergebnissen genannt, um ihnen zu helfen, die für das vierfache Hirndominanz-Modell angemessenen Schlüsse zu ziehen.

Die Mitteilung der richtigen Interpretation des Instrumentes HDI geht über das hinaus, was in einem Buch wie diesem oder einem Testhandbuch niedergeschrieben werden kann. Ein Großteil der haltungsbezogenen, emotionalen und zwischenmenschlichen Informationen, die die richtige Anwendung des HDI sicherstellen, kann am besten nicht-verbal vermittelt werden. Das geschieht durch die Einrichtung von "Lerngemeinschaften" in einer richtig durchgeführten Werkstatt oder einer Lernsituation, die sich mit dem HDI befaßt.

Die beste Versicherung gegen einen Mißbrauch des Instrumentes ist es, wenn man vermeidet, verschiedene Profilkategorien als gut oder schlecht zu bewerten. Die modellhafte Präsentation durch gute Lehrer durch verbale und nicht-verbale Mittel findet in Zertifikats- und anderen Werkstätten statt, in denen die richtige Anwendung des Instrumentes gelehrt wird. Diese Lehrer entwickeln ein positives und kreatives Klima, in dem die Profile aller Teilnehmer als gut angesehen wird und in denen Authentizität geschätzt wird. Wenn ein Lehrer oder Gruppenleiter mit einer Präferenz unten links abfällige Bemerkungen machen würde oder ein Klima schüfe, in dem es als leicht "verrückt" oder nicht wünschenswert gilt, "rechtsdominant" zu sein, oder wenn eine rechtsdominante Person mit Autorität den unteren linken Quadranten als langweilig bezeichnete oder linksdominante Menschen stereotypisch als "Trottel" bezeichnete, würde das Klima für die angemessene Verwendung der Profilergebnisse geschädigt.

Das Mittel zur Förderung von Wachstum statt jedermann nur als anders und wundervoll zu akzeptieren wird durch das "Ganzhirn-Konzept" zur Verfügung gestellt. Gruppen können danach streben in einer mehr auf das ganze Gehirn ausgerichteten Weise zu arbeiten, die Beiträge der disziplinierten Manager und analytischen linksdominanten Menschen innerhalb der Gruppe zu achten, sowie die zwischenmenschliche Förderung der Menschen, die Aktivitäten im unteren rechten Quadranten bevorzugen, und die Intuitionen der Menschen, die die Aktivitäten des oberen rechten Quadranten bevorzugen. Über die Förderung der Akzeptanz des Beitrages unterschiedlicher Menschen innerhalb einer Gruppe hinaus führt das Ganzhirn-Konzept Individuen dazu, einen besseren situationsbezogenen Zugriff auf weniger bevorzugte Quadranten anzustreben.

Wegen der Notwendigkeit eines subtilen und häufig nicht-verbalen Klimas, das alle Profilunterschiede achtet, jedoch nach größerer Ganzheit strebt, sind Zertifikats-Werkstätten wünschenswert. Derartige Werkstätten verkörpern die richtige Verwendung des HDI. Darum wurde es von Ned Herrmann und seinen Mitarbeiter für so wichtig erachtet, Zertifikats- und andere Werkstätten anzubieten, um ein Niveau des Verständnisses zur Verfügung zu stellen, das für eine professionelle Anwendung des HDI erforderlich ist.

Trainierbarkeit und Verfälschbarkeit

Wie bei anderen Fragebogen, die sich mit Interessen, Haltungen und Präferenzen befassen, hängt die Validität des HDI von ehrlichen Antworten jedes Befragten ab. Obwohl keine Studien durchgeführt wurden ist es wahrscheinlich, daß eine trainierte Person (zum Beispiel ein Leser dieses Buches) die Ergebnisse stark beeinflussen könnte, wenn er oder sie wüßte, daß die Wahl für einen wichtigen Job, eine Beförderung oder ein Abbau von Arbeitskräften auf dem Spiel steht und Informationen darüber hätte, welches Profil erwünscht ist.

Das Instrument ist wahrscheinlich weniger anfällig für Verfälschungen als eingepaukte Antworten, weil ein Mensch, der versucht, die Antworten zu verfälschen, ohne einige Unterrichtung über die Natur der Hirndominanz-Konstrukte, die Informationen über die beschreibenden Adjektive, Arbeitssituationen und so weiter für jeden Quadranten liefert, wahrscheinlich nicht wüßte wie man das macht. Das sich daraus ergebende Profil könnte die primären Muster der Dominanz und Vermeidung trotzdem offenlegen.

Angemessene Verwendungen des HDI

Angemessene Verwendungen des HDI schließen folgende Gebiete ein, sind jedoch nicht darauf beschränkt:

1. *Besseres Verständnis seiner selbst und anderer Menschen.* Sein eigenes Hirndominanz-Profil kennenzulernen und zu verstehen, wie sich dieses Profil zu dem anderer Menschen und anderer Berufsgruppen verhält.
2. Verbesserte Kommunikation. Verstehen und voraussagen können, wie unterschiedliche Profile die Kommunikation beeinflussen können, was zu Problemen oder der Verbesserung der zwischenmenschlichen Beziehungen am Arbeitsplatz oder zu Hause führt.
3. *Erhöhte Produktivität durch Teamarbeit.* Lernen, wie die Produktivität und Freude an zwischenmenschlichen Beziehungen an der Arbeit, zu Hause und anderswo erhöht werden kann. Das kann dadurch erreicht werden, daß man die großen Vorteile von Unterschieden bei der Erhöhung der Effektivität des Teamwork bei der Lösung von Problemen, im Unterricht usw. achtet und auf ihnen aufbaut.
4. *Arbeitsklima für Kreativität.* Hemmnisse für Kreativität, Produktivität und ein positives Arbeitsklima zu erkennen und die Bedingungen für ein positives Arbeitsklima herstellen, das die Kreativität fördert.
5. *Authentizität.* Förderung eines Klimas der Authentizität unter Gruppen von Menschen, die zusammen arbeiten müssen.
6. *Verbesserung des Lehrens und Lernens.* Verbesserung der Effektivität des Lehrens und Lernens und Erreichen von mehr Freude am Lernen und Lehren.
7. *Besseres Management.* Verbesserung des Managements menschlicher Tätigkeit in einer Vielzahl von Jobs von der Überwachung von Arbeitsgruppen auf unteren Ebenen bis hin zu Leitungsfunktionen auf der höchsten Ebene.
8. *Beratung.* Das Profil eines Menschen mit den Profilen anderer in Hauptfächern am College, in Berufsgruppen, Arbeitsgruppen oder Familien in Verbindung setzen als Leitfaden für die Klärung und Verbesserung aktueller Beziehungen oder um weise Entscheidungen zu treffen.
9. *Aufbau zusammengesetzer Lerngruppen.* Vor einem Lernprozeß in einer Gruppe heterogene oder homogene Paare, Trios, Sextette usw. organisieren, um das Verständnis der zwischenmenschlichen Kommunikation und der "Ganzhirn"-Teamarbeit bei der kreativen Lösung von Problemen und im Design zu fördern.

Es sind Erfahrungen im professionellen Einsatz des HDI in allen diesen Anwendungsbereichen vorhanden. In jedem dieser Anwendungsbereiche können die Bedingungen für die Validität und richtige Anwendung aufrechterhalten werden.

Anwendungen des HDI, in denen die Validität nicht sichergestellt werden kann

Das HDI wurde für den Einsatz in klinischen oder diagnostischen Tests nicht validiert. Es wurde nicht validiert für den Einsatz bei Zulassungsprüfungen vor Ausbildungs- oder Schulungsprogrammen, noch für die Einstufung auf verschiedenen Niveaus innerhalb dieser Programme. (Die Verwendung eines Testergebnisses als Zulassungsvoraussetzung ist ein Anwendungsgebiet, das sich eindeutig von der Verwendung des HDI für die Zusammenstellung optimaler Seminargruppen unterscheidet.) Es wurde nicht validiert für den Einsatz in Auswahlprüfungen für Einstellungen, für professionelle und berufliche Lizensierungen und Zulassungen, noch für die Entscheidungsfindung über einen Menschen, die außerhalb der Kontrolle dieses Menschen liegt.

Wenn auch für diese Verwendungszwecke keine Validierungsstudien durchgeführt wurden, so könnten solche Studien doch durchgeführt werden. Wegen der guten Anwendbarkeit des Instrumentes in unterschiedlichen Situationen, die später in diesem Anhang nachgewiesen wird, ist es wahrscheinlich, daß einige dieser Studien eine hohe Vorhersage-Validität zeigen würden. Zum Beispiel würde eine Studie, bei der das HDI für die Auswahl von Menschen für Jobs verwendet wird, wahrscheinlich zeigen, daß die mit Hilfe des HDI ausgewählten Menschen in diesem Job zufriedener und erfolgreicher sind. Dennoch sollte die ständige Validität einer derartigen Anwendung aus zwei Gründen mit Mißtrauen betrachtet werden:

1. Gemeinsam mit anderen Fragebogen dieser Art ist die Validität des HDI von den ehrlichen und freiwillig gegebenen Antworten der Menschen abhängig, die ihn ausfüllen. Das ist wiederum abhängig von dem Klima des Vertrauens, das von dem Menschen mit Autorität geschaffen wird, der das Instrument verlangt. Es wäre schwierig, Bedingungen aufrechtzuerhalten, unter denen die Antwortenden weiterhin glauben, daß "Ehrlichkeit die beste Politik" ist.
2. Präferenz-Fragebogen wie das HDI sind in sich erlernbar. In dem Beispiel der Bewerberauswahl würde unweigerlich bekannt werden, welche Art von Profil das Personalbüro bevorzugt. Bewerber würden dann lernen, dieses Profil ohne Authentizität zu produzieren.

Es werden tatsächlich weitere Validierungsstudien benötigt, um die Anwender des HDI in den vielen Anwendungsbereichen anzuleiten, in denen die Bedingungen für authentische Antworten und ordnungsgemäße Verfolgung aufrechterhalten werden können. Die Anwendungsbereiche der Profilergebnisse in Lehren und Lernen, akademischer, beruflicher und zwischenmenschlicher Beratung, der Umgestaltung von Arbeitsplätzen und in leitenden Arbeitsgruppen sind für künftige Forschungen besonders vielversprechend.

Nach der Betrachtung der Bedingungen der ordnungsgemäßen Anwendung, unter denen die Validität aufrechterhalten werden kann, wenden wir uns jetzt dem Gegenstand der Validität selbst und dem Nachweis für die Validität der aus dem von HDI erzeugten Profilergebnisse gezogenen Schlüssen zu.

Verstehen der Validität: Die Arten von Nachweisen, die die Validität stützen

Es wird allgemein anerkannt, daß die Validität bei der Bewertung eines Test- oder Fragebogen-Instrumentes die wichtigste Erwägung ist. Das Konzept bezieht sich auf die Angemessenheit, Bedeutung und Nützlichkeit spezifischer aus den Testergebnissen gezogener Schlüsse. Es sind nicht die Ergebnisse selbst, die gültig oder nicht gültig sind, sondern die spezifischen Schlüsse, die wir aus den Ergebnissen und den Ergebnissen zugrunde liegenden Maßstäben ziehen können. Die Validierung von Tests ist so ausgelegt, daß Nachweise gesammelt werden, die einen gegebene Art von Schlüssen unterstützen. Für verschiedene Arten von Schlüssen werden verschiedene Studien benötigt. Die hier zitierten Studien konzentrieren sich auf Schlüsse über vier Gruppen geistiger Präferenz und wie verschiedene Profile interpretiert werden können. Weitere Studien würden benötigt, um Vorhersagen über berufliche Zufriedenheit, die Effektivität eines Managements, die verschiedenen Auswirkungen von Lehrmethoden für verschiedene Profile usw. zu validieren.

Es gibt mehrere Arten von Nachweisen, die als Unterstützung der Validität verschiedener Schlüsse verwendet werden. Diese umfassen unter anderem inhaltsbezogene Nachweise, kriterienbezogene Nachweise und konstruktbezogene Nachweise. Konstrukte sind Konzepte oder Gedanken darüber, was ein Instrument mißt. In diesem Anhang geht es um die Konstruktvalidität, die später detailliert behandelt wird.

Inhaltsbezogener Nachweis der Validität

Inhaltsvalidität oder Inhaltsrepräsentativität bezieht sich auf die Genauigkeit der Abstimmung zwischen den Inhaltskategorien, die in der Beschreibung eines Inhaltsbereiches enthalten sind, und dem Inhalt der Punkte in dem Instrument. Zum Beispiel sollten die Begriffe und Aufgaben, die durch die Prüfungsfragen in der Prüfung eines Versicherungsagenten abgefragt werden, einen guten Querschnitt der von erfahrenen und kompetenten Versicherungsagenten verwendeten Begriffe und Aufgaben darstellen. Da das Herrmann-Hirndominanz-Instrument auf die Messung von Präferenzen ausgelegt ist, ist die Inhaltsvalidität hier nicht von großer Bedeutung.

Kriterienbezogener Nachweis der Validität

Der kriterienbezogene Nachweis erfordert neben den HDI-Ergebnissen zusätzliche Maßstäbe. Diese zusätzlichen Maßstäbe dienen als Beurteilung dafür, daß gewisse Menschen auf einem Gebiet gut sind oder eine geachtete Qualität besitzen. Gute Noten sind ein Kriterium für akademischen Erfolg. Veröffentlichungen und Patente sind Kriterien professioneller Produktivität. Die bewerteten Antworten auf einen Fragebogen können als Kriterium der Zufriedenheit in der Ehe oder am Arbeitsplatz sein. Die HDI-Ergebnisse können mit solchen Kriterien korreliert werden, um Schlüsse darüber zu validieren, welche Profile mit akademischem Erfolg, professioneller Produktivität, Zufriedenheit in der Ehe oder am Arbeitsplatz usw. im Zusammenhang stehen. Die HDI-Ergebnisse selbst können als ein Kriterium verwendet werden, um Gruppen von Menschen mit deutlich unterschiedlichen Profilen auszuwählen, um die Schlüsse darüber zu validieren, wie diese Menschen auf einen anderen interessierenden Maßstab reagieren oder was sie in diesem Zusammenhang leisten.

Für diesen Anhang ist der kriterienbezogene Nachweis der Validität wichtig. Er ist ein Teil der meisten hier zitierten Studien. Diese Art des Nachweises wird jedoch am Besten als Nachweis der Konstruktvalidität eines Instrumentes betrachtet. Eine neue wissenschaftliche und vollständige Behandlung des gesamten Themas der Validität von Samuel Messick von Educational Testing Service (Messick, 1989) argumentiert, daß der konstruktbezogene Nachweis der Validität die einzige fundamentale und notwendige Art des Nachweises ist. Alle anderen Arten des Nachweises unterstützen die Bestätigung oder Verwerfung von Schlüssen über die Konstruktvalidität eines Instrumentes. Bevor wir uns diesem Thema zuwenden, wollen wir zunächst den älteren Gedanken der intuitive Validität betrachten.

Intuitive Validität

Der Gegenstand der intuitiven Validität ist für einen Präferenz-Fragebogen von besonderer Relevanz. "Intuitive Validität" bedeutet, daß ein Instrument, die Ergebnisse und die ihnen zugeschriebene Bedeutung von den Menschen, die sie benutzen, als richtig angesehen und empfunden werden.

Obwohl die Begriffe intuitive Validität und "Selbstvalidierung" nicht in dem Abschnitt über die Validität der neuesten Standards for Educational and Psychological Testing (Joint Standards, 1985) finden, sind diese Konzepte für Instrumente wie das HDI höchst relevant, da es von ehrlich abgegebenen Präferenzbeurteilungen und biografischen Berichten abhängig ist.

Mündliche Empfehlungen sind einer der wichtigsten Wege, auf denen sich Informationen über das HDI verbreitet hat. Die Empfehlung einer Vertrauensperson beeinflußt die Haltung, mit der ein Mensch das Instrument ausfüllt. Daher ist die "Selbstvalidierung von höchster Wichtigkeit. Die Selbstvalidierung kann eintreten wenn ein neuer Anwender in einer Werkstatt, Zuhause oder am Arbeitsplatz eine Erfahrung macht, die unter Verwendung von Informationen über das eigene Profil oder das anderer Menschen interpretiert werden kann. Erfahrungsbezogene Validität bedeutet, daß diese Anwender die aus ihren Ergebnissen gezogenen Schlüsse als für ihre eigene Kommunikation, Denkprozesse, Arbeit und persönliche Kreativität – und die anderer Menschen – gültig und relevant interpretieren. Situationen, in denen die Selbstvalidierung eintreten kann, werden von Ned Herrmann und allen seinen Kollegen auf allen Anwendungsgebieten des HDI gesucht. Die Selbstvalidierung ist kein Versuch, ausgewählte Zeugnisse zu sammeln, sondern jedem Anwender die Gelegenheit zu bieten, sein/ihr eigenes Zeugnis aus der persönlichen Erfahrung mit dem Instrument zu entwickeln.

Intuitive Validität für Anwender

Bei den meisten individuellen Anwendern scheint die intuitive Validität sehr hoch zu sein. Sie empfinden das vierfache Modell als sehr leicht zu verstehen und zu vergegenwärtigen, vielleicht weil es nicht komplex ist, vielleicht weil sie mit der zweiseitigen Symmetrie ihrer Körperteile und mit bekannten persönlichen Präferenzen für Hand, Fuß, Auge, Gesichtsseite, Ohr und vermutlich mit Teilen ihres Gehirns vertraut sind. Dieses Konzept der Dominanz wird auch durch die Händigkeit exemplifiziert. Diese konzeptuelle Vertrautheit unterstützt die intuitive Validität. Ebenso die bereitwillige Zustimmung der Anwender zu ihrem Profil: "Ja, das bin ich." Das persönliche Profil der Anwender wird mit Hilfe genau der Adjektive definiert, die der Anwender gewählt hat, um sich selbst zu beschreiben. Verfechter des HDI behaupten, dieses bereitwillige Verständnis und die Akzeptanz sein einer der größten Vorteile des Instrumentes.

Der Nachweis für diese Art der Akzeptanz ihrer Profile durch die Anwender könnte empirisch validiert werden. Solche Nachweise wurden in 1979 und 1980 durch Fragebogen gesammelt, aber diese Daten wurden nicht veröffentlicht. Danach wurde die intuitive Validität in in Gruppen eine zeitlang durch Handheben beobachtet. Da unter Verwendung dieser Methoden so wenige Ausnahmen der intuitiven Validität des Quadranten-Modells und des Profiles eines Menschen gefunden wurden, wurde die Verwendung des HDI fortgesetzt, ohne daß man sich bemüht hätte, empirische Nachweise für die Anwender-Akzeptanz zu sammeln. Statt dessen werden erhebliche Anstrengungen unternommen, um den Anwendern Erfahrungen zugänglich zu machen, die selbstvalidierend sind. Übungen wie die Beschreibung der "Arbeit, die ich am Besten kann", gefolgt von der Gegenüberstellung der Antworten von Menschen, die eine Dominanz in anderen Quadranten repräsentieren, bieten den Anwendern die Gelegenheit, ihr eigenes Profil in der Gegenüberstellung mit anderen Menschen in der Gruppe zu validieren. Diese Aktivitäten demonstrieren und verbessern das Verständnis und die Akzeptanz des Profils eines Menschen. Dieses Verständnis und die Akzeptanz sind es, die wir intuitive Validität zu nennen beschlossen haben. Diese Aktivitäten erfüllen auch die hohen Standards für den Gebrauch eines Instrumentes, die sich auf klare Kommunikation beziehen und die Unterstützung der Anwender bei der Interpretation ihrer Ergebnisse.

Intuitive Validität für geistig arbeitende Menschen

Es ist auch nützlich, die intuitive Validität des Konzeptes der Hirndominanz-Messung bei Fachleuten auf den wissenschaftlichen Gebieten zu betrachten, die mit dem Gehirn im Zusammenhang stehen. Hier ist es sicher zu sagen, daß der Gedanke der Hemisphärendominanz selbst noch kontrovers ist. Aus den erwähnten Gründen (d.h. der zweiseitigen Symmetrie und selektiven Dominanz von Körperteilen) ist der Gedanke der Dominanz und Vermeidung innerhalb verschiedener, erkennbarer "Bereiche" des Gehirns für die Öffentlichkeit leicht zu begreifen. Derartige Ideen haben eine beträchtliche intuitive Validität. Das hat zu einer Welle von Popularisierungen in Anzeigen, Karikaturen, Artikeln und Präsentationen und Behauptungen von Beratern, Vortragenden und Schriftstellern geführt, die Forschungen über die Lateralisierung, Spezialisierung und Dominanz des Gehirns übermäßig vereinfachen und fehlerhaft interpretieren können.

Diese Popularisierung von Gehirn-Konzepten ist eingetreten, bevor sich unser schnell veränderndes wissenschaftliches Verständnis des Gehirns auch nur zu stabilisieren begonnen hat. Bei der Reaktion auf die übermäßige Vereinfachung ist es leicht, die Anwendungen zu übersehen, die über viele Jahre erprobt und getestet wurde, und bei denen ernsthafte Versuche zum Nachweis der Validität durchgeführt wurden. Das HDI ist in dieser Hinsicht herausragend, da es 11 Jahre lang, vor der Veröffentlichung dieses Buches, untersucht und verbessert wurde. Einige Behauptungen wurden validiert. Andere sind wiederholbar und können in Gruppen demonstriert werden, sind aber nicht systematisch quantifiziert, bestätigt oder widerlegt und publiziert worden.

Die meisten geistig arbeitenden Menschen innerhalb einer Disziplin ignorieren oder setzen die Arbeit derjenigen schnell herab, die in ihrer eigenen Disziplin nicht qualifiziert sind. Einige haben sich jedoch die Zeit genommen, das HDI zu untersuchen und ihre Artikel, Briefe und Kommentare zum HDI deuten darauf hin, daß es mehr Unterstützung als Kritik gibt. Die wachsende Benutzung des HDI in veröffentlichten Artikeln, wissenschaftlichen Arbeiten und Dissertationen ist ein Nachweis für die Akzeptanz durch geistig arbeitende Menschen.

Als ein Kollege, der die Validität seiner Arbeit untersucht hat, wurde ich von Ned Herrmann gebeten, die Relevanz der gelegentlichen Angriffe zu untersuchen, die er erhalten hat. Er hat mir zwei geschickt, einen Brief und einen Artikel. Diese beiden Kritiker bauen ihre Kritik auf ihrem Eindruck auf, das Modell mache eine Aussage über den geographischen Ort von Funktionen in bestimmten Bereichen des Gehirns. Trotz der Eindrücke, die diese Autoren gewonnen haben mögen, ist das in diesem Buch erläuterte Vier-Quadranten-Modell fundamental von Präferenzgruppen abhängig und dem Gedanken der Dominanz oder Vermeidung dieser Gruppen bei Individuen, und nicht von Gedanken über den Ort, an dem eine Gehirnfunktion zu finden ist.

Da die Bevorzugung und Vermeidung die fundamentalen Konstrukte des HDI sind, wenden wir uns jetzt dem Thema der Konstruktvalidität zu.

Konstruktvalidität

Unter den mehreren Arten der Validität ist der Nachweis der Konstruktvalidität der allgemeinste und relevanteste für das HDI. Das Wort *Konstrukt* ist ein häufig von Verhaltensforschern verwendeter Begriff und bezieht sich auf ein theoretisches Konzept über eine menschliche Eigenschaft, Fähigkeit, Art eines Prozesses usw., die nicht direkt beobachtet werden kann. Die Ideen der linken und rechten Hirndominanz sind ebenso theoretische Konstrukte wie die vier Quadranten des Hirndominanz-Modelles.

Innere Konstruktvalidität. Die innere Konstruktvalidität bezieht sich auf die Anzahl der unterschiedlichen Konstrukte, die ein Instrument mißt, oft als die "Dimensionalität" des Instrumentes bezeichnet. Sie bezieht sich auch auf die Übereinstimmung der Ergebnisse mit den Dimensionen, daher befaßt sie sich mit der Validität des Bewertungsschlüssels. Es gibt vier unterschiedliche Konstrukte, aber zwei Paare scheinen auf entgegengesetzte Enden der zwei zugrunde liegenden D Dimensionen der Bevorzugung oder Vermeidung zu fallen.

Untersuchungen der inneren Konstruktvalidität machen eine Aussage darüber, welche Arten geistiger Prozesse in

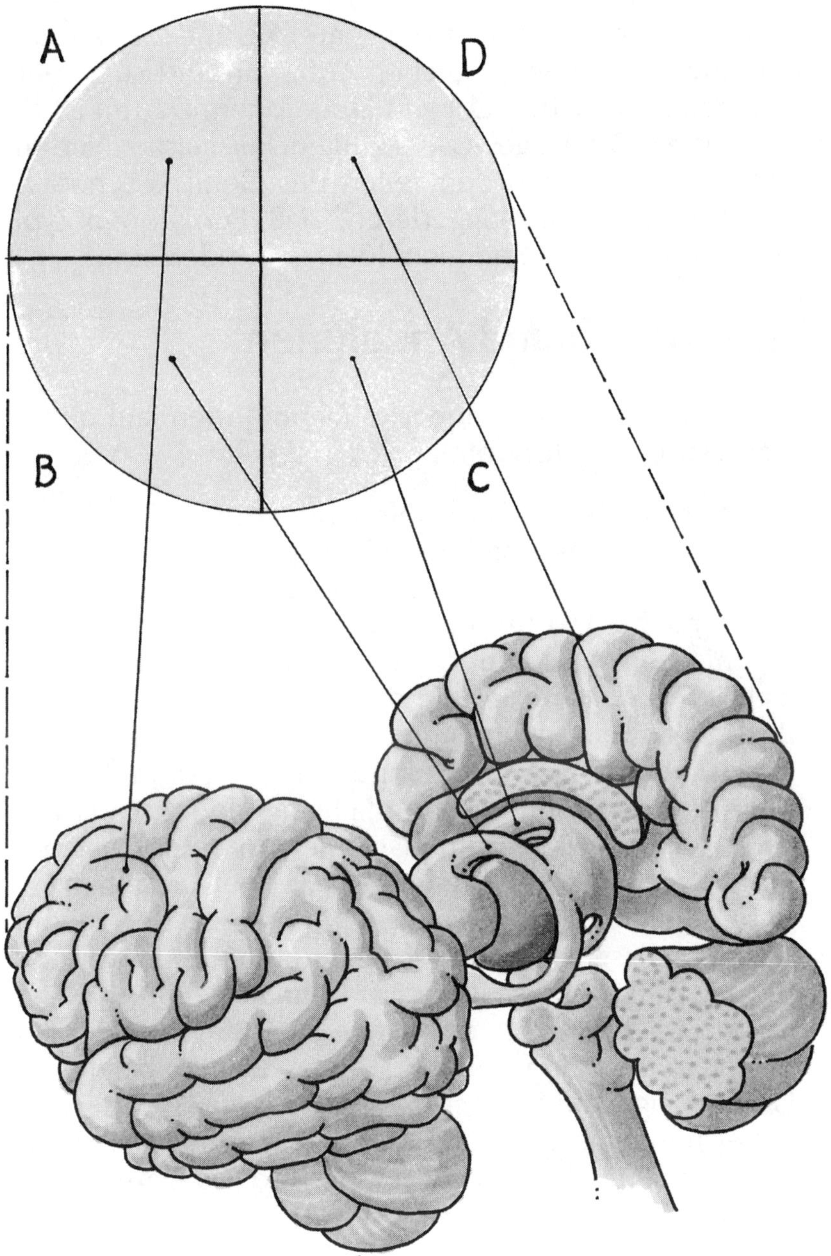

Gruppen zusammenfallen (z.B. logische und mathematische) und welche in einer negativen oder keiner Beziehung zueinander stehen. Die innere Konstruktvalidität macht keine Aussage über andere wichtige Konstrukte, die vom HDI nicht gemessen werden, oder wie wichtig die vier Hirndominanz-Konstrukte im Vergleich zu anderen sind.

Äußere Konstruktvalidität. Die äußere Konstruktvalidität ermöglicht uns die Bewertung der Validität der ganzen, aus vier Konstrukten bestehenden Theorie der Verarbeitung im Gehirn, indem die Maßstäbe der inneren Konstrukte des HDI mit den Maßstäben der äußeren Konstrukte des HDI verglichen werden. Diese äußeren Konstrukte können entweder ähnlich wie oder anders als die dem HDI zugrunde liegenden Konstrukte sein. Wir können vorhersagen, ob die äußeren Konstrukte in einer positiven, negativen oder keiner Beziehung zu den HDI Ergebnissen stehen sollten. Diese Vorhersagen können validiert werden.

Die Konstrukte, die der Vier-Quadranten-Theorie zugrunde liegen, sind sehr allgemein. Sie wurde auf der Grundlage von Beobachtungen von Männern und Frauen in zahlreichen wichtigen Lebenslagen gebildet: Zuhause, an der Arbeit und beim Spiel. Daher sollten die Konstrukte in einer Beziehung zu zahlreichen wichtigen Tätigkeiten und Entscheidungen stehen, die in anderen Situationen als der Beantwortung der biografischen und Präferenzfragen des HDI beobachtet (und manchmal gemessen) werden können.

Der Nachweis der äußeren Validität kann Schlüsse validieren, die aus dem Quadranten-Modell der vielfachen Hirndominanz gezogen werden. Er kann aufzeigen wie allgemein und wie nützlich die vier Konstrukte der Hirndominanz in einer Vielzahl von Lebenslagen sind. In diesem Falle ist die Konstruktvalidierung ein unendlicher Prozeß, weil es so viele Vorhersagen oder Schlüsse gibt, die aus einem Modell der Präferenzen der Verarbeitung des Gehirns gibt. Die Existenz der HDI-Ergebnisse macht es möglich, viele dieser Vorhersagen zu bestätigen oder zu widerlegen – und zwar in der quantitativen und wiederholbaren Weise, die von der Wissenschaft gefordert wird.

Die vom HDI gemessenen Konstrukte

Die vom HDI gemessenen Konstrukte sind metaphorisch zusammengefaßt mit Bezug auf Ned Herrmann's einsichtsvollem Bild des gedrehten dreieinigen Gehirns, von hinten betrachtet, mit der Betonung der beiden zerebralen und limbischen Hemisphären. Abbildung A-1 ist eine Nachzeichnung der Abbildung 3-12 in Kapitel 3, die die vier wichtigsten Konstrukte betont. Das Bild in Abb. A-1 hilft uns, die vier Hauptteile des Gehirns zu sehen und erinnert uns daran, daß es vier Hauptgruppen der Bevorzugung und Vermeidung gibt. Wenn man die Verbindungslinien in Abb. A-1 verfolgt, so kann man auch einen Eindruck der großen Entfernung zwischen den Prozessen von A und C und B und D gewinnen. Diese Paare werden vom gleichen Menschen am wenigsten Häufig bevorzugt, und wenn die beiden Gegensätze stark auseinanderstreben, entsteht eine Dissonanz. Die Abbildung verkörpert auch den Gedanken, daß die beiden linken Quadranten (oben links und unten links) und die beiden rechten Quadranten (oben rechts und unten rechts) sich "näher" sind als ihre Gegenstücke in der gegenüber liegenden Hemisphäre. Daher findet man die Paare AB und CD zusammen, und sie sind verträglicher. Abbildung A-1 suggeriert einen geographischen Ort von Funktionen. Darum ist sie vielleicht die Quelle gewisser Kritiken. Die starken Verbindungslinien zwischen den Teilen des Gehirns schwächt diese Kritik, da sie suggerieren, daß Funktionen typischwerweise verteilt und nicht lokal gebunden sind.

Definitionen und Annahmen

Es gibt mehrere Annahmen und Definitionen, auf denen die Messung der Hirndominanz beruht:

1. Zur Beschreibung der zahlreichen unterschiedlichen Prozesse der Informationsverarbeitung, die im normalen menschlichen Gehirn verfügbar sind, können gewöhnliche Worte verwendet werden. Diese nichttechnischen Worte finden sich in der Literatur zur Spezialisierung/Lateralisierung des Gehirns. Diese Begriffe und Beschreibungen sind für die in diesem Buch beschriebenen Anwendungsgebiete relevant. Die Begriffe sind für durchschnittliche gebildete Menschen verständlich, wenn sie im Instrument und der Verständigung über seine Interpreation verwendet werden.
2. Individuen bevorzugen eine Untermenge der zahlreichen Prozesse des Gehirns, die ihnen potentiell zur Verfügung stehen. Diese Präferenz ist analog zu ihren Präferenzen für die rechte oder linke Hand, rechts oder linkes Auge usw. Eine starke Präferenz für eine bestimmte Untermenge von Prozessen wird als Präferenz für diese Untermenge bezeichnet. Eine Neigung, eine Menge von Prozessen nicht zu verwenden, wird als Vermeidung bezeichnet.

3. Die Funktionen der Informationsverarbeitung im Gehirn müssen nicht einzeln betrachtet werden, da es mehrere Hauptgruppen von Informationsprozessen gibt. Die Menschen neigen dazu, eine oder zwei Gruppen stärker zu bevorzugen als andere. Sie können eine oder zwei vermeiden.
4. Das charakteristische Präferenzmuster aus Dominanz und Vermeidung eines Menschen kann bestimmt werden aus den ehrlich gegebenen Antworten auf Fragen über Ausbildungsschwerpunkt, Berufswahl, Arbeitselemente, Wahrnehmung des inneren Selbst durch freie und erzwungene Wahl zwischen Adjektiven, Werten und der Nutzung der Freizeit. Die Fragen beinhalten die oben diskutierte Terminologie. Wenn diese Präferenz-Antworten entsprechend einem recht komplexen Bewertungsprotokoll kombiniert werden, stehen sie in einer starken Beziehung zum charakteristischen Dominanzmuster des Menschen, das sich in seiner Wahrnehmung, seinem Denken, Lernen, seiner Kommunikation und zwischenmenschlichen Beziehungen manifestiert.
5. Das Hirndominanzprofil eines Menschen ist ein Modell aus Zahlen und einer Grafik, die sich auf dieses charakteristische Muster aus Präferenz und Vermeidung bezieht.

Die Konstrukte und ihre Werte

Obwohl die wichtigsten unabhängigen Konstrukte die vier Quadranten plus Introvertiertheit/Extrovertiertheit sind, werden aus dem HDI neun Hauptwerte abgeleitet: Links- und Rechtsdominanz, die Werte der vier Quadranten, zerebrale und limbische Präferenz und Introvertiertheit/Extrovertiertheit. Es gibt auch mehrere weniger wichtige Werte, die für gewisse Schlüsse nützlich sind, und ein Konstrukt der Ausgeglichenheit, das als "auf das ganze Gehirn ausgerichtet" bezeichnet wird. Die Bereiche und Mittelwerte sind aus den Ergebnissen von 7989 Individuen abgeleitet, die als Teil der Doktorarbeit von Kevin Ho analysiert wurden. Etwa ein Drittel waren Frauen. Diese Mittelwerte enthalten keine Gewichtung nach Hauptfach oder Berufswahl, welche bis zu 14 Punkte zur Summe der beiden linken und rechten Mittelwerte und der Summe der Mittelwerte der vier Quadranten addieren würde.

1. **Links- und Rechtsdominanz.** Es ist nützlich, eine insgesamt linke und insgesamt rechte Hirndominanz zu messen, ohne die Unterscheidung zerebral/limbisch zu machen. Die Gesamtergebnisse werden durch das Instrument angegeben, eines für rechts und eines für links. Die mittleren Ergebnisse für rechts und links sind in Tabelle A-1 zusammengefaßt.

TABELLE A-1

Aufschlüsselung und Zusammenfassung der linken und rechten Ergebnisse

	LINKS			RECHTS		
	Niedrig	Hoch	Mittel	Niedrig	Hoch	Mittel
Männer	18	151	95,2	17	165	86,0
Frauen	27	141	81,0	32	173	102,3
Kombiniert	18	151	91,0	17	173	91,0

2. **Die Vier Quadranten-Konstrukte.** Diese Konstrukte sind die fundamentalen Konstrukte im vierfachen Modell der Hirndominanz.

2 A. *Oben links* – Dieses Konstrukt impliziert eine Gruppe von Prozessen, die mit der Bevorzugung des mathematischen, technischen, analytischen und logischen Denkens im Zusammenhang stehen. Diese Präferenzen drücken sich in der Schule, an der Arbeit, in zwischenmenschlichen Beziehungen und Hobbies aus. Siehe Tabelle A-2.

TABELLE A-2

Zusammenfassung und Aufschlüsselung der Ergebnisse oben links

	Niedrig	Hoch	Mittel
Männer	14	138	75,1
Frauen	11	128	53,3
Kombiniert	11	138	68,6

2 B. *Unten links* – Das Konstrukt für unten links bezieht sich auf Präferenzen für diejenigen Prozesse, die sich mit einer organisierten, geplanten, ordentlichen und schrittweisen Vorgehensweise befassen und einer Abneigung gegen Risikos und des Neues. Siehe Tabelle A-3.

TABELLE A-3

Zusammenfassung und Aufschlüsselung der Ergebnisse unten links

	Niedrig	Hoch	Mittel
Männer	9	140	68,1
Frauen	18	129	68,8
Kombiniert	9	140	68,3

2 C. *Unten rechts* – Dieses Konstrukt bezieht sich auf eine Klasse von Prozessen, die als Beschäftigung mit Emotionen, zwischenmenschlicher Wärme und Gefühlen und Interesse an Musik und Kommunikation durch sprechen, schreiben und lesen beschrieben werden. Siehe Tabelle A-4.

TABELLE A-4

Zusammenfassung und Aufschlüsselung der Ergebnisse unten rechts

	Niedrig	Hoch	Mittel
Männer	8	128	55,5
Frauen	23	126	74,9
Kombiniert	8	128	61,2

2 D. *Oben rechts* – Dieses Konstrukt bezieht sich auf die synthetisierenden und intuitiven Denkweisen: holistisches, visuelles und phantasievolles Denken. Siehe Tabelle A-5.

TABELLE A-5

Zusammenfassung und Aufschlüsselung der Ergebnisse oben rechts

	Niedrig	Hoch	Mittel
Männer	15	179	73,9
Frauen	17	164	79,1
Kombiniert	15	179	75,5

Zusätzlich zu den oben beschriebenen vier Quadranten-Ergebnissen werden bewertete Adjektivpaare oft als Ausdruck von Präferenzen für die vier Quadranten isoliert. Diese stehen generell in einem engen Zusammenhang mit der Gesamtbewertung und sind tatsächlich ein teil von ihr. Sie zeigen jedoch, welcher Quadrant bevorzugt wird, wenn man gezwungen ist, eine Wahl zu treffen.

3. **Zerebrale und limbische Ergebnisse.** Obwohl es mehr Beweise für eine insgesamt linke oder insgesamt rechte Dominanz gibt ist es manchmal nützlich, die Balance eines bestimmten Individuums oder einer Gruppe zwischen zerebraler (oberer) und limbischer (unterer) Verarbeitung zu betrachten. Es werden zwei Ergebnisse zur Verfügung gestellt, die statistisch die linken und rechten zerebralen Ergebnisse zu einem zerebralen Gesamtwert und die linken und rechten limbischen zu einem limbischen Gesamtwert kombinieren. Siehe Tabelle A-6.

TABELLE A-6

Aufschlüsselung und Zusammenfassung der zerebralen und limbischen Ergebnisse

	ZEREBRAL (OBEN)			LIMBISCH (UNTEN)		
	Niedrig	Hoch	Mittel	Niedrig	Hoch	Mittel
Männer	40	156	99,04	33	153	82,1
Frauen	37	136	87,91	36	148	95,4
Kombiniert	37	156	95,74	33	153	86,0

4. **Introvertiertheit/Extrovertiertheit.** Diese bipolare Dimension ist ein altes Hilfsmittel der Persönlichkeitstheorie. Sie bezieht sich auf das Ausmaß, in dem es ein Individuum vorzieht, innen (introvertiert) nach Informationen über die Welt zu suchen beziehungsweise nach außen sieht, besonders auf andere Menschen (extrovertiert). Diese Dimension wird mit dem Myers-Briggs-Indikator gemessen, einem Instrument für die Klassifizierung von Persönlichkeiten auf der Grundlage der Theorien des Psychologen Carl Jung.

   Das HDI I/E-Ergebnis wurde mit dem Myers-Briggs-Ergebnis korreliert und hat einen starken Zusammenhang. Introvertiertheit/Extrovertiertheit wird im HDI auf einer 9-Punkte-Skala bewertet, und andere Punkte reflektieren diese Unterscheidung ebenfalls. Die Introvertiertheit/Extrovertiertheit-Ergebnisse für Männer und Frauen reichen kombiniert von 1 bis 9 bei einem Mittelwert von 5,5. Introvertiertheit/Extrovertiertheit-Ergebnisse für Männer reichten von 1 bis 9 bei einem Mittelwert von 5,4. Introvertiertheit/Extrovertiertheit-Ergebnisse für Frauen reichten von 1 bis 9 bei einem Mittelwert von 5,7.

5. **Weniger bedeutende Ergebnisse.** Das Gesamtergebnis, wenn das HDI bewertet wurde, schlüsselt mehrere der unterschiedlichen Komponenten auf, die in den Gesamtergebnisse der Quadranten aufgehen. Diese Aufschlüsselung liefert manchmal zusätzliche diagnostische Informationen. Zum Beispiel hat Ned Herrmann beobachtet, daß höhere Werte für die Kinetose, besonders bei einem linksdominanten Menschen, ein Anzeichen dafür ist, daß das Individuum möglicherweise empfänglicher für Erfahrungen ist, die seine oder ihre Akzeptanz für einen weniger bevorzugten Quadranten erhöht

und ihn/sie damit stärker "auf das ganze Gehirn ausgerichtet" macht.

6. **Das "Ganzhirn"-Konstrukt.** Dieses Konstrukt ist von entscheidender Bedeutung für persönliches Wachstum. Die Präferenzen eines Menschen für verschiedene Arten des Denkens werden nicht als unveränderlich fest gesehen. Obwohl jedes Dominanzmuster in sich gut und wertvoll ist, in vielen Fällen charakteristisch für ganze Berufsgruppen vom nachweisbarem sozialem Wert, ist es für ein Individu um von adaptivem Wert, Prozesse des Gehirns situationsbe zogen zu nutzen. Das kreisförmige Profilgitter zeigt eine grafische Metapher für eine "Ganzhirn-Existenz". Obwohl nur ein kleiner Bruchteil der Bevölkerung vierfach dominant ist, kann ein Individuum Nutzen aus der Erkenntnis von Bereichen der Vermeidung ziehen und, abhängig von der Situation, weniger vorhersehbare und weniger stereotype Denkweise üben.

Zuverlässigkeit der Ergebnisse

Das "Ganzhirn"-Konstrukt erkennt an, daß sich die Hirndominanz-Ergebnisse eines Menschen mit der Zeit ändern können (z.B. kann durch bewußte Bemühung ein vermiedener Quadrant häufiger benutzt werden). Dennoch scheint das Gesamtmuster recht stabil zu sein. Empirische Daten über die Test-Wiederholungstest-Stabilität wurden noch nicht systematisch gesammelt. Kevin Ho hat jedoch 78 wiederholte Messungen der gleichen Personen in einer großen Datensammlung gefunden und die Zuverlässigkeit von Test und Wiederholungstest berechnet (siehe Tabelle A-7).

TABELLE A-7

Test-Wiederholungstest-Zuverlässigkeit für 78 wiederholte Messungen

Links	.96
Rechts	.96
Quadrant A	.86
Quadrant B	.93
Quadrant C	.94
Quadrant D	.97
Zerebral	.93
Limbisch	.91
Intro-/Extrovertiertheit	.73

Klassen der Studien zur Konstruktvalidität

Ein gutes Programm der Konstruktvalidierung für das HDI würde folgende Arten von Studien umfassen:

1. *Studien der inneren Konstruktvalidität* zur Bestimmung der Dimensionalität des Instrumentes und der Beziehung dieser Dimensionen zu den vier Hirndominanz-Konstrukten und dem Bewertungsschlüssel. Dieser Anhang enthält zwei derartige Studien.
2. *Studien der äußeren Konstruktvalidität* um zu bestimmen, wie allgemein und bestimmend die Hirndominanz-Konstrukte in anderen Domänen menschlicher Eigenschaften sind, die gemessen wurden, wie zum Beispiel Persönlichkeit, kognitive Fähigkeiten und Lern- und Denkstile und Strategien. Diese Studien validieren auch spezifische Vorhersagen, die von den Konstrukten

der Hirndominanz gemacht wurden. Hier wird über drei derartige Studien berichtet und eine steigende Zahl neuer beginnen, in der Literatur wissenschaftlicher Arbeiten und Dissertationen und in Zeitschriften zu erscheinen.

3. *Studien zur Verallgemeinerbarkeit.* Die Verallgemeinerbarkeit bezieht sich auf die Validität der HDI-Ergebnisse in unterschiedlichen Situationen oder Zusammenhängen. Die Ergebnisse sollten Konstruktvalidität für beide Geschlechter und unterschiedliche Kulturen besitzen. Studien zur Verallgemeinerbarkeit beantworten die Frage: Ist die HDI-Bewertung für unterschiedliche Sprachen, Geschlechter und Altersgruppen gültig oder müssen unterschiedliche Schlüssel entwickelt werden? Es gibt, hier nicht aufgeführte, Nachweise dafür, daß sie verallgemeinerbar ist.
4. *Experimentelle Manipulation* ist erforderlich um einige Schlüsse zu validieren, wie zum Beispiel welche Teile des Gehirns von Menschen mit unterschiedlichen Gehirnen aktiviert werden, wenn sie unterschiedliche Aufgaben ausführen. Hier wird auf einige Studien Bezug genommen, aber dieser Anhang ist nicht der Ort für eine gründliche Besprechung einer dieser Studien oder der zahlreichen Untersuchungen des HDI, die sich mit anderen Aspekten der äußeren Validität befassen.

Die Konstruktvalidität muß ein laufender Prozeß sein. Wenn er aufhört, hat ein Satz von Konstrukten wie das vierfache Modell der Hirndominanz aufgehört, nützlich zu sein und ein Instrument wie das HDI ist statisch geworden. Daher ist dieser Anhang nur eine Reaktion unter vielen in einem laufenden Programm der Konstruktvalidierung, das von zahlreichen Mitarbeitern und Anwendern des HDI durchgeführt wird.

Sechs Studien, die sich mit der inneren und äußeren Konstruktvalidität befassen

Als Ned Herrmann noch der Leiter des Managementtrainings bei General Electric war, hat sein Unternehmen die WICAT Education Institution und später WICAT Systems beauftragt, eine Reihe von Untersuchungen zur Bestimmung der Konstruktvalidität seines Instrumentes und seiner Methoden durchzuführen. Zusammen mit meinem Kollegen Dr. James B. Olsen und einer Reihe Forschungsassistenten haben wir mehrere Studien durchgeführt. Diese werden in diesem Abschnitt aufgeführt und kurz besprochen.Eine detailliertere Untersuchung jeder Studie folgt in einem späteren Teil.

Studie 1. Eine Literatur-Durchsicht.

In 1979 wurde eine Durchsicht der Literatur durchgeführt, die sich über mehrere Meßbereiche erstreckte, einschließlich kognitiver Fähigkeiten, Persönlichkeit, Denkstile, Lernstile und Lernstrategien. Das Ziel war die Erarbeitung einer Reihe von Maßstäben anhand derer die HDI-Ergebnisse verglichen und denen sie gegenübergestellt werden konnten. Diese Arbeit ist in einem technischen Bericht von WICAT dargestellt (Olsen und Bunderson, 1980a).

Studie 2. Äußere Konstruktvalidierung.

Die erste Faktoranalyse der 1979'er Version des Instrumentes verwendete eine Reihe von Maßstäben, die in Folge der ersten Studie gewählt wurden, angewendet auf eine Reihe von Ergebnissen, die von dem aktuellen Fragebogen und den zwanzig Fragen abgeleitet waren. Zu diesem Zeitpunkt war das vierfache Modell der Hirndominanz, wie es in diesem Buch beschrieben wird, noch nicht vollständig artikuliert, so daß die Konstruktvalidierung zu jener Zeit hauptsächlich auf zwei Ergebnisse abzielte: ein Gesamtergebnis für rechts und eines für links. Die Ergebnisse der ersten Faktoranalyse wiesen darauf hin, daß die Hirndominanz-Ergebnisse vielversprechend waren, das Instrument aber Punkt für Punkt analysiert und ein besseres Bewertungssystem entwickelt werden sollte. Diese Arbeit ist in einem technischen Bericht von WICAT dargestellt (Bunderson und Olsen, 1980b).

Studie 3. Innere Konstruktvalidierung.

Eine Punkt-Faktoranalyse von 439 Fällen, die Teilnehmer an Managementtraining Werkstätten enthielten, die von GE und nicht von GE waren, wurde durchgeführt, um die innere Konstruktvalidität der vorhandenen Ergebnisse festzustellen. Ned Herrmann's holistische Ergebnisse erwiesen sich als gültig. Als Ergebnis dieser Analyse wurden neue Bewertungsverfahren entwickelt. Bunderson und Olsen faktorierten alle Punkte des Fragebogens und der zwanzig Fragen, entwickelten eine Reihe von Unterergebnissen, unterzogen diese einer Faktoranalyse und erhielten eine bemerkenswerte Konstruktvalidierung der vier Gruppen der Präferenz. Die Studie wurde zu jenem Zeitpunkt nicht veröffentlicht, wird aber unten zusammengefaßt. Die Revisionen, die sich aus dieser Studie ergaben, waren folgende: (a) Kombination des Fragebogens und der zwanzig Fragen zu einem Instrument, (b) Hinzufügung eines ausgewogeneren Satzes von Adjektiven und Arbeitselementen, (c) Hinzufügung von Adjektivpaaren und (d) Einführung der kreisförmigen Quadranten Grafik. Dieses neue Instrument und Bewertungsverfahren werden jetzt in den von Ned Herrmann durchgeführten Zertifikats-Werkstätten gelehrt.

Studie 4. Äußere Konstruktvalidierung.

Eine zweite Faktoranalyse verwendete das alte Instrument, aber das neue Bewertungsverfahren und wendete die gleiche Datenmenge wie unter Studie 2 oben beschrieben an. Sie lieferte den Nachweis der äußeren Konstruktvalidität und wurde im technischen Bericht von WICAT dokumentiert (Bunderson, Olsen und Herrmann, 1982).

Studie 5. Äußere Konstruktvalidierung.

Die dritte Faktoranalyse wurde von Olsen und Bunderson in 1982 unter Verwendung des neuen Instrumentes, einer Reihe von Tests der kognitiven Fähigkeiten, mehrerer Instrumente, die Persönlichkeitsdimensionen und Stile und Strategien des Lernens und Denkens messen, durchgeführt. Die Subjekte waren 205 Studenten an der Brigham Young University. Die Studie wurde zu jenem Zeitpunkt nicht veröffentlicht, wird aber unten zusammengefaßt.

Studie 6. Innere Konstruktvalidität.

Diese Studie wurde im Zusammenhang mit Kevin Ho's Doktorarbeit in Unterrichtswissenschaften an der Brigham Young University durchgeführt (Ho, 1987). Ho analysierte die Punkte von etwa 8000 HDI's, die aus einer Reihe von Werkstätten gewonnen wurden, die Ned Herrmann und seine Kollegen in 1984, 1985 und 1986 durchgeführt hatten. Ein Teil von Ho's Dissertation (der sich mit dem Quadranten-Ergebnissen für Berufsprofilen befaßte) sollte die frühere Studie der inneren Konstruktvalidierung (Studie 3 oben) nachvollziehen. Einige von Ho's Ergebnissen werden unten zusammengefaßt.

Eine Vielzahl von wissenschaftlichen Arbeiten und Dissertationen (mehrere Dutzend) an einer Reihe von Universitäten haben das HDI verwendet, und führende Forscher haben sie in Studien eingesetzt und den Nachweis der äußeren Validität in Beziehung zu anderen am Verhalten gemessenen Konstrukten erbracht. Darüber hinaus wurden einige Studien durchgeführt, um Schlüsse über die tatsächliche Informationsverarbeitung des Gehirns von Personen mit unterschiedlichen Profilen zu validieren. Eine Zusammenfassung dieser Studien geht über den Zweck dieses Anhanges hinaus. Im folgenden stellen wir die Studien 2–6 detailiert dar

Zusammenfassungen von Validitätsstudien

Studie 2.

The First Factor Analytic Study of the 1979 Versions of the Participant Survey and the Twenty Questions (143 Cases).

Die erste faktoranalytische Studie der Version des Fragebogens und der zwanzig Fragen von 1979 (143 Fälle)

Die Faktoranalyse ist eine mehrdimensionale statistische Methode, die gewöhnlich bei Studien der inneren und äußeren Konstruktvalidität eingesetzt wird. Eine Faktoranalyse beginnt mit mehrere Variablen (Ergebnissen) für eine große Anzahl von Personen. Sie führt zu einer reduzierten Anzahl von Dimensionen, die als "Faktoren" bezeichnet werden. Der zugrunde liegende Gedanke ist, daß es, obwohl es viele separate Ergebnisse geben kann, die sich mit einer großen Anzahl im Gehirn ablaufender Prozesse befassen, nur wenige bedeutende Konstrukte gibt, die sich mit den zugehörigen Gruppen der Verarbeitungsaktivität befassen. Es ist auch ein Gedanke, daß diese Konstrukte, wenn alles gut geht, in den Faktoren offensichtlich sein werden, die sich aus der Analyse ergeben. Die erste Faktoranalyse befaßte sich mit 31 Ergebnissen, die aus 15 Instrumenten abgeleitet wurden. Sechs dieser Ergebnisse waren vom Fragebogen und den zwanzig Fragen abgeleitet. Diese bestanden aus:

- Einem Gesamtergebnis für rechts und einem für links.
- Einem Ergebnis für die "linke Mitte" und einem für die "rechte Mitte.
- Einem Ergebnis für rechts und einem für links nach den zwanzig Fragen.

Herrmann hatte die zwanzig Fragen vor dieser Studie benutzt und zwei numerische Ergebnisse entwickelt, je eines für rechts und für links. Der Fragebogen wurde urprünglich holistisch bewertet, um eine insgesamt "primäre und sekundäre Dominanz" in vier Kategorien zu gewinnen: links, linke Mitte, rechte Mitte und rechts. Speziell für diese Studie war es notwendig, numerische Bewertungen für jedes dieser Konstrukte zu entwickeln. Die anderen Tests in der Reihe wurden aus mehreren breit gefächerten Kategorien von Maßstäben menschlicher Eigenschaften ausgewählt: Persönlichkeit, kognitive Fähigkeiten, Lernstile, Lernstrategien. Diese werden unten eingehend diskutiert, da sie nicht nur in dieser, sondern auch in zwei anderen Studien verwendet wurden.

Tests der Persönlichkeit. Vier Skalen des Myers-Briggs-Indikators, die als ein Maß des Persönlichkeitstyps hoch angesehen sind, wurden benutzt. Diese waren:

- **Intuition/sinnliche Wahrnehmung.** Von sinnlich wahrnehmenden Menschen wird gesagt, sie erhielten Informationen von den fünf Sinnen (nach der Jung'schen Theorie, auf der Myers-Briggs aufbaut). Diese Menschen suchen "harte" Fakten und greifbare Informationen. Die intuitiven Menschen gewinnen Informationen aus Schlüssen, Einsichten und der Suche nach Beziehungen. Sie erleben Wahrnehmungen über die Bedeutung von Informationen "aus dem Bauch".
- **Denken/Fühlen.** Die denkenden Menschen durchdenken Probleme und Entscheidungen analytisch, objektiv und logisch. Der fühlende Mensch wägt die Implikationen von Problemen und Entscheidungen im Sinne der Gefühle und Werte der betroffenen Menschen ab. Die Informationen werden gewöhnlich subjektiv verarbeitet.
- **Urteilend/wahrnehmend.** Der urteilende Mensch möchte Entscheidungen und Urteile in einer ordentliche, geplanten Weise fällen. Wenn eine Entscheidung einmal getroffen ist, folgt der Mensch dieser Entscheidung. Er hat tief sitzende Ansichten darüber, wie die Welt organisiert ist und möchte die Welt so modifizieren oder verändern, daß sie seine Bedürfnisse besser erfüllt. Der wahrnehmende Mensch möchte die Welt so sehen, erleben und verstehen wie sie ist. Dieser Mensch möchte jede Seite einer Frage oder eines Themas betrachten und vermeidet es möglicherweise, eine Entscheidung zu treffen.
- **Introvertiertheit/Extrovertiertheit.** Extrovertierte Menschen gewinnen Informationen von der Umgebung, von Menschen, Aktivitäten und Gegenständen. Der extrovertierte Mensch zieht es vor, mit anderen zu arbeiten. Der introvertierte Mensch gewinnt Informationen aus auf sich selbst bezogenen Gedanken, Konzepten und Ideen. Der introvertierte Mensch zieht es vor, alleine zu arbeiten.

Tests der kognitiven Fähigkeit. Es wurden sieben Tests der kognitiven Fähigkeit ausgewählt. Fünf wurden aus dem ETS Kit for Factor Reference Tests (Ekstrom, French, Harman und Derman, 1976) ausgewählt. Diese fünf waren "notwendige arithmetische Operationen", "Gestaltkomplettierung", "Street-Gestaltkomplettierung", "Papierfalten" und "verborgene Figuren". Zwei Tests, "notwendige arithmetische Operationen" und der Untertest "Ähnlichkeiten" aus der Wechsler Skala der Erwachsenenintelligenz (1958), wurden gewählt, nachdem Telefongespräche mit Neuropsychologen andeuteten, daß diese gute Kennzeichen für die linke zerebrale Verarbeitung sind. Der Test Gestaltkomplettierung und Street-Gestaltkomplettierung (Street, 1931) aus dem ETS Kit wurden ausgewählt, weil sie sich auf die holistischen, synthetisierenden Fähigkeiten bezogen, vorgeblich auf die rechte zerebrale Hemisphäre. Der Test Papierfalten aus dem ETS Kit wurde ebenfalls gewählt, weil er mit den Fähigkeiten der rechten Hemisphäre zusammenhängt. Der Test verborgene Figuren aus dem ETS Kit und eine von den Ravens Orogressive Matrices abgeleitete Bewertung wurden als Kennzeichen für integrierte hemisphärische Fähigkeiten gewählt. Wegen zeitlicher Beschränkungen wurden nur die achtzehn geradzahlingen Punkte der Ravens Progressive Matrices, Advanced Set II (Ravens, 1962) verwendet. Diese erforderten denkende und visuelle Fähigkeiten.

Tests der kognitiven Stile. Korrelate für kognitive und Lernstile kamen von vier Quellen:

- *Der Hill Individual Difference Questionnaire* (Hill, 1976) lieferte vier Unterskalen: (1) die verbale sprachliche Präferenz (VL), (2) verbale quantitative Präferenz (VQ), (3) qualitativ auditorisch (QA) und qualitativ visuell (QV).
- *Der Paivo Individual Difference Questionnaire* (Hitchcock, 1978), ein Indikator für Lernstile, lieferte zwei Untertest-Ergebnisse – ein verbales Ergebnis (Verb) und ein Bilder-Ergebnis (Imag).
- *Der Worte-/Formen-Sortiertest* (Galin und Johnstone, o.D.) besteht aus 60 Punkten, die je drei Formen enthalten. Die Subjekte werden gebeten von diesen Formen, die jeweils ein Wort enthalten, eine anzukreuzen, womit zwei zugehörige Formen oder zwei zugehörige Worte übrigbleiben.
- *Face Recognition* (Benton, Van Allen, Hamsher und Levin, 1975), kein allgemein anerkannter Test kognitiver Stile, wurde einbezogen, weil angenommen wurde, er sei für die Fähigkeit der rechten Hemisphäre relevant, Gesichter zu erkennen.

Tests der Lernstrategien. Auf der Grundlage früher Arbeiten von Claire Weinstein entwickelte James B. Olsen ein Instrument mit der Bezeichnung Lernmethoden und -Aktivitäten. Es bestand aus 35 Skalenpunkten, die maßen, wie häufig ein Student verschiedene Lernstrategien einsetzte. Olsen führte eine Faktoranalyse durch, aus der er die fünf unten erwähnten Unterergebnisse entwickelte.

1. Verbale Lernstrategien
2. Visuelle Lernstrategien
3. Auswahl von Teilen (Schlüsselworte und Hauptgedanken)
4. Zweckorientierte Lernstrategien
5. Auf persönliche Erfahrung orientierte Lernstrategien

Getestete Personen. Die 143 Teilnehmer füllten alle die 15 Instrumente selbst aus, wobei sie sich einer Kassette mit Anleitungen bedienten. Die Gruppe enthielt zweiundfünfzig Angestellte von General Electric, hauptsächlich Manager, die an Werkstätten teilgenommen hatten, die von Ned Herrmann geleitet worden waren, und 91 College-Studenten und Absolventen der Brigham Young University. Die College-Probe verteilte sich auf folgende Hauptfächer und Absolventen:

Gesellschaftswissenschaften (15)
Organisationsverhalten (12)
Mathematik (11)
Elektronik (10)
Buchhaltung (9)
Kunst und Design (7)
Spezialfach (6)
Biowissenschaften (5)
Management (4)
Technik (2)
Pädagogik (2)
Fremdsprachen (1)
Physik (1)
Computerwissenschaft (1)
verschiedene College-Absolventen (5)

Es dauerte etwa 3 1/2 Stunden, die Testreihe auszufüllen, und es ergaben sich 31 verschiedene Profilergebnisse.

Methode. Es wurde eine zum größten Teil exploratorische, teilweise bestätigende Faktoranalyse durchgeführt. Sie war teilweise bestätigend, weil mehrere aufgrund der Literaturdurchsicht (Studie 1) entwickelte Hypothesen in dieser Studie untersucht wurden. Durch die relevanten Tests wurde bestimmt, daß 10 Faktoren extrahiert werden sollten.

In der Faktoranalyse entsprechen die zuerst extrahierten Faktoren selten den Konstrukten, die die Untersuchenden interessieren. Die ersten Faktoren sind mathematische Abstraktionen, die die größte Varianz in den Korrelationen unter den Variablen aufnehmen, in diesem Falle 31. Derartige Faktoren müssen in eine andere Konfiguration rotiert werden, die Konstrukte von größerem Interesse offenbaren. Wenn wir zum Beispiel eine Reihe von Maßstäben wie Größe, Gewicht, Schuhgröße, Hüftumfang usw. korrelieren, könnten wir zwei Faktoren extrahieren. Der erste könnte wie die verallgemeinerte Größe aussehen, aber wir könnten die beiden rotieren, um die beiden bedeutungsvolleren Dimensionen oder Konstrukte der Größe und des Gewichts zu definieren.

Unter Verwendung der Hauptfaktoren-Methode wurden aus den Korrelationen zwischen den 31 Ergebnissen 10 Faktoren extrahiert. Diese wurden mit einem Promax-Rotationsprogramm rotiert, das von Gorsuch (1976) erstellt wurde. Einige Faktoranalytiker empfehlen die Verwendung orthogonaler (nicht korrelierter) Faktoren. Wir haben die Promax-Rotation gewählt, weil wir erwarteten, daß die Faktoren in einer gewissen Wechselbeziehung zueinander standen. Wir nehmen an, daß die Gehirn-Konstrukte aufgrund der vielen in diesem Buch besprochenen Querverbindungen miteinander verbunden sind. Es gibt keinen Grund zu erwarten, daß Gruppen der Präferenz für verschiedene Arten der Informationsverarbeitung in keinem Zusammenhang zueinander stehen. Tatsächlich sind die Korrelationen zwischen den Faktoren ebenfalls für die Konstruktvalidierung von Interesse.

Ergebnisse. Die herausragenden Faktor-Gewichtungen aus der Faktorenstruktur von neun der zehn Faktoren sind in Tabelle A-8 angegeben. (Der zehnte Faktor wurde nicht interpretiert.) Diese Faktorgewichtungen sind Korrelationskoeffizienten zwischen dem ursprünglichen Ergebnis und der zugrunde liegenden Dimension oder dem Konstrukt. Wenn eine Korrelation nahe 1,0 liegt, ist die Beziehung sehr stark und positiv. Ist sie nahe -1,0, ist die Beziehung stark und negativ. Ist sie nahe 0, hat die Variable oder das Ergebnis keine Beziehung zu dem Konstrukt, das durch den Faktor definiert wird. Der erste Faktor enthält den größten Teil der gemeinsamen Varianz, der zweite den zweitgrößten und so weiter.

Die Faktoren in Tabelle A-8 führen nur die Ergebnisse mit Gewichtungen größer als 0,29 oder 0,30 auf. Man kann annehmen, daß nicht aufgeführte Ergebnisse so nahe an 0 lagen, daß sie keine wichtige Beziehung zu diesem Faktor haben. Bei der Interpretation des Faktors A, Intuition, rechts 20 Fragen und rechts Fragebogen, haben die Ergebnisse alle hohe Gewichtungen von 0,64 bis 0,69. Diesen wird unterstellt, daß sie eine starke Beziehung zu dem fraglichen Faktor haben, den wir "Innovative vs. bewahrende Präferenz" genannt haben.

Dieser Faktor ist bipolar, d.h. er besitzt zwei entgegengesetzte Pole. Am negativen Ende finden wir Fragebogen und 20 Fragen links, ebenfalls mit hohen Korrelationen von −0,60 und −0,62 zum zugrunde liegenden Faktor. Wir können schließen, daß es ein Konstrukt der Präferenz für gewisse Weisen des Denkens gibt, und daß die intuitiven, holistischen Modi der rechten Ergebnisse sich an einem Ende und die logischen, linearen Modi der linken Ergebnisse am anderen Ende befinden. Das Vorhandensein einer bipolaren Faktordimension bedeutet nicht, daß die linken und rechten Modi entgegengesetzte Ende der gleichen Sache sind, sondern daß man bei einer Bevorzugung der einen wahrscheinlich die anderen vernachlässigt oder sogar meidet.

Der Leser kann die anderen Faktoren in Tabelle A-8 untersuchen, um zu sehen, welche Ergebnisse sich in den gleichen Faktoren gruppieren, welche Faktoren die stärksten sind (in der Reihenfolge aufgeführt) und welche Variablen sich gruppieren. Eine nicht erwartete Gruppierung waren die notwendigen arithmetischen Operationen (ein "linker" Prozeß) als Faktor B, die die "rechten" Verarbeitungsergebnisse des Papierfaltens, der Gestaltkomplettierung usw. enthielten. Das zeigt, daß die Art des Tests (beschleunigter Fähigkeitstest) in diesem Faktor wichtiger ist als die Art des Prozesses. Im allgemeinen ist eine erhebliche Varianz nach der Art des Testes evident: beschleunigter Fähigkeitstest, Präferenz Aufnahme und selbst berichtete Verwendung von Lernstrategien.

Das erzeugte eine größere Anzahl von Faktoren als in einer homogeneren Reihe zu erwarten ist. Die Faktoren A, D und I bestehen aus Präferenz-Maßstäben, B aus kognitiven Tests und c und H aus Lernstrategien. Die Ausnahmen sind E und f, die die Präferenz mit der kognitiven Fähigkeit vermischen. Der Faktor G mischt einen Verhaltens-Maßstab, Wort-Form-Sortierung, mit visuellen Lernstrategien.

TABELLE A-8

Herausragende Faktorgewichtungen für Lernprofil-Maßstäbe

Variablen	Gewichtung
Faktor A – Innovative vs. bewahrende Präferenz	
Intuition vs. sinnliche Wahrnehmung (Myers-Briggs, Intuition hoch)	.69
Zwanzig Fragen rechts	.68
Fragebogen rechts	.64
Wahrnehmung-Urteilen (Myers-Briggs, Wahrnehmung hoch)	.61
Bildliche Vorstellung in Paivio-Test	.40
Persönliche Erfahrung L.S.	.34
Visuell L.S.	.29
Verbal in Paivio-Test	.29
Verbal quantitativ	- .37
Fragebogen links	- .60
Zwanzig Fragen links	- .62
Faktor B – Beschleunigte kognitive Fähigkeit	
Papierfalttest	.74
Raven Matrices	.63
Notwendige mathematische Operationen	.64
Verborgene Figuren	.57
Kartenrotation	.55
Verbaler quantitativer Stil (Hill)	.36
Gestaltkomplettierung	.32
Street-Gestaltkomplettierung	.31
Faktor C – Einsatz von Lernstrategien zum Festhalten von Informationen	
Verbal in Paivio-Test	.65
Visuell L.S.	.58
Bildliche Vorstellung in Paivio-Test	.63
Auswahl von Teilen L.S.	.60
Persönliche Erfahrung L.S.	.52
Persönliche Erfahrung L.S.	.44
Zweckgerichtet L.S.	.37
Introvertiertheit/Extrovertiertheit (Introvertiertheit hoch)	- .46

Faktor D – Präferenz Fühlen vs. Denken	
Fragebogen rechte Mitte	.56
Denken/fühlen (Myers-Briggs, fühlen hoch)	.42
Intuition vs. sinnliche Wahrnehmung (Myers-Briggs, Intuition hoch)	.34
Qualitativ auditorisch (Hill)	.33
Fragebogen links	-.40
Faktor E – Verbaler quantitativer Denkstil	
Verbal linguistisch (Hill)	.62
Verbal quantitativ (Hill)	.41
Fragebogen links	.40
Notwendige arithmetische Operationen	.39
Denken/fühlen (fühlen hoch)	-.39
Fragebogen rechts	-.42
Faktor F – Holistischer nicht-verbaler Denkstil	
Fragebogen rechts	.65
Gestaltkomplettierung	.54
Qualitativ auditorisch (Hill)	.38
Kartenrotation	.27
Wort-Form-Präferenz-Test (Wort hoch)	-.35
Fragebogen links	-.57
Faktor G – Präferenz visuelles vs. verbales Lernen	
Visuelle Lernstrategien	.66
Qualitativ visuell	.60
Bildliche Vorstellung in Paivio-Test	.48
Verbal in Paivio-Test	-.34
Wort-Form-Präferenz-Test (Wort hoch)	-.36
Faktor H – Wissenserweiterungsstrategien	
Zweckgerichtete L.S.	.69
Persönliche Erfahrung L.S.	.49
Ähnlichkeitstest	.27
Faktor I – Dominant intellektuelle Präferenz (vorläufig)	
Fragebogen linke Mitte	.54
Fragebogen links	-.41
Verbal quantitative Präferenz	-.34

Die Wechselbeziehungen zwischen diesen neun Faktoren waren:

	A	B	C	D	E	F	G	H	I	J
A	1.00									
B	-.21	1.00								
C	.20	.10	1.00							
D	.14	-.05	.06	1.00						
E	-.28	.32	-.05	-.06	1.00					
F	.26	.05	.08	.04	-.31	1.00				
G	.05	.19	.11	-.18	-.12	.12	1.00			
H	.06	-.08	.12	.30	.00	.07	-.05	1.00		
I	.11	-.38	.01	.09	.21	.16	-.20	-.01	1.00	
J	.19	.27	.30	.23	.03	.20	-.02	.05	-.07	1.00

Lektionen aus der ersten faktoranalytischen Studie

Die sich entwickelnden Hirndominanz-Konstrukte und ihre neuen quantitativen Bewertungen machten als Folge der ersten Faktoranalyse einen großen Schritt nach vorn. Die Fragebogen-Ergebnisse für rechts und links waren in den Faktoren A, E und F in einem hohen Maße enthalten. Das neue Fragebogen-Ergebnis Mitte rechts verankerte den Faktor D und konnte so interpretiert werden, daß es eng mit der fühlenden Seite des Myers-Briggs-Ergebnisses für denken vs. fühlen verbunden ist. Das Fragebogen-Ergebnis links erwies sich als das Gegenstück zum Ergebnis Mitte rechts.

Die Fragebogen-Ergebnisse links und rechts hatten die größten Gemeinsamkeiten in der ganzen Reihe. Gemeinsamkeit ist ein Maßstab der gemeinsamen Varianz, die durch ein gegebenes Ergebnis berücksichtigt wird. Variable mit einer hohen Gemeinsamkeit stehen mit vielen anderen Variablen in Beziehung. Fragebogen rechts und links hatten eine Gemeinsamkeit von 0,78 bzw. 0,77 und waren gefolgt von den Paivio-Ergebnissen mit 0,72 und 0,70. Gemeinsamkeit ist auch eine Abschätzung der unteren Schranke der Zuverlässigkeit, die darauf hinweist, daß diese Fragebogen-Ergebnisse recht zuverlässig waren. Die rechten und linken Ergebnisse der zwanzig Fragen hatten eine in etwa durchschnittliche Gemeinsamkeit, aber die Ergebnisse von Mittel links und Mitte rechts waren sehr niedrig, was darauf hinweist, das sie mit anderen Maßstäben eine weniger zuverlässige Varianz teilten oder aber in sich weniger zuverlässig waren.

Unter dem Gesichtspunkt der Konstrukte zeigte der Faktor A, daß die linken und rechten Ergebnisse polare Gegensätze waren, wobei die rechte Seite Intuition und Wahrnehmung nach Myers-Briggs, bildliche Vorstellung nach Paivio und Präferenz für persönliche Lernstrategien zeigte. Auf der linken Seite verband der verbal quantitative Lernstil die Ergebnisse von Fragebogen links und zwanzig Fragen links.

Von erheblichem Interesse sind die Faktoren E und F, die zeigen, daß die linken und rechten Ergebnissen mit verschiedenen Arten kognitiver Fähigkeiten verbunden sind. Der Fragebogen links stand mit dem kognitiven Test notwendige Arithmetik sowie den linguistischen und verbal-quantitativen kognitiven Stilen in Verbindung. Der Faktor F zeigte, daß das Ergebnis Fragebogen rechts mit den visuellen kognitiven Tests Gestaltkomplettierung, Street-Gestaltkomplettierung und Kartenrotation kombiniert war. Daher steht ein Aspekt der rechten und linken Konstrukte in den erwarteten Richtungen mit den kognitiven Fähigkeiten und Stilen in Verbindung.

Die äußere Konstruktvalidierung hilft uns, durch seine Beziehungen zu Konstrukten, über die wir etwas wissen, auf die Bedeutung eines ansonsten obskuren Konstruktes zu schließen. Das rechte Konstrukt (Faktoren A und F) wird als verbunden mit der Intuition als einer Orientierung der Persönlichkeit, den visuellen Fähigkeiten wie der Gestaltkomplettierung und Kartenrotation und Bevorzugung von Lernstrategien mit persönlicher Erfahrung betrachtet. Das linke Konstrukt (die negative Seite von Faktor A und E) wird als konvergent mit verbal quantitativen und verbal linguistischen Denkstilen, dem kognitiven Test notwendige Arithmetik und einer Bevorzugung von Worten vor Formen gesehen. Das Konstrukt Mitte rechts (Faktor D) ist in dieser Studie als konvergent mit dem Fühlen als Orientierung der Persönlichkeit ausgewiesen, etwas schwächer mit der Intuition und mit dem qualitativ auditorischen kognitiven Stil.

Die Diskriminantenvalidierung ist in den polaren Gegensätzen dieser Ergebnisse und in den nicht verbundenen Faktoren zu sehen. Der wichtige Faktor B, beschleunigte kognitive Tests, enthält alle kognitiven Tests (außer dem Ähnlichkeitstest, der nicht wie erwartet funktionierte). Die Faktoren C, G und H waren alle Faktoren der Lernstrategien der einen oder anderen Art und unterscheiden sich, mit Ausnahme der sekundären Beziehungen, eindeutig von den Ergebnissen der Hirnkonstrukte.

Man beachte, daß der nach Myers-Briggs gemessene extrovertierte Persönlichkeitstyp sich von den Hirndominanz-Ergebnissen unterscheidet, aber in einer starken Beziehung zum Lernstrategie-Faktor C steht. Dieses aktive Lernen stimmt überein mit der Interpretation der Extrovertiertheit als der Tendenz, sich wegen Informationen der Außenwelt zuzuwenden, im Gegensatz zur introvertierten Weise, die nach innen sieht. Auf der Grundlage unseres

Verständnisses der Konstrukte vor dieser Studie hatten Olsen und ich die Hypothese einer Korrelation der Introvertiertheit mit dem rechten Gehirn und der Extrovertiertheit mit dem linken Gehirn aufgestellt. Wir mußten unser Denken in dieser Hinsicht korrigieren, da die Korrelation in die entgegengesetzte Richtung geht. In einer Reihe von Studien hat sich erwiesen, daß die Introvertiertheit in einer Wechselbeziehung mit dem Quadranten A und die Extrovertiertheit mit C steht, jedoch wird sie sich als eigener Faktor abtrennen, wenn andere Maßstäbe der Introvertiertheit oder Extrovertiertheit in der Reihe enthalten sind.

Studie 3.

Item Factor Study (439 cases, old instrument)

Punkt-Faktor-Studie (439 Fälle, altes Instrument)

Trotz Hinweisen auf die Konstruktvalidität und Zuverlässigkeit der rechten und linken Ergebnisse funktionierten die beiden mittleren Ergebnisse schlecht. Daher wurde beschlossen, eine größere Datenbasis zu beschaffen und eine PunktFaktoranalyse durchzuführen. Wir wollten sehen, ob sich die vier Ergebnisse links, Mitte links, Mitte rechts und rechts weiter diskriminieren ließen. Dies wurde die erste bedeutende Studie, die sich mit der inneren Konstruktvalidierung befaßte.

Methoden. Ende 1980 stellte Ned Herrmann 439 Formulare der Fragebogen und zwanzig Fragen zur Verfügung, die von Werkstatt-Teilnehmern im Laufe von Werkstätten bei General Electric ausgefüllt worden waren. Zahlreiche Teilnehmer waren Manager und Ingenieure von GE, viele waren aber aus interessierten professionellen Gruppen von einer Vielzahl anderer Firmen, die die offenen Schulungsangebote von GE wahrgenommen hatten. In der folgenden Liste ist angegeben, wie viele Menschen in jedem der verschiedenen Berufe vertreten waren. Diese Liste enthält zahlreiche andere Berufe mit weniger Fällen nicht.

Buchhaltung	10
Finanzen	9
Verkauf	13
Marketing	8
Kaufleute allgemein	19
Personalwesen	10
Öffentlichkeitsarbeit	16
Computerprogrammierung	12
Technik	39
Chemie	12
Physik	14
Kunst	23
Industriedesign	15
Managementtraining	27
Lehrer	19
Schulverwaltung	19
Management	30
Studenten	13
Fertigung	19

Die Stichprobe enthielt auch eine breite Palette von College-Hauptfächern.

Punkt-Ergebnisse wurden durch dichotomische Bewertungen (entweder 1 oder 0) für jedes Adjektiv, Hobby und Arbeitselement in dem Instrument gewonnen. Jede der zwanzig Fragen wurde auf einer Fünf-Punkte-Skala bewertet und verschiedenen Aspekten der Händigkeit, der Rangordnung bevorzugter College-Fächer, der Kinetose und Introvertiertheit vs. Extrovertiertheit wurden Bewertungen zugeordnet.

Der erste Schritt bestand in einer Analyse der Hauptfaktoren und einer Promax-Rotation der Wechselbeziehungen der Punkte (Pearson). Die Matrix der Wechselbeziehungen der Punkte bestand aus den Wechselbeziehungen zwischen einundneunzig Punkten, zwanzig aus den zwanzig Fragen und einundsiebzig aus dem Fragebogen. Dieser Schritt wurde benutzt, um Informationen zu gewinnen, anhand derer Unterergebnisse für eine zweite Faktoranalyse gewonnen werden konnten.

TABELLE A-9

Punkt-Faktoren des Fragebogens und der zwanzig Fragen, aufgeführt in der Reihenfolge der größten gemeinsamen Varianz

Faktor 1. *Bewahrende Präferenz und kreative Synthese*

Positiv gewichtete Punkte enthielten Präferenzen für spezifische Anweisungen, schrittweise vorgehende Methoden, detaillierte Planung, Verwaltung, Organisation und die Vermeidung von Ungewißheiten.

Negativ bezogene Punkte enthielten konzeptbezogenes Denken, Befaßtsein mit kreativen Aspekten und der Wunsch zum Synthetisieren und dem Ausdruck von Ideen.

Faktor 2. *Analytische Problemlösung und zwischenmenschlich/ emphatisch.*

Positive Gewichtung für analytische, logische, technische und mathematische Problemlösung. Negative Gewichtungen galten für Punkte, die sich mit zwischenmenschlichen Aspekten, Emotion, Intuition und der Vorliebe für Entscheidungen auf der Grundlage von ersten Eindrücken und Ahnungen befaßten.

Faktor 3. *Kreative Herstellung von Gegenständen*

Diese Punkte enthielten Selbstbeschreibungen als kreativ, künstlerisch, dem Gewinnen von Ideen aus Tagträumen und der Freude an Kunst und Handwerk.

Faktor 4. *Aktive Freizeitbeschäftigung im Freien und reflektierende Introvertiertheit*

Diese Punkte beinhalteten Präferenzen für Aktivitäten im Freien wie Bootfahren, Angeln, Schwimmen, Tauchen, Tennis, Camping und Holzarbeit sowie mit anderen stärker als mit sich selbst zu konkurrieren.

Die negativen Gewichtungen galten für Introvertiertheit, Lesen und einen Tag alleine mit seinen Gedanken zu verbringen.

Faktor 5. *Intuitive Präferenzen und Ordnung*

Diese Punkte wurden von Menschen gewählt, die sich auf Ahnungen verlassen, das Brechen von Regeln genießen und Ideen aus Tagträumen und ersten eindrücken gewinnen. Am negativen Pol fanden sich Punkte wie zuverlässig statt phantasievoll zu sein, eine schrittweise vorgehende Methode zu wählen und Dinge durch gründliche Planung und Organisation zu kontrollieren.

Faktor 6. *Von nicht mathematisch orientierten Menschen bevorzugte Hobbies*

Diese Punkte befaßten sich hauptsächlich mit Hobbies, einschließlich Kochen, Lesen, Musik hören, Nähen und Gartenarbeit. Mathematik war nicht das am meisten bevorzugte Fach.

Faktor 7. *Dominantes Management*

Präferenzen für Management, Führung, Organisation, die Fähigkeit, Lösungen vorauszusehen und Dominanz waren positiv gewichtet.Vermieden wurden Präferenzen für Emotionen, Musik oder Introvertiertheit.

Faktor 8. *Präferenz für Englisch gegenüber Mathematik*

Dies war ein schwacher Faktor, der sich mit Englisch und Fremdsprachen als "bestem Fach" gegenüber Mathematik befaßte und der Bevorzugung von mehr Details und weniger kreativen Aspekten.

Faktor 9. *Kreatives Schreiben*
Die Punkte zeigten eine Präferenz für Englisch als bestes Fach, ebenso für kreatives Schreiben, Ideen ausdrücken, ein Schriftsteller zu sein und Lesen. Man mochte Mathematik, Renovierungen im Haus sowie logische und technische Vorgehensweise nicht.

Ergebnisse. Neun Faktoren wurden extrahiert, drei von diesen waren bipolar, das heißt die Gewichtung der Punkte an einem Ende des Faktors standen in einer negativen Beziehung zu der Gewichtung der Punkte am anderen Ende des Faktors. Die Punkte mit den signifikanteren Gewichtungen auf den neun Faktoren sind in Tabelle A-9 zusammengefaßt.

Da diese Punkte primär auf dichotomischen Punkt-Ergebnissen unbekannter Stabilität basierten, wurde kein ernsthafter Versuch gemacht, diese neun Faktoren als stabile Konstrukte zu interpretieren. Sie wurden statt dessen zur Entwicklung von "Punkt-Paketen" verwendet, die aus Untermengen von 5 bis 15 Punkten bestanden. Jeder Punkt hatte einen Wert von einem Punkt, so daß in jedem Paket ein Ergebnis von etwa 0 bis 15 möglich war. Die positiven und negativen Enden von Faktor 1 (bewahrend und kreativ), Faktor 2 (analytische Problemlösung und zwischenmenschlich/emphatisch) und Faktor 4 (aktive Freizeitbeschäftigung im Freien und reflektierende Introvertiertheit) wurden separat bewertet. Die beiden Enden wurden als separate Präferenz-Konstrukte betrachtet. Damit wurden die neun Ergebnisse in zwölf Ergebnisse transformiert.

Als diese zwölf Unterergebnisse, die jetzt viel stabiler waren als die ursprünglichen Punkt-Ergebnisse, einer Faktoranalyse unterzogen wurden, produzierten sie eine saubere Zwei-Faktoren-Lösung. Der erste Faktor stelle das dar, was wir heute als oben rechts und unten links (D und B) kennen. Menschen, die das "D"-Ende dieses Faktor bevorzugen, beschreiben sich als holistisch, kreativ, synthetisierend, intuitiv, künstlerisch und räumlich orientiert. Menschen mit entgegengesetzten Präferenzen wählen kontrolliert, detailliert und dominant. Dieser Faktor wurde durch die Punkte der zwanzig Fragen gut gemessen, die sich mit den Präferenzen des rechten Gehirns für Tagträumen, Ahnungen, Spaß am Brechen von Regeln und damit befassen, daß man seine besten Ideen hat, wenn man nichts tut. Die Präferenzen des Quadranten "B" dagegen befaßten sich damit, daß man schrittweise ablaufende Prozesse mochte, zuverlässig statt phantasievoll ist, Ungewißheit nicht mag, für alles einen Platz hat, plant und organisiert und spezifische Anweisungen bevorzugt.

Der zweite Faktor war ebenfalls bipolar, enthielt jedoch nicht viele Punkte aus den zwanzig Fragen. Er wurde zum größten Teil von den Adjektiven, Arbeitselementen und besten/schlechtesten Fächern erzeugt. Die beiden entgegengesetzten Enden dieses Faktors waren die beiden Dominanztypen, die wir heute oben links (A) und unten rechts (C) nennen. "A"-Menschen bevorzugen die Adjektive "logisch", "analytisch", "mathematisch" und die Arbeitselemente "technisch", "analytisch" und "Problemlöser". Generell ist die Mathematik ihr Lieblingsfach. Untere rechte Punkte waren "verlasse mich gern auf den ersten Eindruck", emotional, intuitiv, zwischenmenschlich, Ideen ausdrücken, lehren und Training.

Diese beiden Faktoren waren leicht korreliert, so daß A und B und C und D näher beieinander lagen als A und D oder B und C. Eine Korrelation zwischen Faktoren zweiter Ordnung kann einen Faktor dritter Ordnung produzieren. Das war hier der Fall. Es erschien ein Faktor dritter Ordnung, der ein stark bipolarer rechts/links Dominanz-Faktor war. Da die beiden bipolaren Faktoren aus Punkt-Paketen gewonnen wurden, die aus der Faktorierung erster Ordnung der Punkte entwickelt wurden, konnte man sie als Faktoren zweiter Ordnung aufassen.)

Die beiden bipolaren Faktoren und der Faktor höherer Ordnung für rechts/links lieferten eine bessere Definition der vier Konstrukte als wir erhofft hatten. Zu jener Zeit waren Olsen und ich am meisten an der Definition von Mitte links und Mitte rechts als Konstrukten interessiert. Wir wollten lernen, wie diese Präferenzgruppen zu bewerten seinen, die Ned Herrmann beobachtet und "Mitte links" und "Mitte rechts" genannt hatte.

Die beiden bipolaren Faktoren validierten die Existenz dieser Gruppen in einer überzeugenden Weise. Sie zeigten, daß Mitte rechts im Gegensatz zum stark oben links ausgerichteten Denken bevorzugt oder vermieden wurde: Die fühlende Seite der Dichotomie Denken/Fühlen, die wir in Studie 2 in Beziehung zur Myers-Briggs-Skala Denken und Fühlen gesehen hatten. Der zweite bipolare Punkt-Faktor zeigte, daß die schwer greifbare Mitte links im Gegensatz zum holistischen, intuitiven, oberen linken Denken bevorzugt oder vermieden wurde – Risikovermeidung durch Kontrolle und Organisation vs. der risikobereiten Attraktivität neuer Ideen, Intuitionen und alternativen Visionen.

Darüber hinaus validierte der starke Faktor dritter Ordnung die Existenz der globalen Unterscheidung zwischen links und rechts als vorherrschende Dichotomie im menschlichen Denken, die von zahlreichen Denkern und Wissenschaftlern von Hippokrates bis Sperry beobachtet worden war.

Die Studie validierte auch Herrmann's holistische "Primär"Ergebnisse, wie die Gewichtungen in Tabelle A-10 zeigen. Die Zuordnung von Werten zu jedem holistischen Primärergebnis produzierte die Korrelationen, aus denen die erweiterten Gewichtungen in Tabelle A-10 abgeleitet wurden. (Die Faktor Erweiterung macht es möglich, Gewichtungen für Ergebnisse zu gewinnen, die in der Haupt-Faktoranalyse nicht enthalten sind.)

Tabelle A-10 zeigt, daß Ned Herrmann's intuitive Idee einer links/rechts orientierten Dimension mit zwei "Mitten"-Ergebnissen durch die Präferenzgruppen unterstützt wird, die in den Daten des Fragebogens und der zwanzig Fragen vorhanden sind. Dieses Konstrukt wird durch den Faktor L-R validiert, dem bipolaren Faktor höherer Ordnung. Rechts befindet sich das positive Ende, links das negative Ende und die beiden "Mitten"-Ergebnisse fallen in die Mitte zwischen der positiven und negativen Seite. Die beiden Faktoren zweiter Ordnung, A-C und B-D, liefern eine bessere Beschreibung der Daten und führen zu einen zweidimensionalen anstelle eines eindimensionalen Modelles. Die holistischen linken und rechten "Primär"-Ergebnisse, die von Ned Herrmann persönlich bewertet wurden, zeigen eine erhebliche konvergente und diskriminierende Validität gegenüber den inneren Dimensionen. Die beiden "Mitten"-Ergebnisse hätten Gewichtungen von etwa -0,50 für B und etwa 0,50 für C haben sollen, damit sie stark sind. Tabelle A-10 zeigt, daß die Gewichtungen für B und C in die richtige Richtung gehen, aber schwach sind, was auf eine geringere Zuverlässigkeit oder Validität der ursprünglichen holistischen "Mitten"-Ergebnisse hindeutet. Die neuen quantitativen Ergebnisse von B und C halfen bei der Klärung der Konstrukte von B und C und verbesserten ihre Zuverlässigkeit und Validität.

TABELLE A-10

Validierung der holistischen "Primärergebnisse" gegenüber dem Faktor rechts/links und zwei bipolaren Präferenz-Faktoren

Herrmann's ursprüngliche "Primär"-Ergebnisse	3. Ordnung L-R (l. neg.)	2. Ordnung B-D (B negativ)	2. Ordnung A-C (A negativ)
Primär links	- .51	- .22	- .47
Primär Mitte links	- .12	- .24	.08
Primär Mitte rechts	.14	.02	.18
Primär rechts	.54	.52	.20

Die Datentabellen dieser Studie wurden Ned Herrmann, der technischer Koordinator der Studie sowie der Mentor der Hirndominanz-Konstrukte war, mit einer gewissen Erregung mitgeteilt. Wir alle waren erfreut, daß wir jetzt stabile Ergebnisse für die rechte und linke Mitte entwickeln und die Punkte aus dem Gesamtergebnis für rechts/links herausarbeiten konnten, die die vier Präferenzen darstellten. Diese Zahlen und die Metapher der Faktoranalyse, in der das Vektorkonzept eingesetzt wurde, lieferten den "linksdominanten" Input für Ned Herrmann's kreativen Denkprozeß, der bald zu den theoretischen Konstrukten "unten links und unten rechts" und der Quadrantengrafik des vierfachen Profils führte.

Die Faktoranalyse benutzt ein mathematisches Modell auf der Grundlage der Vektorrechnung. Ein Vektor kann geometrisch als in Pfeil abgebildet werden, der in Beziehung zu einem Koordinatensystem gezeichnet wird. Bei zwei Dimensionen, wie wir sie fanden, können die Vektoren leicht auf Papier aufgetragen werden. In der Punkt-Faktor-Studie sind die Faktoren die Achsen und die Punkte Vektoren. Der erste, wichtigste Faktor wird generell als die vertikalen Achsen aufgetragen (siehe Abbildung A-2). Der zweite Faktor wird mit dem ersten korreliert, wird also nicht im rechten rechten Winkel gezeichnet. Ein Korrelationskoeffizient wird geometrisch als Cosinus des Winkels zwischen zwei Vektoren (oder zwei Achsen) interpretiert). Somit entspricht eine Korrelation von 0 einem Winkel von 90 Grad und eine Korrelation von 1,00 entspricht 0 Grad (Punkt-Vektoren sind colinear). Die einzelne Korrelation zwischen den beiden Hauptfaktoren für zu einem Faktor zweiter Ordnung, der Gesamtdominanz rechts/links. Dieser Faktor, der eine dritte Dimension erfordert, wird nicht abgebildet. Die Gruppen kleiner Kreise in der Abbildung A-2 repräsentieren die Gruppen einiger Punkte aus dem Fragebogen und den zwanzig Fragen. Ein Punkt (38, holistisch) ist beispielhaft als Pfeil dargestellt.

Die Ergebnisse einer Faktoranalyse sind technisch geschulten Menschen gut zu vermitteln, anderen jedoch weniger gut. Dennoch ist die Abbildung A-2, in Verbindung mit Abbildung A-1, ein Versuch, mit Lesern aller Profile zu kommunizieren, die Ned Herrmann in dem vierfachen Modell entwickelt und in diesem Buch beschrieben

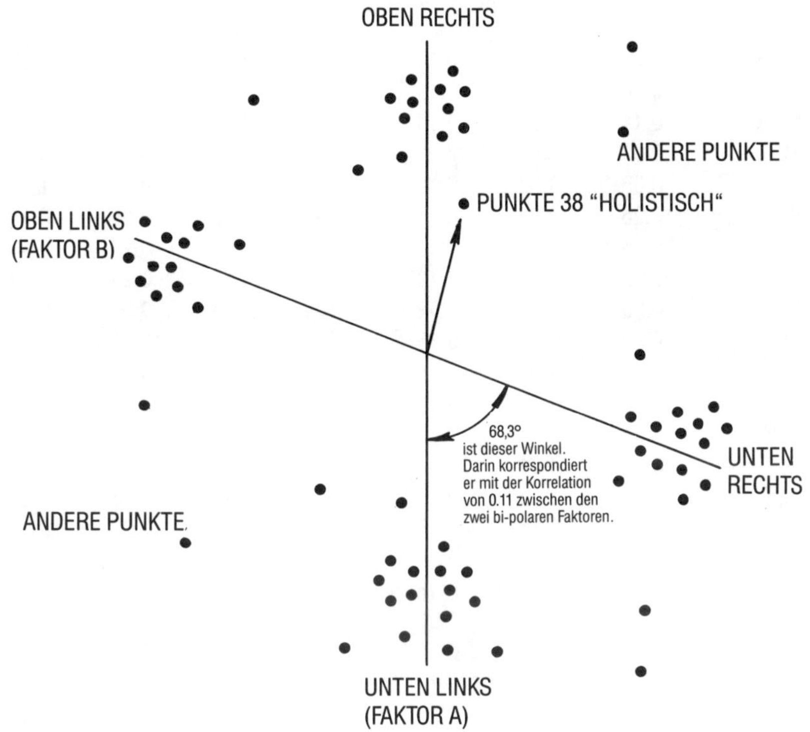

Abbildung A-2 Vier Gruppen von Punkten aus Fragebogen und zwanzig Fragen definierten zwei bipolare Faktoren

hat. Abbildung A-2 zeigt, daß es tatsächlich eine einfache, machtvolle Gruppierung der Präferenzen und Abneigungen gibt, die sich in den empirischen Daten zeigen. Das Quadranten-Modell befaßt sich mit wichtigen Präferenz-Gruppen und macht Aussagen, die die Menschen als für sie mehr oder weniger zutreffend auffassen. Das HDI besitzt eine innere Konstruktvalidität.

Die Punkt-Faktoranalyse und einige andere Analysen, die Olsen und ich durchführten, führten zu Empfehlungen, die Ned Herrmann in ein überarbeitetes Instrument einarbeitete. Sie betrafen den Fragebogen und die zwanzig Fragen und einige neue Adjektive, Arbeitselemente und Adjektivpaare. Neue Bewertungsprotokolle und ein neues Bewertungsblatt wurden entwickelt.

Studie 4.

Refactorization of the 143 Cases

Refaktorierung der 143 Fälle

Methoden. Die alten Instrumente (1979) der zwanzig Fragen und des Fragebogens der 52 Angestellten von General Electric und 91 College-Studenten wurden mit Hilfe der mit des Kenntnis der vier Punkt-Gruppen entwickelten neuen Bewertungsverfahrens neu bewertet. Das führte zu den ersten Quadranten Ergebnissen. In diese Analyse wurde wurde auch das Ergebnis Introvertiertheit/Extrovertiertheit des HDI einbezogen. Um die starke Gruppierung der beschleunigten kognitiven Tests zu vermeiden, wurden jedoch nur drei in der Reihe belassen: Street-Gestaltkomplettierung und Gestaltkomplettierung als Kennzeichen für die holistischen, synthetisierenden kognitiven Prozesse und notwendige arithmetische Operationen als

Kennzeichen für analytische, mathematische kognitive Prozesse. In ähnlicher Weise wurden, um die Instrumente für Lernstile und Lernstrategien zu reduzieren und zu vereinfachen, nur zwei der Hill-Skalen, verbal linguistisch und qualitativ visuell, in der Reihe belassen. Die beiden Paivio-Skalen für verbal und bildliche Vorstellung wurden, zusammen mit den beiden Lernstrategien verbales Lernen und visuelles Lernen, in der Reihe belassen. Es war beabsichtigt, eine Faktor-Struktur zu produzieren, die auf Persönlichkeit, Lernstilen und kognitiver Verarbeitung basierte und zu den vier Quadranten-Ergebnissen führte, um die konvergenten und diskriminierenden Beziehungen der vier Quadranten-Ergebnisse mit diesen anderen Konstrukten zu bestimmen.

TABELLE A-11

Liste der Variablen und ihrer Labels

Label	Beschreibung
INTRO	HD Introvertiertheit/Extrovertiertheit
GC	Gestaltkomplettierung
NA	Notwendige arithmetische Operationen
SGC	Street-Gestaltkomplettierung
WS	Wort/Form-Präferenz (Worte)
SI	Wechsler Intelligenztest für Erwachsene. Ähnlichkeiten
I	MBTI Introvertiertheit/Extrovertiertheit
N	MBTI Intuition/sinnliche Wahrnehmung
F	MBTI Fühlen/Denken
P	MBTI Wahrnehmung/Urteilen
VL	Verbal linguistisch (Hill)
QV	Qualitativ visuell (Hill)
VERB	Verbal Paivio
IMAG	Bildliche Vorstellung Paivio
VLS	Verbale Lernstrategien
VILS	Visuelle Lernstrategien
L	HD A
LL	HD B
LR	HD C
R	HD D

TABELLE A-12

Promax-Faktor-Struktur für Lernprofil-Variable und Ergebnisse der Hemisphären-Dominanz

Matrix der Faktor-Struktur

	A	B	C	D	E	F	G
INTRO	0.01	0.82	-0.19	-0.12	0.05	-0.31	0.08
GC	0.08	0.14	0.13	0.09	0.57	0.07	0.10
NA	0.11	0.04	-0.19	0.16	0.20	0.10	0.37
SGC	0.17	0.04	0.01	0.03	0.64	0.09	0.11
WS	-0.06	-0.30	-0.12	0.27	-0.26	0.24	-0.01
SI	0.26	-0.05	0.04	0.01	0.17	0.05	0.11
I	0.05	0.82	-0.21	-0.24	0.17	-0.37	0.13
N	0.70	-0.14	0.12	0.23	0.15	0.28	-0.23
F	0.20	-0.11	0.52	0.17	0.00	-0.02	-0.22
P	0.63	-0.03	0.15	0.20	0.09	-0.06	-0.23
VL	0.13	0.00	-0.44	-0.12	0.13	0.14	0.06
QV	0.28	0.08	0.15	0.46	0.34	-0.23	0.07
VERB	0.31	-0.31	0.09	0.09	0.19	0.84	-0.02
IMAGE	0.31	-0.24	0.32	0.75	0.21	0.28	-0.02
VLS	0.12	-0.19	0.24	0.28	0.04	0.38	-0.01
VILS	0.18	-0.15	0.18	0.80	0.06	0.02	-0.10
L	-0.14	0.12	-0.34	0.10	0.04	-0.05	0.68
LL	0.33	-0.03	0.07	-0.15	-0.03	0.03	0.45
LR	0.29	-0.25	0.61	0.13	0.22	0.32	-0.27
R	0.59	0.11	0.27	0.22	0.37	0.10	0.08
V*	17	10	10	8	7	6	6
CV*	17	27	37	45	52	58	64

V = Prozentuale Varianz
CV = Kumulative prozentuale Varianz

Die Wechselbeziehungen zwischen den sieben Faktoren waren wie folgt:

A	1.00						
B	0.00	1.00					
C.	0.12	-0.17	1.00				
D.	0.24	-0.11	0.35	1.00			
E.	0.35	0.19	0.17	0.23	1.00		
F.	0.04	-0.44	0.15	0.05	0.07	1.00	
G.	-0.14	0.13	-0.15	-0.08	0.23	-0.01	1.00

Faktor-Interpretationen

- Faktor A: Unten links und oben rechts
  Faktor A validiert den Faktor “organisiert und kreativ synthetisierend“ (B und D), der sich in der großen Stichprobe von 439 Personen findet. Positive Gewichtungen fanden sich für die Präferenz kreativ synthetisierend (D) und die Skalen Intuition und Wahrnehmung des Myers-Briggs-Indikators (MBTI). Negative Gewichtungen wurden für die Präferenz organisiert, kontrolliert (B) und für die Skalen sinnliche Wahrnehmung und Urteilen des MBTI gefunden.
- Faktor B: Introvertiertheit/Extrovertiertheit
  Faktor B hat hohe Gewichtungen auf den Herrmann- und Myers-Briggs-Skalen für Introvertiertheit/Extrovertiertheit (die einfache Korrelation zwischen beiden war 0,73). Negative, jedoch nicht signifikante, Korrelationen fanden sich für das Konstrukt unten rechts, was darauf hinweist, daß es mit der Extrovertiertheit zusammenhängen kann. Negative Korrelationen wurden auch in dem Wort-Ergebnis des Wort/Form-Sotiertests gefunden und den Skalen verbal und bildliche Vorstellung des Hill IDQ. Die Korrelation der verbalen Präferenz mit der Extrovertiertheit ist nicht überraschend, da extrovertierte Menschen gern verbal mit anderen Menschen kommunizieren.
- Faktor C: Oben links (A) und unten rechts (C)
  Faktor C validiert HD A und den Faktor C, der in der größeren Stichprobe von 439 Personen gefunden wurde. Positive Gewichtungen fanden sich für HD C und die Skala Fühlen des MBTI (daher steht die Skala “Denken“ des MBTI in einer starken Beziehung mit dem Konstrukt zerebral links). Es fand sich eine negative Gewichtungen für das HD-Ergebnis A und die Präferenz-Skala verbal linguistisch von Hill.

Ergebnisse. In Tabelle A-11 sind die Bezeichnungen der Variablen-Labels angegeben. In Tabelle A-12, die die Promax-Faktor-Struktur (Korrelationen der Variablen mit Faktoren) für die reduzierte Reihe mit den neuen vierfachen Dominanz-Ergebnissen enthält, werden nur die Variablen-

- Faktor D: Präferenz visuelles Lernen
  Der Faktor D beinhaltet starke positive Gewichtungen auf allen drei Skalen der visuellen Lernstile und -Strategien. Eine negative Gewichtung fand sich für das Wort-Ergebnis des Wort/Form Sortiertests, was auf eine Bevorzugung von Worten vor Formen hinweist. Es ist interessant, daß die visuell und verbale Präferenz sich in Faktor D und F unterscheiden, und nicht die drei verschiedenen Instrumente, die diese Instrumenten-Faktoren erzeugten.
- Faktor E: Visuell und oben rechts
  Faktor E hat bei den beiden Tests Gestaltkomplettierung, der qualitativen visuellen Präferenz und dem Konstrukt oben rechts (D) eine positive Gewichtung. Der Wort/Form Sortiertest signalisierte ebenfalls eine Präferenz für Formen. Damit erwies sich das neue Konstrukt oben rechts als sowohl der kognitiven, räumlichen Fähigkeit verbunden als auch der Verhaltens-Präferenz von Formen vor Worten.
- Faktor F: Verbale Lernpräferenzen
  Faktor F hat positive Gewichtungen auf der Skala verbal des Hill-Fragebogens Individual Differences, dem Ergebnis verbale Lernstrategie, dem Ergebnis HDI C und dem Wort/ Form Präferenz-Test. Negative Korrelationen fanden sich für die beiden Introvertiertheit-Skalen.
- Faktor G: Analytische, mathematische Verarbeitung
  Faktor G hat positive Gewichtungen für HDI A, HDI B und dem Test notwendige arithmetische Operationen.

Labels angegeben. Faktor-Gewichtungen von mehr als 0,33 unterscheiden sich statistisch von Null auf der 0,5 Ebene.

Zusammenfassend erwiesen sich die neuen Hirndominanz-Ergebnisse als in einer Reihe von Domänen vorherrschend. Der Persönlichkeitstyp war die stärkste Domäne, in Beziehung gesetzt zu den Skalen Intuition und Wahrnehmung von nach Myers-Briggs (HDI D) und den Skalen Fühlen und Denken (HDI D und HDI A). HDI A bezieht sich jedoch auch auf einen beschleunigten kognitiven Test der logischen, mathematischen Verarbeitung, während HDI D sich auf kognitive Tests der visuellen Vervollständigung bezieht, so daß diese Konstrukte mehr als nur die Persönlichkeit sind. Auch bezieht sich das HDI auf die visuellen Lernstile und -Strategien. Die Korrelationen konnten fast allein aus der Kenntnis der Konstrukte vorhergesagt werden.

Die Korrelationen zwischen den vier Skalen nach Myers-Briggss timmten mit den Ergebnissen überein, die sich in der Literatur über die Konstruktvalidierung dieses gut erforschten Instrumentes fanden. Wir unterstellen daher, daß die MyersBriggs-Skalen in dieser Studie ordnungsgemäß funktioniert haben. Ein Unterschied zwischen den beiden theoretischen Modellen (Myers-Briggs und Herrmann) liegt darin, daß Myers Briggs annehmen, ein Mensch müsse durch das eine oder andere Ende ihrer vier Skalen charakterisiert sein, während es die Konstrukte von Herrmann zulassen, daß ein Mensch Präferenzen für Tätigkeiten an beiden der Pole eines einzigen Profiles ausdrückt.

Die aus dem HDI gewonnenen Daten zeigen starke negative Korrelationen in der Bevölkerung zwischen den polaren Gegensätzen A und C und B und D. die Myers-Briggs-Skalen sind ebenfalls polare Gegensätze. Die Hirndominanz-Konstrukte lassen es zu, daß ein Mensch ein individuelles Gehirn-Profil hat, in dem er es vorziehen kann, gleichzeitig sowohl ein "Denker" als auch ein "Fühlender" oder sowohl ein "Risiken vermeidender" als auch ein "risikobereiter" Mensch zu sein. Nach persönlichen Kommentaren, die dem Autor gegenüber gemacht oder von Ned Herrmann berichtet wurden, werden diese persönlichen Dichotomien von Menschen mit diesen weniger häufigen Profilen stark empfunden. Sie wissen, daß sie mit diesen persönlichen Widersprüchen leben müssen. Die Untergruppe mit stark bipolaren Profilen stellt eine interessante Gruppe für künftige Untersuchungen dar.

Studie 5.

The first Factor Analysis with the New Instrument.

Die erste Faktoranalyse mit dem neuen Instrument

Obwohl die Refaktorierung der 143 Fälle recht interessant war, basierte sie auf dem alten Fragebogen und den alten zwanzig Fragen. Die Punkt-Faktoranalyse (Studie 3) führte zu einem neuen Bewertungsprotokoll und einem überarbeiteten Instrument mit 120 statt 91 Punkten.

In 1982 wurden Daten gesammelt und eine Analyse entwickelt um zu ermitteln, ob die von dem neuen Instrument gemessenen Hirndominanz-Ergebnisse weiterhin die bei dem alten, neu bewerteten Fragebogen und den zwanzig Fragen gefundenen situationsbezogene Anwendbarkeit und konvergente und diskriminierende Validität hätten. Diese Daten werden gegenwärtig zur Veröffentlichung vorbereitet.

Die fertiggestellte Promax-Analyse ist auf der Suche nach Nachweisen der konvergenten und diskriminierenden Validität von Interesse und wird daher hier zum ersten Mal dargestellt. Wie bei der zweiten Faktoranalyse enthielt die Anlage der Studie eine Testreihe, die aus den vier HDI-Ergebnissen, Maßstäben für die Persönlichkeit, Lernstrategien, Lernstile und Tests des kognitiven Stile und Verarbeitungsweise bestand. Die Stichprobe bestand aus 182 Studenten der BYU, die aus einem größeren Querschnitt der Hauptfächer als bei der früheren Analyse stammten.

Die Testreihe. Die Testreihe bestand aus den folgenden Arten von Tests:

1. *Ergebnisse der Hirndominanzprofile A, B, C und D.*
   Das überarbeitete HDI wurde mit Hilfe des neuen Schlüssels bewertet, um die vier Quadranten-Ergebnisse zu erzeugen.

2. *Kognitive Tests*
   Diese Reihe enthielt eine breitere Vielfalt an kognitiven Tests. Sie enthielt alle Tests der ersten Faktoranalyse, außer WAIS Ähnlichkeiten und den Ravens-Matrices, sowie zwei neue Tests:

   2a. Der Remote Associates Test – Es wird behauptet, dies sei ein Test des kreativen Denkens, der auf schwierigen und abgelegenen verbalen Assoziationen beruht.

   2b. Der Metapher-Triaden-Test – ist ein in der Gruppe durchgeführter Test anhand von Farbdias, die drei Gegenstände zeigen. Zwei von ihnen können konkret in eine Beziehung gesetzt werden, sowie auf eine tiefgründiger metaphorischen Weise ein anderes Paar. Die tiefgründiger metaphorische Antwort wurde bewertet.

3. *Test des Persönlichkeittyps*

   3a. Der Myers-Briggs-Indicator wurde eingezogen.

   3b. Ein von Kolb entwickeltes Instrument für die Messung des persönlichen Stils wurde einbezogen. Es wird häufig im Bereich Managementtraining eingesetzt. Es hatte vier Skalen: konkrete Erfahrung, reflektierende Beobachtung, abstrakte Konzeptbildung und aktive Experimente als persönliche Stile.

4. *Tests der Denkstile*

   4a. Alle Skalen des Denkstils nach Hill wurden einbezogen. Zusätzlich zu den Skalen verbal linguistisch, verbal quantitativ und qualitativ visuell, die in den früheren Analysen eingesetzt wurden, wurden die Skalen qualitativ emphatisch, Regelorientierung und Zweckorientierung einbezogen.

   4b. Der Wort/Form Sortiertest wurde einbezogen.

5. *Lernstrategien*

   5a. Alle fünf von Olsen entwickelten Skalen der Lernstrategie wurden einbezogen: verbal, visuell, zweckorientiert, persönliche Erfahrung und strukturierte Lernstrategien.

Die Beziehung der Hirndominanz-Konstrukte zu den Faktoren höherer Ordnung. Bevor ausgewählte Ergebnisse aus dieser Studie vorgestellt werden ist es nützlich festzustellen, das die bipolaren Faktoren A und C und B und D in Faktoren höherer Ordnung oft erscheinen. Seit 1982, als diese Faktoranalyse durchgeführt wurde, sind die Konstrukte der Hirndominanz viel klarer geworden. Darüber hinaus ist die Art und Weise, in der sich die Maßstäbe dieser Konstrukte verhalten sollten, viel klarer geworden. Die beiden bipolaren Faktoren, die zu den vier Quadranten-Ergebnissen führen, haben sich jetzt in mehreren Studien als beherrschend und allgemein erwiesen. So sollte es auch sein, denn diese Konstrukte beschreiben vorgeblich verallgemeinerte Präferenzen für komplexe, untereinander in Beziehung stehende und miteinander kommunizierende Prozesse des Denkens und Handelns, die im menschlichen Gehirn vermittelt werden. Daher sollte man erwarten, daß diese bipolaren Faktoren in Faktoren höherer Ordnung erscheinen, da diese die allgemeinsten sind. In der inneren Validitätsanalyse der 439 Fälle wurden die Punkt-Pakete von den Punkt-Faktoren erster Ordnung abgeleitet und daher waren die beiden bipolaren Faktoren von zweiter Ordnung.

Die Gesamtdominanz links/rechts war ein Faktor dritter Ordnung. Entsprechend sollten wir Manifestationen dieser beiden bipolaren Faktoren in den Faktoren höherer Ordnung in Reihen der Präferenz und biografischen Informationen suchen, die in vielen Arten von Instrumenten durchgängig sind. Kognitive Tests können ebenfalls einbezogen werden, solange sie einen sehr hohen Prozentsatz der Reihe darstellen, oder aber die Vorhersage hält der Überprüfung nicht stand. In diesen Fällen erhalten wir möglicherweise "G"-Faktoren der kognitiven Fähigkeiten in den Faktoren höherer Ordnung.

Ergebnisse der Promax-Analyse höherer Ordnung. Das in den Studien 2, 3 und 4 verwendete Gorsuch-Programm wurde wiederum auf die Ergebnisse aus der Testreihe angewendet.

Das Gorsuch-Programm führt eine Schmid-Leimann-Lösung aus. Dieses statistische Verfahren zeigt den Zustand der ursprünglichen Variablen in den Faktoren erster Ordnung und allen Faktoren höherer Ordnung auf. Die Analyse produzierte vier Faktoren zweiter und zwei Faktoren dritter Ordnung.

Die zwei Faktoren dritter Ordnung sind in Tabelle A-13 aufgeführt, definiert durch die signifikantesten Ergebnisse, die diese Faktoren gewichten. Der erste und wichtigste Faktor dritter Ordnung ist am stärksten gekennzeichnet durch die links/rechts Dichotomie, wobei sich die Extrovertiertheit ebenfalls manifestiert, möglicherweise auf Grund ihrer Korrelation mit unten rechts. Die Maßstäbe, die diesen bipolaren Faktor gewichten stimmen mit den Konstrukten überein, die hinter der Unterscheidung oben links/unten rechts stehen. Wie in der früheren Studie stehen die notwendigen arithmetischen Operationen in Beziehung zur zerebralen Linken.

Der zweite Faktor dritter Ordnung stimmt schwach mit der Dichotomie oben rechts und unten links überein. Die Myers-Briggs-Dimensionen Fühlen und Intuition kennzeichnen das positive Ende dieses Faktors, zusammen mit dem Remote Associates Test des kreativen Denkens. Die obere rechte Gewichtung ist in diesem schwachen Faktor nicht stark, steht aber in der vom Quadranten-Modell vorhergesagten Beziehung. Das untere linke Ergebnis kennzeichnet das negative Ende zusammen mit den an Regeln orientierten, an Struktur orientierten und zweckorientierten (Hauptgedanke) Lernstrategien sowie der verbalen Lernstrategie.

TABELLE A-13

Wesentliche Gewichtungen von Faktoren dritter Ordnung, abgeleitet von einer Analyse der Persönlichkeit, des Denkstils, Lernstils und kognitiven Tests mit vier HD-Ergebnissen.

	Faktor I (dritte Ordnung)	Faktor II (dritte Ordnung)
Herrmann-Hirndominanz		
HD A	-41	
HD B		-22
HD c	44	
HD D	22	
Extrovertiertheit	32	
Myer-Briggs-Indikator		
Extrovertiertheit/ Introvertiertheit	35	
Wahrnehmung/Urteil		27
Intuition/sinnl. Wahrnehmung		20
Kolb: konkr. Erfahrung	31	
Paivio: bildl. Vorstellung	31	
Olsen: Lernstrategien		
Gruppe	33	
Persönliche Erfahrung	30	
Visuell	23	
Verbal	24	-20
Zweck (Hauptgedanke)		-22
Strukturiert		-22
Hill-Fragebogen individuelle Unterschiede		
Kinästetisch	25	
Qualitative emphatisch	23	
Regelorientiert		-20
Kognitive Tests		
Notwendige Arithmetik	-21	
Remote Associates Test		20

Studie 6.

Selected Results of the Kevin Ho Study (7989 cases)

Ausgewählte Ergebnisse der Studie von Kevin Ho (7989 Fälle)

Methoden. Kevin Ho analysierte die HDI-Ergebnisse von 7989 Subjekten als einen Schritt in seiner Doktorarbeit über die beruflichen Präferenzen und ihre Beziehung zur Hirndominanz, wie sie vom HDI gemessen wird. Die Ergebnisse wurden aus den Antworten auf überarbeitete HD-Instrumente abgeleitet, die von Teilnehmern an zahlreichen Werkstätten, individuellen Beratungen und öffentlichen Präsentationen, die Ned Herrmann in 1984, 1985 und 1986 durchgeführt hatte. Anstelle der 91 Punkte, die Bunderson und Olsen in einer früheren Studie von 439 Fällen analysiert hatten, analysierte Ho 120 Punkte der bis 1986 gültigen Instrumente. Bis zu diesem Zeitpunkt war keine Studie der inneren Konstruktvaliditát anhand des neuen Instrumentes in Angriff genommen worden.

Einige der 120 Punkte wurden in Dummy-Variablen umgewandelt, um die Interpretation der Faktoren zu erleichtern. Das führte zu 127 Variablen für die Faktoranalyse. Im Interesse der Stimmigkeit mit den ursprünglichen Validierungsstudien von Bunderson und Olsen wurde für die Faktoranalyse eine Methode der Extraktion der Haupt-Faktoren eingesetzt.

Die angebrachten Tests ergaben, daß entweder fünf oder sieben Faktoren extrahiert werden konnten. Beide Lösungen hatten zahlreiche Ähnlichkeiten mit der früheren Studie der 439 Fälle. Nach der Untersuchung beider Ergebnisse (fünf und sieben Faktoren) wurde beschlossen, im Interesse der Interpretierbarkeit und Einfachheit, die Lösung mit den fünf Faktoren zu verwenden.

Von den fünf extrahierten Faktoren waren drei stark bipolar, daß heißt, daß diese drei Faktoren eine reihe stark negativer und positiver Gewichtungen hatten. Folgendes ist eine Liste der fünf Faktoren in der Reihenfolge der größten gemeinsamen Varianz, die berücksichtigt wurde, zusammen mit der Art von Punkten, die jeden dieser Faktoren stark gewichteten (siehe Tabelle A-14).

TABELLE A-14

Fünf Faktoren und die Arten von Punkten, die sie gewichteten

Faktor 1. Bewahrend und kreativ

Positive Gewichtungen enthielten Präferenzen für Ordnung, Planung, Verwaltung, Organisation, Zuverlässigkeit, Details und Ablehnung von Ungewißheiten. Negative Gewichtungen sind unter anderem Präferenzen für holistischen Denken, Konzeptbildung, Synthese, kreative Tätigkeit und Innovation.

Faktor 2. Zwischenmenschlich, auf Menschen ausgerichtet und technisch, analytisch

Positive Gewichtungen sind unter anderem Präferenzen für zwischenmenschliche, verbale, auf Menschen ausgerichtete, emotionale und musische Tätigkeitsarten und Stile. Negative Gewichtungen umfassen Präferenzen für analytische, technische, logische und mathematische Tätigkeitsarten und Stile.

Faktor 3. Weiblich, emotional und rational, logisch

Positive Gewichtungen sind unter anderem Präferenzen für emotional, spirituell, musisch, künstlerisch Lesen, Kunst und Handwerk, introvertierte und fühlende Tätigkeitsarten und Stile. Der Punkt Geschlecht (weiblich) gewichtete diesem Faktor ebenfalls positiv.

Negative Gewichtungen umfassen Präferenzen für logische, rationale, mathematische Tätigkeitsarten und Stile.

Anmerkung: Obwohl dem Faktor 2 ähnlich, ist dieser Faktor doch auf subtile Weise anders. Der Punkt Geschlecht (weiblich und männlich) ist sehr stark. Man beachte die emotionalen, spirituellen, introvertierten Aspekte von Faktor 3 im Gegensatz zu den zwischenmenschlichen Aspekten von Faktor 2. Die Faktoren 2 und 3 scheinen den gleichen negativen Pol gemeinsam zu haben, d.h. diejenigen Punkte, die in einer negativen Korrelation zu den Faktoren 2 und 3 stehen, sind die von Natur aus logischen, analytischen und technischen.

Faktor 4. Kreativ, innovativ

Die Gewichtungen für diesen Faktor umfassen Präferenzen für Innovation, Konzeptbildung, schöpferische Tätigkeit, phantasievolle, originelle und künstlerische Tätigkeitsarten und Stile. Wenige negative Gewichtungen traten auf: kontrolliert und konservativ.

Faktor 5. Händigkeit

Dieser scheint durch linkshändige Punkte positiv und durch rechtshändige Punkte negativ gewichtet zu sein. Dieser Faktor ist zumindest teilweise ein Produkt der kleinen Anzahl der Punkte, die im HDI die Händigkeit messen, und der Art und Weise, in der sie bewertet wurden.

Da sich diese ursprüngliche Faktoranalyse mit Punkten befaßte und die Ergebnisse einer Punkt-Faktoranalyse zur Instabilität tendieren, wurde für jedes Thema zu jedem Faktor die Faktor-Ergebnisse erzeugt. Diese Faktor-Ergebnisse kann man sich als Konstrukt- oder Skalen-Ergebnisse denken. Sie sind den Punkt-Paket-Ergebnissen der ersten Studie der inneren Konstruktvalidität anhand der 439 Fälle ähnlich. Diese fünf Faktor-Ergebnisse für jedes der Themen wurden wiederum mit Hilfe der Methode der Extraktion der Haupt-Faktoren analysiert.

Ergebnisse. Die Promax-Lösung erzeugte zwei bipolare Faktoren. Die beiden Faktoren und die Gewichtungen jedes der fünf Faktor-Ergebnisse auf die beiden Faktoren erscheinen gegenüber in Tabelle A-15.

TABELLE A-15

Matrix der Promax-Faktor-Struktur

		Faktor A und C (A negativ)	Faktor B und D (B negativ)
Faktor 1	Bewahrend/kreativ	- .14	- .59
Faktor 2	Zwischenmenschlich/analytisch	.59	.22
Faktor 3	Emotional/rational	.61	.25
Faktor 4	Kreativ	.39	.65
Faktor 5	Linkshändigkeit	.06	.05
	Eigen-Werte	1,77	1,12
	Kumulative Varianz	35,42 %	57,79 %

Die Korrelation zwischen diesen beiden Faktoren betrug .37.

Faktor A und C scheint der mittlerweile vertraute Faktor zwischenmenschlich und emotional und analytisch und logisch zu sein. Es ist interessant zu beobachten, daß Faktor 4 (der kreative Faktor) den Faktor A ebenfalls leicht gewichtet, was darauf hindeutet, daß benachbarte Quadranten wahrscheinlicher in einer Wechselbeziehung stehen als gegenüber liegende Quadranten. Herrmann betrachtet die Kreativität als eine Funktion von mehr als einem Quadranten, besonders von D in Kombination mit A oder C.

Faktor B und D scheint der vertraute Faktor kreativ (oben rechts) und bewahrend (unten links) zu sein. Die bipolare Natur dieser Faktoren ist in den positiven und negativen Gewichtungen individueller Punkte dieser Faktoren, die hier nicht dargestellt sind, deutlicher zu erkennen.

Wie erwartet gewichtete der Faktor Händigkeit (Faktor 5) weder Faktor A noch B entscheidend.

Es wurde auch ein Faktor höherer Ordnung erzeugt. Es scheint der vertraute Gesamt-Faktor links/rechts zu sein. Die Schmid-Leimann-Lösung, die die Korrelationen zwischen den fünf Faktoren und dem Faktor höherer Ordnung (I) sowie den beiden primären bipolaren Faktoren (a und b) aufzeigt, ist aus Tabelle A-16 ersichtlich.

TABELLE A-16

Korrelationen der Variablen mit Faktoren höherer Ordnung und primären Faktoren

Primäre Faktoren		Faktoren höherer Ordnung I	a	b
Faktor 1	Bewahrend/kreativ	- .33	.07	- .49
Faktor 2	Zwischenmenschlich/analytisch	.36	.47	.00
Faktor 3	Emotional/rational	.38	.47	.02
Faktor 4	Kreativ	.46	.13	.47
Faktor 5	Linkshändigkeit	.05	.04	.03

Der Faktor höherer Ordnung (I oder Gesamt-Faktor rechts/links) machte etwa 39 % der gemeinsamen Varianz aus, während die primären Faktoren ("a" oder emotional und zwischenmenschlich und der rationale und analytische Faktor und "b", der kreative und bewahrende Faktor) die restlichen 61 % der gemeinsamen Varianz ausmachen.

Die oben dargestellte Schmid-Leimann-Lösung zeigt, daß der Faktor höherer Ordnung in der Tat der allgemeine Faktor rechts/links zu sein scheint. Die erweiterten Gewichtungen der Punkte in diesen 3-Faktor-Raum bestätigten die Gruppierung der Punkte, die in der früheren Studie der inneren Validität gefunden wurden.

Die nach der früheren Studie der inneren Konstruktvalidität eingefügten Punkte funktionierten entsprechend der Vorhersage des Quadranten-Modelles gut. Damit wurde der Bewertungsschlüssel für das HDI, der in den Zertifikats-Werkstätten gelehrt wird, durch diese Studie validiert. Die Ergebnisse wiesen jedoch darauf hin, daß ein verfeinerter Bewertungsschlüssel, mit differenzierten Punkt-Gewichtungen, eine weitere Verbesserung bieten würde. Allerdings wäre ein gewichteter Schlüssel praktisch nur durch eine rechnergestützte Bewertung handhabbar.

Erörterung. Die Ergebnisse dieser Faktoranalyse unterstreichen die Ergebnisse der inneren Validierung der früheren Studien von Bunderson und Olsen bezüglich der Punkte, die im alten und neuen Instrument enthalten sind. Die Ergebnisse zeigten auch, daß die neuen Punkte ordnungsgemäß funktionierten. Die beiden bipolaren Faktoren fanden sich erneut und der Faktor höherer Ordnung "rechts/links" wurde wiederum extrahiert. Das verstärkt den Nachweis der Konstruktvalidität der vier Gruppen der Hirndominanz, die im HDI enthalten sind.

KÜNFTIGE FORSCHUNGEN

Verfeinerung der Bewertung und Verbesserung der Skalierung des HDI

In diesem Buch wird erzählt, wie das HDI, auf der Grundlage einer Kombination aus Forschung und Feedback von praktischen Anwendungen, über Jahre hinweg verbessert wurde. Dieser Prozeß geht heute weiter. Ned Herrmann und seine Kollegen unterstützen ein Forschungsprogramm, das mehrere Aspekte hat. Eine Aktivität ist die Entwicklung einer Datenbasis von HDI-Ergebnissen, die im Sinne von Berufen und Geschlecht ausgewogen ist. Wenn eine solche Datenbasis vorhanden ist, könnten Studien der inneren Konstruktvalidierung wie die von Kevin Ho zu mehreren Verbesserungen des Instrumentes führen:

- Es könnte ein gewichtetes Bewertungsschema entwickelt werden, das die Faktoren A-C und B-D und den Faktor dritter Ordnung rechts/links besser widerspiegelt.
- Es könnte eine Skalierung der vier Quadranten-Ergebnisse nach einem gemeinsamen Maß erreicht werden, so daß Vergleiche zwischen den Quadranten-Ergebnissen genauer wären.
- Es könnte ein Satz von Norm-Berufsprofilen entwickelt werden.
- Es könnten Untersuchungen zur Verallgemeinerbarkeit durchgeführt werden, die bestimmen, ob geschlechtsspezifische Schlüssel wünschenswert wären.

Eine derartige ausgewogene Datenbasis mit gewichteten und neu skalierten Bewertungen würde auch eine Vielfalt vergleichender Studien unterstützen, die das gemeinsame Auftreten verschiedener Präferenzen oder Abneigungen in einer ausgewogenen Stichprobe aufzeigt, die die größere Bevölkerung reflektiert. Studien der Verallgemeinerbarkeit für unterschiedliche Kulturen bedürften einer Datenbasis, die für jede Kultur angemessen ist.

Korrelationen zwischen den vier Konstrukt-Ergebnissen

Mit der Entwicklung der Bedeutung der vier Quadranten-Konstrukte sollten die Definitionen jeder Quadranten-Gruppe in Beziehung zu den anderen die Korrelation der HDI-Ergebnisse untereinander erklären.

Die Korrelationen zwischen den Quadranten-Ergebnissen, die sich in Kevin Ho's Stichprobe von 7989 Fällen fanden (Studie 6), sind aus Tabelle A-17 ersichtlich. Diese Korrelationen stimmen allgemein mit der Faktor-Struktur überein, weisen jedoch einige Abweichungen auf, die durch ein weiter verfeinertes, gewichtetes Bewertungsschema korrigiert werden sollten.

TABELLE A-17

Korrelationen zwischen den 4 Quadranten-Ergebnissen, linken und rechten Ergebnissen und zerebralen und limbischen Ergebnissen

	A	B	C	D	
A	1.00				Links/rechts
B	.08	1.00			- .91
C	- .77	- .20	1.00		Zerebral/limbisch
D	- .53	- .68	.38	1.00	- .78

Man beachte, daß die beiden linken Quadranten A und B und die beiden rechten Quadranten C und D positiv korreliert sind. Diese Tatsache, zusammen mit den negativen Korrelationen zwischen A und D (-0,53) und B und C (-0,20), führt zu dem Faktor höherer Ordnung rechts/links. Man beachte auch, daß Ergebnisse für Prozesse, die auf entgegengesetzte Enden bipolarer Faktoren fallen, stark negativ sind. A und C ist -0,77, B und D ist -0,68 und links und rechts ist -0,91. Man erinnere sich daran, daß die Konstrukte so gesehen werden, daß sie separate Gruppen von Gehirnfunktionen repräsentieren, nicht verschiedene Enden eines einzigen Prozesses. Die negative Polarität zwischen den Gegensätzen muß als Teil des Konstruktes erklärt werden. Eine mögliche Erklärung liegt in den Konzepten der Präferenz und Vermeidung. Diese Konzepte verlangen Punkt-Typen, die die Auswahl einer Beschreibung und die Ablehnung einer anderen beinhaltet, was zur Polarität beiträgt, sie jedoch nicht vollständig erklärt.

Die jetzt laufende Forschung kann zu einem verfeinerten Satz von Korrelationen führen. Die sechs Wechselbeziehungen unter den vier Ergebnissen sollten schlußendlich durch das Quadranten-Modell erklärt werden. Es ist daher wünschenswert zu erfahren, wie diese Korrelationen in einer ausgewogenen Stichprobe mit gewichteten Bewertungen aussähen. Wir würden erwarten, daß die Korrelation A-B positiv und von der gleichen Größenordnung ist wie die Korrelation C-D (0,08 scheint zu niedrig). Wir würden erwarten, daß die Korrelation A-D negativ und von der gleichen Größenordnung ist wie die Korrelation B-C (in absoluten Werten scheint -0,53 zu hoch).

Wenn die Ergebnisse nach einem gemeinsamen Standard skaliert werden, könnten die Summen-Ergebnisse (1 = dominante Präferenz, 2 = situationsbezogen verfügbar, 3 = Vermeidung) genauer gestaltet werden, um genauere Schlüsse über die Natur der Vermeidung und ihr Auftreten in der Bevölkerung und verschiedenen Untergruppen zu unterstützen. Ein Summen-Ergebnis von 3 ist als Faustregel für die gegenwärtigen Anwendungsbereiche wahrscheinlich ausreichend, aber das Konzept der Vermeidung und seine Messung bedarf einer weitergehenden Definition. Die jetzt laufende Forschung kann zu weiteren Fortschritten führen.

Validierung von Schlußfolgerungen dazu, wie Menschen mit verschiedenen Profilen ihr Gehirn unterschiedlich aktivieren

Obwohl Schlußfolgerungen über den Sitz verschiedener Arten geistiger Äktivität innerhalb des Gehirnes für die in diesem Buch diskutierten Anwendungen des HDI nicht wichtig sind, könnten derartige Schlüsse experimentell validiert oder bestätigt werden.

Es könnte eine Vielzahl von Hypothesen getestet werden. Zum Beispiel hat der bekannte Hirnforscher Karl Pribham in einer öffentlichen Vorlesung festgestellt, daß die Kreativität, oder der "Nerv" wie er es beschreibt, ein Risiko einzugehen und einer Eingebung zu folgen, im vorderen limbischen und hippocampalen System vermittelt wird. Er stellt dies in Gegensatz zur Vermeidung von Risiken, die seiner Ansicht nach in der hinteren Wölbung vermittelt wird. Man könnte Experimente durchführen mit B-dominanten Versuchspersonen, mit D-dominanten Versuchspersonen und mit Versuchspersonen, die in B und D dominant sind um zu erfahren, ob Menschen mit der entgegengesetzten Dominanz diese Teile ihres Gehirns unterschiedlich benutzen, wenn sie mit Aufgaben konfrontiert werden, die die Verwendung der bewahrenden oder intuitiven/risikobereiten Prozesse anbieten.

Wenn man versucht, Schlüsse über die Identifizierung eines der vier Quadranten-Konstrukte zu validieren, ist es besser, die neutralen Beschreibungen A, B, C, D anstelle der Bezeichnungen zerebral oder limbisch zu verwenden, da diese einen Ort vorgeben.

Man könnte eine Vielzahl von Meßtechniken verwenden, einschließlich EEG-Aufzeichnungen und Positronenemissionstomographie (PET), um zu bestimmen, welche Teile des Gehirns während der Ausführung unterschiedlicher Aufgaben aktiv sind. Man könnte diese Messungen auch bei Menschen unterschiedlicher Profile vergleichen. Die Betonung des Gehirns als Quelle der vier Präferenzgruppen ist ein interessanter und motivierender Aspekt von Herrmann's Theorie der Hirndominanz. Es ist leichter, sich vorzustellen, daß man eine Präferenz für gewisse Gruppen geistiger Prozesse hat, die wir in unserem Gehirn kontrollieren, als uns vorzustellen, was an uns das "Super-Ego" ist oder unsere Tendenz zur "Psychoasthenie" (Ermüdung der psychischen Kräfte; CPL) oder oder ein anderes, nur psychologisch definiertes Konstrukt.

Forschungen zur Validierung von Schlüssen in Hinsicht auf unterschiedliche Profile würde die äußere Konstruktvalidierung auf eine interessante Weise auf eine breitere Grundlage stellen. Sie würden uns Erklärungen darüber liefern, wie verschiedene Systeme des Gehirns Prozesse vermitteln, die innerhalb jeder Präferenzgruppe erkennbar sind.

Einige derartige Studien wurden durchgeführt. Diese können in diesem Anhang nicht alle besprochen werden, jedoch sind die folgenden Studien repräsentativ für die Art von Fragen, die wir gestellt haben.

Die Schkade-EEG-Studie Unterschiede bei Buchhaltern und Künstlern

Lawrence Schkade, Professor und Leiter des Fachbereichs Systemanalyse an der Universität von Texas in Arlington, hat das HDI verwendet, um 12 eindeutig linksdominante Studenten der Buchführung im letzten Studienjahr und 12 eindeutig rechtsdominante Kunststudenten im letzten Studienjahr auszuwählen. Er hat die Gehirnwellen dieser Studenten gemessen (Elektroenzephalogramme) und die Fouriertransformationen der Gehirnwellen berechnet. Er hat die Alpha-Frequenz (8–13 Zyklen pro Sekunde) betrachtet.

Er hat für jede Versuchsperson das Leistungsverhältnis der EEG-Wellen der linken Hemisphäre zu dem der rechten und das Mittel für jede Berufsgruppe berechnet.

Die Ergebnisse wiesen darauf hin, daß sich Buchhalter und Künstler nicht nur hinsichtlich ihrer HDI-Ergebnisse unterschiedlich waren, sondern auch hinsichtlich ihrer Gehirnwellen. Das Verhältnis der Leistung der linken Hemisphäre zu der der rechten wäre 1,0, wenn beide gleich genutzt würden. Das mittlere Leistungsverhältnis war bei Buchhaltungsstudenten 0,77 (mehr Alpha-Wellen von der linken als der rechten Hemisphäre, woraus wir auf eine aktivere Verarbeitung in der linken schließen können). Das mittlere Leistungsverhältnis war bei den Kunststudenten 1,2 (mehr Alpha-Wellen von der rechten als der linken Hemisphäre). Die Ergebnisse waren statistisch signifikant, mit einer Wahrscheinlichkeit von weniger als 0,001 daß sie hätten zufällig entstehen können (Schkade und Potvin, 1981). Doktor und Bloom (1977) haben ebenfalls beobachtet, daß verschiedene Berufsgruppen unterschiedliche Beträge der Alpha-Wellen in den beiden Hemisphären aufweisen.

Untersuchungen der Lateralisierung des kognitiven Stils

Es ist nicht wahrscheinlich, daß der Bericht, der sich aus der Forschung hinsichtlich am Verhalten gemessener Stile im Vergleich zur direkt am Gehirn gemessenen Aktivität einfach sein wird. Man betrachte zum Beispiel den kognitiven Stil Feld-Unabhängigkeit und Feld-Abhängigkeit, der über drei Jahrzehnte von dem bekannten Psychologen Herman A. Witkin entwickelt wurde (Witkin, Dyk, Faterson, Goodenough und Karp, 1962, Witkin, 1977). Der feldunabhängige Mensch (auch als analytischer Feldmodus bezeichnet) ist in der Lage, die Gefühle der vom Körper wahrgenommenen Vertikalen zu analysieren und diese vom Aussehen der Vertikalen in einem visuellen Feld zu unterscheiden. Daher wird ein feld-unabhängiger Mensch eine Stange genauer in die Vertikale bringen, wenn er durch einen geneigten Rahmen abgelenkt wird und in einem abgedunkelten Raum arbeitet und die Stange und der Rahmen beleuchtet sind. Der feld-abhängige Mensch (auch als globaler Feldmodus bezeichnet) wird die Stange näher an die scheinbar vertikale Achse des geneigten Rahmens bringen. Der Test verborgene Figuren ist ein weiterer Maßstab der Feld-Unabhängigkeit (hohe Werte) und der Feld-Abhängigkeit (niedrige Werte).

Wie die HDI-Ergebnisse ist dieser kognitive Stil sehr beherrschend und erstreckt sich über die gesamte Leistung bei wahrnehmungsbezogenen Aufgaben, kognitiven aufgaben zur Lösung von Problemen und der Art und Weise der Beziehung zu Menschen in der Welt. Witkin's Beschreibung der beiden kognitiven Stile ist der A-C Dichotomie hinreichend ähnlich, so daß man versucht ist, die Hypothese aufzustellen, daß es zwischen ihnen eine Beziehung gibt.

Feld-Unabhängigkeit	**Feld-Abhängigkeit**
Analytisch	Global
Unabhängig von anderen	Sehr sensibel gegenüber anderen und von ihnen beeinflußt
Hält andere auf Armeslänge	
Gelegentlich fordernd, rücksichtslos	Sucht physische und emotionale Nähe
	Warm, freundlich, taktvoll
Besser in der Umstrukturierung zur Lösung von Problemen	Langsam bei der Umstrukturierung zur Lösung von Problemen
Gut bei der Bruchaufgabe	Mehr funktional fixiert
Besser in räumlichen Tests der Wahrnehmung und des Denkens	Besser bei verbalen Tests
	Soziale Berufe mit zwischenmenschlichem Bezug
Technische, mathematische Berufe	

Die Feld-Unabhängigkeit/Abhängigkeit ist eine bipolare Dimension. Der Test verborgene Figuren ist mit C negativ, mit A und D positiv korreliert. Witkin's Hypothese war, daß die Feld-Unabhängigkeit ein differenzierterer und weniger globaler Zustand sei, und daß sich dies in der Lateralisierung oder Trennung von Funktionen innerhalb der Hirnhälften widerspiegeln würde. Untersuchungen mit rechtshändigen Männern haben das bestätigt. Oltman, Semple und Goldstein (1979) benutzten EEG-Aufzeichnungen für den Nachweis, daß feld-unabhängige Männer bei der Ausführung verschiedener Aufgaben, die mit der rechten oder linken Hemisphäre in einen Zusammenhang gebracht worden waren, die eine oder andere Hemisphäre wahrscheinlicher benutzen würden, aber nicht beide zusammen. Die EEG-Aufzeichnungen von feld-abhängigen Männern waren zwischen den beiden Hemisphären stärker korreliert. Sie waren bei feld-unabhängigen Männern weniger stark korreliert, was auf eine stärkere Lateralisierung hinweist.

In einer anderen Studie haben Zoccolotti und Oltman (1978) ein Tachistoskop verwendet, um Buchstaben und Gesichter entweder dem rechten Gesichtsfeld (mit dem linken Gehirn verbunden) oder dem linken Gesichtsfeld (mit dem rechten Gehirn verbunden) darzubieten. Diese Studie zeigte, daß rechtshändige Männer, die feld-unabhängig waren, bei der Erkennung von Buchstaben wesentlich besser abschnitten, wenn sie ihrem linken Gesichtsfeld (rechtem Gehirn) dargeboten wurden. Feld-abhängige Männer schnitten in beiden Hemisphären gleich gut ab, was auf eine geringere Differenzierung der Funktion hinweist.

Zusammenfassung der notwendigen Hirnforschung

Diese Studien zeigen, daß Schlüsse über die Beziehung vorherrschender kognitiver Stile zur unterschiedlichen Aktivierung des Gehirns bei einiger Bemühung validiert werden können. Es gibt erhebliche individuelle Unterschiede bei den charakteristischen Mustern, durch die das Gehirn aktiviert wird. Es ist wahrscheinlich, daß eines

Tages nachgewiesen wird, daß unterschiedliche Muster der Aktivierung als mit hochrangigen kognitiven Stilen verbunden sind. Darunter sind die beiden bipolaren HDI-Faktoren aufgrund ihrer inneren und äußeren Konstruktvalidität erstrangige Kandidaten. Es ist ebenfalls wahrscheinlich, daß sich die Muster der Aktivierung als komplex und schwer zu isolieren, messen und interpretieren erweisen.

Validierung von Schlüssen darüber, wie sich Menschen mit unterschiedlichen Profilen unterschiedlich verhalten

Eine breite Palette von Werkstattaktivitäten, die von Ned Herrmann und seinen Mitarbeitern geleitet wurden, haben wiederholt zu Erfahrungen geführt, die für die Teilnehmer selbstvalidierend sind. Diese "Experimente" könnten quantifiziert und statistisch überprüft werden. Es folgen einige Beispiele. Nehmen wir an, daß Menschen in dem Raum in einem Kontinuum von links nach rechts angeordnet sind, wie sie in der Rangfolge des Faktors 3. Ordnung links/rechts angeordnet würden.

- **Beantwortung von Fragen.** Die Menschen links heben ihre Hand auf Fragen wie "Ich mag Ordnung und Organisation". Die auf der rechten Seite auf solche wie diese: "Ich verlasse mich beim Lösen von Problemen auf Eingebungen."

- **Präsentationsstile.** Teams von der linken Seite kommen mit einem Sprecher, einem Klappschaubild mit 3 organisierten Punkten, die präsentiert werden und genau rechtzeitig zurück. Die Menschen auf der Rechten kommen zu spät ohne Sprecher, Organisation und einer Menge Gesten und globalen Feststellungen zurück.

- **Welche Arbeit macht mir Spaß.** Die Liste von der linken Seite unterscheidet sich wesentlich von der Liste von der Rechten. Darüber hinaus betrachtet jede Seite die Arbeit der anderen als entweder "verrückt" oder "langweilig".

- **Berufswahl.** Die Profile verschiedener Berufe, basierend auf den mittleren Profilen von Menschen, die in diesem Beruf erfolgreich sind, unterscheiden sich sehr voneinander. Derartige Profile könnten zur Beratung von Menschen verwendet werden, die einen Beruf in Erwägung ziehen. Profile könnten auch verwendet werden, um Studenten bei der Wahl ihres Hauptfaches behilflich zu sein.

- **Zwischenmenschliche Kommunikation.** Durch interaktives Zeichnen lernen Menschen, daß die nicht-verbale Kommunikation mit einem Menschen, der ein anderes Profil hat, schwierig sein kann. Mit jemandem, der ein ähnliches Profil hat, einem passenden Menschen, kann die wortlose Verständigung leicht sein.

- **Bevorzugter Lernstil.** Die ACTAL-Werkstatt stellt Möglichkeiten zur Verfügung, mit denen Präsentationen und Übungen an unterschiedliche Profile angepaßt werden können. Zum Beispiel scheinen C-dominante Menschen in Gruppendiskussionen gut zu sein. Jede derartige Leitlinie unterliegt der Bestätigung.

- **Verbesserung der Arbeitsweise als Gruppe.** Es werden Möglichkeiten zur Förderung der Authentizität und Teamarbeit in Familien oder Arbeitsgruppen vorgestellt.

Es werden Prinzipien zur Wertschätzung der Unterschiedlichkeit und Verbesserung einer produktiven Arbeitsweise gegeben. Jedes Prinzip könnte bestätigt werden, oder auch nicht.

Die Demonstration dieser Phänomene in den Werkstätten, wie die Demonstrationen in Physik oder Chemie im guten Unterricht, sind für die Teilnehmer fesselnd. Diese Demonstrationen könnten unter standardisierten Bedingungen als allgemeingültige Prinzipien für den Umgang mit Unterschieden wiederholt und validiert oder verworfen werden.

ZUSAMMENFASSUNG

In diesem Anhang wurden Nachweise der inneren und äußeren Konstruktvalidität des HDI vorgestellt. Die folgenden Aussagen können in dem Vertrauen gemacht werden, daß sie durch wiederholbare Validierungsstudien gestützt werden können.

Innere Konstruktvalidierung

1. Es gibt vier deutliche Gruppen von Präferenzen und Abneigungen, die durch das HDI gemessen werden.
2. Die vier Gruppen stimmen mit den Beschreibungen überein, die in diesem Buch von dem Quadranten-Modell der Verarbeitung im Gehirn gegeben werden.
3. Die von dem Instrument abgeleiteten Ergebnisse sind zuverlässig.
4. Die innere Faktor-Struktur besteht aus zwei bipolaren Faktoren 2. Ordnung (A-C und D-B) und einem bipolaren Faktor dritter Ordnung (links/rechts Dominanz).
5. Abneigungen finden sich am häufigsten an dem einem bevorzugten Ende eines bipolaren Faktors gegenüberliegenden Ende.

Äußere Konstruktvalidierung

1. Das Ergebnis rechts und links und die vier Quadranten-Ergebnisse sind in einer beherrschenden und vorhersagbaren Weise mit den geistigen Prozessen verbunden, die auch in Maßstäben anderer Konstrukte eine Rolle spielen:

- Persönlichkeitstyp,
- kognitiver Stil/kognitive Fähigkeiten,
- Lernstil.

2. Dem HDI inhärente bipolare Faktoren finden sich auch in Faktoren der ersten, zweiten und dritten Ordnung in Reihen von Instrumenten, die quer durch diese unterschiedlichen Arten von Instrumenten gehen. Damit haben die Quadranten-Konstrukte eine erläuternde und vorhersagende Macht, die weit über die Punkt-Typen des HDI hinausgeht.
3. Obwohl die HDI-Ergebnisse auf vorhersagbare Weise eine Varianz mit Faktoren beschleunigter kognitiver Fähigkeit, Introvertiertheit/Extrovertiertheit und der Tendenz zur Verwendung unterschiedlicher Lernstrategien teilen, sind dies alles unterschiedliche Faktoren, die sich in ordnungsgemäß aufgebauten Testreihen als unterschiedliche Faktoren zeigen.

4. Im Gegensatz dazu gewichten der Myers-Briggs-Indikator und andere hochrangige Maßstäbe vorherrschender persönlicher Stile die gleichen bipolaren Faktoren wie die HDI-Ergebnisse. Die scheinen verschiedene Rotationen von Punkt-Gruppen zu sein, die, obwohl auf der Grundlage verschiedener theoretischer Modelle entwickelt, letzlich durch einen gemeinsamen Satz von Konstrukten erklärbar sein können.

Künftige Forschungen zur Konstruktvalidierung

1. Es gibt gewisse unwiderstehliche Hinweise darauf, daß die Hirndominanz-Konstrukte mit der selektiven Aktivierung gewisser funktionaler Subsysteme des Gehirns in Verbindung stehen. Wenn auch nicht erwartet wird, daß ein simplistisches geographisches Modell für die Erklärung der vier vorherrschenden HDI-Konstrukte und der Faktoren rechts und links gültig ist, so können doch Forschungen anhand von EEG-Aufnahmen, PET-Scans und anderen Methoden zur Messung der Hirnfunktionen stabile Korrelationen zwischen unterschiedlichen Mustern der Aktivierung des Gehirns und unterschiedlichen HDI-Profilen aufzeigen.

2. Eine Vielzahl von selbstvalidierenden Erfahrungen beim Lernen, Lehren, Kommunizieren, Beraten und der Berufswahl sind für Anwender des HDI Gemeinplätze. Kriterienbezogene Nachweise der Zuverlässigkeit und Validität dieser vor hersagbaren Beziehungen zu unterschiedlichen Profilen wären leicht zu gewinnen, wodurch die erforschten Grundlagen für neue, gültige Anwendungsbereiche des HDI erweitert werden könnte.

Bedingungen für die Validität sind von professionellen Standards und der Verwendung abhängig

Es wurde eine Reihe von Standards für den ordnungsgemäßen Einsatz und es wurden Bedingungen vorgestellt, unter denen die Validität nachgewiesen wurde. Eine kurze Zusammenfassung ist folgende: Die HDI-Ergebnisse können unter der Annahme der Validität in denjenigen Situationen verwendet werden, in denen der Antwortende Vertrauen in die professionelle Verwendung der sich ergebenden Ergebnisse hat, und nicht darin geübt wurde, ein Ergebnis zu bewirken.

Durch die Beachtung von Standards, das Abhalten von Zertifikats-Werkstätten und begleitende Forschungen zur ständigen Validierung und Verbesserung des HDI und Verfeinerung seiner Anwendungen haben Ned Herrmann und seine Mitarbeiter hohe Standards für den professionellen Einsatz des HDI erfüllt.

Bibliographie zu Bunderson

American Educational Research Association, American Psychological Association, National Council on Measurement in Education. (1985). Standards for educational and psychological testing. Washington, D.C.: American Psychological Association, Inc.

Benton, A.L., Van Allen, M.W., Hamsher, K. de S., & Levin, H.S. (1975).Test of Facial Recognition, Form SL. Iowa City, Iowa: Department of Neurology, University of Iowa Hospitals.

Briggs, K.C.,& Myers, I.B. (1977). Myers Briggs Type Indicator, Form G. Palo Alto, Ca.: Consulting Psychologist Press.

Bunderson, C.V., & Olsen, J.B. (1980]. A factor analysis of personal profile measures related to cerebral hemisphere specialization.(Scientific and Technical Report 4: prepared for General Electric). Orem, Utha: WICAT Incorporated Learning Design Laboratories.

Bunderson, C.V., Olsen, J.B., & Herrmann, W.E. (1982). A Fourfold model of multiple brain dominance and its validation through correlational research.(Scientific and Technical Report 10:prepared for General Electric). Orem, Utah: Wicat Incorporated Learning Design Laboratories.

Doktor, R., & Bloom, D.M. (1977). Selective lateralization of cognitive style related to occupation as determined by EEG alpha asymmetry.Psychophysiology, 14, 385-387.

Ekstrom, R.B., French, J.W., Harman, H.H., & Derman, D. (1976]. Kit of Factor Referenced Cognitive Tests. Princeton, N.J.: Educational Testing Service.

ETS standards for quality and fairness. (1986). Princeton, N.J.: Educa tional Testing Service.

Galin, D., & Johnstone, J.(n.d.) Word Shape Sorting Test. Langley Porter Neurological Institute.

Gorsuch, R.L., & Dreger, R.M. (1979). Big Jiffy: a more sophisticated factor analysis and rotation program. Educational and Psychological Measurement, 39,209-214.

Hill, J.E. (1976). Cognitive Style Mapping Instrument. Bloomfield Hills, Michigan: Oakland Community College.

Hiscock, M. (1978). Imagery assessment through self report: What do imagery questionnaires measure? Journal of Consulting and Clinical Psychology, 46, 223-230.

Messick, S. (in press). Validity. In R. Linn (Ed.), Educational Measure ment, Vol. III.

Olsen, J.B. (1980). General Learning Methods and Activities non published instrument developed from Learning Activities Questionnaire (Weinstein, et. al., in press).

Olsen, J.B., & Bunderson, C.V. (1980). Toward the development of a learner profile battery: Theory and research. (General Electric Technical Report No. 2). Orem, Utah: WICAT Incorporated Learning Design Laboratories.

Oltman, P.K., Semple, C., & Goldstein, L. (1979).Cognitive style and interhemispheric differentiation in the EEG. Neuropsychologia, 17, 699-702.

Ravens, J.C. (1962). Advanced Progressive Materices, Set II. London, Great Britain: Silver End Press.

Schkade, L.L., & Potvin, A.R. (1981). Cognitive style, EEG waveforms and brain levels. Human Systems Management, 2, 329-331.

Street, R. (1931). A Gestalt Completion Test. (Contributions to Education No.481). New York: Columbia Uni. Teachers Coll.

Wechsler, D. The measurement and appraisal of adult intelligence. Baltimore: Williams and Wilkins.

Witkin, H.A., Dyk, R.B., Faterson, H.F., Goodenough, D.R., & Karp, S.A. (1962). Psychological differentiation. New York: Wiley. (Reprinted: Potomac, MD: Erlbaum, 1974.)

Witkin, H.A. (1977). Cognitive styles in personal and cultural adaptation. Vol. XI. H. Werner Lecture Series, Clark University Press.

Zoccolotti, P., & Oltman, P.K. (1978). Field dependence and lateralization of verbal and configurational processing. Cortex, 14, 155-163.

Anhang B

PROFILBESCHREIBUNGEN

1-3-3-2

Dieses Profil ist ein einfach dominantes Profil, wobei der am stärksten bevorzugte Quadrant oben links A ist, der durch logische, rationale, mathematische und analytische Verarbeitung charakterisiert ist. Die sekundäre Präferenz dieses Profils erscheint im oberen rechten Quadranten D, dessen Kennzeichen funktional sind, jedoch den Verarbeitungsweisen des oberen linken Quadranten A eindeutig untergeordnet sind. Die holistischen, kreativen und synthetisierenden Verarbeitungsweisen des oberen rechten Quadranten D werden benutzt, jedoch werden die logischen, rationalen und quantitativen Funktionen des Quadranten A sichtbar am stärksten bevorzugt. Die beiden übrigen Quadranten, unten links B und unten rechts C, sind tertiär. Die Kennzeichen des kontrollierenden, geplanten und organisierenden Quadranten unten links B, zusammen mit den zwischenmenschlichen, emotionalen und intuitiven Funktionen von unten rechts C fehlen eindeutig, oder werden sogar als Verarbeitungsweisen vermieden. Diese tertiären Präferenzen tendieren dazu, die Vorherrschaft der primären Präferenz zu verstärken, und dieser Mensch würde als einfach dominant im oberen linken Quadranten A zu betrachten. Die Berufe sind vielfältig, einschließlich Engineering, Chemie, technische Arbeitsgebiete, Recht und Finanzen, sowie einige Positionen im mittleren technischen Management.

1-2-2-3

Dieses Profil ist ein einfach dominantes Profil, wobei der am stärksten bevorzugte Quadrant oben links A ist, der durch logische, analytische, rationale und quantitative Verarbeitung charakterisiert ist. Die Quadranten unten links B und unten rechts C sind sekundäre Präferenzen. Daher kann dieser Mensch typischerweise in den Verarbeitungsweisen der Kontrolle, Organisation, Struktur und Planung von unten links B sowie den zwischenmenschlichen, emotionalen und spirituellen des unteren rechten Quadranten C arbeiten. Der vierte Quadrant (oben rechts D) ist tertiär und die Merkmale der holistischen, kreativen und synthetisierenden Verarbeitung diesem Quadranten fehlt eindeutig oder wird gemieden. Dieser Mensch ist eindeutig als logisch, rational und analytisch zu betrachten, wobei einige Fähigkeiten für administrative und detaillierte Aktivitäten, zusammen mit einigen zwischenmenschlichen und emotionalen Merkmalen vorhanden sind. Die für Menschen mit diesem Profil typischen Berufe haben eine technische, mathematische und finanzielle Basis, wobei einige in wissenschaftlichen Berufen, im Recht und mittleren Managementpositionen tätig sind.

1-2-3-2

Dieses Profil ist ein einfach dominantes Profil, wobei die am stärksten bevorzugte Verarbeitungsweise im oberen linken Quadranten A mit den Merkmalen logisch, analytisch, rational und quantitativ liegt. Die sekundären Präferenzen im unteren linken Quadranten B und dem oberen rechten

Quadranten D funktionieren im Sinne kontrollierter, konservativer und organisierender Verarbeitung (unten links B) und holistischer, kreativer und synthetisierender Funktionen (oben rechts D). Der vierte Quadrant, unten rechts C, ist eindeutig der am wenigsten bevorzugte – die eher zwischenmenschlichen, emotionalen und spirituellen Verarbeitungsweisen. Die am stärksten zum Ausdruck kommenden Präferenzen dieses Menschen sind die logische, analytische, rationale, quantitative und technische Verarbeitung mit sekundären Fähigkeiten für Organisation und Synthese. Die fehlende Präferenz für zwischenmenschliche Aspekte verstärkt die primäre Präferenz im oberen linken Quadranten A. Berufe sind unter anderem in den Bereichen Technik, Recht und Finanzen, einschließlich Buchführung und Steuerrecht, Engineering, Mathematik und einige Positionen im mittleren Management, die wenig mit Menschen befaßt sind.

1-2-2-2

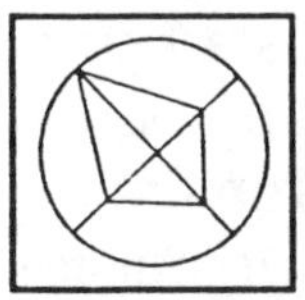

Dieses ist das Profil eines eindeutig logisch, analytisch, mathematisch und rational orientierten Menschen. Es ist ein einfach dominantes Profil, wobei der am stärksten bevorzugte Quadrant oben links A ist. In geringerem Maße, aber doch für die Verarbeitung zugänglich, sind die kontrollierten, organisierten, geplanten Denkweisen im unteren linken Quadranten B, die zwischenmenschlichen, emotionalen Funktionen des unteren rechten Quadranten C und die holistischen, kreativen und synthetisierenden Funktionen des oberen rechten Quadranten D. Menschen mit diesem Profil sind typischerweise fähig, in den drei sekundären Quadranten B, C und D zu arbeiten, aber die eindeutige Präferenz und bevorzugte Verarbeitungsweise ist die von oben links A. Typische Berufe für dieses Profil sind unter anderem Chemiker, Mathematiker, Techniker, Ingenieure und Finanz- und technische Manager.

1-1-3-3

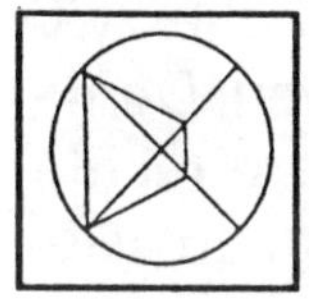

Dieses ist ein zweifach dominantes Profil, wobei in oben links A und unten links B zwei starke primäre Präferenzen vorliegen. Die beiden gegensätzlichen, tertiären Präferenzen dieses Profils sind die Quadranten unten rechts C und oben rechts D. Dieses Profil ist durch das eindeutige Fehlen von Präferenzen für, sogar Vermeidung der, Kennzeichen der rechten Funktionen von C & D charakterisiert. Dieser Mensch ist rational, logisch, analytisch und quantitativ, zusammen mit einer kontrollierten, geplanten, organisierten und strukturierten Denkweise. Es liegt ein extremer Mangel an Präferenzen für die emotionalen, zwischenmenschlichen und spirituellen Aspekte des unteren rechten Quadranten C, sowie das gleiche Fehlen einer Präferenz für die mit dem oberen rechten Quadranten D verbundenen holistischen, kreativen, synthetisierenden und integrierenden Funktionen vor. Beschäftigungsbereiche sind professionelle technische, buchhalterische und finanzielle Beiträge, Fertigung und eine Reihe Tätigkeiten des Managements, in denen "Fakten und Form" anstelle von "Menschen und Konzepten" der primäre Schwerpunkt sind.

1-1-2-3

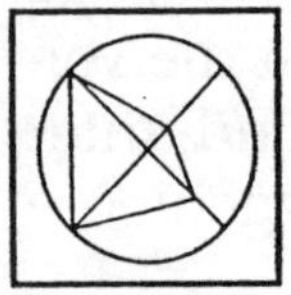

Dieses Profil ist zweifach dominant mit primären Präferenzen in den Quadranten oben links A und unten links B. Das Profil zeigt eine sekundäre Präferenz unten rechts in C und eine tertiäre oben rechts in D. Das weist auf eine starke Präferenz für die analytische, rationale und logische Verarbeitung oben links in A und eine gleich starke Präferenz für die kontrollierten, strukturierten und organisierten Funktionen im Zusammenhang mit dem Quadranten B hin. Der untere rechte Quadrant C, charakteristisch für die zwischenmenschlichen, emotionalen und intuitiven Denkweisen, ist zugänglich, aber sekundär. Der obere rechte Quadrant D, charakteristisch für holistische, phantasievolle, synthetisierende und integrierende Prozesse, ist tertiär oder wenig bevorzugt. Berufe für dieses Profil sind unter anderem technische Manager, Fertigungsleitung, finanziell orientierte Positionen einschließlich Buchprüfer und Buchhalter und betrieblich und auf die Fertigung orientierte Ingenieure.

1-1-3-2

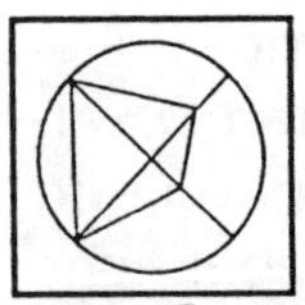

Dieses Profil ist zweifach dominant, wobei die am stärksten bevorzugten Verarbeitungsweisen in den Quadranten oben links A und unten links B vorliegen. Die Charakteristika dieses Profils sind logisch, analytisch und rational in oben links A und kontrolliert, konservativ und organisiert in unten links B. Die sekundäre Präferenz liegt bei diesem Profil im oberen rechten Quadranten D, in dem die Charakteristika der phantasievollen, holistischen und synthetisierenden Funktionen zugänglich, aber im Vergleich zu den primären Funktionen der linken Hemisphäre eindeutig sekundär sind. Die Merkmale des unteren rechten Quadranten C – emotional, zwischenmenschlich und spirituell fehlen spürbar oder werden sogar vermieden, da dieser Quadrant als tertiäre Präferenz ausgedrückt ist. Die deutliche sekundäre/tertiäre Stellung der beiden rechten Quadranten verstärkt die Stärke und Präferenz der linken Funktionen und dieser Mensch ist eindeutig logisch, rational, kontrolliert und organisiert. Berufsbereiche sind professionelle Beiträge in den technischen und Ingenieursberufen, finanziell orientierten Berufen und einige Positionen im mittleren Management.

1-1-2-2

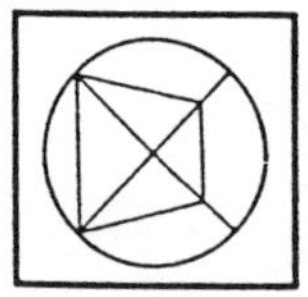

Dieses Profil ist zweifach dominant mit primären Präferenzen in den linken Funktionen – den Quadranten oben links A und unten links B. Es ist das zweithäufigste Profil in der Gesamtbevölkerung mit etwa 15 Prozent und mit 21 Prozent das häufigste bei Männern. Das Profil ist durch eine logische, analytische, technische Orientierung charakterisiert und effektiv in rationalen Problemlösungen durch den oberen linken Quadranten A. Die Präferenzen des unteren linken Quadranten B sind unter anderem planende, organisierende, ausführende und administrative Tätigkeiten. Bei diesem Profil sind die Verarbeitungsweisen von oben links A und unten links B eindeutig bevorzugt und die zwischenmenschlichen, emotionalen und spirituellen Funktionen von unten rechts C und die holistischen, kreativen und synthetisierenden Funktionen von oben rechts D sind sekundär, jedoch zugänglich. Dieses Profil ist typisch für die Berufe auf technischen Gebieten wie Engineering und Fertigung, finanziell orientierte Positionen, mittleres Management und im allgemeinen diejenigen Positionen, in denen die Verarbeitungsweisen der linken Hemisphäre eindeutig wichtig und die Verarbeitung der rechten notwendig, aber von untergeordneter Bedeutung ist.

2-1-2-2

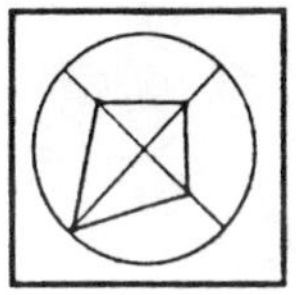

Dies Profil ist ein einfach dominantes Profil, wobei der am stärksten bevorzugte der untere linke Quadrant B ist. Der Mensch mit diesem Profil ist durch starke Präferenzen für die kontrollierten, planenden, organisierenden und strukturierten Verarbeitungsweisen gekennzeichnet. Dieser Mensch neigt zum Perfektionismus im sinne von Details und der Ausführung von Aktivitäten. Die sekundären Präferenzen in den übrigen drei Quadranten repräsentieren die zwischenmenschlichen und emotionalen Denkweisen des unteren rechten Quadranten C, die holistischen, kreativen und konzeptbildenden Funktionen des oberen rechten Quadranten D und die logischen, analytischen und rationalen Funktionen von oben links A. Obwohl diese Verarbeitungsweisen relativ ausgewogen und funktionell sind, ist die einfache Präferenz für den Quadranten B die primäre Denkweise für dieses Profil. Berufe von Menschen mit diesem Profil sind typischerweise unter anderem Sekretärinnen, Vorarbeiter, Büroleiter, Buchhalter, Hersteller und Unternehmensleiter – Berufe, die typischerweise stark geplante, organisierte, strukturierte und detaillierte Aktivitäten fordern, die zu bestimmten Ergebnissen führen.

1-1-1-3

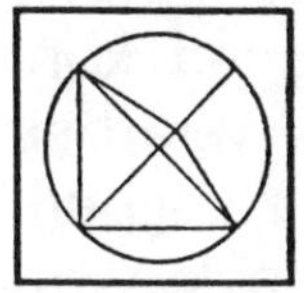

Dieses ist ein dreifach dominantes Profil, wobei die drei primären Präferenzen in den Quadranten oben links A, unten links B und unten rechts C auftreten. Das Profil ist durch eine relative Ausgeglichenheit zwischen den Funktionen der logischen und analytischen Verarbeitung in oben links A, der Kontrolle und Planung in unten links B und den zwischenmenschlichen und emotionalen Aspekten charakterisiert, die mit unten rechts C in Verbindung stehen. Dieses Profil ist weiterhin charakterisiert durch die fehlende Präferenz für die holistischen, konzeptbildenden und synthetisierenden Verarbeitungsweisen, die sich im oberen rechten Quadranten D finden, der als tertiäre Präferenz ausgedrückt ist. Folglich wären die Merkmale von oben rechts D kaum feststellbar und die drei primären Präferenzen würden die geistigen Präferenzen des Menschen mit großer Ausgewogenheit beeinflussen. Typische Berufe von Menschen mit diesem Profil sind Kopfarbeit im Bereich Personalwesen, technische Verwalter, Sekretärinnen in Anwaltskanzleien und technischen Büros und einige Positionen des mittleren Managements, in denen die Anforderungen an die Kompetenzen des Quadranten D sehr gering sind.

1-1-1-2

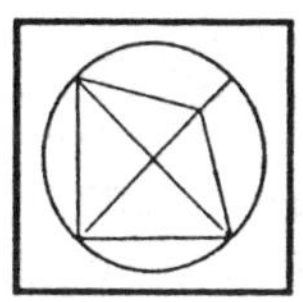

Dieses ist ein dreifach dominantes Profil, das zwei primäre Präferenzen in der linken Hemisphäre, die Quadranten oben links A und unten links B, und eine dritte primäre in unten rechts C aufweist. Die sekundäre Präferenz liegt im oberen rechten Quadranten D. Merkmale dieses Profils sind die ana-lytische, rationale und quantitative Verarbeitung von oben links A, zusammen mit den kontrollierten, konservativen, strukturierten und organisierten Verarbeitungsweisen von unten links B. Damit sind die zwischenmenschlichen, emotionalen und spirituellen Aspekte von unten rechts C gekoppelt. Deutlich sekundär, aber gewöhnlich zugänglich, sind die integrierenden, kreativen und holistischen Merkmale von oben rechts D. Dieses Profil ist relativ gut ausgewogen, jedoch sind die Deskriptoren des oberen rechten Quadranten D eindeutig sekundär. Typische Berufe von Menschen mit diesem Profil sind Kopfarbeiter und Manager in technischen Bereichen und Manager mit einem hohen Anteil von Verwaltungsarbeit wie zum Beispiel in der Krankenhausverwaltung.

1-1-2-1

Dieses ist ein dreifach dominantes Profil, das zwei primäre Präferenzen in der linken Hemisphäre, die Quadranten oben links A und unten links B, und eine dritte primäre in oben rechts D aufweist. Die sekundäre oder weniger bevorzugten Funktionen liegen um unteren rechten Quadranten C – den eher zwischenmenschlichen, spirituellen und emotionalen Funktionen. Dieses Profil wird durch seine Multidominanz charakterisiert, jedoch fehlt ihm, relativ gesehen, eine gewisse "persönliche Note", die vorhanden wäre, wenn der Quadrant unten rechts C ebenfalls primär wäre. Beschreibungen für dieses Profil sind unter anderem logisch, analytisch und rational im oberen rechten Quadranten A und planende, organisierende und verwaltungsorientierte Präferenzen in unten links B. Dieser eher konservativen, bewahrenden Präferenz steht die primäre im oberen rechten Quadranten D gegenüber, der als konzeptbildend, holistisch, kreativ und "risikobereit" in seiner Funktionsweise zu charakterisieren ist. Berufe mit diesem Profil sind diejenigen, die eine Kombination aus logischen und analytischen Problemlösungen, gekoppelt mit phantasievollem und innovativem Denken und administrativen und leitenden Aufgaben erfordern. Solche Berufe sind technische Positionen wie Designingenieur, Forscher und diejenigen, die konzeptbezogene und quantitative Entscheidungen treffen.

1-1-1-1

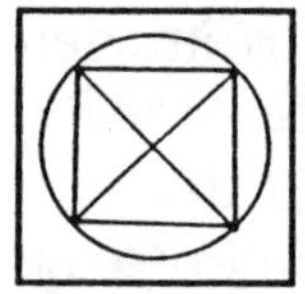

Dieses Profil ist vierfach primär und in allen vier Quadranten (A, B, C, D) dominant, wobei alle vier relativ gleichmäßig bevorzugt werden. Dieses Profil tritt bei 3 % der Bevölkerung auf. Menschen mit diesem Profil sind dadurch charakterisiert, daß sie gut ausgeglichen sind und ausreichend starke Präferenzen in allen vier Quadranten haben, so daß sie das Verständnis und die Fähigkeiten zum Einsatz der Verarbeitungsweisen der vier Quadranten entwickeln können. Dieser Mensch ist oft ein "multidominanter Übersetzer", das heißt er fungiert als "Übersetzer" für andere, um die Kommunikation und das Verständnis zwischen den verschiedenen Funktionen zu fördern. Im Idealfalle ist er in der Lage, situationsbezogen zwischen den Quadranten umzuschalten. Das kann jedoch zu zahlreichen Konflikten bei diesem Menschen führen – die Dichotomie "Fakt"-"Gefühl" der Diagonale oben links A und unten rechts C, oder der Gegensatz "Form"-"Zukunftsaussichten" der Diagonalen unten links B und oben rechts D. Das kann letztlich zu einer sehr gut abgerundeten Persönlichkeit führen. Berufe mit diesem Profil sind diejenigen, die in allen vier Quadranten eine effektive Verarbeitung verlangen. Beispiele sind Chefs, Aufsichtsratsvorsitzende, leitende Angestellte mit vielfältigen Verantwortlichkeiten und oft Chefsekretärinnen.

1-3-3-1

Dieses Profil ist zweifach dominant, wobei zwei primäre Präferenzen in den beiden zerebralen Quadranten A und D vorhanden sind. Es verfügt über die logische, analytische und rationale Verarbeitungsweise des oberen linken Quadranten A und die holistischen, kreativen und synthetisierenden Funktionen des oberen rechten Quadranten D. Die beiden übrigen Quadranten sind als tertiäre Präferenzen ausgedrückt. Die Merkmale des unteren linken Quadranten B, die eher kontrollierten, konservativen und strukturierten Denkweisen, gekoppelt mit den zwischenmenschlichen, emotionalen und spirituellen Aspekten des unteren rechten Quadranten C würden spürbar fehlen oder sogar vermieden werden. Diese fehlende Präferenz für die beiden limbischen Quadranten (B & C) verstärkt die Präferenz für die zerebralen Quadranten (A & D). Typische Berufe für dieses Profil sind unter anderem Forscher, besonders Physiker, Finanzberater, Designingenieure und viele in den oberen Managementpositionen in technisch und finanziell orientierten Unternehmen, in denen das auf die Zukunft ausgerichtete, strategische Denken eine wichtige Anforderung darstellt.

1-2-3-1

Dieses Profil ist zweifach dominant, wobei zwei primäre Präferenzen in den beiden zerebralen Quadranten A und D vorhanden sind. Menschen mit diesem Profil bevorzugen die stärker kognitiven Verarbeitungsweisen, die mit diesen Quadranten verbunden sind, verglichen mit den stärker gefühlsmäßigen Charakteristika der limbischen Funktionen (Quadranten B und C). Besonders zeigen sich Präferenzen für die logischen, analytischen, quantitativen Denkweisen des oberen linken Quadranten A gemeinsam mit den integrierenden, synthetisierenden, phantasievollen und holistischen Aspekten des oberen rechten Quadranten D. Dieses Profil zeigt auch eine klare sekundäre Präferenz für den unteren linken Quadranten B. Unten rechts C ist in diesem Profil ein tertiärer oder am wenigsten bevorzugter Quadrant. Die zwischenmenschlichen, emotionalen und spirituellen Merkmale dieses Quadranten werden situationsbezogen gemieden. Menschen mit diesem Profil zeigen häufig die Fähigkeit, zwischen den beiden zerebralen Funktionen A und D nach Erfordernis umzuschalten. Typische Berufe für dieses Profil sind diejenigen auf technischen Gebieten, Computerdesign, Finanzanalyse, Physik oder Forschung und Entwicklung.

1-2-2-1

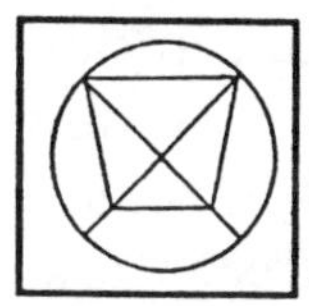

Dieses ist ein zweifaches dominantes Profil mit den beiden primären Präferenzen in den zerebralen Quadranten A und D. Menschen mit diesem Profil zeigen starke Präferenzen für die logischen, analytischen, quantitativen Denkweisen des oberen linken Quadranten A, und haben im Gegensatz dazu auch eine Präferenz für die integrierenden, synthetisierenden, kreativen und holistischen Aspekte des oberen rechten Quadranten D. Dieses Profil weist auf eine eindeutig sekundäre Präferenz für die emotionale, zwischenmenschliche Verarbeitungsweise von Unten-Rechts-C, sowie für die kontrollierten, konservativen, organisierten Verarbeitungsweisen des unteren linken Quadranten B hin. Menschen mit diesem Profil zeigen häufig die Fähigkeit, nach Erfordernis der jeweiligen Situation zwischen den beiden zerebralen Quaranten hin- und herzuschalten. Typische Berufe für dieses Profil sind unter anderem Konstruktionsingenieure, Finanzberater oder Ratgeber (solche, die mit der Vorhersage finanzeller Trends befaßt sind), sowie Wissenschaftler in der Forschung und Entwicklung, besonders Physiker. Es ist auch typisch für leitende Angestellte in betrieblichen und strategischen Positionen technisch ausgerichteter Organisationen.

1-2-1-2

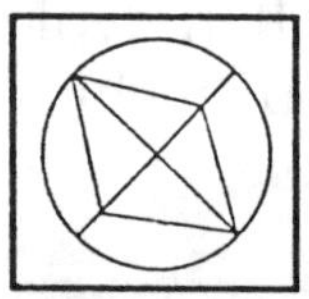

Dieses ist ein zweifach dominantes Profil. Die Dominanzen liegen auf der diagonalen Achse zwischen dem Quadranten Oben-Links-A und Unten-Rechts-C. Die Diagonale zwischen Unten-Links-B und Oben -Rechts-D ist sekundär. Dieses Profil ist für solche Menschen charakteristisch, die in den Denkweisen von Oben-Links-A sehr logisch, analytisch und rational sind. Sie sind jedoch auch sehr stark in den intuitiven, zwischenmenschlichen, "fühlenden" Aspekten des Quadranten Unten-Rechts-C. Diese Menschen zeigen eine sehr ausgeprägte Präferenz für die Achse "Fakten"-"Gefühl". Im Vergleich dazu hat die Achse "Form" – "Zukunftsaussichten" einen eindeutig sekundären Charakter. Es ist sehr gut möglich, daß die primären Präferenzen in Oben-Links-A und Unten-Rechts-C, aufgrund der unterschiedlichen Eigenschaften dieser Quadranten, bei diesen Menschen zu einem inneren Konflikt führen. Bevorzugte Beschäftigungsbereiche sind unter anderem Positionen mit einer technischen und finanziellen Orientierung, in denen eine starke Präferenz für den Kontakt mit Menschen oder ein zwischenmenschlicher Schwerpunkt vorhanden ist. Dies sind zum Beispiel Investment-Berater, technische Ausbilder oder Anwälte für soziale Einrichtungen.

2-1-2-1

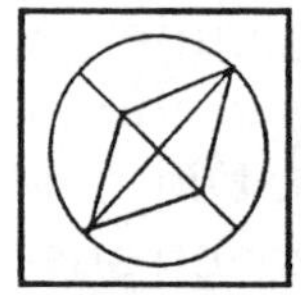

Dies ist ein zweifach dominantes Profil, das eine Querbeziehung zwischen Präferenzen zeigt. Die beiden primären treten auf der diagonalen Achse zwischen dem unteren linken Quadranten B und dem oberen rechten Quadranten D auf. Die gegenüberliegende Diagonale zwischen oben links A und unten rechts C ist sekundär. Dieses Profil wird durch klar entgegengesetzte Denkstile gekennzeichnet – der untere linke Quadrant B wird durch "bewahrend" und der obere rechte Quadrant D durch experimentell oder "risikobereit" charakterisiert. Der untere linke zeigt Kontrolle, Struktur, Planung, Organisation und konservative Verarbeitungsweisen. Oben rechts ist holistisch, konzeptbildend, kreativ und synthetisierend. Menschen mit diesem Profil fühlen diesen Unterschied in ihrem Herangehen an Arbeit, Kommunikation, Entscheidungen und Lebenserfahrungen. In einem Falle können sie recht kontrolliert und strukturiert, und in einer anderen recht locker und frei sein. Die Kombination dieser beiden Präferenzen kann sehr machtvoll sein, wenn unten links B beiseite treten und dem eher phantasievollen, kreativen Quadranten oben rechts D gestatten kann, seinen besonderen Beitrag zu leisten. Für dieses Profil typische Berufe sind nicht eindeutig zu bestimmen, jedoch Positionen, in denen Fähigkeiten und Auswertung und Design erforderlich sind. Zum Beispiel: Programmverwalter, Leiter der Qualitätskontrolle, Filmproduzenten, einige Unternehmer und gelegentlich Marktforscher zeigen dieses Profil. Es erscheint auf vielen Gebieten.

2-1-1-2

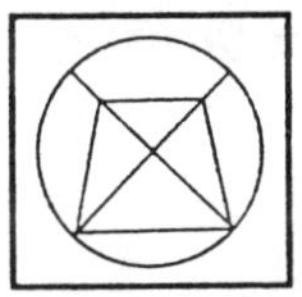

Dies ist ein zweifach dominantes Profil, wobei die beiden primären Präferenzen in den Quadranten unten links B und unten rechts C auftreten. Es ist im limbischen Bereich zweifach dominant. Das Profil wird durch sehr starke Präferenzen in konservativem Denken und kontrolliertem Verhalten mit einem Wunsch nach Organisation und Struktur sowie Detail und Genauigkeit des unteren linken Quadranten B charakterisiert. Menschen mit diesem Profil neigen dazu, sich um Details zu sorgen. Die primäre Präferenz in unten rechts C zeigt sich gleich stark durch emotionale und zwischenmenschliche Präferenzen, einem Interesse an Musik und einem Gefühl der Spiritualität. Die beiden limbischen, primären Präferenzen können einen starken Zwiespalt in dem Menschen erzeugen, den er auflösen muß. Die gegensätzlichen Eigenschaften von Kontrolle und Struktur, der "Form", und den emotionalen und zwischenmenschlichen "Gefühlen" können einen inneren Konflikt auslösen. Die klar sekundären Präferenzen für die zerebralen Funktionen, oben links A und oben rechts D, sind für dieses Profil ebenfalls charakteristisch (logisch und analytisch für oben links A und holistisches und kreativen Denken für oben rechts D). Typische Berufe von Menschen mit diesem Profil sind Krankenschwestern, Hausfrauen, Sekretärinnen und andere Mitglieder der "helfenden" Berufe, besonders denen mit einem großen Anteil an Verwaltungsarbeit.

3-1-1-2

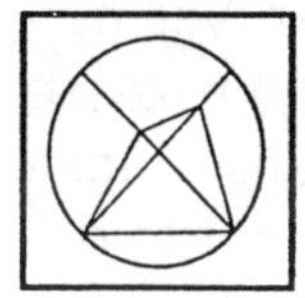

Dies ist ein zweifach dominantes Profil mit zwei primären Präferenzen in den Quadranten unten links B und unten rechts C. Die typischen Merkmale dieses Profils sind die kontrollierten, organisierten und strukturierten Verarbeitungsweisen von unten links B und die zwischenmenschlichen, emotionalen und spirituellen Funktionen des unteren rechten Quadranten C. Die sekundäre Präferenz im oberen rechten Quadranten D gestalten die Merkmale der holistischen, künstlerischen und konzeptbildenden Verarbeitungsweise zugänglich, aber sekundär. Dieses Profil ist weiterhin gekennzeichnet durch das Nichtvorhandensein oder die Meidung der logischen, analytischen und rationalen Verarbeitung des oberen linken Quadranten A. Die tertiäre Präferenz in oben links A, gekoppelt mit der sekundären in oben rechts D macht dieses Profil zu einem eindeutig limbischen, das bewahrende, fühlende und gefühlsmäßige Verarbeitungsweisen zu Ausdruck bringt. Typische Berufe für Menschen mit diesem Profil sind unter anderem Ausbilder, Sekretärinnen, Krankenschwestern, Sozialarbeiter und Hausfrauen.

3-1-1-1

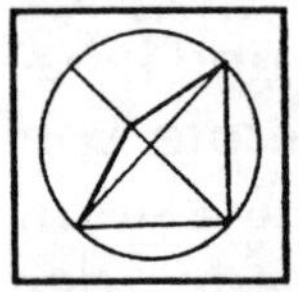

Dieses ist ein dreifach dominantes Profil, wobei die drei am stärksten bevorzugten Quadranten unten rechts B, unten rechts C und oben rechts D sind. Ein Mensch mit diesem Profil ist durch eine recht große Ausgewogenheit der organisierten und strukturierten Arbeitsweisen des unteren linken Quadranten B, gekoppelt mit den zwischenmenschlichen und emotionalen Funktionen von unten rechts C und schließlich den oberen rechten Aspekten der holistischen, synthetisierenden und kreativen Verarbeitungsweisen charakterisiert. Die fehlende Präferenz oder sogar Vermeidung der logischen, rationalen und analytischen Prozesse von oben links A typisiert dieses Profil ebenfalls. Diese oben links in A ausgedrückte tertiäre Präferenz würde die anderen drei primären tendenziell verstärken und ausgeprägter machen. Typische Berufe für dieses Profil sind Lehrer, Sozialarbeiter (besonders in arbeitsreichen Positionen), Ausbilder, Kopfarbeiter im Personalwesen und diejenigen in künstlerischen Berufen, die Planung, Organisation und detaillierte Verwaltungsarbeit fordern.

2-1-1-1

Dieses ist ein dreifach dominantes Profil mit zwei primären Präferenzen in der rechten Hemisphäre, den Quadranten unten rechts C und oben rechts D, und der dritten unten links in B. Es ist das am weitesten verbreitete von allen Profilen. 16 Prozent der Bevölkerung zeigen diese multidominante Anordnung von Präferenzen. Die klare Mehrheit der weiblichen Bevölkerung, nämlich 24 Prozent, zeigt dieses Profil. Das Profil 2-1-1-1 ist durch seine multidominante und "allgemeine" Natur gekennzeichnet und ein recht ausgeglichenes Verstehen und die Fähigkeit, alle drei primären Quadranten zu benutzen. Die bevorzugten Verarbeitungsweisen sind die kreativen und holistischen in oben rechts D, die zwischenmenschlichen und fühlenden in unten rechts C und Planung und Organisation in unten links B. Der obere linke Quadrant A wird am wenigsten bevorzugt. Trotzdem ist der Mensch typischerweise sehr wohl in der Lage, die logischen und analytischen Aspekte dieses Quadranten einzusetzen. Dieses Profil ist typisch für viele geistig arbeitende Menschen im Personalbereich, einschließlich Lehrer, sowie diejenigen Berufe, das Verständnis und die Fähigkeit verlangen, auf vielen Ebenen zu funktionieren, wie zum Beispiel Sozialarbeiter, Chefsekretärinnen und Oberschwestern.

1-2-1-1

Dieses Profil ist mit drei bevorzugten Quadranten dreifach dominant. Diese primären Präferenzen treten in den Quadranten oben rechts A, unten rechts C und oben rechts D auf. Dieses multidominante Profil wird durch gut ausgewogene Verarbeitung in oben links A charakterisiert - die analytische, logische und rationale Verarbeitung, die zwischenmenschlichen, emotionalen und intuitiven Denkweisen von unten rechts C, kombiniert mit den künstlerischen, kreativen und holistischen Verarbeitungsweisen des oberen rechten Quadranten D. Der sekundäre Quadrant unten links B ist zugänglich, doch im Sinne der Organisation, Kontrolle, Struktur und konservativen Denkstile eindeutig weniger bevorzugt. Dieses Profil ist auch in den zerebralen Funktionen rechts und links zweifach dominant. Dieser Mensch ist eher experimentell als bewahrend und eher emotional als kontrolliert orientiert. Berufe sind diejenigen, die sich weniger mit organisatorischen Details befassen und mehr Aufmerksamkeit für weitgreifende Konzepte, strategische Planung als für betriebliche Planung verlangen, und den Berufen, die zu einer eher "generellen" Natur tendieren. Positionen, die sich mit technischer Innovation und Zukunftsplanung befassen, passen in dieses Profil, zusammen mit Berufen im Bereich Personalwesen und -Entwicklung.

2-2-1-2

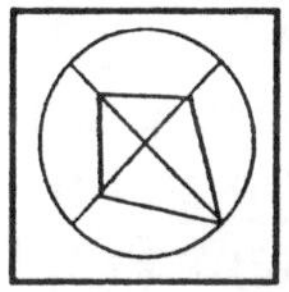

Dieses Profil ist einfach dominant, wobei der am stärksten bevorzugte Quadrant der rechte limbische Quadrant C ist. Der Mensch mit diesem Profil bevorzugt die zwischenmenschlichen, emotionalen, musischen und spirituellen Aspekte dieses Quadranten eindeutig. Die drei übrigen Quadranten sind zugänglich, jedoch den rechten limbischen Charakteristika deutlich untergeordnet. Dieser Mensch ist recht deutlich "fühlend" und auf Menschen ausgerichtet, jedoch in den logischen, analytischen, tatsachenorientierten Denkstilen des zerebralen linken Quadranten A und den organisierten, administrativen und kontrollierten Qualitäten des limbischen linken Quadranten B und schließlich auch den kreativen, synthetisierenden, holistischen Verarbeitungsweisen des zerebralen rechten Quadranten D gut ausgeglichen. Typischerweise sind Menschen mit diesem Profil Krankenschwestern, Sozialarbeiter, Musiker, Lehrer, Berater oder Geistliche.

2-2-1-1

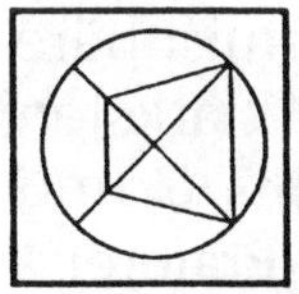

Dieses Profil besitzt zwei primäre Präferenzen in der rechten Hemisphäre, den Quadranten C und D, und zwei sekundäre in der linken Hemisphäre, den Quadranten A und B. Es ist, mit 14 Prozent, das dritthäufigste Profil in der Gesamtbevölkerung, wobei es nur geringe Unterschiede zwischen der männlichen und weiblichen Bevölkerung gibt - 11 beziehungsweise 17 Prozent.

Typische Charakteristika sind die Fähigkeit, im oberen rechten Quadranten D kreativ, holistisch und synthetisierend zu sein und zwischenmenschlich, emotional und spirituell im unteren rechten Quadranten C.

Die linke Hemisphäre ist mit den logischen, analytischen und mathematischen Denkstilen in oben links A und den organisierenden, planenden und der Struktur in unten links B den klar bevorzugten rechten Funktionen untergeordnet, jedoch eindeutig zugänglich. Menschen mit diesem Profil haben oft Berufe in der Lehre und Förderung.

Andere Berufe umfassen die Kunst, wie zum Beispiel Schriftsteller, Musiker, Künstler und Designer, sowie die auf den "helfenden" Gebieten - Psychologen und Berater. Dieses Profil unterstützt auch das unternehmerische Verhalten, da es die phantasievollen, innovierenden und auf "Risiko" orientierten Verhaltensweisen der rechten Hemisphäre, der Quadranten C und D, ohne die Kontrolle oder Bevorzugung der strukturierten, logischen und konservativen Funktionen der linken Quadranten A & B besitzt.

3-2-1-1

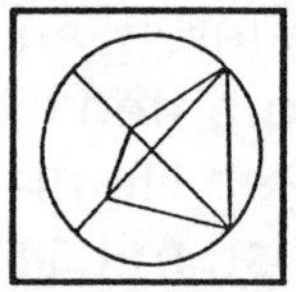

Dieses Profil ist in der rechten Hemisphäre zweifach dominant, wobei die am stärksten bevorzugten Quadranten unten rechts C und oben rechts D sind. Die sekundäre Präferenz erscheint in unten links B, während der am wenigsten bevorzugte Quadrant, als tertiäre Präferenz ausgedrückt, oben links A ist. Der primäre Quadrant oben rechts D drückt sich in den kreativen, holistischen, synthetisierenden und künstlerischen Denkweisen aus. Die primäre Präferenz unten rechts C ist durch zwischenmenschliche, spirituelle und emotionale Aspekte charakterisiert. Zusammen genommen drücken sich diese durch intuitives, einsichtsvolles Denken in den empfindenden und Probleme lösenden Prozessen aus. Die sekundäre Präferenz im unteren linken Quadranten B ist typischerweise im Sinne von Organisation, administrativer Verantwortung und Kontrolle zugänglich, jedoch den rechten Funktionen eindeutig untergeordnet. Die tertiäre Präferenz oben rechts in A ist durch den Mangel an oder sogar Vermeidung der logischen, analytischen, mathematischen und rationalen Denkweisen charakterisiert. Dieses Profil ist häufig das von geistig arbeitenden Menschen im Bereich Personalwesen, Verkauf, Lehre, Sozialarbeit, Krankenpflege, Unternehmern und Künstlern.

3-3-1-1

Dieses Profil ist in der rechten Hemisphäre zweifach dominant, wobei die am stärksten bevorzugten Quadranten unten rechts C und oben rechts D sind. Die tertiären Präferenzen treten in den beiden Quadranten der linken Hemisphäre auf, oben links A und unten links B. Dieses Profil wird durch die primären Aspekte von oben rechts D, die phantasievolle, künstlerischen, holistische und konzeptbildende Verarbeitung, und die Aspekte der zwischenmenschlichen, emotionalen und spirituellen Denkweisen von unten rechts C charakterisiert. Diese rechten primären Präferenzen werden durch das Fehlen starker Qualitäten der linken Hemisphäre sichtbar: Den Mangel an oder die Vermeidung des logischen, analytischen oder rationalen Denkens des oberen rechten Quadranten A und der kontrollierten, konservativen, strukturierten und organisierten Funktionen des unteren linken Quadranten B. Ein Mensch mit diesem Profil zeigt sehr kreative, phantasievolle, intuitive, emotionale und zwischenmenschliche Qualitäten ohne starke Neigung zu rationalem Denken oder organisierter Ausführung. Zum Beispiel ein Mensch, der die Phantasie hat, ein neues Unternehmen zu gründen, aber nicht sehr gut geeignet ist, es langfristig zu führen oder zu halten. Beschäftigungen mit diesem Profil sind typischerweise nicht technisch ausgerichtet und sind unter anderem Unternehmer, Künstler und diejenigen in den Lehrer- und "helfenden" Berufen.

2-3-1-1

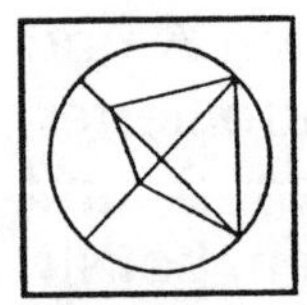

Dieses Profil ist in der rechten Hemisphäre zweifach dominant, wobei die am stärksten bevorzugten Quadranten unten rechts C und oben rechts D sind. Dieses Profil wird durch die zwischenmenschliche, emotionale und spirituelle Denkweise von unten rechts C charakterisiert sowie die primären Aspekte von oben rechts D, die phantasievolle, künstlerischen, holistische und konzeptbildende Verarbeitung. Der obere linke Quadrant A ist als eine sekundäre Präferenz ausgedrückt, wobei die logischen, analytischen und rationalen Verarbeitungsweisen zugänglich sind, aber der Bevorzugung der rechten Funktionen untergeordnet. Die tertiäre Präferenz im unteren linken Quadranten weist auf eine Vermeidung oder eine fehlende Präferenz für Kontrolle, Planung, Organisation und Struktur hin. Das generelle Fehlen einer Präferenz in den beiden Quadranten A & B der linken Hemisphäre steigert die Stärke der primären Präferenzen in den rechten Quadranten C & D und ein solcher Mensch wird eindeutig als intuitiv, holistisch, zwischenmenschlich, kreativ und phantasievoll gesehen. Typische Berufe von Menschen mit diesem Profil sind unter anderem Künstler, Verkäufer, Unternehmer, geistig arbeitende Menschen im Bereich Personalwesen und Lehrer oder Ausbilder.

2-3-3-1

Dieses ist ein einfach dominantes Profil, wobei die am stärksten bevorzugte Verarbeitungsweise im oberen rechten Quadranten D auftritt. Dieses Profil wird durch starke Präferenzen für holistische, konzeptbildende, künstlerische und synthetisierende Verarbeitungsweisen charakterisiert. Die sekundäre Präferenz im oberen linken Quadranten A macht die Merkmale des logischen, analytischen und rationalen Denkens zugänglich, aber von Natur aus untergeordnet. Dieses Profil wird auch typisiert durch den Mangel an Präferenz oder sogar die Vermeidung des unteren linken Quadranten B und des unteren rechten Quadranten C. Die Fähigkeiten für Organisation, Planung und Achtung des Details und die zwischenmenschlichen, emotionalen und spirituellen Verarbeitungsweisen der limbischen Funktionen werden eindeutig am wenigsten bevorzugt. Diese fehlende Präferenz oder Vermeidung betont und verstärkt die primäre Präferenz in oben rechts D und dieser Mensch wird als künstlerisch, kreativ, phantasievoll und holistisch gesehen. Typische Berufe von Menschen mit diesem Profil sind unter anderem Künstler, Zukunftsforscher, Strategen und einige hochrangige Angestellte.

2-2-2-1

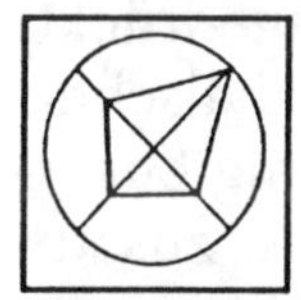

Dieses einfach dominante Profil bevorzugt den oberen rechten Quadranten D. Mit diesem Quadranten in Verbindung stehende Merkmale sind die kreative, phantasievolle, holistische und integrierende Verarbeitung. Wahrscheinlich ist das Synthetisieren der am stärksten bevorzugte Denkstil. Die drei übrigen Quadranten sind zugänglich, jedoch eindeutig sekundär. Das gestattet es diesem Menschen, recht deutlich phantasievoll, intuitiv, experimentell und innovativ zu sein, jedoch im Sinne der logischen, analytischen, tatsachenorientierten Denkweisen aus dem oberen linken Quadranten A arbeiten zu können, sowie auch der organisierten, administrativen und kontrollierten des unteren linken Quadranten B und schließlich der zwischenmenschlichen und emotionalen des unteren rechten Quadranten C. Menschen mit diesem Profil sind typischerweise Unternehmer, Vermittler, Berater, verkaufsorientierte Leiter und Künstler.

3-2-2-1

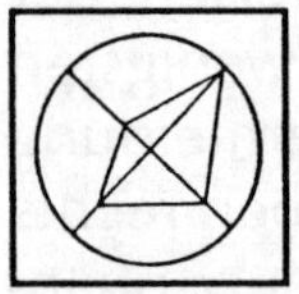

Dieses einfach dominante Profil bevorzugt den oberen rechten Quadranten D am stärksten. Es ist durch holistische, kreative, synthetisierende und künstlerische Verarbeitungsweisen charakterisiert. Die Quadranten unten links B und unten rechts C sind als sekundäre Präferenzen ausgedrückt und die Merkmale der Kontrolle, Planung und Organisation des Quadranten B, zusammen mit den zwischenmenschlichen, emotionalen und spirituellen Verarbeitungsweisen des unteren rechten Quadranten C sind typischerweise zugänglich, jedoch der einfachen Präferenz des oberen rechten Quadranten D deutlich untergeordnet. Der obere linke Quadrant A ist als tertiäre Präferenz ausgedrückt. Die Merkmale der logischen, rationalen und analytischen Verarbeitung werden daher gemieden oder wenig bevorzugt. Diese tertiäre Präferenz im Quadranten A, zusammen mit den sekundären in den beiden limbischen Quadranten, verstärkt die Stärke und primäre Präferenz für den oberen rechten Quadranten D. Dieser Mensch erscheint wahrscheinlich als phantasievoll, holistisch, konzeptbildend und synthetisierend in seinem Denkstil. Typische Berufe von Menschen mit diesem Profil sind unter anderem Unternehmer, Top-Manager oder in leitenden Positionen, Unternehmensberater und in den eher ästhetischen/künstlerischen Berufen.

Anhang C

FINANZIELL AUSGERICHTETE BERUFE

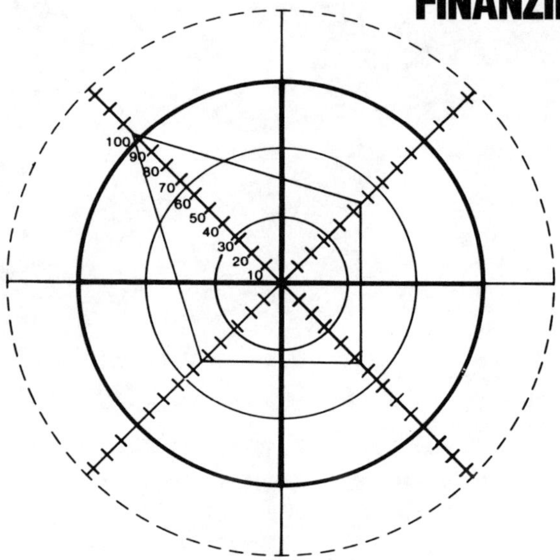

BUCHPRÜFER: 1-2-2-2

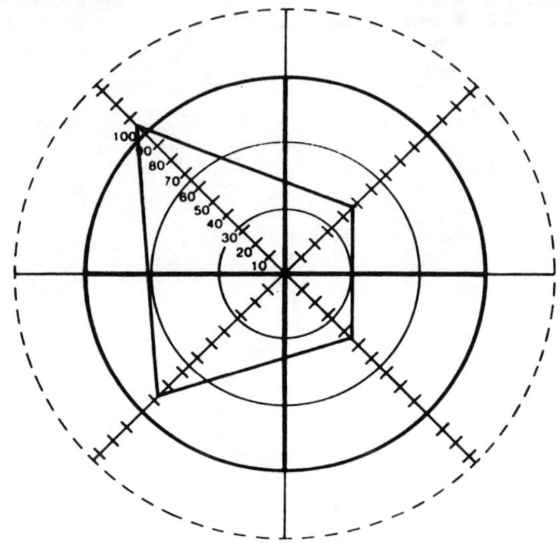

ANGESTELLTER FINANZEN: 1-1-2-2

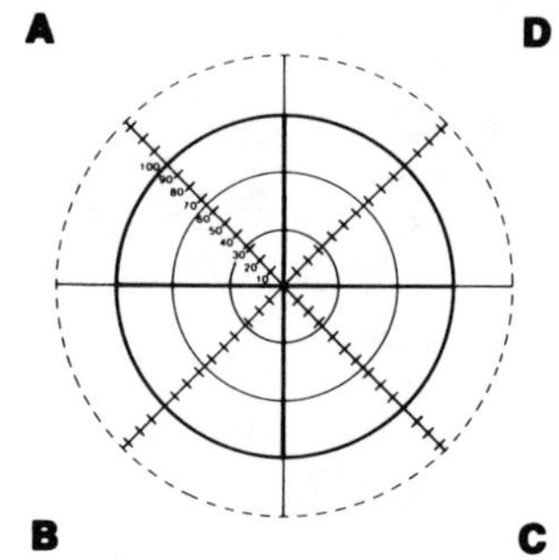

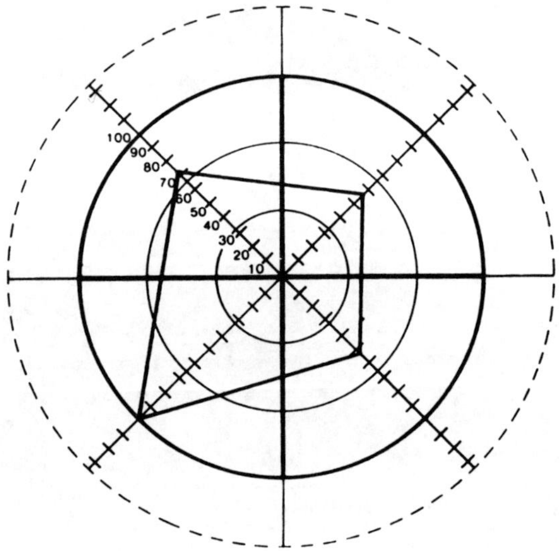

BUCHHALTER: 1-1-2-2

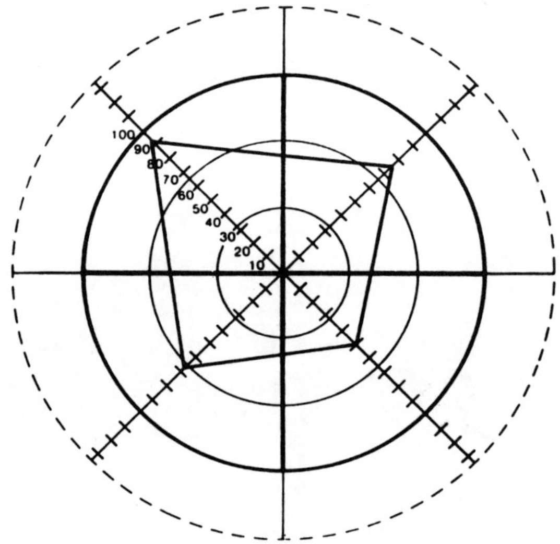

ANGESTELLTER FINANZEN/PLANUNG: 1-1-2-1

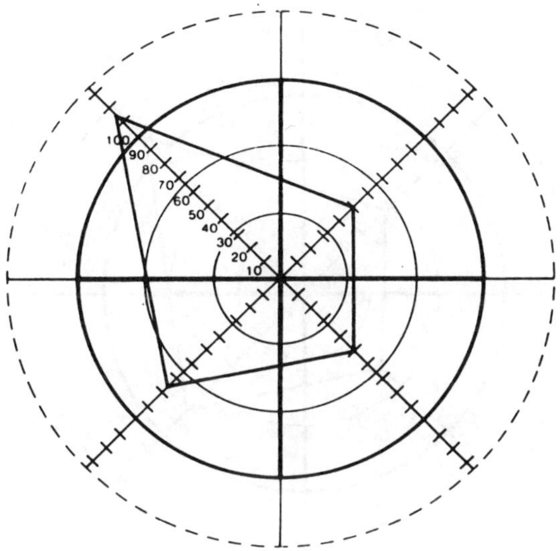

VERSICHERUNGSMATHEMATIKER: 1-1-2-2

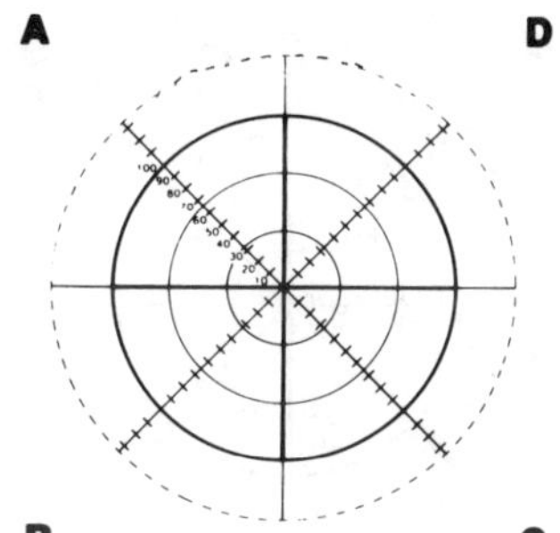

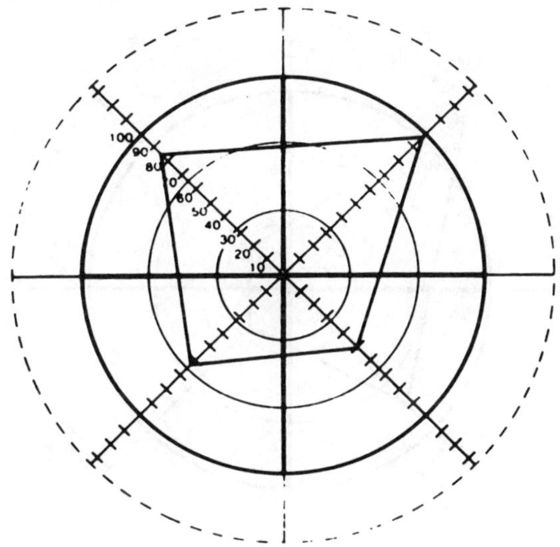

FINANZBERATER: 1-1-2-1

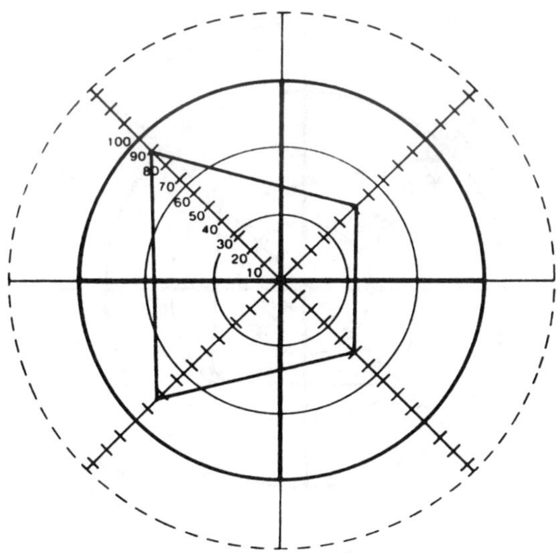

BÖRSENMAKLER: 1-1-2-2

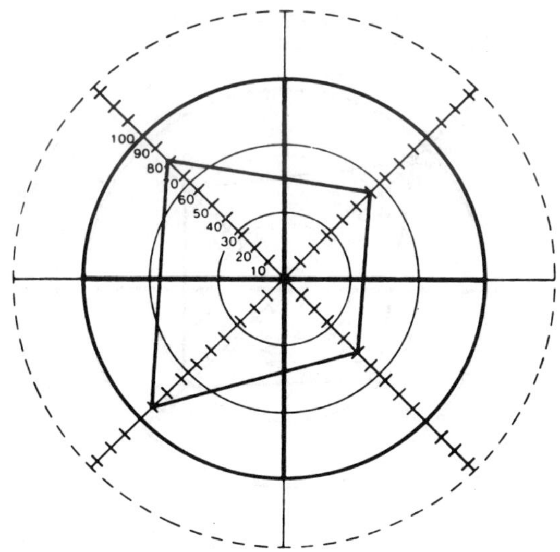

CONTROLLER: 1-1-2-2

MEDIZINISCHE BERUFE

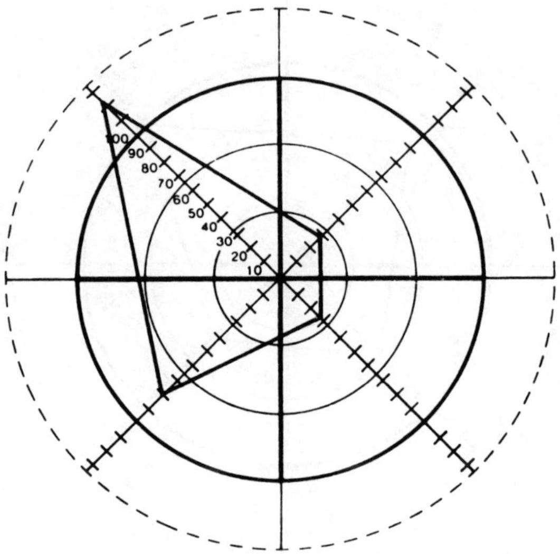

PATHOLOGE: 1-1-3-3

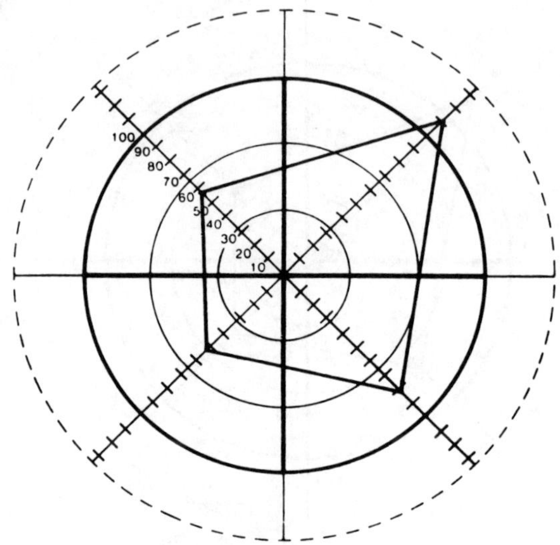

KINDERARZT: 2-2-1-1

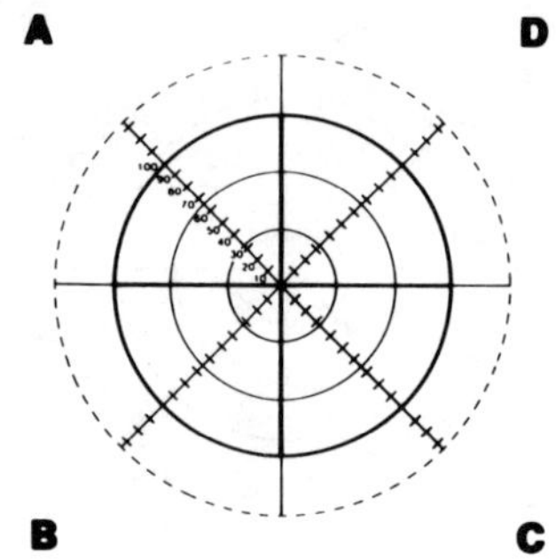

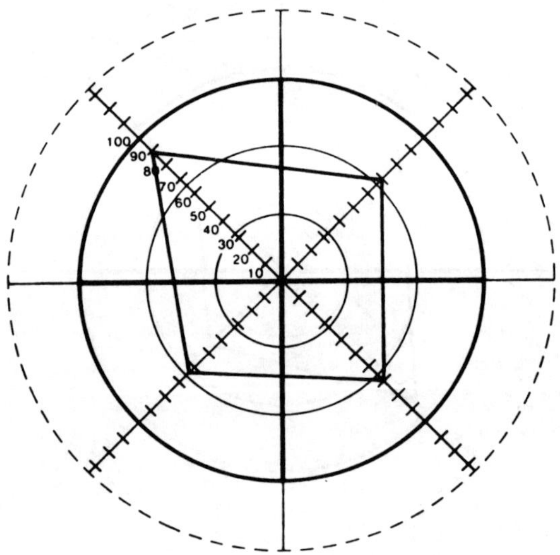

ARZT FÜR ALLGEMEINE MEDIZIN: 1-2-1-1

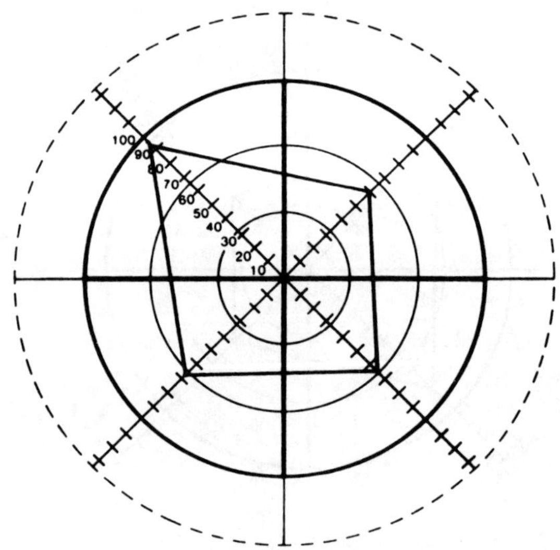

INTERNIST: 1-1-2-2

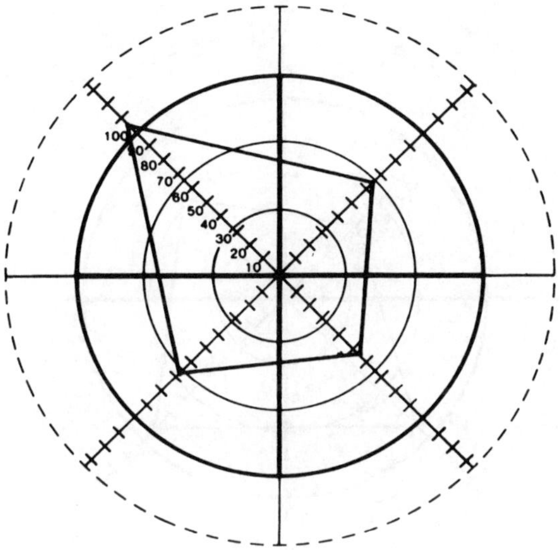

CHIRURG: 1-1-2-2

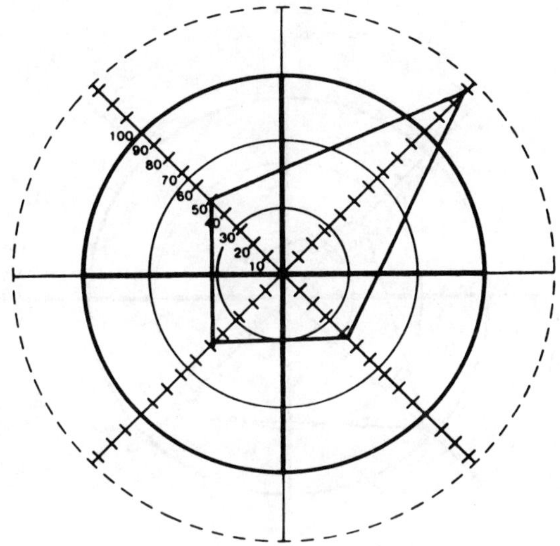

PSYCHIATER: 2-2-2-1

A **D**

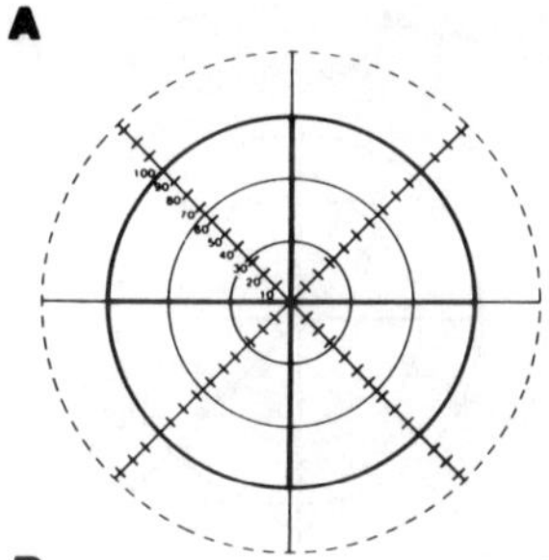

B **C**

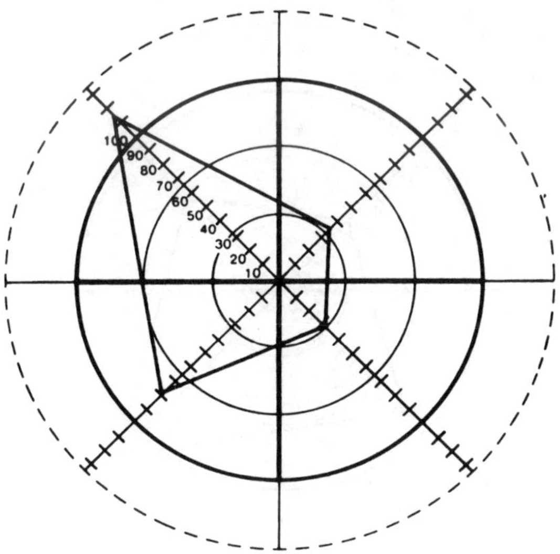

RADIOLOGE: 1-1-3-2

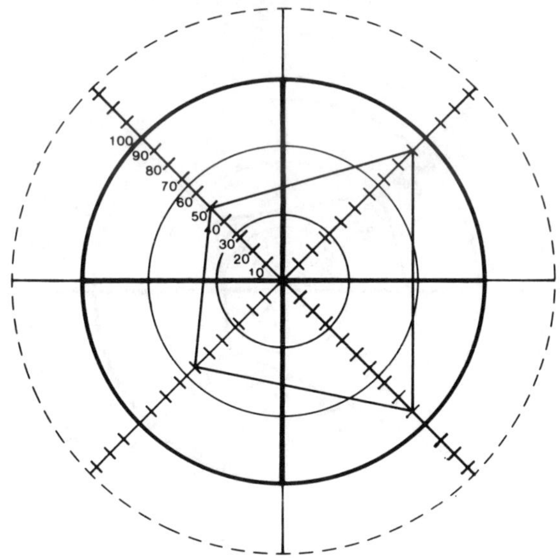

PSYCHOLOGE: 2-2-1-1

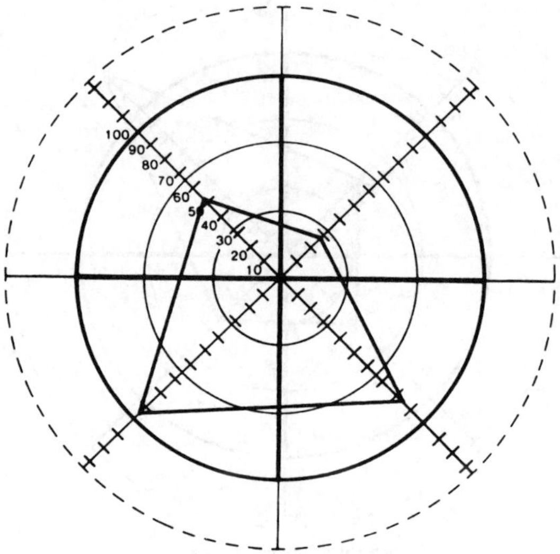

SPRECHSTUNDENHILFE: 1-1-1-3

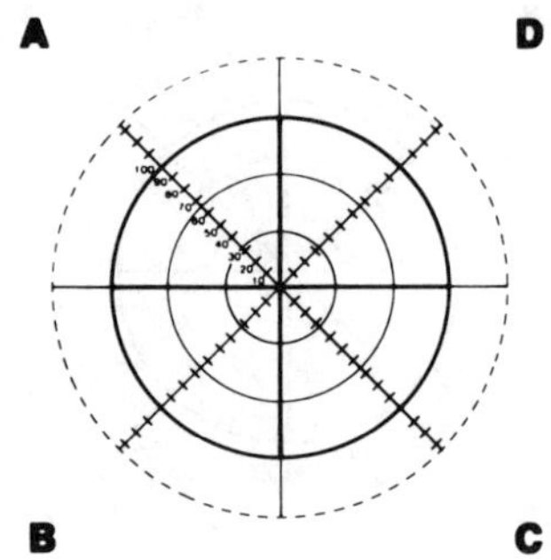

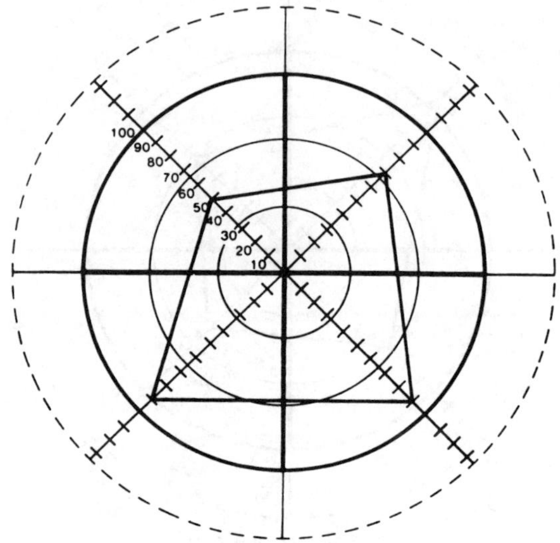

OBERSCHWESTER: 2-1-1-1

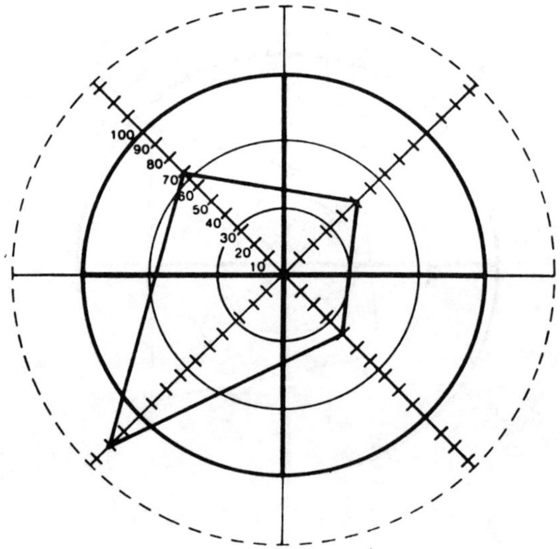

KRANKENHAUSVERWALTER: 1-1-2-2

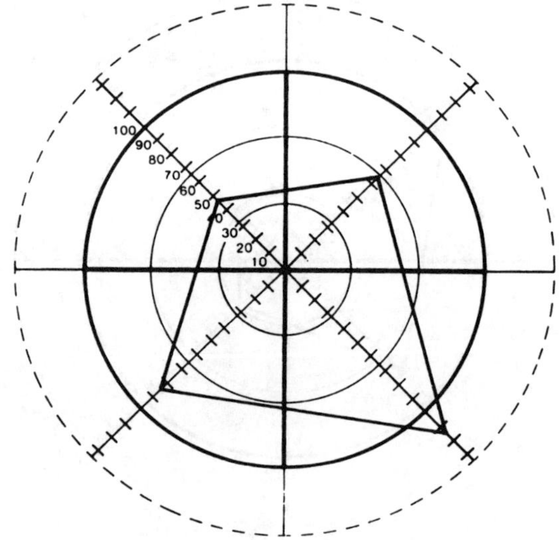

KRANKENSCHWESTER: 2-1-1-2

BERUFE IM BEREICH PERSONALENTWICKLUNG

ALLE PROFILE SIND ALS GRUPPENDURCHSCHNITT DARGESTELLT

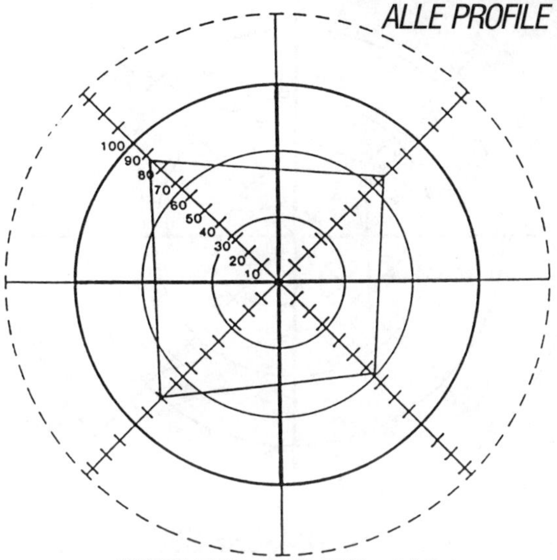

AUSBILDER (TECHNIK): 1-1-2-1

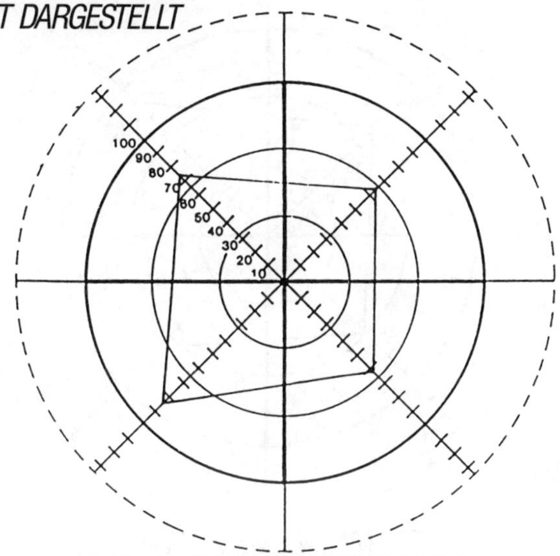

MITTLERES MANAGEMENT: 1-1-2-2

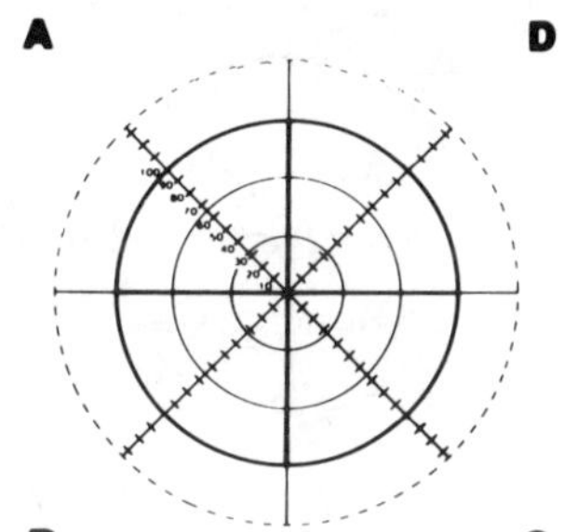

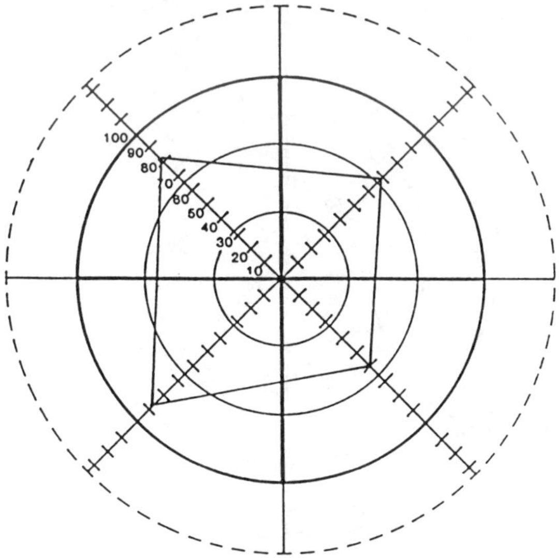

ARBEITSBEWERBER: 2-2-1-1

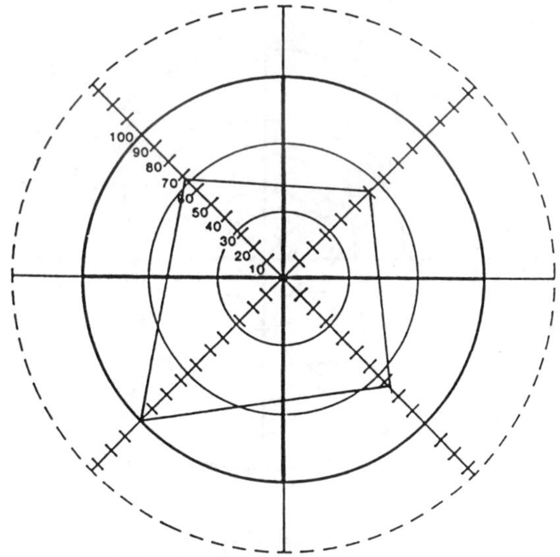

PROGRAMMVERWALTER: 1-1-1-2

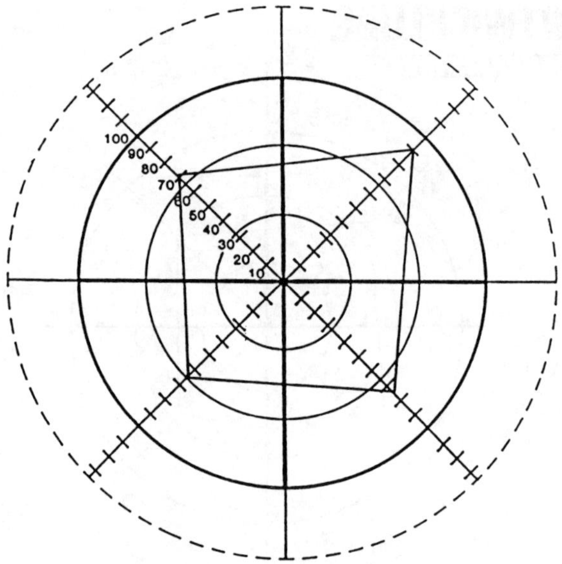

TOP-MANAGEMENT 1-2-1-1

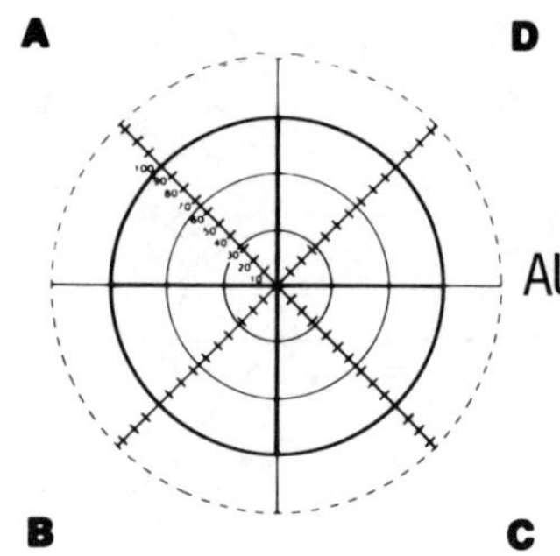

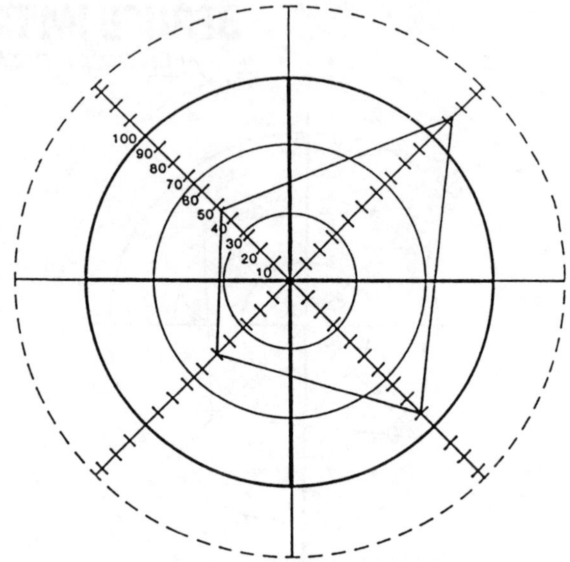

AUSBILDER (NICHT TECHNISCHE GEBIETE): 2-2-1-1

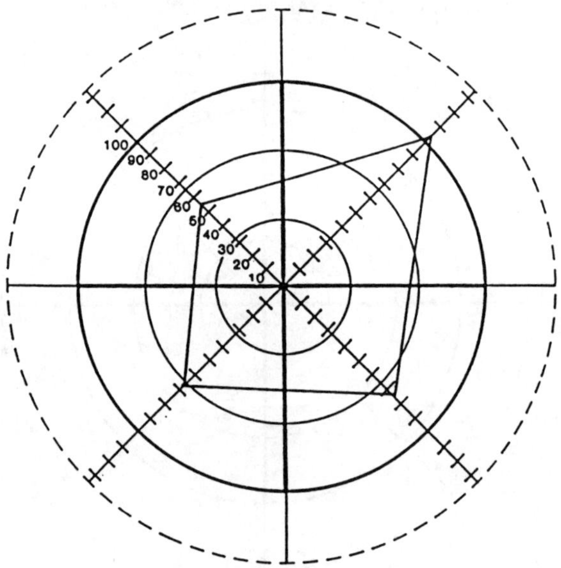

MEDIENPRODUKTION: 2-1-1-1

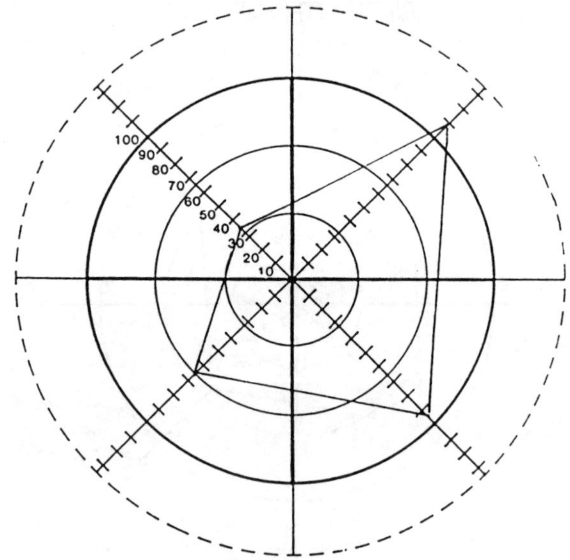

VERHALTENSTRAINER: 2-2-1-1

ORGANISATIONEN

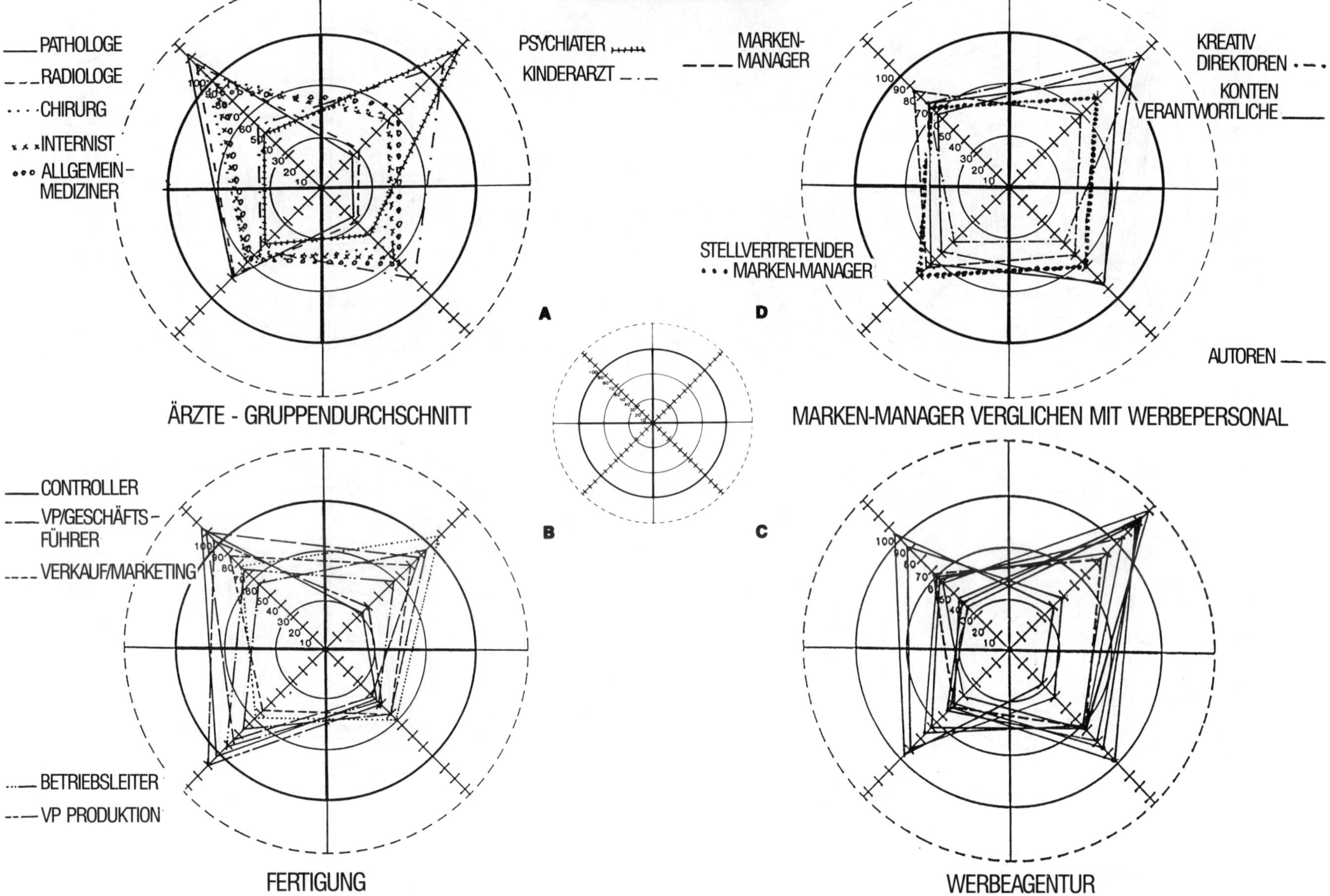

FIRMENPERSONAL

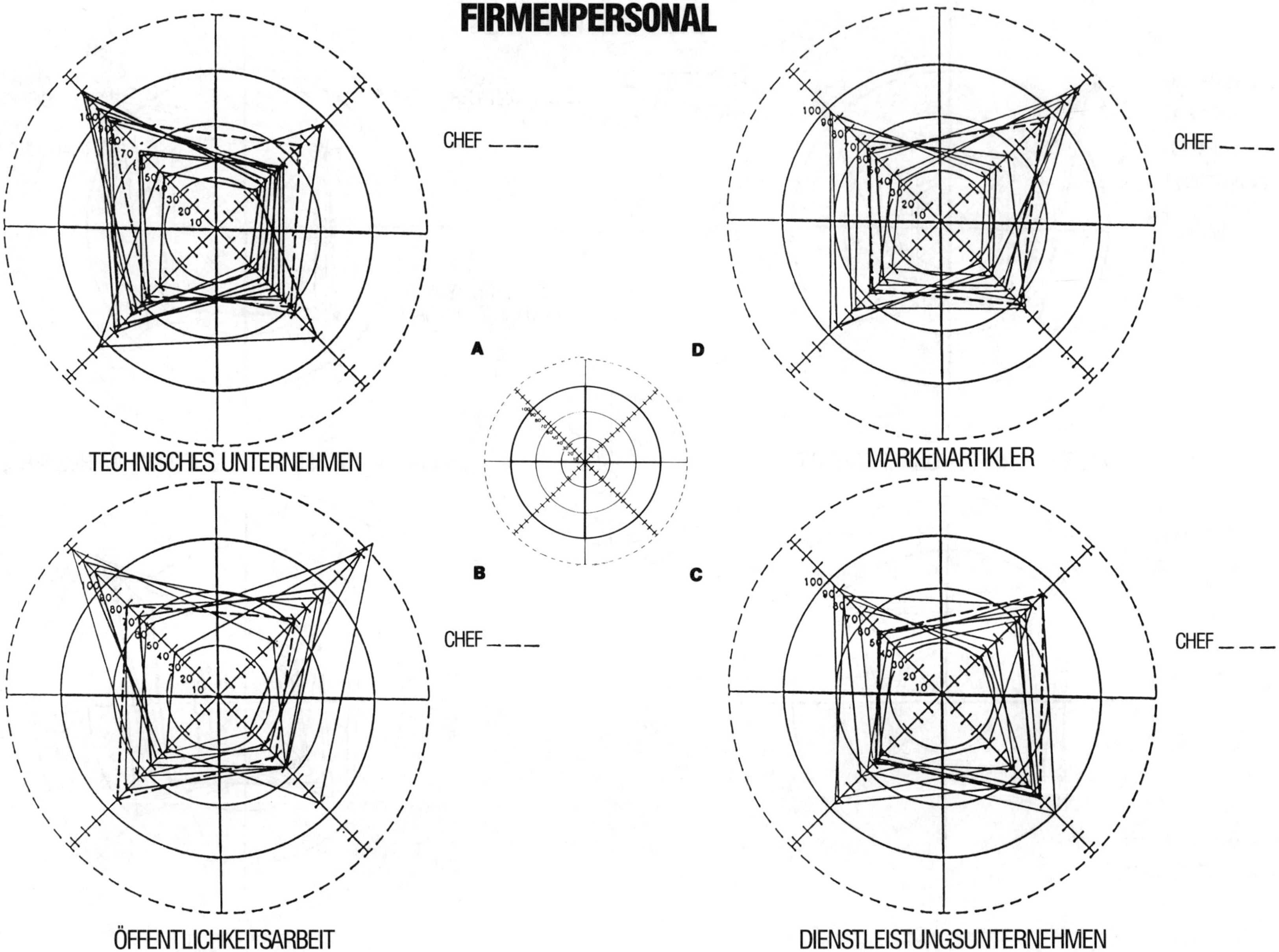

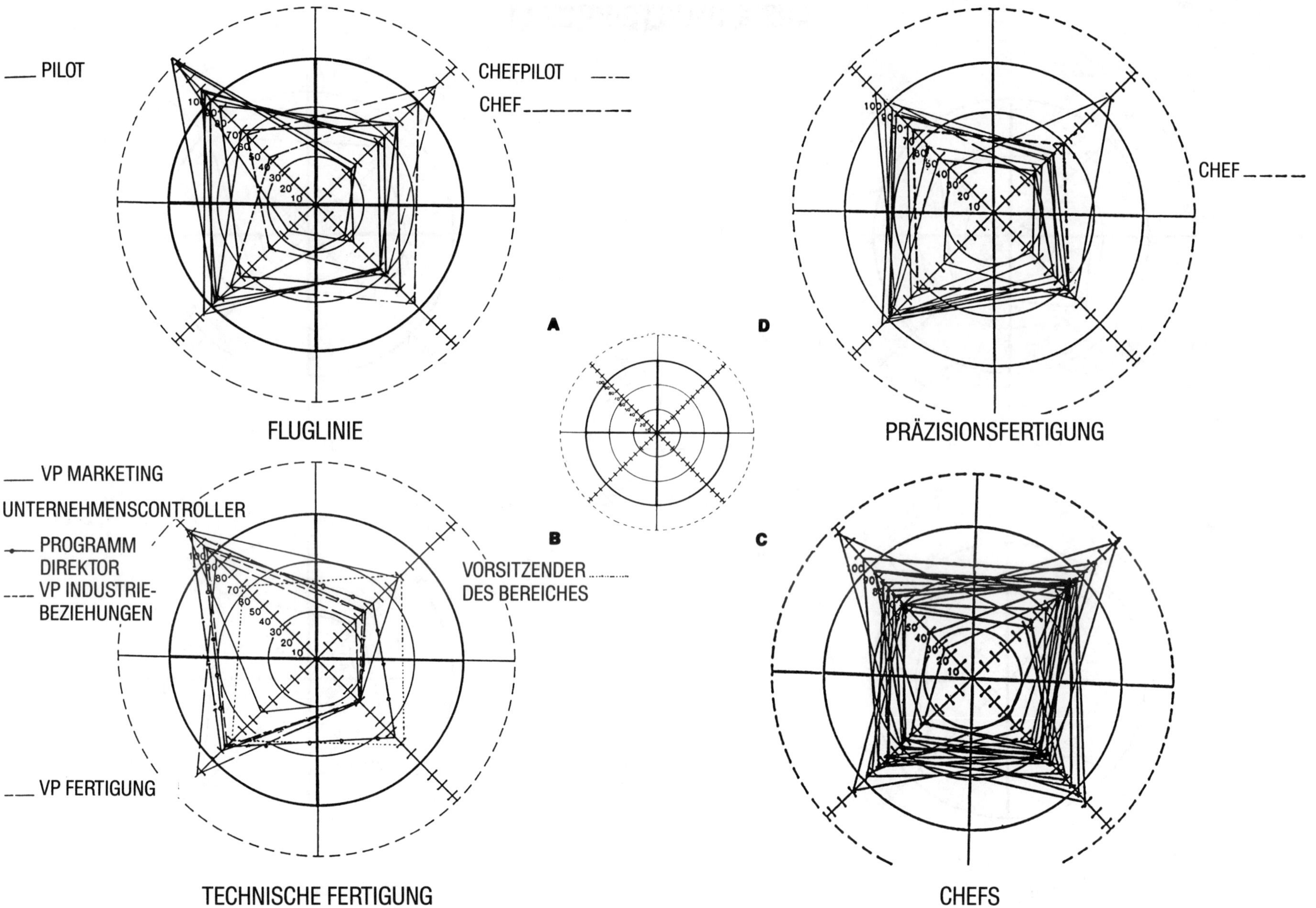
PILOT
CHEFPILOT
CHEF
CHEF
FLUGLINIE
PRÄZISIONSFERTIGUNG
A
D
B
C
VP MARKETING
UNTERNEHMENSCONTROLLER
PROGRAMM DIREKTOR
VP INDUSTRIE-BEZIEHUNGEN
VORSITZENDER DES BEREICHES
VP FERTIGUNG
TECHNISCHE FERTIGUNG
CHEFS

AUSGEWÄHLTE PROFILE

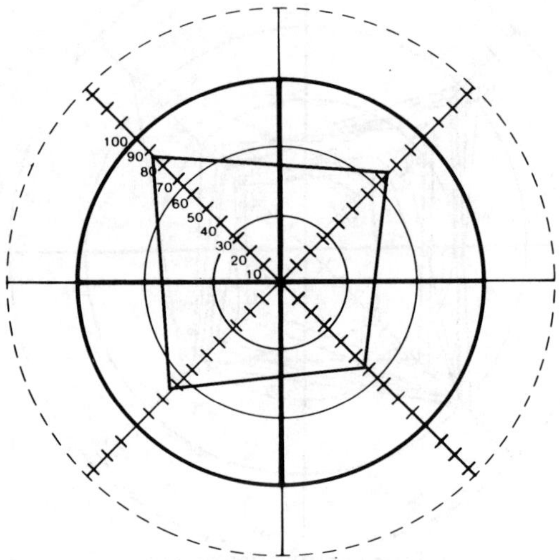

MANN: 1-1-2-1

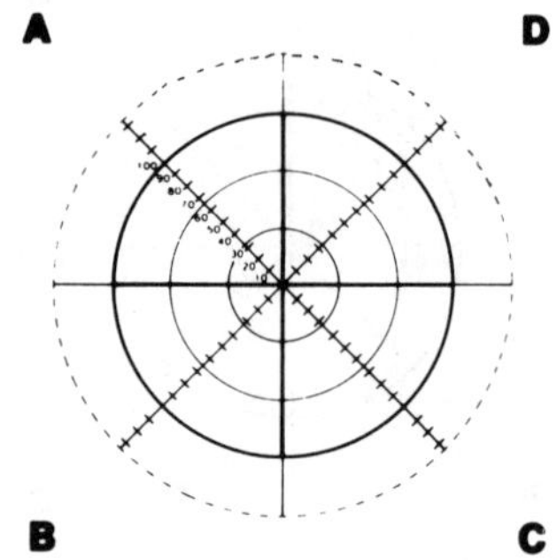

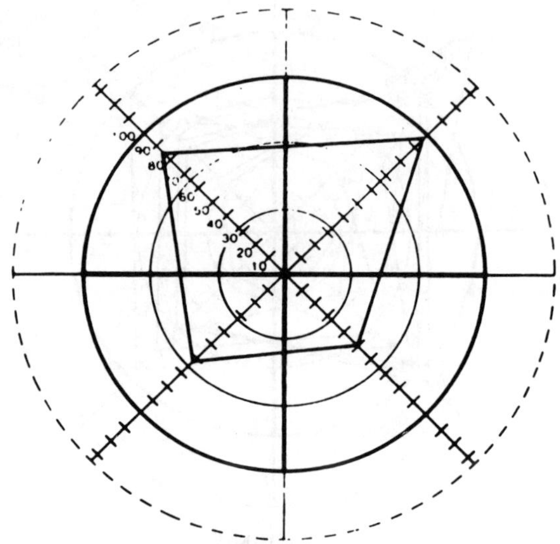

BERATER: 1-2-2-1

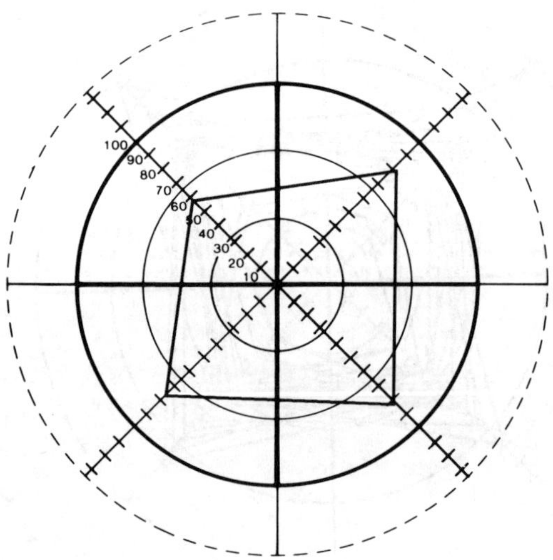

FRAU: 2-1-1-1

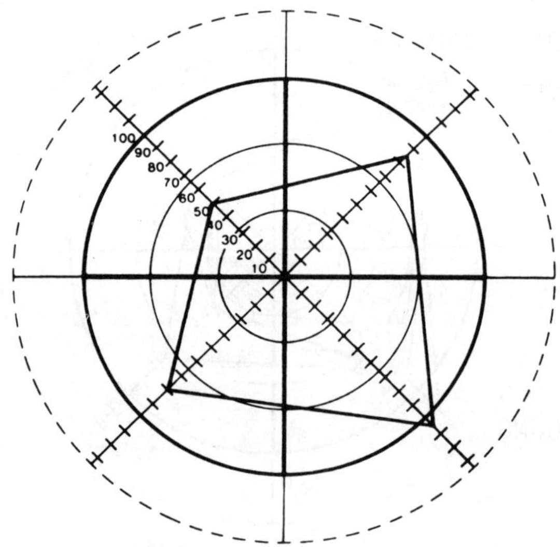

SOZIALARBEITER: 2-1-1-1

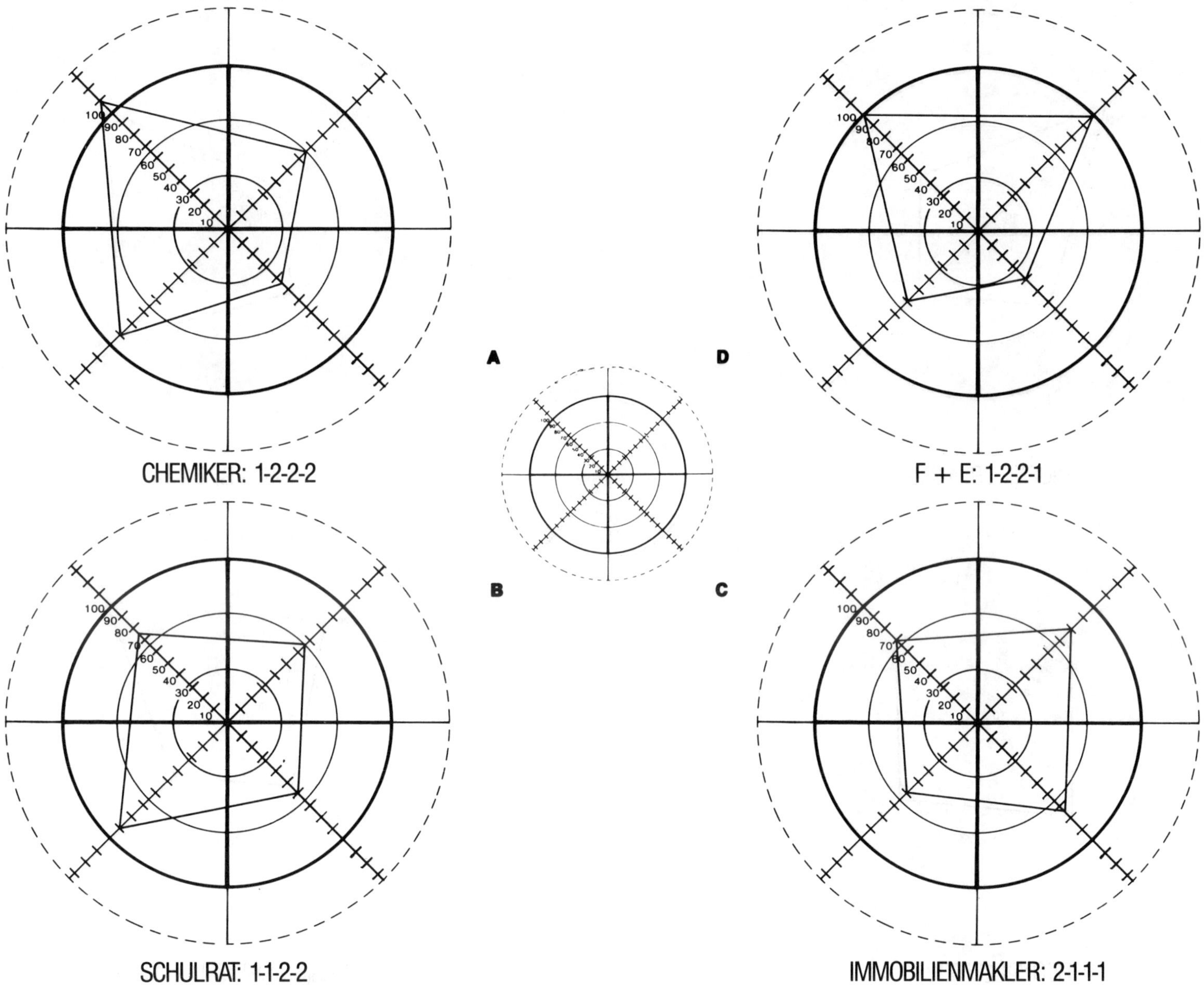
A
B
C
D
100
90
80
70
60
50
40
30
20
10
CHEMIKER: 1-2-2-2
F + E: 1-2-2-1
SCHULRAT: 1-1-2-2
IMMOBILIENMAKLER: 2-1-1-1

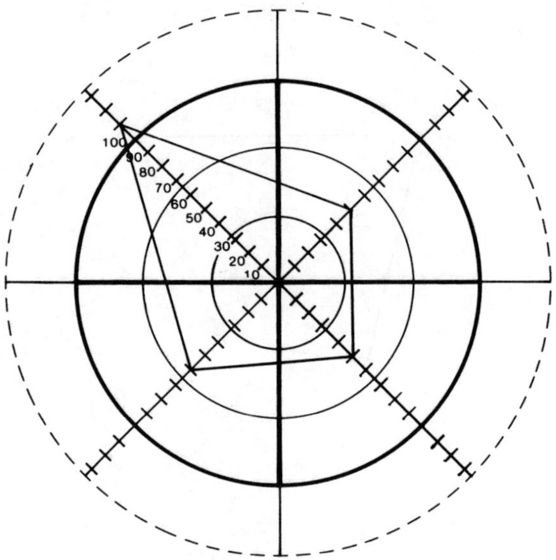

INGENIEUR: 1-2-2-2

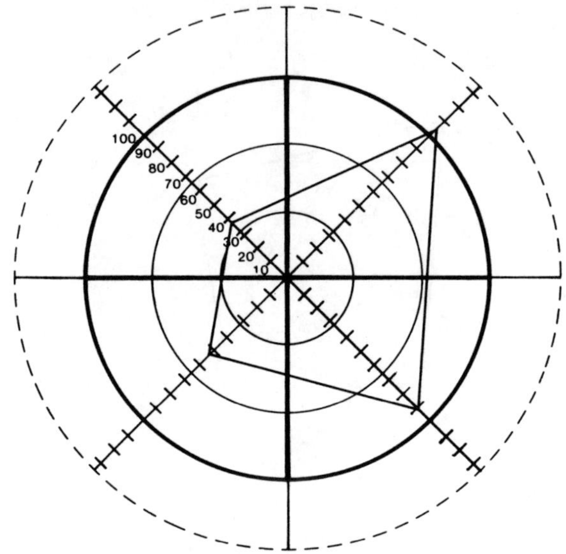

MUSIKER: 2-2-1-1

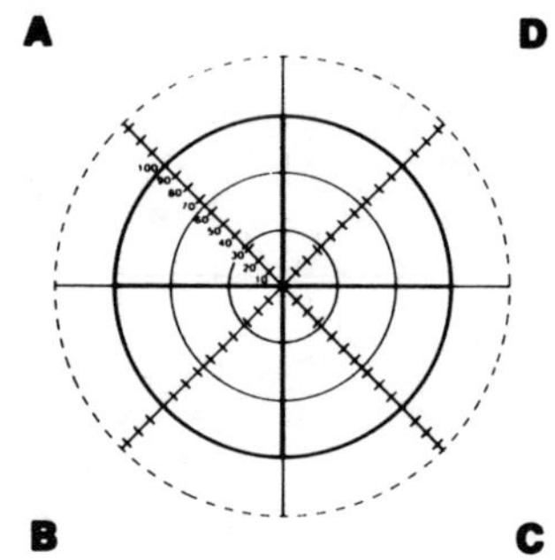

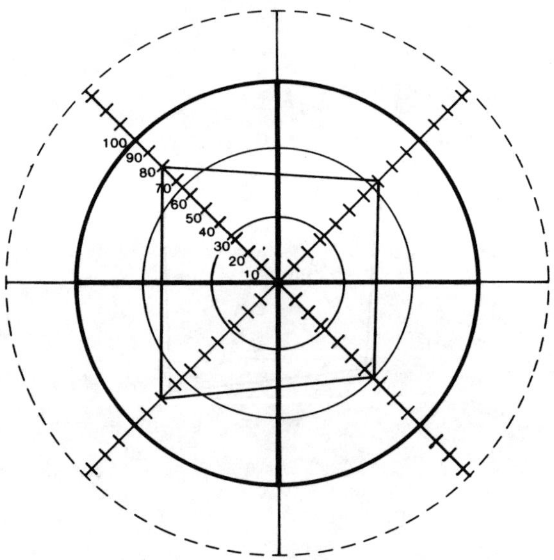

PERSONALLEITER: 1-1-1-1

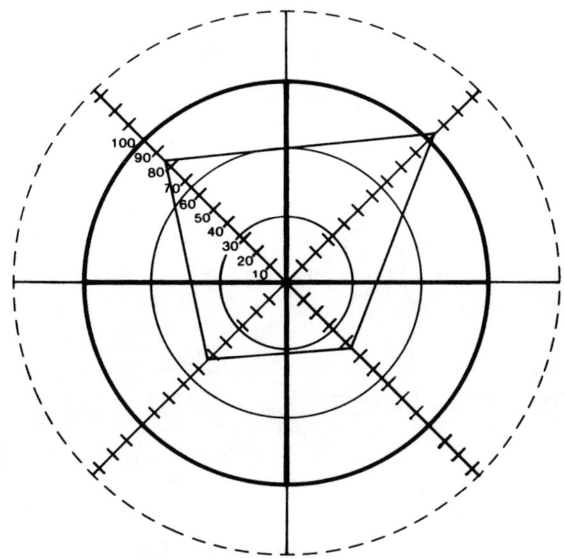

DESIGNINGENIEUR: 1-2-2-1

Anhang D

Dichotomie-Übung zu Denkstilen nach Herrmann

Dies ist nicht das Herrmann-Hirndominanz-Instrument, sondern eine alternative, nicht validierte Übung, die Ihnen einige Einsichten in die Richtung gewähren, in der Ihre Präferenzen ausgerichtet sind.

BEISPIEL

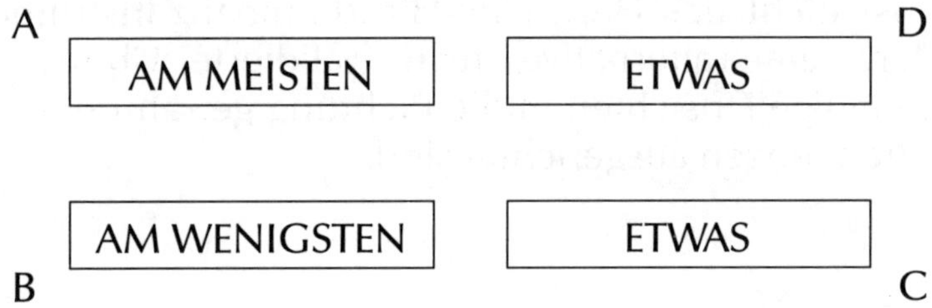

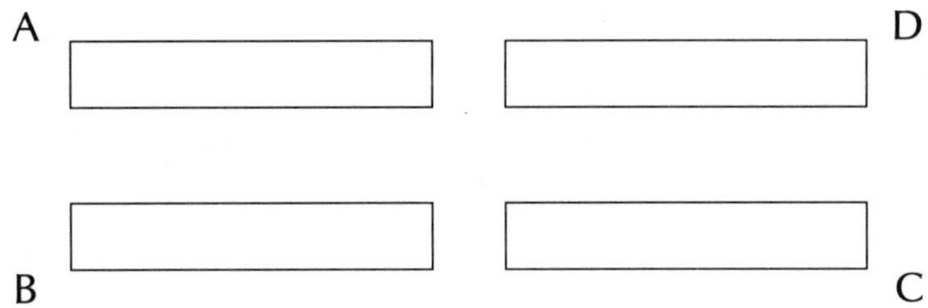

Diese Übung enthält vier Sätze dichotomer Wortpaare. Prüfen Sie in jedem Satz die 13 dichotomen Paare auf der Basis Ihrer allgemeinen Präferenz für das eine oder andere. Geben Sie den Grad Ihrer Präferenz für jedes der beiden Worte an, indem Sie 100 Punkte wie im Beispiel unten dargestellt auf sie verteilen.

Beispiel:

Dichotome Paare A–D

Analytisch –30– / –70– Holistisch

Zwingen Sie sich, für jedes Paar in jedem Satz eine Wahl zu treffen. Vermeiden Sie dabei eine Verteilung 50/50.

Wenn Sie mit allen Gruppen fertig sind, addieren Sie die Summe in jeder Spalte (A, B, C, D). Da alle Spalten zweimal vorkommen, erhalten Sie zwei Summen für jede Spalte. Tragen Sie diese Summen unten ein und bestimmen Sie die Gesamtsumme für jede Spalte. Schreiben Sie dann am meisten in den Kasten unter der Spalte (A, B, C oder D) mit der höchsten Summe.

(Wenn es ein Unentschieden gibt, tragen Sie in beiden Kästen am meisten ein. Schreiben Sie am wenigsten in den Kasten mit der (den) niedrigsten Summe(n) und etwas in die Kästen unter den übrigen Spalten.

______ A	______ B	______ C	______ D
+ ______ A	+ ______ B	+ ______ C	+ ______ D
= ______	= ______	= ______	= ______
Summe A	Summe B	Summe C	Summe D

Tragen Sie die Informationen in den Kästen in das Diagramm mit den vier Kästen links ein.

Dichotome Paare A–D

Analytisch	____	/	____	Holistisch
Argument	____	/	____	Erfahrung
Rational	____	/	____	Intuitiv
Digital	____	/	____	Analog
Explizit	____	/	____	Stillschweigend
Analytisch	____	/	____	Gestalt
Konzentriert	____	/	____	Diffus
Logisch	____	/	____	Impulsiv
Lenkend	____	/	____	Reflektierend
Worte	____	/	____	Bilder
Realistisch	____	/	____	Phantasievoll
Tatsachenorientiert	____	/	____	Metaphorisch
Wörtlich	____	/	____	Ungefähr
Summe A	____		____	Summe D

Dichotome Paare B–D

Detailliert	____	/	____	Holistisch
Sequentiell	____	/	____	Flexibel
Bewahrend	____	/	____	Experimentell
Regeln aufstellend	____	/	____	Regeln brechend
Vermeidet Ambiguität	____	/	____	Akzeptiert Ambiguität
Bewertend	____	/	____	Nicht urteilend
Disziplinert	____	/	____	Spielerisch
Ausführung	____	/	____	Konzept
Geplant	____	/	____	Impulsiv
Strukturiert	____	/	____	Frei fließend
Kontrolliert	____	/	____	Offen
Betrieblich	____	/	____	Strategisch
Organisiert	____	/	____	Nicht organisiert
Summe B	____		____	Summe D

Dichotome Paare B–C

Überprüft	____	/	____	Fühlt
Kontrolliert	____	/	____	Emotional
Führt aus	____	/	____	Leistet
Verfahrensorientiert	____	/	____	Freie Form
Hart	____	/	____	Weich
Form	____	/	____	Fühlend
Organisation	____	/	____	Beziehungen
Dominert	____	/	____	Nimmt auf
Sequentiell	____	/	____	Harmonisch
Dogmatisch	____	/	____	Spirituell
Konservativ	____	/	____	Hilfreich
Artikuliert	____	/	____	Spricht
Detailliert	____	/	____	Ungefähr
Summe B	____		____	Summe C

Dichotome Paare A–C

Informierend	____	/	____	Zwischenmenschlich
High-Touch	____	/	____	Stark berührend
Intellektuell	____	/	____	Sinnlich
Hier und Jetzt	____	/	____	Ewigkeit
Aktiv	____	/	____	Aufnehmend
Objektiv	____	/	____	Subjektiv
Analytisch	____	/	____	Intuitiv
Worte	____	/	____	Musik
Weltlich	____	/	____	Spirituell
Fakten	____	/	____	Gefühle
Wissen	____	/	____	Sinne
Dinge	____	/	____	Menschen
Rational	____	/	____	Emotional
Summe A	____		____	Summe C

Anhang E

GANZHIRN-MODELL

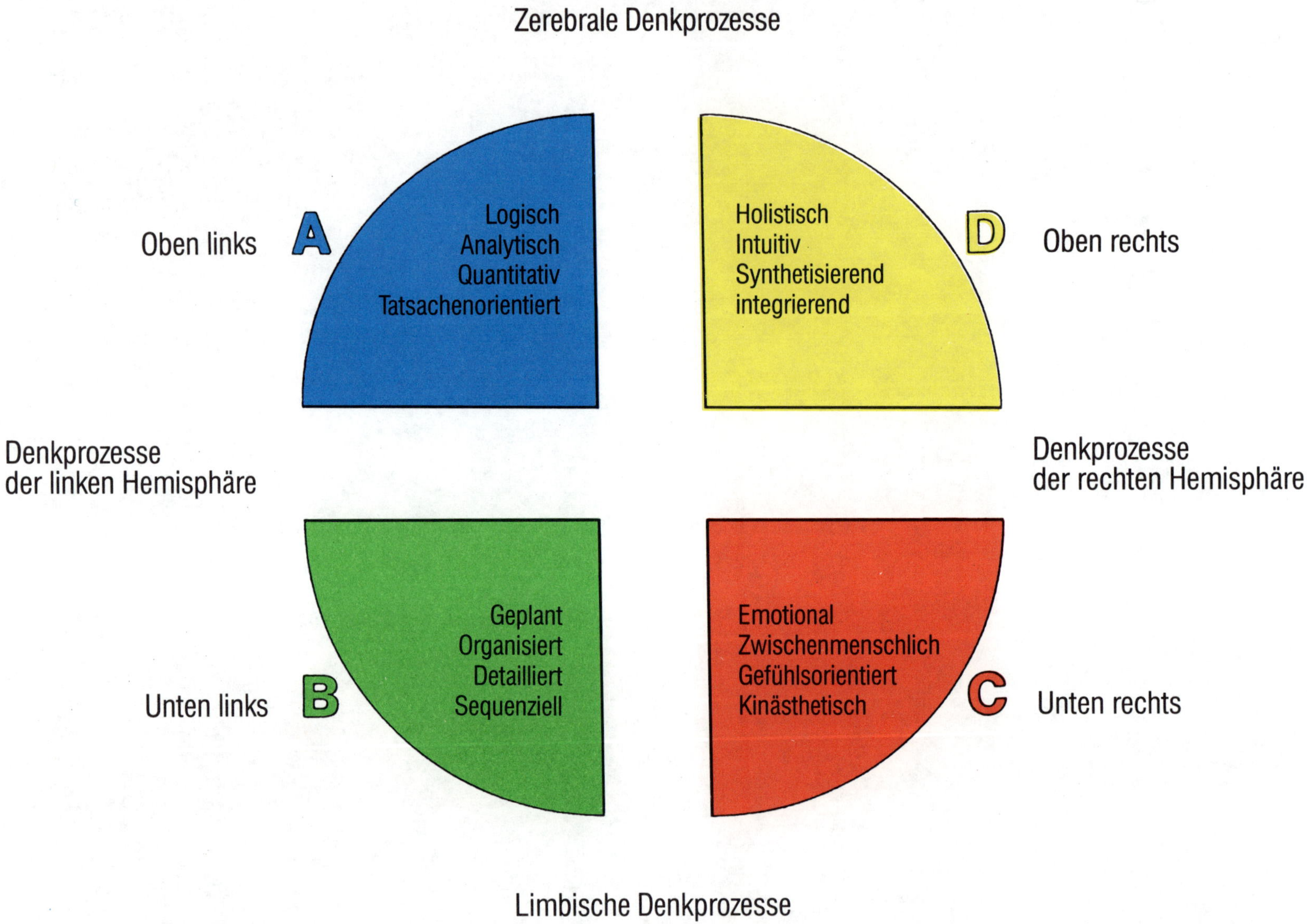

DAS SYSTEM DER VERBINDUNGEN IM GEHIRN

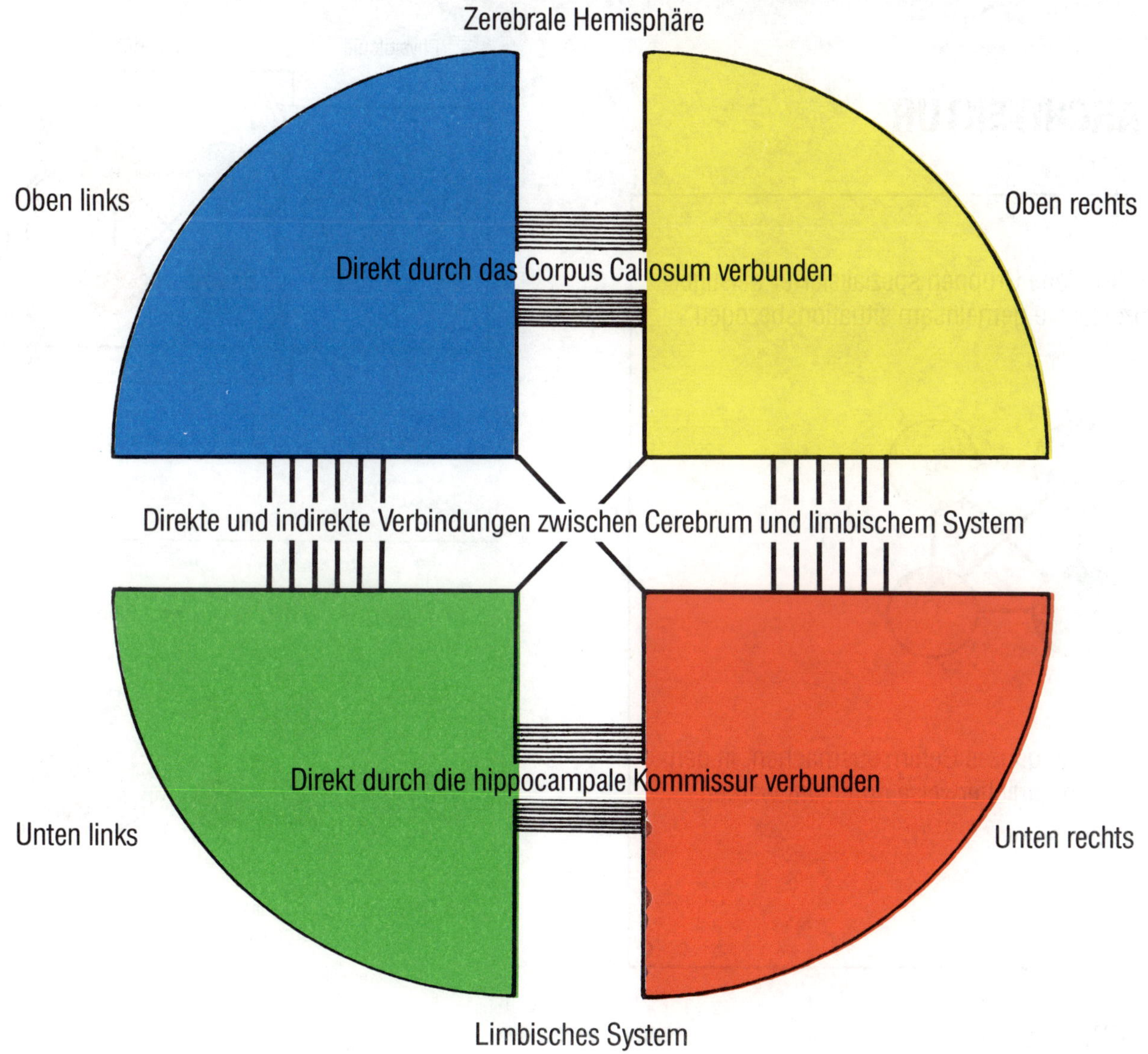

ARCHITEKTUR

Vier miteinander verbundene Gruppen spezialisierter geistiger Verarbeitungsprozesse die gemeinsam situationsbezogen

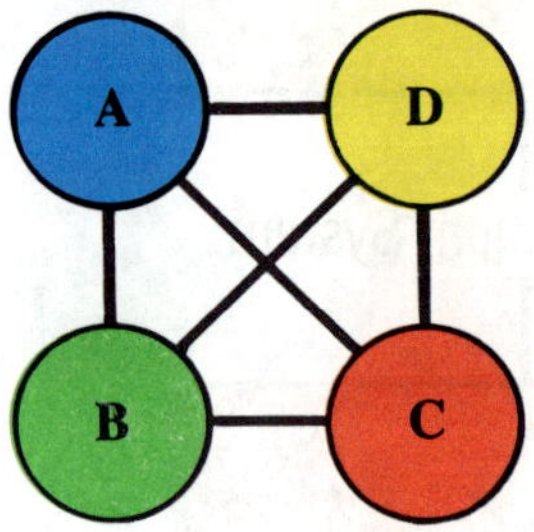

und iterativ arbeiten und ein ganzes Gehirn ausmachen, in dem ein oder mehrere Teile natürlicherweise dominant werden.

DAS ORGANISATIONSPRINZIP

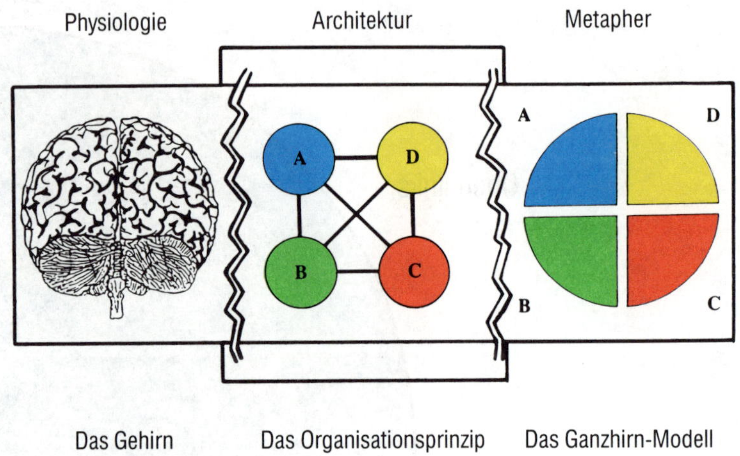

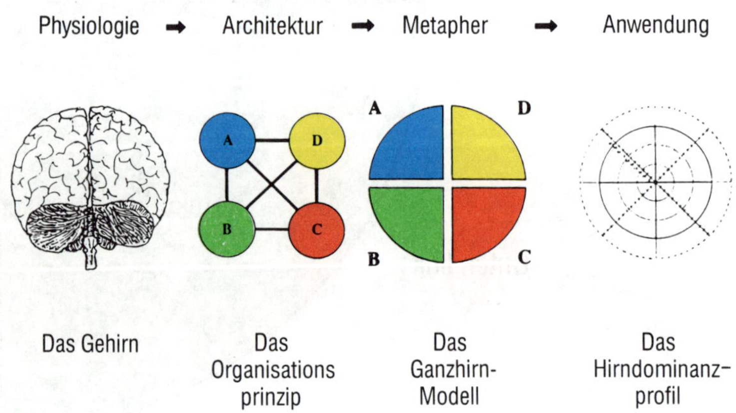

MODELL DER BEZIEHUNGEN

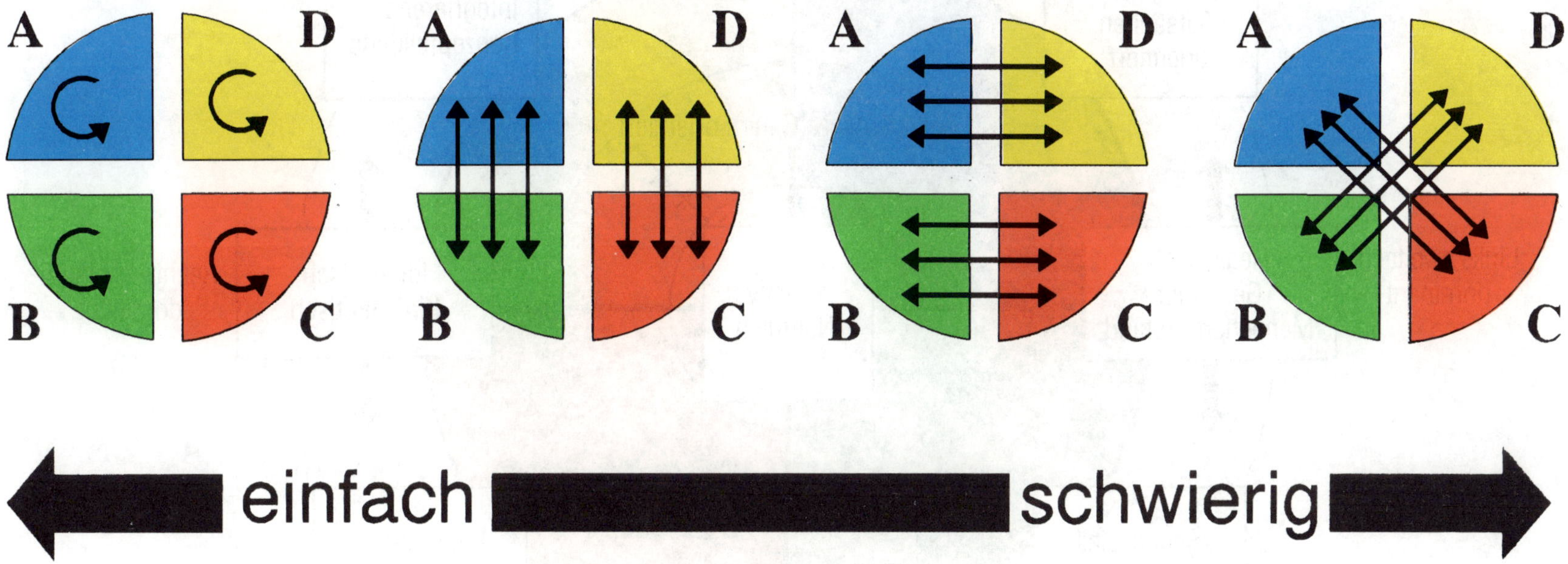

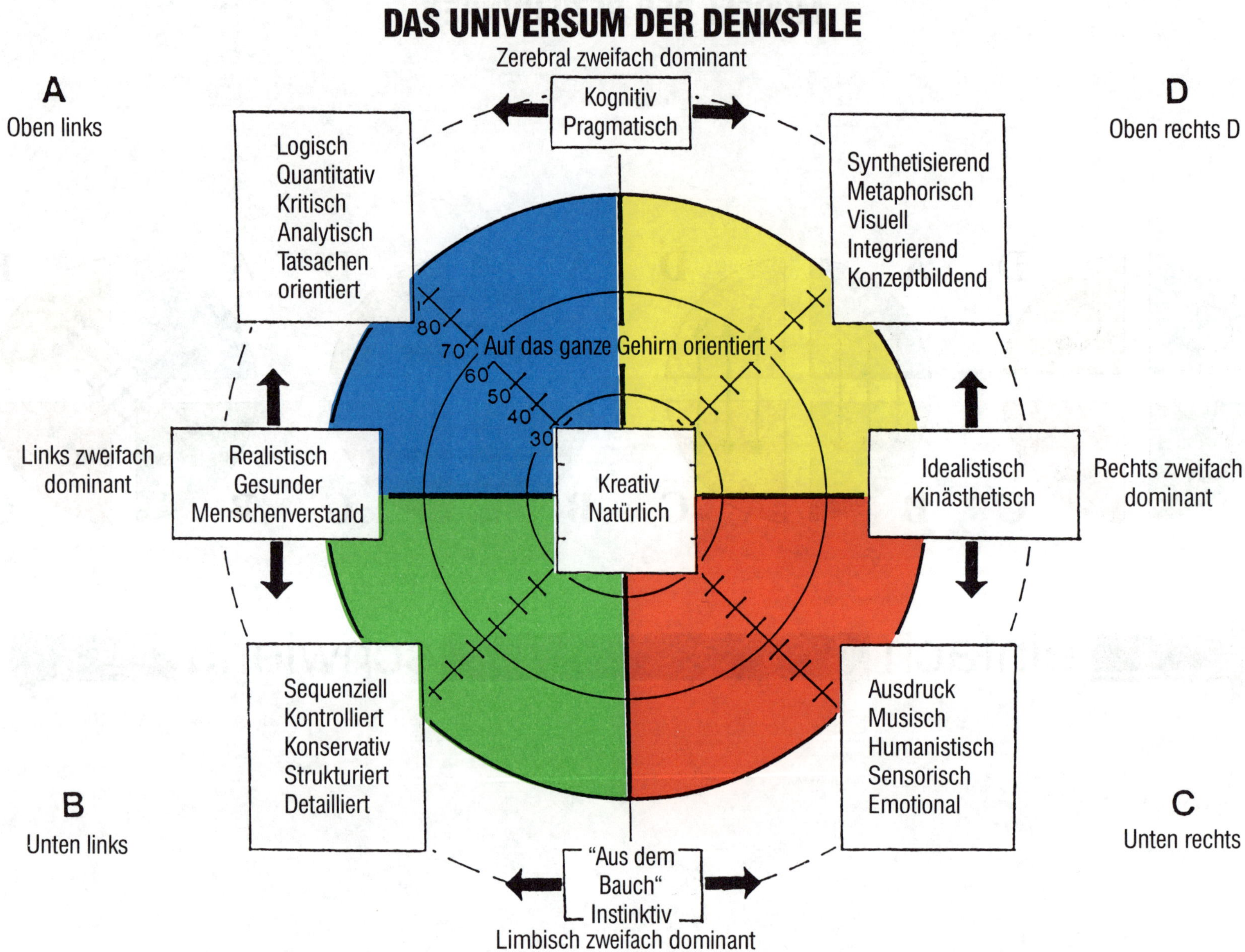
DAS UNIVERSUM DER DENKSTILE
Zerebral zweifach dominant
Kognitiv
Pragmatisch
A
Oben links
D
Oben rechts D
Logisch
Quantitativ
Kritisch
Analytisch
Tatsachen
orientiert
Synthetisierend
Metaphorisch
Visuell
Integrierend
Konzeptbildend
80
70
Auf das ganze Gehirn orientiert
60
50
40
30
Links zweifach
dominant
Realistisch
Gesunder
Menschenverstand
Kreativ
Natürlich
Idealistisch
Kinästhetisch
Rechts zweifach
dominant
Sequenziell
Kontrolliert
Konservativ
Strukturiert
Detailliert
Ausdruck
Musisch
Humanistisch
Sensorisch
Emotional
B
Unten links
C
Unten rechts
“Aus dem
Bauch“
Instinktiv
Limbisch zweifach dominant

ERWEITERTES MODELL DES KREATIVEN PROZESSES DES GANZEN GEHIRNS

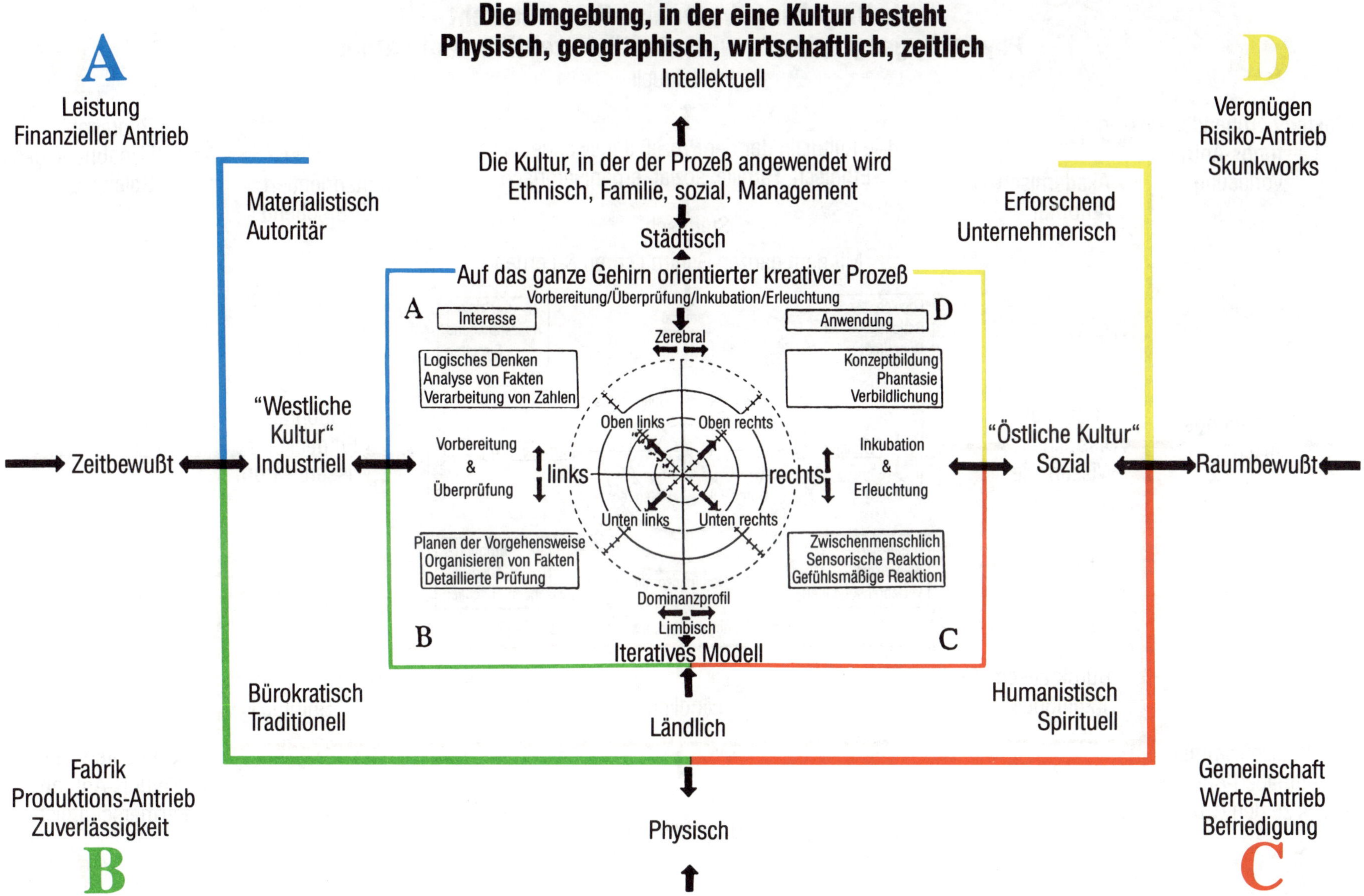

ERWEITERTES GANZHIRN-MODELL FÜR LEHREN UND LERNEN

Die Umgebung, in der eine Kultur besteht
Physisch, geographisch, wirtschaftlich, zeitlich, Motivation

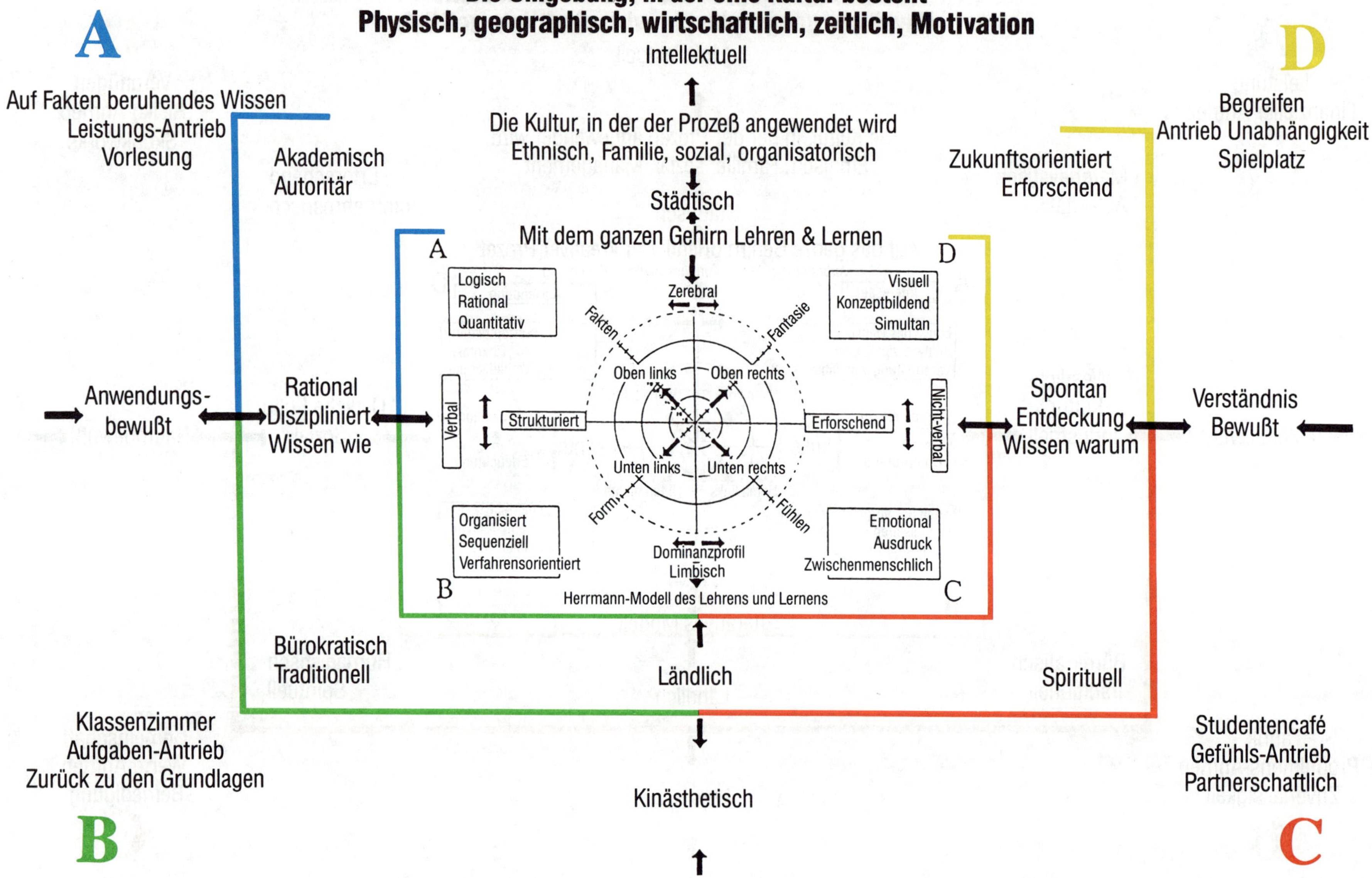

AUF DAS GANZE GEHIRN BEZOGEN UNTERRICHTEN UND LERNEN
ZIELE UND STRATEGIEN

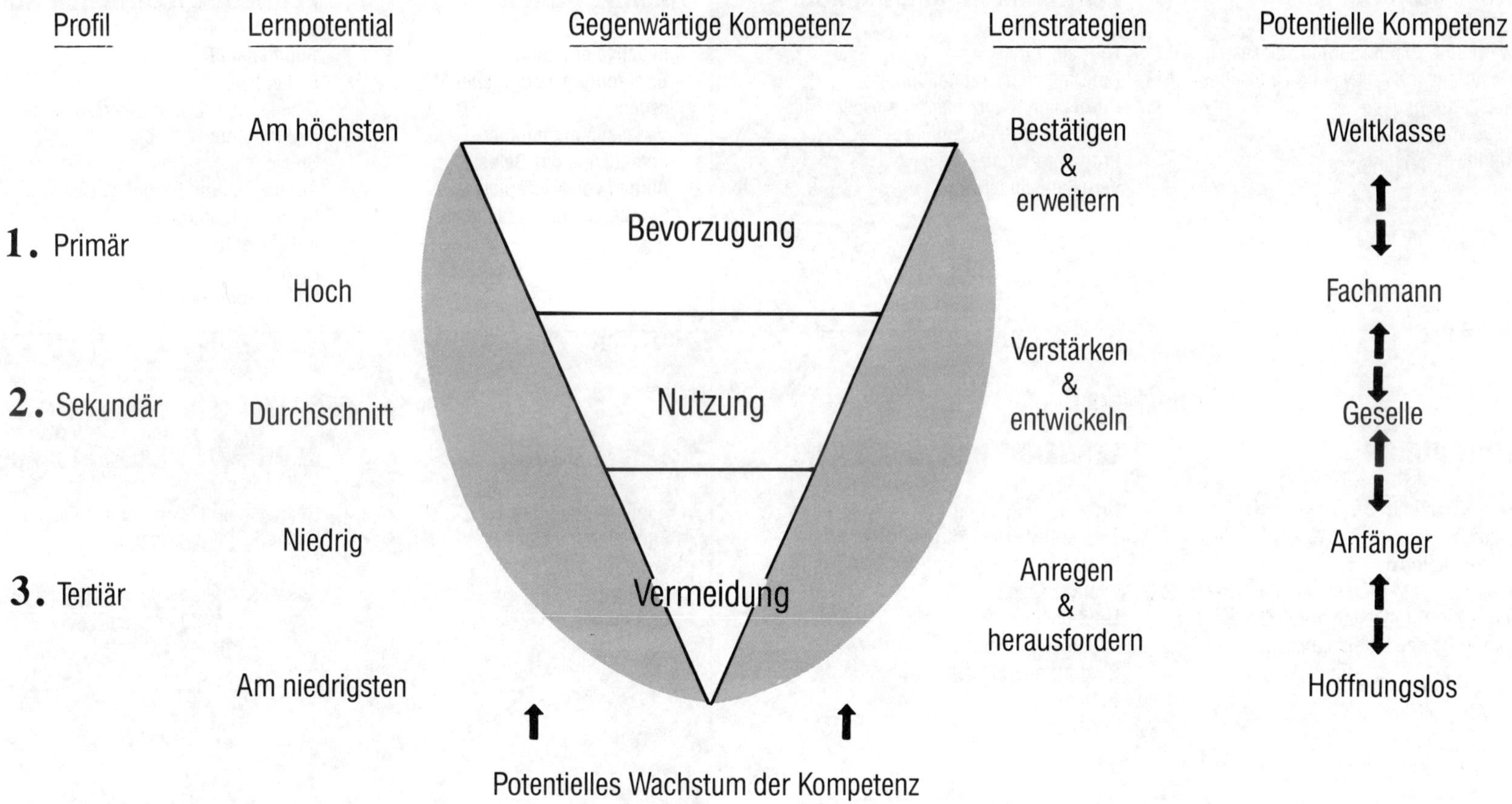

ERWÄGUNGEN FÜR DIE AUSLEGUNG VON KURSEN UND DAS AUF DAS GANZE GEHIRN AUSGERICHTETE LERNEN

Oben links A

LERNT DURCH:

Erwerb und Quantifizierung von Fakten
Anwendung von Analyse und logischem
Denken durch Ideen
Aufbau von Fällen
Bildung von Theorien

LERNENDE REAGIEREN AUF:

Formale Vorlesung
Auf Daten basierenden Inhalt
Diskussion finanzieller/technischer Fälle
Bücher und Bibliografien
Programmiertes Lernen
Verhaltensänderung

Oben rechts D

LERNT DURCH:

Initiative ergreifen
Erforschung verborgener Möglichkeiten
Verlassen auf Intuition
Entdeckung des Selbst
Aufbau von Konzepten
Synthetisierung des Inhalts

LERNENDE REAGIEREN AUF:

Spontaneität
Freien Fluß
Gelegenheit, Erfahrungen zu sammeln
Experimente
Spiele
Auf die Zukunft bezogene Diskussion von Fällen
Visuelles Material
Individualität
Ästhetik
Einbezogen sein

Unten links B

LERNT DURCH:

Organisieren und strukturieren von Inhalten
Geordneten Inhalt
Auswertung und prüfen von Theorien
Erwerb von Fertigkeiten durch Übung
Ausführung des Kursinhaltes

LERNENDE REAGIEREN AUF:

Gründliche Planung
Sequentielle Reihenfolge
Diskussion organisatorischer und administrativer Fälle
Lehrbücher
Verhaltensänderung
Programmiertes Lernen
Struktur
Vorlesungen

Unten rechts C

LERNT DURCH:

Zuhören und Ideen teilen
Einbeziehung eigener Erfahrungen
Bewegung und Gefühl
Einstimmung auf den Inhalt
Emotionale Beteiligung

LERNENDE REAGIEREN AUF:

Gelegenheit, Erfahrungen zu sammeln
Sensorische Bewegung
Musik
Auf Menschen bezogene Diskussion von Fällen
Interaktion in der Gruppe

KORRELATIONSMODELL

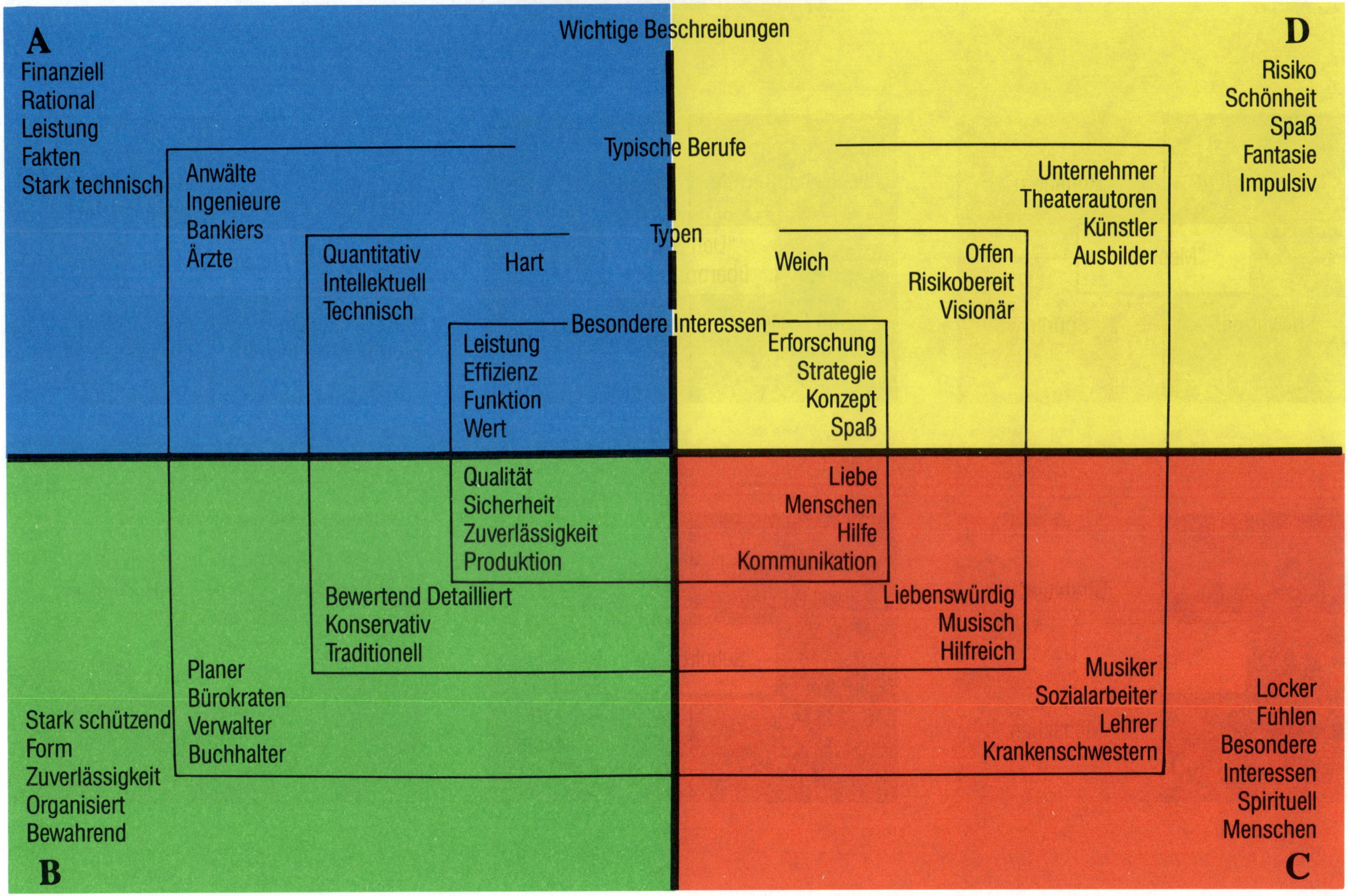

VERSCHIEDENE SPRACHEN DES GEHIRNS

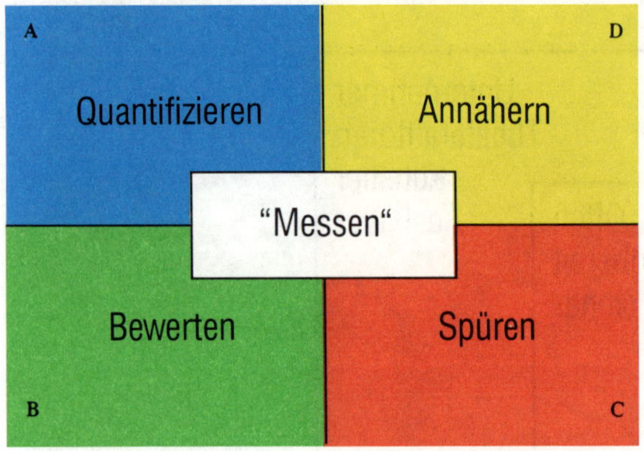

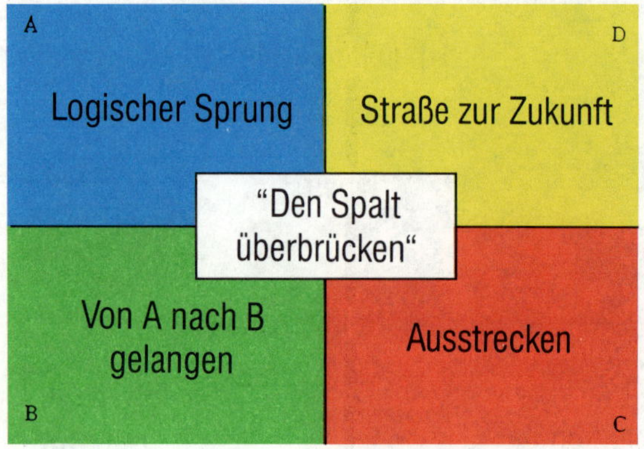

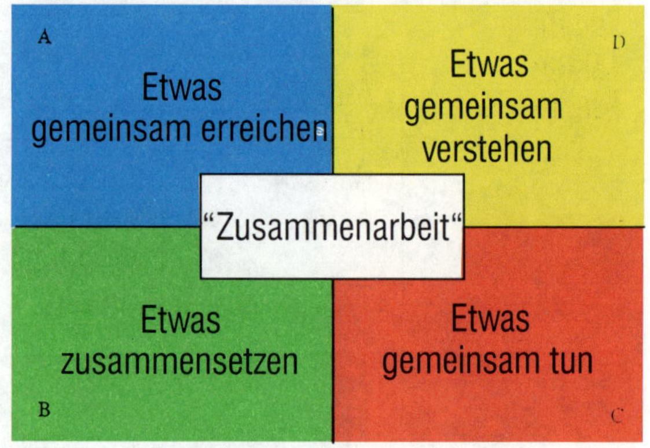

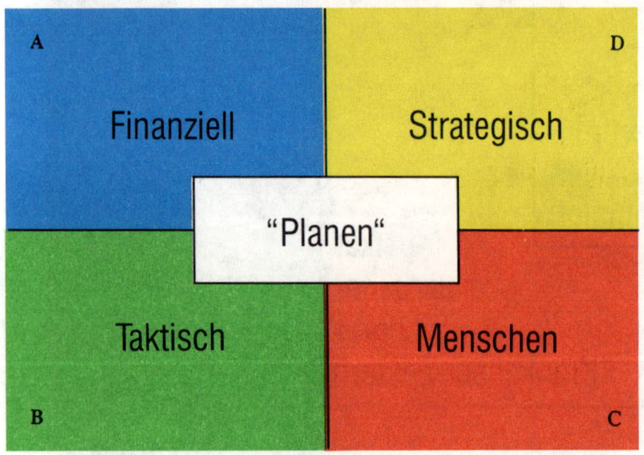

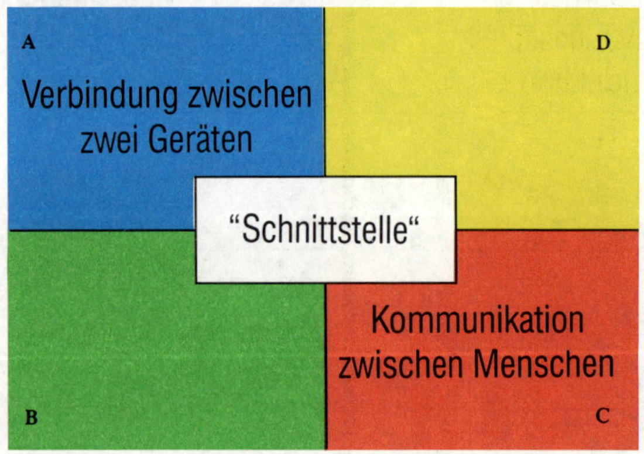

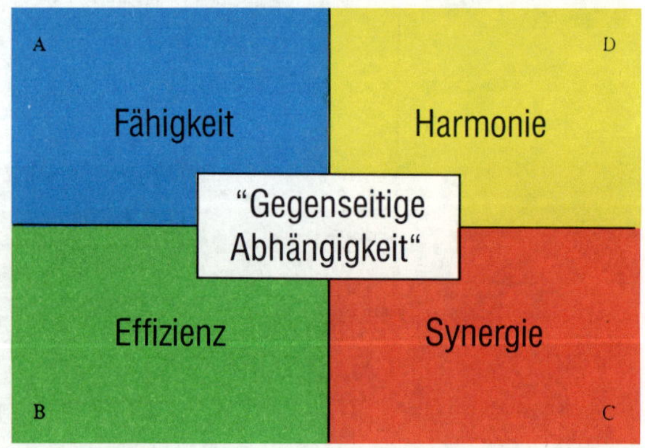

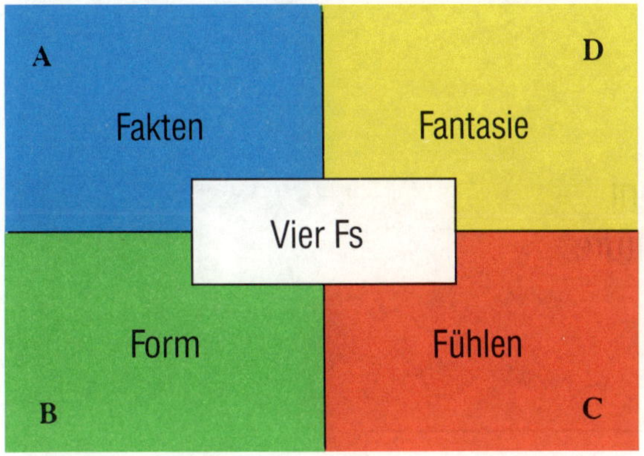
A
D
Fakten
Fantasie
Vier Fs
Form
Fühlen
B
C

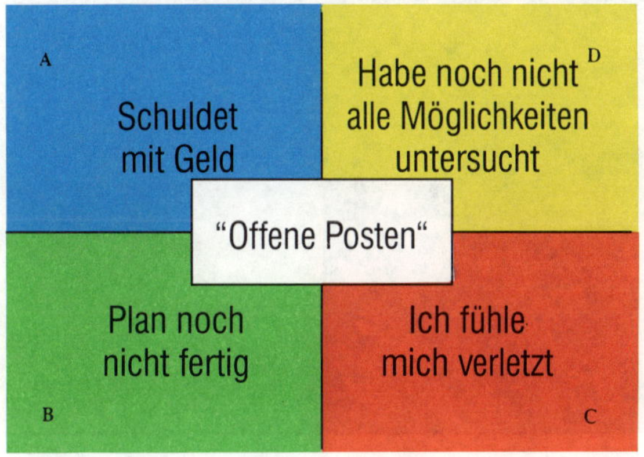
A
D
Schuldet mit Geld
Habe noch nicht alle Möglichkeiten untersucht
“Offene Posten“
Plan noch nicht fertig
Ich fühle mich verletzt
B
C

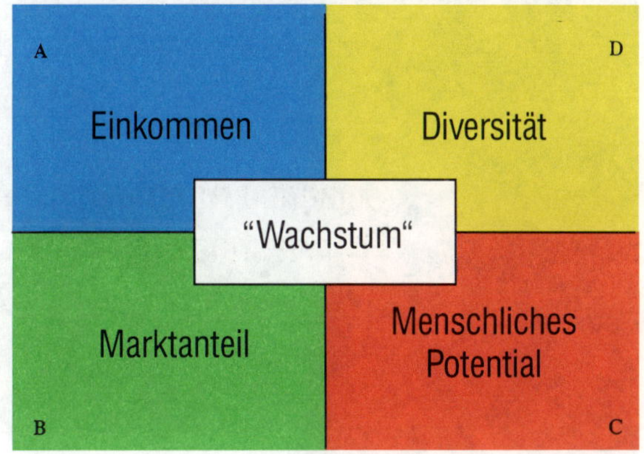
A
D
Einkommen
Diversität
“Wachstum“
Marktanteil
Menschliches Potential
B
C

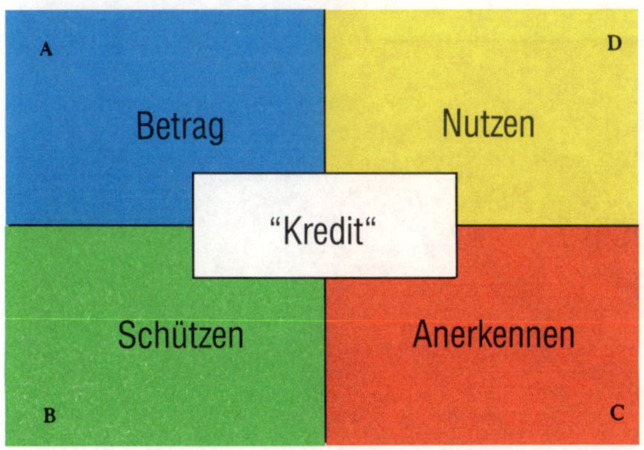
A
D
Betrag
Nutzen
“Kredit“
Schützen
Anerkennen
B
C

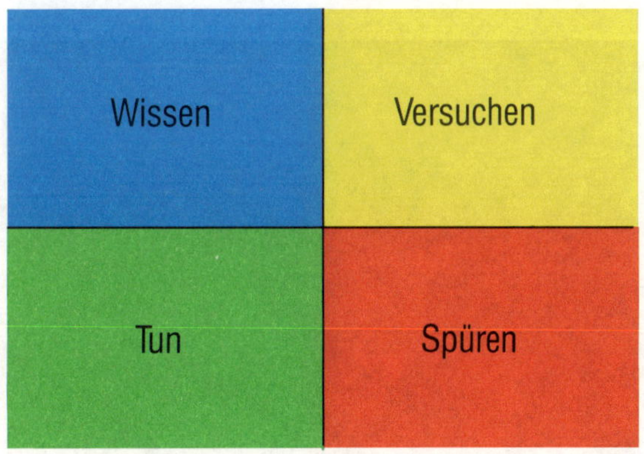
Wissen
Versuchen
Tun
Spüren

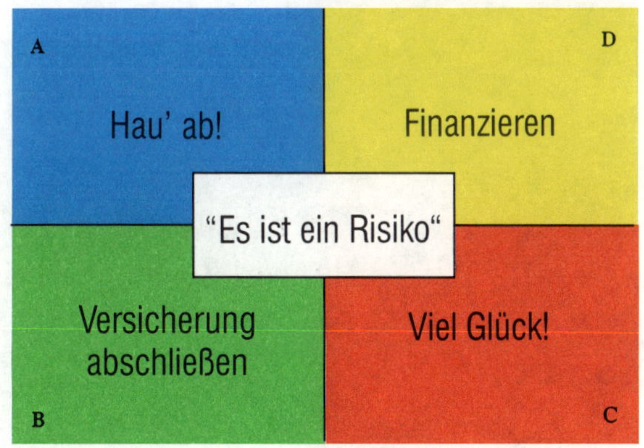
A
D
Hau’ ab!
Finanzieren
“Es ist ein Risiko“
Versicherung abschließen
Viel Glück!
B
C

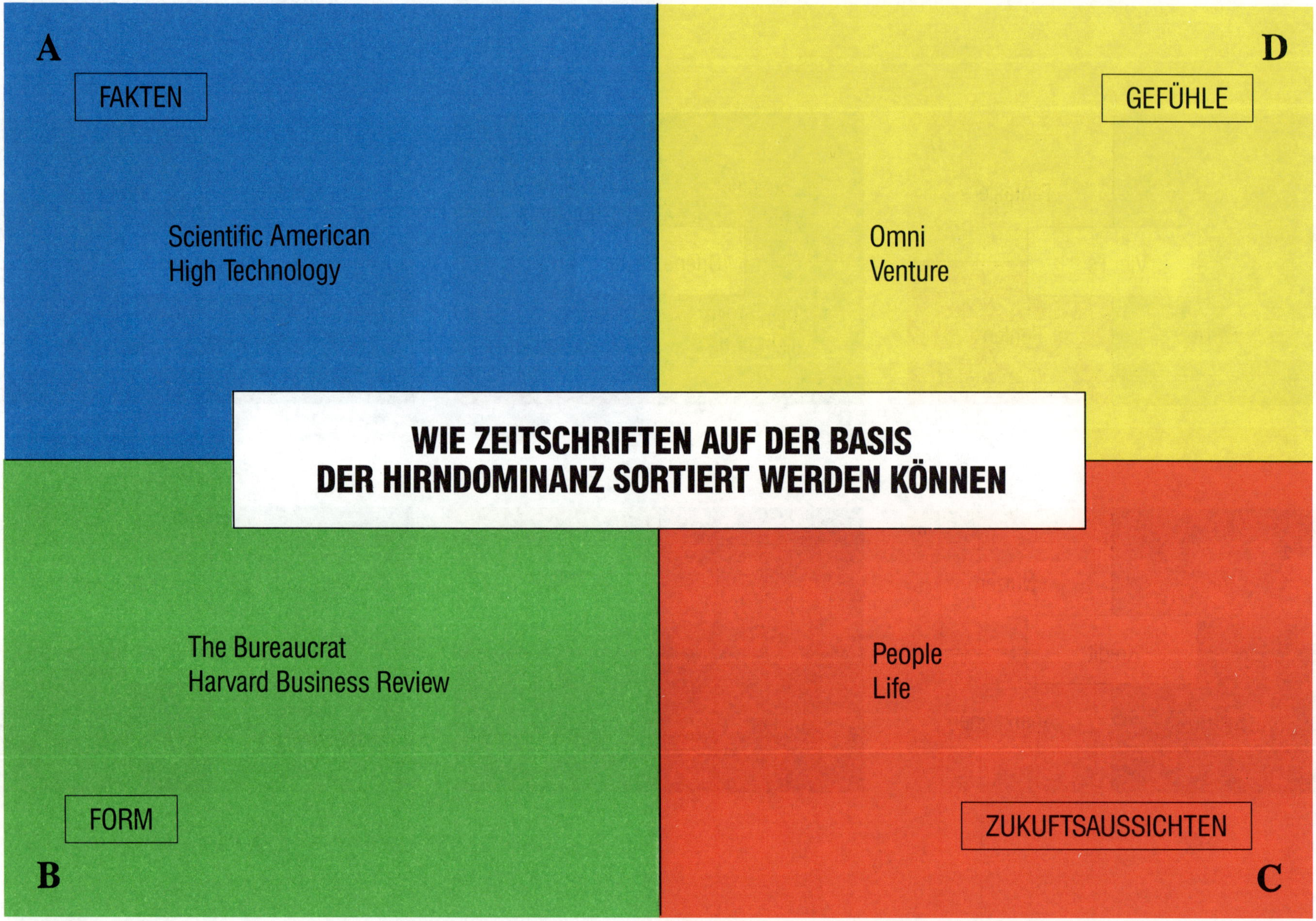
A
FAKTEN
Scientific American
High Technology
D
GEFÜHLE
Omni
Venture
WIE ZEITSCHRIFTEN AUF DER BASIS
DER HIRNDOMINANZ SORTIERT WERDEN KÖNNEN
The Bureaucrat
Harvard Business Review
FORM
B
People
Life
ZUKUFTSAUSSICHTEN
C

WIE SICH DIE SPEZIALISIERTEN PROZESSE DES GEHIRNS IN DER ALLTÄGLICHEN GESCHÄFTSTÄTIGKEIT AUSWIRKEN

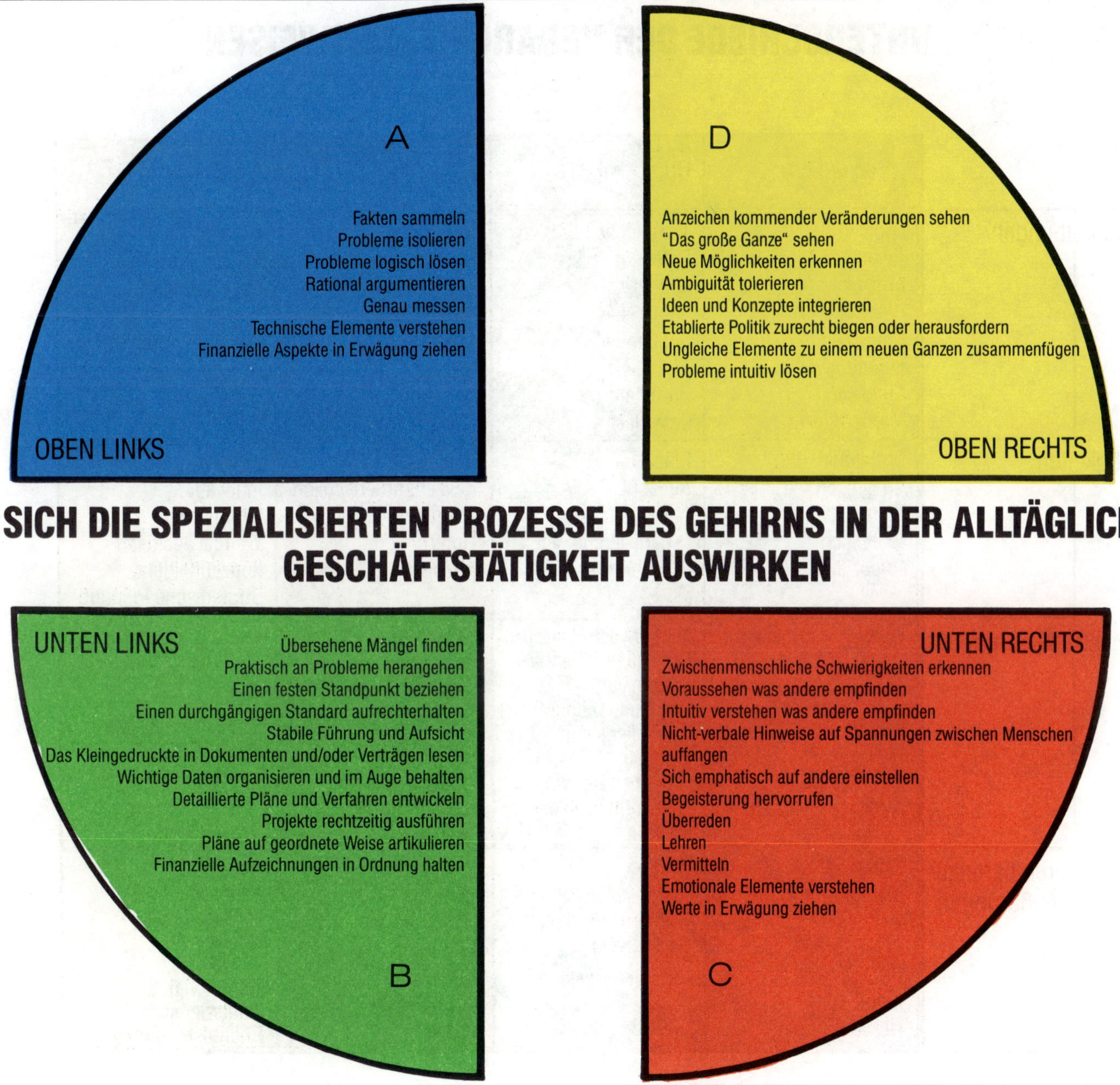

UNTERSCHIEDE DER VERARBEITUNGSWEISEN

	Oben links A	Unten links B	Unten rechts C	Oben rechts D
Beschreibungen	Logisch Tatsachenorientiert Kritisch Rational Analytisch quantitativ Autoritär Mathematisch	Technische Literatur Datensammler Konservativ Kontrolliert Sequentiell Artikuliert Dominant Detailliert	Musisch Spirituell Mitteilsam Symbolisch Emotional Intuitiv (auf Menschen bezogen) Leser (persönlich)	Kreativ/innovativ Intuitiv (bezogen auf Lösungen) Simultan Zusammenführend Holistisch/Ganzheitlich Künstlerisch Räumlich
Fertigkeiten	Problemlösung Analytisch Statistisch Technisch Finanziell	Planen Aufsicht Administrativ Organisierend Ausführung	Ideen ausdrücken Zwischenmenschlich Schreiben (Briefe) Unterrichten Ausbilden	Kreativ Innovativ Integrierend Wandel auslösen Konzeptbildend Strategische Planung
Typische Äußerungen	Fakten Hardware Wichtiger Punkt Grundlage kennen Analysieren, Aufdröseln Aufschlüsseln Kritische Analyse	Zur Gewohnheit machen Das haben wir immer so gemacht Recht und Ordnung Selbstdisziplin Wörtlich Sicherheit zuerst Ein Schritt nach dem anderen	Teamarbeit Familie Interaktiv Gemeinschaftlich Menschliche Werte	Mit einer Idee spielen Das große Ganze Vision Umfassend angelegt Psynergistisch Verkrustung aufbrechen Innovativ
Von anderen benutzte abfällige Äußerungen	Erbsenzähler Machthungrig Gefühllos Berechnend Rücksichtslos Kalter Fisch Nervensäge	Mäkelig Phantasielos Bleibt im Dreck stecken Schwerfällig Korinthenkacker	Weichling Mimose Geschwätzig Seelchen Gefühlsduselig Schwätzer Softie	Übermütig Kann sich nicht konzentrieren Unrealistisch Verrückt Träumt viel Undiszipliniert Phantast, Träumer

Modell der Kompetenz-Potentiale

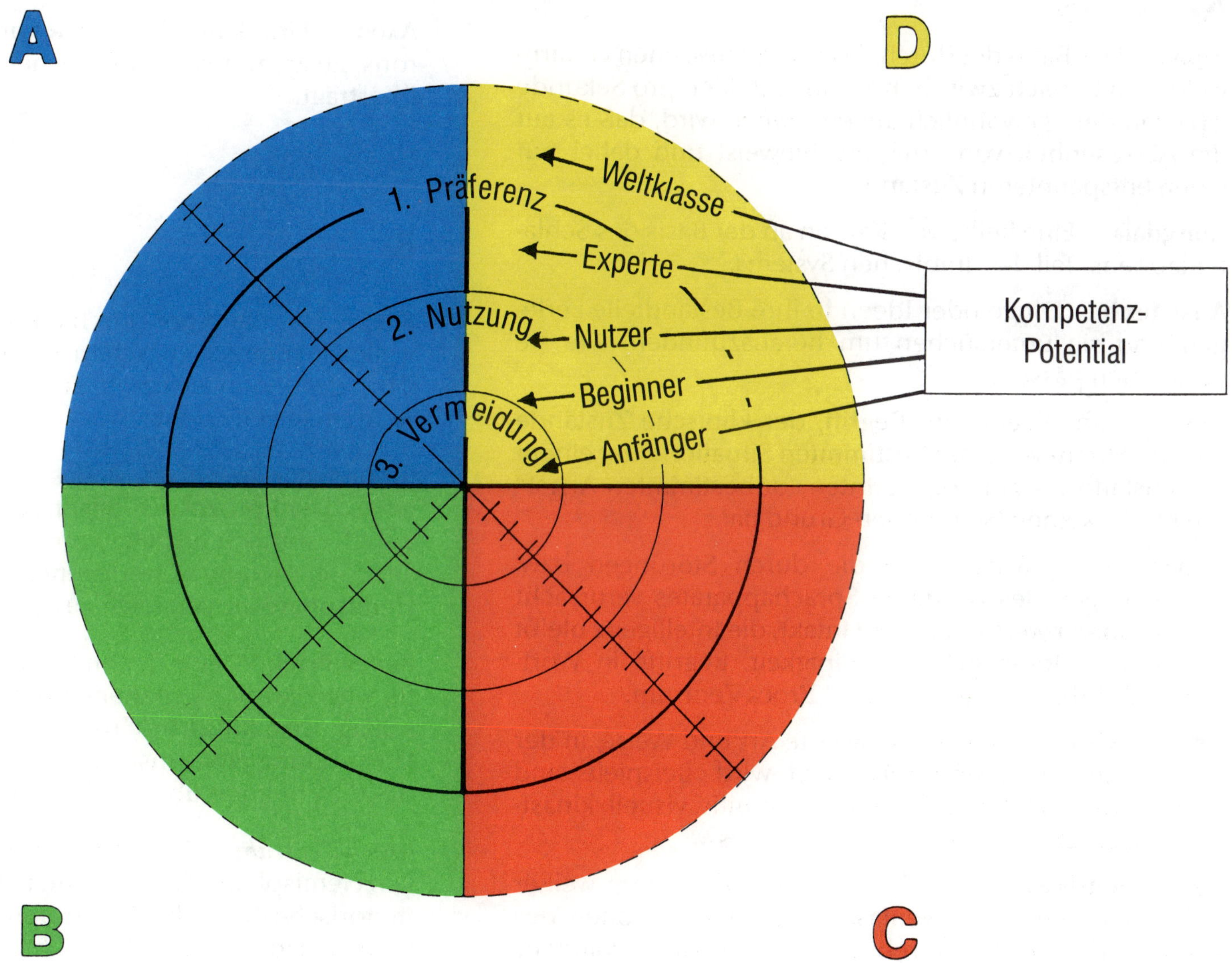

GLOSSAR

A

Alpha – Das Band der durch das EEG gemessenen Gehirnwellen im Bereich zwischen 8 und 13 Zyklen pro Sekunde (Hz) von dem gewöhnlich angenommen wird, daß es auf die Abwesenheit von Erregung hinweist und daher auf einen entspannteren Zustand.

Amygdala – Eine Reihe von Kernen an der Basis des Schläfenlappens. Teil des limbischen Systems.

Analytisch – Dinge oder Ideen in ihre Bestandteile zerlegen und sie untersuchen um herauszufinden, wie sie zusammen passen.

Angst – Ein allgemeiner Begriff, der klinische Zustände von der Furcht vor einer bestimmten Situation oder einem Gegenstand bis zur sogenannten "unbestimmten Angst" meint, die keinen bestimmten Grund hat.

Aphasie – Sprachstörung, die durch Störungen bzw. Erkrankungen des zentralen Sprachapparates verursacht ist. Die Sprechwerkzeuge sind intakt, die Intelligenz bleibt erhalten. Verloren geht die Fähigkeit, Begriffe in Wort- oder Schriftbilder umzusetzen. ↑ Broca-Zentrum.

Art des Wissens – Die spezialisierte Art und Weise, in der Wissen erworben und verwendet wird. Beispiele sind unter anderem tatsachenorientiert, intuitiv, visuell, kinästhetisch, emotional, sequentiell, verbal usw.

Assoziationsfasern – Die häufigste der drei Arten weißer Zellen im Gehirn. Nervenfasern, die alle Regionen des Kortex in der gleichen zerebralen Hemisphäre verbinden.

Auditorischer Kortex – Ein zum größten Teil im Schläfenlappen befindlicher Bereich des zerebralen Kortex, in dem Geräusche empfangen und verarbeitet werden.

Axon – Eine lange Faser, die vom Zellkörper eines Neurons ausgeht und Impulse an benachbarte Neuronen überträgt.

B

Beta – Das Band der durch das EEG gemessenen Gehirnwellen im Bereich zwischen 13 und 30 Zyklen pro Sekunde (Hz), das einen erregten Zustand anzeigt, zum Beispiel wenn man aktiv denkt.

Bevorzugter kognitiver Modus – Bevorzugte Verwendung eines Denkprozesses gegenüber einem anderen, z.B. visuell-räumlich anstelle von verbal. Wird auf Grund der angenommenen überlegenen Funktionsweise einer Hemisphäre im Vergleich zur anderen beschrieben.

Biofeedback – Eine Technik, bei der versucht wird, eine für unwillkürlich gehaltene Körperfunktion wie den Herzschlag, den Blutdruck und die Gehirnwellen durch die Verwendung eines Instrumentes bewußt zu beeinflussen, das die Funktion überwacht und Veränderungen anzeigt.

Broca-Zentrum – Sprachzentrum. Das Areal ist in der linken Hemisphäre, direkt vor dem Areal, in dem der primäre motorische Bereich für die Sprechmuskulatur gesteuert wird. Schäden in dem B. Z. führen zu der Broca-Aphasie.

C

Cerebellum – Kleinhirn. Der auf die motorische Koordination spezialisierte Teil des hinteren Gehirns.

Cerebralis – Großhirn. Der große, obere Teil des Gehirns, bestehend aus der linken und rechten Hemisphäre.

Computergestützte Axialtomographie (CAT) – Eine Technik für die Diagnose von Erkrankungen des Gehirns. Ein Röntgenstrahl durchläuft einen kleinen Teil des Kopfes und Detektoren zeichnen die von diesem Teil absorbierte Strahlungsmenge auf und leiten diese Informationen an einen Computer weiter. Der Computer rekonstruiert die Daten durch mathematische Berechnungen und projiziert ein Abbild auf einen Bildschirm.

D

Delta – Ein Band der vom EEG gemessenen Gehirnwellen im Bereich zwischen 0,05 und 4 Zyklen pro Sekunde (Hz), das auf tiefen, traumlosen Schlaf hindeutet.

Dendrit – Ein kurzer, feiner Zweig, der aus dem Zellkörper eines Neurons ragt und durch synaptische Kontakte mit benachbarten Neuronen Impulse empfängt oder sendet.

Detailliert – Kleinigkeiten oder Teilen einer Idee oder eines Projektes Aufmerksamkeit schenken.

Dominante Hemisphäre – Der Zustand oder die Tatsache, daß eine Hemisphäre die bei einer bestimmten Aufgabe ablaufende Verarbeitung von Informationen kontrolliert. Häufig im Zusammenhang mit der Hemisphäre verwendet, die die Sprache steuert. (links)

Dominanz – Der Zustand oder die Tatsache, daß ein Glied eines Organpaares hauptsächlich zur Ausführung einer Aufgabe eingesetzt wird, d.h. Hand, Fuß, Auge, Gehirn.

Dreieiniges Gehirn – Ein evolutionäres Modell des Gehirns als dreilagigen Gebildes. Jede Schicht repräsentiert ein anderes Evolutionsstadium. Von Paul MacLean entwickelt. Die älteste Schicht, das reptilische Gehirn, regelt die lebenswichtigen Körperfunktionen. Das alte ↑ mammalische Gehirn, die mittlere Schicht, ist das Zentrum für Instinkte und Gefühle und hält das innere Gleichgewicht des Körpers aufrecht. Die dritte und entwicklungsgeschichtlich jüngste Schicht ist das neomammalische Gehirn oder Cerebralis, in dem die höheren Denkprozesse ablaufen.

Dyslexie – Oft bei Kindern, besonders linkshändigen Knaben, vorkommende Behinderung des Lesens und der Verarbeitung von Worten und Zahlen.

E

EEG (Elektroenzephalogramm) – Eine Aufzeichnung des Musters der elektrischen Gehirnwellen, die von auf der Kopfhaut angebrachten Elektroden aufgenommen werden, die mit einem elektronischen EEG-Gerät verbunden sind.

Emotional – Leicht zu erregende Gefühle haben und diese Gefühle auch zeigen.

Emphatisch – Fähig sein zu verstehen, wie sich ein anderer Mensch fühlt, und dieses Gefühl mitzuteilen.

Epilepsie – Eine neurologische Erkrankung, die durch Anfälle verschiedener Art gekennzeichnet ist, die mit einer Bewußtseinsstörung einhergehen.

Extrovertiert – Mehr an Menschen und Dingen außerhalb der eigenen Gedanken und Gefühle interessiert. Offenbart anderen Menschen schnell und leicht Gedanken, Reaktionen, Gefühle usw.

F

Finanziell – Kompetent in der Überwachung und Bearbeitung quantitativer Dinge, die mit Kosten, Budgets und Investitionen zusammenhängen.

G

Ganzheitlich – In der Lage sein, einzelne Tatbestände in ihrem Gesamtzusammenhang zu sehen.

Gliazelle – "Nervenleim", spezielle Zellen, die jedes Neuron umgeben und Halt und Nahrung liefern.

Graue Zellen – Rindengewebe im Gehirn und dem Rückenmark, bestehend aus den Zellkörpern von Neuronen. Im Gehirn befinden sich die grauen Zellen an der Oberfläche, die grauen Zellen des Rückenmarks liegen in seinem Inneren.

Gyrus – Eine Windung des Kortex der zerebralen Hemisphären.

H

Händigkeit – bevorzugte, 'starke' Hand bzw. Hände.

Hemisphärendominanz – Die Tendenz, daß eine Hemisphäre unabhängig von der Aufgabe dominant ist.

Hinterhirn – Eine Region des Gehirns, die hauptsächlich aus Cerebellum, Medulla, Pons und dem vierten Ventrikel besteht.

Hippocampale Kommissur – Die Verbindung aus Axonenfasern, die die beiden Hälften des limbischen Systems verbindet. Kleiner aber mit ähnlicher Funktion wie das Corpus Callosum.

Hippocampus – Eine U-förmige Formation im limbischen System, von dem bekannt ist, daß es eine wichtige Rolle beim Lernen und für das Kurzzeitgedächtnis spielt.

Hippothalamus – Ein Teil des limbischen Systems, das als "Gehirn des Gehirns" bekannt ist. Eine kleine Anhäufung von Neuronen an der Basis des Vorderhirns, die wesentliche Bedeutung für die Koordination der Funktionen des zentralen Nervensystems ist und mit fast allen Verhaltensweisen zu tun hat, einschließlich der Regulierung der Körpertemperatur, dem Geschlechtstrieb, Durst und Hunger. Er steuert auch die endrokrine Aktivität und spielt bei den Gefühlen Schmerz und Freude eine große Rolle.

Hirnstamm – Die primitiven Strukturen, die den zentralen Kern des Gehirns bilden und vom Ende des Rückenmarks in die Mitte des Gehirns verlaufen.

Holografie – Eine fotografische Technik, bei der aus den Interferenzmustern eines aufgeteilten Laserstrahls ein dreidimensionales Bild erzeugt wird. Die Holografie wurde als ein Modell der Gedächtnis- und Wahrnehmungsprozesse vorgeschlagen.

Humanistische Psychologie – Eine Schule der Psychologie, die die Einzigartigkeit der Menschen und ihr Potential für die Selbsterfüllung unterstreicht. Sie behauptet, jeder Mensch sei für seine Handlungen verantwortlich.

I

Implementierung – In der Lage, eine Tätigkeit auszuführen und die Erfüllung durch konkrete Maßnahmen und Ergebnisse sicherzustellen.

Innovator – Ein innovativer Führer, der die Risiken einer unternehmerischen Tätigkeit organisiert, leitet und deren Risiken übernimmt.

Innovierend – In der Lage, neue oder neuartige Ideen, Methoden oder Geräte einzuführen.

Integration – Die Fähigkeit, Stücke, Teile und Elemente von Ideen, Konzepten und Situationen zu einem einheitlichen Ganzen zu kombinieren.

Intellektuell – Der Besitz eines überlegenen Denkvermögens. Die Fähigkeit zum Erwerb und Behalten von Wissen.

Introvertiert – Mehr auf innere Reflexion und Verständnis als auf Menschen und Dinge außerhalb des Selbst orientiert. Zögern, die eigenen Reaktionen, Gefühle und Gedanken anderen zu offenbaren.

Intuitiv – Etwas wissen ohne es zu durchdenken – ohne das Bedürfnis nach Fakten oder Beweisen etwas unmittelbar verstehen.

Iterativ – Der durch die Querverbindungen des Gehirns wiederholt durchgeführte Prozeß des hin und her Schaltens zwischen spezialisierten Funktionen des Gehirns, um zu einem gewünschten geistigen Ergebnis zu kommen.

K

Kinetose – Durch Reizung des Gleichgewichtssinnes erregte Bewegungsstörung (Seekrankheit o. ä.)

Kognitiv – Der geistige Prozeß, mit Hilfe dessen man etwas durch Wahrnehmung, Denken oder Intuition weiß.

Künstlerisch – An dem Malen, Zeichnen, der Musik oder dem Bildhauern Freude haben oder Fertigkeiten darin besitzen. Fähig zur Anordnung von Farbe, Design und Struktur, so daß erfreuliche Effekte entstehen.

Kommissur – Ein Bündel von Axonenfasern, die einander entsprechende Punkte auf den beiden Seiten des Zentralnervensystems verbinden. Die wichtigsten Kommissuren sind: Das Corpus Callosum, die hippocampale Kommissur und die vordere Kommissur.

Kommissurale Fasern – Bündel von Axonenfasern, die die beiden zerebralen Hemisphären und die beiden Hälften des limbischen Systems miteinander verbinden.

Kommissurotomie – Die chirurgische Durchtrennung des Corpus Callosum, der hippocampalen und vorderen Kommissur, die die drei Verbindungsglieder zwischen den beiden Hirnhälften darstellen.

Konservativ – Die Neigung zur Erhaltung traditioneller und erprobter Ansichten, Bedingungen und Institutionen.

Kontrolliert – Zurückhaltend, die eigenen Emotionen kontrollierend.

Konzeptbildend – In der Lage, Gedanken und Ideen zu bilden, aus dem Besonderen die Abstraktion abzuleiten.

Kreativ – Ungewöhnliche und originelle Ideen und phantasievolle Gedanken haben. In der Lage, Dinge auf neue und neuartige Art und Weise zusammenzustellen.

Kreativ werden – Ein Übergangsstadium im Geist, während dessen die für den kreativen Prozeß notwendigen spezialisierten Funktionen situationsbezogen für die Anwendung auf eine Aufgabe in Reaktion auf ein empfundenes Bedürfnis verfügbar werden.

Kritisch – Beurteilung des Wertes oder der "Machbarkeit" von Ideen oder Produkten. Prüfung von Projekten etc.

Kritisch werden – Ein Übergangspunkt, an dem ein Merkmal oder eine Eigenschaft einer endlichen Veränderung unterzogen wird.

L

Lateralisierung – Die Seite des Gehirns, die eine gegebene Funktion kontrolliert. Daher befassen sich Untersuchungen der Lateralisierung damit, zu erkennen, welche Seite des Gehirns verschiedene Funktionen kontrolliert.

Leser – Jemand, der oft liest und daran Freude hat.

Limbisches System – Ein bedeutender Nervenkomplex im Gehirn, der als mammalisch bezeichnet wird, bestehend aus einem stark miteinander verflochtenen Ring kortikaler und subkortikaler Strukturen. Jede Hälfte ist in einer der zerebralen Hemisphären eingebettet, wobei diese separaten Hälften durch die hippocampale Kommissur verbunden sind. Das limbische System ist in starkem Maße mit emotionalen Reaktionen und Verhaltensweisen befaßt, der Speicherung und Übertragung von Erinnerungen, Lernprozessen und Fragen des Überlebens wie Essen, Kämpfen, Fliehen und sexueller Reproduktion.

Logisch – Aus dem früher geschehenen Schlüsse ziehen können.

Lustzentren – Nervenzentren im Hippothalamus und anderen Orten des limbischen Systems, in denen der Ursprung angenehmer Gefühle vermutet wird.

M

Mammalia – die – zusammenfassend für die Säugetiere.

Mathematisch – Zahlen wahrnehmen und verstehen und in der Lage sein, sie in Hinsicht auf einen gewünschten Zweck zu manipulieren.

Medulla Oblongata – Verlängertes Mark. Teil des Hirnstamms, der das Rückenmark mit dem Rautenhirn verbindet. Steuert u. a. die Atmung und den Blutkreislauf.

Metaphorisch – In der Lage, visuelle und verbale Symbole zu verstehen und zu benutzen, die eine Ähnlichkeit oder Analogie anstelle einer wörtlichen Beschreibung darstellen, z.B. "Herz aus Gold".

Mittelhirn – Das kurze Segment zwischen dem Vorderhirn und dem Hinterhirn.

Musikalisch – Ein Interesse an oder eine Begabung für Musik und/oder Tanz haben.

Myelin – Die fettigen, weißen Zellen, die einen isolierenden Mantel um gewisse Nervenfasern bilden, einschließlich der Axonenfasern, die das Corpus Callosum und die hippocampale Kommissur ausmachen und die Übertragung elektrischer Impulse unterstützen.

Myelinisierung – Die Bildung von Myelin auf Axonen. Gilt als ein Zeichen der Reifung. Tritt bei Mädchen im Vergleich mit Knaben früher ein.

N

Neokortex – Die jüngste Schicht des Gehirns, die die äußere Schicht oder "neue Rinde" bildet. Besteht aus vier bis sechs Zellschichten. In diesem Buch wird der Begriff synonym mit Kortex verwendet.

Nervenimpuls – Bewegung oder Fortpflanzung eines Handlungspotentions an einem Axon entlang. Beginnt an einem Punkt in der Nähe des Zellkörpers und bewegt sich von ihm weg.

Neuron – Die einfachste leitende Einheit des Nervensystems (als als Nervenzelle bezeichnet), bestehend aus einem Zellkörper und fadenähnlichen Fortsätzen, die elektrische Impulse leiten. Das Axon, eine einzige lange Faser, überträgt den Impuls, während als Dendriten bezeichnete kürzere Fortsätze sie empfangen.

Neuropsychologie – Die Untersuchung der Beziehung zwischen der Hirnfunktion und dem Verhalten.

Neurotransmitter – Eine chemische Substanz, eines der etwa dreißig Botenmolekülen, die Impulse von einem Neuron zum anderen übertragen. In den Enden von Axonen gespeichert wird diese chemische Substanz in den synaptischen Spalt freigesetzt, wenn ein Neuron feuert. Sie verbindet sich mit den Dendriten der emfangenden Zelle.

NMR – Nuklearmagnetische Resonanz. Ein Abbildungsverfahren, bei dem ein Computer aus den gemessenen Veränderungen der magnetischen Resonanz der Atome des Gehirns ein Bild zeichnet.

Nukleus – Ein kugelförmiges Gebilde im Soma von Zellen, enthält DNA. Auch eine Gruppe von Zellen, die einen histologisch erkennbaren Zellhaufen bilden.

O

Okzipitallappen – Zum Hinterhaupt gehörend. Ein Gebiet des Kortex, der sich im hinteren Teil des Kopfes befindet.

Organisiert – Die Fähigkeit, Menschen, Konzepte, Gegenstände, Elemente usw. in eine sinnvolle Beziehung zueinander zu bringen.

P

Paralimbischer Kortex – Ein Begriff für Bereiche des aus drei Schichten bestehenden Kortex, die sich in der Nähe des klassisch definierten limbischen Kortex befindet und direkte Verbindungen zum limbischen Kortex haben.

Phantasievoll – In der Lage, geistige Bilder von Dingen zu bilden, die den Sinnen nicht unmittelbar zugänglich sind oder in der Realität nie ganz wahrgenommen werden. In der Lage, sich auf eine neue Art und Weise mit einem Problem zu befassen.

Phrenologie – Die Untersuchung der Beziehung zwischen den Oberflächenmerkmalen des Schädels und geistigen Fähigkeiten. Seit langem diskreditiert.

Planung – Die Formulierung von Methoden oder Mitteln zum Erreichen eines gewünschten Zielen. Geschieht, bevor Maßnahmen zur Ausführung ergriffen werden.

Pons – Ein Teil des hinteren Gehirns, der hauptsächlich aus motorischen Fasern besteht, die z.B. zum Cerebellum und dem Rückenmark gehen.

Positronenemissionstransaxialtomografie (PETT) – Ein Werkzeug, mit dem Abbilder des Metabolismus erzeugt werden, die zur Diagnose von Funktionen und Erkrankungen des Gehirns verwendet werden. Der PETT-Scanner verfolgt Strahlung durch das Körpergewebe nachdem ein radioaktives Isotop gespritzt wurde. Die Analyse der vom Scanner aufgezeichneten Informationen geschieht in einem Computer, der die Daten in ein farbiges Bild der Biochemie des Körpers umsetzt.

Präfrontaler Lappen – Teil des Stirnlappens, der direkt hinter der Stirn liegt. Seine Funktion steht möglicherweise im Zusammenhang mit der Fähigkeit zu planen und Entscheidungen zu treffen.

Probleme lösen – Die Fähigkeit, Lösungen für schwierige Probleme durch logisches Denken zu finden.

Projektionsfasern – Einer von drei Typen weißer Zellen. Sie übertragen Impulse zwischen dem zerebralen Kortex und anderen Teilen des Nervensystems.

Q

Quantitativ – Auf numerische Beziehungen und die Messung von Beträgen, Proportionen und Abmessungen ausgerichtet.

R

Rational – Entscheidungen auf der Grundlage des Verstandes treffen im Gegensatz zu Traditionen, Emotionen, Intuition oder Spekulation.

Räumlich – Die Fähigkeit, die relative Position von Gegenständen im Raum wahrzunehmen und sie zu verstehen und sie in eine gewünschte Beziehung zu bringen.

Rautenhirn – besteht aus Hinterhirn und Nachhirn.

Retikulare Formation – Ein dichtes Netz von Neuronen im Hirnstamm, das das Bewußtsein reguliert und die Aufmerksamkeit des Gehirns kanalisiert.

Rigoroses Denken – Gründlich und detailliert an die Lösung eines Problems herangehen.

S

Scheitellappen – Eine Region des zerebralen Kortex, die sich zwischen den Stirn- und Okzipitallappen befindet. Der Bereich, in dem Berührungsempfindungen und Informationen über die Orientierung im Raum empfangen werden.

Schläfenlappen – Der Teil des Cerebralis unterhalb der sylvischen Furche.

Schreiber – Jemand, der sich mit dem geschriebenen Wort klar ausdrücken kann und daran Freude hat.

Sequentiell – Sich mit Dingen und Ideen nacheinander oder in einer Reihenfolge befassen.

Simultan – In der Lage, zwei oder mehr mentale Inputs, wie zum Beispiel visuelle, musikalische oder verbale Inputs, gleichzeitig zu verarbeiten und ihnen einen Sinn abzugewinnen. Die Fähigkeit, sich gleichzeitig zwei oder mehr Dingen zu widmen.

Sinistralität – Linkshändigkeit.

Spirituell – Sich im Gegensatz zum Körper oder materiellen Dingen mit dem Geist oder der Seele befassen.

Stirnlappen – Einer von vier Bereichen des zerebralen Kortex. Der Stirnlappen liegt direkt hinter der Stirn. Der hinterste Teil dieses Lappens enthält den motorischen Kortex.

Symbolisch – Objekte, Markierungen und Zeichen als repräsentativ für Fakten und Ideen verwenden und verstehen können.

Synapse – Der mikroskopisch kleine Spalt zwischen zwei benachbarten Nervenzellen. Chemische Neurotransmitter übertragen die Nervenimpulse über die Synapse.

Syntax – Grammatik. Eine Reihe von Regeln für die Anordnung von Worten zu Phrasen und Sätzen in einer gegebenen Sprache.

Synthetisierer – Jemand, der separate Ideen, Elemente oder Konzepte zu etwas neuem zusammensetzt.

T

Tachistoskop – Ein elektromechanischer Apparat, der aus einem Projektor, Betrachter und Schirm gesteht, durch den ausgewählten Teilen des Gesichtsfeldes visuelle Reize angeboten werden können.

Technisch – Die Fähigkeit, technisches und wissenschaftliches Wissen zu verstehen und anzuwenden.

Thalamus – Eine zweilappige Masse von Nervenzellen an der Oberseite des Hirnstammes, der die Übertragungszentren für sensorische und motorische Informationen zum und vom Gehirn enthält.

Theta – Das Band der vom EEG gemessenen Gehirnwellen im Bereich zwischen 4 und 8 Zyklen pro Sekunde (Hz). Ein bewußter Zustand, der mit dem freien Fluß von Ideen und Bildern in Verbindung steht.

Trennung – Durch Beschädigung oder Chirurgie die Fasern durchtrennen, die zwei Bereiche des Gehirns verbinden, so daß diese beiden Bereiche nicht mehr kommunizieren können. Auch der Zustand, der sich daraus ergibt.

U

Unternehmer – Ein unabhängiger und phantasievoller Mensch, der eine neue Firma gründet, die innovative Produkte und/ oder Dienstleistungen anbietet.

Unterrichten/Ausbildung – Die Fähigkeit, Ideen und Verfahren auf eine Weise zu erläutern, die Menschen verstehen, damit sie sie anwenden können.

V

Verbal – Gute Fertigkeiten im Sprechen besitzen. Klar und effektiv im Umgang mit Worten.

Verbundene Gehirn, das – Das physiologische Ergebnis der Häufung von Assoziations-, Projektions- und Kommissurfasern, die im ganzen Gehirns verteilt sind. Dieses gewaltige Netz aus bis zu 500 Millionen Fasern verbindet alle wichtigen Strukturen des menschlichen Gehirns miteinander.

Visueller Kortex – Der Teil des Okzipitallappens jeder Hemisphäre an der Rückseite des Cerebralis. Sie empfangen und interpretieren was das Auge in jedem visuellen Halbfeld sieht.

Visuelles Halbfeld – Ein Gesichtsfeld auf einer Seite eines Fixpunktes. Das gesamte Gesichtsfeld besteht aus einem linken visuellen Halbfeld und einem rechten visuellen Halbfeld.

Vordere Kommissur – Bündel von Axonenfasern, das die Schläfenlappen der linken und rechten Hemisphäre verbindet.

Vorderhirn – In diesem Buch für die zerebralen Hemisphären verwendeter Begriff – Basalganglien, Thalamus, Amygdala, Hippocampus und Septum.

W

Wahrnehmung – Eine Erkenntnis, die sich aus der Aktivität von Zellen in den verschiedenen sensorischen Regionen den Neokortex ergibt, die außerhalb des primären sensorischen Kortex leigen.

Weiße Zellen – Verbindungsfasern der Hirnzellen, die hauptsächlich aus Axonen und ihrem Myelinmantel bestehen.

Wernicke Zentrum – Teil des linken Schläfenlappens, in dem Sprache wahrgenommen wird.

Z

Zellkörper – Der Hauptteil eines Neurons, der den Zellkern enthält.

Zerebraler Kortex – Die Schicht grauer Zellen an der Oberfläche der zerebralen Hemisphären, die aus Neuronen und ihren Synapsen besteht und vier bis sechs Unter-Schichten bildet.

Zwischenmenschlich – Die Fähigkeit, bedeutungsvolle und angenehme Beziehungen zu vielen unterschiedlichen Arten von Menschen zu entwickeln und aufrechtzuerhalten.

Bibliographie

Bücher

Adams,James.Conceptual Blockbusting. W.W. Norton, 1979.
Ich habs! Wie man Denkblockaden mit Phantasie überwindet
Vieweg, F/VVA ISBN : 3-528-08522-3
Adizes, Ichak. How To Solve the Mismanagement Crisis. Adizes Institute, 1979.
Wie man Missmanagement überwindet
Erkennen und Beseitigen der Ursachen
Langen-Müller/VVA 1981 ISBN : 3-7844-7089-0
Albrecht, Karl and Steven Albrect. The Creative Corporation. Dow-Jones-Irwin, 1987.
Arieti, Silvano. Creativity. 1976
Asinov, Isaac. The Human Brain. Mentor Books, 1963.
Assagiloi, Roberto.The Act of Will. Penguin Books, 1973.
Austin, James H. Chase, Change, and Creativity: The Lucky Art of Novelty. Colombia University Press, 1978.
Bandler, Richard. Frogs Into Princes. Real People Press, 1979.
Bitte verändern Sie sich ...jetzt
Junfermann ISBN : 3-87387-020-7
Bandler, R. and J. Grinder. The Structur of Magic. Science & Behavior, 1975.:Kommunikation und Veränderung
Struktur der Magie,
Bd II: Bandler, Richard /Grinder, John:
Kommunikation und Veränderung.
Junfermann 1982 ISBN : 3-87387-187-4
Struktur der Magie
Bd I: Metasprache und Psychotherapie
ISBN : 3-87387-186-6
Blakmore, Colin. Mechanics of the Mind. Cambridge University Press, 1977.
Blakeslee, Thomas. Right Brain. Doubleday, 1980.
Das rechte Gehirn
Das Unbewusste und seine schöpferischen Kräfte
Aurum 1988 ISBN : 3-591-08190-6
Blofeld, John. Translated, I Ching, 1963.
Das I Ging liegt in deutscher Übersetzung in verschiedenen Ausgaben vor.
Bloom, Tagerson, and Hofstader. Brain, Mind, and Behavior. W.H. Freeman & Co., 1985.
Bondi, Angelo, ed. Have An Affair With Your Mind. The Creative Education Foundation, 1974.
Bondi, Angelo. The Creative Process. 1972.
Bonny, Helen, and Louis Savary. Music and Your Mind. I C M Press, 1983.
Brandsom, Robert and Allen Harrison. Styles of Thinking. Anchor Press: Doubleday, 1982.
Brown, Barbara B. New Mind, New Body. Harper & Row Publishers, 1974.
Supermind. Harper & Row Publishers, 1980.
Bruner, Jerome, and others. A Study of Thinking. John Wiley & Sons, 1957.
Bry, Adelaide. Visualization: Directing the Movies of Your Mind. Barnes & Noble, 1978.
Buckley-Allen, Madelyn. Listening: The Forgotten Skill. John Wiley & Sons, 1982.
Buzan, Tony. Use Both Sides of Your Brain. Rev. and updated ed.,lst ed., E. P. Dutton, 1982.
Campbell, David. Take the Road to Creativity. Argus Comm., 1977.
Campbell, Don G. Introduction to the Musical Brain. Magnamusic Baton, Inc., 1984.
Damm and Jerseld, eds. Serious Fun. Denmark: Inter Lego, 1979.
DeBono, Edward. Lateral Thinking. Harper & Row Publ., 1970.
Laterales Denken -Ein Kurs zur Erschließung Ihrer Kreativitätsreserven
Econ 1989-ISBN : 3-430-11426-8
Deacato, Carl H. The Treatment and Prevention of Reading Problems: The Neuropsychological Approach. C. C. Thomas, 1971.
Diagram Group, The. The Brain – A User's Manual. Perigee Books: Putnam Publishing Group, 1987.

Diamond, Schakel, and Elson. The Human Brain Coloring Book. Barnes & Noble, 1985.
Dixon, Terence, and Tony Buzan. The Evolving Brain. Holt, Rhinehart, &Winston, 1978.
Eccles, Sir John, and David Robinson. The Wonder of Being Human. New Science Library, 1985.
Das Wunder des Menschseins-Gehirn und Geist
Piper, R 1986 ISBN : 3-492-02866-7
Edwards, David D. How to Be More Creative. Occasional Productions, 1980.
Edwards, Betty. Drawing on the Artist Within Simon and Schuster, 1985.
Drawing on the Right Side of the Brain: A Course in Enhancing Creativity and Artistic Confidence. J.P. Tarcher, Inc., 1979.
Garantiert Zeichnen lernen-Das Geheimnis der rechten Hirn-Hemisphäre und die Befreiung unserer schöpferisch
Rowohlt Vlg ISBN : 3-498-01624-5
Der Künstler in dir
Rowohlt 1987 ISBN : 3-498-01640-7
Ehrenberg, Miriam, and Otto. Optimum Brain Power. Dodd, Mead, 1985.
Fearn, Leif, and Ursula Golesy-Benson. 72 Ways to Have Fun With Your Mind. Kabyn Books, 1978.
Feldenkrais, Morshe. Awarness Through Movement. Harper & Row, 1972.
Bewusstheit durch Bewegung
Verhaltensphysiologie oder Erfahrungen am eigenen Leibe.
Suhrkamp/KNO ISBN : 3-518-36929-6
Ferguson, Marilyn. The Aquarian Conspiracy. J. P. Tarcher,1980.
The Brain Revolution. Taplinger Publishing Co., 1973
Die sanfte Verschwörung-Persönliche und Gesellschaftliche Transformation im Zeitalter des Wassermanns.
(Knaur Tb. Esoterik 4123)-Droemer Knaur Mchn.-ISBN : 3-426-04123-5
Fields, Rick, ed. Chop Wood, Carry Water. J.P. Tarcher Inc., 1984.
Fincher, Jack, ed. The Brain. U. S. News Books, 1981.
Fincher, Jack. Human Intelligence. Putnam, 1976.
Fisher, Richard. Brain Games. Schooken Books, 1982.
Flesch, Rudolph. The Art of Clear Thinking. Harper & Row Publishing, 1951.
Flory, Charles D., ed. Managing Through Insight. Mentor Books, 1968.
Flugelman, Andrew. The New Games Book. Doubleday, 1976.
Die neuen Spiele 2
Ahorn /VVA 1988 ISBN : 3-88403-014-0
Fluegelman, Andrew /Tembeck, Shoshana: New Games - Die neuen Spiele
Ahorn 1988 13.Aufl., ISBN : 3-88403-004-3
Franck, Frederick. The Zen of Seeing. Random House, 1973.
Gallant, Roy A. Our Universe. National Geographic, 1986.
Gallwey, W. Timothy. The Inner Game of Tennis. 1974.
Tennis: Das innere Spiel-Durch entspannte Konzentration zur Bestleistung
(Goldm. Ratgeber 13568) ISBN : 3-442-13568-0
Tennis und Psyche-Das innere Spiel
Wila 1986 3. Aufl., ISBN : 3-87910-132-9
Galyean, Beverly. Mind Sight, Learning through Imaging. Center for Integrative Learning, 1983
Gardner, Howard. The Mind's New Science. Basic Books, 1986.
Frames of Mind. 1983
Dem Denken auf der Spur
Der Weg der Kognitionswissenschaft
Klett-Cotta/SVK 1989 ISBN : 3-608-93099-X
Gazzaniga, Michael S. The Interated Mind. Plenum Press, 1978
Neuropsychologische Integration
Enke, 1983 ISBN : 3-432-90211-5
The Bisected Brain. Appleton-Century- Crofts, 1970.
Geheimnisse des lernenden Gehirns
Neurowissenschaftliche Forschungen
Junfermann 1988 ISBN : 3-87387-290-0

Gillmy, Dick, and Robinson Brightwell. The Human Brain. Facts on File Publishers, 1982.
Goble, Frank. The Third Force, The Psychology of Abraham Maslow. Pocket Books, 1971.
Goldberg, Philip. The Intuitive Edge. J. P. Tarcher Inc.,1983
Der zündende Funke – die Kraft der Intuition
(rororo sachbücher 8456) 1988 ISBN : 3-499-18456-7
Goldstein. Gerald, and Michael Herser, eds. Handbook of Psychological Assessment. Pergamon, 1984.
Goodspeed, Bennett. The Tao Jones Averages. Dalton, 1983.
Gordon , J.J. Synectice. Harper & Row, 1961.
Green, Elmer, and Alyce Green. Beyond Biofeedback. Dell Publishing Co., Inc., 1977.
Grove, Andrew S. High Output Management. Random House, 1983.
Hall. Calvin S. The Measuring of Dreams. McGraw-Hill, 1966.
Hampden-Turner, Charles. Maps of the Mind. Collier Books, 1982.
Modelle des Menschen – Ein Handbuch des menschlichen Bewußtseins
Beltz,J.; 1986 – ISBN : 3-407-85072-7
Hanson, Peter, M.D. The Joy of Stress. Andrews, McMed, & Parker, 1985
Joy of Stress – Spass am Stress; (Bastei Lübbe Tb. Sachbuch 60250) Lübbe, 1989 Kt, 350S.ISBN : 3-404-60250-1
Hart, Lesie A. How the Brain Works: A New Understanding of Human Learning, Emotion, and Thinking. Basic Books, 1975.
Hayakawa, S. I. The Use and Misuse of Language. Fawcett Books 1962.
Durchbruch zur Kommunikation
Vom Sprechen, Zuhören und Verstehen (Sprache u. Kommunik.3)
Darmstädter Blätter 1986 ISBN : 3-87139-051-8
Hendricks, Gay, and Russell Wells. The Centering Book. Prentice-Hall, 1975.
Zur Mitte hin!-
Bewusstseinsübungen für Kinder, Eltern und Lehrer
Werkstatt-Edition 1989 ISBN : 3-923080-13-1
Hersey, Paul, Ken Blanchard. Management of Organizational Behavior. Prentice-Hall, 1982.
Situatives Führen
mi-paperbacks ISBN : 3-478-54490-4
Hobson, Robert. Froms of Feelings. Tavistock, 1985.
Houston, Jean. The Possible Human. J. P. Tarcher, 1982.
Der mögliche Mensch
Handbuch zur Entwicklung des menschlichen Potentials
(rororo sachbücher 8323) 1987 ISBN : 3-499-18323-4
Hunt, Morton. The Universe Within. Simon & Schuster, 1981.
Hutchinson, Michael. Mega Brain. William Morrow, 1986.
I Ging (übers.v. Blofeld,John): Das Buch der Wandlungen
Scherz ISBN : 3-502-65071-3
Ingalls, John. Human Energy. Addison-Wesley, 1976.
Jamison, Kaleen. The Nibble Theory. Paulist Press, 1984
Jantsch, Erich, and C. H. Waddington. Evolution and Consciousness: Human Systems in Transition. Addison-Wesley, 1976.
Die Selbstorganisation des Universums-Vom Urknall zum menschlichen Geist
(dtv Wiss. Reihe 4397) 1982 ISBN : 3-423-04397-0
Jastrow, Robert. The Enchanted Loom: Mind in the Universe. Simon & Schuster, 1981.
Jaynes, Julean. The Origin of Consciousness in the Breakdown of the Bicameral Mind. Houghton-Mifflin, 1977.
Der Ursprung des Bewußtseins durch den Zusammenbruch der bikameralen Psyche
Rowohlt 1988 ISBN :3-498-03320-4
Kanter, Rosabeth Moss. Change Masters. Simon & Schuster, 1983.
Keersey, David. Please Understand Me. Promelhan Books, 1978.
Kidd, J.R. How Adults Learn. Academic Press. Follet Publishing Company, 1973.

Koberg, Don, and Jim Bagnall. The Universal Traveler. William Kaufmann, Inc., 1976.
Koestler, Arthur. The Act of Creation. Dell Publishing Company Inc., 1967.
Der Mensch – Irrläufer der Evolution – Die Kluft zwischen Denken und Handeln
Fischer Taschenbuch 1990 ISBN : 3-596-24282-7
Kolb, Rubin, McIntyre. Organizational Psychology. 2nd ed. Prentice-Hall, 1974.
Kolb, Bryan, and Ian Whishaw. Fundamentals of Human Neuropsychology. 2nd ed. W.H. Freemann & Co., 1985
Kudel, J.R. How Adults Learn. Follett Publishing, 1973.
Laborde, Gene Z. Infuences with Integrity. Syntony Inc., 1984.
Kompetenz und Integrität-Die Kommunikationskunst des NLP im Geschäftsleben
Junfermann 1990 ISBN : 3-87387-032-0
Lawrence, Jodi.Alpha brain Waves. Avon, 1972.
Lee, James A. The Gold and Garbage in Management Theories and Descriptions. Ohio University Press, 1980.
Leff, Herbert. Playful Perception. Waterfront Books, 1984.
Leonhard, George B. Education and Ecstasy. Dell, 1968.
Lewis, David, and James Green. Thinking Better. Rawson-Wade, 1982.
Likert, Rensis. The Human Organization. McGraw-Hill, 1967.
Luria, A. R. The Working Brain. Basic Books, Inc., 1973.
Das tätige Gehirn
(Hg.) : Jarick Oberbiel 1990 ISBN : 3-920224-38-8
Machado, Luis Alberto. The Right to Be Intelligent. Permagon Press, 1971.
Mandler, George. Mind and Emotion. John Wiley & Sons, 1975.
Masterson, James. The Real Self. Brunner/Magel, 1985.
McCarthy, Bernice. The 4Mat in Action, Creative Lesson Plans for Teaching to Learning Styles with Right/Left Mode Techniques. Excel, 1983.
The 4Mat System, Teaching to Learning Styles Through Right/Left Mode Techniques. Excel, 1981.
McConnell, James V. Understanding Human Behavior. 1974.
McKim, Robert. Experiences in Visual Thinking. Brooks/Cple, 1972.
Meirowitz, Marco, and Paul I. Jacobs. Brain Muscle Builders. Prentice-Hall, 1983.
Fitnesstraining für Denker-Ein Programm zur Verbesserung Ihres Denkvermögens durch Spiele
DuMont 1989 ISBN : 3-7701-2335-2
Visuelles Denken-Spiele und Übungen zur Steigerung Ihrer Intelligenz
DuMont 1990 ISBN : 3-7701-2336-0
Spielschule des Denkens
Vieweg, F/VVA 1982 ISBN : 3-528-08508-8
Meyers. Wiliam. The Image Makers. Times Books, 1984.
Mintzberg, Henry. The Nature of Managerial Work. 1973.
Management durch Mintzberg-Kalkuliertes Chaos und gesteuerte Unordnung.
(Gabler Management Perspekt.) Betriebswirtschaftlicher Vlg 1990 ISBN : 3-409-13217-1
Monroe. Robert A. Journeys Out of Body. Updated. Anchor Press:Doubleday, 1977.
Der Mann mit den zwei Leben -Reisen außerhalb des Körpers
Droemer Knaur Mchn 1986 ISBN : 3-426-04150-2
Der zweite Körper
Ausserkörperliche Reisen und Erfahrungen
(Goldm. Esoterik 12059) 1989 ISBN : 3-442-12059-4
Moore, Linda. You're Smarter Than You Think. Holt Rhinehart, and Winston, 1985.
Neurenberg, Gerard. The Art of Creative Thinking. Simon & Schuster, 1982.
Ohmae, Kenichi. The Mind of the Strategist. Penguin Books, 1982.
Ornstein, Robert The Psychology of Consciousness. W. H. Freeman & Co., 1972.
Ornstein, Robert /Thompson, Richard F:Unser Gehirn: das lebendige Labyrinth
Rowohlt Vlg 1986 ISBN : 3-498-05009-5

Ornstein, Robert: Multimind-Wie die neue Hirnforschung unser Verhalten erklärt.
Junfermann 1988 ISBN : 3-87387-293-5
Mind Field. Crossmann, 1976.
The Nature of Human Consciousness. W. H. Freeman & Co., 1973.
Ornstein, Robert E., and Richard Thompson. The Amazing Brain. Houghton-Mifflin Co.1984.
Ornstein, Robert E., Philip R. Lee, David Galin, Arthur Deikman, and Charles T. Tart. Symposium on Consciousness. Penguin Books, 1976.
Ostrander, Sheila. Superlearning. Delta Publishing, 1979.
Ostrander, Sheila, and L. Schroeder. Superlearning. Delacorte Press & Confucian Press, 1979.
Superlearning Pocket Books, 1975.
Superlearning-Leichter lernen ohne Stress
Goldmann, W/VVA 1989 ISBN : 3-442-11318-0
Leichter lernen ohne Stress – Superlearning
Scherz Vlg. 1981 ISBN : 3-502-19539-0
Paivo, Allen. Imagery and Verbal Processes. Holt, Rhinehart, and Winston, 1971.
Parnes, Noller and Angelo Biondi. Guide to Creative Action. Charles Scribner's Sons, 1977.
Pascale, Richard, and Anthony Athos. The Art of Japanese Management. Warner Books, 1981.
Pearce, Joseph Chilton. Exploring the Crack in the Cosmic Egg: Split Mind and Meta Realities. Julian Press, 1974.
Magical Child. paper, Bantam, 1980.
Peck, Scott, M.D. The Different Drum. Simon & Schuster, 1987.
The Road Less Traveled. Simon & Schuster, 1978.
Pelletier, Kenneth. Mind as Healer, Mind as Slayer. Dell, 1977.
Die neue Medizin-Gesundheit durch Vermeiden von Stress
Fischer Taschenbuch 1988 ISBN : 3-596-23874-9
Unser Wissen vom Bewußtsein-Von Psyche und Soma (Medizin und Gesundheit). Rowohlt TB 1988 ISBN : 3-499-18354-4
Pelletier, K. and C. Garfield.Consciousness East and West. Harper & Row Publishing Co., 1976.
Penfield, Wilder. The Mystery of the Mind. Princeton Uni. P., 1975.
Penfield, Wilder, and R. Lamar. Speech and Brain Mechanisms. Princeton University Press, 1959.
Peters, Thomas, and Robert Waterman. In Search of Excellence. Warner Books, 1982.
Auf der Suche nach Spitzenleistungen-Was man von den bestgeführten US-Unternehmen lernen kann.
moderne industrie 1988 ISBN : 3-478-36400-0
Peters, Thomas J /Austin, Nancy: Leistung aus Leidenschaft "A Passion For Excellence".
Hoffmann u. Campe 1986 ISBN : 3-455-08614-4
Pinchut, Gifford. Intrapreneuring: Why You Don't Have to Leave the Corporation to Become an Entrepreneur. Harper & Row, 1985.
Pines, Maya. The Brain Changers. Signet.
Pirsig, Robert M. Zen and the Art of Motorcycle Maintenance. Morrow, paper 1974.
Zen und die Kunst ein Motorrad zu warten-Ein Versuch über Werte. Fischer, S, 1984 ISBN: 3-10-061901-3
Zen und die Kunst ein Motorrad zu warten
Fischer Taschenbuch 1989 15. Aufl. ISBN : 3-596-22020-3
Prather, Hugh. Notes To Myself. Real People Press, 1979.
Spiele spielen die verwandeln-Ein Wachstumspfad der Fantasie
Integral /VSB 1988 ISBN : 3-89304-002-1
Pribam, Karl. Languages of the Brain.
Prince, George M. The Practice of Creativity. Macmillan Publishing, 1970. (out of print) The Rand McNally Atlas of the Body and Mind. Rand McNally, 1976. contributing editor, Claire Raynor.
Raudsepp, Eugene. Growth Games for the Creative Manager. Putnam Publishing Group, 1987
Kreativitätsspiele
(Heyne Kompaktwissen 0153(22))(Hg.) :Heyne, W 1985 ISBN : 3-453-53166-3

Motivating and Managing Creative Induviduals. (S.L.)Princeton Creative Research, Inc. 1978.
How Creative Are You. Putham Publishing Group, 1981.
Conformity vs. Innovation. (S.I.) Princeton Creative Resarch Inc. 1978.
Characteristics of the Creative Individual. Princeton Creative Resarch Inc., 1978.
Why Be Creative? (S.I.)Princeton Creative Resarch Inc. [197-]
Raudsepp, Eugene, and George P. Hough, Jr. Creative Growth Games. Harcourt Brace Jovanovich, Inc., 1977.
Restak, Richard. The Brain. Bantam Books, 1984.
Geheimnisse des menschlichen Gehirns-Ursprung von Denken, Fühlen und Handeln
mvg 1989 ISBN : 3-478-08416-4
The Brain: The Last Frontier. Doubleday, 1979.
Rico, Gabrielo L: Garantiert schreiben lernen
Sprachliche Kreativität methodisch entwickeln
Rowohlt Vlg 1984 ISBN : 3-498-05703-0
Writing the Natural Way, J. P. Tarcher, 1983.
Rivlin, Robert, and Karen Gravelle. Deciphering the Saises. Simon & Schuster, 1984.
Rogers, Carl. Carl Rogers on Personal Power. Delta, 1977.
Die Kraft des Guten-Ein Apell zur Selbstverwirklichung
Fischer Taschenbuch 1990 4. Aufl. ISBN : 3-596-42271-X
Rose. Steven. The Conscious Brain. Vintage Books, 1976.
Rowan, Roy. The Intuitive Manager. Little, Brown, 1986.
Der Heureka-Effekt-Der intuitive Manager und sein Erfolg
(Hg.) Econ /VVA 1988 2. Aufl. ISBN : 3-430-17841-X
Rusell, Peter. The Global Brain. J.P. Tarcher, 1983.
The Global Brain
(Hg.) : Wirths, A 1986 Videocassetten ISBN : 3-926845-03-1
The Brain Book. Hawthorn Books, 1979.
Sagan, Carl. The Dragons of Eden. Random House, 1977.
Die Drachen von Eden-Das Wunder der menschlichen Intelligenz
Droemer Knaur Mchn 1978 ISBN : 3-426-24599-X
Samples, Bob. Open Mind/Whole Mind. Jalmar Press, 1987.
The Metaphoric Mind. Addison-Wesley, 1979.
Mind of Our Mother. Addison-Wesley, 1981.
Samuels, Mike, and Nancy Samuels. Seeing with the Mind's Eye. Random House, 1975.
Segalowitz, Sid, and F. Gruber. Language Development and Neurological Theory. Academic Press, 1977
Two sides of the Brain. Prentice-Hall, 1983.
Shah, Idries. The Sufis. Ist ed., Doubleday, 1964.
Die Sufis-Botschaft der Derwische, Weisheit der Magier.
Diederichs, E /VM 1990 ISBN : 3-424-00627-0
Sheehy, Gail. Passages. Dutton, 1976.
Neue Wege wagen-Ungewöhnliche Lösungen für gewöhnliche Krisen
(Knaur Tb. Sachb. 3734) Droemer Knaur Mchn, 1984, ISBN : 3-426-03734-3
Shook, Robert L. The Entrepreneurs. Barnes & Noble. 1980.
Sin, R.G.H. The Master Manager. John Wiley & Sons, 1980.
Sittrock, M.C. Changing Education. 1973.
Smith, Adam. Powers of the Mind. Ballantine Books, 1975.
Sobel, Roberto, and David Sicilia. The Entrepreneurs: An American Adventure. Houghton-Mifflin Co., 1986.
Springer, Sally, and George Deutsch. Left Brain, Right Brain. W.H. Freeman & Co., 1981.
Linkes Gehirn /rechtes Gehirn-Funktionelle Asymmetrien
Spektrum d. Wiss. 1990 ISBN : 3-89330-711-7
Steele, Fritz, and Stephen Jeuks. The Feel of the Workplace. Addison-Wesley, 1977.
Summers, George J. Test Your Logic. 50 Puzzles in Duductive Reasoning. Dover, 1972.
Thompson, William, M.D. Brain and Personality. Dodd, Mead. 1906.
Tichy, Noel and MaryAnne Devanna. The Transformational Leader. John Wiley & Sons 1986.
Vaughan, Frances. Awakening Intuition. Anchor Books, 1979.

Virshup, Evelyn. Art and the Right Hemisphere. Art Education, 1976.
Vitale, Barbara Meister. Unicorns Are Real: A Right-Brained Approach to Learning. Jalmar Press, 1982.
Lernen kann phantastisch sein
Synchron ISBN : 3-88911-012-6
Von Fange, Eugene. Professional Creativity: A New and Timely Analysis of Creative Thinking. Prentice-Hall, 1959.
Wallas, Lee. Stories for the Third Era. Norton, 1985.
Whimbey, Arthur, and Jack Lockhead. Problem Solving and Comprehension. A Short Course in Analytic Reasoning. Philadelphia: Franklin Institute Press, 1979.
Wittrock, M.C. Changing Eucation – Alternatives From Educational Resarch. Prentice-Hall, 1973.
Wittrock, M.C., and others. The Human Brain. Prentice-Hall, 1977.
Williams, Linda. Teaching for the Two-Sided Mind. Prentice-Hall, 1983.
Winter, Arthur, and Ruth Winter. Build Your Brain Power. St. Martins, 1986.
Brain-Food-Richtige Ernährung für Gehirn und Intelligenz
(Hg.) : Martin, B 1989 ISBN : 3-921786-63-0
Wolf, Fred Alan. Star Waves. MacMillan, 1985.
Körper Geist und neue Physik-Eine Entdeckungsreise in den menschlichen Körper und sein wunderbares Funktionieren
Scherz Vlg. 1989 ISBN : 3-502-67650-X
Zdenek, Marilee. The Right Brain Experience. McGraw-Hill, 1983.
Die Entdeckung des rechten Gehirns-Der kreative Prozess
Synchron 1988 ISBN : 3-88911-014-2

Periodicals

Brain-Mind Bulletin. Editor, Marilyn Ferguson, PO Box 42211, Los Angeles, CA 90042.
Dromenon. Foundation For Mind Resarch (Houston & Masters), Editor, Jane Prettyman, GPO Box 2244, New York, NY 10001.
Harper's Magazine. Special Issue: The World of the Brain. December 1975.
Re-Vision. Special Edition. A Journal of Knowledge and Consciousness. Summer/Fall 1978 (Vol. No. 3/4).
Saturday Riview, Special Edition. August 9, 1975.
Science News. "Brain Hemisphere Dominance," May 1971, p.265
UCLA Educator. vol. 17, no. 2 Sprin 1975, Education and the Hemispheric Process of the Brain: I. Introduction to Research on the Brain by Harry J. Jerison. II. Recent Research on Hemisphere Lateralization of the Human Brain: "Review of the Split Brain" by Michael S. Gazzaniga; "Man's so-called 'Minor' Hemisphere" by Robert D. Nebes; "The Major Hemisphere" by Stephen D. Krashen. III. Educational Implications of Hemispheric Lateralization of the Human Brain. "Educational Aspects of Hemisphere Specialization: by Joseph E. Bogen, M.D.; The Generative Processes of Memory" by M.C. Wittrock.

Tagungen und Tagungspapiere

6th Annual Meeting of the Biofeedback Resarch Society. "Biofeedback Training for Bilateral EEG Synchronization of Individuals and Subject Pairs, " 1975.
Biological Foundations of Psychatry. "Hemispheric Specialization: Implications For Psychiatry," 1976.
6th International Congress of Electroencephalography and Clinical Neurophysiology EEG Phase. "Asymmetries and Laterality Preference," 1965.
American EEG Society. "Electroencephalography and Clinical Neurophysiology," 1967.

Einzelbeiträge

Bakan, Paul. "The Right Brain is the Dreamer." Psychology Today, November 1976, pp. 6-68.
"Hynotizability Laterality of Eye Movements and Functional Brain Asymmetry." Perceptual & Motor Skills 28 (1969): 927-932.
"The Eyes Have It." Psychology Today, 11 April 1971, pp. 64-67.
Bakker, D.,T. Smink, and P. Reitsma. "Early Dominance and Reading Ability." Cortex 9 (1973): 302-312.
Beckmann, Lucile. "The Use of the Block Design Sub Test of the WISC as an Identifying Instrument for Spatial Children." Gifted Child Quarterly, Spring 1977.
Bever, T., and R. Chiarello. "Cerebral Dominance in Musicians and Non-Musicians." Science 185 (1974): 537-539.
Brandwein, P., and R. Ornstein. "The Duality of the Mind." Instructor, 86, no. 5(January 1977): 54-58.
Brazier, M. A. "The Analysis of Brain Waves.2 Scientific American, June 1962, pp. 142-153.
Buck, Craig. "Knowing the Left from the Right." Human Behavior, June 1976, pp. 9-35.
Damasio, H., A. Damasio, A. Castro-Caldas, and J.M. Ferro. "Dichotic Listening Pattern in Relation to Interhemisperic Disconnexion." Neuropsychologia, 14 (1976): 247-250.
Foster, Suzanne. "Hemisphere Dominance and the Art Process." Art Education, February 1977, pp. 28-29.
Franco, L., and R.W. Sperry. "Hemisphere Lateralization for Cognitive Processing of Geometry." Neuropsychologia 15 (1977): 107-14.
Garret, Susan V. "Putting Our Whole Brain To Use: A Fresh Look At The Creative Process". Journal of Creative Behavior 10, no.4(1976): 239-249.
Gazzangia, Michael S. "One Brain-Two Minds?" American Scientist, May-June 1972, pp. 311-317.
"The Split Brain Man." The Brain and Consciousness, August 1967, pp. 24-29.
"The Split Brain in Man." Scientific American, August 1967, pp. 24-29.
"Review of Split Brain." J. Neurology 209 (1975): 75-79.
Geschwind, Normann. "Language and the Brain." Scientific American, April 1972.
Golt, Peggy S. "Cognitive Abilities-Following Right an Left Hemispherectomy." Cortex 9 (1973: 266-73.
Green, Alyce, Elmar E. Green, and E. Dale Walters. "Report: Brain Wave Training, Imagery, Creativity, and Integrative Experimences." Research Department of the Menninger Foundation, April 1973.
"Report: Biofeedback for Mind-Body Self Regulation." Research Department of the Menninger Foundation, October 1971.
Hammond, John. "The Roles of Manager and the Management Scientist in Successful Implementation." Sloan Management Review. 15 (Winter 1974): 1-24
Kimura, Doreen. "The Asymmetry of the Human Brain." Scientific American, March 1973, pp. 70-78
Lamott, Kenneth. "Why Men an Women Think Differently." Horizon Magazine, May 1977, pp. 40-45
McKenny, J.L., and P.G.W. Keen. "How Managers' Moods Work" Harvard Business Review, May 1974, pp. 79-90.
Mintzberg, Henry. "Planning on the Left Side and Manging on the Right." Harvard Business Review, July 1976, p. 49-58
Regelski, Thomas A. "Who Knows Where Music Lurks in the Mind of Man: New brain research has the answer." Music Educators Journal 63 no. 9 /May 1977) 31-38
Regelski, Thomas A. "Music Education and the Human Brain." The Education Digest, 43 (October 1977): 44-47
Ray, W., M. Morell, A. Frediani, and D. Trucker. „Sex Differences and Lateral Specialization of Hemispheric Functioning.„ Neurophysiology 14 (1976): 391-394
Samples, Bob. „Are You Teaching Only One Side of the Brain?„ Learning, February 1975, pp. 25-28.
Sperry, R. W. April 1977. „Bridging Science and Values - A Unify-

ing view of Mind and Brain.„ American Psychologist, 32 no. 4 (April 1977): 237-245
Springer, S., and Michael Gazzaniga. „Dichotic Testing of Partial and Complete Split-Brain Subjects „ Neuropsychologia 13 (1975): 341-45.

FILME:

Split-Brain, Indinan University, 1967.
The Mind of Man. N.E.T. 1971.
The Hidden Universe: The Brain, McGraw-Hill, 1977.
The Enchanted Loom, Thames Films Co., 1978.
The Beginning, Stephen B. Productions, 1978.
Where All Things Belong, Essential Productions, 1976.
The Human Brain, University of California at San Diego.
Left Brain/Right Brain, Canadian Broadcasting.

Bibliographie der deutschen Literatur

Bisani, Fritz: "Wie findet man den kreativen Mitarbeiter?" Kreativität, Gehirndominanz, Gablers's magazin 6/88
Blackhurst, Chris: "Heads you win in the Hunt for Sucess" Sunday Times, 26.11.89
Dixon, Michael: "Fresh Light on how People go about Work", Financial Times, 30.11.89
Flores, Arthur A.: "Roland Spinola: Wesen und Barrieren der Kreativität" Clubreport des Marketing Club Frankfurt 1989
"Gehirnforschung hilft, Kreativität zu steigern" Brain-Dominance-Test ermöglicht praktische Nutzung DIE WELT; 14.11.84
Gottschall, Dietmar: "Das gespaltene Gehirn und die Kreativität", Manager Magazin 9/83
– "Lernziel Kreativität"
Manager Magazin, 1/88 – "Brainstorming"
Current developments thank link research into the make-up of the human brain with new management techniques DIRECTOR; 3/88
Peschanell, Frank: "Analyse-Tool hilft Super-Programmierer finden", Computerwoche 14.11.86
– "Ganzhirnmenschen bringen Schwung ins Unternehmen", Computerwoche 5.12.86
– "Im Team-Management-Puzzle muß der Profi Profil zeigen", Computerwoche 6.2.87
– "Hirndominanzprofil - ein neues Mittel in der Personalarbeit", PERSONAL 11/87
Phillips, Peter: "Erfolgreich als Ganzhirnmensch"
Das "Brain-Dominance-Konzept" des Amerikaners Ned Herrmann für Führungskräfte, DIE WELT, 31.10.83
Reicherzer, Judith: "Hirnbiologie und Nahkampftraining: Führungskräfte präparieren sich mit ungewöhnlichen Methoden für ihre Arbeit", DIE ZEIT, 6.1.89

Spinola, Roland/ Frank D. Peschanel: "Das Hirn-Dominanz-Istrument, (HDI)", Grundlagen und Anwendungen des Ned-Herrmann-Modells, GABAL-Verlag, GmbH, Speyer 1989
Spinola, Roland: "Linke Logik - Rechte Intuition"
Zahntechnik heute 3/88
– "Links- und rechtshemisphärisches Denken"
Qualifizierung für zukünftige Aufgaben durch Weiterbildung, PERSONALFÜHRUNG 1/89
– "Rechts vor Links!", Das Unbewußte und Irrationale, Denken und Verhalten, Gabler's Magazin 2/89
– "Arbeitsweise des Gehirns berücksichtigen"
Der Nutzen des Herrmann-Dominance-Instruments bei der Einstellung von Weiterbildnern auf individuelle Lernstile, Weiterbildung 4/88+3/89
– "Gemischte Teams für Spitzenleistungen", Synergie-Effekte in der Gruppe, ELEKTRONIK 12/90
– "Wie ein effizientes Postamt"Beobachtungen eines Heimkehrers, IBM-Report 4/83
– "Linke Logik - Rechte Intuition"
Eine kurze Beschreibung der Spitzialisierung der beiden Hemisphären des Großhirns und des "Herrmann-Dominanz-Instruments, Zahntechnik heute 3/88
– "Caracteristics of Corporate Cultures as Expressed
by Brain-Dominances", Paper submitted to the First International Congress on Central, Dominances, München, 14.-17.9.1988, München, International Brain Dominance Review 2/88
– "Wandel im Bewußtsein - Wandel in der Führung"
Wandel im Bewußtsein erfordert auch einen Wandel der
Unternehmenskultur und neue Führungsformen, PERSONAL, 4/88
– "Links- und rechtshemisphärisches Denken"
PERSONALFÜHRUNG 1/89
– "Zweizwei" (Satire), IBM-Report 2/89
– "Rechts vor Links!", IBM-Report, 2/90
– "Kreative sind autonom, aber unbequem", Wesen und Barrieren der Kreativität, Gabler's Magazin 7/89
– "Die SzKdVvU macht's möglich" (Satire), IBM-Report 2/90
– "Managermangel? Nur keine Panik", KATAPULT 5/90
– "Gemischte Teams für Spitzenleistungen", Synergie-Effekte in der Gruppe, ELEKTRONIK 12/90
– Managermangel.. Computerwoche
– "Manager der 90er Jahre", Gabler's Magazin
Test für die Personalauswahl, Frankfurter Allgemeine 21.5.88
Wesen und Barrieren der Kreativität", Clubreport des Marketing Club Frankfurt 1989
Was kann ich", Große Capital-Aktion mit Fragebogen, CAPITAL 6/87
Wer als Vorgesetzter nur die Hälfte seines Gehirns benutzt, verschenkt Ressourcen"-Führungsmenschen müssen Ganzhirnmenschen sein- Hirn-Dominanz-Test und Superlearning, KARRIERE Handelsblatt & Wirtschaftswoche 2.9.88

DANKSAGUNGEN

Es ist möglich, daß Sie bei der Lektüre dieses Buches den Eindruck gewonnen haben, ich hätte alle diese Arbeit selbst getan. Tatsächlich gab es zahlreiche Mitarbeiter, die mir auf dem Weg geholfen haben. Ich denke es ist angemessen, wenn ich an dieser Stelle allen denen danke, die direkt zum Buch beigetragen haben, sowie auch all denen, die in meinem Leben eine so wichtige Rolle gespielt haben, daß ich es schreiben konnte.

DANKE, GE,
IHR HABT GUTES
IN MEIN LEBEN GEBRACHT!

GE hat mich nicht angeworben. Ich wußte bereits, daß es für mich die richtige Firma war. Vielleicht hat mich mein Gefühl für die innere Vielseitigkeit dazu angeregt, ein Unternehmen mit mehr als einer viertel Million Produkten zu suchen. Die Entscheidung zu jener Zeit habe ich nie bereut.

Nach 35 Jahren der Vorbereitung für meine aufregende neue Karriere war es auch an der Zeit, den Prozeß meines Abschiedes von GE einzuleiten. Es war diese Transaktion, die das wahre Wesen des Konzerns offenbarte. In Anerkenntnis ihres Wertes und unter der Bedingung, daß ich auf Anfrage meine Arbeit der Firma zur Verfügung stellen würde, hat mir GE alles von mir in den vorhergehenden sieben Jahren in Hinblick auf die Hirndominanz geschaffene übertragen. Das waren im einzelnen:

- Meine drei Standard-Patentvereinbarungen mit dem Unternehmen wurden formell widerrufen.
- Das Copyright am Herrmann-Hirndominanz-Instrument wurde für die Summe von einem Dollar auf mich übertragen, unter der Bedingung, daß mein Name in den Titel einbezogen wird.
- Die Anlage des Gehirn-Update-Seminars und der Werkstatt Angewandtes Kreatives Denken, I (und II, die weiterführende Werkstatt). Das Unternehmen willigte ein, beide Werkstätten zu fördern, indem sie für die nächsten fünf Jahre in den Veranstaltungskatalog für berufliche Fortbildung des Unternehmens aufgenommen werden.

Wenn ich gefragt werde: "Warum sind Sie nicht früher gegangen?" antworte ich: "Ich hatte noch nicht genug gelernt, um früher gehen zu können." Mit diesem Buch ist es das gleiche: Ich hätte es nicht früher schreiben können, weil ich noch nicht genug gelernt hatte.

GE war für mich die ideale Firma, weil sie mir vielseitige Möglichkeiten bot und voll von wunderbaren Menschen war. Einige haben mir besonders geholfen, weil sie an mich geglaubt haben und bereit waren, auf meine Einzigartigkeit zu wetten. Die wichtigsten und vielen sind Maynard Boring, Marion Kellogg, Warren Hutchins, Don Wright, Jerry Hoyt, David Shaw, Barbara Woods Smuland, Gil Dwyer, Lincoln (Lindy) Saline, Naomi Steinbrg, Christine Metzger, Bob Mills, Dave Dickson, Frank Doyle, Jim Baughman und Reginald Jones.

Der wichtigste von diesen war Lindy Saline. Er kannte mich zuerst als Sänger und Schauspieler in den frühen Phasen meiner Karriere, 20 Jahre später als Künstler. Seine

Kenntnis meiner Tätigkeit bei GE war ziemlich allgemein, aber er wußte, daß ich als Lehrer und bei Präsentationen effektiv war. Für mich ist es besonders wichtig, daß seine ursprüngliche Anziehung in Folge meiner rechtsdominanten "Freizeit"-Aktivitäten entstand. Viele leitende Angestellte hätten diese Aktivitäten als nicht angemessen oder allenfalls nebensächlich für meine Karriere betrachtet. Tatsächlich waren diese Aktivitäten die Grundlage dafür, daß ich für die Position gewählt wurde, die mich letztlich zu meinem Lebenswerk führen sollte.

Lindy's Akzeptanz und seine Unterstützung für mich als Künstler waren für meine Selbstachtung und Motivation besonders wichtig. Nachdem ich meinen kreativen Raum bereits beansprucht hatte, blühte ich jetzt unter seiner Sponsorschaft auf, die es mir ermöglichte, mich auf eine sehr sichtbare Weise als kreativer Mensch zu etablieren. Zum Beispiel entwickelte sich die erste Kunstausstellung, zu deren Durchführung am Management Development Institute er mich aufforderte, zu einer alljährlichen Veranstaltung und führte dazu, daß ich im ganzen Unternehmen als ein "kreativer Mensch" bekannt wurde. Das dadurch entstehende Selbstvertrauen ermutigte mich dazu, meine Kreativität jeden Tag im Unternehmen einzusetzen. Es war also zum größten Teil das Verständnis und die Unterstützung meines Mentors, daß mein kreativer Drang wieder einmal "normal" wurde und ich zum ersten Mal seit meinen freudvollen Jahren an der High School während meines Arbeitstages und in der Freizeit ein ganzer Mensch sein konnte. Durch die Maßnahmen, die ich zur Einforderung meines kreativen Raumes ergriff, konnte ich mich selbst validieren.

Obwohl Lindy außerordentlich viel Glauben und Unterstützung zeigt, setzte er auch sehr hohe Leistungsstandards und erwartete Ergebnisse, die eines erstklassigen Unternehmens würdig waren. Das paßte mir sehr gut, denn es war meine Strategie, bei allem was ich tat Ausgezeichnetes zu leisten, aber besonders bei den Dingen, die von der Konzernleitung ausgingen. Diese Strategie hat sich bezahlt gemacht. Die Arbeit an der Entwicklung eines Seminars für strategische Planung und einem effektiven Seminar für Liquiditätssteuerung, jeweils für 10.000 wichtige Manager, hatte derart überwältigende Ergebnisse, daß ich das Gefühl habe, daß meine Hirnforschung von denjenigen toleriert wurde, die mich sonst hätten behindern können.

Wir erhalten im Laufe unseres aktiven Berufslebens nicht oft die Chance unsere Manager zu bitten, darüber nachzudenken, warum sie uns so unterstützt haben wie sie es getan haben.

Ich hatte kürzlich diese Chance, fünf Jahre nachdem ich GE verlassen hatte, als ich Lindy Saline in seinem neuen Haus am Ufer des Mississippi in der Nähe von LaCrosse, Wisconsin, besuchte. Er hatte GE drei Jahre nach meinem Weggang ebenfalls verlassen. Als ich ihn fragte: "Lindy, warum haben Sie mich unterstützt?" antwortete er, da er mich lange Zeit als Sänger, Schauspieler und Künstler gekannt habe, habe er eine feste Grundlage für sein Vertrauen in meine Kreativität gehabt. Er deutete an, er habe durch meine Arbeit gewußt, daß ich gute Ergebnisse erbringen würde. Aber es war sein Vertrauen in meine rechtsdominanten Interessen, das ihn dazu führte, mich so zu unterstützen wie er es tat. Obwohl er es niemals gesagt hat bin ich absolut sicher, daß er mich vor der Mißbilligung einiger hochrangiger angestellten geschützt hat, die meine Ideen und Forschung als zu verrückt für ein Unternehmen wie GE betrachtet haben.

Die Sensibilität und das Verständnis von Reginald Jones, der damals Chef des Unternehmens war, waren von entscheidender Bedeutung für meinen Erfolg. Reg Jones's Verstehen der potentiellen Bedeutung meiner Arbeit und sein Ausdruck persönlichen Interesses daran, half mir, die Erforschung der Theorien über das linke und rechte Gehirn und das dreieinige Gehirn als angemessene Aktivität für eine der größten und großartigsten Firmen der Welt zu etablieren. Das stellte an sich einen bedeutenden Beitrag für meinen Erfolg dar. Er bekam Interesse an meiner Arbeit und ließ sich von ihr faszinieren, und nachdem er mehrere Jahre lang gelegentlich Fortschrittsberichte erhalten hatte, forderte er mich im Juni 1977 auf, vor dem Ausschuß für Konzernpolitik zu sprechen.

Obwohl ich bereits 20 Gehirn-Update-Werkstätten für 1000 Leute abgehalten hatte, arbeitete ich hart daran, die professionellste und effektivste Präsentation zusammenzustellen, die mir möglich war. Aufgrund dieser Sitzung wurde eine hochrangige Untersuchung in Auftrag gegeben um festzulegen, ob die Firma meine weitergehende Forschung und Entwicklung unterstützen sollte oder nicht. Einen Monat später besuchten mich zwei leitende Vizepräsidenten, die mir eine Botschaft brachten, die sie als "eine gute und eine schlechte Nachricht" charakterisierten. Die gute Nachricht war, daß meine Forschung fortgesetzt werden konnte und sogar mehr Mittel bekam. Die schlechte Nachricht, die sie mir zu überbringen hatten war, daß der Umfang meiner Forschung und die Anwendung darauf zu beschränken waren, was sie als das relativ enge Gebiet des Lernens und der Kreativität beschrieben. Diese beiden traditionell gesinnten Manager erkannten nicht, daß mir ihre "schlechte Nachricht" die goldenen Tore zum Himmel öffnete. Ich ging sofort daran, den kreativen Raum zu beanspruchen, den sie mir zur Verfügung gestellt hatten, und ich habe diesen Raum für die Verfolgung dessen, was jetzt mein freudiges Lebenswerk geworden ist, durch meine Arbeit in Besitz genommen. Nochmals vielen Dank, Lindy! Nochmals vielen Dank, Reg! Nochmals vielen Dank, GE!

DANK AN MEINE KÜNSTLER-KOLLEGEN

Der Stamford Art Association – ihren Gründern, Vorstandsmitgliedern und Mitgliedern – gegenüber bringe ich meinen Dank und niemals endende Dankbarkeit für ihre künstlerische Anregungen, Freundschaft und besonders für die mir gegebenen kreativen Chancen zum Ausdruck, die in meiner Wiederentdekkung des Gehirns als Quelle der Kreativität gespielt haben. Besonders wichtig für meine Entwicklung waren Bob Calrow, Vivian Reed, Faber Birren, Alice Katz, Bill Strosahl und besonders Bob Jones – ein Künstler par excellence, dessen hohe Standards, unangreifbare Ethik, guter Humor und künstlerische Kompetenz mich stark beeinflußt haben.
Den Mitgliedern der SilverMine Guild of Artists sage ich meinen Dank und ihr drücke ich meine Anerkennung für die Gelegenheit aus, durch meine Verbindung mit dieser außerordentlich talentierten Gruppe mich künstlerisch und musikalisch stimulieren zu lassen.

DANK AN MEINE WICHTIGSTEN MITARBEITER

Meinen wichtigsten Mitarbeiter drücke ich meine Anerkennung und Dankbarkeit aus für ihr ständiges Interesse, ihre Unterstützung und ihre wesentlichen persönlichen Beiträge zu meinem eigenen Verständnis der Hirndominanz-Konzepte, die durch unsere gemeinsame Interaktion entwickelt und vorangetrieben wurden. Mein besonderer Dank gilt meinen langjährigen Mitarbeitern Forrest Belcher, Geil Browning, Ted Coulson, Ayn Decker, Penny Dunning, Manny Elkind, Martha Laucius, Chuck McVinney, Gene Myers, Ron Pevny, Jean Oaul Plumez, Alison Strickland, Mark Wilcox und Wendell Williams. Besonders danke ich Alison Strickland und Ted Coulson, die als die ersten Mitglieder meines Lehrkörpers, die wichtigsten Leiter der AKD wurden. Im Laufe der Jahre haben sie wesentliches zur Anlage der Werkstatt AKD I geleistet, sowie der CPS und AKLAL und damit das Leben von vielen hundert Teilnehmern sowie mein eigenes bereichert.

Meinen Geschäftsfreunden, die mit mir an der Entwicklung neuer Anwendungsbereiche in der Whole Brain Corporation arbeiten – besonders Charles Atkinson, Irving Goldberg, Andrew Farrar und Michael Colye – drücke ich meine Anerkennung aus für ihr langjähriges Interesse und ihr andauerndes Engagement.

Für die Entwicklung des Herrmann-Hirndominanz-Instrumentes verdient kein Mitarbeiter mehr Dank als C. Victor Bunderson. Sein ständiges Interesse und Engagement heben ihn über alle Kollegen hinaus. Seine Führung und sein Rat waren von unschätzbarem Wert, sein Fachwissen in Psychometrie und über Computer sind unabdingbar für meinen Erfolg. Mehr als alles andere ist es Vic's Freundschaft, die ich wirklich schätze.

Victor's früherer Mitarbeiter James Olsen und sein gegenwärtiger Mitarbeiter Kevin Ho haben wesentlich zum Validierungsprozeß beigetragen.

DANK AN DIE LEKTOREN

Meinen Lektoren – Sue Kidney, Nahum Stiskin, Pat Stonik und Jacqui Bishop – schulde ich besonders viel Dank, besonders Jacqui Bishop, die sowohl zu Beginn als auch am Ende als Lektorin das Konzept, die Organisation, das Format und die Abfassung des Buches stark beeinflußt. Sie hat es nicht nur lektoriert, sondern auch viele meiner nur teilweise verbalisierten Gedanken schriftlich ausformuliert. Ihr Beitrag zum Endergebnis kann nicht hoch genug bewertet werden.

Sue Kidney hat dadurch einen wesentlichen Beitrag geleistet, daß sie meine umfangreichen ersten Entwürfe in thematisch zusammenhängende Gebiete geordnet hat. Nahum Stiskin hat durch die Organisation von Themen und Fragen in feste Kapitel einen wesentlichen Beitrag zum Zusammenhalt des Buches geleistet. Pat Stonick hat wesentliches zu Stil und Grammatik beigetragen.

DANKE LEUTE,
IHR HABT MEIN LEBEN GERETTET!

Mein besonderer Dank und Anerkennung gilt dem Personal von Applied Creative Services für seine Ermutigung, Unterstützung und immer gutmütige Hilfe. Das schließt sein Verständnis und seine Bestätigung, die sie mir beim Schreiben und besonders der Herstellung und dem «Im-Auge-Behalten der zahlreichen Stücke und Teile des Buches in den fünf Jahren, in denen es geschrieben wurde, für mich aufgebracht haben. In besonderem Maße waren in jener Zeit Ann Herrmann-Nehdi, Laura Herrmann, Terry Beck, Angie Conner, Marie Crisp, Rebecca Firer, Sylvia McDaniel, Nehdi, Linda Powell, Dorothy Roche und Bob Geyer damit beschäftigt. Marie Crisp und Sylvia McDaniel hat im frühen Entwurfsstadium den größten Teil der Textverarbeitung erledigt. Sylvia McDaniel verdient besonderes Lob für ihre Rolle bei der Vorbereitung des endgültigen Manuskriptes, die manchmal bis zu 20 "endgültige" Entwürfe jedes Kapitels beinhaltete. Ihre Geduld, Fähigkeiten und ihren Humor weiß ich sehr zu schätzen.

BESONDERER DANK AN MEIN
BUCH-PRODUKTIONSPERSONAL

Laura Herrmann bin ich für ihre Beiträge als Buch-Projektmanager besonders dankbar. In ihrer Arbeit mit Lektoren, BuchDesignern, Künstlern, Druckern, Buchhändlern, Werbefachleuten und zahlreichen anderen Spezialisten hat sie das Buch rechtzeitig und auf eindrucksvolle Weise erscheinen lassen. Ihr Job verlangte Geduld und Verständnis, die über das Normale hinausging, und es freut mich besonders, daß unser Verhältnis als Vater und Tochter sich im Ergebnis verbessert hat.

Roger Merrill, Grafikdesigner und Illustrator aus Orem, Utah, hat viele Stunden damit verbracht, dieses Buch zu einem visuell zusammenhängenden und einzigartigen Ganzen zu machen. Sowohl was das Format angeht als auch bei den Abbildungen hat Roger meine Ideen in gute Grafik und Abbildungen umgesetzt. Während der Entwicklung des Manuskriptes haben wir beide gelernt, mit ihm zu wachsen und uns mit ihm zu ändern. Seine Expertise, Kreativität, Empfänglichkeit und Geduld während des ganzen Projektes waren für seine Fertigstellung unabdingbar. Und sie sind Eigenschaften, die ich bewundere.

VON GANZEM HERZEN DANKE ICH
FOLGENDEN BESONDEREN MENSCHEN,
DIE MEINEN KÖRPER UND MEINE SEELE
ZUSAMMENGEHALTEN HABEN:

Abraham Genicin, M.D. aus Baltimore, Maryland, der meine Gesundheit in den letzten 23 Jahren überwacht und mir bei zahlreichen Gelegenheiten lebensrettende Ratschläge gegeben hat.

William Burch, M.D. aus Lake Lure, North Carolina, dafür, daß er mich in den letzten 6 Jahren gesund gehalten hat und dabei meine Chancen, daß ich in den nächsten 5 Jahren gesund bleibe, stark verbessert hat.

Rev. Everette Chapman von der Fairfield Mountains Chapel dafür, daß er mit seiner anregenden Seelsorge und herzlichen Freundschaft mein spirituelles Selbst wiedererweckt hat.

MEINER FAMILIE

Im Laufe der fünf Jahre, die ich aktiv mit dem Schreiben dieses Buches beschäftigt war, war ich mit der Unterstützung und dem Verständnis meiner ganzen Familie gesegnet – meiner Frau Margy und meiner drei Töchter Pat, Ann und Laura, und meiner 92 Jahre alten Großmutter Charlotte. Der Star der Familienshow war Margy, die mich nicht nur beim Schreiben des Buches unterstützt und bestätigt hat, sondern auch eine konstante, positive Kraft für die erfolgreiche Fertigstellung des Buches war.

LISTE DER ILLUSTRATIONEN

KAPITEL 5

KAPITEL 6

KAPITEL 7

KAPITEL 8

KAPITEL 9

1. LeBlanc und Handskulptur (Fotos), Ned Herrmann
2. Monroe Barn und Dankgedicht, John Hanson
3. Leslie und May aus dem Film "May's Miracle", Nehdi
4. Unsere persönlichen Inseln der Brillianz, R. Merrill
5. Man muß nicht 1-1-1-1 sein, R. Merrill
6. Neun-Punkte-Rätsel
7. Lösung des Neun-Punkte-Rätsels
8. Aus dem 100 Pkt.-Kreis des Profildiagramms gehen
9. Von A-Quadranten-Logik zu C-Quadranten sensibel, R. Merrill
10. Foto des Pfarrers, Allen Olsen
11. Verbessertes Malpaket, R. Merrill
12. Ausdehnung in weniger bevorzugte Quadranten, Diagramm
13. Effektiver Einsatz jedes Quadranten, Diagramm
14. Ein 7-Tage-Plan für den Einsatz aller Quadranten, Diagramm
15. Die Verschiebung von der Linken zur Rechten, Minako Sakai
16. Verschiebung von oben nach unten, Minako Sakai
17. Ganzhirn-Entwicklung, Diagramm
18. Zerebrale Iteration, Allen Olsen

KAPITEL 10

1. Die GE-Kustausstellung: Das kreative Image, R. Merrill
2. Eine gute Impedanzanpassung, R. Merrill
3. Ubung Forderung kreativen Raumes, Diagramm
4. Verstärkung des Spielgedankens, Allen Olsen
5. Junge, du mußt nicht sein wie ich, Marilyn Meeks
6. Ned's Kunststudio, Stamford, Ct., R. Merrill
7. Brennen von Bronzeskulpturen, R. Merrill
8. Typische Fangsysteme, Minako Sakai
9. Bronzeskulptur von Lake Lure, Ned Herrmann
10. Skizze des Grundstücks, Ned Herrmann
11. Ansicht des Hauses von unten, R. Merrill
12. Eine kreative Nische, Marilyn Meeks
13. Imageverschiebung: Änderung Ihres Aussehens, Marilyn Meeks

KAPITEL 11

1. Tür zur Normalität, R. Merrill
2. Der technoide David und sein Stamm, Ron Bell
3. Die Geburt der Stern-Metapher, Marilyn Meeks
4. Widerstand und Willkommen von Veränderungen, Marilyn Meeks
5. Eine Organisation wird kreativ, Marilyn Meeks
7. Naomi's Titel, R. Merrill
8. Gemeinsamkeit, Marilyn Meeks

ANHANG A: Validierungsstudie

A-1. Gehirnphysiologie und die vier Quadranten, R. Merrill
A-2. Definition zweiter bipolarer Faktoren, R. Merrill

ANHANG C: Beschäftigungsprofile

Finanzen
Medizin
Entwicklung menschlicher Ressourcen
Organisationen im Profil
Unternehmenspersonal mit Chef im Profil
Ausgewählte Profile: Mann, Frau, Berater, Sozialarbeiter
Chemiker, F & E, Schulrat, Immobilienmakler
Ingenieur, Personalleiter, Musiker, Konstruktionsingenieur

ANHANG E: Modelle
Ganzhirn-Modell
Das System der Verbindungen im Gehirn
Architektur des Ganzhirn-Konzepts
Modell der Beziehungen
Das Universum der Denkstile
Erweiterter kreativer Prozeß mit dem ganzen Gehirn
Erweitertes ganzheitliches Lehren und Lernen
Ziele und Strategien ganzheitlichen Lehrens und Lernens
Überlegungen für die Planung ganzheitlichen Lernens
Korrelationsmodell
Verschiedene Sprachen des Gehirns
Nach der Hirndominanz sortierte Zeitschriften
Wie das spezialisierte Gehirn alltägliche Tätigkeiten verarbeitet
Unterschiede in den Verarbeitungsmodi

INDEX

Die Deutsche Bibliothek – CIP-Einheitsaufnahme
Herrmann, Ned:
Kreativität und Kompetenz, das einmalige Gehirn /
Ned Herrmann.
Einführung von Roland Spinola. Aus dem Amerik. von
Wolfgang Becker. – Fulda: PAIDIA Ver., 1991
Einheitssacht.: The Creative Brain [dt.]
ISBN 3-89459-008-4

PAIDIA Verlag
Von-Schildeck-Str. 6
D-6400 Fulda
Tel. (06 61) 7 70 97
FAX (06 61) 7 52 53

Herstellung: Claus-Peter Leonhardt

Illustratoren
ACLS Ted Coulson und Alison Strickland, Ron Bell,
Josepf Farris, Marylin Meeks, Roger D. Merrill,
Allan Olsen, Angelo Renaldi, Minako Sakai

Umschlagillustration und -gestaltung
g. v. pazatka

Fotografien
Ned Herrmann, M. A. Nehdi, Bob Samples

Schrift:
Text: Omega Medium 12/13 und 10/11
Zitate: Century light condensed 12
Bild und Graphik: Triumvirat condensed
Papier: 90 g/qm, holzfrei, matt
Vorsatzpapier: Japico-Bütten, 170 g/qm
Leinen: Bamberger Kaliko Iris 101
Satz und Druck: Fuldaer Verlagsanstalt
Bindung: Fleischmann, Fulda

Printed in Germany